ज्ञान गरिमा के
72 वर्ष

भारतीय
ज्ञानपीठ

णाणं
पयासयं

वीर नि.सं. 2470

ई. सन् 1944

भारतीय ज्ञानपीठ

जैन तत्त्वविद्या

जैन तत्त्वविद्या

आचार्य माघनन्दि योगीन्द्र विरचित
शास्त्रसारसमुच्चय का हिन्दी विवेचन

मुनि प्रमाणसागर

भारतीय ज्ञानपीठ

पहला संस्करण	: 2000
पाँचवाँ संस्करण	: 2001
दसवाँ संस्करण	: 2008
तेरहवाँ संस्करण	: 2011
चौदहवाँ संस्करण	: 2014
पन्द्रहवाँ संस्करण	: 2015
सोलहवाँ संस्करण	: 2015
सत्रहवाँ संस्करण	: 2019

मूर्तिदेवी ग्रन्थमाला ग्रन्थमाला : हिन्दी ग्रन्थांक 25

ISBN 978-93-263-5015-0

जैन तत्त्वविद्या

मुनि प्रमाणसागर

प्रकाशक : **भारतीय ज्ञानपीठ**
18, इन्स्टीट्यूशनल एरिया, लोदी रोड, नयी दिल्ली-110 003

मुद्रक : आर.के. ऑफसेट, दिल्ली-110032

JAIN TATTVAVIDYA
by Muni Praman Sagar

Published by
Bharatiya Jnanpith
18, Institutional Area, Lodi Road, New Delhi-110 003
Ph. : 011 24698417, 24626467; 23241619 (Daryaganj)
Mob. : 9350536020; e-mail : bjnanpith@gmail.com
sales@jnanpith.net, website : www.jnanpith.net

Seventeenth Edition : 2019
Price : Rs. 400

जैन तत्त्वविद्या

आचार्य माघनन्दि योगीन्द्र विरचित
शास्त्रसारसमुच्चय का हिन्दी विवेचन

मुनि प्रमाणसागर

भारतीय ज्ञानपीठ

पहला संस्करण	: 2000
पाँचवाँ संस्करण	: 2001
दसवाँ संस्करण	: 2008
तेरहवाँ संस्करण	: 2011
चौदहवाँ संस्करण	: 2014
पन्द्रहवाँ संस्करण	: 2015
सोलहवाँ संस्करण	: 2015
सत्रहवाँ संस्करण	: 2019

मूर्तिदेवी ग्रन्थमाला ग्रन्थमाला : हिन्दी ग्रन्थांक 25

ISBN 978-93-263-5015-0

जैन तत्त्वविद्या

मुनि प्रमाणसागर

प्रकाशक : **भारतीय ज्ञानपीठ**
18, इन्स्टीट्यूशनल एरिया, लोदी रोड, नयी दिल्ली-110 003

मुद्रक : आर.के. ऑफसेट, दिल्ली-110032

JAIN TATTVAVIDYA
by Muni Praman Sagar

Published by
Bharatiya Jnanpith
18, Institutional Area, Lodi Road, New Delhi-110 003
Ph. : 011 24698417, 24626467; 23241619 (Daryaganj)
Mob. : 9350536020; e-mail : bjnanpith@gmail.com
sales@jnanpith.net, website : www.jnanpith.net

Seventeenth Edition : 2019
Price : Rs. 400

आमुख

जैन साहित्य का विपुल भण्डार है। उसके अधिकांश ग्रन्थ प्राकृत, संस्कृत अपभ्रंश जैसी प्राचीन भारतीय भाषाओं में निबद्ध है। तमिल, कन्नड़, मराठी और अन्य भारतीय भाषाओं में भी प्रचुरमात्रा में जैन साहित्य रचा गया है। आधुनिक हिन्दी भाषा में भी अनेक पुस्तके लिखी गई हैं। जैनाचार्यों ने प्राय: जन प्रचलित भाषा में ही अपने भावों को अभिव्यक्ति दी है। इन सब ग्रन्थों की अपनी उपयोगिता है। किन्तु अभी तक ऐसा कोई ग्रन्थ तैयार नहीं हो सका है जो जैन आगम के चारों अनुयोगों को एक साथ प्रस्तुत करता हो। "जैन तत्त्वविद्या" उसी अभाव को पूर्ण करने की एक सार्थक पहल है, जिसे पूज्य मुनि प्रमाणसागर जी ने अपनी प्रतिभा कौशल से संपन्न किया है।

जैन तत्त्वविद्या आचार्य माघनन्दि कृत शास्त्रसार समुच्चय की हिन्दी विवेचना का ललित अभिधान है। आचार्य माघनन्दि इस्वी सन् की बारहवीं सदी में उत्पन्न हुए हैं। जैसा कि ग्रन्थ का नाम सूचित करता है, यह शास्त्रों के चारों अनुयोगों के सार का संग्रह है। जैसे प्रकृति विशाल वृक्ष को एक छोटे से बीज में समाविष्ट कर लेती है, वैसे ही आचार्य माघनन्दि ने चारों अनुयोगों की विशाल ज्ञान सम्पदा को मात्र २०० सूत्रों में निबद्ध कर दिया है। ग्रन्थ चार अध्यायों में विभक्त है। अध्यायों के नामों में नवीनता है, यथा-प्रथमानुयोग वेद, करणानुयोग वेद, चरणानुयोग वेद और द्रव्यानुयोग वेद। 'वेद' शब्द ज्ञान का वाचक है। इसके प्रयोग से वैदिक धर्म के ऋग्वेदादि चार धर्म ग्रन्थों का स्मरण हो जाता है और इससे अनायास ही यह ध्वनित होता है कि संपूर्ण जैन आचार-विचार इतिहास और संस्कृति चार अनुयोगों में अन्तर्भूत है। मुनिश्री ने सूत्रों की हिन्दी विवेचना कर गागर में सागर की उक्ति को चरितार्थ कर दिया है।

पूज्य मुनिश्री प्रमाणसागर जी महाराज मुनिचारित्र के आदर्शभूत, विश्वविश्रुत आचार्य परमपूज्य विद्यासागर जी के सुयोग्य शिष्य हैं। मुनिश्री ने अल्पायु में ही चारों

अनुयोगों की शिक्षा अपने गुरु से विधिवत् ग्रहणकर अभीक्ष्ण ज्ञानोपयोग से उसे आत्मसात् किया है। फलस्वरूप महाकवि श्रीहर्ष की राजा नल के विषय में कही गई 'अमुष्य विद्या रसनाग्रनर्तकी' यह उक्ति मुनिश्री पर अक्षरशः घटित होती है। जिज्ञासु चारों अनुयोगों से सम्बन्धित कोई भी जिज्ञासा उनके समक्ष रखता है और वह उसका सप्रमाण समाधान तुरन्त पा लेता है। लगता है इसीलिए एक्स-रे के समान पारदर्शी दृष्टि रखनेवाले आचार्यश्री विद्यासागर जी ने उन्हें जो प्रमाणसागर नाम दिया है वह सत्य का सूचक है।

मुनिश्री की लेखनी से अनेक ग्रन्थ प्रसूत हुए हैं। उनमें "जैनधर्म और दर्शन" आधुनिक शैली में लिखा गया शास्त्रतुल्य ग्रन्थ है। यह जैनधर्म और दर्शन के जिज्ञासुओं में अत्यन्त लोकप्रिय हुआ है, जिसके परिणाम स्वरूप अल्पकाल में ही इसके पाँच संस्करण निकल चुके हैं। प्रस्तुत टीकाग्रन्थ उससे भी आगे बढा हुआ है। यह शास्त्रों के सारसमुच्चय का विस्तार समुच्चय है।

इस ग्रन्थ की दो विशेषताएँ हैं- वैज्ञानिक प्रस्तुतीकरण एवं सर्वांगीण विवेचन। मुनिश्री ने सूत्रों का विषयानुसार वर्गीकरण किया है, फिर उन्हें एक प्रमुख शीर्षक के अधीन रखकर एक अध्याय का रूप दिया है। उसमें विषय के विभिन्न पक्षों को उपशीर्षकों में विभाजित कर सूत्रों का विश्लेषण किया गया है। विश्लेषण के अन्तर्गत विषयसम्बन्धी बहुमुखी सूचनाएँ दी गयी हैं। उसके भेद-प्रभेदों और आनुषांगिक तथ्यों का विस्तार से विवरण दिया गया है। व्युत्पत्तियों, निरुक्तियों, लक्षणों, परिभाषाओं, उद्धरणों, दृष्टान्तों आदि से विषय का इस तरह खुलासा किया गया है कि सामान्यबुद्धि पाठकों को भी वह बोधगम्य हुए बिना नहीं रहेगा। शीर्षकों और उपशीर्षकों से वर्ण्यविषय की झलक सूत्ररूप में मिल जाती है, जिससे पाठक पढ़ने के लिए उत्साहित होता है और एक सीमित अंश की जानकारी शीघ्र प्राप्तकर सन्तोष का अनुभव करता है। उसे ऐसा नहीं लगता कि यात्रा अनन्त है, बीच में कोई पड़ाव नहीं है। शीघ्र ही एक पड़ाव पाकर सुस्ताने लगता है और ऊबता नहीं है। यह विषय के प्रस्तुतीकरण की वैज्ञानिक शैली है।

व्याख्या का फलक इतना व्यापक है कि एक-एक सूत्र एक-एक शीर्षक बन गया है और उसका विवरण एक-एक प्रकरण। एक सूत्र में संकेतित विषय का सर्वांगीण, सर्वपक्षीय निरूपण करने के लिए जिन-जिन तथ्यों की जानकारी अपेक्षित है, उन सबकी जानकारी मुनिश्री ने प्रस्तुत की है। इसके लिए पूर्वाचार्यों द्वारा रचित

चारों अनुयोगों के सभी प्रमुख ग्रन्थों का उपयोग किया गया है। षट्खण्डागम, कसायपाहुड, धवला, जय-धवला, भगवती आराधना, मूलाचार, तिलोयपण्णति, आदिपुराण, हरिवंशपुराण आदि ग्रन्थों से तथ्यों का विवरण देकर टीका को समृद् और प्रामाणिक बनाया गया है। एक-एक सूत्र की अर्थधारा कई-कई पृष्ठों तक प्रवाहित होती चली गयी है। उदाहरणार्थ 'द्विविधः कालः', की व्याख्या ६ पृष्ठों में, 'चतुर्विंशति तीर्थङ्कराः' का विवरण १३ पृष्ठों में, 'षड् द्रव्याणि' की विवृति १४ पृष्ठों में, 'नवनयाः' का व्याख्यान ७ पृष्ठों में विश्राम पा सका है।

टीका में दी गयी परिभाषाएँ बहुत सरल हैं। कहीं-कहीं तो उसने सूत्रात्मक रूप धारण कर लिया है। उन्हें पढ़ते ही वस्तु का स्वरूप हृदयंगम हो जाता है। उदाहरणार्थ कल्पवृक्ष, कुलकर, प्रातिहार्य, समिति और सल्लेखना की निम्नलिखित परिभाषाएँ द्रष्टव्य हैं-

"मनुष्यों को कल्पित/इच्छित वस्तुओं को प्रदान करनेवाले होने के कारण इन्हें कल्पवृक्ष कहा जाता है।" (पृ. १०)

वे कुशल मनीषी जो कर्मभूमि के प्रारम्भ में होते हैं एवं मानव समूह को कुलों के आधार पर व्यवस्थित कर कर्ममूलक मानव सभ्यता के सूत्रधार बनते हैं - कुलकर कहलाते हैं। (पृ ११)

"तीर्थङ्करों के महिमाबोधक चिह्नों को प्रातिहार्य कहते हैं" (पृ. ४४)

"समिति का अर्थ है - प्रवृत्तिगत सावधानी।" (पृ. १८९)

"मृत्यु के सन्निकट होने पर सभी प्रकार के विषाद को छोड़कर समतापूर्वक देहत्याग करना ही समाधिमरण या सल्लेखना है।" (पृ. १७७)

अर्थ को हृदयंगम कराने के लिए दिये गये दृष्टांत भी अत्यन्त सटीक है। उनसे अप्रत्यक्ष अर्थ की अनुभूति यथावत् हो जाती है। कालचक्र की गतिशीलता का स्वरूप घड़ी के काँटों की उपमा से कितनी सरलतया बुद्धि में उतर जाता है। देखियें-

"घड़ी की सुइयाँ जब बारहवें अंक से आगे यात्रा करती हैं, तब पतनोन्मुख हो जाती हैं। अधोगति के साथ जब तक छह के अंक पर नहीं पहुँच जाती, तब तक उनकी यात्रा नीचे की ओर बनी रहती है। छह के अंक पर पहुँचते ही वह फिर ऊर्ध्वगामी हो जाती है और विकास की पराकाष्ठा 'बारह' पर पहुँच जाती

है। तदनन्तर पुनः पतन, पुनः अधोगति हो जाती है। कालचक्र की उत्थान से पतन और पतन से उत्थान की गतिमयता इसी प्रकार बनी रहती है। मानवजाति का संस्कारगत विकास और ह्रास का क्रम भी घड़ी के इन काँटों की भाँति चलता रहता है।"

सम्यग्दर्शन के बिना सम्यक्चारित्र कार्यकारी नहीं है। इसकी युक्तिमत्ता का बोध अंक और शून्य के दृष्टान्त द्वारा कितने प्रभावशाली ढंग से हो जाता है। देखिए -

"सम्यग्दर्शन और सम्यक्चारित्र में अंक और शून्य का सम्बन्ध है। चाहे जितने भी शून्य हो अंक के अभाव में उनका कोई महत्त्व नहीं होता। यदि शून्य के साथ एक भी अंक हो तो अंक और शून्य दोनों का महत्त्व बढ़ जाता है। सम्यग्दर्शन अंक है और सम्यक्चारित्र शून्य।" (पृ. १२३)

अतिचार का भाव बुद्धिगम्य कराने के लिए दिये गये इस दृष्टान्त की सटीकता भी दर्शनीय है -

"जैसे धरती पर बीज बोने के बाद अंकुरोत्पत्ति के साथ ही अनेक प्रकार के खर, पतवार उग आते हैं, उनकी निदाई-गुड़ाई करनी पड़ती है, उसी प्रकार व्रत, नियम, संयम आदि अंगीकार करने के बाद भी मनोभूमि में व्रतों को मलिन करनेवाली अनेक प्रकार की दुर्भावनाएँ/दुर्वृत्तियाँ उभरने लगती हैं। यही अतिचार कहलाते हैं।"

द्रव्यानुयोग के अन्तर्गत मुनिश्री ने छह द्रव्य, सात तत्त्व और नौ पदार्थों का विवेचन करते हुए पुद्गल, धर्म और अधर्म द्रव्यों की वास्तविकता को वैज्ञानिक कसौटी पर कसकर सिद्ध किया है। इसी प्रकार प्रमाण, नय, निक्षेप की प्रस्तुति भी अत्यंत श्लाघनीय है। प्रस्तुति कुछ ऐसी है कि एक बार पढ़ते ही हृदयंगम हो जाती है। आगे जीव के पाँच भाव, गुणस्थान, जीव समास, मार्गणा आदि की मुनिश्री ने अत्यन्त सटीक व्याख्या की है।

प्रसंगवश मुनिश्री ने लोकप्रचलित अनेक भ्रान्तियों का भी निराकरण किया है। यथा, जैन तीर्थङ्करों को ईश्वर का अवतार मानने की भ्रान्ति कुछ कतिपय लोगों में है, उसका युक्तिपूर्वक निरसन किया है। इसी प्रकार कुछ जैन तत्त्व जिज्ञासु इस भ्रान्ति से ग्रस्त हैं कि जिनभक्ति से केवल शुभकर्मों का बन्ध होता है। मुनिश्री

ने आगम वचन उद्धृत कर यह दर्शाया है कि जिनविम्बदर्शन, जिन भक्ति, जिनपूजा और जिन नमस्कार से असंख्यात् गुणी निर्जरा भी होती है। पूण्य को सर्वथा पाप के समान मानने की ऐकान्तिक अवधारणा का निराकरण करते हुए मुनिश्री ने आगमिक आधार के साथ मोक्षमार्ग में पुण्य की उपादेयता को समुचित ढंग से सिद्ध किया है।

इस तरह बहुविध सामग्री और वैज्ञानिक प्रतिपादन शैली से सन्नद्ध प्रस्तुत ग्रन्थ जैन विद्या के जिज्ञासुओं के लिए महदुपकारी सिद्ध होगा, इसमें सन्देह नहीं। केवल इस एक ग्रन्थ के अनुशीलन से जैनतत्त्वविद्या की सभी शाखाओं के उच्चस्तरीय ज्ञान में प्रावीण्य प्राप्त किया जा सकता है। इतने लोकोपकारी कृति प्रदान करने के लिए पूज्य मुनिश्री प्रमाणसागर जी शतशः प्रणम्य हैं। नमोऽस्तु।

भोपाल
२६.२.२०००

प्रो. रतनचन्द्र जैन
१३७, आराधना नगर
भोपाल-४६२ ००३ (म.प्र.)

अनुक्रमणिका

प्रथमानुयोग

करणानुयोग

चरणानुयोग

द्रव्यानुयोग

सूत्रपाठ

श्रीमाघनन्दियोगीन्द्र-विरचितः

शास्त्रसारसमुच्चयः

श्रीमन्नम्रामरस्तोमं प्राप्तानन्तचतुष्टयम् ।
नत्वा जिनाधिपं वक्ष्ये शास्त्रसारसमुच्चयम् ॥

अथ प्रथमानुयोग वेदः

त्रिविधः कालः ॥१॥
द्विविधः ॥२॥
षड्विधो वा[१] ॥३॥
दशविधाः कल्पद्रुमाः ॥४॥
चतुर्दश कुलकरा[२] इति ॥५॥
षोडश भावनाः ॥६॥
चतुर्विंशतितीर्थङ्कराः ॥७॥
चतुस्त्रिंशदतिशयाः ॥८॥
पञ्चमहाकल्याणानि ॥९॥
घातिचतुष्टयाष्टादशदोषरहिताः[३] ॥१०॥
समवशरणैकादश भूमयः ॥११॥
द्वादशगणाः ॥१२॥
अष्टमहाप्रातिहार्याणि ॥१३॥
अनन्तचतुष्टयमिति ॥१४॥
द्वादश चक्रवर्तिनः ॥१५॥
सप्ताङ्गानि ॥१६॥
चतुर्दश रत्नानि ॥१७॥
नव निधयः ॥१८॥
दशाङ्गभोगाः[४] ॥१९॥
नव बलदेवाः[५] ॥२०॥
वासुदेव-प्रतिवासुदेव-नारदाश्चेति[६] ॥२१॥
एकादश रुद्राः[७] ॥२२॥

इति शास्त्रसारसमुच्चये प्रथमोध्यायः

---

१. ब प्रति मे इनके स्थान पर अथ त्रिविधःकालो द्विविधः षड्विधो वा ।१। यह पाठ है। २. ब प्रति में कुलङ्कराः इति। पाठ है।३. अ और ब प्रति में घातिचतुष्टयम् ।८।और अष्टादशदोषाः ये दो सूत्र हैं।४.ब प्रति में दशाङ्गभोगाः इति। पाठ है। ५-६. ब प्रति में नवबलदेववासुदेवनारदाश्चेति। पाठ है। ७. अ प्रति में यह सूत्र नहीं है।

अथ करणानुयोग वेदः

त्रिविधो लोकः[१] ।।१।।

सप्तनरकाः ।।२।।

एकोनपञ्चाशत पटलानि[२] ।।३।।

इन्द्रकाणि च[३] ।।४।।

चतुरूत्तरषट्शत नवसहस्त्रं श्रेणीबद्धानि[४] ।।५।।

सप्तचत्वारिंशदुत्तर त्रिशताधिक नवति-सहस्त्रालङ्कृत त्र्यशीतिलक्ष-प्रकीर्णकानि ।।६।।

चतुरशीतिलक्ष-बिलानि[५] ।।७।।

चतुर्विधं दुःखमिति ।।८।।

जम्बूद्वीप लवणसमुद्रादयो असंख्यातद्वीप समुद्राः ।।९।।

तत्रार्धतृतीयद्वीपसमुद्रौ मनुष्यक्षेत्रं ।।१०।।

पञ्चदश कर्म भूमयः[६] ।।११।।

त्रिंशद्भोगभूमयः[७] ।।१२।।

षण्णवति कुभोगभूमयः ।।१३।।

पञ्च मन्दरगिरयः ।।१४।।

जम्बूवृक्षाः ।।१५।।

शाल्मलयश्च ।।१६।।

चतुस्त्रिंशद् वर्षधरपर्वताः ।।१७।।

त्रिंशदुत्तरशत सरोवराः[८] ।।१८।।

सप्ततिर्महानद्यः ।।१९।।

विंशतिर्नाभिनगाः[९] ।।२०।।

विंशतिर्यमकगिरयश्च ।।२१।।

सहस्त्रकनकगिरयः[१०] ।।२२।।

---

१. ब और स प्रति में - अथ त्रिविधो लोकः। पाठ है। २. ब प्रति में - एकान्नपञ्चाशत पटलानि। पाठ है। ३. स प्रति में यह सूत्र नहीं है। ४. ब प्रति में - चतुरूत्तरषट्च्छतनवसहस्त्रं श्रेणिबद्धानि। पाठ है। ५. ब प्रति में एवं चतुरशीतिलक्षबिलानि। पाठ है। ६-७. ब प्रति में उक्त दोनों सूत्र सूत्रक्रमांक २२ और २३ पर हैं। ८. ब प्रति में - शतं सरांसि १६, त्रिंशतसरोवराः २५ ऐसे दो सूत्र हैं। ९. ब प्रति में - विंशतिर्नाभिभूधराः। पाठ है। २७। ब प्रति में - सहस्त्रं कनकाचलाः। पाठ है।

चत्वारिंशद्दिग्गजपर्वता:[१] ।।२३।।

शतं वक्षारक्ष्माधरा:।।२४।।

षष्टिर्विभङ्गनद्य: ।।२५।।

षष्ट्युत्तरशतं विदेहजनपदा: ।।२६।।

सप्तत्यधिकशतं विजयार्धपर्वता: ।।२७।।

वृषभगिरयश्चेति ।।२८।।

देवाश्चतुर्णिकाया: ।।२९।।

भवनवासिनो दशविधा: ।।३०।।

अष्टविधा: व्यन्तरा: ।।३१।।

पञ्चविधा: ज्योतिष्का:।।३२।।

द्विविधा: वैमानिका:[२] ।।३३।।

षोडश स्वर्गा: ।।३४।।

नवग्रैवेयका: ।।३५।।

नवानुदिशा: ।।३६।।

पञ्चानुत्तरा: ।।३७।।

त्रिषष्टिपटलानि ।।३८।।

इन्द्रकाणि च ।।३९।।

षोडशोत्तराष्टशतान्वितसप्तसहस्र-श्रेणिबद्धानि ।।४०।।

चतुश्चत्वारिंशदुत्तरैकशतानीत नवत्यशीति सहस्त्रालङ्कृत चतुरशीतिलक्षं प्रकीर्णकानि ।।४१।।[३]

त्रयोविंशत्युत्तरसप्तनवतिसहस्त्रान्वित चतुरशीतिलक्षमेवं विमानानि।।४२।।[४]

ब्रह्मलोकान्तालयाश्चतुर्विंशति-लौकान्तिका: ।।४३।।

अणिमाद्यष्टगुणा: ।।४४।।

इति शास्त्रसार समुच्चये द्वितीयोध्याय:

---

१. ब प्रति में - चत्वारिशद्दिग्गजनगा:।१८।पाठ है। २. अ और ब प्रति में - द्वादश विधावैमानिका:। पाठ है। ३. अ प्रति में - चतुरशीतिलक्षैकोननवतिसहस्रैकशतचतुश्चत्वारिंशत् प्रकीर्णकानि। पाठ है। ४. अ प्रति में - चतुरशीतिलक्ष-सप्तनवतिसहस्त्रत्रयोविंशति विमानानि। पाठ है।

अथ चरणानुयोग वेदः

पञ्चलब्धयः ।।१।।

करणं त्रिविधम् ।।२।।

सम्यक्त्वं द्विविधम्।।३।।

त्रिविधम् ।।४।।

दशविधं वा ।।५।।

तत्र वेदकसम्यक्त्वस्य पञ्चविशतिर्मलानि।।६।।

अष्टाङ्गानि ।।७।।

अष्टगुणाः।।८।।

पञ्चातिचारा इति ।।९।।

एकादश निलयाः।।१०।।

त्रिविधो निर्वेगः।। ११।।

सप्त व्यसनानि ।। १२।।

शल्यत्रयम् ।।१३।।

अष्टौ मूलगुणाः ।। १४।।

पञ्चाणुव्रतानि ।।१५।।

त्रीणि गुणव्रतानि[१] ।।१६।।

शिक्षाव्रतानि चत्वारि ।।१७।।

सप्त शीलानि[२] ।।१८।।

व्रतशीलेषु पञ्च पञ्चातिचाराः ।।१९।।

मौनं सप्त स्थानम् [३] ।।२०।।

अन्तरायाश्च[४] ।।२१।।

श्रावकधर्मश्चतुर्विधः।।२२।।

---

१. स प्रति में - गुणव्रत त्रयं । पाठ है। २. ब प्रति में - यह सूत्र नहीं है। ३. ब प्रति में - मौन समयाः। सप्त । पाठ है। ४. ब प्रति में - अन्तरायाणि च । स प्रति में - अन्तरायं च । पाठ है।

जैनाश्रमाश्च[1] ।।२३।।

तत्र ब्रह्मचारिणः पञ्चविधाः ।।२४।।

आर्यकर्माणि षट्[2] ।।२५।।

तत्रेज्या दशविधाः ।।२६।।

अर्थोपार्जनकर्माणि षट्[3] ।।२७।।

दत्तिश्चतुर्विधा ।।२८।।

क्षत्रियो द्विविधः ।।२९।।

भिक्षुस्चतुर्विधः[4] ।।३०।।

यतयो द्विविधाः ।।३१।।

मुनयस्त्रिविधाः ।।३२।।

ऋषयश्चतुर्विधाः ।।३३।।

तत्र राजर्षयोद्विविधाः[5] ।।३४।।

ब्रह्मर्षयश्च ।।३५।।

मरणं द्वित्रिचतुःपञ्चविधं वा ।। ३६ ।।

पञ्चातिचारा इति[6] ।।३७।।

द्वादशानुप्रेक्षाः ।।३८।।

यतिधर्मो दशविधः।।३९।।

अष्टाविंशतिमूलगुणाः।।४०।।

पञ्च महाव्रतस्थैर्यार्थं भावनाः पञ्च-पञ्च।।४१।।

तिस्रोः गुप्तयः[7] ।।४२।।

अष्टौ प्रवचनमातृकाः।।४३।।

द्वाविंशतिपरीषहाः ।।४४।।

द्वादशविधं तपः ।।४५।।

---

१. ब प्रति में - जैनाश्रमश्च। पाठ है। २. स प्रति में - आर्यषट् कर्मिणि। पाठ है। ३. स प्रति में-अर्थानिष षट् कर्माणि। पाठ है। ४.ब प्रति में यह सूत्र नहीं है। ५. ब प्रति में तत्र शब्द नहीं है। ६. ब प्रति में - तस्य पञ्चातिचारा इति। पाठ है। ७. अ प्रति में - गुप्तित्रयं। पाठ है।

दशविधानि[1] प्रायश्चित्तानि ।।४६।।

आलोचनं च ।।४७।।

चतुर्विधो विनयः ।।४८।।

दशविधानि वैय्यावृत्यानि ।।४९।।

पञ्चविधः स्वाध्यायः ।।५०।।

द्विविधो व्युत्सर्गः ।।५१।।

ध्यानं चतुर्विधम्[2] ।।५२।।

आर्तरौद्रधर्मशुक्लं च[3] ।।५३।।

धर्मध्यानं दशविधं वा ।।५४।।

अष्टौ ऋद्धयः[4] ।।५५।।

बुद्धिरष्टादश विधा[5] ।।५६।।

क्रिया द्विविधा[6] ।।५७।।

विक्रियैकादशविधा[7] ।।५८।।

तपः सप्तविधम् ।।५९।।

बलं त्रिविधम्[8] ।।६०।।

भैषजमष्टविधम्[9] ।।६१।।

रसः षड्विधः ।।६२।।

अक्षीणर्द्धि द्विविधश्चेति[10] ।।६३।।

चतुस्त्रिंशदुत्तरगुणाः[11] ।।६४।।

पञ्चविधा निर्ग्रन्थाः ।।६५।।

आचारश्च ।।६६।।

समाचारं दशविधम् ।।६७।।

सप्त परमस्थानानि ।।६८।।

इति शास्त्रसार समुच्चये तृतीयोऽध्यायः

१.अ प्रति में - द्वादशविधानि । २. अ प्रति में - आर्त च, ३. रौद्रमपि, धर्मध्यानं दशविधम्, शुक्लध्यानं चतुर्विधम् । ये चार सूत्र हैं। ४. ब प्रति में - अष्टर्द्धयः। पाठ है । ५.अ प्रति में - भेदाः। ६. अ प्रति में यह सूत्र नहीं है। ७.अ प्रति में - विक्रियाऋद्धिर्द्विविधाः । ८.स प्रति में - बलस्त्रिधाः। ९. स प्रति में - भैषजमष्टधा पाठ है। १०. स प्रति में - यह सूत्र नहीं है । ११. अ प्रति में - इस सूत्र के स्थान पर सूत्र ४४ और ४५ पर-चतुरशीतिलक्ष उत्तरगुणाः। और-अष्टादश सहस्त्रशीलानि। ऐसे दो सूत्र हैं।

अथ द्रव्यानुयोगवेदः

षड् द्रव्याणि ।।१।।

पञ्चास्तिकायाः ।।२।।

सप्त तत्त्वानि ।।३।।

नव पदार्थाः [1]।।४।।

चतुर्विधोन्यासः ।।५।।

द्विविधं प्रमाणम् ।।६।।

पञ्च सज्ज्ञानानि [2]।।७।।

त्रीण्यज्ञानानि ।।८।।

मतिज्ञानं षट्त्रिंशदुत्तरत्रिशतभेदम् ।।९।।

द्विविधं श्रुतज्ञानम् [3]।।१०।।

द्वादशाङ्गाणि ।।११।।

चतुर्दश प्रकीर्णकानि ।।१२।।

त्रिविधमवधिज्ञानम् ।।१३।।

द्विविधं मनःपर्यर्यश्च[4] ।।१४।।

केवलमेकमसहायम् [5]।।१५।।

नव नयाः ।।१६।।

सप्तभङ्गा इति[6] ।।१७।।

पञ्च भावाः ।।१८।।

औपशमिको द्विविधः ।।१९।।

क्षायिको नवविधः ।।२०।।

अष्टादशविधः क्षायोपशमिकः ।।२१।।

१.स प्रति में - नव पदार्थानि । पाठ है । २. ब प्रति में - संज्ञानानि । पाठ है । ३. ब प्रति में - द्विविधंश्रुतं । पाठ है । ४. ब प्रति में - द्विविधं मनःपर्ययज्ञानम् । पाठ है । ५. स प्रति में - यह सूत्र नहीं है । ६. द प्रति में - सप्तभङ्गीति । पाठ है ।

औदयिक एकविंशति विधः [१] ।।२२।।

पारिणामिकस्त्रिविधः [२] ।।२३।।

गुणजीवमार्गणास्थानानि प्रत्येकं चतुर्दश [३] ।।२४।।

द्विविधमेकेन्द्रियम् [४] ।।२५।।

त्रीणि विकलेन्द्रियाणि [५] ।।२६।।

पञ्चेन्द्रियं द्विविधम् [६] ।।२७।।

षट् पर्याप्तयः [७] ।।२८।।

दश प्राणाः [८] ।।२९।।

चतस्रः संज्ञा [९] ।।३०।।

गतिश्चतुर्विधा।।३१।।

पञ्चेन्द्रियाणि ।।३२।।

षड् जीव निकायाः ।।३३।।

त्रिविधो योगः ।।३४।।

पंचदश विधो वा ।।३५।।

वेदस्त्रिविधः [१०] ।।३६।।

नव विधो वा ।।३७।।

चत्वारः कषायाः [११] ।।३८।।

अष्टौ ज्ञानानि [१२] ।।३९।।

सप्त संयमाः ।।४०।।

चत्वारि दर्शनानि ।।४१।।

षड्लेश्याः ।।४२।।

द्विविधं भव्यत्वम् ।।४३।।

षड्विधा सम्यक्त्वमार्गणा ।।४४।।

---

१. ब और स प्रति में - औदयिकमेकविंशतिविधः । पाठ है। २. ब प्रति में - पारिणमिकं त्रिविधं । पाठ है । ३. स प्रति में - प्रत्येकं शब्द नहीं है । ४,५,६ अ प्रति में - उक्त तीनों सूत्र, सूत्र क्रमांक २८.२९.३० पर हैं। ७, ८, ९ अ प्रति में - उक्त तीनों सूत्र,, सूत्र क्रमांक २५, २६, २७ पर हैं। १०. ब प्रति में यह सूत्र नहीं है । ११. स प्रति में - चतुःकषायाः। पाठ है । १२. स प्रति में - अष्टज्ञानानि । पाठ है।

द्विविधं संज्ञित्वं ।।४५।।

आहारोपयोगश्चेति ।।४६।।

पुद्गलाकाश कालास्रवाश्च प्रत्येकं द्विविधम् ।।४७।।

बन्धहेतवः पञ्चविधाः ।।४८।।

बन्धश्चतुर्विधः ।।४९।।

अष्टकर्माणि[१] ।। ५० ।।

ज्ञानावरणीयं पञ्चविधम्।। ५१।।

दर्शनावरणीयं नवविधम्।। ५२।।

वेदनीयं द्विविधम् [२]।। ५३।।

मोहनीयमष्टाविंशतिविधम् ।। ५४।।

आयुश्चतुर्विधम् ।। ५५।।

द्विचत्वारिंशद्विधं नाम[३] ।। ५६।।

द्विविधं गोत्रम् ।।५७।।

पञ्चविधमन्तरायम् ।।५८।।

पुण्यं द्विविधम् ।।५९।।

पापं च[४] ।।६०।।

संवरश्च ।।६१।।

एकादश निर्जराः[५] ।।६२।।

त्रिविधो मोक्षहेतुः ।।६३।।

द्विविधो मोक्षः ।।६४।।

सिद्धस्य द्वादशानुयोगद्वाराणि[६] ।।६५।।

अष्टौ सिद्धगुणाः।।६६।।

इति शास्त्रसारसमुच्चये चतुर्थोध्यायः।

श्री माघनन्दि योगीन्द्रः सिद्धान्ताम्बोधि चन्द्रमाः ।

अचीकरद्विचित्रार्थं शास्त्रसार समुच्चयम् ।

इति शास्त्रसार समुच्चयः।

---

१. ब प्रति में - अष्टौकर्माणि। पाठ है । २. ब प्रति में - यह सूत्र नहीं है । ३. अ प्रति में - द्विचत्वारिंशविधं। पाठ है । ४. स प्रति में - पापं च द्विविधम्। पाठ है। ५. अ प्रति में - निर्जरा । पाठ है। ६. ब प्रति में - द्वादशसिद्धस्थान द्वाराणि । पाठ है ।

मंगलाचरण

वेदस्वरूपं चतुरानुयोगं, शास्त्रस्य सारं रचितं हि येन।
श्रीमाघनन्दिं योगीन्द्रवन्द्यं, पादाम्बुजं नित्यमहं नमामि।।

श्रीविद्यासागर-गुरुं नत्वा, जैन धर्मोन्नायकम्।
प्ररूप्येऽहं जैन-तत्त्वविद्यां बोधप्रदायकम्।।

प्रथमानुयोग

तीर्थङ्कर, चक्रवर्ती, नारायण, प्रतिनारायण और बलदेव आदि तिरेसठ शलाका पुरुषों के चरित्र निरूपक अनुयोग को प्रथमानुयोग कहते हैं। यह अनुयोग तीर्थङ्कर आदि महापुरुषों के जीवन आदर्शों के साथ पुण्य और पाप के फल का दिग्दर्शन कराता है। इस अनुयोग के अध्ययन से व्यक्ति के शुभ-अशुभ परिणामों के अनुसार उसके उत्थान और पतन की भी स्पष्ट झलक मिलती है। इसीलिए आचार्य समन्तभद्र ने इसे बोधि और समाधि का निधान कहा है। यह अनुयोग कथा-उपकथाओं के माध्यम से गूढ़ तत्त्वों का अत्यन्त सरल और सुन्दर ढंग से बोध कराता है। प्राथमिक जन भी इससे तत्त्व बोध ग्रहण कर लेते हैं, इसलिए यह प्रथमानुयोग कहलाता है।

प्रस्तुत अध्याय में कालचक्र के परिवर्तन के साथ चौदह कुलकर, चौबीस तीर्थङ्कर, बारह चक्रवर्ती, नौ नारायण, नौ प्रतिनारायण, नौ बलभद्र आदि के सामान्य परिचय के साथ उनके जीवन की विशिष्टताओं का निरूपण है।

कालचक्र

त्रिविधः कालः ॥१॥

द्विविधः ॥२॥

षड्विधो वा ॥३॥

काल तीन प्रकार का है ॥१॥

काल दो प्रकार का है ॥२॥

अथवा काल छह प्रकार का है ॥३॥

काल का प्रवाह अनन्त और अजस्र है। वह अनादिकाल से परिवर्तित होता रहा है और अनन्तकाल तक परिवर्तित होता रहेगा। कभी वह उन्नत दिखाई पड़ता है तो कभी अवनत। यह उत्थान और पतन का क्रम भी अनवरत है। उत्थान के बाद पतन और पतन के पश्चात् पुनः उत्थान होता है और इस तरह काल की यात्रा आगे बढ़ती रहती है। कालचक्र की यह गतिशीलता सदा अबाधित रहती है। घड़ी के काँटों की गति से कालचक्र की गतिशीलता को सुगमता से समझाया जा सकता है। घड़ी की सुइयाँ जब बारह अंक से आगे यात्रा करती हैं, तब पतनोन्मुख हो जाती हैं। अधोगति के साथ जब तक छह के अंक पर नहीं पहुँच जाती, तब तक उनकी यात्रा नीचे की ओर बनी रहती है। छह के अंक पर पहुँचते ही वे फिर ऊर्ध्वगामी हो जाती और विकास की पराकाष्ठा बारह के अंक पर पहुँच जाती हैं। तदनन्तर/पुनः पतन या पुनः अधोगति हो जाती है। कालचक्र की उत्थान से पतन और पतन से उत्थान की गतिमयता इसी प्रकार बनी रहती है। मानव जाति का संस्कारगत विकास और ह्रास का क्रम भी घड़ी के इन काँटों की भाँति चलता रहता है।

उत्थान से पतन की ओर जानेवाले काल को अवसर्पिणी काल कहते हैं। यह ह्रासोन्मुखकाल है, इस काल में मनुष्यों और तिर्यञ्चों की बुद्धि, आयु, शरीर की ऊँचाई और अनुभव आदि में क्रमशः अवसर्पण अर्थात् ह्रास होता है। इसके विपरीत, पतन से उत्थान की ओर जानेवाला काल उत्सर्पिणी काल

कहलाता है। यह विकासोन्मुख काल है। इस काल में मनुष्यों और तिर्यञ्चों की बुद्धि, आयु, शरीर की ऊँचाई और अनुभव आदि में क्रमशः उत्सर्पण अर्थात् विकास होता है।

अवसर्पिणी काल के आरम्भ से लेकर उत्सर्पिणी की समाप्ति तक काल का एक चक्र सम्पन्न हो जाता है। यही कालचक्र है। उत्थान से पतन का तथा पतन से उत्थान का यह क्रम सतत बना रहता है। यही समय की परिवर्तनशीलता है। कालचक्र सतत गतिशील है और उसमें परिवर्तन (कभी उत्थान कभी पतन) सदा स्थान लेता रहता है। यह परिवर्तन तत्काल हमारे अनुभव में नहीं आता। जब परिवर्तित परिस्थिति काफी आगे बढ़ जाती है, विकसित हो जाती है, तभी हमें उसका आभास होता है।

इस प्रकार कालचक्र उत्सर्पिणी और अवसर्पिणी इन दो विभागों में विभक्त है। दोनों के छह-छह उपविभाग हैं। यहाँ घड़ी का उदाहरण और भी उपयुक्त है। घड़ी में बारह से छह अंक तक का विभाग छह उपभागों में विभक्त अवसर्पिणी काल का प्रतीक है और छह से बारह तक का भाग छह उपभागों में विभक्त उत्सर्पिणी काल का द्योतक है। ह्रासोन्मुख अवसर्पिणी काल के छह विभाग निम्नानुसार हैं –

१. **सुषमा-सुषमा** - सुख ही सुखवाला काल

२. **सुषमा** - सुखवाला काल

३. **सुषमा-दुःषमा** - अधिक सुख और अल्प दुःखवाला काल

४. **दुःषमा-सुषमा** - अधिक दुःख और अल्प सुखवाला काल

५. **दुःषमा** - दुःखवाला काल

६. **दुःषमा-दुःषमा** - दुःख ही दुःखवाला काल

इन छह कालों में जिनका दो बार उल्लेख है, वह सुख अथवा दुःख की उत्कृष्टता का प्रतीक है। एक बार कहना मध्यम अंश है तथा जो शब्द पहले है, उस काल में उसकी अधिकता होती है, अर्थात् सुषमा-दुःषमा काल में सुख की अधिकता तथा दुःख की न्यूनता होती है तथा दुःषमा-सुषमा काल में दुःख की अधिकता और सुख की न्यूनता होती है।

१. सुषमा-सुषमा - इस काल में सुख ही सुख होता है। यह काल भोग प्रधान होता है। मनुष्यों और तिर्यञ्चों को अपने जीवन निर्वाह के लिये कुछ

भी नहीं करना पड़ता है। सारी आवश्यकताओं की पूर्ति प्राकृतिक कल्पवृक्षों से होती है। इस काल में मनुष्यों की आवश्यकताएँ सीमित होती हैं और आकांक्षाएँ मर्यादित। इस काल में नर-नारी युगल रूप में जन्म लेते हैं तथा अपने जीवन के अन्तकाल में पुत्र-पुत्री रूप युगल संतान को जन्म देकर दिवंगत हो जाते हैं। इस काल में जन्म लेनेवाले जीवों की आयु तीन पल्य, शरीर की ऊँचाई छह हजार धनुष तथा देह सुवर्ण वर्ण की होती है।

यहाँ के जीव अत्यन्त अल्पाहारी होते हैं, तीन दिन के अन्तराल से हरड के बराबर अल्पाहार से ही इनकी क्षुधा निवृत्ति हो जाती है। यह काल चार कोड़ा-कोड़ी सागर का होता है।

२. सुषमा - सुषमा-सुषमा काल की तरह यह काल भी भोग प्रधान होता है। इस काल की सारी व्यवस्थाएँ सुषमा-सुषमा काल की तरह ही होती हैं, किन्तु सुषमा-सुषमा काल के आदि से उत्तरोत्तर क्षीण होते हुए इस काल के प्रारम्भ में मनुष्यों की आयु दो पल्य की रहती है, शरीर की ऊँचाई चार हजार धनुष की तथा ये दो दिन के अन्तराल से बहेड़ा के बराबर अल्प आहार ग्रहण करते हैं। इस काल में भोगोपभोग की सामग्री उत्तरोत्तर क्षीण होती जाती है। यह काल तीन कोड़ा-कोड़ी सागर का होता है।

३. सुषमा-दुःषमा - यह काल भी भोग युग कहलाता है। इस काल की व्यवस्था भी पूर्व के दो कालों की तरह होती है, किन्तु यहाँ सुखोपभोग की सामग्री पूर्व की अपेक्षा उत्तरोत्तर क्षीण होने लगती है। इस काल के प्रारम्भ में मनुष्यों की आयु एक पल्य की होती है, इनके शरीर की ऊँचाई भी घटकर दो हजार धनुष की रह जाती है तथा ये एक दिन के अंतराल से आँवले के बराबर अल्प आहार ग्रहण करते हैं। यह काल धीरे-धीरे क्षीण होते हुए कर्मयुग में परिवर्तित हो जाता है। इस काल मे कल्पवृक्षों की कमी होने से सुखोपभोग की सामग्री में भी कमी होने लगती है। इस काल में प्राकृतिक परिवर्तन भी होने लगते हैं। उस समय क्रमशः चौदह कुलकरों की उत्पत्ति होती है। कुलकर प्राकृतिक परिवर्तन से चकित और चिन्तित मानव समूह को मार्गदर्शन देते हैं। इस काल के अन्त में मनुष्यों की आयु पूर्वकोटि मात्र रह जाती है तथा शरीर की ऊँचाई ५००/५२५ धनुष तक की रहती है। इस काल की समाप्ति के बाद कर्मभूमि/कर्मयुग का प्रारम्भ हो जाता है।

४. दुःषमा-सुषमा - इस काल से **कर्मभूमि/कर्मयुग का प्रारम्भ** हो **जाता है। प्राकृतिक सम्पदाएँ प्रायः लुप्त हो जाती हैं। मनुष्यों को अपनी आवश्यकताओं**

की पूर्ति/जीवन निर्वाह के लिए कृषि आदि कर्म करने पड़ते हैं। नर-नारी अब युगल रूप से जन्म नहीं लेते, न ही कल्पवृक्षों से अब आवश्यकताओं की पूर्ति हो पाती है। इस हेतु मनुष्यों को प्रयास करना पड़ता है। इसी काल से विवाह आदि संस्कार प्रारंभ हो जाते हैं और समाज व्यवस्था बनती है। यद्यपि इस काल में कर्म करने से कुछ कष्ट अवश्य होता है, फिर भी अल्प परिश्रम से ही अधिक फल की प्राप्ति होने लगती है। इस काल में प्राकृतिक आपदाएँ नहीं आतीं। इसी काल में ६३ शलाका पुरुषों का जन्म होता है, क्रमशः चौबीस तीर्थंकर जन्म लेकर धर्म तीर्थ का प्रर्वतन करते हैं। मनुष्यों में धार्मिक बुद्धि उपजती है। धर्म की आराधना कर वे मोक्ष भी प्राप्त कर सकते हैं। इस काल से ही नर से नारायण बनने की प्रक्रिया प्रारम्भ हो जाती है। दुःख की अधिकता और सुख की अल्पता होने से यह काल दुःषमा-सुषमा काल कहलाता है। यह काल ४२ हजार वर्ष कम एक कोड़ा-कोड़ी सागर का होता है। इस काल के प्रारम्भ में मनुष्यों की आयु एक पूर्व कोटि एवं शरीर की ऊँचाई ५२५ धनुष की होती है, जो क्रमशः घटती हुई काल के अंत में क्रमशः १२० वर्ष और सात हाथ की रह जाती है।

५. दुःषमा - यह पाँचवाँ काल है। संप्रति यही काल प्रवर्तमान है। यह काल २१ हजार वर्षों का होता है। इस काल के प्रारम्भ में मनुष्यों की आयु १२० वर्ष एवं शरीर की ऊँचाई सात हाथ की होती है। मनुष्यों की आवश्यकताएँ बढ़ जाती हैं, लोभ-लालच बढ़ जाता है, उपज कम होती है, प्राकृतिक आपदाएँ भी आने लगती हैं। मनुष्य भोगी विलासी होने लगता है, धर्म की हानि होने लगती है। तीर्थङ्कर आदि महापुरूषों का अभाव हो जाता है। विशिष्ट ऋद्धि सम्पन्न मुनि-भी नहीं होते हैं, फिर भी कुछ न कुछ धर्म तो बना ही रहता है। इस काल के अन्तिम पखवाड़े के दिन पूर्वाह्न में धर्म का नाश होता है, मध्याह्न में राजा का नाश होता है और अपराह्न में अग्नि नष्ट हो जाती है।

६. दुःषमा-दुःषमा - यह काल भी २१ हजार वर्ष का होता है। इस काल के प्रारम्भ में मनुष्यों की आयु और ऊँचाई क्रमशः २० वर्ष और दो हाथ की रहती है और अंत में घटकर पन्द्रह वर्ष और एक हाथ की रह जाती है। इस काल में जाति-पाँति, धर्म-कर्म सब कुछ का अभाव हो जाता है। मनुष्य की प्रवृत्ति अमानुषिक हो जाती है, मनुष्य पशुओं की तरह नग्न विचरण करने लगते हैं, मानवीय सम्बन्ध पूर्णतः समाप्त हो जाते हैं। मनुष्य कच्चे मांस-मछली और कन्दमूल आदि का आहार करने लगते हैं। मनुष्य का आचरण पाश्विक हो जाता है। इसके अन्तिम ४९ दिनों में सात-सात दिनों तक सात प्रकार की कुवृष्टियाँ होती हैं, जिनसे सारी पृथ्वी नष्ट-भ्रष्ट हो जाती है, प्रलय मच जाता है। इसमें

सर्वप्रथम सात दिनों तक अत्यन्त तीक्ष्ण संवर्तक वायु चलती है, जो कि वृक्ष पर्वत शिला आदि को चूर्ण कर देती है। इससे सात दिन तक भयंकर शीत पडती है। मनुष्य और तिर्यञ्च इससे व्याकुल होकर विलाप करने लगते हैं। उस समय देव और विद्याधर दयाद्र होकर ७२ युगलों के साथ कुछ अन्य मनुष्यों और तिर्यञ्चों को विजयार्ध पर्वत की गुफाओं में ले जाकर सुरक्षित रखते हैं।

इसके पश्चात् सात-सात दिनों तक क्रमशः १. अत्यन्त शीतल क्षार जल, २. विष, ३. धूम्र, ४. धूल, ५. वज्र, ६. जलती हुई दुष्प्रेक्ष्य अग्नि-ज्वाला की वृष्टि होती है।

इस वृष्टि के निमित्त से अवशिष्ट बचे मनुष्य भी नष्ट हो जाते हैं, तथा विष और अग्नि की वृष्टि से दग्ध पृथ्वी एक योजन नीचे तक काल के वश से चूर्ण हो जाती है।

वज्र और अग्नि की वर्षा के कारण भरत और ऐरावत क्षेत्र के आर्य खंडों में क्षुद्र-पर्वत, उपसमुद्र, वनखंड, छोटी-छोटी नदियाँ, ये सब भस्म होकर संपूर्ण पृथ्वी समतल हो जाती है और सात दिन तक धूल और धुआँ से आकाश व्याप्त रहता है। यहीं पर अवसर्पिणी काल का अन्त हो जाता है। इसके पश्चात् उत्सर्पिणी काल प्रारम्भ होता है, जिसमें विलोम क्रम से उत्तरोत्तर विकास होता जाता है।

उत्सर्पिणी काल के विभाग इस प्रकार हैं —

१. दुःषमा-दुःषमा- उत्सर्पिणी काल के प्रारम्भ में सात दिन तक पुष्कर मेघ जल की वर्षा करते हैं, जिससे वज्र से जली पृथ्वी शीतल हो जाती है, फिर सात दिन तक क्षीर वृष्टि, सात दिन तक घृत वर्षा, सात दिन तक अमृत वर्षा, इसके पश्चात् सात दिनों तक दिव्य रस की वर्षा होती है। इन सुवृष्टियों से अभिषिक्त भूमि पर लता, गुल्म आदि उगने लगते हैं। दिव्य रस की वर्षा हो जाने से उन लता, गुल्मों में रस एवं अनेक प्रकार की औषधियों से भरी हुई भूमि सुस्वादु हो जाती है। इसके पश्चात् विद्याधरों एवं देवों द्वारा सुरक्षित रखे गये मनुष्य, तिर्यञ्च विजयार्ध की गुफाओं से बाहर निकलकर सुस्वादु मृत्तिका, फल-फूल आदि खाते हुए पशुओं की तरह नग्न विचरण करने लगते हैं। यह काल भी २१ हजार वर्ष का होता है। इस काल के प्रारम्भ की आयु १५-१६ वर्ष एवं शरीर की ऊँचाई एक हाथ की होती है। इसके आगे वह बढ़ती जाती हैं। आयु, बल, तेज, बुद्धि आदि सब काल के स्वभाव से उत्तरोत्तर बढ़ते जाते हैं। इस प्रकार २१ हजार वर्ष बीतने पर यह अति दुःषमा काल समाप्त हो जाता है।

२. दुःषमा - दुःषमा-दुःषमा काल के व्यतीत होने के बाद दुःषमा काल प्रारम्भ होता है। इस काल के प्रारम्भ में मनुष्यों की उत्कृष्ट आयु बीस वर्ष और शरीर की ऊँचाई साढ़े तीन हाथ की होती है जो क्रमशः बढ़ती जाती है। यह काल भी २१ हजार वर्ष का होता है। इसमें प्रारम्भ के २० हजार वर्षों तक सारी क्रियाएँ पूर्ववत् होती हैं, किन्तु अन्त के एक हजार वर्ष शेष रहने पर क्रमशः चौदह कुलकरों की उत्पत्ति होती है, जो तत्कालोचित क्रियाओं का उपदेश देते हैं।

३. दुःषमा-सुषमा - इसके पश्चात् दुःषमा-सुषमा नाम का काल आता है। यह काल ४२ हजार वर्ष कम एक कोड़ाकोड़ी का होता है। इस काल के आरंभ में मनुष्यों की उत्कृष्ट आयु १२० वर्ष तथा शरीर की ऊँचाई सात हाथ की होती है, जो क्रमशः बढ़ते हुए अन्त में एक पूर्व कोटि एवं ५०० धनुष तक हो जाती है। इस काल में चौबीस तीर्थङ्करों की उत्पत्ति होती है। प्रथम तीर्थङ्कर अन्तिम कुलकर के पुत्र होते हैं। शेष सारी स्थिति अवसर्पिणी काल के दुःषमा-सुषमा कालवत् होती है।

इसके पश्चात् सुषमा-दुःषमा चौथा, सुषमा पाँचवाँ तथा सुषमा-सुषमा छठा, इस प्रकार ये तीन काल अनवस्थित जघन्य, मध्यम और उत्तम भोगभूमि के रूप में आते हैं, जिनका प्रमाण क्रमशः दो कोड़ा-कोड़ी सागर, तीन कोड़ा-कोड़ी सागर और चार कोड़ा-कोड़ी सागर का होता है। इस काल के पुरूष तथा स्त्रियों की ऊँचाई क्रमशः एक कोस, दो कोस और तीन कोस तथा आयु क्रमशः एक, दो और तीन पल्य की होती है। इनके शरीर का वर्ण क्रमशः प्रियंगु चन्द्रमा और बाल सूर्य के समान होता है। ये सभी कल्पवृक्षों द्वारा प्राप्त भोगोपभोगों को भोगनेवाले होते हैं। इनका शेष कथन उत्सर्पिणी कालवत् है।

इस प्रकार उत्सर्पिणी काल के छठे भाग के पूरे हो जाने पर कालचक्र का अन्तिम भाग पूरा हो जाता है। इस तरह एक काल चक्र समाप्त होकर आगामी कालचक्र आरम्भ हो जाता है। ऐसे अनन्त कालचक्र अब तक हो चुके हैं और भविष्य में भी अनन्त होंगे। एक विशेष उल्लेखनीय तथ्य यह भी है कि कालचक्र उत्सर्पिणी और अवसर्पिणी दो व्यवहार कालों में तो अवश्य ही विभक्त रहता है और दोनों की समयावधि भी समान ही रहती है। कालचक्र के दोनों विभाग दश-दश कोड़ा-कोड़ी सागर के होते हैं और संपूर्ण कालचक्र २० कोड़ा-कोड़ी सागर का होता है।

छह कालों में आयु आदि की वृद्धि व हानि का क्रम जानने के लिए तालिका देखें।

षट्कालों में आयु, आहारादि की वृद्धि व हानि

विषय	सुषमा-सुषमा	सुषमा	सुषमा-दुःषमा	दुःषमा-सुषमा	दुःषमा	दुःषमा-दुःषमा
कालप्रमाण	४ को.को.सा.	३ को.को.सा.	२ को को स.	१ को को स. से ४२००० वर्ष हीन	२१०००वर्ष	२१०००वर्ष
आयु (ज.)	२ पल्य एक समय अधिक	१ पल्य एक समय अधिक	१ पू.को. एक समय अधिक	१२० वर्ष	२० वर्ष	१५-१६ वर्ष
,, (उ.)	३ पल्य	२ पल्य	१ पल्य	१ पू. को	१२० वर्ष	२० वर्ष
अवगाहना ,, (जघन्य)	४००० धनुष	२००० धनुष	५०० धनुष	७ हाथ	३ या ३$\frac{1}{2}$ हाथ	१ हाथ
,,(उत्कृष्ट)	६००० धनुष	४००० धनुष	२००० धनुष	५०० धनुष	७ हाथ	३ या ३$\frac{1}{2}$ हाथ
आहारप्रमाण	हरड़ प्रमाण	बहेड़ा प्रमाण	आँवला प्रमाण			
आहार-अन्तराल	३ दिन	२ दिन	१ दिन	प्रतिदिन	अनेकबार	बारम्बार
विहार	अभाव	अभाव	अभोव	—	—	—
संस्थान	समचतुरस्र	समचतुरस्र	समचतुरस्र	छहों	छहों	कुबड़े बौने
संहनन	वज्रवृषभ ना.	वज्र वृषभ	वज्र वृषभ	छहों	अन्तिम तीन	
हड्डियाँ (शरीर के पृष्ठ में)	२५६	१२८	६४	४८-२४	२४-१२	१२
शरीर का रंग	स्वर्णवत् सूर्यवत्	शंखवत् चन्द्रवत्	नीलकमल हरित्-श्याम	पाँचों वर्ण	कान्तिहीन पंचवर्ण	धुँवे वत् श्याम
बल	९००० गजवत्	९००० गजवत्	९००० गजवत्			
संयम	अभाव	अभाव	अभाव			
मरण समय	पुरुष के छींक	स्त्री की जँभाई				
अपमृत्यु	अभाव	अभाव	अभाव			
मृत्यु पश्चात् शरीर	कर्पूरवत् उड़ जाता है					
उपपाद	(सम्यक्त्व सहित सौधर्म ईशान में, मिथ्यात्व सहित भवनत्रिक में)					
भूमि रचना	उत्तम भोग	मध्यम भोग	जघन्य भोग	कर्म भूमि	कर्मभूमि	कर्मभूमि

दशविध कल्पवृक्ष

दशविधाः कल्पद्रुमाः ॥४॥

कल्पवृक्ष दश प्रकार के होते हैं ॥४॥

कल्पवृक्ष दश प्रकार के होते हैं- १. पानांग, २. तूर्यांग, ३. भूषणांग, ४. वस्त्रांग, ५. भोजनांग, ६. आलयांग, ७. दीपांग, ८. भाजनांग, ९. मालांग, १०. तेजांग।

ये दश प्रकार के कल्पवृक्ष भोगभूमियों में होते हैं। भरत और ऐरावत क्षेत्र में सुषमा-सुषमा, सुषमा तथा सुषमा-दुःषमा काल में इन कल्पवृक्षों का सद्भाव रहता है। मनुष्यों को कल्पित/इच्छित वस्तुओं को प्रदान करनेवाले होने के कारण इन्हें कल्पवृक्ष कहा जाता है। भोगभूमि के मनुष्यों के जीवन का प्रमुख आधार ये कल्पवृक्ष ही होते हैं। इन्हीं के माध्यम से ये जीव अपनी विभिन्न आवश्यकताओं की पूर्ति करते हैं। सब प्रकार के कल्पवृक्ष पार्थिव होते हैं, जो मनुष्यों को पुण्य के फलस्वरूप स्वभावतः अलग-अलग फल प्रदान करते हैं।

विभिन्न कल्पवृक्ष और उनके फल इस प्रकार हैं –

	कल्पवृक्ष	**कार्य**
१.	पानांग-	मधुर, सुस्वादु, छह रसों से युक्त हर प्रकार के पेय प्रदान करनेवाले
२.	तूर्यांग-	विभिन्न प्रकार के वादित्र प्रदान करनेवाले
३.	भूषनांग-	विभिन्न आभूषणों को प्रदान करनेवाले
४.	वस्त्रांग-	उत्तमोत्तम वस्त्र प्रदान करनेवाले
५.	भोजनांग-	उत्तम रसों और व्यंजनों से युक्त सुस्वादु भोजन प्रदान करनेवाले
६.	आलयांग-	रमणीय दिव्य भवन प्रदान करनेवाले
७.	दीपांग-	चन्द्रमा के समान शीतल प्रकाश देनेवाले
८.	भाजनांग-	रत्न विनिर्मित विविध भाजन एवं चामर आसन आदि प्रदान करनेवाले
९.	मालांग-	उत्तमोत्तम पुष्पों की माला प्रदान करनेवाले
१०.	तेजांग-	करोड़ों सूर्य से भी अधिक प्रकाश उत्पन्न करनेवाले। तेजांग वृक्षों के कारण सूर्य, चन्द्र और नक्षत्रों का प्रकाश कांतिहीन हो जाता है।

चौदह कुलकर

चतुर्दश कुलकरा इति ॥५॥

चौदह कुलकर होते हैं ॥५॥

वे कुशल मनीषी जो कर्मभूमि के प्रारम्भ में होते हैं एवं मानव समूह को कुलों के आधार पर व्यवस्थित कर मानव सभ्यता के सूत्रधार बनते हैं, कुलकर कहलाते हैं।

कुलकर भोगभूमि से कर्मभूमि के संक्राति काल में उत्पन्न होते हैं तथा उस समय होनेवाले प्राकृतिक परिवर्तन से चकित और चिन्तित मानव समाज को सत्परामर्श दे तत्कालीन समस्याओं का समाधान बताते हैं।

सतत गतिशील कालचक्र के ह्रासोन्मुख परिवर्तन से सुषमा-दुःषमा नाम के तीसरे काल में प्राकृतिक संपदाओं का अभाव होने लगता है, कल्पवृक्षों के फल क्षीण/मंद होने लगते हैं, परिणामतः सुखोपभोग की सामग्री में कमी आ जाती है। ऐसी स्थिति में विचार-संघर्ष, कषाय-वृद्धि, क्रोध, लोभ, छल-प्रपंच, स्वार्थ, अहंकार और बैर-विरोध की पाश्विक प्रवृत्तियों का प्रादुर्भाव होने लगता है और विभिन्न दोषों से मानव समाज जलने लगता है। अशान्ति की असह्य अग्नि से त्रस्त एवं दिग्मूढ़ मानव के मन में शान्ति की पिपासा जागृत होती है। उस समय उस दिग्भ्रांत मानव समाज के भीतर से कुछ प्रतिभा सम्पन्न व्यक्ति प्रकट होते हैं, जो त्रस्त मानव समाज को भौतिक शान्ति का पथ प्रदर्शित करते हैं, वे कुलकर कहलाते हैं। कुलकर मानव और प्रकृति के संबंधों को उद्‌घाटित कर मनुष्य को जीने की कला सिखाते हैं एवं समाज का ढाँचा तैयार कर विवेक और विचार की शिक्षा देते हैं। जैन परम्परा में कुलकरों का वही स्थान है, जो वैदिक परम्परा में मनुओं का। मनुओं की संख्या भी चौदह बताई गयी है।

प्रवर्त्तमान अवसर्पिणी काल के चौदह कुलकर और उनके कार्य

इस अवसर्पिणी काल के तीसरे सुषमा-दुःषमा नामक विभाग में क्रमशः चौदह कुलकर हुए, उनके नाम इस प्रकार हैं-

१. प्रतिश्रुति, २. सन्मति, ३. क्षेमंकर, ४. क्षेमन्धर, ५. सीमंकर, ६. सीमन्धर, ७. विमल वाहन, ८. चक्षुष्मान, ९. यशस्वी, १०. अभिचन्द्र, ११. चन्द्राभ, १२. मरुदेव, १३. प्रसेनजित, १४. नाभिराज।

प्रतिश्रुति कुलकर के काल में चन्द्रमा और सूर्य के आकस्मिक दर्शन से जनता अत्यन्त भयभीत हो गई। उस समय प्रतिश्रुति नामक कुलकर ने सभी को प्रकृति का रहस्य समझाते हुए बताया कि तेजांग वृक्षों की कमी हो जाने के कारण हमें चन्द्र और सूर्य दिखने लगे हैं, ये पहले भी थे पर इन वृक्षों के तेज के कारण हमें दिखते नहीं थे। अतः घबराने की कोई बात नहीं है, काल के प्रभाव से प्रकृति में यह परिवर्तन आया है। इस प्रकार सभी को समझाकर भयमुक्त किया।

सन्मति कुलकर के काल में तेजांग वृक्षों का पूर्णतः अभाव हो गया था। फलतः आकाश में अंधकार छा गया और नक्षत्र व तारे गण दिखाई देने लगे। इन्होंने नक्षत्र और ताराओं का परिचय कराकर जनता का भय दूर किया।

क्षेमंकर कुलकर के काल में व्याघ्रादि जन्तु क्रूर आचरण करने लगे थे। इन्होंने क्रूर जन्तुओं से सावधान रहने तथा गाय, बैल आदि पशुओं को पालतू बनाने का उपाय बताया।

क्षेमन्धर कुलकर के काल में व्याघ्रादि पशु मनुष्यों का भक्षण करने लगे। इन्होंने मनुष्यों को दण्ड आदि के प्रयोग द्वारा आत्मरक्षा का उपाय बताया।

सीमंकर नामक पाँचवें कुलकर के काल में कल्पवृक्ष अल्पफल देने लगे थे तथा मनुष्यों में लोभ की प्रवृत्ति बढ़ गयी थी। परिणामतः मनुष्यों में पारस्परिक विवाद, कलह बढ़ गया था। सीमंकर कुलकर ने वृक्षों की सीमा निर्धारित कर मनुष्यों के पारस्परिक संघर्ष को रोका।

सीमन्धर कुलकर के काल में कल्पवृक्ष अत्यन्त विरल और अल्प फल रसवाले हो गये। अतएव मनुष्यों में इनके विषय में नित्य ही कलह होने लगी। इन्होंने वृक्षों को चिह्नित कर उनके व्यक्तिगत स्वामित्व की सीमा निर्धारित की।

विमलवाहन कुलकर के काल में मनुष्यों को गमनागमन में बाधा अनुभव होने लगी। इन्होंने हाथी, घोड़ा आदि पशुओं की सवारी की कला तथा वाहन के रूप में उनके प्रयोग की शिक्षा दी। अब तक माता-पिता अपनी सन्तान का मुख देखने के पहले ही दिवंगत हो जाते थे, पर विमलवाहन कुलकर के बाद माता-पिता अपनी ही संतान युगल को देखकर भयभीत होने लगे। उस समय चक्षुष्मान कुलकर ने संतान का परिचय देकर लोगों का भय दूर किया।

यशस्वी कुलकर ने बालकों के नामकरण की शिक्षा दी। अभिचन्द्र नामक दशवें कुलकर ने अपनी संतान युगल को बोलना और खेलना सिखाने की शिक्षा दी।

अभिचन्द्र कुलकर के बाद शीत, तुषार आदि की अत्यन्त तीव्र बाधा सताने लगी। उस समय चन्द्राभ कुलकर ने सूर्य की किरणों से शीत निवारण की शिक्षा दी।

ग्यारहवें कुलकर के दिवंगत होने के कुछ काल बाद आकाश से अचानक मेघ-वर्षा होने लगी, नदी-नाले बहने लगे तथा पर्वत आदि के दर्शन होने लगे। अब तक कभी नहीं देखी गयी वर्षा, गरजते हुए मेघ, चमकती हुई बिजली, नदी-नाले और पर्वतों को देखकर उस समय के मनुष्य अत्यन्त भयभीत हो गये। उस समय मरुदेव नामक बारहवें कुलकर ने प्रकृति का रहस्य बताते हुए लोगों के भय का निवारण किया और नौका से नदियों को पार करने, पहाड़ों पर सीढ़ियाँ बनाकर चढ़ने और छत्र आदि धारण कर वर्षा से अपनी रक्षा करने की शिक्षा दी।

मरुदेव कुलकर के कुछ काल बाद संतान युगल का जन्म जरायु (वर्तिपटल) के साथ होने लगा। उन्हें देखकर माता-पिता भयभीत होने लगे। उस समय प्रसेनजित नामक तेरहवें कुलकर ने जरायु को दूर करने का उपाय बताकर लोगों का भय दूर किया।

प्रसेनजित कुलकर के कुछ काल बाद सन्तान युगल का नाभिनाल अत्यन्त लम्बा होने लगा। उस समय नाभिराय नामक अंतिम कुलकर ने नाभिनाल को काटने का उपदेश दिया। उसी समय कल्पवृक्ष पूरी तरह नष्ट हो गये और पृथ्वी पर अनेक प्रकार की औषधियाँ, धान्य और फलों की सहज रूप से उत्पत्ति हो गयी।

अंतिम कुलकर नाभिराय ने औषधियों, धान्यों और फलों की पहिचान करायी तथा सहज उत्पन्न धान्यों, वनस्पतियों और गाय आदिक के दुग्ध आदि का प्रयोग कर अपनी आजीविका चलाने का उपदेश दिया।

ये सभी कुलकर पूर्व भव में विदेह क्षेत्रस्थ राजकुमार थे। इन्होंने सम्यक्त्व ग्रहण से पूर्व पात्रदान के प्रबल पुण्य से भोगभूमि की आयु का बंध कर लिया था। तदुपरान्त जिनेन्द्र भगवान् के समीप क्षायिक सम्यग्दर्शन प्राप्त किया और विशेष ज्ञान अर्जित कर भरत क्षेत्र में उत्पन्न हुए। इनमें से कुछ अवधिज्ञानी तथा कुछ जातिस्मरण से युक्त थे। अपनी इसी विशिष्ट प्रतिभा के कारण उन्होंने विचार कर प्रजा को हित का उपदेश दिया था। कुलकरों को प्रजा के जीवन का

उपाय जानने से 'मनु' तथा आर्य पुरुषों को कुलों की भाँति इकट्ठे रहने का उपदेश देने के कारण 'कुलकर' कहा गया है। इसके साथ ही अनेक कुलों/वंशों को स्थापित करने से कुलधर एवं युग के आदि में जन्म होने से युगादि पुरुष भी कहा गया है।[१]

कुलकरों के काल में दण्ड व्यवस्था

प्रथम पाँच कुलकरों ने दोषी मनुष्यों को 'हा' कहकर अर्थात् 'हाय मैंने अपराध किया' ऐसा खेद प्रकट कर दण्ड की व्यवस्था की थी। छठवें से दसवें कुलकर ने 'हा' के साथ 'मा' रूप दण्ड व्यवस्था की थी। अर्थात् तुमने बुरा किया अब आगे ऐसा मत करो। तथा शेष कुलकरों ने "हा मा धिक्" अर्थात् "तुम्हें धिक्कार है" इस प्रकार की दण्ड व्यवस्था दी।

आदिनाथ भगवान् के समय भी ऐसी ही दण्ड पद्धति थी। विशेष दण्ड व्यवस्था का प्रवर्तन भरत चक्रवर्ती ने किया था। शारीरिक दण्ड और वध-बंधन की पद्धति भरत चक्रवर्ती ने चलाई थी।

उत्सर्पिणी काल के चौदह कुलकर

जिस प्रकार अवसर्पिणी काल में चौदह कुलकर होते हैं, उसी प्रकार उत्सर्पिणी काल में भी चौदह कुलकर उत्पन्न होते हैं। उत्सर्पिणी काल में कुलकरों की उत्पत्ति "दुःषमा" नामक द्वितीय काल के बीस हजार वर्ष व्यतीत हो जाने पर एक हजार वर्ष की शेष अवधि में होती है। ये कुलकर मनुष्यों को लकड़ी, पत्थर आदि का संघर्षण कर अग्नि उत्पन्न करने की, अन्न पकाने की शिक्षा देते हैं तथा विवाह करके इच्छानुसार सुखोपभोग की प्रेरणा देते हैं। उत्सर्पिणी काल में मानवीय सभ्यता का जन्म इन कुलकरों के काल से ही होता है। अन्तिम कुलकर से तीर्थंकर जन्म लेते हैं।

आगामी उत्सर्पिणी काल के चौदह कुलकरों के नाम निम्नानुसार हैं -

१. कनक, २. कनकप्रभ, ३. कनकराज, ४. कनकध्वज, ५. कनक-पुंगव, ६. नलिन, ७. नलिनप्रभ, ८. नलिनराज, ९. नलिनध्वज, १०. नलिन-पुंगव, ११. पद्मप्रभ, १२. पद्मराज, १३. पद्मध्वज, १४. पद्मपुंगव।

---

१. प्रजानाम् जीवनोपाय मननात् मनवो मताः ।
आर्याणां कुल संस्त्यायकृते कुलकरा ईमें ॥२॥
कुलानां धारणादेते मताः कुलधरा इति ।
युगादिपुरुषाः प्रोक्ता युगादौ प्रभविष्णवः ॥३॥ महापुराण तृतीय पर्व

विशेषः- ग्रन्थों में तीर्थंकर ऋषभदेव और भरत चक्रवर्ती को क्रमशः पन्द्रहवाँ और सोलहवाँ कुलकर माना गया है। ऋषभदेव के काल में प्राकृतिक रूप से सहज उत्पन्न धान्यों का अभाव हो गया था। उस समय उन्होंने असि, मसि, कृषि, विद्या, वाणिज्य और शिल्प इन षट् कर्मों का उपदेश दिया था। भरत चक्रवर्ती ने मनुष्यों में अविवेक की उत्पत्ति देखकर वर्ण व्यवस्था की थी । (देखें महापुराण ३/२१३)

तीर्थङ्कर

षोडश भावनाः ॥६॥

चतुर्विंशतितीर्थङ्कराः ॥७॥

चतुस्त्रिंशदतिशयाः ॥८॥

पञ्चमहाकल्याणानि ॥९॥

घातिचतुष्टयाष्टादशदोषरहिताः ॥१०॥

समवशरणैकादश भूमयः ॥११॥

द्वादशगणाः ॥१२॥

अष्टमहाप्रातिहार्याणि ॥१३॥

अनन्तचतुष्टयमिति ॥१४॥

सोलह भावनाएँ हैं ॥६॥

तीर्थङ्कर चौबीस होते हैं ॥७॥

तीर्थङ्कर के चौतीस अतिशय होते हैं ॥८॥

उनके पाँच महाकल्याणक होते हैं ॥९॥

वे अठारह दोष और चार घातिया कर्मों से रहित होते हैं ।१०॥

तीर्थङ्करों के समवशरण में ग्यारह भूमियाँ होती हैं॥११॥

सम्वशरण में बारह सभाएँ होती हैं ॥१२॥

तीर्थङ्कर के अष्ट महाप्रातिहार्य होते हैं ॥१३॥

तीर्थङ्कर अनन्त चतुष्टय से युक्त होते हैं ॥१४॥

तीर्थङ्कर और तीर्थङ्करत्व

देशकाल की परिस्थितियाँ सदा एक-सी नहीं रहती। समय सदा ही परिवर्तनशील रहा है, उत्थान और पतन का क्रम भी निरन्तर रहा है। जगत् की अन्यान्य प्रवृत्तियों के साथ धर्म भी इस क्रम से प्रभावित होता रहा है। कभी तो धर्म अपने पूर्ण प्रभाव और प्रबलता से युक्त रहता है, कभी ऐसा भी समय आता है जब धर्म का प्रभाव क्षीण होने लगता है, उसमें शिथिलता आ जाती है। यह सब देश काल की परिस्थितियों के अनुरूप होता रहता है। जब-जब धर्म का रूप धुंधलाता है, उसकी गति मंथर होती है, तब-तब कुछ ऐसे प्रखर-ऊर्जावान् महापुरूष जन्म लेते हैं, जो धर्म परम्परा में आई मलिनता और विकृतियों का उन्मूलन कर धर्म के मूल स्वरूप को पुनः स्थापित करते हैं। ऐसे ही जगतोद्धारक, महान् उन्नायक, महापुरूष तीर्थङ्कर कहलाते हैं। ये धर्म तीर्थ के प्रवर्तक होते हैं।

तीर्थङ्कर जैन धर्म का एक पारिभाषिक शब्द है, जिसका भाव है– धर्म-तीर्थ को चलानेवाला अथवा धर्म-तीर्थ का प्रवर्तक। तीर्थ का अर्थ है आगम और उस पर आधारित चतुर्विध संघ। जो आगम और चतुर्विध संघ का निर्माण करते हैं वे तीर्थङ्कर कहलाते हैं। तीर्थङ्कर शब्द की व्युत्पत्ति करते हुए कहा गया है- "तरन्ति संसारमहार्णवं येन तत् तीर्थम्" अर्थात् जिसके द्वारा संसार सागर से पार होते हैं वह तीर्थ है। इसी तीर्थ के प्रवर्तक तीर्थङ्कर कहलाते हैं। तीर्थ शब्द का एक अर्थ घाट भी होता है। तीर्थङ्कर सभी जनों को संसार समुद्र से पार उतारने के लिये धर्म रूपी घाट का निर्माण करते हैं। तीर्थ का अर्थ पुल या सेतु भी होता है। कितनी ही बड़ी नदी क्यों न हो, सेतु द्वारा निर्बल से निर्बल व्यक्ति भी उसे सुगमता से पार कर सकता है। तीर्थङ्कर संसाररूपी सरिता को पार करने के लिए धर्म-शासनरूपी सेतु का निर्माण करते हैं। इस धर्मशासन के अनुष्ठान द्वारा आध्यात्मिक साधना कर जीवन को परम पवित्र और मुक्त बनाया जा सकता है। सारांश यह है कि तीर्थङ्करत्व के गौरव से वे महापुरुष मंडित होते हैं, जो समस्त विकारों पर विजय पाकर जिनत्व को उपलब्ध कर लेते हैं और कैवल्य प्राप्त कर निर्वाण के अधिकारी बनते हैं। तीर्थङ्कर अपनी इसी सामर्थ्य के साथ जगत् के अन्य प्राणियों के कल्याण का मार्ग प्रशस्त करते हैं। मानव जाति को मोक्ष का मार्ग बताकर उस पर अग्रसर होने की प्रेरणा और शक्ति भी प्रदान करते हैं।

तीर्थङ्कर परम्परा

जैनधर्म के अनुसार प्रत्येक कालचक्र में अवसर्पिणी के दुःषमा-सुषमा नामक चौथे काल के प्रारम्भ में और उत्सर्पिणी के दुःषमा-सुषमा तीसरे काल के आरम्भ में जब यह सृष्टि भोगयुग से कर्मयुग में प्रविष्ट होती है, तब

क्रमशः चौबीस तीर्थङ्कर उत्पन्न होते हैं। यह परम्परा अनादिकालीन है। जैन आगम के अनुसार अतीत काल में अनन्त तीर्थङ्कर हो चुके हैं, वर्तमान में ऋषभादि चौबीस तीर्थङ्कर हुए हैं और भविष्य में भी अनन्त तीर्थङ्कर होंगे। वर्तमानकालिक चौबीस तीर्थङ्करों के नाम इस प्रकार हैं –

१. ऋषभनाथ, २. अजितनाथ, ३. संभवनाथ, ४. अभिनन्दननाथ, ५. सुमतिनाथ, ६. पद्मप्रभ, ७. सुपार्श्वनाथ, ८. चन्द्रप्रभ, ९. पुष्पदन्त, १०. शीतलनाथ, ११. श्रेयांसनाथ, १२. वासुपूज्य, १३. विमलनाथ, १४. अनंतनाथ, १५. धर्मनाथ, १६. शांतिनाथ, १७. कुन्थुनाथ, १८. अरनाथ, १९. मल्लिनाथ, २०. मुनिसुव्रतनाथ, २१. नमिनाथ, २२. नेमिनाथ, २३. पार्श्वनाथ, २४. महावीर।

भूत और भविष्य कालिक तीर्थङ्करों के नाम इस प्रकार है –

भूतकालिक तीर्थङ्कर- १. श्रीनिर्वाण, २. सागर, ३. महासाधु, ४. विमलप्रभ, ५. शुद्धाभदेव, ६. श्रीधर, ७. श्रीदत्त, ८. सिद्धाभदेव, ९. अमलप्रभ, १० उद्धारदेव, ११. अग्निदेव, १२ संयम, १३. शिव, १४. पुष्पाजंलि, १५. उत्साह, १६. परमेश्वर, १७. ज्ञानेश्वर, १८. विमलेश्वर, १९. यशोधर, २०. कृष्णमति, २१. ज्ञानमति, २२. शुद्धमति, २३. श्रीभद्र, २४. अनन्तवीर्य।

भविष्यकालिक तीर्थङ्कर- १. श्रीमहापद्म, २. सुरदेव,३. सुपार्श्व, ४. स्वयंप्रभ, ५. सर्वात्मभूत, ६. देवपुत्र, ७. कुलपुत्र, ८. उदङ्क, ९. प्रौष्ठिल, १०. जयकीर्ति, ११. मुनिसुव्रत, १२. अर, १३. निष्पाप, १४. निष्कषाय, १५. विपुल, १६. निर्मल, १७. चित्रगुप्त, १८. समाधिगुप्त, १९. स्वयम्भू, २०. अनिवर्तक, २१. जय, २२. विमल, २३. देवपाल, २४. अनन्तवीर्य।

ये भूत, वर्तमान और भविष्यकालिक सभी तीर्थङ्कर धर्म के मूलस्वरूप का समान रूप से प्ररूपण करते हैं, धर्म का मूलतत्त्व एक है। एक तीर्थङ्कर से दूसरे तीर्थङ्कर की देशना में कोई अंतर नहीं रहता। सभी तीर्थङ्कर एक ही तत्त्व का उपदेश देते हैं।

देशकाल के प्रभाव से जब तीर्थ में नाना प्रकार की विकृतियाँ उत्पन्न हो जाती हैं, अनेक प्रकार की भ्रान्तियाँ एवं मलिनता फैलने लगती है और तीर्थ विलुप्त, विश्रृंखलित एवं शिथिल होने लगता है, उस समय दूसरे तीर्थङ्कर का समुद्भव होता है। वे विशुद्धरूपेण नवीन तीर्थ की स्थापना करते हैं, अतः वे तीर्थङ्कर कहलाते हैं। तीर्थङ्कर वस्तुतः किसी नवीन सम्प्रदाय या धर्म का प्रवर्तन नहीं करते, अपितु अनादिनिधन आत्मधर्म का स्वयं साक्षात्कार कर वीतरागभाव से उसकी पुनर्व्याख्या या प्रवचन मात्र करते हैं। धर्म के प्राणभूत सिद्धांत ज्यों के

त्यों उपदिष्ट किये जाते हैं। केवल बाह्य क्रियाओं एवं आचार-व्यवहार में ही किंचित् अन्तर आता है।

तीर्थङ्करत्व और अवतारवाद

अवतारवादी परम्परा के अनुसार जब-जब जगत् में अनाचार की अति होती है, दुराचारी का आतंक बढ़ता है, धर्म और धर्मात्मा पर संकट आता है, तब परमोच्च सत्ता का धारी ईश्वर किसी न किसी रूप में अवतरित होता है, और सज्जनता और सज्जनों की तथा धर्म और धर्मात्मा की रक्षा करता है। वह दुराचार और दुराचारियों का विनाश करता है। तीर्थङ्करों के साथ यह बात नहीं है। जैन धर्म के अनुसार तीर्थङ्कर किसी के अवतार नहीं होते। वस्तुतः न तो वे ईश्वरीय अंश हैं, न ही ईश्वर के प्रतिनिधि। यह तो मनुष्य ही है, जो स्व-अर्जित पुरुषार्थ के बल पर वंदनीय स्थान प्राप्त करते हैं। जैन धर्म में ऐसे किसी ईश्वर की मान्यता ही नहीं है जो जगत्-कर्त्ता, जगत्-पालक और जगत्-संहार का कार्य करता हो अथवा दुर्जनों के लिये दण्ड और सज्जन भक्तों के पालन और संरक्षण की व्यवस्था करती हो। जैनधर्म ऐसी किसी भी बाह्य शक्ति को स्वीकार नहीं करता, जो हमें पुरस्कृत या दण्डित करता हो, जिसके सहारे हमारा संहार या संपोषण होता हो।

जैनधर्म में तो सर्वोपरि महत्त्व मनुष्य का ही है। वह अपनी साधना के शिखर पर पहुँच कर और अपने मन की पवित्रता का आश्रय पाकर स्वयं ही तीर्थङ्करत्व को प्राप्त हो जाता है। वस्तुतः मनुष्य अनन्त क्षमताओं का कोश है। उसमें ही ईश्वरत्व का वास है, किन्तु उस पर सांसारिक वासनाओं, मोह-माया और कर्मों का ऐसा सघन आवरण पड़ा है कि वह अपनी सशक्तता और महानता से परिचित ही नहीं हो पाता। जब मनुष्य अपनी आत्मशक्ति को पहिचानकर इन आवरणों/बाधाओं को दूर कर लेता है तो मनुष्यत्व के चरम शिखर पर पहुँच जाता है। सर्वथा निर्दोष, निर्विकार और शुद्धता की स्थिति प्राप्त कर मनुष्य ही सर्वज्ञ, सर्वदर्शी, ईश्वर, परमात्मा, शद्ध और बुद्ध बन जाता है।

उसका आत्मारूपी सूर्य मेघाच्छादन से मुक्त होकर ज्ञानालोक का प्रसार करने योग्य हो जाता है। ऐसा महापुरूष ही केवली की स्थिति में अनन्त ज्ञान का स्वामी होकर जगत्-उद्धार करता है। असंख्यजनों का कल्याण करते हुए अन्ततः वह निर्वाण पद प्राप्त कर लेता है और अजर-अमर अविनाशी बन जाता है। यही उसकी सिद्धि या कृत-कृत्यता कहलाती है।

तीर्थङ्कर इस दृष्टि से भी अवतारों से भिन्न होते हैं कि उनका सामर्थ्य

स्वार्जित होता है, किसी पूर्व महापुरूष की प्रतिच्छाया अथवा प्रतिरूप वे नहीं होते। किसी राज परिवार में जन्म लेकर, वैभव-विलास में जीवन व्यतीत करते हुए एक दिन कोई अवतार हो जाये-ऐसा तो हो सकता है, हुआ भी है, किन्तु तीर्थङ्करत्व की प्राप्ति सुगम नहीं हुआ करती। इस हेतु समस्त सुख वैभवों का स्वेच्छा से त्याग करना पड़ता है। अहिंसा, सत्य, अचौर्य, ब्रह्मचर्य और अपरिग्रह की कठोर साधना करनी पड़ती है। वीतरागी साधु बनकर एकान्त निर्जनों में ध्यान लीन रहकर अनेक कष्टों को समता, सहिष्णुता और धैर्य के साथ प्रतिक्रिया-रहित होकर झेलना पड़ता है। तब कर्म बन्धनों से छुटकारा पाकर कोई साधक कैवल्य प्राप्त कर पाता है और इसी का आगामी चरण तीर्थङ्कर है। तीर्थङ्कर बनना किसी की उदारता अथवा कृपा से नहीं, अपितु आत्म-साधना से ही सम्भव है।

तीर्थङ्कर का पुनर्जन्म नहीं

वर्तमान कालचक्र में भगवान् ऋषभदेव प्रथम और भगवान् महावीर अन्तिम अर्थात् चौबीसवें तीर्थङ्कर हुए हैं। जिस प्रकार प्रामाणिक ज्ञान के अभाव में यह एक भ्रान्त धारणा बनी है कि तीर्थङ्कर ईश्वरीय अवतार होते हैं, उसी प्रकार यह भी एक भ्रान्ति है कि तीर्थङ्करों का पुनः पुनः आगमन होता है। यह सत्य है कि प्रत्येक कालचक्र में चौबीस ही तीर्थङ्कर होते हैं, किन्तु ऐसा नहीं कहा जा सकता कि एक काल-चक्र के ही तीर्थङ्कर आगामी कालचक्र में पुनः तीर्थङ्कर के रूप में जन्म लेते हैं। यह तो अवतारवाद का ही एक रूप हो जाएगा। अतः तीर्थङ्कर परम्परा के विषय में यह सत्य नहीं है। प्रत्येक कालचक्र में असाधारण कोटि के मनुष्य अपनी आत्मा का जागरण कर, उसे शुद्ध और निर्विकार बनाकर साधना द्वारा यह स्थान प्राप्त करते हैं। प्रत्येक बार अलग-अलग मनुष्यों को यह गौरव मिलता है।

यहाँ यह विशेष ध्यातव्य है कि तीर्थङ्कर तो अन्त में निर्वाण को प्राप्त हो जाते हैं। उन्हें चिरशान्ति और सुख की स्थिति उपलब्ध हो जाती है। वे अजर अमर अविनाशी शुद्ध-बुद्ध और सिद्ध हो जाते हैं। सिद्धत्व की स्थिति पूर्ण कृतकृत्यता की स्थिति है। इस स्थिति को प्राप्त करने के बाद आवागमन का चक्र समाप्त हो जाता है। सिद्ध अशरीरी होते हैं, उन्हें पुनः देह धारण नहीं करनी पड़ती। फिर भला एक तीर्थङ्कर का आगामी काल में तीर्थङ्कर के रूप में पुनः आगमन कैसे संभव है? फिर से तीर्थङ्कर बनने के लिये मनुष्य देह धारण करना अनिवार्य है। कालचक्र में तीर्थङ्कर मोक्ष प्राप्त कर पूर्वजन्म के बन्धन से मुक्त हो जाते हैं। मोक्ष अवस्था में समस्त कर्मों का क्षय हो जाता है, जबकि कर्मों के कारण ही

आत्मा को देह धारण करनी पड़ती है। कर्ममल उस बीज की भाँति है जो पुनर्जन्म के रूप में अंकुरित हुआ करता है। इस बीज रूप कर्म को ही जब कठोर तपस्या की अग्नि में भून दिया जाता है तो फिर उसकी अंकुरण शक्ति ही नष्ट हो जाती है। कर्म नष्ट हो जाते हैं, परिणामतः आत्मा का जन्म-मरण के बन्धन से छुटकारा हो जाता है। अतः तीर्थङ्करों के बारे में ऐसा मानना कि उनका पुनः आगमन होता है भ्रान्त ही नहीं, मिथ्या भी है।

मात्र तीर्थङ्कर ही निर्वाण के अधिकारी नहीं

इसी प्रकार यह भी एक भ्रान्ति प्रचलित है कि मात्र तीर्थङ्कर को ही मोक्ष की प्राप्ति होती है और इनके अतिरिक्त अन्य किसी को यह स्थिति नहीं मिल पाती। वस्तुस्थिति ऐसी नहीं है। जो तीर्थङ्कर हैं वे तो मोक्ष जाते ही हैं, पर जितने जीव मोक्ष जाते हैं सभी तीर्थङ्कर ही होते हैं, ऐसी बात नहीं है। सोना अवश्य ही चमकीला होता है, पर हर चमकदार वस्तु सोना नहीं होती। यही अन्तर मुक्तजनों और तीर्थङ्करों में होता है। वैराग्य-साधना के बल पर कर्मों का क्षय कर अनेक पुरूष निर्वाण को प्राप्त करते हैं, किन्तु इनमें कुछ विशिष्ट पुरूष ही ऐसे होते हैं, जिन्हें तीर्थङ्करत्व की प्राप्ति हो पाती है। यद्यपि दोनों अपने आत्मिक क्षेत्र में समान होते हैं, किन्तु सामान्य मुक्तजन केवल आत्मकल्याण और आत्मसुख तक सीमित रह जाते हैं, जबकि तीर्थङ्कर अपने अनन्त ज्ञान का उपयोग प्राणिमात्र के उपकार के लिये करते हैं। वे धर्म तीर्थ की स्थापना करते हैं। शिथिल हो गयी धर्म प्रवृत्ति को सबल बनाते हैं। धर्ममार्ग में आ गये पाखण्डों और आडम्बरों का उन्मूलन कर मार्ग प्रशस्त करते हैं। यह लोकोपकार तीर्थङ्कर से ही संभव है। अन्य मुक्त पुरूष तो आत्म आनन्द के असीम सागर में निमग्न रहते हैं। विकार ग्रस्त मानव समाज के जीर्णोद्धार का पुनीत और दुरूह कार्य तीर्थङ्करों द्वारा ही संपन्न होता है। तीर्थङ्कर और सामान्य मुक्तात्माओं का यह अन्तर मात्र केवल-ज्ञान प्राप्ति से निर्वाण प्राप्ति के मध्य की अवधि में ही दृष्टिगत होता है। निर्वाण के पश्चात् तो तीर्थङ्कर की आत्मा भी अन्य मुक्तात्माओं की भाँति ही हो जाती है। दोनों में कोई अन्तर नहीं रह जाता।

कैसे बनते हैं तीर्थङ्कर?

तीर्थङ्करत्व की उपलब्धि सहज नहीं है। हर एक साधक आत्म साधना कर मोक्ष तो प्राप्त कर सकता है, पर तीर्थङ्कर नहीं बन सकता। तीर्थङ्करत्व की उपलब्धि बिरले साधकों को ही होती है। इसके लिए अनेक जन्मों की साधना और कुछ विशिष्ट भावनाएँ अपेक्षित होती है। विश्व कल्याण की भावना से अनुप्राणित

साधक जब किसी केवलज्ञानी अथवा श्रुतकेवली के चरणों में बैठकर लोककल्याण की सुदृढ़ भावना भाता है तभी तीर्थङ्कर – जैसी क्षमता को प्रदान करने में समर्थ "तीर्थङ्कर प्रकृति" नाम के महापुण्य कर्म का बन्ध करता है। यह तीर्थङ्कर नामकर्म ही तीर्थङ्करत्व का बीज है। इसके लिए सोलह भावनाएँ बतायी गयी हैं। तीर्थङ्करत्व की उपलब्धि का कारण होने से इन्हें सोलह कारण भावना भी कहते हैं।

सोलह कारण भावना

१. दर्शन विशुद्धि- लोक कल्याण की भावना से अनुप्राणित सम्यग्दर्शन-दर्शन विशुद्धि है।

२. विनय संपन्नता- सम्यग्ज्ञान आदि मोक्षमार्ग और उसके साधन गुरु आदि के प्रति हार्दिक आदरभाव रखना विनय-संपन्नता है।

३. शील-व्रतानतिचार- अहिंसा सत्य आदि व्रत हैं तथा इनके पालन में सहायक क्रोध आदि का त्याग शील कहलाता है। व्रत और शीलों का निर्दोष रीति से पालन करना शीलव्रतानतिचार है।

४. अभीक्ष्ण ज्ञानोपयोग- निरन्तर ज्ञानाभ्यास में लगे रहना अभीक्ष्ण ज्ञानोपयोग है।

५. अभीक्ष्ण संवेग- सांसारिक विषय-भोगों से डरते रहना अभीक्ष्ण संवेग है।

६. यथाशक्ति त्याग- अपनी अल्पतम शक्ति को भी छिपाये बिना आहार, औषधि, अभय और उपकरण आदि का दान देना यथाशक्ति त्याग है।

७. यथाशक्ति तप- अपनी शक्ति को छिपाये बिना मोक्षमार्ग में उपयोगी तपानुष्ठान करना यथाशक्ति तप है।

८. साधु समाधि- तपोनिष्ठ साधुओं के ऊपर आगत आपत्तियों का निवारण करना तथा ऐसा प्रयत्न करना जिससे वे स्वस्थ रहें साधु समाधि है।

९. वैयावृत्य करण- गुणी पुरूषों की साधना में आनेवाली कठिनाइयों को दूर करने का प्रयत्न करना एवं उनकी सेवा-शुश्रूषा करना वैयावृत्यकरण है।

१०-१३. अरिहन्तभक्ति, आचार्यभक्ति, बहुश्रुतभक्ति, प्रवचनभक्ति- अरिहन्त, आचार्य, बहुश्रुत और प्रवचन-शास्त्र इन चारों में शुद्ध निष्ठापूर्वक अनुराग रखना-अरिहंतभक्ति, आचार्यभक्ति, बहुश्रुतभक्ति और प्रवचनभक्ति है।

१४. आवश्यक-अपरिहाणि- छहों आवश्यक क्रियाओं को यथा-समय करना आवश्यक अपरिहाणि है।

१५. मार्ग-प्रभावना- अपने ज्ञान और आचरण से मोक्षमार्ग का प्रचार-प्रसार करना मार्ग-प्रभावना है।

१६. प्रवचन-वत्सलत्व- जैसे गाय बछड़े पर स्नेह रखती है, वैसे ही साधर्मीजनों से निश्छल-निष्काम स्नेह रखना प्रवचन वत्सलत्व है।

इस प्रकार ये सोलह भावनाएँ तीर्थङ्करत्व का कारण हैं। इसी कारण उन्हें सोलह कारण भावना भी कहते हैं। इन सोलह भावनाओं में सभी अथवा उनमें से कुछ के होने पर तीर्थङ्कर प्रकृति का बन्ध होता है, किन्तु इनमें दर्शनविशुद्धि का होना अनिवार्य है।

चौंतीस अतिशय

तीर्थङ्कर भगवान् के चौंतीस अतिशय होते हैं। अतिशय शब्द के श्रेष्ठता, उत्तमता, महिमा, प्रभाव, अधिकता, चमत्कार आदि अनेक अर्थ होते हैं। जिन गुणों के द्वारा तीर्थङ्कर परमात्मा समस्त जगत् की अपेक्षा अतिशयी- श्रेष्ठ प्रतिभासित होते हैं, उन गुणों को अतिशय कहा जाता है। जगत् के किसी भी प्राणी में तीर्थङ्करों से अधिक गुण, रूप या वैभव नहीं पाया जाता है। अतः अतिशय, अतिशय ही हैं, जो अन्यों की अपेक्षा तीर्थङ्करों को विशेष घोषित करते हैं। अतिशय तीर्थङ्करों की लोकोत्तरता के द्योतक हैं। अतिशय चौंतीस होते हैं, उनमें दश जन्मतः दश कर्मक्षय से तथा चौदह देवकृत होते हैं।

जन्म के दश अतिशय

१. स्वेदहीनता, २. निर्मल शरीर, ३. दूध की तरह रक्त का श्वेत होना, ४. अतिशय रूपवान् शरीर, ५. सुगन्धित तन, ६. प्रथम उत्तम संस्थान, ७. प्रथम उत्तम संहनन, ८. १००८ शुभ लक्षण, ९. अतुल बल, १०. हितप्रिय वाणी- ये दश अतिशय पूर्व के अनेक जन्मों की अपूर्व तपः साधना और ज्ञानाराधना के पुण्य परिणामस्वरूप तीर्थङ्करों को जन्मतः होते हैं।

१-२. स्वेदरहितता- निर्मल शरीर तीर्थङ्कर भगवान् का शरीर पसीना रहित होता है। वह निर्मल अर्थात् मल-मूत्र रहित होता है। उनके आहार होते हुए भी नीहार नहीं होता। इस विषय में वैज्ञानिक कारण यह है कि तीर्थङ्कर जैसे महान आत्माओं की जठराग्नि अत्यन्त प्रबल होती है। वे जो कुछ भी आहार के

रूप में ग्रहण करते हैं वह सब उस जठराग्नि के तेज के कारण सीधे रस और रुधिर रूप परिणत हो जाता है। उनके शरीर में ऐसा कोई भी तत्त्व व्यर्थ नहीं बचता, जिससे कि उसके बाहर निकालने की आवश्यकता हो। यही कारण है कि तीर्थङ्करों द्वारा आहार ग्रहण करने पर भी नीहार नहीं होता।

३. रक्त का श्वेत होना- तीर्थङ्कर भगवान् के शरीर का रक्त गाय के दूध के सदृश श्वेत वर्ण का होता है। यह बात साधारण जनों को अविश्वसनीय और काल्पनिक लग सकती है, पर बात है सही। इसमें मनोवैज्ञानिक सत्य निहित है। जिस प्रकार पुत्रस्नेह के कारण माताओं के स्तनों में दूध उमड़ आता है, उसी प्रकार तीर्थङ्कर का रक्त दुग्धवत् हो जाता है, क्योंकि चराचर जगत् के प्रति उनके अन्दर प्रेम, करुणा, वात्सल्य और ममता होती है। उनके लिए कहा गया है **"मातेव बालस्य हितानुशास्ता"** वे जगत् के जीवों का उद्धार एक माँ की तरह करते हैं। वे समस्त संसारी जीवों को सुख देने के लिए जननी तुल्य होते हैं। प्राणी मात्र के दुःख दूर करने की भावना तथा उसके योग्य साधन सामग्री से समन्वित मातृचेतस्क तीर्थङ्कर भगवान् के शरीर में रक्त का श्वेत-वर्ण होना उनकी उत्कृष्ट कारुणिक वृत्ति तथा अपार वात्सल्य का परिचायक प्रतीत होता है।

४. अतिशय रूपवान् शरीर- तीर्थङ्कर परमात्मा का स्वरूप अद्‌भुत रूपवाला होता है। लोकोत्तर सौन्दर्य के धारी तीर्थङ्कर परमात्मा जैसा अद्‌भुत रूप जगत् में अन्य किसी का नहीं होता है। उनके रूप में मोहक आकर्षण होता है। उन पर दृष्टि पड़ते ही दृष्टा का अन्तःकरण अद्‌भुत रस से वासित हो जाता है और वह भगवान् की ओर आकर्षित हो जाता है। देखनेवाले की दृष्टि उनमें स्थिर हो जाती है।

भगवान् का रूप सौन्दर्य इतना अधिक होने पर भी उसमें एक अद्‌भुत विशेषता है कि **"तीर्थङ्करस्वरूपं सर्वेषा वैराग्यजनकं स्यान्नतु रागादि वर्धकं चेति।"**

तीर्थङ्करों का स्वरूप सर्व जीवों के लिए वैराग्यजनक होता है, रागादि बढ़ाने वाला नहीं। तात्पर्य यह है कि जो जितने रसपूर्वक परमात्मा के सौन्दर्य का रसपान करता है, उसके अंदर उतना ही वैराग्य उमड़ता है। अन्य जीवों का सौन्दर्य रागवर्धक होता है, परन्तु परमात्मा का सौन्दर्य वैराग्यवर्धक होता है।

५. लोकोत्तर सुगंध- तीर्थङ्कर भगवान् की देह से लोकोत्तर सुगन्ध प्रवाहित होती है।

६. समचतुरस्त्रसंस्थान- वे बड़े सुडौल और समानुपातिक आकार के होते हैं। उनके जैसा शारीरिक संस्थान अन्य किसी प्राणी का नहीं होता।

७. वज्रवृषभनाराच संहनन- वे वज्रवृषभनाराचसंहनन के धारी होते हैं। यह लोकोत्तम संहनन है। कुल मिलाकर तीर्थङ्कर भगवान् की शारीरिक संरचना जगत् में सर्वश्रेष्ठ होती है। उन जैसा रूप सौन्दर्य और आकर्षण अन्य किसी प्राणी में नहीं होता। आचार्य मानतुंग ने कहा है कि जब लोक के समस्त श्रेष्ठ परमाणु तीर्थङ्कर प्रभु की संरचना में लग जाते हैं तो फिर उनके रूप जैसा रूप अन्यों में कैसे परिलक्षित हो सकता है?

ये शान्तरागरुचिभिः परमाणुभिस्त्वं ।
निर्मापितस्त्रिभुवनैकललामभूत ।।
तावन्त एव खलु तेप्यणवः पृथिव्यां ।
यत्ते समानमपरं न हि रूपमस्ति ।। १२-भक्तामर स्तोत्र

८. सर्वसुलक्षणता- तीर्थङ्कर भगवान् का शरीर सर्वसुलक्षण सम्पन्न होता है। सामुद्रिक शास्त्र के अनुसार १००८ लक्षण होते हैं। ये लक्षण श्रेष्ठ और पवित्र आत्मा में ही होते हैं। तीर्थङ्कर के शरीर में ये सभी सुलक्षण पाये जाते हैं। सामुद्रिक् शास्त्रानुसार उक्त १००८ चिह्नों में शंख, चक्र, गदा आदि १०८ लक्षण तथा तिल, मसुरिका आदि ९०० व्यञ्जन होते हैं। आज पुण्यशाली नर रत्नों के जन्म का अभाव होने के कारण इतने चिह्नों से युक्त व्यक्ति के दर्शन नहीं होते। यदा-कदा किन्ही विशेष, पुण्यशाली जीवों में कुछ चिह्न पाये जाते हैं। तीर्थङ्करों के अतिरिक्त अन्य किसी भी जीव के शरीर में १००८ लक्षण नहीं पाये जाते। अतएव इन लक्षणों का सद्भाव तीर्थङ्करों का वैशिष्ठय है। इसी कारण भगवान् के नाम के आगे १००८ लिखने की प्रणाली प्रचलित है।

९. अतुलबल- पूर्व-जन्म की लोकोत्तर साधना और प्रबल पुण्य के कारण तीर्थङ्कर के शरीर में अतुल बल होता है, वे बाल्यावस्था में ही अतुल सामर्थ्य और प्रतापवाले होते हैं।

१०. प्रियहित वाणी- तीर्थङ्कर की वाणी अत्यन्त मधुर और मोहक होती है। उनके मुख से एक-एक शब्द अमृत की भाँति झरता है। यही कारण है कि बाल्यावस्था से ही वे सभी के प्रिय और आत्मीय हो जाते हैं। उनका मनोहर शरीर, प्यारी बोली, मधुर निरीक्षण और मन्द मुस्कान उन्हें सारे जगत् के

प्रेम का पात्र बना देती है।

घातिकर्मों के क्षय से उत्पन्न दश अतिशय

१. चार सौ कोस में सुभिक्षता, २. गगन गमन, ३. अप्राणिवध, ४. भोजन का अभाव, ५. उपसर्ग का अभाव, ६. चतुर्मुखता, ७. सर्वविद्येश्वरता, ८. छाया नहीं पड़ना, ९. निर्निमेष दृष्टि, १०. नख और केश नहीं बढ़ना ये दश अतिशय तीर्थङ्कर भगवान् के घातिकर्मों के क्षय से उत्पन्न होते हैं।

१. चार सौ कोस तक सुभिक्षता- तीर्थङ्कर भगवान् जहाँ विराजते हैं, वहाँ से चारों ओर चार सौ कोस (सौ योजन) प्रमाण क्षेत्र में सुभिक्षता हो जाती है। घातिया कर्मों का क्षय होते ही तीर्थङ्कर भगवान् में परम पवित्रता प्रकट हो जाती है। उनके आत्मतेज का प्रसार सारे लोक में होने लगता है। उनका प्रभाव असाधारण हो जाता है। यही कारण है कि तीर्थङ्कर देव जहाँ भी पहुँचते हैं, सभी सन्तुष्ट, सुखी, स्वस्थ तथा सम्पन्न हो जाते हैं। भगवान् के आत्मप्रभाव से प्रकृति प्रफुल्लित हो जाती है। पृथ्वी धन-धान्य से परिपूर्ण हो जाती है। श्रेष्ठ अहिंसामयी एक आत्मा का यह प्रभाव है। आज के वैज्ञानिक युग में यह बात सिद्ध हो चुकी है कि मनुष्य के भावों का प्रभाव वातावरण पर पड़ता है। पवित्र आत्माओं के शरीर से निकलनेवाली तरंगें वातावरण को विशुध्द बनाती हैं, जबकि अपवित्र आत्माएँ वातावरण को विषाक्त करती है। तीर्थङ्कर प्रभु तो परम पवित्र होते हैं। उनका सामीप्य पाकर धरती में सुभिक्षता होने में कोई आश्चर्य की बात नहीं।

२. गगन-गमन- घातिया कर्मों के क्षय के कारण योगशक्तिवश तीर्थङ्कर भगवान् के शरीर में विशेष हल्कापन आ जाता है। अतएव उन्हें शरीर की गुरुता के कारण भूतल पर अवस्थित नहीं रहना पड़ता है। पक्षियों में भी गगन गमनता पायी जाती है, पर इसके लिए उन्हें अपने पंखों का आश्रय लेना पड़ता है। तीर्थङ्कर भगवान् का शरीर स्वयमेव पृथ्वी से ऊपर उठा रहता है। उनके गगन-गमन से यह स्पष्ट हो जाता है कि अन्य संसारी जीवों की तरह अब भगवान् भूतल पर भार स्वरूप नहीं हैं।

३. अप्राणिवध- तीर्थङ्कर भगवान् अहिंसा के देवता हैं। उनके समक्ष हिंसा के परिणाम दूर हो जाते हैं। जिधर उनका विहार होता है, उधर के समस्त जीवों को अभय प्राप्त हो जाता है। क्रूर से क्रूर प्राणी भी तीर्थङ्कर प्रभु के प्रभाव में आकर करुणामूर्ति बन जाते हैं। दया-मूर्ति भगवान् के सामीप्य में आकर जन्मजात बैर रखनेवाले जीव भी पारस्परिक बैर को भूल जाते हैं। शेर और गाय दोनों एक साथ एक घाट पर पानी पीने लगते हैं।

४. भोजन का अभाव- कैवल्योपलब्धि के बाद तीर्थङ्कर भगवान् की आत्मा का परिपूर्ण विकास हो जाता है। वे परमयोगी होते हैं। उन्हें अपने शरीर के संरक्षण के लिये साधारण मनुष्यों की तरह भोजन आवश्यक नहीं होता। अपितु उनकी योग-शक्ति के कारण सूक्ष्म पुद्गल परमाणुओं का आगमन निष्प्रयास ही होता रहता है। इन्हीं परमाणुओं से उनके शरीर का संरक्षण और संपोषण होता रहता है।

५. उपसर्ग का अभाव- केवलज्ञानी अवस्था में भगवान् पर किसी भी प्रकार का उपसर्ग नहीं होता। उनके सामीप्य में आते ही व्यक्ति के अन्दर की कलुषता दूर हो जाती है। बैर-वैमनस्य और प्रतिशोध की भावना उत्पन्न ही नहीं हो पाती। तब भला उन पर उपसर्ग कैसे संभव है?

६. चतुर्मुखता- तीर्थङ्कर भगवान् जब समवशरण में विराजते हैं तब एकमुखी होने पर भी वे चतुर्मुख दिखाई पड़ते हैं। उनकी छवि चारों दिशाओं में दिखाई देती है। देखनेवाले को ऐसा प्रतीत होता है कि भगवान् की मुख-मुद्रा मेरी ओर ही है। यद्यपि उनका मुख पूर्व या उत्तर की ओर होता है। यह सब भगवान् के बढ़े हुए आत्मतेज का प्रभाव है, जिसके कारण एकमुखी होने के बाद भी समवशरण में चारों दिशाओं में पृथक्-पृथक् रूप से प्रभु की छवि का दर्शन होता है।

भगवान् की चतुर्मुखता उनकी सर्वज्ञता का प्रतीक है। केवलज्ञान होने के बाद वे जगत् के चराचर समस्त पदार्थ को जानने लगते हैं। जगत् का कोई भी पदार्थ उनकी ज्ञानदृष्टि के बाहर नहीं होता। संभवतः उनकी चतुर्मुखता यही प्रदर्शित करती है।

७. सर्वविद्येश्वरता- सर्व पदार्थों को ग्रहण करनेवाली कैवल्य ज्योति से समलंकृत होने के कारण भगवान् सर्व विद्याओं के स्वामी कहे जाते हैं। आचार्य प्रभाचन्द्र ने "सर्वविद्या" का अर्थ क्रिया कलाप ग्रन्थ में द्वादशांग रूप विद्या किया है।[१] उस विद्या के मूल जनक/स्वामी होने के कारण भी भगवान् को सर्व विद्याओं का ईश्वर कहा जाता है।

८. छाया नहीं पड़ना- भगवान् का शरीर उनकी तपस्या के तेज से प्रदीप्त होता है। केवलज्ञान होते ही उनका शरीर निगोदिया जीवों से रहित हो जाता है। आत्मा की निर्मलता का अनुसरण करता हुआ उनका शरीर भी स्फटिक मणि की तरह अत्यन्त निर्मल और पारदर्शी हो जाता है। अतएव भगवान् का शरीर

---

१. सर्व विद्येश्वरता- सर्वविद्या द्वादशांग चतुर्दश पूर्वाणि तासां स्वामित्वं यदि वा सर्व विद्या केवलज्ञानं तस्य ईश्वरता स्वामिता । क्रियाकलाप

२. छाया प्रकाश आवरण निमित्ताः। तत्त्वार्थ वार्तिक -पृष्ठ २३३

छायारहित होता है। छाया तो प्रकाश के आवरण के निमित्त से उत्पन्न होती है।[२] भगवान् का शरीर सामान्य मानवों के शरीर से अतिशय विशिष्ट होता है। वह प्रकाश का आवरण न कर स्वयं प्रकाश प्रदान करता है, अतः वह छाया रहित होता है।

९. निर्निमेष दृष्टि- साधारण मनुष्य अल्प सामर्थ्य वाले होते हैं। उन्हें अपनी शक्तिहीनता के कारण किसी भी वस्तु को देखने के बाद नेत्रों को क्षणिक विश्राम देने के लिए पलक बन्द करना पड़ता है। वीर्यान्तराय कर्म का क्षय हो जाने के कारण भगवान् अनन्त वीर्य से समन्वित हो जाते हैं। अतः उनकी पलकों में टिमकार नहीं होती है। इसके साथ ही दर्शनावरणीय कर्म का पूर्ण क्षय हो जाने से तीर्थङ्कर के निद्रादिक विकारों का भी अभाव हो जाता है। अतः साधारण जनों की तरह जिनेन्द्रदेव को निद्रा के लिए भी नेत्रों को बन्द करने की आवश्यकता नहीं पड़ती।

आँखों का खुलना ज्ञान का और आँखों का बन्द होना अज्ञान का प्रतीक माना जाता है। भगवान् के नेत्रों का बन्द न होना उनके शाश्वत-अनन्त, कभी न नष्ट होनेवाले ज्ञान-ज्योति का प्रतीक प्रतिभासित होता है।

१०. नख और केशों का नहीं बढ़ना- केवलज्ञानोपरान्त भगवान् के नख और केशों की वृद्धि-हानि नहीं होती। वे यथावत् रहते हैं। नख और केशों को मल माना जाता है। केवलज्ञान के बाद भगवान् के पुण्यमय देह में ऐसे परमाणु नहीं पाये जाते हैं, जो नख और केशरूप अवस्था को प्राप्त करें। शरीर में मलरूपता को धारण करनेवाले परमाणुओं का अब आगमन ही नहीं होता। इस कारण नख और केश न घटते हैं, न ही बढ़ते हैं।

देवकृत चौदह अतिशय

तीर्थङ्कर भगवन्त के देवकृत चौदह अतिशय होते हैं-

१. सर्वार्धमागधी भाषा, २. पारस्परिक मैत्री, ३. दशों दिशाओं में निर्मलता, ४. निर्मल आकाश, ५. वृक्षों में सब ॠतुओं के फल-फूल आना, ६. दर्पणवत् निर्मल पृथ्वी, ७. मन्द और सुगन्धित हवा का चलना, ८. भूमि कण्टक रहित होना, ९. आकाश में जय ध्वनि, १०. गन्धोदक-वृष्टि, ११. सभी जीवों को परमानन्द, १२. स्वर्ण-कमलों की रचना, १३. धर्म चक्र का आगे चलना, १४. अष्टमंगल द्रव्यों का प्रभु के आगे चलना।

१. सर्वार्धमागधी भाषा- भगवान् की अमृतमयी वाणी सब जीवों के लिये कल्याणकारी होती है तथा मागध जाति के देव उन्हें सर्वभाषाओं में परिणमा देते हैं। इसी निमित्त से भगवान् की वाणी का लाभ पशु-पक्षी भी ले लेते हैं।

श्रुतसागर सूरि के अनुसार भगवान् की वाणी आधी अर्ध-मागधी और आधी सर्व भाषात्मक होती है। इसलिए भी उसे सर्वार्धमागधी कहते हैं।

२. पारस्परिक मैत्री- भगवान् के सामीप्य में आनेवाले परस्पर जन्म-जात बैरी सांप, मोर, नेवला जैसे जीव भी अपने बैर/विरोध को त्याग कर मैत्रीभाव को प्राप्त हो जाते हैं। प्रीतिंकर नामक देव लोगों के मन का बैर दूर कर उनमें प्रीति भाव उत्पन्न कर देते हैं।

३. दशोंदिशाओं में निर्मलता- दशों दिशाएँ धुआँ, धूल और अंधकार से रहित हो जाती हैं।

४. निर्मल आकाश- आकाश मेघपटल रहित हो जाता है।

५. वृक्षों में सब ऋतुओं के फल-फूल आना- भगवान् के विहार क्षेत्र में पृथ्वी धन-धान्य से परिपूर्ण हो जाती है। छहों ऋतुओं के फल-फूल एक साथ आ जाते हैं। इस विषय में आचार्य पूज्यपाद ने कहा है कि भगवान् के विहार से प्रकृति इतनी पुलकित हो उठती है, मानो हर्ष से भगवान् के वैभव का दर्शन कर रही हो।

६. दर्पणवत् निर्मल पृथ्वी- भगवान् के विहार के समय देवगण एक योजन तक पृथ्वी को दर्पण की तरह अत्यन्त स्वच्छ, निर्मल, रत्नमय और मनोहारी बना देते हैं।

७. मन्द और सुगन्धित हवा का चलना- जिधर भगवान् का विहार होता है, उधर मन्द-मन्द सुगन्धित हवा इस तरह बहती है, मानो भगवान् के आगमन की सूचना दे रही हो।

८. भूमि कण्टक रहित होना- सुगन्धित वायु बहने के कारण जिधर भगवान् का विहार होता है, उधर एक योजन तक पृथ्वी, धूल, कण्टक, तृण, कीट, रेत आदि चुभनेवाले पदार्थों से रहित हो जाती है।

९. आकाश में जयध्वनि- भगवान् के विहार काल में देवों और मनुष्यों द्वारा की गई जयध्वनि से सारा आकाश निनादित हो जाता है।

१०. गन्धोदक वृष्टि- मेघकुमार जाति के देव भगवान् के आगे-आगे सुगन्धित जल की वर्षा करते हैं।

११. सभी जीवों को परमानन्द- भगवान् के विहार काल में समस्त जीवों में परमानन्द उमड़ पड़ता है।

१२. स्वर्ण कमलों की रचना- भगवान् के विहार के समय उनके चरणों के नीचे, आगे-पीछे चारों ओर सात-सात स्वर्ण कमलों की रचना देवगण करते हैं। क्रिया-कलाप के अनुसार अष्ट दिशाओं और उनके अष्ट अंतरालों में सात-सात कमलों की रचना होने से ११२ तथा उन सोलह स्थानों के भी सोलह अंतरालों में पूर्ववत् सात-सात इस प्रकार ११२ कमल और चरण रखने के स्थान पर एक, इस प्रकार ११२+११२+१=२२५ कमलों की रचना देवगण करते हैं।[1]

विहार की मुद्रा- इस प्रसंग से यह स्पष्ट हो जाता है कि भगवान् का विहार पद्मासन मुद्रा से नहीं होता, क्योंकि उनके पैर रखने के स्थान पर ही एक कमल की रचना होती है। यदि पद्मासन मुद्रा से गमन होता तो चरण रखने के स्थान पर एक कमल की रचना नहीं होती। आचार्य मानतुंग ने भी यही बात कही है- "पादौ पदानि तव यत्र जिनेन्द्र धत्तः पद्मानि तत्र विबुधाः परिकल्पयन्ति"।

कमल लक्ष्मी और वैभव का प्रतीक है। लक्ष्मी कमलासन पर विराजती है। भगवान् के प्रत्येक कदम पर कमलों की रचना होना उनके श्री चरणों में संसार के समस्त वैभव के न्योछावर होने का प्रतीक है तथा भगवान् का उनसे चार अंगुल ऊपर उठकर विहार करना उनकी असंपृक्तता का प्रतीक है।

१३. धर्मचक्र का आगे चलना- भगवान् के आगे सूर्य की तरह दैदीप्यमान एक सहस्र आरोंवाला धर्मचक्र चलता है, जिसे यक्षेन्द्र अपने मस्तक पर लेकर चलते हैं। भगवान् के आगे धर्मचक्र का चलना उनके इन्द्रियजय का प्रतीक है। जैसे चक्रवर्ती का चक्ररत्न समस्त राजाओं को नम्रीभूत कराकर चक्रवर्ती का एकछत्र साम्राज्य स्थापित करता है, उसी प्रकार धर्मचक्रवर्ती का अपने समस्त विकारों पर विजय पाकर अपने पूर्ण आत्म-साम्राज्य की उपलब्धि का संसूचक है।

१४. अष्ट मंगल द्रव्यों का प्रभु के आगे चलना- विहारकाल में भगवान् के आगे ध्वजा सहित अष्ट मंगल द्रव्य चलते हैं। वे हैं- १. ध्वज, २. भृंगार, ३. कलश, ४. दर्पण, ५. पंखा, ६. चमर, ७. छत्र, ८. सुप्रतिष्ठ। ये अष्ट मंगल द्रव्य लोक-मंगल के संसूचक होते हैं।

ये चौदह अतिशय केवलज्ञान होने के बाद भक्ति के राग में रंजित देवों द्वारा किये जाते हैं।

१. क्रियाकलाप पृ. २९९

पञ्चमहाकल्याणक

तीर्थङ्करों के गर्भावतरण, जन्म, तप, ज्ञान और निर्वाण की घटनाओं को पञ्चकल्याणक कहते हैं, क्योंकि ये अवसर जगत् के लिए अत्यन्त कल्याणकर एवं मंगलकारी होते हैं। तीर्थङ्कर का इस धरती पर आना, जन्म लेना, दीक्षा धारण करना, केवलज्ञान प्राप्त करना और निर्वाण प्राप्त करना, ये पाँचों ही प्रसंग जगत् के जीवों के लिए कल्याणकारी ही होते हैं। ऐसा कहा जाता है कि **"नारका अपि मोदन्ते यस्य कल्याणपर्वसु"** तीर्थङ्करों के कल्याणक के अवसरों पर नारकी जीवों को भी कुछ क्षण के लिए आनन्द की अनुभूति होती है। लोकोत्तर कल्याण का हेतु होने के कारण भगवान् के जीवन के इन पाँचों अवसरों को पञ्चकल्याणक कहते हैं। इन अवसरों पर समस्त देव और मनुष्य आदि विशेष प्रकार का उत्सव/आराधना करते हैं।

गर्भ कल्याणक- जब तीर्थङ्कर का गर्भावतरण होता है, तब गर्भ कल्याणक मनाया जाता है। देवराज इन्द्र (सौधर्म इन्द्र) अपने दिव्य अवधिज्ञान से भगवान् के गर्भावतरण को निकट जानकर कुबेर को तीर्थङ्कर के माता-पिता के घर प्रतिदिन प्रभात, मध्याह्न-सायंकाल तथा मध्यरात्रि में चार बार साढ़े तीन करोड़ रत्न वर्षाने की आज्ञा प्रदान करता है। रत्नों की वर्षा जन्म होने तक (पन्द्रह माह तक) निरन्तर होती है। छह माह के उपरान्त तीर्थङ्कर जब माता के गर्भ में आने को होते हैं, तब तीर्थङ्कर की माता को रात्रि के अन्तिम प्रहर में अत्यन्त सुहावने, मनभावन और आह्लादकारी एक के बाद एक सोलह स्वप्नों की पंक्ति दिखाई पड़ती है। ये स्वप्न तीर्थङ्कर के गर्भावतरण के संसूचक होते हैं। इनकी सर्वोपरि विशेषता एवं महत्व यही है कि ये रहस्यों से भरे होते हैं। इनके उद्घाटन में जिनेश्वर का संपूर्ण भविष्य झलकता है। ये स्वप्न भावी तीर्थङ्कर की प्रतिभा और प्रभाव को प्रदर्शित करते हैं।

सोलह स्वप्न- सोलह स्वप्न निम्नलिखित हैं –

१. चार दाँतों वाला उन्नत गज

२. श्वेत वर्ण का उन्नत स्कन्धवाला वृषभ

३. उछलता हुआ सिंह

४. कमल सिंहासन पर स्थित लक्ष्मी

५. सुगन्धित भव्य मन्दार पुष्पों की दो मालाएँ

६. नक्षत्रों से परिवेष्ठित चन्द्र

७. उदयाचल पर अँगड़ाई भरता सूर्य

८. स्वच्छ-जल-पूरित दो स्वर्ण कलश
९. जलाशय में क्रीड़ारत मत्स्यद्वय
१०. स्वच्छ जल से भरपूर जलाशय
११. गंभीर घोष करता सागर
१२. मणिजटित सिंहासन
१३. रत्नों से प्रकाशित देव विमान
१४. नागेन्द्र भवन
१५. रत्नों की विशाल राशि
१६. निर्धूम अग्नि

उपर्युक्त स्वप्नों के दर्शन से तीर्थङ्कर प्रभु की माताओं का मन हर्ष-विभोर हो उठता है। वे बड़ी कुतूहल और जिज्ञासा के साथ अपने पति के पास पहुँचती हैं। उन्हें अपने स्वप्नों की जानकारी दे कर अपनी जिज्ञासा प्रकट करती हैं। तीर्थङ्कर के पिता अपने निमित्तज्ञान के बल पर स्वप्नों का प्रतीकात्मक विश्लेषण कर अपनी पत्नी को स्वप्नों का फल बताते हैं और भावी तीर्थङ्कर भगवन्त के गर्भावतरण की कल्पना में आनन्द विभोर हो जाते हैं।

स्वप्नों का प्रतीकाशय

गज- गज स्वप्न शास्त्र में महत्ता का प्रतीक है। इस स्वप्न दर्शन द्वारा गर्भस्थ शिशु के महान् तीर्थ प्रचारक होने की सूचना प्राप्त होती है। स्वप्न शास्त्र के अनुसार चतुर्दन्त गज को किसी महान् अभ्युदय की प्राप्ति का प्रतीक माना जाता है।

वृषभ- वृषभ धर्म का प्रतीक है। स्वप्न में उन्नत स्कन्धोंवाले वृषभ का दर्शन गर्भस्थ शिशु के सत्य धर्म का प्रचारक होने का संसूचक है।

सिंह- स्वप्न शास्त्र में सिंह को बल, पराक्रम और पौरूष की वृद्धि का प्रतीक माना गया है। स्वप्न में उछलते हुए सिंह के दर्शन का फल गर्भस्थ बालक का अतुल पराक्रमी होना है।

मन्दार-पुष्पमाला- मन्दार पुष्पों की माला उत्सव, यश और प्रसिद्धि का सूचक है। इस स्वप्न के दर्शन से बालक के यशस्वी, कान्तिमान् और सुरभित शरीरवाला होने के साथ सबके द्वारा शिरोधार्य होने की सूचना मिलती है।

लक्ष्मी- अभिषिक्त होती हुई लक्ष्मी के दर्शन से यह प्रकट होता है कि सुमेरु पर्वत पर सौधर्म आदि इन्द्रों द्वारा बालक का अभिषेक किया जायेगा। राजा

महाराजाओं के साथ इन्द्र धरणेन्द्रादि उसके चरणों की पूजा करेंगे।

चन्द्रमा- स्वप्न में चन्द्रमा का दर्शन यह बताता है कि बालक चन्द्रमा की तरह जगत् के संताप को दूर करेगा।

सूर्य- सूर्य दर्शन से यह सूचित होता है कि भावी बालक अज्ञानरूपी अंधकार को नष्ट करनेवाला होगा और सूर्य के समान भास्वर केवलज्ञान प्राप्त करेगा।

पूर्ण कलश- जल-पूरित दो स्वर्ण कलशों के दर्शन से यह प्रकट होता है कि भावी बालक अक्षय निधियों का अधिपति होगा।

मत्स्य युगल- स्वप्न शास्त्र में मत्स्य युगल के दर्शन को भावी सुख समृद्धि का प्रतीक माना गया है। स्वप्न में मत्स्य युगल का दर्शन अनन्त सुख की उपलब्धि का सूचक है।

सरोवर- जलाशय संवेदनशीलता का प्रतीक है। स्वप्न में सरोवर का दर्शन यह बताता है कि बालक अत्यधिक संवेदनशील और वात्सल्य भाव से युक्त होगा।

सागर- गम्भीर घोष करते हुए समुद्र का दर्शन हृदय की विशालता का प्रतीक है। भावी बालक समुद्र के समान गम्भीर बुद्धि का धारक होगा।

मणिजटित सिंहासन- सिंहासन वर्चस्व और प्रभुत्व का प्रतीक है। इसका दर्शन यह बताता है कि भावी बालक तीनों लोकों में सर्वाधिक वर्चस्व और प्रभुत्व संयुक्त होगा।

देव विमान- देव विमान का दर्शन देवों के आगमन का प्रतीक है।

नागेन्द्र भवन- नागेन्द्र भवन का अवलोकन गर्भस्थ शिशु के अवधिज्ञानी होने का सूचक है।

रत्नराशि- रत्नराशि का दर्शन यह बताता है कि बालक सम्यग्दर्शन, सम्यग्ज्ञान और सम्यक्चारित्र रूप रत्नत्रय धारण करेगा।

निर्धूम अग्नि- निर्धूम अग्नि के दर्शन का अर्थ है कि बालक अपनी समस्त कर्म कालिमा को नष्ट कर निर्वाण प्राप्त करेगा।

उपर्युक्त सोलह स्वप्न मात्र तीर्थङ्करों की माताओं को ही दिखते हैं।

उसी समय सौधर्म इन्द्र भगवान् के गर्भावतरण को निकट जानकर

श्री, ह्री, धृति, कीर्ति, बुद्धि और लक्ष्मी नाम की देव-कुमारिकाओं को जिन-माता के गर्भ का शोधन करने की आज्ञा प्रदान करता है। देवियाँ इन्द्र की आज्ञा को शिरोधार्य करती हुई धरती पर आकर स्वर्ग के पवित्र-दिव्य द्रव्यों द्वारा जिन-माता के गर्भ का शोधन करती हैं। तत्पश्चात् तीर्थङ्कर का गर्भावतरण होता है।

जैसे ही भगवान् का गर्भावतरण होता है, स्वर्ग के समस्त देव और इन्द्र अपने-अपने यहाँ प्रकट होनेवाले चिह्नों से भगवान् के गर्भावतरण को जानकर स्वर्ग से धरती पर आते हैं और उस नगर की परिक्रमा कर भगवान् के माता-पिता को नमस्कार करते हैं। तदुपरान्त, गर्भस्थ तीर्थङ्कर की स्तुति कर महान् उत्सव करते हैं। भगवान् के गर्भ कल्याणक का उत्सव पूर्ण कर सौधर्म इन्द्र दिक्कुमारी देवियों को जिनमाता की सेवा में नियुक्त करता है। फिर समस्त देवों के साथ अपने-अपने स्थान को लौट जाता है। ये दिक्कुमारियाँ भगवान् के गर्भावतरण से जन्म तक जिनमाता की सेवा में अनुरक्त रहती हैं। जिनमाता का गर्भकाल देवियों के साथ आमोद-प्रमोद और धर्म-चर्चा में बीतता है। नव माह पूर्ण होने पर भगवान् का जन्म होता है। प्रसूति का कार्य दिक्कुमारी देवियाँ कराती हैं।

जन्म कल्याणक

गर्भावधि पूर्ण होने पर सर्व ग्रहों की उच्च और बलवान् स्थिति में शुभयोग और शुभलग्न में तीर्थङ्कर भगवन्त को माता जन्म देती है। अनेक भव्यात्माओं के भव्यत्व की सफलता जिनके जन्म में निहित होती है, उन वीतराग तीर्थङ्कर प्रभु के जन्म को जन्म कल्याणक कहा जाता है। अपार्थिव आत्म तत्त्व के अपूर्व ज्ञाता तीर्थङ्कर प्रभु का पार्थिव रूप में यह अन्तिम जन्म होता है, जो असंख्य जीवों को जन्म और मृत्यु के बन्धन से मुक्त कराने में कारण बनता है। तीर्थङ्कर प्रभु का जन्म ही अनेक जीवों के कल्याण का कारण बनता है। अतः उनके जन्म को जन्म कल्याणक कहते हैं। तीर्थङ्कर के अतिरिक्त अन्य किसी के जन्म को जन्म कल्याणक नहीं कहा जाता।

जिस समय तीर्थङ्कर भगवान् का जन्म होता है, उस समय तीनों लोकों में अंधकार का नाश करनेवाला उद्योत क्षण भर में ही फैल जाता है। तीर्थङ्कर प्रभु के जन्म के प्रभाव से तीनों लोकों में आनन्द और सुख का प्रसार होता है। प्रभु के जन्म के माहात्म्य से नारकी जीवों को भी क्षणभर अपूर्व सुख की प्राप्ति होती है।

प्रकृति पर प्रभाव- तीर्थङ्कर परमात्मा के जन्म के समय अन्य प्राकृतिक

वातावरण भी अद्वितीय, सुन्दर, अपूर्व एवं अनुपम होता है। शीतल, मंद, सुगन्धित वायु बहती है। पृथ्वी धन-धान्य समृद्ध होती है। प्रत्येक व्यक्ति के मन में स्वाभाविक आनन्द/प्रमोद होता है। दिशामण्डल प्रसन्न होता है। आकाश मण्डल मनोहर दिखता है। देव-दुन्दुभि बजती है। चारों ओर शुभ शकुन का सूचन होता है। वायुदेव भूमण्डल शुद्ध करते हैं। मेघकुमार गंधोदक की वृष्टि करते हैं। पृथ्वी के रजकण शान्त हो जाते हैं। ॠतुदेवी पंचवर्णी पुष्पों की वर्षा करती है।

इन्द्र-देव आगमन- जिस समय भगवान् का जन्म होता है, स्वर्ग के इन्द्रों का आसन कम्पायमान हो जाता है। उस समय कल्पवासी, ज्योतिषी, व्यंतर एवं भवनवासी देवों के यहाँ क्रमशः घंटा, सिंहनाद, भेरी और शंख अपने आप ही बजने लगते हैं। अपने-अपने यहाँ होनेवाले चिह्नों से सभी देव अपने स्थान से ही भगवान् के जन्म को जान लेते हैं और तत्काल ही अपने आसन से नीचे उतर कर सात कदम आगे चलकर परोक्षरूप से भगवान् को नमस्कार कर उनकी स्तुति करते हैं। जन्म के अवसर पर तीर्थङ्करों का यह स्वाभाविक प्रभाव है।[१]

तत्क्षण ही सौधर्म इन्द्र की आज्ञा से हाथी, घोड़ा, रथ, पियादे, गन्धर्व, बैल और नर्तकी रूप सात प्रकार की देव सेना अत्यन्त हर्ष और आनन्द के साथ जन्म नगरी की ओर प्रस्थान करती है। स्वयं सौधर्म इन्द्र भी अपनी इन्द्राणी के साथ ऐरावत हाथी पर सवार होकर जन्म नगरी की ओर प्रस्थित होता है। वहाँ पहुँचकर सर्वप्रथम जन्म नगरी की तीन परिक्रमा देता है। समस्त देव परिकर उसके साथ होता है। तदनन्तर इन्द्राणी प्रसूति कक्ष में प्रच्छन्न रूप से पहुँचकर जिनबालक और जिन-माता की प्रदक्षिणा कर अपने आप को धन्य करती है। फिर जिनमाता को माया निद्रा से निद्रित कर अत्यन्त हर्ष और उल्लास के साथ जिन-बालक को उठाती है। वहाँ एक कृत्रिम बालक को छोड़कर जिन-बालक की मनोहर छवि को निहारती हुई वह उन्हें सौधर्म इन्द्र को सौंप देती है। सौधर्म इन्द्र बालक का दर्शन कर भाव विभोर हो जाता है। तत्पश्चात् ऐरावत हाथी पर आरूढ़ होता है और जिनबालक को अपनी गोद में बिठाकर सुमेरु पर्वत की ओर प्रस्थान करता है। ईशान इन्द्र भी भगवान् के ऊपर छत्र धारण कर सौधर्म इन्द्र के साथ चलता है। शेष इन्द्र और देवगण भी उल्लसित चित्त होकर सुमेरु पर्वत पर पहुँचते हैं और उसे चारों ओर से घेरकर स्थित हो जाते हैं। सौधर्म इन्द्र सुमेरु पर्वत की ईशान दिशा में स्थित पांडुक शिला पर दिव्य सिंहासन रखता है, तत्पश्चात् बड़ी भक्ति से भगवान् को पूर्व की ओर मुख करके विराजमान करता है। फिर अत्यन्त उत्सव और उल्लास के साथ क्षीर समुद्र के जल से १००८ कलशों द्वारा जिनबालक

---

१. स एष तीर्थ नाथानां प्रभावों हि स्वभावजः अजितनाथ चरित्र २/३/१२५

का अभिषेक करता है। अभिषेक की क्रिया में सौधर्म और ईशान इन्द्र की मुख्य भूमिका होती है। शेष इन्द्र और देव उनके परिचारक बनकर अभिषेक महोत्सव में सहभागी बनते हैं।

अभिषेकोपरान्त सौधर्म इन्द्र की इन्द्राणी जिनबालक को दिव्य वस्त्राभूषणों से सुसज्जित करती है। उसके बाद सौधर्म इन्द्र हजारों नेत्र बनाकर भगवान् की सौम्य छवि का अवलोकन करता है। उसी समय तीर्थङ्कर बालक के दाँयें पैर के अँगूठे पर अंकित लक्षण को देखकर सौधर्म इन्द्र उसे भगवान् का लाञ्छन/चिह्न घोषित कर भगवान् का नामकरण करता है।

जिन-बालक को वस्त्राभूषणों से सुसज्जित करने के उपरान्त सौधर्म इन्द्र ऐरावत् हाथी पर भगवान् को विराजमान कर समस्त देव-देवेन्द्रों के वैभव के साथ जन्म नगरी आता है। तत्पश्चात् माता के पास पहुँचकर कृत्रिम बालक को उठा लेता है और माता की मायानिद्रा को दूरकर बालक तीर्थङ्कर को माता के पास रखता है। इन्द्राणी द्वारा प्रबोधित जिन-माता, अत्यन्त आनंन्दित हो जिन-बालक का दर्शन करती है।

देवगण तीर्थङ्कर के माता-पिता का विशेष सत्कार/पूजा कर महान् उत्सव करते हैं और अपने स्थान को लौट जाते हैं।

तप कल्याणक

तीर्थङ्कर भगवन्त जब दीक्षा धारण करते हैं, तब दीक्षा कल्याणक मनाया जाता है।

जैसे ही भगवान् के मन में वैराग्य उत्पन्न होता है, ब्रह्म स्वर्ग से लौकान्तिक देवों का आगमन होता है। लौकान्तिक देव विषयों से विरक्त और अध्यात्म प्रेमी होते हैं। इन्हें देवर्षि कहा जाता है तथा ये मात्र तीर्थङ्करों के दीक्षा कल्याणक में ही मर्त्यलोक में आते हैं। वे तीर्थङ्कर भगवान् के वैराग्य की सराहना करते हुए उनकी स्तुति कर स्वर्ग लौट जाते हैं।

इसके बाद चारों निकाय के देव आते हैं और वे क्षीर समुद्र के जल से भगवान् का दीक्षाभिषेक करते हैं। दीक्षाभिषेक के बाद जिनराज अपनी मार्मिक वाणी द्वारा अपने परिवार और प्रजा को सान्त्वना देते हुए परम निर्ग्रन्थ मुद्रा को धारण करने का निश्चय करते हैं। उसी समय देवगण स्वर्ग से दिव्य पालकी लाकर भगवान् के सम्मुख रखते हैं। भगवान् उस पर आरूढ़ हो जाते हैं। उस पालकी को सर्वप्रथम साधारण मनुष्य और विद्याधर सात-सात कदम तक अपने कंधे पर

रखते हैं। उसके पश्चात् देवतागण प्रभु की पालकी को अपने कंधे पर रखकर आकाश मार्ग द्वारा विशेष उत्सव पूर्वक दीक्षा वन तक ले जाते हैं। दीक्षावन तीर्थङ्कर के जन्म नगरी के पास ही होता है।

दीक्षावन में पहुँचकर भगवान् पालकी से नीचे उतरते हैं और देवों द्वारा पहले से ही रखी हुई चन्द्रकान्तमणि की शिला पर विराजमान हो जाते हैं। उसके बाद देव मनुष्य और विद्याधरों की उपस्थिति में अपने वस्त्र-आभूषणों को त्यागकर परम दिगम्बर अवस्था को धारण करते हैं। तदुपरान्त पद्मासन मुद्रा में पूर्वाभिमुख होकर भगवान् सिद्ध परमेष्ठी को नमस्कार कर पंचमुष्ठी केशलोंच करते हैं। केशलोंच के उपरान्त परम दिगम्बर मुद्रा के धारी भगवान् सर्व प्रकार के सावद्य-पाप का त्यागकर परम सामायिक चारित्र को धारण करते हैं तथा व्रत, समिति, गुप्ति आदि चारित्र के भेदों को धारणकर कुछ दिनों के उपवास के साथ योगारूढ़ हो जाते हैं। सौधर्म इन्द्र भगवान् के केशों को असाधारण मान भक्ति-भाव से उन्हें ग्रहण कर क्षीर-समुद्र में विसर्जित करता है। दीक्षोपरान्त भगवान् की पूजा भक्ति कर देवगण अपने-अपने स्वर्ग को लौट जाते हैं।

दीक्षा धारण करते ही भगवान् को मनःपर्ययज्ञान की उपलब्धि हो जाती है। उनके तपोबल से अनेक ऋद्धियाँ भी उन्हें एक साथ प्राप्त हो जाती हैं, किन्तु आत्म-साधना में निमग्न प्रभु इनका कोई उपयोग नहीं करते हैं। भगवान् दीक्षा के बाद केवलज्ञान होने तक मौन रहते हैं। उनकी चर्या अपरावलम्बी होती है। वे परीषहों और उपसर्गों को सहजभाव से सहन करते हुए बाह्य और अंतरंग तपानुष्ठानों में अनुरक्त रहते हैं। आत्म साधना की गहन भूमिका को प्राप्त कर जब वे समाधिस्थ होते हैं, तब कैवल्योपलब्धि से विभूषित होते हैं। उसी समय केवलज्ञान कल्याणक मनाया जाता है।

केवलज्ञान-कल्याणक

तीर्थङ्कर प्रभु के केवलज्ञानोत्पत्ति होने पर चतुर्निकाय के देव और मनुष्य केवलज्ञान महोत्सव मनाते हैं। यही केवलज्ञान कल्याणक है।

केवलज्ञान की उत्पत्ति- जिनरूप धारण करने के बाद महाप्रभु अपनी साधना को प्रखर से प्रखरतर बनाते हुए परम आत्मशुद्धि का अनुभव करते रहते हैं। अन्तर्मुखी वृत्ति के धारक महामुनि की निखरती चेतना में नित नयी अनुभूतियाँ प्रकट होती हैं। अपनी अन्तर्यात्रा को गति देते हुए जब वे अपने पुरुषार्थ का परम परिणाम प्रकट करने को सन्नद्ध होते हैं, तब केवलज्ञान की भूमिका बनती है। इस क्रम में सर्वप्रथम वे अपूर्व आत्मशुद्धि का अनुभव करते

हुए परम शुक्लध्यान में लीन होते हैं। शुक्लध्यान की इस परम समाधि के फलस्वरूप उनकी चेतना पर छाई कर्म-कलुष की धुंध छटने लगती है। उनके आत्मतेज का सूर्य पूर्ण प्रभा और प्रताप के साथ प्रकट होने लगता है। इसी प्रताप से वे सर्वप्रथम मोह-तिमिर का नाश करते हैं। समस्त मोह कर्म के क्षय के उपरान्त वीतराग निर्ग्रन्थ बनकर पुनः द्वितीय शुक्लध्यान के बल पर ज्ञानावरण, दर्शनावरण और अंतराय संज्ञक तीन घातिया कर्मों का क्षय करते हैं। इस प्रकार समस्त घातिया कर्मों का क्षय होते ही वे कैवल्य-ज्योति से आलोकित हो जाते हैं। उनकी चेतना पूर्णतः अनावृत्त हो उठती है। तभी से वे भगवान् अरिहन्त, परमात्मा, सर्वज्ञ, जिनदेव, जिनेन्द्र अथवा केवली कहलाने लगते हैं।

केवलज्ञान हो जाने के बाद वे भगवान् जगत् के समस्त चराचर द्रव्यों को उनकी अनन्त पर्यायों के साथ युगपत् जानने लगते हैं। सूक्ष्म, अन्तरित और दूरस्थ पदार्थ भी उनके ज्ञान दर्पण में प्रतिबिम्बित हो जाते हैं। जगत् का कोई भी पदार्थ उनके ज्ञान से बाहर नहीं रहता। इसे जानने में उन्हें किसी प्रयास और आलम्बन की आवश्यकता नहीं रहती। सब कुछ सहज निष्प्रयास दर्पणवत् उनके ज्ञान में झलकता है।

कैवल्य महिमा- भगवान् को केवलज्ञान होते ही अनेक अपूर्व घटनाएँ घटित होती हैं। उस समय थोड़ी देर के लिए सारे संसार का संताप दूर हो जाता है। संपूर्ण लोक में आनन्द और प्रसन्नता फैल जाती है। सारी प्रकृति भी प्रफुल्लित हो उठती है, मानो भगवान् की इस परम विजयश्री का सम्मान करने उतावली हो उठी हो।

केवलज्ञान की उत्पत्ति होते ही तीन लोक में हलचल मच जाती है। उस समय कल्पवासी, ज्योतिषी, व्यन्तर और भवनवासी देवों के यहाँ क्रमशः घण्टानाद, सिंहनाद, दुन्दुभिध्वनि और शंखध्वनि होने लगती है। समस्त इन्द्रों के आसन जोर-जोर से कम्पायमान होने लगते हैं।

आसन के काँपते ही इन्द्र अपने अवधिज्ञान से भगवान् के केवलज्ञानोत्पत्ति को जान लेते हैं। तत्क्षण ही समस्त इन्द्र अपने सिंहासन से उठकर सात कदम आगे बढ़कर भगवान् को नमस्कार करते हैं। तत्पश्चात् सौधर्म इन्द्र सभी देवों को बुलाकर बड़ी ऋद्धि और वैभव के साथ भगवान् के दर्शन के लिए प्रस्थान करते हैं।

इसी बीच सौधर्म इन्द्र की आज्ञा से कुबेर भगवान् की **धर्मसभा अर्थात् समवशरण** की अद्भुत रचना करता है, जिसमें विराजमान **तीर्थङ्कर प्रभु की**

समस्त देव भक्तिपूर्वक पूजा-अर्चना कर केवलज्ञान महोत्सव मनाते हैं।

केवलज्ञानोपरान्त भगवान् जीवन पर्यन्त ग्राम-नगरों में विहार करते हुए धर्मोपदेश देते हैं। वे मुनि, आर्यिका, श्रावक, श्राविका रूप चतुर्विध संघ की स्थापना करते हैं। उनका उपदेश प्राणिमात्र के लिए होता है। देव-दानव, मनुष्य, तिर्यञ्च सभी समान भाव से भगवान् का उपदेश सुना करते हैं।

निर्वाण/मोक्ष कल्याणक

तीर्थङ्कर भगवन्त की निर्वाण बेला में निर्वाण कल्याणक मनाया जाता है।

निर्वाणोपलब्धि- अर्हंत भगवान् अपने मोक्ष का समय निकट जानकर समवशरण रूपी लक्ष्मी का परित्याग कर कायोत्सर्ग अथवा पद्मासन में आरूढ़ हो जाते हैं। वे अपनी आयु के अन्तर्मुहूर्त अवशिष्ट रहने पर सूक्ष्म-क्रिया-प्रतिपाति नामक तीसरे शुक्ल ध्यान में आरूढ़ होते हैं। इस ध्यान से वे अपने योगों का निरोध करते हैं। योग निरोध के क्रम में सर्वप्रथम स्थूल मन एवं वचन का निरोध करते हैं। फिर सूक्ष्म काय-योग का आश्रय लेकर श्वास-प्रश्वास का निरोध करते हैं। तत्पश्चात् स्थूल काय-योग का निरोध करते हैं। फिर सूक्ष्म काय-योग में स्थिर होकर सूक्ष्म मनोयोग और सूक्ष्म वचनयोग का निरोध करते हैं। फिर सूक्ष्म काय-योग का भी निरोध करके अयोगी हो जाते हैं। इस प्रक्रिया को योगनिरोध की प्रक्रिया कहा जाता है। यह सब कुछ सहज, निष्प्रयास और अबुद्धिपूर्वक होता है।

अयोगी होते ही वे अप्रकम्प हो जाते हैं। इस भूमिका में आने के बाद वे व्युपरत क्रिया-निवृत्ति नामक चतुर्थ शुक्ल ध्यान में आरूढ़ हो जाते हैं और अत्यन्त लघु अन्तर्मुहूर्त (अ,इ,उ,ऋ,ऌ इन पाँच ह्रस्वाक्षरों के उच्चारण मात्र काल) में वेदनीय, आयु, नाम और गोत्र-संज्ञक चार अघातिया कर्मों का क्षय कर निर्वाण/मोक्ष को प्राप्त हो जाते हैं।

निर्वाण कल्याणक की क्रिया- जिस समय भगवान् को निर्वाण होता है, उस समय समस्त देव अपने-अपने यहाँ प्रकट होनेवाले चिह्नों से भगवान् की निर्वाणोपलब्धि को जान लेते हैं। समस्त देव-इन्द्र अपने परिवार के देवों के साथ भगवान् की निर्वाण-भूमि में आते हैं। वहाँ आकर मोक्ष का साक्षात् साधन होने से सर्वप्रथम भगवान् के परम पवित्र शरीर को रत्नमयी पालकी पर विराजमानकर नमस्कार करते हैं। तदुपरान्त अग्निकुमार जाति के भवनवासी देव अपने मुकुट से उत्पन्न अग्नि के द्वारा भगवान् के शरीर का अन्तिम संस्कार करते हैं। अन्तिम

संस्कार के बाद भगवान् के शरीर के भस्म को भगवान् जैसी अवस्था प्राप्त करने की भावना से सभी देव अपने-अपने मस्तक पर लगाते हैं। फिर समस्त इन्द्र मिलकर आनन्द नाटक करते हैं। इस प्रकार सभी देव विधिपूर्वक भगवान् के निर्वाण-कल्याणक की पूजा कर अपने-अपने स्थानों को लौट जाते हैं।[1]

घातिचतुष्टय और अठारह दोष

तीर्थङ्कर भगवन्त घातिचतुष्टय और अट्ठारह दोषों से रहित होते हैं।

घातिकर्म चार हैं- ज्ञानावरण, दर्शनावरण, मोहनीय और अन्तराय। ये चारों कर्म जीव के आत्मगुणों का घात करते हैं, इसलिये इन्हें घातिकर्म कहते हैं। इन चार घातिकर्मों का नाश करने पर ही कैवल्य की उपलब्धि होती है।

संसारी जीवों में अट्ठारह प्रकार के दोष होते हैं- १. क्षुधा, २. तृषा, ३. भय, ४. राग, ५. द्वेष, ६. मोह, ७. चिन्ता, ८. जरा, ९. रोग, १०. मृत्यु, ११. खेद, १२. स्वेद, १३. मद, १४. रति, १५. विस्मय, १६. जन्म, १७. निद्रा, १८. विषाद।

उपर्युक्त अठारह दोष मानवीय दुर्बलता और अपूर्णता के प्रतीक हैं। ये मनुष्य को पूर्ण और शुद्धमना बनने में बाधक हैं। ये विकार हैं, जो निर्विकार स्थिति तक नहीं पहुँचने देते। इन दोषों को दूर कर के ही आत्मा शद्ध हो पाती है। घातिया कर्मों के क्षय के बाद तीर्थङ्कर भगवान् इन दोषों से सर्वथा रहित हो जाते हैं। यह आत्मशुद्धि ही उनके परमात्मत्व का आधार है।

समवशरण

समवशरण का अर्थ है— भगवान् की धर्म सभा। भरतेश वैभव में समवशरण के अन्य नाम दर्शाते हुए कहा है- जिनसभा, जिनपुर और जिनावास, ये एक ही अर्थ के वाचक हैं। जिनेन्द्र भगवान् जिस स्थान पर विराजते हैं, वह

१. तीर्थङ्करों के निर्वाणोपरान्त उनके शरीर के सम्बन्ध में अनेक धारणाएँ हैं। महापुराण और निर्वाण भक्ति आदि के अनुसार भगवान् के शरीर का अन्तिम संस्कार ऊपर बताई गई विधि के अनुरूप देवों द्वारा किया जाता है, किन्तु हरिवंश पुराण के अनुसार भगवान् के निर्वाण कल्याणक की पूजा के तत्काल बाद उनका शरीर विद्युत् की तरह क्षण भर में विलीन हो जाता है। इसका हेतु बताते हुए वहाँ कहा गया है कि जिन भगवान् के शरीर के परमाणु अन्त समय में स्कन्ध रूपता का परित्याग कर देते हैं। इस कथन के अनुसार भगवान् के शरीर का अन्तिम संस्कार करने की आवश्यकता ही नहीं रहती।

आचार्य जयसेन कृत प्रवचनसार की संस्कृत टीका के अनुसार भगवान् के निर्वाणोपरान्त उनके नख और केश को छोड़कर उनका सम्पूर्ण शरीर कपूर की तरह उड़ जाता है, किन्तु यहाँ भी भगवान् के निर्वाण कल्याणक की क्रिया के सम्बन्ध में कोई उल्लेख नही है । वर्तमान में पञ्चकल्याणकों में प्रतिष्ठाचार्यों द्वारा कराई जाने वाली निर्वाण कल्याणक की क्रिया का यही आधार प्रतीत होता है ।

ब्र. नेमिदन्त कृत नेमिनाथ पुराण के अनुसार भगवान् का मूल शरीर निर्वाणोपरान्त विलीन हो जाता है और देवगण वैक्रियक शरीर का निर्माण कर भगवान् के निर्वाण कल्याणक की क्रिया करते हैं ।

(देखें- महापुराण-४७/३३८ से ३५०, हरिवंशपुराण-६५/१२-१३ प्रवचनसार गाथा १२९ की टीका, नेमिनाथ पुराण अध्याय १६ पृ. २६५)

इसी नाम से जाना जाता है।

समवशरण का मतलब एक ऐसा सभा भवन है, जिसमें विराजकर तीर्थङ्कर परमात्मा मोक्षमार्ग का उपदेश देते हैं। यह एक ऐसी धर्मसभा है, जिसकी तुलना लोक की किसी अन्य सभा से नहीं की जा सकती। देव-दानव, मानव, पशु-पक्षी सभी इसमें बराबरी से बैठकर धर्मश्रवण के अधिकारी बनते हैं। यही इसकी सर्वोपरि विशेषता है। इसमें प्रत्येक प्राणी को समानतापूर्वक शरण मिलती है। इसलिए "समवशरण" यह इसकी सार्थक संज्ञा है।

समवशरण की संरचना- समवशरण की रचना सौधर्म इन्द्र की आज्ञा से कुबेर के निर्देशन में देवगण करते हैं। यह समवशरण भूतल से पाँच हजार धनुष ऊपर आकाश में स्थित होता है। इसकी रचना वृत्ताकार होती है। उसकी चारों दिशाओं में बीस-बीस हजार सीढ़ियों की रचना रहती है। इन सीढ़ियों पर सभी जन पादलेप औषधि युक्त व्यक्ति की तरह बिना परिश्रम के चढ़ जाते हैं। प्रत्येक दिशा में सीढ़ियों से लगी एक-एक वीथि/सड़क बनी होती है, जो समवशरण के केन्द्र में स्थित गन्ध कुटी के प्रथम पीठ तक जाती है। इसका आँगन इन्द्रनील मणिमय होता है। समवशरण अत्यन्त आकर्षक और अनुपम शोभा सहित होता है। उसमें १. चैत्य-प्रासाद भूमि, २. जल-खातिका भूमि, ३. लतावनभूमि, ४. उपवनभूमि, ५. ध्वजभूमि, ६. कल्पवृक्ष-भूमि, ७. भवनभूमि, ८.श्रीमण्डप-भूमि, ९. प्रथम पीठ, १०. द्वितीय पीठ तथा ११. तृतीयपीठ-भूमि इस प्रकार कुल ग्यारह भूमियाँ होती हैं।

समवशरण के बाह्य भाग में सबसे पहले धूलिसाल कोट बना रहता है। यह रत्नों के चूर्णों से निर्मित बहुरंगी और वलयाकार होता है। इसके चारों ओर स्वर्णमयी खम्भोंवाले चार तोरण द्वार होते हैं। इन द्वारों के बाहर मंगलद्रव्य, नवनिधि, धूप-घट आदि युक्त पुतलियाँ स्थित रहती हैं। प्रत्येक द्वार के मध्य दोनों बाजुओं में एक-एक नाट्यशाला होती है। इनमें बत्तीस-बत्तीस देवांगनाएँ नृत्य करती रहती हैं। ज्योतिषी देव इन द्वारों की रक्षा करते हैं।

इन द्वारों के भीतर प्रविष्ट होने पर कुछ आगे की ओर चारों दिशाओं में चार मानस्तम्भ होते हैं। प्रत्येक मानस्तम्भ चारों ओर चार दरवाजों वाले तीन-तीन परकोटों से परिवेष्टित रहता है। मानस्तम्भों का निर्माण तीन पीठिकायुक्त समुन्नत वेदी पर होता है। वह घण्टा, ध्वजा और चामर आदि से सुशोभित अत्यधिक कलात्मक होता है। मानस्तम्भों के मूल और ऊपरी भाग में अष्ट

महाप्रातिहार्यों से युक्त अर्हन्त भगवान् की स्वर्णमय प्रतिमाएँ विराजमान रहती हैं। इन्द्रगण क्षीरसागर के जल से इनका अभिषेक किया करते हैं। मानस्तम्भों के निकट चारों ओर चार-चार वापिकाएँ बनी होती हैं। एक-एक वापिका के प्रति बयालीस-बयालीस कुण्ड होते हैं। सभी जन इन कुण्डों के जल से पैर धोकर ही अन्दर प्रवेश करते हैं। मानस्तम्भों को देखने मात्र से दुरभिमानी जनों का मान गलित हो जाता है। इसलिए 'मानस्तम्भ' यह इसकी सार्थक संज्ञा है।

उसके बाद **चैत्यप्रासाद-भूमि** आती है। वहाँ पर एक चैत्य प्रासाद होता है, जो कि वापिका, कूप, सरोवर और वन-खण्डों से मण्डित पाँच-पाँच प्रासादों से युक्त होता है। चैत्यप्रसाद भूमि के आगे रजतमय वेदी बनी रहती है। वह धुलीसाल कोट की तरह आगे गोपुर द्वारों से मण्डित रहती है। ज्योतिषी देव, द्वारों पर द्वारपाल का काम करते हैं। उस वेदी के भीतर की ओर कुछ आगे जाने पर कमलों से व्याप्त अत्यन्त गहरी परिखा होती है, जो कि वीथियों/सड़कों को छोड़कर समवशरण को चारों ओर से घेरे रहती है। परिखा के दोनों तटों पर लतामण्डप बने होते हैं। लतामण्डपों के मध्य चन्द्रकान्तमणिमय शिलाएँ होती हैं, जिन पर देव-इन्द्र गण विश्राम करते हैं। इसे **खातिका-भूमि** कहते हैं।

खातिका भूमि के आगे रजतमय एक वेदी होती है। वह वेदी पूर्ववत् गोपुर द्वारों आदि से युक्त होती है। उस द्वितीय वेदी से कुछ आगे बढ़ने पर **लताभूमि** आती है, जिसमें पुन्नाग, तिलक, वकुल, माधवी इत्यादि नाना प्रकार की लताएँ सुशोभित होती हैं। लताभूमि में लता-मण्डप बने होते है, जिसमें सुर-मिथुन क्रीड़ारत रहते हैं।

लताभूमि से कुछ आगे बढ़ने पर एक स्वर्णमय कोट रहता है। यह कोट भी धुलिसाल कोट की तरह गोपुर, द्वारों, मंगल द्रव्यों नवनिधियों और धूपघटों आदि से सुशोभित रहता है। उसके कुछ आगे जाने पर पूर्वादिक चारों दिशाओं में क्रमशः अशोक, सप्तपर्ण, चम्पक और आम्र नामक चार उद्यान होते हैं। इन उद्यानों में इन्हीं नामोंवाला एक-एक चैत्य वृक्ष भी होता है। यह वृक्ष तीन कटनीवाले एक वेदी पर प्रतिष्ठापित रहता है। उसके चारों ओर चार दरवाजों वाले तीन परकोटे होते हैं। उसके निकट मंगल द्रव्य रखे होते हैं, ध्वजाएँ फहराती रहती हैं तथा वृक्ष के शीर्ष पर मोतियों की माला से युक्त तीन छत्र होते हैं। इस वृक्ष के मूल भाग में अष्ट प्रातिहार्य युक्त अर्हंत भगवान् की चार प्रतिमाएँ विराजमान रहती हैं। इसे **उपवन-भूमि** कहते हैं। इस भूमि में रहनेवाली वापिकाओं में स्नान करने मात्र से जीवों को एक भव (आगे-पीछे का) दिखाई पड़ता है तथा वापिकाओं के

जल में देखने से सात भव दिखाई पड़ते हैं। उसके आगे पुनः एक वेदिका होती है। वेदिका के आगे **ध्वज-भूमि** होती है। ध्वज-भूमि में माला, वस्त्र, मयूर, कमल, हंस, गरुड़, सिंह, बैल, हाथी और चक्र से चिह्नित दश प्रकार की निर्मल ध्वजाएँ होती हैं। इनके ध्वजदंड स्वर्णमय होते हैं। ध्वजभूमि के कुछ आगे बढ़ने पर एक स्वर्णमय कोट आता है। इस परकोटे के चारों ओर पहले के समान चार दरवाजे होते हैं, नाटक शालाएँ होती हैं तथा धूप घटों से सुगन्धित धुआँ निकलता रहता है। इसके द्वार पर नागेन्द्र द्वारपाल के रूप में खड़े रहते हैं।

उसके आगे **कल्पभूमि** होती है। कल्पभूमि में कल्पवृक्षों का वन रहता है। इन वनों में कल्पनातीत शोभावाले दश प्रकार के कल्पवृक्ष होते हैं, जो कि नाना प्रकार की लता-बल्लियों एवं वापिकाओं से वेष्टित रहते हैं। यहाँ देव विद्याधर और मनुष्य क्रीड़ारत रहते हैं। कल्पभूमि के पूर्वादिक चारों दिशाओं में क्रमशः नमेरु, मन्दार, सन्तानक और पारिजात नामक चार सिद्धार्थ वृक्ष होते हैं। सिद्धार्थ वृक्षों की शोभा चैत्य वृक्षों के सदृश होती है, किन्तु इनमें अर्हंत की जगह सिद्ध प्रतिमाएँ होती हैं।

कल्पभूमि के आगे पुनः एक स्वर्णमय वेदी बनी रहती है। इस वेदी के द्वार पर भवनवासी देव द्वारपाल के रूप में खड़े रहते हैं। इस वेदी के आगे **भवन-भूमि** होती है। भवनभूमि में एक से एक सुन्दर कलात्मक और आकर्षक बहुमंजिले भवनों की पंक्ति रहती है। देवों द्वारा निर्मित इन भवनों में सुर-मिथुन गीत, संगीत, नृत्य, जिनाभिषेक, जिनस्तवन आदि करते हुए सुखपूर्वक रहते हैं। भवनों की पंक्तियों के मध्य वीथियाँ-गलियाँ बनी होती हैं। वीथियों के दोनों पार्श्व में नव-नव स्तूप (कुल ७२) बने होते हैं। पद्मराग मणिमय इन स्तूपों में अर्हन्त और सिद्धों की प्रतिमाएँ विराजमान रहती हैं। इन स्तूपों पर वन्दन-मालाएँ लटकी होती हैं। मकराकार तोरणद्वार होते हैं। छत्र लगे होते हैं, मंगल द्रव्य रखे होते हैं और ध्वजाएँ फहराती रहती हैं। यहाँ विराजमान जिन-प्रतिमाओं की देवगण पूजन और अभिषेक करते हैं।

भवनभूमि के आगे स्फटिक मणिमय चतुर्थ कोट आता है। इस कोट के गोपुर द्वारों पर कल्पवासी देव खड़े रहते हैं।

द्वादश-गण

चतुर्थ कोट के आगे रत्न-स्तम्भों पर आधारित अन्तिम **श्रीमण्डप भूमि** होती है। उस भूमि में स्फटिक मणिमय सोलह दीवारों से विभाजित बारह कोठे होते हैं। इन बारह कोठों में ही बारह गण अथवा बारह सभाएँ होती हैं। इनमें

सर्वप्रथम अर्हंत भगवान् के दाँये ओर के कोठे में गणधर देवादिक मुनि विराजते हैं। द्वितीय कोठे में कल्पवासिनी देवियाँ होती हैं, तीसरे कक्ष में आर्यिका व श्राविका समूह होता है। इसके आगे वीथि रहती है। वीथि के आगे चौथे, पाँचवें और छठवें कोठे में क्रमशः ज्योतिषी, व्यन्तर और भवनवासी देवों की देवियाँ रहती हैं। उसके आगे पुनः वीथि आ जाती है। उसके आगे के तीन कोठों में क्रमशः व्यन्तर, ज्योतिष और भवनवासी देव रहते हैं। इसके बाद तीसरी वीथि होती है। उसके आगे के तीन कोठों में क्रमशः कल्पवासी देव, चक्रवर्ती आदिक मनुष्य एवं सिंहादिक पशु-पक्षी जन्म-जात बैर को छोड़कर उपशान्त भाव से बैठकर भगवान् के उपदेशामृत का लाभ लेते हैं।

इन कोठों में मिथ्यादृष्टि, अभव्य और असंज्ञी जीव कदापि नहीं होते। ऐसे जीव बाहर के ही रागरंग में उलझकर रह जाते हैं।

उसके आगे स्फटिक मणिमय पाँचवी वेदी आती है। इस वेदी के आगे एक के ऊपर एक क्रमशः तीन पीठ होते हैं। प्रथम पीठ पर बारह कोठों और चार वीथियों के सम्मुख सोलह-सोलह सीढ़ियाँ होती हैं। इस पीठ पर चारों दिशाओं में अपने मस्तक पर धर्मचक्र धारण किये चार यक्षेन्द्र खड़े रहते हैं। इसी पीठ के ऊपर द्वितीय पीठ होता है। इस पीठ पर सिंह, बैल आदि चिह्नों वाली ध्वजाओं की पंक्ति, अष्ट मंगल द्रव्य, नव-निधि व धूपघट आदि शोभायमान रहते हैं। द्वितीय पीठ के ऊपर तीसरी पीठ होती है। तीसरी पीठ के ऊपर अनेक ध्वजाओं से युक्त गंधकुटी होती है। गन्धकुटी के मध्य में पाद-पीठ सहित सिंहासन होता है। भगवान् सिंहासन से चार अंगुल ऊपर अष्ट महाप्रातिहार्यों के साथ आकाश में विराजमान रहते हैं।

समवशरण का माहात्म्य- समवशरण में जिनेन्द्र देव के माहात्म्य से आतंक, रोग, मरण, उत्पत्ति, बैर, काम-बाधा एवं क्षुधा-तृषा की पीड़ाएँ कदापि नहीं होती। साथ ही श्रीमण्डपभूमि के थोड़े से ही क्षेत्र में असंख्य जीव एक दूसरे से अस्पृष्ट रहते हुए सुखपूर्वक विराजते हैं। योजनों विस्तारवाले इस समवशरण में प्रवेश और निकलने में बाल-वृद्ध सभी को अन्तर्मुहूर्त से अधिक समय नहीं लगता है।

अष्ट प्रातिहार्य

तीर्थङ्कर परमात्मा को जब केवलज्ञान हो जाता है, तब से चारों निकाय के देव उनकी सेवा में निरन्तर आते रहते हैं। देशना के समय सुवर्णरजत एवं मणिरत्न से युक्त तीन पीठिकावाले समवशरण में अष्ट महाप्रातिहार्य होते हैं, जो कैवल्योत्पत्ति के बाद सतत साथ रहते हैं। प्रातिहार्य तीर्थङ्कर भगवान् के पहिचान के विशेष चिह्न हैं। तीर्थङ्कर परमात्मा के अतिरिक्त अन्य किसी प्राणी को ये नहीं होते। प्रातिहार्यों की संख्या आठ ही होती है। इन प्रातिहार्यों को धारण करने की अर्हता जिनमें होती हैं, वे ही अरहन्त कहलाते हैं। अरिहन्त शब्द की व्याख्या इसी आधार पर की जाती है। प्रत्येक तीर्थङ्कर इन आठ प्रातिहार्यों से समलंकृत होते हैं। ये प्रातिहार्य तीर्थङ्कर परमात्मा के महिमाबोधक चिह्न के रूप में माने जाते हैं।

प्रातिहार्य की शाब्दिक संरचना से भी यह तथ्य स्पष्ट होता है- "प्रतिहारा इव प्रतिहारा सुरपति नियुक्ताः देवास्तेषां कर्माणि कृत्याणि प्रातिहार्याणि।" प्रातिहार्य की इस व्याख्या के अनुसार देवेन्द्रों द्वारा नियुक्त प्रतिहार, सेवक का कार्य करनेवाले देवता को अरिहन्त के प्रतिहार कहते हैं और उनके द्वारा भक्ति हेतु रचित अशोक वृक्षादि को प्रातिहार्य कहते हैं।

प्रातिहार्य आठ कहे गये हैं। ये प्रातिहारों की तरह तीर्थङ्करों के साथ सदैव रहने के कारण प्रातिहार्य कहलाते हैं। अष्ट महाप्रातिहार्य इस प्रकार हैं-१. अशोक वृक्ष, २. सिंहासन, ३. भामंडल, ४. तीन छत्र, ५. चमर, ६. सुरपुष्पवृष्टि, ७. दुन्दुभि, ८. दिव्यध्वनि।

१. अशोक वृक्ष- समवशरण में विराजित तीर्थङ्कर परमात्मा के सिंहासन पर अशोक वृक्ष शोभायमान होता है। यह वृक्ष वनस्पतिकायिक न होकर पार्थिव और देव रचित होता है। शोकरहित, तीर्थङ्कर के मस्तक पर रहने के कारण यह अशोक वृक्ष कहलाता है। तीर्थङ्करों का सान्निध्य पानेवाले सभी जीव शोकरहित हो जाते हैं। अशोक वृक्ष का यही संदेश है।

तीर्थङ्कर भगवन्त जिन-जिन वृक्षों के नीचे दीक्षा धारण करते हैं, वही उनका अशोक वृक्ष होता है। चौबीस तीर्थङ्करों के अशोक वृक्ष अलग-अलग हैं। उनके नाम इस प्रकार हैं– न्यग्रोध/वट, सप्तपर्ण, शाल/साल, सरल/चीड़, प्रियंगु, प्रियंगु, शिरीष, नागवृक्ष/नागकेशर, शाल, अक्ष/बहेडा, धूलीपलाश/पलाश, तेंदू, पाटल/कदम, पीपल, दधिपर्ण/कैंथ, नन्दी, तिलक, आम्र, अशोक, चंपक/चम्पा, वकुल/मौलश्री, मेषश्रृंग/गुड़मार, धव/धौ और शाल ये चौबीस वृक्ष क्रमशः

चौबीस तीर्थङ्करों के अशोक वृक्ष हैं। इनकी ऊँचाई अपने-अपने तीर्थङ्करों की ऊँचाई से बारह गुणी होती है।

वृक्ष सहिष्णुता का प्रतीक है। वह सर्दी, गर्मी, बरसात तथा प्राकृतिक प्रकोपों को प्रतीकार रहित होकर सहता है, तभी उसमें फूल और फल लगते हैं। मनुष्य भी जब वृक्ष की तरह सब प्रकार की बाधाओं को प्रतीकार रहित सहन करता है, तभी उसमें कैवल्य का फल लगता है। भगवान् के मस्तक पर अवस्थित अशोक वृक्ष संभवतः यही संदेश देता है।

२. सिंहासन- समवशरण के मध्य स्थित रत्नमयी तीन पीठिकाओं के ऊपर चार सिंहासन होते हैं। इनमें एक पर तीर्थङ्कर भगवन्त स्वयं विराजते हैं और शेष तीन पर परमात्मा के तीन प्रतिरूप रहते हैं। यह सिंहासन उत्तम रत्नों से रचित होता है तथा विकट दाढ़ों से युक्त विकराल सिंह-जैसी आकृति पर प्रतिष्ठित होता है। सिंहासन के ऊपर एक सहस्रदल कमल होता है। भगवान् उससे चार अंगुल ऊपर अधर में विराजमान रहते हैं।

३. भामंडल- घातिया कर्मों के क्षय के बाद भगवान् के मस्तक के चारों ओर परमात्मा के शरीर को **उल्लसित/उद्योतित** करनेवाला अति सुन्दर, अनेक सूर्यों से भी अत्यधिक तेजस्वी और मनोहर भामंडल होता है। इसकी तेजस्विता तीनों जगत् के द्युतिमान् पदार्थों की द्युति का तिरस्कार करती है।

Occult Science के अनुसार "भा-मण्डल" (Halo) यह महान् व्यक्तियों के सिर के पीछे गोलाकार में पीले रंग के चक्र-जैसा होता है। तीर्थङ्करों का प्रभ ावलय उनकी परम औदरिक अनुपम देह से निकलती हुई, कैवल्य रश्मियों का वर्तुलाकार मंडल है। उनकी दिव्यप्रभा के आगे कोटि-कोटि सूर्यों का प्रभाव भी हतप्रभ हो जाता है। सामान्य व्यक्तियों के पीछे पायी जानेवाली भावधारा को आभामण्डल (Aura) कहते हैं। यह सबल और निर्बल दो प्रकार का होता है। जिनका चरित्र अच्छा हो, आत्मबल अधिक हो, उनका आभामण्डल सबल और जिनकी नैतिक भावधारा हीन हो, उनका आभामण्डल निर्बल होता है। यह व्यक्ति की भावधारा का प्रतीक है।

सामान्य व्यक्तियों का आभामंडल परिवर्तनशील होता है। बाह्य तत्त्वों के प्रभाव से उनकी भावधारा सदैव बदलती रहती है, जबकि असामान्य और निर्मल भावधारावाले व्यक्तियों पर अशुद्ध वायुमंडल का प्रभाव नहीं पड़ता। यह अपने-आप में इतना सशक्त होता है कि अन्य भावधारा से प्रभावित नहीं होता,

बल्कि यह अधिक बलवान् होकर अन्यों को अपने से प्रभावित भी करता है। यही कारण है कि महापुरूषों का सान्निध्य हमें अपनी तरंगों से प्रभावित कर प्रसन्नता प्रदान करता है। इससे निकलनेवाली तैजस रश्मियाँ अलौकिक और शान्त होती हैं।

तीर्थङ्करों के भामण्डल की प्रतिच्छाया में भव्यात्मा अपने अतीत के तीन भव, एक वर्तमान और आगामी तीन भव इस प्रकार सात भवों को देख सकता है।

४. तीन छत्र- भगवान् के मस्तक पर रत्नमय तीन छत्र शोभायमान रहते हैं। ये तीनों छत्र तीनों लोकों के साम्राज्य को सूचित करते हैं। ये छत्र शरद ऋतु के चन्द्र के समान श्वेत, कुन्द और कुमुद-जैसे अत्यन्त शुभ्र और लटकती हुई मालाओं की पंक्तियों के समान अत्यन्त धवल एवं मनोरम होते हैं। तीनों छत्र ऊपर से नीचे की ओर विस्तारयुक्त होते हैं।

५. चमर- भगवान् के दोनों ओर सुन्दर सुसज्जित देवों द्वारा चौसठ चमर ढोरे जाते हैं। ये चमर कमलनालों के सुन्दर तंतु जैसे स्वच्छ, उज्ज्वल और सुन्दर आकारवाले होते हैं। चमर में रहे रेशे इतने श्वेत एवं तेजस्वी होते हैं कि उनमें से चारों ओर किरणें निकलती हैं। दण्ड उत्तम रत्नों से रचित एवं स्वर्णमय होते हैं। ढोरे (बीजें) जाते हुए ये चमर ऐसे प्रतीत होते हैं मानो इन्द्र धनुष नृत्य कर रहे हों। ये नमन और उन्नमन द्वारा सूचित करते हैं कि प्रभु को नमस्कार करने से सज्जन उच्च गति को प्राप्त होते हैं।

चमर ढोरने के सम्बन्ध में आचार्य मानतुंग कहते हैं- "हे परमात्मा! आपका स्वर्णिम देह ढुरते हुए चमरों से उसी भाँति शोभा दे रहा है, जैसे स्वर्णमय सुमेरु पर्वत पर दो निर्मल जल के झरने झर रहे हों।"

६. पुष्प-वृष्टि- भगवान् के मस्तक पर आकाश से सुगन्धित जल की बूँदों से युक्त एवं सुखद, मन्दार, सुन्दर, नमेरु, पारिजात तथा सन्तानक आदि उत्तम वृक्षों के ऊर्ध्वमुखी दिव्य फूलों की वर्षा होती रहती है। पुष्पवर्षा की सुरम्यता का चित्रण करते हुए आचार्य मानतुंग कहते हैं कि भगवन्! ये पुष्पों की पंक्ति ऐसी प्रतीत होती है, मानो आपके वचनों की पंक्ति ही फैल रही हो।"

७. देव-दुन्दुभि- तीर्थङ्कर के सान्निध्य में ऊपर आकाश में भुवन-व्यापी दुन्दुभि ध्वनि होती है। दुन्दुभिनाद सुनते ही आबाल वृद्धजनों को अपार आनंद का अनुभव होता है और देवाधिदेव अरिहन्त प्रभु के आगमन की सूचना

भी सर्वजनों को एक साथ मिलती है। जगत् के सर्वप्राणियों को उत्तम पदार्थ प्रदान करने में यह दुन्दुभि समर्थ है। यह सद्धर्मराज अर्थात् परम उद्धारक तीर्थङ्कर भगवान् की समस्त संसार में जयघोष कर सुयश प्रकट करती है।

यह दिव्य देव-दुन्दुभि देवों के हस्त तल से ताड़ित अथवा स्वयं शब्द करनेवाली होती है। यह स्वयं के गम्भीर नाद से समस्त अन्तराल को प्रतिध्वनित करती है।

दुन्दुभि जयगान का प्रतीक है। यह तीर्थङ्कर भगवन्त के धर्मराज्य की घोषणा प्रकट करती है और आकाश में भगवान् के सुयश को सूचित करती है। यह विजय का भी प्रतीक है। संपूर्ण विश्व को जीतनेवाले महान योद्धा मोह राजा को, अरिहन्त भगवान् ने शीघ्र ही जीत लिया है, ऐसा सूचित करता हुआ दुन्दुभिनाद सर्व जीवों के सर्वभयों को एक साथ दूर करता है।

८. दिव्य-ध्वनि- दिव्य-ध्वनि मृदु, मधुर, मनोहर, अतिगंभीर और एक-योजन प्रमाण समवशरण में विद्यमान देव, मनुष्य और तिर्यञ्च आदि सभी संज्ञी पंचेन्द्रिय जीवों को एक साथ प्रतिबोधित करनेवाली होती है। जैसे मेघ का जल एकरूप होते हुए भी नाना वनस्पतियों में जाकर नानारूप परिणत हो जाता है, उसी तरह दन्त, तालु, ओष्ठ आदि के स्पन्दन से रहित भगवान् की वाणी अट्ठारह महाभाषा और सात सौ लघुभाषा रूप परिणत होकर एक साथ समस्त भव्य जीवों को आनन्द प्रदान करती है। इसलिए भगवान् की वाणी को सर्व-भाषा-स्वभावी कहते हैं।

तीर्थङ्करों की दिव्यध्वनि मागध जाति के व्यंतर देवों के निमित्त से सर्वजीवों को भले प्रकार से सुनाई पड़ती है। जैसे आजकल ध्वनि विस्तारक यंत्रों द्वारा ध्वनि को दूर तक पहुँचाया जाता है, वही काम मागध देवों का है। वे भगवान् की वाणी को एक योजन तक फैलाकर उसे सर्वभाषात्मकरूप परिणमा देते हैं। जैसे आजकल राष्ट्रपति भवन एवं संसद भवन आदि में एक ही भाषा में बोले गये शब्द अनेक भाषारूप में सुने जा सकते हैं, वैसे ही मागध जाति के देवों के निमित्त से संज्ञी जीव भगवान् की वाणी को अपनी-अपनी भाषा में समझ लेते हैं। भगवान् की वाणी दिन में चार बार छह-छह घड़ी (दो घण्टे चौबीस मिनट) तक खिरती है।

इस प्रकार अष्टमहाप्रातिहार्यों से संयुक्त तीर्थङ्कर परमात्मा अद्भुत महिमावाले होते हैं।

अनन्त चतुष्टय

अष्ट प्रातिहार्यों से युक्त तीर्थङ्कर अनन्त चतुष्टयों से मण्डित होते हैं। अनन्त ज्ञान, अनन्त दर्शन, अनन्त सुख और अनन्त वीर्य-अर्हन्त भगवान् के अनन्त चतुष्टय हैं।

अनन्त ज्ञान- अनन्त अर्थात् कभी भी अन्त न होनेवाला सीमातीत ज्ञान-अनन्त ज्ञान है। यह समस्त ज्ञानावरण कर्म के क्षय से उत्पन्न होता है।

अनन्त दर्शन- जिस दर्शन का कभी भी अन्त या विनाश न हो वह अनन्त दर्शन है। यह दर्शनावरण कर्म के क्षय से उत्पन्न होता है।

अनन्त सुख- अन्त और विच्छेद से रहित इन्द्रियातीत सुख-अनन्त सुख है। यह मोहनीय कर्म के क्षय से प्राप्त होता है।

अनन्त वीर्य- जिस वीर्य का कभी भी अन्त न हो वह अनन्त वीर्य है। यह अन्तराय कर्म के क्षय से प्रकट होता है।

समस्त तीर्थङ्कर उपर्युक्त अनन्त चतुष्टयों से युक्त रहते हैं तथा जीवन के अंत में शेष अघातिया कर्मों को नष्ट कर सिद्ध अवस्था प्राप्त करते हैं।

चौबीस तीर्थङ्करों के विशेष परिचय के लिए देखें परिशिष्ट।

✡

चक्रवर्ती

द्वादश चक्रवर्तिनः ।।१५।।

सप्ताङ्गानि ।।१६।।

चतुर्दश रत्नानि ।।१७।।

नव निधयः ।।१८।।

दशाङ्गभोगाः ।।१९।।

बारह चक्रवर्ती होते हैं ।।१५।।

चक्रवर्ती के सात अंग होते हैं ।।१६।।

चक्रवर्ती के चौदह रत्न होते हैं ।।१७।।

चक्रवर्ती की नवनिधियाँ होती हैं ।।१८।।

चक्रवर्ती के दशाङ्ग भोग होते हैं ।।१९।।

प्रत्येक कालचक्र के अवसर्पिणी और उत्सर्पिणी काल के दुःषमा-सुषमा नामक काल में बारह चक्रवर्ती होते हैं। इस काल के बारह चक्रवर्तियों के नाम इस प्रकार हैं-

१. भरत, २. सगर, ३. मघवा, ४. सनतकुमार, ५. शांति, ६. कुन्थु, ७. अरह, ८. सुभौम, ९. पद्म, १०. हरिसेन, ११. जयसेन, १२. ब्रह्मदत्त ।

चक्रवर्ती- शलाका पुरुषों में तीर्थङ्करों के बाद चक्रवर्तियों का स्थान है। चक्रवर्ती छह खण्ड के अधिपति होते हैं। छह खण्ड के समस्त राजा-महाराजा और विद्याधर नरेश चक्रवर्तियों के अधीन रहते हैं। समस्त भूमंडल पर इनका अखंड एकछत्र राज्य रहता है। पृथ्वीतल के समस्त मनुष्यों में श्रेष्ठ वैभव और भोग के स्वामी होने के कारण चक्रवर्तियों को नरेन्द्र भी कहा जाता है।

पूर्वजन्मों में किये गये तप के फलस्वरूप **चक्रवर्तियों** की आयुधशाला

में संपूर्ण लोक को विस्मित करनेवाला 'चक्ररत्न' प्रकट होता है। चक्ररत्न प्रकट होने पर जिनेन्द्र भगवान् की पूजा कर चक्रवर्ती दिग्विजय के लिए निकलते हैं। दिग्विजय का उद्देश्य स्वेच्छाचारी राजाओं के कुशासन को कुचलकर पूरे राष्ट्र को एक सूत्र में बाँधने का रहता है। दिग्विजय यात्रा में चक्रवर्ती की विशाल सेना उसके साथ रहती है। आगे-आगे एक हजार यक्षों से रक्षित चक्ररत्न रहता है। दिग्विजय द्वारा चक्रवर्ती समस्त राजाओं को अपने अधीन कर उन्हें सही नीति पर चलने का आदेश देते हैं। इस प्रकार समस्त भरत क्षेत्र के छह खण्डों पर विजय पाकर अपनी दिग्विजय-यात्रा पूरी करते हैं।

सभी चक्रवर्ती निकट-भव्य और ज़िन-शासन के अनुयायी होते हैं। इनमें से कुछ उसी भव में और कुछ भवान्तर में मोक्ष प्राप्त करते हैं। चक्रवर्ती स्वर्ग से ही आते हैं।

चक्रवर्तियों का वैभव- चक्रवर्तियों का वैभव अतुलनीय होता है। चौदह रत्न और नौ निधियों के स्वामी चक्रवर्ती अपने सात अंगों के साथ दशांग भोगों का सेवन करते हैं।

सात अंग- चक्रवर्ती के सात अंग होते हैं– स्वामी-राजा, अमात्य, देश, दुर्ग, भण्डार/कोश, षडंगबल और मित्र। षडंग बल निम्न हैं–

१- चक्रबल, २- ८४ लाख हाथी, ३- ८४ लाख रथ, ४- १८ करोड़ उत्तम नस्ल के घोड़े, ५- ८४ करोड़ वीर भट, ६- असंख्य देव सैन्य, विद्याधरसैन्य।

चौदह रत्न

चक्रवर्ती के चौदह रत्न होते हैं। उनमें सात अचेतन और सात चेतन हैं। चक्र, छत्र, असि/तलवार, दंड, मणि, काकिनी और चर्म ये सात अचेतन रत्न हैं, तथा गृहपति, सेनापति, पुरोहित, स्थपति, स्त्री, हाथी और अश्व ये सात चेतन रत्न हैं। इन चौदह रत्नों को महारत्न कहते हैं। एक-एक हजार यक्ष इनकी रक्षा करते हैं। चौदह रत्नों के कार्य निम्न प्रकार हैं–

चौदह रत्न और उनके कार्य

१. **चक्ररत्न-** बैरियों का संहार करता है।

२. **छत्र-रत्न-** सैन्यों के ऊपर आनेवाली धूप-वर्षा, धूलि, ओले तथा वज्रादि, की बाधाओं को दूर करता है।

३. **असि-** चक्रवर्ती के चित्त को प्रसन्न करता है।

४. दण्ड - ४८ कोस प्रमाण सैन्य भूमि को साफ कर समतल करता है।

५. मणि/चूड़ामणि- इच्छित पदार्थों को प्रदान करता है।

६. काकिणी- गुफा आदि में रहनेवाले अंधकार को चन्द्रमा और सूर्य की तरह दूर करता है।

७. चर्म- चक्रवर्ती के सैन्य आदि को नद-नदी आदि पार कराता है।

८. गृहपति- राजभवन की समस्त व्यवस्था का संचालन और हिसाब -किताब रखता है।

९. सेनापति- आर्यखण्ड एवं पाँच म्लेच्छखण्डों पर विजय दिलाता है।

१०. पुरोहित- सबको धर्म-कर्मानुष्ठानों का मार्गदर्शन देता है।

११. स्थपति- चक्रवर्ती की इच्छानुसार महल, मन्दिर और प्रासाद आदि तैयार करता है।

१२. स्त्री- चक्रवर्ती की पट्टरानी।

१३. हाथी- शत्रु राजाओं के गज समूह को विच्छिन्न करता है।

१४. अश्व- तिमिस्र गुफा के कपाट का उद्घाटन करते समय बारह योजन तक छलाँग लगाता है।

नौ निधियाँ

चक्रवर्ती की काल, महाकाल, माणवक, पिंगल, नैसर्प, पद्म, पांडुक, शंख और सर्वरत्न नामक नौ निधियाँ होती हैं।

कालनिधि तीनों ऋतुओं के योग्य द्रव्य प्रदान करती है। महाकाल निधि नाना प्रकार के भोज्य पदार्थ प्रदान करती है। माणवक निधि विविध प्रकार के आयुध प्रदान करती है। पिंगल निधि आभरण देती है। नैसर्प निधि मन्दिर/भवन प्रदान करती है। पद्म निधि विविध प्रकार के वस्त्र प्रदान करती है। पाण्डुक निधि अनेक प्रकार के धान्य प्रदान करती है। शंख निधि वादित्र प्रदान करती है और सर्वरत्न निधि सर्व प्रकार के रत्न प्रदान करती है।

चक्रवर्ती इन निधियों का मनचाहा उपयोग करता है, फिर भी ये अटूट बनी रहती हैं।

दशांग भोग

चक्रवर्ती के दशांग भोग होते हैं– १. दिव्य नगर, २. दिव्य भोजन, ३. दिव्य भाजन, ४. दिव्य शयन, ५. दिव्य नाट्य, ६. दिव्य आसन, ७. दिव्य रत्न,

८. दिव्य निधि, ९. दिव्य सेना और १०. दिव्य वाहन। ये दश प्रकार के दिव्य भोग पुण्य और पराक्रम के धनी चक्रवर्ती की सेवा में सदैव तत्पर रहते हैं तथा चक्रवर्ती को सर्वसुविधाएँ और अनुकूलता प्रदान करते हैं।

चक्रवर्ती का अन्य वैभव

चक्रवर्ती ३२ हजार मुकुट-बद्ध राजाओं का स्वामी होता है।

चक्रवर्ती की पट्टरानी सहित ९६ हजार रानियाँ होती हैं। इनमें ३२ हजार आर्यखण्ड की, ३२ हजार विद्याधरों की और ३२ हजार म्लेच्छ खण्ड की कन्याएँ होती हैं।

चक्रवर्ती अपनी पृथक् विक्रिया की सहायता से अपने शरीर के अनेक रूप धारण कर सकता है।

चक्रवर्ती के तीन करोड़ पचास हजार बन्धु वर्ग, ३६० रसोइये, और ३६० शरीर-वैद्य होते हैं।

चक्रवर्ती पर ३२ यक्ष देव ३२ चमर ढुराते रहते हैं।

३२ हजार नाट्यशालाएँ और ३२ हजार संगीत शालाएँ होती हैं।

३२ हजार देश और उनके ३२ हजार मुकुट-बद्ध राजाओं पर उनका स्वामित्व होता है।

बारह योजन तक सुनाई देनेवाले २४ शंख, २३ भेरी (नगाड़ा) और रथ, २४ पटह (वाद्य विशेष) होते हैं।

चक्रवर्तियों की इन्द्रियाँ अत्यन्त पुष्ट और बलवान् होती हैं। वे स्पर्शन, रसना और घ्राण इन्द्रिय से नौ योजन तक के विषय को जान सकते हैं, चक्षु-इन्द्रिय से ४७२६३ $\frac{७}{२०}$ योजन तक देख सकते हैं तथा कर्ण इन्द्रिय से १२ योजन तक के शब्द को सुन सकते हैं।

चक्रवर्ती के पास चार प्रकार की राज-विद्या होती है-

१. आन्वीक्षिकी- अपना स्वरूप जानना, अपना बल पहिचानना, अच्छा-बुरा समझ लेना।

२. त्रयी- शास्त्रानुसार धर्म और अधर्म को समझकर अधर्म छोड़ धर्म का आश्रय लेना।

३. वार्ता- अर्थ-अनर्थ को समझकर प्रजाजनों का रक्षण करना।

४. दंडनीति- योग्य दण्ड-विधान द्वारा दुष्टों को मार्ग पर लाना।

चक्रवर्ती आदि महापुरूषों के विशेष परिचय के लिए देखें परिशिष्ट

अन्य महापुरुष

नव बलदेवाः ॥२०॥

वासुदेव-प्रतिवासुदेव-नारदाश्चेति ॥२१॥

एकादशरुद्राः ॥२२॥

नौ बलदेव होते हैं ॥२०॥

नौ वासुदेव, नौ प्रतिवासुदेव और नौ नारद होते हैं ॥२१॥

ग्यारह रुद्र होते हैं ॥२२॥

बलदेव, वासुदेव और प्रतिवासुदेव

बलदेव- शलाका पुरुषों में चक्रवर्तियों के उपरान्त बलदेवों का स्थान है। इन्हें बलभद्र, हलधर या राम भी कहते हैं। बलदेव, नारायण के भ्राता होते हैं। नारायण और बलदेवों में प्रगाढ़ स्नेह रहता है। सभी बलदेव पूर्वभव में तपश्चरण कर देव होते हैं, वहाँ से च्युत होकर बलदेव बनते हैं। ये अतुल पराक्रम के धनी, अतिशय रूपवान् और यशस्वी होते हैं। सभी बलदेवों की आठ-आठ हजार रानियाँ होती हैं। बलदेवों के पाँच-पाँच रत्न होते हैं- १. रत्नमाला (हार), २. लांगल (अपराजित हल), ३. मूसल, ४. दिव्य गदा, ५. शक्ति।

वर्तमान काल के नौ बलदेवों के नाम इस प्रकार हैं–

१. विजय, २. अचल, ३. सुधर्म, ४. सुप्रभ, ५. सुदर्शन, ६. नन्दिषेण, ७. नन्दिमित्र, ८. रामचन्द्र, ९. बलराम।

वासुदेव-प्रतिवासुदेव- ये शलाका पुरुषों में आते हैं। इनकी संख्या भी नौ-नौ होती है। वासुदेव को नारायण और प्रतिवासुदेव को प्रतिनारायण भी कहते हैं। दोनों समकालीन होते हैं, पूर्वभव में निदान सहित तपश्चरण कर स्वर्ग में देव होते हैं और वहाँ से च्युत होकर वासुदेव-प्रतिवासुदेव बनते हैं। दोनों अर्धचक्रवर्ती होते हैं। इनका तीन खण्डों पर आधिपत्य होता है। दोनों पर सोलह-सोलह चमर ढोरे जाते हैं। नारायण और प्रतिनारायण दोनों की सोलह-सोलह हजार रानियाँ होती हैं। प्रतिनारायण प्रायः विद्याधर होते हैं। सभी नारायण भूमिगोचरी होते हैं।

नारायणों और प्रतिनारायणों में जन्मजात बैर रहता है। किसी निमित्त से दोनों के मध्य भयानक युद्ध होता है। युद्ध में प्रतिनारायण, नारायण के हाथों मारा जाता है। दोनों निकट भव्य होते हैं, किन्तु अनुबद्ध बैर के कारण नरक जाते हैं।

वर्तमानकालीन नौ नारायण- १. त्रिपृष्ठ, २. द्विपृष्ठ, ३. स्वयंभू, ४. पुरूषोत्तम, ५. पुरुषसिंह, ६. पुरुषपुण्डरीक, ७. पुरुषदत्त, ८. लक्ष्मण, ९. श्रीकृष्ण।

वर्तमानकालीन नौ प्रतिनारायण- १. अश्वग्रीव, २. तारक, ३. मेरक, ४. मधु-कैटभ, ५. निशुम्भ, ६. बलि, ७. प्रहरण, ८. रावण, ९. जरासंध।

नारद- नारद नारायण और प्रतिनारायणों के काल में उत्पन्न होते हैं। ये अत्यन्त कौतूहली और कलहप्रिय होते हैं। नारायणों और प्रतिनारायणों को लड़ाने में इनकी मुख्य भूमिका होती हैं। सभी नारद ब्रह्मचारी होते हैं। इन्हें राजर्षि का सम्मान प्राप्त होता है। सारे राजा-महाराजा नारदों का विशेष सम्मान करते हैं। ये समस्त राजभवन में बेरोकटोक आते-जाते हैं। सभी नारद निकट-भव्य होते हैं। कलहप्रियता के कारण नरकगामी होते हैं।

वर्तमान कालीन नौ नारदों के नाम इस प्रकार हैं।

१. भीम, २. महाभीम, ३. रौद्र, ४. महारौद्र, ५. काल, ६. महाकाल, ७. दुर्मुख, ८. नरमुख, ९. अधोमुख।

ग्यारह रूद्र

प्रत्येक कालचक्र में ग्यारह रूद्र उत्पन्न होते हैं। ये सभी अधर्मपूर्ण व्यापार में संलग्न होकर रौद्र कर्म किया करते हैं, इसलिए रूद्र कहलाते हैं। सभी रूद्र कुमारावस्था में जिनदीक्षा धारणकर कठोर तपस्या करते हैं। तपस्या के फलस्वरूप इन्हें ग्यारह अंगों का ज्ञान हो जाता है, किंतु दशमें विद्यानुवाद-पूर्व का अध्ययन करते समय विषयों के आधीन होकर पथभ्रष्ट हो जाते हैं। संयम और सम्यक्त्व से पतित हो जाने के कारण सभी रूद्र नरकगामी होते हैं। इनकी मुक्ति कुछ ही भवों में हो जाती है। तिलोयपण्णत्ति के अनुसार रूद्रों और नारदों की उत्पत्ति हुण्डावसर्पिणी काल में ही होती है[1]।

वर्तमानकालीन रूद्रों के नाम इस प्रकार हैं- भीमावली, जितशत्रु, रूद्र,

१. असंख्यात उत्सर्पिणी और अवसर्पिणी काल के बीतने पर एक हुण्डावसर्पिणी काल आता है। हुण्डावसर्पिणी काल में अनेक प्रकार की अनहोनी घटित होती है। यथा तृतीय काल की समाप्ति से पूर्व ही भोगभूमि का अंत हो जाना, तीर्थङ्करों की उत्पत्ति हो जाना, उसी काल में मोक्ष हो जाना, तीर्थङ्करों की पुत्रियाँ होना, चक्रवर्ती का मानभंग होना, तीर्थङ्करों के शासनकाल में तीर्थ का विच्छेद हो जाना, तीर्थङ्करों का कुमारावस्था में ही दीक्षित हो जाना, चतुर्थकाल की समाप्ति से पूर्व ही अंतिम तीर्थङ्कर का निर्वाण हो जाना आदि। संप्रति यही काल प्रवर्तमान है। इस काल में उक्त प्रकार की अनेक अनहोनी हुई है।

वैश्वानल, सुप्रतिष्ठ, अचल, पुण्डरीक, अजितन्धर, अजितनाभि, पीठ (पीढाल), सात्यकिपुत्र।

कामदेव- इनके अतिरिक्त महापुरुषों की श्रेणी में कामदेवों का भी उल्लेख मिलता है। प्रत्येक कालचक्र के दुःषमा-सुषमा काल में चौबीस कामदेव होते हैं। ये सभी अनुपम रूप और लावण्य के धनी और तद्भव मोक्षगामी होते हैं। तिलोयपण्णति आदि ग्रन्थों में चौबीस कामदेवों का निर्देशमात्र है, इनके नाम आदि का उल्लेख नहीं मिलता। पौराणिक आधारों पर चौबीस कामदेवों के नाम इस प्रकार संग्रहीत किये गये हैं–

१. बाहुबली, २. प्रजापति, ३. श्रीधर, ४. दर्शनभद्र, ५. प्रसेनचन्द्र, ६. चन्द्रवर्ण, ७. अग्निमुख, ८. सनत्कुमार, ९. वत्सराज, १०. कनकप्रभ, ११. मेघ-प्रभ, १२. शांतिनाथ, १३. कुन्थुनाथ, १४. अरहनाथ, १५. विजयराज, १६. श्रीचन्द्र, १७. नलराज, १८. हनुमन्त, १९. बलिराज, २०. वसुदेव, २१. प्रद्युम्न. २२. नागकुमार, २३. जीवन्धर, २४. जम्बूस्वामी।

१६९ महापुरुष–इस प्रकार प्रत्येक कालचक्र में १६९ महापुरुष उत्पन्न होते हैं–चौदह कुलकर, चौबीस तीर्थंकर, उनके माता-पिता, बारह चक्रवर्ती, नौ वासुदेव, नौ प्रतिवासुदेव, नौ बलभद्र, नौ नारद, ग्यारह रुद्र और चौबीस कामदेव। इनमें कुलकरों के अतिरिक्त शेष सभी दुःषमा-सुषमा नामक काल में उत्पन्न होते हैं, जबकि कुलकरों की उत्पत्ति अवसर्पिणी काल के सुषमा-दुःषमा के अन्त में तथा उत्सर्पिणी के दुःषमा काल के अन्तिम एक हजार वर्षों में होती है। ये सभी महापुरुष कहलाते हैं। सभी महापुरुष निकट-भव्य होते हैं। इनमें से कुछ उसी भव में और कुछ भवान्तर में मोक्ष जाते हैं।

✡

विशेष के लिये देखें परिशिष्ट।

करणानुयोग

लोक-अलोक का विभाग, युग परिवर्तन और चतुर्गति के जीवों की स्थिति के निरूपक अनुयोग को करणानुयोग कहते हैं। इस अनुयोग में अधोलोक, मध्यलोक और ऊर्ध्वलोक का सविस्तार वर्णन है। नरक, द्वीप, समुद्र, कुलाचल, सुमेरु पर्वत, देवलोक, स्वर्ग विमान आदि इसके प्रमुख प्रतिपाद्य हैं। इस अनुयोग में प्रतिपादित नरक, स्वर्ग और भूगोल, खगोल सम्बन्धी समस्त विवरण आस्था के विषय हैं। क्योंकि नरक और स्वर्ग परोक्ष हैं। वे हमारे इन्द्रिय ज्ञान के गम्य नहीं हैं। इसी प्रकार द्वीप, समुद्रों और सूर्य चन्द्रमा आदि का समस्त भौगोलिक और खगोलीय कथन भी अत्यन्त प्राचीन है।

इस अध्याय में जैनागम मान्य भूगोल और खगोल का वर्णन है। उसे इसी संदर्भ में देखना चाहिए।

लोक-सामान्य

त्रिविधो लोकः।। १ ।।

लोक तीन प्रकार का है।।१।।

दृश्यमान जगत् या विश्व को लोक कहते हैं। यह लोक जीव, पुद्गल, धर्म, अधर्म, आकाश और काल इन छह द्रव्यों से व्याप्त है। आकाश द्रव्य के जितने क्षेत्र में उक्त छहों द्रव्य पाये जाते हैं, उसे लोक कहते हैं । उससे बाहर के आकाश को अलोक कहते हैं। लोक न तो किसी के द्वारा विनिर्मित है और न ही संचालित। यह अनादि-अनिधन और अकृत्रिम है। लोक तीन प्रकार का है– अधोलोक, मध्यलोक और ऊर्ध्वलोक।

लोक का आकार

लोक का आकार दोनों पैर फैलाकर कमर पर हाथ रखे पुरुष के आकार के समान है। सम्पूर्ण लोक की ऊँचाई ऊपर-नीचे चौदह राजू है। राजू क्षेत्र मापने की सबसे बड़ी इकाई है। एक राजू में असंख्यात योजन होते हैं। लोक की मोटाई उत्तर-दक्षिण सर्वत्र सात राजू है तथा चौड़ाई तल भाग में सात राजू है, जो क्रमशः घटते हुए सात राजू ऊपर मात्र एक राजू शेष रहती है। पुनः बढ़ते हुए साढ़े दस राजू की ऊँचाई पर लोक की चौड़ाई पाँच राजू हो जाती है, उसके बाद घटते हुए लोकान्त में एक राजू शेष रहती है। लोक के मध्य एक राजू चौड़ी, एक राजू मोटी और चौदह राजू ऊँचाई वाली त्रसनाली है।[1] यह त्रस जीवों की सीमा है। त्रसनाली के बाहर (कुछ अपवादों को छोड़कर) त्रस जीव नहीं पाये जाते हैं, इसलिए इसे त्रसनाली कहते हैं। त्रसनाली के बाहर मात्र एकेन्द्रिय-स्थावर जीवों का सद्भाव रहता है।

यह लोक ऊपर-नीचे चारों तरफ तीन प्रकार के वातवलयों/वायुमण्डलों के दाब से घिरा है, ये तीनों वातवलय वायुकायिक जीवों के शरीर स्वरूप स्थिर स्वभाववाले वायुमण्डल हैं। सर्वप्रथम घनोदधि वातवलय फिर घन-वातवलय और अन्त में तनुवातवलय। लोक इन तीन प्रकार के वातवलयों से परिवेष्टित है।

---

१. सवार्थसिद्धि १/७/२९ । तिलोय पण्णत्ति के अनुसार त्रसनाली की ऊँचाई कुछ कम तेरह राजू है ।

वातवलयों की मोटाई - तीनों वातवलयों की मोटाई लोक के तल भाग में बीस-बीस हजार योजन है, दोनों पार्श्व भागों में (सातवें नरक के पास) क्रमशः सात, पाँच और चार योजन है। मध्य लोक के पार्श्व भाग में क्रमशः पाँच, चार और तीन योजन है। आगे बढ़ते-बढ़ते ब्रह्म स्वर्ग के पार्श्व भागों में क्रमशः सात, पाँच और चार योजन तथा लोकान्त के पार्श्व भागों में पाँच, चार और तीन योजन है। लोक शिखर पर वातवलयों की मोटाई क्रमशः दो कोस, एक कोस और कुछ कम एक कोस है। इन वातवलयों के दबाव के कारण ही लोक का सन्तुलन बना हुआ है। लोक का आकार इस प्रकार है -

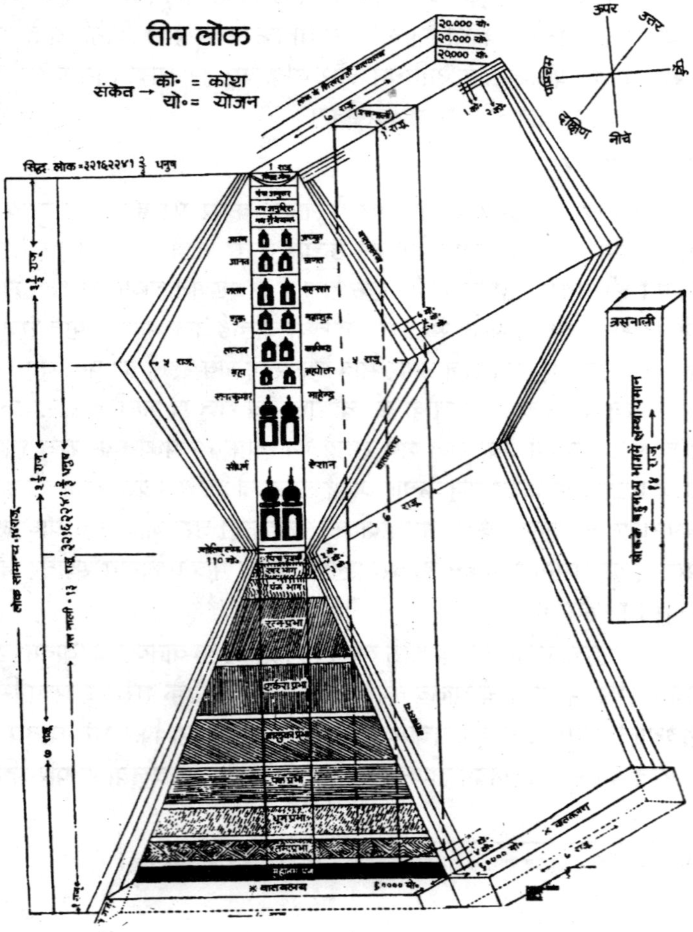

लोक के भेद

अधोलोक, मध्यलोक और ऊर्ध्वलोक के भेद से लोक तीन प्रकार का है।

अधोलोक- लोक के निचले हिस्से को अधोलोक कहते हैं। अधोलोक में नारकी और भवनवासी देवों का निवास है। यह सात राजू ऊँचा है।

मध्यलोक- लोक के मध्य भाग को मध्यलोक कहते हैं। मध्यलोक में मनुष्य और तिर्यञ्चों का आवास है। व्यंतर और ज्योतिषी देवों का आवास भी मध्य लोक में ही होता है। यह असंख्यात द्वीपों और समुद्रों से परिवेष्टित है। मध्य लोक की ऊँचाई एक लाख चालीस योजन है।

ऊर्ध्वलोक- मध्यलोक से ऊपर लोकान्त तक ऊर्ध्वलोक है। ऊर्ध्वलोक में वैमानिक देवों का वासस्थान है। मुक्त जीव ऊर्ध्वलोक के शिखर पर विराजमान रहते हैं। ऊर्ध्वलोक की ऊँचाई भी सात राजू है। मध्यलोक की ऊँचाई इसी में समाहित है।

अधो लोक

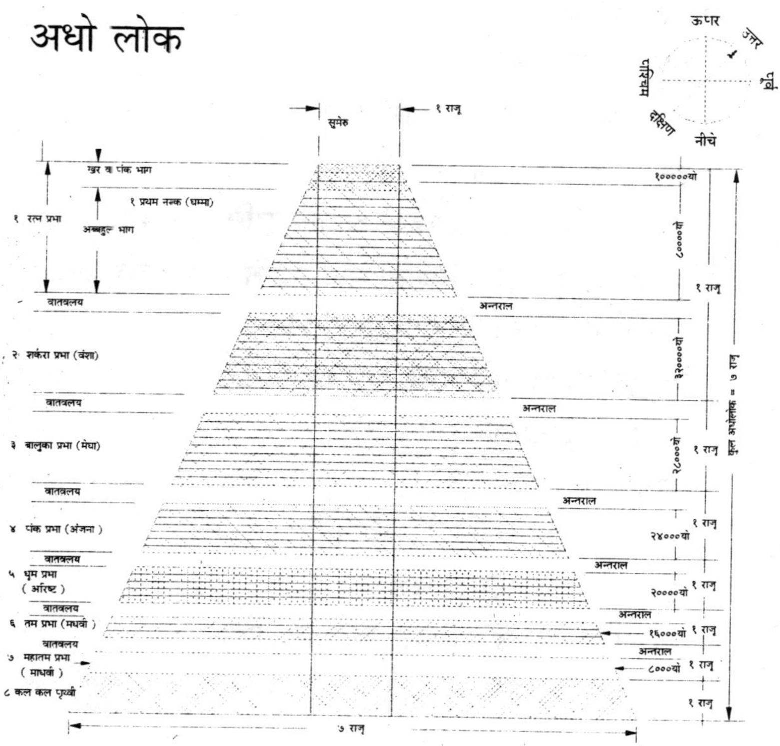

अधोलोक

अधोलोक वेत्रासन के समान आकारवाला है। यह सात राजू ऊँचा है। इसकी उत्तर-दक्षिण मोटाई सर्वत्र सात राजू तथा पूर्व-पश्चिम चौड़ाई तल भाग में सात राजू है, जो क्रमशः घटती हुई ऊपर एक राजू मात्र शेष रह जाती है। अधोलोक में छह राजू तक सात नरक भूमियाँ हैं तथा अंत के एक राजू में एकमात्र निगोदिया जीवों का अवस्थान है। अधोलोक के अंतिम एक राजू के क्षेत्र को कलकल पृथ्वी भी कहते हैं।

आगे के सूत्रों में अधोलोक का विशेष कथन करते हुए सात सूत्रों द्वारा नरक लोक का विशेष वर्णन करते हैं-

नरकलोक का स्वरूप

सप्तनरकाः ।।२।।

एकोनपञ्चाशत पटलानि ।।३।।

इन्द्रकाणि च ।।४।।

चतुरूत्तरषट्शत नवसहस्त्रं श्रेणीबद्धानि ।।५।।

सप्तचत्वारिंशदुत्तर त्रिशताधिक नवति-सहस्त्रालङ्कृत त्र्यशीतिलक्ष-प्रकीर्णकानि ।।६।।

चतुरशीतिलक्ष-बिलानि ।।७।।

चतुर्विधं दुःखमिति ।।८।।

सात नरक हैं ।।२।।

उनमें उनचास पटल हैं ।।३।।

इन्द्रक भी उनचास हैं।।४।।

नरको में ९६०४ श्रेणबद्ध बिल हैं ।।५।।

तेरासी लाख नब्बे हजार तीन सौ सैंतालिस (८३९०३४७)

प्रकीर्णक बिल हैं। ।।६।।

नरक बिलों की कुल संख्या चौरासी लाख है ।। ७।।

नरक में चार प्रकार के दुःख हैं ।। ८।।

अधोलोक में रत्नप्रभा, शर्कराप्रभा, बालुकाप्रभा, पङ्कप्रभा, धूमप्रभा, तमप्रभा और महातमप्रभा नाम की सात नरक भूमियाँ हैं। इन भूमियों की प्रभा इनके नाम के अनुरूप ही है। घम्मा, वंशा, मेघा, अंजना, अरिष्टा, मघवी और माघवी ये क्रमशः सातों पृथ्वियों के रुढ़ि नाम हैं। ये सातों पृथ्वियाँ एक दूसरे के नीचे-नीचे क्रमशः घनोदधि-वातवलय, घनवात-वलय, तनुवात-वलय और आकाश पर प्रतिष्ठित हैं। नारकी जीवों के निवास का आधार होने के कारण इन्हें नरक या नरकभूमि भी कहते हैं।

रत्नप्रभा पृथ्वी के तीन भाग हैं– खरभाग, पङ्कभाग, और अब्बहुलभाग। खर भाग की मोटाई सोलह हजार योजन है। इसके एक-एक हजार योजन मोटे सोलह भाग हैं। सबसे उपर एक हजार योजन मोटी चित्रापृथ्वी है। यह चित्र-विचित्र रत्नों से भरी है। चित्रापृथ्वी के पृष्ठभाग पर मध्यलोक है। खरभाग के ऊपर-नीचे के एक-एक हजार योजनों को छोड़कर मध्य के चौदह हजार योजनों में असुर कुमारों के अतिरिक्त नौ प्रकार के भवनवासी देव एवं राक्षस रहित सात प्रकार के व्यन्तर देवों के निवास हैं। तथा पङ्कभाग में असुर कुमार और राक्षस देव रहते हैं। पङ्कभाग की मोटाई चौरासी हजार योजन है। अब्बहुलभाग के ऊपर-नीचे एक-एक हजार योजन को छोड़कर शेष भाग में नारकी जीव रहते हैं। इसकी मोटाई अस्सी हजार योजन है। इस प्रकार रत्नप्रभा पृथ्वी की कुल मोटाई एक लाख अस्सी हजार योजन है। शेष पृथ्वियों की मोटाई क्रमशः बत्तीस, अठ्ठाईस, चौबीस,बीस, सोलह और आठ हजार योजन है। इनमें ऊपर-नीचे के एक-एक हजार योजनों के छोड़कर शेष भाग में नारकी जीव निवास करते हैं।

नरक भूमियों का अवस्थान– मेरु पर्वत के तल भाग के नीचे सर्वप्रथम एक लाख अस्सी हजार योजन मोटी पहली पृथ्वी है। इसके नीचे बीस-बीस हजार योजन विस्तारवाले तीन वातवलय हैं। वातवलयों के नीचे आकाश का कुछ अंतराल है। उसके बाद बत्तीस हजार योजन मोटी दूसरी पृथ्वी है। इस पृथ्वी का अंतिम पटल मेरु पर्वत से एक राजू नीचे है। उसके नीचे पुनः पूर्ववत् तीन वातवलय और आकाश का अंतराल है। उसके उपरान्त अट्ठाईस हजार योजन मोटी तीसरी पृथ्वी है। इसका अंतिम पटल मेरुपर्वत से दो राजू नीचे है। इसी प्रकार चौथी, पाँचवीं, छठी और सातवीं पृथ्वी एक-दूसरे के नीचे-नीचे मेरुपर्वत से क्रमशः तीन, चार, पाँच और छह राजू नीचे हैं। उससे नीचे एक राजू मोटी कलकल पृथ्वी है। उसमें एकमात्र एकेन्द्रिय जीवों का वास है।

नरक पटल-सातों नरक भूमियों में उनचास पटल या प्रस्तार हैं। नारकियों के आवास भूमि के प्रस्तार-पाथड़े या मंजिल को पटल कहते हैं। सातों

नरकों में क्रमशः १३, ११, ९, ७, ५, ३ और १ इस प्रकार कुल उनचास पटल हैं। रत्नप्रभा आदि सातों पृथ्वियों के पटलों के नाम क्रमशः इस प्रकार हैं –

पृथ्वी	पटल संख्या	पटलों के नाम
रत्नप्रभा	१३	सीमान्त, निरय, रौरव, भ्रान्त, उद्भ्रान्त, सम्भ्रान्त, असम्भ्रान्त विभ्रान्त, त्रस्त, त्रसित, वक्रान्त, अवक्रान्त और विक्रान्त।
शर्कराप्रभा	११	ततक, स्तनक, वनक, मनक, खड़ा, खडिका, जिह्वा, जिह्वक, लोल, लोलक, लोलवत्त।
बालुकाप्रभा	९	तप्त, तपित, तपण, तापण, निदाघ, उज्ज्वलका, प्रज्ज्वलिका, संज्वलिका, संप्रज्वलिका।
पङ्कप्रभा	७	आर, मार, तार, वर्चस्क, तम, फड़ा, फड़ाय।
धूमप्रभा	५	तुदक, भ्रमक, झषक, अन्ध, तमिस्र,
तमप्रभा	३	हिम, वार्धम, लल्लक
महातमप्रभा	१	अवधिस्थान

नरकबिल- नारकी जीवों के निवास स्थान को बिल कहते हैं। उक्त पटलों में इन्द्रक, श्रेणीबद्ध और प्रकीर्णक के भेद से तीन प्रकार के नरकबिल है। पटलों के बीचों-बीच रहनेवाले नरकबिल को इन्द्रक कहते हैं। चारों दिशाओं और विदिशाओं में पंक्तिबद्ध रहनेवाले बिल श्रेणीबद्ध कहलाते हैं तथा श्रेणीबद्ध बिलों के मध्य यत्र-तत्र रहनेवाले बिलों को प्रकीर्णक कहते हैं। सात पृथ्वियों के उनचास पटलों में उनचास इन्द्रक, नौ हजार छह सौ चार (९६०४) श्रेणीबद्ध तथा तेरासी लाख नब्बे हजार तीन सौ सैतालिस (८३९०३४७) प्रकीर्णक बिल हैं। नरक बिलों की कुल संख्या चौरासी लाख है।

सातों पृथ्वियों के पटल, इन्द्रक, श्रेणीबद्ध, प्रकीर्णक और बिलों की कुल संख्या इस प्रकार है–

पृथ्वी	पटल संख्या	इन्द्रक	श्रेणीबद्ध	प्रकीर्णक	कुल बिल
रत्नप्रभा	१३	१३	४४२०	२९९५५६७	३००००००
शर्कराप्रभा	११	११	२६८४	२४९७३०५	२५०००००
बालुकाप्रभा	९	९	१४७६	१४९८५१५	१५०००००
पङ्कप्रभा	७	७	७००	९९९२९३	१००००००
धूमप्रभा	५	५	२६०	२९९७३५	३०००००
तमप्रभा	३	३	६०	९९९३२	९९९९५
महातमप्रभा	१	१	४	००००	५
कुल	**४९**	**४९**	**९६०४**	**८३९०३४७**	**८४०००००**

नारकियों के दुःख

नारकी जीवों को अपने पूर्वोपार्जित पाप कर्म के उदय से चार प्रकार का तीव्र दुःख भोगना पड़ता है- (१) क्षेत्रजनित, (२) शारीरिक (३) मानसिक (४) असुरकृत

क्षेत्रजनित दुःख - नारकी जीव नरक क्षेत्र सम्बन्धी अकथ दुःख का अनुभव करते हैं। वहाँ की भूमि का स्पर्श करते ही उन्हें इतनी तीव्र वेदना होती है, मानो एक साथ हजारों बिच्छुओं ने डस लिया हो। वहाँ की मिट्टी और नारकी जीवों का शरीर अत्यन्त दुर्गन्धित होता है। ऐसा कहा गया है कि सातवें नरक की मिट्टी इतनी दुर्गन्धित होती है कि उसके गन्ध मात्र से चार कोस तक के मनुष्य मर सकते हैं। इसके अतिरिक्त नरकों में तीव्र शीत और उष्ण वेदना भी होती है। ऊपर के नरकों में इतनी गर्मी होती है कि यदि सुमेरु पर्वत के बराबर लोहे का कोई शीतल पिण्ड भी वहाँ डाला जाए, तो वह क्षण मात्र में ही मोम की तरह पिघल जाएगा। नीचे के नरकों में तीव्र शीतवेदना होती है। वहाँ यदि सुमेरु पर्वत के बराबर किसी लोहपिण्ड का घोल डाला जाए, तो वह भी क्षण मात्र में जम जाएगा। पहली पृथ्वी से लेकर पाँचवीं पृथ्वी के दो-तिहाई भाग तक उष्णवेदना होती है तथा उसके नीचे शीतवेदना। बिलों की अपेक्षा कुल ८२२५००० बिलों में उष्णवेदना और शेष १७५००० बिलों में शीतवेदना होती है।[1]

नारकियों को शीत और उष्ण वेदना तो है ही, पर क्षेत्र के प्रभाव से उन्हें भूख और प्यास की भी अति तीव्र वेदना होती है। सारे लोक का अनाज खा लेने के बाद भी नारकियों की भूख नहीं मिट सकती। इसी तरह समुद्र के बराबर पानी पी लेने पर भी उनकी प्यास नहीं बुझ सकती। इसके बावजूद उन्हें अनाज का एक भी कण और जल की एक भी बूँद उपलब्ध नहीं होती।

शारीरिक दुःख - नरकों में नारकी जीवों को पूर्वोपार्जित पाप के परिणामस्वरूप तीव्र शारीरिक दुःख भोगने पड़ते हैं। जैसे ही नारकी जीव नरक में उत्पन्न होते हैं, अपनी पर्याप्तियों को पूर्ण करते ही वे काफी ऊँचाई पर उछलकर करोंत, तलवार, बर्छी आदि छत्तीस प्रकार के तीक्ष्णतम आयुधों पर गिरते हैं। उनका शरीर क्षत-विक्षत हो जाता है। वे उठकर खड़े भी नहीं हो पाते हैं कि वहाँ पहले से उपस्थित नारकी उन पर अपना क्रूर प्रहार प्रारम्भ कर देते हैं। वे नारकी आपस में कुत्ते के समान लडते हैं। पूर्व बैर का स्मरण हो जाने से उनकी बैर की

१. देखें तिलोय पण्णत्ति २/२९-३१।
तत्त्वार्थवार्तिक के अनुसार उष्ण और शीत बिलों की संख्या क्रमशः बयासी लाख और दो लाख है।

गाँठ दृढ़तर हो जाती है। वे विक्रिया द्वारा अपने शरीर की बीभत्स और विकराल आकृति बनाकर एक दूसरे को पकड़कर कभी करोंत से चीर डालते हैं, कभी उन्हें अग्नि में झोंक देते हैं, कभी उबलते तेल के कढ़ाहे में डाल देते हैं, कभी कोल्हू में पेर देते हैं, कभी गर्म कर लाल किए लोहे के स्तम्भों से चिपटा देते हैं, कभी संडासियों से उनका मुख फाड़कर उन्हें अग्नि द्वारा पिघलाया हुआ ताम्बा पिला देते हैं। कभी उन्हें तलवार की तरह तीक्ष्ण पत्तों वाले वृक्षों पर चढ़ाकर घसीटते हैं। इस प्रकार, नारकी जीव अपने ही शरीर की विकराल आकृति अथवा उसे अस्त्र-शस्त्र-रूप बनाकर मार-काट करते हुए तीव्र शारीरिक दुःख भोगते हैं। वैक्रियिक शरीर होने के कारण वे मर-कट कर भी मरते नहीं हैं, क्योंकि जिस प्रकार पारा बिखरकर पुनः मिल जाता है, उसी प्रकार उनका शरीर खण्ड-खण्ड होने पर भी पुनः अखण्ड हो जाता है। वे आत्महत्या के द्वारा भी अपने दुःखों से पिण्ड नहीं छुड़ा सकते, उन्हें अपनी आयु पर्यन्त तीव्र दुःख भोगना पड़ता है।

मानसिक दुःख-नरक सम्बन्धित अनेक प्रकार के दुःखजन्य भयानक वेदना से व्याकुल नारकियों को तीव्र मानसिक संताप होता है। वे अपने दुःखों से त्राण पाने की चिन्ता में प्रतिक्षण झुलसते रहते हैं।

असुरकृत दुःख - यह अम्बावरीस जाति के असुरों द्वारा उत्पन्न किया जाता है। अम्बावरीस जाति के असुर देव अत्यन्त निर्दय स्वभाववाले होते हैं। अनेक सुख-साधनों के रहने के बाद भी इन्हें नारकियों को परस्पर में लड़ाने में ही आनन्द आता है। जब वे नारकी इनके इशारे पर अपना वैर विचारकर आपस में मार-काट करते हैं, तो ये असुर बड़े आनन्दित होते हैं। इस प्रकार मार-काट और उससे उत्पन्न हुए दुःख को सहन करने में ही नारकियों का जीवन बीत जाता है। असुरकृत दुःख तीसरे नरक तक के नारकियों को ही होता है, क्योंकि उससे नीचे के नरकों में देवों का गमन नहीं होता।

नारकी जीवों की आयु

सातों नरकों में नारकी जीवों की उत्कृष्ट आयु क्रमशः एक सागर, तीन सागर, सात सागर, दस सागर, सत्रह सागर, बाईस सागर और तैंतीस सागर है तथा प्रथम नरक की जघन्य आयु दस हजार वर्ष की है, शेष नरकों की जघन्य आयु पूर्ववर्ती नरक की उत्कृष्ट आयु के बराबर है। सातों नरकों की पटलवार जघन्य और उत्कृष्ट आयु के लिए देखें परिशिष्ट-

नारकियों की अवगाहना- नारकी जीवों के शरीर की ऊँचाई नीचे-नीचे दूनी-दूनी है। पहली पृथ्वी के नारकियों की ऊँचाई सात धनुष तीन हाथ छह अँगुल है। दूसरी पृथ्वी में पन्द्रह धनुष दो हाथ बारह अंगुल, तीसरी में इकतीस धनुष एक हाथ, चौथी में बासठ धनुष दो हाथ, पाँचवी पृथ्वी में एक सौ पच्चीस धनुष, छठवीं में दो सौ पचास धनुष तथा सातवीं पृथ्वी में नारकियों के शरीर की अवगाहना पाँच सौ धनुष है। सातों पृथ्वियों में पटल वार अवगाहना के लिए देखें परिशिष्ट-

लेश्या- नारकी जीवों को तीन अशुभ लेश्याएँ होती हैं। पहली और दूसरी पृथ्वी में कापोत-लेश्या, तीसरी में कापोत और नील लेश्या, चौथी पृथ्वी में नील लेश्या, पाँचवीं पृथ्वी में नील और कृष्ण लेश्या, छठवीं पृथ्वी में कृष्ण लेश्या तथा सातवीं पृथ्वी में परमकृष्ण लेश्या होती है। ये लेश्याएँ उत्तरोत्तर अशुभ-अशुभ हैं। तात्पर्य यह है कि पहली पृथ्वी की कापोतलेश्या की अपेक्षा दूसरी पृथ्वी की कापोतलेश्या अशुभतर है। इसी प्रकार नीचे-नीचे के नरकों की लेश्याएँ अशुभ-अशुभतर हैं। यद्यपि ये लेश्याएँ अन्तर्मुहूर्त में बदलते रहती हैं, परन्तु जहाँ जिस लेश्या के जितने अंश सम्भव हैं, उन्हीं के भीतर परिवर्तन होता है। नारकी लेश्या से लेश्यान्तर को प्राप्त नहीं होते। जहाँ दो लेश्याएँ बतलायी गई हैं, वहाँ ऊपर के भाग में प्रथम और नीचे के भाग में दूसरी लेश्या जाननी चाहिए। शरीर के रंग की अपेक्षा सभी नारकी कृष्ण लेश्यावाले होते हैं।

गति-आगति-सामान्य नियम के अनुसार मनुष्य और तिर्यञ्च ही नारकियों में उत्पन्न हो सकते हैं, देव और नारकी नहीं। उनमें भी असंज्ञी पंचेन्द्रिय प्रथम पृथ्वी तक, सरिसृप दूसरी तक, पक्षी तीसरी तक, सर्प चौथी तक, सिंह पाँचवी तक, स्त्री छठवीं तक तथा मत्स्य और मनुष्य सातवीं पृथ्वी तक जा सकते हैं।

आगति- नरक से निकले हुए जीव नियमतः कर्मभूमि के गर्भज संज्ञी पंचेन्द्रिय तिर्यञ्च और मनुष्यों में ही उत्पन्न होते हैं। मनुष्यों में उत्पन्न होने पर तीसरी पृथ्वी तक के नारकी तीर्थङ्कर हो सकते हैं। चौथी पृथ्वी तक के नारकी मनुष्यों में उत्पन्न होकर निर्वाण प्राप्त कर सकते हैं। पाँचवीं पृथ्वी तक के नारकी वहाँ से निकलकर संयमासंयम और संयम को प्राप्त कर सकते हैं। छठवीं पृथ्वी से निकलने वाले नारकी संयमासंयम ग्रहण कर सकते हैं। सातवीं पृथ्वी के नारकी वहाँ से निकलकर नियमतः तिर्यञ्च ही होते हैं, तिर्यञ्च होकर भी वे वहाँ नियमतः मिथ्यादृष्टि रहते हैं,- उस पर्याय में वे सम्यक्त्व और सम्यक्-मिथ्यात्व आदि किसी भी गुणस्थान को प्राप्त नहीं कर सकते। नरक से निकले जीव बलदेव, वासुदेव

और चक्रवर्ती नहीं हो सकते।

सम्भव गुणस्थान - नारकी जीव पर्याप्त अवस्था में प्रथम से चतुर्थ गुणस्थानवाले होते हैं, किन्तु प्रथम पृथ्वी के नारकियों में अपर्याप्त दशा में प्रथम और चतुर्थ गुणस्थान पाया जाता है। शेष पृथ्वियों के नारकी अपर्याप्त दशा में नियमतः मिथ्यादृष्टि होते हैं, क्योंकि सम्यग्दृष्टि मरकर प्रथम नरक से नीचे नहीं जाता तथा सासादन गुणस्थानवर्ती नरक में उत्पन्न नहीं होते।

प्रथम पृथ्वी से छठवीं पृथ्वी तक के नारकी वहाँ से सम्यक्त्व, सासादन और मिथ्यात्व तीनों के साथ मरण कर आ सकते हैं, किन्तु सातवें नरक से निकलनेवाले नारकी नियमतः मिथ्यादृष्टि रहते हैं।

सातों पृथ्वियों में निरन्तर उत्पत्ति की अपेक्षा से कोई जीव प्रथम पृथ्वी में निरन्तर आठ बार जन्म ले सकता है। शेष पृथ्वियों में एक-एक बार कम होते हुए क्रमशः सात बार, छह बार, पाँच बार, चार बार, तीन बार और दो बार उत्पन्न हो सकता है।

नरकों में उत्पत्ति का कारण :- बहुत आरंभ और बहुत परिग्रह का भाव, हिंसादि क्रूर कार्यों में निरंतर प्रवृत्ति, परधन हरण की वृत्ति, इंद्रिय विषयों में तीव्र आसक्ति तथा मरण के समय क्रूर परिणाम होने से नरकायु का बन्ध होता है। सप्त व्यसनों में लिप्तता, कुत्ते, बिल्ली, मुर्गी आदि क्रूर प्राणियों का पालन, शील और व्रतों से रहितता आदि भी नरकायु का कारण है। इसी प्रकार जीर्णोद्धार, जिनपूजा, प्रतिष्ठा और तीर्थयात्रा आदि के निमित्त समर्पित धन का उपभोग भी नरकों में उत्पत्ति का हेतु है । इसके अतिरिक्त अत्यधिक हिंसावाले व्यवसाय भी नरकायु के बंध का कारण हैं। आगम में इन्हें क्रूर कर्म कहा गया है। शराब, चमड़ा, कीटनाशक, विष, शस्त्र आदि हिंसक वस्तुओं का व्यापार नहीं करना चाहिये।

नरक लोक के सम्बन्ध में अन्य ज्ञातव्य बातें –

- नारकियों का शरीर अत्यंत विकृत और हुण्डक संस्थानवाला होता है।
- वैक्रियिक शरीर होने के बाद भी उनका शरीर सप्तधातुमय होता है।
- नारकी जीवों के दाढ़ी-मूँछ नहीं होती।
- उनके शरीर में निगोदिया जीवों का अभाव रहता है।
- आयु पूर्ण होने पर उनका शरीर कपूर की तरह उड़ जाता है।
- नरकों में नारकी जीव परस्पर लड़ने के लिए प्रयुक्त विविध आयुध और अन्य सामग्री अपने शरीर की विक्रिया से ही बनाते हैं।
- नारकियों में अपृथक् विक्रिया होती है।

मध्यलोक

जम्बूद्वीप लवणसमुद्रादयो असंख्यातद्वीप समुद्राः ।।९।।

मध्यलोक में जम्बूद्वीप, लवणसमुद्र आदि असंख्यात द्वीप और समुद्र हैं।।९।।

मध्यलोक पूर्व-पश्चिम एक राजू चौड़ा और उत्तर-दक्षिण सात राजू विस्तारवाला है। इसमें जम्बूद्वीप आदि असंख्यात द्वीप और लवण समुद्र आदि असंख्यात समुद्र हैं। तिर्यक्-तिरछा फैला होने के कारण इसे तिर्यक्-लोक भी कहते हैं। मध्यलोक के बीचों-बीच जम्बूद्वीप है, यह थाली के आकार का है।

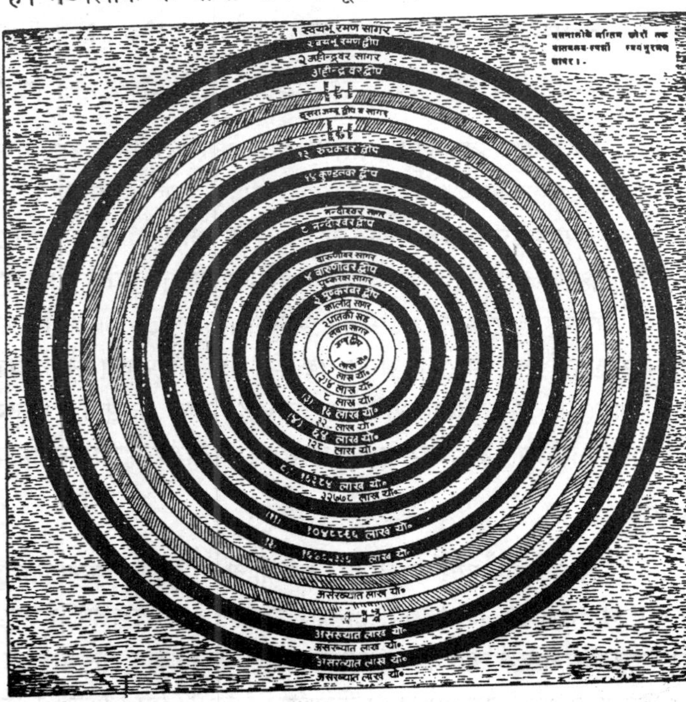

त्रसनाली के अंतिम छोरों तक वातवलय स्पर्शी स्वयंभूरमण सागर

इसका व्यास-विस्तार एक लाख योजन है। जम्बूद्वीप को घेरे हुए लवण समुद्र है, यह चूड़ी के आकार का है। इसका व्यास-विस्तार दो लाख योजन है। लवण समुद्र धातकीखण्ड द्वीप से घिरा है। इसका विस्तार चार लाख योजन है। धातकीखण्ड द्वीप कालोद समुद्र से परिवेष्टित है, इसका विस्तार आठ लाख योजन है। पुष्करवर द्वीप, पुष्करवर समुद्र से घिरा है। उसके आगे क्रमशः वारुणीवर, क्षीरवर, घृतवर, क्षौद्रवर, नन्दीश्वरवर, वरुणवर, अरुणवर, कुण्डलवर, शंखवर, रुचकवर, भुजंगवर, कुशवर, क्रौंचवर आदि एक द्वीप, एक समुद्र के क्रम से एक दूसरे को घेरे हुए असंख्यात द्वीप और समुद्र हैं। सबसे अन्त में स्वयम्भूरमणद्वीप और स्वयम्भूरमणसमुद्र है। सभी द्वीप और समुद्र चूड़ी के आकार के हैं। पुष्करवर द्वीप से लेकर आगे के सभी द्वीप-समुद्रों के नाम समान हैं। समस्त द्वीप-समुद्रों का विस्तार पूर्ववर्ती द्वीप-समुद्रों के विस्तार से दूना-दूना है।

मनुष्यलोक

तत्रार्धतृतीयद्वीपसमुद्रौ मनुष्यक्षेत्रं ।।१०।।

उनमें ढाई द्वीप और दो समुद्रों तक मनुष्य क्षेत्र है।।१०।।

जम्बूद्वीप, लवणसमुद्र, धातकीखण्ड, कालोदकसमुद्र और पुष्करवर-द्वीप का आधा भाग मनुष्य क्षेत्र कहलाता है, क्योंकि मनुष्य उतने ही क्षेत्र में पाये जाते हैं। पुष्करवरद्वीप के मध्य भाग में वलय के आकार का मानुषोत्तर पर्वत स्थित है। यह पुष्करवरद्वीप को दो भागों में विभाजित करता है। मनुष्य इस पर्वत को पार नहीं कर सकते। इसलिए 'मानुषोत्तर' यह इसकी सार्थक संज्ञा है। इसी कारण ढाई द्वीप और दो समुद्र तक के क्षेत्र को मनुष्य लोक कहते हैं। मनुष्य लोक का विस्तार पैंतालीस लाख योजन है। आगे के सूत्रों में मनुष्य लोक का सांगोपांग विवेचन है। उससे पहले जम्बूद्वीप की संरचना जान लेनी चाहिये।

जम्बूद्वीप

समस्त द्वीप और समुद्रों के मध्य थाली के आकारवाला जम्बूद्वीप है। इस द्वीप में भरतवर्ष, हैमवतवर्ष, हरिवर्ष, विदेहवर्ष, रम्यकवर्ष, हैरण्यवतवर्ष और ऐरावतवर्ष नामक सात क्षेत्र हैं तथा हिमवान्, महाहिमवान्, निषध, नील, रुक्मि और शिखरी नामक छह वर्षधर या कुलाचल पर्वत हैं। पूर्व-पश्चिम-लम्बायमान ये छहों पर्वत भरत आदि क्षेत्रों को विभाजित करते हैं। इन पर्वतों पर क्रमशः पद्म,

महापद्म, तिगिंच्छ, केशरी, महापुण्डरीक और पुण्डरीक नामक छह तालाब/ह्रद हैं। इन तालाबों से गंगा-सिन्धु, रोहित्-रोहितास्या, हरित्-हरिकान्ता, सीता-सीतोदा, नारी-नरकान्ता, सुर्वणकूला-रूप्यकूला और रक्ता-रक्तोदा नामक चौदह महानदियाँ निकलती हैं। ये नदियाँ भरत आदि क्षेत्रों में दो-दो करके बहती हैं। इन युगलरूप नदियों में से पूर्व-पूर्व की नदी पूर्व समुद्र और बाद की नदी पश्चिम समुद्र में गिरती है। नदी-पर्वतों, सरोवरों और वनखण्डों से सुशोभित जम्बूद्वीप सात क्षेत्रों में विभाजित है। उसमें सबसे पहला क्षेत्र है–भरतक्षेत्र।

भरतक्षेत्र- भरतक्षेत्र जम्बूद्वीप के दक्षिण भाग में अवस्थित है। इसके उत्तर में हिमवान् पर्वत और शेष तीन दिशाओं में लवण सागर है। भरत क्षेत्र का विस्तार ५२६$\frac{६}{१९}$ योजन है। इस क्षेत्र के ठीक मध्य में पूर्व-पश्चिम लम्बायमान रजतमय विजयार्ध पर्वत है। विजयार्ध पर्वत और हिमवान् पर्वत से निकलने वाली गंगा और सिन्धु नदियों के निमित्त से भरत क्षेत्र के छहखण्ड हो जाते हैं।

षट्खण्ड- हिमवान् पर्वत के पद्म तालाब से निकलकर गंगा और सिन्धु ये दोनों नदियाँ पर्वत के मूल में स्थित गंगाकूट और सिन्धुकूट में क्रमशः गिरती हैं। वहाँ से निकलकर पूर्व व पश्चिम दिशा में उत्तर से दक्षिण की ओर बहती हुई विजयार्ध पर्वत तक पहुँचती है। विजयार्ध पर्वत के मूल में खण्डप्रपात और तिमिस्र नामक दो गुफाएँ हैं। गंगानदी खण्डप्रपात गुफा से और सिन्धुनदी तिमिस्र गुफा से निकलकर भरत क्षेत्र के दक्षिण भाग में प्रवेश करती है। उत्तर-दक्षिण बहती हुई ये दोनों नदियाँ दक्षिण भरत के अर्ध भाग तक जाकर पूर्व और पश्चिम समुद्र की ओर मुड़ जाती हैं और अपने-अपने समुद्रों में समाहित हो जाती हैं। इस प्रकार इन दो नदियों और विजयार्ध पर्वत से विभक्त, भरत क्षेत्र के षट्खण्ड हो जाते हैं। विजयार्ध के दक्षिण के तीन खण्डों में मध्य का खण्ड आर्यखण्ड और शेष पाँच खण्ड म्लेच्छ खण्ड कहलाता है। आर्यखण्ड में ही धर्म-तीर्थ की प्रवृत्ति होती है। विजयार्ध पर्वत के उत्तर के तीन खण्डों में मध्य वाले म्लेक्ष खण्ड के बीचों-बीच वृषभगिरि नामक एक गोल पर्वत है। दिग्विजय के बाद चक्रवर्ती इसी पर्वत पर अपनी प्रशस्ति लिखता है।

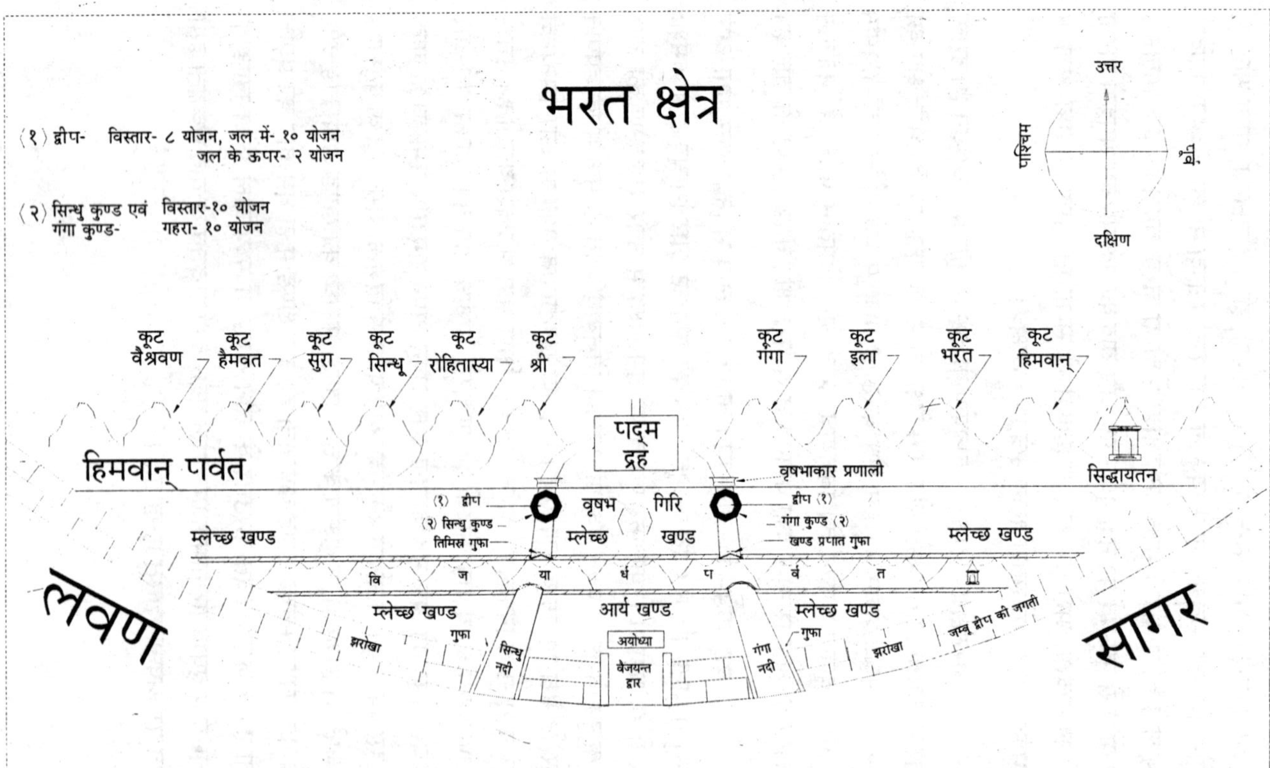
भरत क्षेत्र
(१) द्वीप- विस्तार- ८ योजन, जल में- १० योजन
जल के ऊपर- २ योजन
(२) सिन्धु कुण्ड एवं गंगा कुण्ड- विस्तार-१० योजन
गहरा- १० योजन
उत्तर
पश्चिम
पूर्व
दक्षिण
कूट वैश्रवण
कूट हैमवत
कूट सुरा
कूट सिन्धू
कूट रोहितास्या
कूट श्री
कूट गंगा
कूट इला
कूट भरत
कूट हिमवान्
पद्म द्रह
हिमवान् पर्वत
वृषभाकार प्रणाली
सिद्धायतन
(१) द्वीप
(२) सिन्धु कुण्ड
तिमिस्र गुफा
वृषभ गिरि
द्वीप (१)
गंगा कुण्ड (२)
खण्ड प्रपात गुफा
म्लेच्छ खण्ड
म्लेच्छ खण्ड
म्लेच्छ खण्ड
वि ज या र्ध प र्व त
लवण
सागर
म्लेच्छ खण्ड
आर्य खण्ड
म्लेच्छ खण्ड
झरोखा
गुफा
सिन्धु नदी
अयोध्या
वैजयन्त द्वार
गंगा नदी
गुफा
झरोखा
जम्बू द्वीप की जगती

हिमवान् पर्वत- भरत क्षेत्र की उत्तरी सीमा में हिमवान् पर्वत है। यह सुवर्णमय है। इसका विस्तार भरत क्षेत्र से दूना है। हिमवान् पर्वत पूर्व-पश्चिम समुद्र तक फैला है। इस पर्वत पर ग्यारह कूट हैं। इन कूटों में पूर्व दिशा के कूट पर जिन मन्दिर है और शेष कूटों पर व्यन्तर देव और देवियों के भवन हैं। इस पर्वत के बीचों-बीच पद्म नामक तालाब है। इसके पूर्व और पश्चिम द्वार से क्रमशः गंगा और सिन्धु नदी तथा उत्तर द्वार से रोहितास्या नदी निकलती है।

हैमवत क्षेत्र- हिमवान् पर्वत के उत्तर तथा महाहिमवान् पर्वत के दक्षिण में हैमवत क्षेत्र है। इस क्षेत्र का विस्तार भरत क्षेत्र से चौगुना है। इसके बहुमध्य भाग में शब्दवान नामक नाभिगिरि है। इस क्षेत्र के पूर्व और पश्चिम में रोहित् और रोहितास्या नामक दो नदियाँ बहती हैं। ये दोनों नदियाँ नाभिगिरि के उत्तर व दक्षिण में उससे दो कोस परे रहकर ही उसकी प्रदक्षिणा करती हुई अपनी-अपनो दिशा में मुड़ जाती हैं और बहती हुई समुद्र में गिर जाती हैं। हैमवत क्षेत्र में शाश्वत जघन्य भोगभूमि रहती है। यहाँ सदैव सुषमा-दुःषमा काल-जैसी व्यवस्था रहती है।

महाहिमवान् पर्वत-हैमवत क्षेत्र के उत्तर में महाहिमवान् पर्वत है। यह रजतमय है। इसका विस्तार हिमवान् पर्वत से चार गुना है। इस पर्वत पर आठ कूट हैं, जिनमें पूर्व दिशा के सिद्धायतन कूट पर जिनालय तथा शेष कूटों पर व्यन्तर देव-देवियों के भवन हैं। इस पर्वत के मध्य में महापद्म तालाब है। इस तालाब के दक्षिणद्वार से रोहित् नदी निकलकर हैमवत क्षेत्र में तथा उत्तर द्वार से हरित्कान्ता नदी निकलकर हरिक्षेत्र में बहती है।

हरिक्षेत्र- महाहिमवान् पर्वत के उत्तर और निषध पर्वत के दक्षिण में हरिक्षेत्र है। इसका विस्तार हैमवत क्षेत्र से चौगुना है। इस क्षेत्र के मध्य भी हैमवत क्षेत्र की तरह नाभिगिरि है। हरित् और हरिकान्ता नदी नाभिगिरि की परिक्रमा करती हुई इस क्षेत्र में प्रवाहित होती है। इस क्षेत्र में शाश्वत मध्यम भोगभूमि होती है। यहाँ सदैव सुषमा काल जैसी व्यवस्था प्रवर्तित रहती है।

निषधपर्वत- हरिक्षेत्र के उत्तर मे निषध पर्वत है। यह तपाये हुए स्वर्ण के वर्ण के समान है। इसका विस्तार महाहिमवान् पर्वत से चार गुना है। इसमें भी हिमवान् पर्वत की तरह नौ कूट हैं। इनमें पूर्व दिशा के सिद्धायतन कूट में जिनमन्दिर तथा शेष कूटों में व्यन्तर देवों के भवन हैं। इस पर्वत के मध्य तिगिञ्छ तालाब है। इसके दक्षिण द्वार से हरित् और उत्तर द्वार से सीतोदा नदी निकलती है।

विदेहक्षेत्र-सुमेरुपर्वत- निषध पर्वत के उत्तर और नील पर्वत के दक्षिण में विदेह क्षेत्र स्थित है। इसका विस्तार हरिक्षेत्र से चारगुना है। यह जम्बूद्वीप का मध्यवर्ती क्षेत्र है। इस क्षेत्र के बिल्कुल मध्य भाग में लोक की नाभि की तरह सुमेरु पर्वत है। इसके मेरु, सुदर्शन, मन्दर आदि अनेक नाम हैं। मेरु पर्वत की कुल ऊँचाई एक लाख चालीस योजन है। यह एक हजार योजन गहरा और निन्यान्वे हजार योजन ऊँचा है। चालीस योजन ऊँची इसकी चूलिका है। पृथ्वी तल पर प्रारम्भ में मेरुपर्वत का विस्तार दस हजार योजन है जो ऊपर क्रमशः घटता गया है। यह भद्रशाल, नन्दन, सौमनस और पाण्डुक नाम के चार वनों से घिरा है। इनमें भद्रशाल वन पृथ्वी पर तथा शेष तीन वन मेरु की तीन

सुमेरु पर्वत

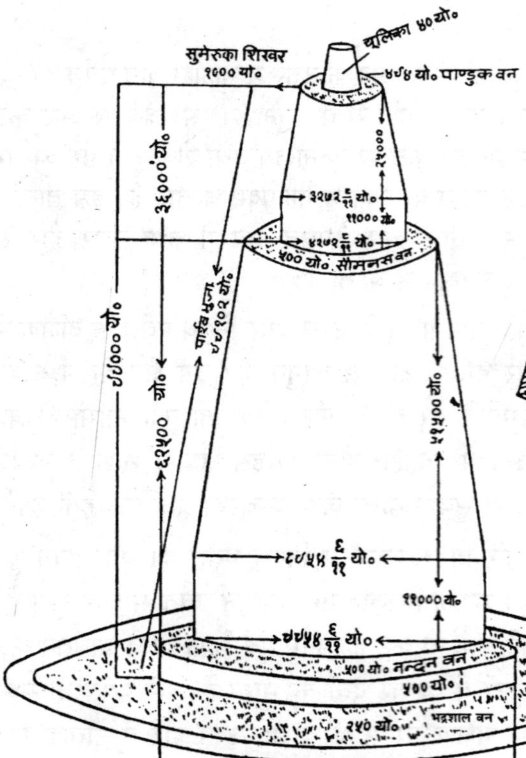

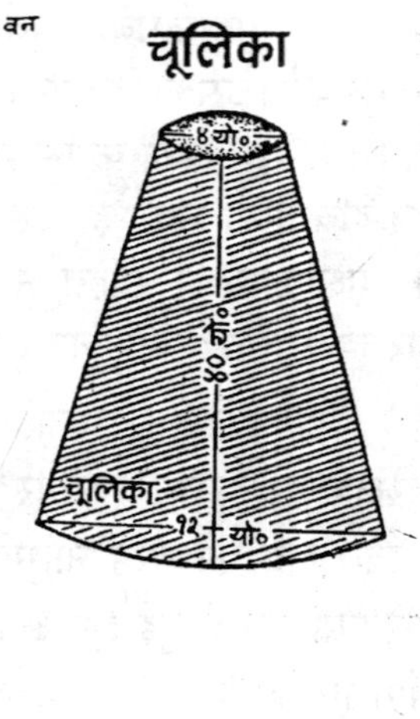

कटनियों पर हैं। पृथ्वी तल से पाँच सौ योजन ऊपर नन्दन वन के स्थान पर यह चारों ओर से एक साथ पाँच सौ योजन संकुचित हो जाता है। यहीं उसकी पहली कटनी है। तत्पश्चात् ग्यारह हजार योजन समान विस्तार से जाता है। फिर क्रमशः घटता हुआ इक्यावन हजार पाँच सौ (५१,५००) योजन जाने पर सौमनस वन के स्थान पर पाँच सौ योजन संकुचित होता है। उसके बाद ग्यारह हजार योजन तक पुनः समान विस्तार से जाता है। उसके ऊपर पच्चीस हजार (२५०००) योजन तक क्रमशः घटता हुआ पाण्डुक वन के स्थान पर चारों ओर से युगपत् ४९४ योजन संकुचित हो जाता है।

मेरु पर्वत के चारों वनों के चारों दिशाओं में चार-चार अकृत्रिम जिनालय हैं और पाण्डुक वन की ईशान आदि चारों विदिशाओं में पाण्डुक, पाण्डुकम्बला, रक्ता और रक्तकम्बला नाम की चार शिलाएँ हैं। इनमें पाण्डुक शिला ईशान दिशा में स्थित है, इस पर भरत क्षेत्र में उत्पन्न होने वाले तीर्थङ्करों का जन्माभिषेक होता है । पाण्डुकम्बला, रक्ता और रक्तकम्बला क्रमशः आग्नेय, नेऋत्य और वायव्य दिशा में स्थित हैं । इन पर क्रमशः पूर्व विदेह, ऐरावत और पश्चिम विदेह क्षेत्रों में उत्पन्न होनेवाले तीर्थङ्करों का जन्माभिषेक होता है।

देवकुरु उत्तर कुरु- विदेह क्षेत्र दो भागों में विभक्त है– कुरुक्षेत्र व विदेह क्षेत्र। सुमेरु पर्वत के दक्षिण और निषध पर्वत के उत्तर में देवकुरु है तथा मेरु पर्वत के उत्तर और नील पर्वत के दक्षिण में उत्तर कुरु स्थित है। यह उत्तम भोगभूमि है। सुमेरु पर्वत के मूलभाग में चार गजदन्त पर्वत हैं, जो एक ओर तो निषध और नील कुलाचलों को स्पर्श करते हैं और दूसरी ओर सुमेरु को। इनके नाम क्रमशः सौमनस, विद्युत्प्रभ, गन्धमादन और माल्यवान है। देवकुरु पूर्व और पश्चिम में क्रमशः सौमनस और विद्युत्प्रभ गजदन्त से घिरा हुआ है तथा उत्तर कुरु को माल्यवान और गन्धमादन पर्वत क्रमशः पूर्व और पश्चिम दिशा में घेरे हुए हैं। सीतोदा नदी निषध पर्वत के तिगिञ्छ तालाब के दक्षिणी द्वार से निकलकर उत्तर की ओर बहती है और सुमेरु पर्वत के दो कोस पहले ही पश्चिम की ओर से उसकी अर्ध परिक्रमा करती हुई विद्युत्प्रभ गजदन्त की गुफा में प्रविष्ट हो जाती है। उसमें से निकलकर पश्चिम विदेह की ओर बहती हुई पश्चिमी समुद्र में गिरती है। इसी प्रकार सीतानदी भी नील पर्वत के केशरी ह्रद के दक्षिण द्वार से निकलती है और माल्यवान गजदन्त की गुफा में से निकलकर पूर्व विदेह के मध्य बहती हुई पूर्व सागर में मिल जाती है।

देवकुरु व उत्तरकुरु क्षेत्र

दृष्टि भेद -
१. मेरू की चारों दिशाओं मे नदियों के बीच ५-५ करके कुल २० द्रह हैं।
२. इस मत के अनुसार प्रत्येक द्रह के दोनों पार्श्व भागों मे ५-५ कांचनगिरि हैं।

संकेत – ☐ – त्रिलोक चूडामणि नाम का चैत्यालय

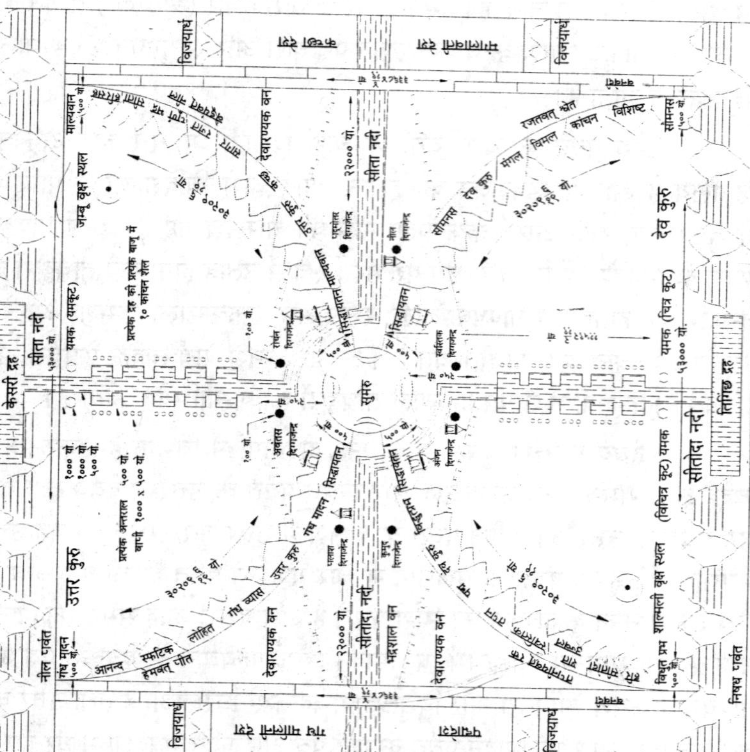

अन्य पर्वत/द्रह- देवकुरु में निषध पर्वत से सौ योजन उत्तर में सीतोदा नदी के दोनों तटों पर यमकगिरि नाम के दो पर्वत हैं। इसी प्रकार उत्तरकुरु में नील पर्वत के दक्षिण में सौ योजन जाकर सीता नदी के दोनों तटों पर दो यमकगिरि हैं। इन यमक पर्वतों से पाँच सौ योजन उत्तर में देवकुरु की सीतोदा नदी के मध्य उत्तर-दक्षिण लम्बायमान पाँच तालाब (द्रह) हैं। ये तालाब नदियों के प्रवेश व निकास द्वारों से युक्त हैं। इसी प्रकार उत्तर कुरु में भी सीता नदी के मध्य

पाँच तालाब हैं तथा भद्रशाल वन की पूर्व व पश्चिम दिशाओं में भी सीता और सीतोदा नदियों के मध्य इसी प्रकार के पाँच-पाँच तालाब हैं। प्रत्येक तालाब के पूर्व पश्चिम तटों पर पाँच-पाँच करके कुल दो सौ कनक गिरि (काञ्चन शैल) हैं।[१] देवकुरु और उत्तर कुरु के भीतर भद्रशाल वन में सीतोदा और सीता नदी के पूर्व और पश्चिम तटों पर एक-एक करके चार दिग्गजेन्द्र पर्वत हैं। इसी प्रकार के चार दिग्गजेन्द्र पर्वत इन दोनों कुरुक्षेत्रों के बाहर भद्रशाल वन में उक्त दोनों नदियों के उत्तर-दक्षिण तटों पर भी हैं। इस प्रकार दिग्गजेन्द्र पर्वतों की कुल संख्या आठ हैं। निषध व नील पर्वत से संलग्न संपूर्ण विदेह क्षेत्र के विस्तार के समान लम्बी दक्षिण-उत्तर लम्बायमान भद्रशालवन की वेदी है।

जम्बुशाल्मली वृक्ष - देवकुरु में निषध पर्वत के उत्तर विद्युत्प्रभ गजदन्त के पूर्व, सीतोदा नदी के पश्चिम और सुमेरु पर्वत के नैऋत्य दिशा में शाल्मली वृक्ष स्थल है तथा सुमेरु पर्वत के ईशान दिशा में, नील पर्वत के दक्षिण, माल्यवान गजदन्त के पश्चिम और सीता नदी के पूर्व में जम्बू वृक्ष स्थित है। ये दोनों वृक्ष पृथ्वीमय हैं तथा अपने-अपने परिवार वृक्षों के साथ शोभायमान हैं।

विदेह के बत्तीस क्षेत्र-मेरु पर्वत और कुरुक्षेत्रों के कारण विदेह क्षेत्र पूर्व व पश्चिम विदेह के भेद से दो भागों में विभक्त है। इन दोनों क्षेत्रों के मध्य बहनेवाली सीता और सीतोदा नदियाँ पूर्व और पश्चिम दोनों विदेहों को उत्तर और दक्षिण दो भागों में विभक्त कर देती हैं। इस प्रकार विदेह के कुल चार भाग हो जाते हैं। इन चार भागों में सीता और सीतोदा नदी के दोनों तटों पर चार-चार वक्षार पर्वत और तीन-तीन विभंग नदियाँ, एक वक्षार और एक विभंग नदी के क्रम से स्थित हैं। इन वक्षार पर्वतों और विभंग नदियों के कारण पूर्व व पश्चिम विदेह में सीता और सीतोदा नदी के दोनों तटों के आठ खण्ड हो जाते हैं। इस प्रकार विदेह क्षेत्र के कुल बत्तीस खण्ड हैं। ये बत्तीस खण्ड ही विदेह के बत्तीस क्षेत्र या जनपद कहलाते हैं। इन बत्तीस क्षेत्रों के नाम इस प्रकार हैं--

१. कच्छा, २. सुकच्छा, ३. महाकच्छा, ४. कच्छकावती, ५. आवर्ता ६. लांग्लावर्ता, ७. पुष्कला, ८. पुष्कलावती ये आठ देश पूर्व विदेह में सीता नदी और नील कुलाचल के मध्य स्थित हैं।

---

१. मतान्तर के अनुसार ये तालाब केवल देवकुरु और उत्तरकुरु में ही हैं। प्रत्येक तालाब के पूर्व-पश्चिम तटों पर दस-दस के हिसाब से दो सौ काञ्चनगिरि हैं।

१. वत्सा, २. सुवत्सा, ३. महावत्सा, ४. वत्सकावती, ५. रम्या, ६. रम्यका, ७. रमणीया और ८. मंगलावती ये आठ देश पूर्व विदेह क्षेत्र में सीतानदी और निषध पर्वत के मध्य स्थित हैं।

१. पद्मा, २. सुपद्मा, ३. महापद्मा, ४. पद्मकावती, ५. शंखा ६. नलिनी, ७. कुमदा, ८. सरिता ये आठ देश पश्चिम विदेह में सीतोदा नदी और निषध पर्वत के मध्य स्थित हैं।

१. वप्रा, २. सुवप्रा, ३. महावप्रा, ४. वप्रकावती, ५. गन्धा, ६. सुगन्धा, ७. गन्धिला और ८. गन्धमालिनी ये आठ देश पश्चिम विदेह में नील पर्वत और सीतोदा नदी के मध्य स्थित हैं। ये सभी क्षेत्र दक्षिणोत्तर लम्बायमान हैं।

विदेह का कच्छा क्षेत्र

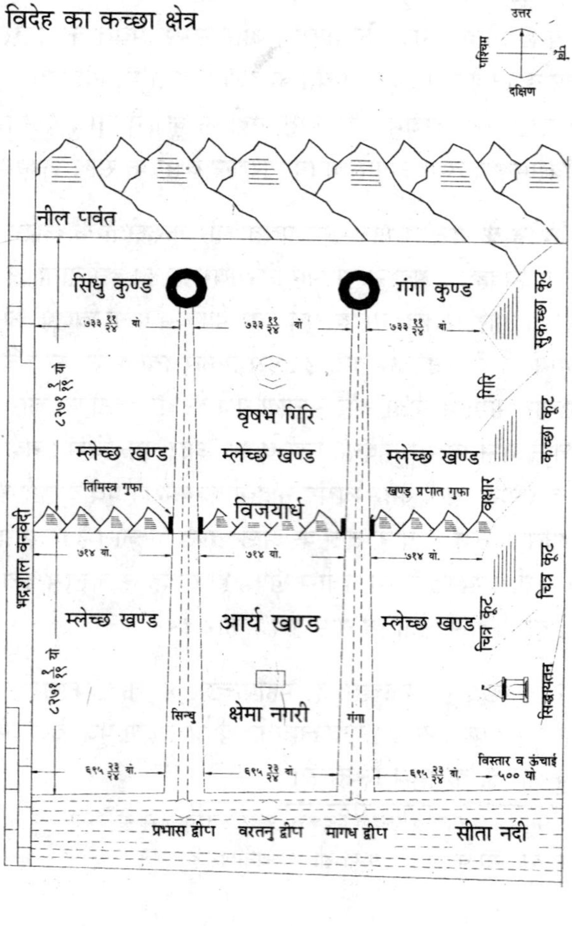

उत्तरीय पूर्व विदेह के कच्छा नामक प्रथम क्षेत्र के ठीक मध्य में विजयार्ध पर्वत है। यह पर्वत भरत क्षेत्र के विजयार्ध पर्वत की तरह है। इस क्षेत्र के उत्तर में स्थित नील पर्वत के दक्षिण पार्श्व भाग में पूर्व व पश्चिम दिशाओं में दो कुण्ड हैं। इन कुण्डों से रक्ता और रक्तोदा नाम की दो नदियाँ निकलती हैं। दक्षिणाभिमुखी होकर बहती हुई वे विजयार्ध पर्वत तक आती है और उसके मूल में स्थित गुफाओं में से निकलती हुई सीता नदी में जा मिलती हैं। इस कारण यह क्षेत्र भी भरत क्षेत्र की तरह छह खण्डों में विभक्त हो जाता है। यहाँ भी उत्तर म्लेच्छखण्ड के मध्य एक वृषभगिरि है। इस क्षेत्र के आर्यखण्ड की प्रधान नगरी का नाम क्षेमा है। इस प्रकार प्रत्येक क्षेत्र में दो नदियों व एक विजयार्ध के कारण छह-छह खण्ड उत्पन्न हो गये हैं। विशेष यह है कि दक्षिण क्षेत्र में बहनेवाली नदियों के नाम गंगा और सिन्धु हैं।

इस प्रकार इन बत्तीस विदेह क्षेत्रों में बत्तीस राजधानियाँ, बत्तीस विजयार्ध पर्वत और बत्तीस वृषभगिरि स्थित हैं। प्रत्येक विदेह में एक-एक आर्यखण्ड और पाँच-पाँच म्लेच्छखण्ड हैं। आर्यखण्डों में तीर्थङ्कर आदि शलाका पुरुष उत्पन्न होते रहते हैं।

नील पर्वत- विदेहक्षेत्र के उत्तर और रम्यकक्षेत्र के दक्षिण में दोनों क्षेत्रों को विभाजित करनेवाला नील पर्वत है। इसका वर्ण वैडूर्य-मणिमय है। इस पर पूर्ववत् नौ कूट हैं, उनमें पूर्व दिशा के सिद्धायतन कूट में जिनालय तथा शेष कूटों में व्यन्तर देवों के भवन हैं। इसके मध्य केशरी नाम का तालाब है। उससे सीता और नरकान्ता नदियाँ निकलती हैं। इसका विस्तार निषध पर्वत के बराबर है।

रम्यकक्षेत्र - नील पर्वत के उत्तर और रुक्मि पर्वत के दक्षिण में रम्यक क्षेत्र है। इसका समस्त कथन हरिक्षेत्रवत् है। यहाँ नारी और नरकान्ता नदियाँ बहती हैं।

रुक्मि पर्वत- रुक्मि पर्वत रम्यक और हैरण्यवत क्षेत्र को विभक्त करता है। इस पर्वत पर महापुण्डरीक नामक तालाब है, जिससे नारी और रूप्यकूला नाम की नदियाँ निकलती हैं। इस पर्वत का शेष समस्त कथन महाहिमवान पर्वत की तरह है।

हैरण्यवत क्षेत्र - रुक्मि पर्वत के उत्तर और शिखरी पर्वत के दक्षिण

में हैरण्यवत क्षेत्र है। इस क्षेत्र में सुवर्णकूला और रूप्यकूला नामक नदियाँ बहती हैं। इसका शेष समस्त कथन हैमवत क्षेत्र के समान है।

शिखरी पर्वत- शिखरी पर्वत हैरण्यवत और ऐरावत क्षेत्र को विभाजित करता है। इस पर्वत पर पुण्डरीक नामक तालाब है, जिससे सुवर्णकूला और रक्ता-रक्तोदा नदियाँ निकलती हैं। इसका शेष समस्त कथन हिमवान पर्वत की तरह है।

ऐरावत क्षेत्र- शिखरी पर्वत के उत्तर में ऐरावत क्षेत्र है। इस क्षेत्र में रक्ता और रक्तोदा नदियाँ बहती हैं। इसका शेष समस्त कथन भरत क्षेत्र के समान है।

इस प्रकार जम्बूद्वीप में सात क्षेत्र, एक मेरु, दो कुरु, जम्बू और शाल्मलीवृक्ष, छह कुलाचल, छह महातालाब, बीस सरोवर, चौदह महानदियाँ, बारह विभंग नदियाँ, बीस वक्षार पर्वत, चार नाभि पर्वत, चार यमकगिरि, दो सौ कनकगिरि, आठ दिग्गजेन्द्र पर्वत, चौंतीस आर्यखण्ड, चौंतीस विजयार्ध पर्वत और चौंतीस वृषभगिरि अवस्थित हैं।

लवण समुद्र- जम्बूद्वीप को घेरे हुए लवण समुद्र स्थित है। यह चूड़ी के आकारवाला है, इसका व्यास-विस्तार दो लाख योजन है। इस समुद्र के जल सतह का आकार सीधी रखी नाव पर औंधी रखी नाव के आकार के समान है। इसके मध्य तल भाग में चारों ओर १००८ पाताल या विवर हैं। मध्य में इसकी गहराई एक हजार योजन है। पातालों के निचले भाग में वायु, उपरिम भाग में जल और मध्य भाग में यथायोग्य रूप से जल और वायु दोनों हैं। इसके मध्य भाग में जल व वायु की हानि वृद्धि होती रहती है, जिसके कारण कृष्ण पक्ष और शुक्ल पक्ष में इसके जल तल में हानि-वृद्धि होती है। अमावस्या के दिन समतल से जल की ऊँचाई ११००० योजन रहती है, जो कि शुक्ल पक्ष की प्रतिपदा से बढ़ते-बढ़ते पूर्णिमा के दिन १६००० योजन हो जाती है। इसी प्रकार कृष्ण पक्ष की प्रतिपदा से घटते-घटते अमावस्या के दिन घटकर ११००० योजन रह जाती है। आगम के अनुसार नीचे रहनेवाले भवनवासी देवों के उच्छ्वास-निश्वास के कारण ही पातालों में स्थित वायु की वृद्धि-हानि होती है।

पातालों के अतिरिक्त इस समुद्र में सूर्यद्वीप-चन्द्रद्वीप, प्रभासद्वीप, और मागधद्वीप आदि अनेकद्वीप हैं। इनमें भवनवासी देवों का आवास है। इसके अतिरिक्त ४८ कुमानुषद्वीप हैं, जिनमें कुभोग भूमियाँ हैं।

लवण सागर

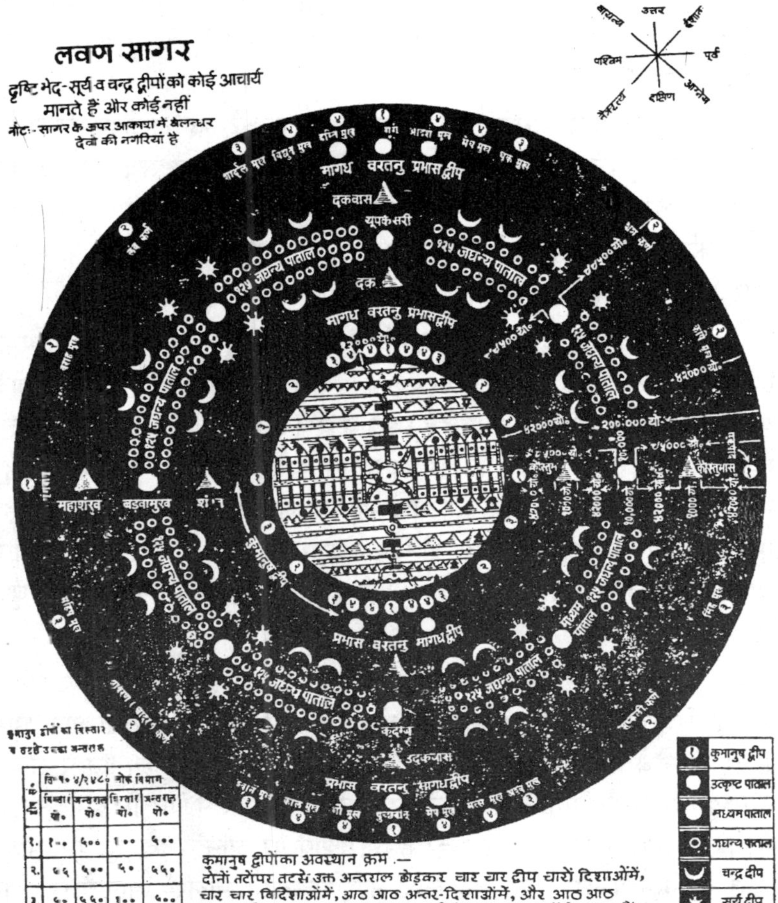

कुमानुष द्वीपों का विस्तार व तटसे उनका अन्तराल

क्र.	ति० प० ४/२४८०		लोक विभाग	
	विस्तार यो०	अन्तराल यो०	विस्तार यो०	अन्तराल यो०
१.	१००	५००	१००	५००
२.	५५	५००	५०	५५०
३.	५०	५५०	१००	५००
४.	२५	६००	२५	६००

कुमानुष द्वीपोंका अवस्थान क्रम .—
दोनों तटोंपर तटसे उक्त अन्तराल छोड़कर चार चार द्वीप चारों दिशाओंमें, चार चार विदिशाओंमें, आठ आठ अन्तर-दिशाओंमें, और आठ आठ विजयार्धों तथा हिमवान व शिखरी पर्वतोंके प्रणिधि भागोंमें स्थित हैं।

धातकीखण्ड- लवण समुद्र के बाद धातकीखण्ड द्वीप है। यह भी वलयाकार है। इसका व्यास-विस्तार चार लाख योजन है। इस द्वीप की उत्तर-दक्षिण दिशा में उत्तर-दक्षिण-लम्बायमान दो इष्वाकार पर्वत हैं। ये पर्वत धातकीखण्ड द्वीप को पूर्व और पश्चिमरूप दो भागों में विभक्त कर देते हैं। इसलिए इन पर्वतों को भी वर्षधर या कुलाचल कहते हैं। दोनों पर्वतों पर चार-चार कूट हैं, जिनमें एक-एक पर जिनालय और शेष कूटों पर व्यन्तर देव निवास करते हैं।

धातकीखण्ड द्वीप में दो रचनाएँ हैं- पूर्व धातकी और पश्चिम धातकी।

दोनों में पर्वत, क्षेत्र, नदी, तालाब आदि सभी जम्बूद्वीप के समान हैं। जम्बू वृक्ष और शाल्मली वृक्ष के स्थान पर वहाँ धातकी वृक्ष हैं। इसके अतिरिक्त शेष सभी रचनाओं के नाम भी वही है।

कालोदक समुद्र- धातकीखण्ड द्वीप को घेरे हुए कालोदक समुद्र है। इसका व्यास विस्तार आठ लाख योजन है। इसकी गहराई सर्वत्र एक हजार योजन है। इस समुद्र में पाताल नहीं है। इसके भीतरी और बाह्य भागों में लवण समुद्र की तरह चौबीस-चौबीस अन्तर्द्वीप हैं। इन द्वीपों में कुभोग-भूमि के मनुष्य और तिर्यञ्च निवास करते हैं।

पुष्करवर द्वीप-कालोदसमुद्र को घेरे हुए पुष्करवर-द्वीप है। इसका व्यास-विस्तार सोलह लाख (१६०००००) योजन है। इस द्वीप के बीचोंबीच कुण्डलाकार एक मानुषोत्तर पर्वत है। इस कारण इस द्वीप के दो भाग हो गये हैं- एक अभ्यन्तर और दूसरा बाह्य। अभ्यन्तर भाग में ही मनुष्यों का अवस्थान है। मानुषोत्तर पर्वत का उल्लंघन कर बाह्य भाग में जाने की उनकी सामर्थ्य नहीं है। पुष्करवर द्वीप के अभ्यन्तर भाग को पुष्करार्ध भी कहते हैं। इसकी समस्त रचना धातकीखण्ड द्वीप के समान है, किन्तु यहाँ धातकी वृक्ष के स्थान पर पुष्करवृक्ष है।

मानुषोत्तर पर्वत - यह पर्वत पुष्करवर-द्वीप के मध्य भाग में कुण्डलाकार रूप से स्थित है। इसका भीतरी भाग दीवार की तरह सीधा है, तथा बाह्य भाग ऊपर से नीचे क्रमशः घटता हुआ है। इस पर्वत पर २० कूट हैं। इन कूटों की अग्रभूमि में अर्थात् मनुष्य लोक की तरफ चारों दिशाओं में चार सिद्धायतन कूट हैं। सिद्धायतन कूटों पर जिनमन्दिर हैं और शेष पर व्यन्तर देव परिवार सहित रहते हैं। मनुष्य इस पर्वत को लाँघ नहीं सकते। इसलिए "मानुषोत्तर" यह इसकी सार्थक संज्ञा है। यह पर्वत ही मनुष्य लोक की सीमा है। इसी कारण ढाई द्वीप और दो समुद्रों को मनुष्यलोक कहते हैं।

मनुष्यलोक का विस्तार-मेरु पर्वत से मनुष्य लोक का समस्त विस्तार १/२ + २+४+८+८ = २२$\frac{१}{२}$ लाख योजन उत्तर तथा इतना ही दक्षिण में है। इस प्रकार ढाई द्वीप का कुल विस्तार पैंतालीस लाख (४५०००००) योजन है।

इस प्रकार मनुष्य लोक का सामान्य दिग्दर्शन कर आगे के सूत्रों में उसका विशेष विवेचन करते हैं।

कर्मभूमि

पञ्चदश कर्मभूमयः ।।११।।

ढाई द्वीप में पन्द्रह कर्म भूमियाँ हैं।।११।।

ज़हाँ जीविका के लिए असि, मसि, कृषि आदि षट्कर्म किए जाते हैं तथा संयम-तप अनुष्ठान द्वारा स्वर्ग और मोक्ष की प्राप्ति होती है, उसे कर्मभूमि कहते हैं। भरत, ऐरावत और विदेह क्षेत्र कर्मभूमियाँ हैं। ढाई द्वीप में पाँच भरत, पाँच ऐरावत और पाँच विदेह क्षेत्र हैं। इस अपेक्षा से कर्मभूमियाँ कुल पन्द्रह हैं। आर्यखण्डों की अपेक्षा एक-एक विदेह में बत्तीस-बत्तीस आर्यखण्ड हैं, इस हिसाब से पाँच विदेहों के १६० और भरत ऐरावत क्षेत्र के १० आर्यखण्ड मिलाकर कुल १७० कर्मभूमियाँ हैं।

भरत और ऐरावत क्षेत्र के आर्यखण्डों में उत्सर्पिणी और अवसर्पिणी काल के निमित्त से षट्काल परिवर्तन होता है। इस कारण अवसर्पिणी के प्रथम तीन (सुषमा-सुषमा, सुषमा, और सुषमा-दुःषमा) कालों में तथा उत्सर्पिणी के अन्तिम तीन (सुषमा-दुःषमा, सुषमा और सुषमा-सुषमा) कालों में भोगभूमि होती है। यह परिवर्तन आर्यखण्डों में ही होता है। भरत और ऐरावत क्षेत्र सम्बन्धी सभी म्लेच्छ खण्डों और विजयार्ध पर्वत पर स्थित विद्याधरों की श्रेणियों में सदा दुःषमा-सुषमा काल के आदि और अन्त के समान काल रहता है। इसी प्रकार सभी विदेहों के आर्यखण्डों में सदा दुःषमा-सुषमा काल वर्तता है।

भोगभूमि

त्रिंशद्भोगभूमयः ।।१२।।

तीस भोगभूमियाँ हैं।।१२।।

जिस भूमि के निवासियों को अपनी जीविका के निर्वाह के लिए कर्म-भूमि के समान असि, मसि आदि कर्म न करना पड़े उसे भोग-भूमि कहते हैं। भोगभूमि में समस्त आवश्यकताओं की पूर्ति दस प्रकार के कल्पवृक्षों से होती है। ढाईद्वीप में तीस भोगभूमियाँ हैं।

ढाईद्वीप के पाँच हैमवत, पाँच हरिवर्ष, पाँच देवकुरु, पाँच उत्तरकुरु , पाँच रम्यक् और पाँच हैरण्यवत इन तीस क्षेत्रों में शाश्वत भोगभूमियाँ हैं। उनमें भी पाँचों देवकुरु और उत्तरकुरुओं में उत्तम, हरि और रम्यक क्षेत्रों में मध्यम तथा हैमवत और हैरण्यवत क्षेत्रों में जघन्य भोगभूमि है। इन उत्तम, मध्यम और जघन्य

भोगभूमियों की समस्त व्यवस्था क्रमशः सुषमा-सुषमा, सुषमा और सुषमा-दुःषमा काल के समान है, किन्तु यहाँ के जीवों की शरीर की ऊँचाई और आयु में जघन्य-उत्कृष्ट का भेद नहीं होता।

उत्तम भोगभूमि - ढाई द्वीप सम्बन्धी पाँच देव कुरु और पाँच उत्तर कुरूओं में उत्तम भोगभूमि होती है। वहाँ के मनुष्य और तिर्यञ्चों की आयु तीन पल्य और शरीर की ऊँचाई छह हजार धनुष की होती है। वे तीन दिन के अन्तराल से बेर के बराबर आहार ग्रहण करते हैं। इनका समस्त कथन सुषमा-सुषमा कालवत् है।

मध्यम भोगभूमि- ढाई द्वीप सम्बन्धी पाँचों हरि और रम्यक क्षेत्रों में मध्यम भोगभूमि है। यहाँ के मनुष्य-तिर्यञ्चों की आयु दो पल्य और शरीर की ऊँचाई चार हजार धनुष की होती है। वे दो दिन के अन्तराल से बहेड़ा के बराबर आहार ग्रहण करते हैं। इनका समस्त कथन सुषमा कालवत् है।

जघन्य भोगभूमि- ढाई द्वीप सम्बन्धी पाँचों हैमवत और हैरण्यवत क्षेत्रों में जघन्य भोगभूमि है। यहाँ के जीवों की आयु एक पल्य की और शरीर की ऊँचाई दो हजार धनुष की होती है। वे एक दिन के अन्तराल से आँवले के बराबर आहार ग्रहण करते हैं। इनका समस्त कथन सुषमा-दुःषमा काल के समान है।

इसके अतिरिक्त ढाई द्वीप के बाहर अन्तिम स्वयम्भूरमण-द्वीप में स्थित नागेन्द्र पर्वत तक के द्वीपों में जघन्य भोगभूमि है। वहाँ संज्ञी पंचेन्द्रिय तिर्यञ्च रहते हैं। इसे भोगभूमि-प्रतिभाग भी कहते हैं। नागेन्द्र पर्वत के परवर्ती स्वयंभूरमण-द्वीप के शेष भाग और स्वयम्भूरमण समुद्र में कर्मभूमि है। इसे कर्मभूमि प्रतिभाग भी कहते हैं।

भोगभूमि की विशेषताएँ

भोगभूमि में भूमि रज, धूम, अग्नि, हिम, बर्फ, शिला आदि से रहित होती है। वहाँ विकलत्रय, असंज्ञी, जलचर, नपुंसक और लब्धि-अपर्याप्त जीव नहीं होते। रात-दिन का भेद, अंधकार तथा शीत-गर्मी की बाधाएँ भी वहाँ नहीं होतीं तथा रोग उपद्रव और प्राकृतिक आपदाएँ नहीं आतीं।

भोगभूमि के जीव अपनी समस्त आवश्यकताओं की पूर्ति दस प्रकार के कल्प वृक्षों से करते हैं। वहाँ परिवार, कुटुम्ब-जैसी कोई संस्था नहीं होती। नर-नारी युगलरूप से जन्म लेते हैं और युगल सन्तान को जन्म देकर दिवंगत हो जाते हैं। वहाँ कुल और जाति तथा स्वामी और सेवक का भेद नहीं होता।

भोगभूमि के जीव मन्द कषायी होते हैं। उनमें पारस्परिक बैर-विरोध नहीं होता। वे व्यसन और बुराइयों से भी रहित होते हैं। वहाँ चोर, शत्रु आदि की बाधाएँ नहीं रहतीं।

भोगभूमि के सिंहादिक तिर्यञ्च भी शाकाहारी होते हैं। वे अपनी-अपनी योग्यता के अनुसार मांसाहार के बिना कल्प-वृक्षों का भोग करते हैं।

भोगभूमि के सभी स्त्री-पुरुष वज्रवृषभनाराच-संहनन और समचतुरस्र संस्थानवाले होते हैं। वे पृथक् विक्रिया द्वारा अपने शरीर के अनेक रूप बनाने में समर्थ होते हैं। भोगभूमि के जीवों को निहार नहीं होता।

भोगभूमि के जीव छह माह की आयु शेष रहने पर आयुबन्ध के योग्य होते हैं। अपनी आयु के नौ माह अवशिष्ट रहने पर स्त्रिया गर्भवती होती हैं। नौ मास पूर्ण होने पर युगल संतान का प्रसव होता है। प्रसव के तत्काल पश्चात् नर और नारी को क्रमशः छींक और जंभाई आती है और वे दिवंगत हो जाते हैं। दिवंगत होने के बाद उनका शरीर कपूरवत् उड़ जाता है।

भोगभूमियाँ मिथ्यादृष्टि मनुष्य और तिर्यञ्च भवनत्रिक में उत्पन्न होते हैं तथा सम्यग्दृष्टि, भोगभूमियाँ नियमतः सौधर्म-ऐशान स्वर्ग में जन्म लेते हैं।

उत्तम भोगभूमि में उत्पन्न होनेवाला बालक तीन दिनों तक शय्या पर सोया रहता है। उसके बाद तीन दिनों तक अँगूठे को चूसता है। तत्पश्चात् बैठने, अस्थिर गमन, स्थिर गमन, कलागुणों की प्राप्ति, तारुण्य और सम्यक्त्व ग्रहण की योग्यता प्राप्त करने में भी उसे तीन-तीन दिन लगते हैं। इस प्रकार इक्कीस दिनों में वह सम्यक्त्व ग्रहण के योग्य हो जाता है।

मध्यम भोगभूमि के बालक को उपर्युक्त योग्यताएँ प्राप्त करने में पाँच-पाँच दिन तथा जघन्य भोगभूमि के बालक को सात-सात दिन लगते हैं। इस प्रकार वे क्रमशः पैंतीस और उनचास दिनों में सम्यक्त्व ग्रहण के योग्य हो जाते हैं।

भोगभूमि में तीनों प्रकार का सम्यग्दर्शन हो सकता है। वे एक से चार गुणस्थानवाले होते हैं। भोगों में आसक्त रहने के कारण उनमें संयम और संयमासंयम नहीं होता।

पर्याप्त अवस्था में उनके तीन शुभ लेश्याएँ होती हैं। अपर्याप्त अवस्था में मिथ्यादृष्टि और सासादन गुणस्थानवर्ती जीवों के तीन अशुभ तथा सम्यग्दृष्टि जीवों के नियमतः कापोत लेश्या का जघन्य अंश रहता है।

भोगभूमि में उत्पत्ति का कारण - मद्य, मांस, मधु और उदम्बर फलों के त्यागी मंदकषायी, सत्यवादी, निरभिमानी, व्यसनमुक्त, गुणानुरागी, और सत्पात्रों को आहार दान देनेवाले मिथ्यादृष्टि मनुष्य-तिर्यञ्च भोगभूमि की आयु का बन्ध करते हैं। बद्धायुष्क क्षायिक सम्यग्दृष्टि भी भोगभूमि में उत्पन्न होते हैं। चार प्रकार के दान देने और दान की अनुमोदना करने से भोगभूमि में उत्पत्ति होती है।

कुभोग भूमि

षण्णवति कुभोगभूमयः ।।१३।।

ढाई द्वीप में छियानवे कुभोगभूमियाँ हैं।।१३।।

जहाँ पर एक पैर, एक सींग एवं पूँछ आदि विचित्र आकृतिवाले मनुष्य/तिर्यञ्च रहते हैं, उसे कुभोगभूमि कहते हैं।

कुभोगभूमियों का अवस्थान- लवण समुद्र में जम्बूद्वीप के तट पर चारों दिशाओं में चार, चारों विदिशाओं में चार और अन्तर्दिशाओं में आठ तथा भरत और ऐरावत क्षेत्र सम्बन्धी दोनों विजयार्ध पर्वतों के दोनों छोरों के समीप एक-एक एवं हिमवान् व शिखरी पर्वत के दोनों छोरों पर एक-एक इसप्रकार कुल (४+४+८+४+४) = २४ अन्तर्द्वीप हैं। इसी प्रकार २४-२४ अन्तर्द्वीप लवण समुद्र के दूसरे तट और कालोदक समुद्र के उभय तटों पर हैं। इस प्रकार कुल ४८+४८ = ९६ कुभोगभूमियाँ हैं। इनमें कुमानुष निवास करते हैं, इसलिए इन्हें कुभोगभूमि कहते हैं।

सभी द्वीप मधुर रसवाले फल-फूलों के भारयुक्त वनखण्डों और जल से परिपूर्ण वापिकाओं से शोभायमान हैं।

कुमानुषों का आकार- पूर्व आदि दिशाओं में स्थित चार द्वीपों के कुमानुष क्रमशः एक जांघवाले, पूँछवाले, सींगवाले और मूक होते हैं। इन्हें इन्हीं नामों से जाना जाता है। आग्नेय आदि विदिशाओं में स्थित चार द्वीपों के कुमानुष क्रमशः शुष्कलीकर्ण (पल्लवरहित कर्ण), कर्णप्रावरण, लम्बकर्ण और शशकर्ण होते हैं। इसी प्रकार अन्तर्दिशाओं आदि में स्थित द्वीपों के सभी कुमानुष विकृत आकृतिवाले होते हैं।

कुभोगभूमि में सभी मनुष्य और तिर्यञ्च युगल रूप में जन्म लेते हैं और युगल ही मरते हैं। इन्हें किसी भी प्रकार का शारीरिक कष्ट नहीं होता। इनमें से कुछ कुमानुष गुफाओं में रहते हैं और मिट्टी खाते हैं। कुछ वृक्षों के नीचे रहकर फल-फूलों से अपना जीवन-यापन करते हैं। इसी प्रकार सभी कुमानुष मनुष्यआयु

का अनुभव करते हुए भी पशुओं की भाँति आचरण करते हैं। इनकी आयु एक पल्य और शरीर की ऊँचाई दो हजार धनुष होती है। अपनी आयु पर्यन्त उत्तम भोगों को भोगकर वे भवनत्रिक देवों में उत्पन्न होते हैं। इनमें से सम्यग्दर्शन प्राप्त कर लेनेवाले मनुष्य, तिर्यञ्च सौधर्म-ईशान स्वर्ग में उत्पन्न होते हैं। यहाँ इतना विशेष ध्यातव्य है कि अन्तर्द्वीपज म्लेच्छ कदाचित् सम्यग्दर्शन प्राप्त कर सकते हैं, किन्तु कर्मभूमि के म्लेच्छखण्डों में रहनेवाले मनुष्य वहाँ नियमत: मिथ्यादृष्टि होते हैं। म्लेच्छखण्डों से आर्यखण्डों में आए हुए मनुष्य तथा उनकी कन्याओं से उत्पन्न हुई चक्रवर्ती की सन्तान कदाचित् सम्यक्त्व और संयम के योग्य हो सकते हैं।

कुभोगभूमि में उत्पत्ति का कारण- मिथ्यात्वरत रहने से, व्रतियों की निन्दा करने से, साधुओं का अपमान करने से, कुपात्रों को दान देने से, दान देकर शोक करने से, दबाव में दान देने से तथा आर्त व रौद्र ध्यानपूर्वक दान देने से कुभोगभूमि में उत्पत्ति होती है। इसी प्रकार जो सप्त व्यसनपूर्वक दान देते हैं, सूतक-पातक आदि के समय दान देते हैं, रजस्वला (स्त्री) अवस्था में अथवा उनसे संस्पृष्ट वस्तु का दान देते हैं, वे कुभोगभूमि में उत्पन्न होते हैं। इसके अतिरिक्त जो मुनि बनकर भ्रष्ट आचरण करते हैं, एकल विहारी होते हैं, मन्त्र-तन्त्र और ज्योतिष विद्या आदि में लगे रहते हैं, वे भी कुभोगभूमि में उत्पन्न होते हैं।

पञ्च मेरु पर्वत

पञ्च मन्दरगिरय: ।।१४।।

ढाई द्वीप में पाँच मेरु पर्वत हैं।।१४।।

जिस प्रकार जम्बूद्वीप के मध्य में सुमेरु पर्वत स्थित है, उसी प्रकार धातकीखण्ड और पुष्करार्ध द्वीप के पूर्व-पश्चिम भाग के बीचों-बीच एक-एक मेरु पर्वत है। इस प्रकार ढाई द्वीप में कुल पाँच मेरु पर्वत हैं। इनमें जम्बू-द्वीपस्थ मेरु पर्वत को सुमेरु अथवा सुदर्शन मेरु कहते हैं। पूर्व व पश्चिम धातकीखण्डस्थ मेरुओं के नाम क्रमश: विजय मेरु और अचल मेरु हैं तथा पुष्करार्धद्वीप के पूर्व-पश्चिम भागस्थ मेरुओं को क्रमश: मंदरमेरु और विद्युन्माली मेरु कहते हैं। सुमेरु पर्वत की ऊँचाई एक लाख योजन है, तथा शेष मेरु पर्वतों की ऊँचाई ८४ हजार योजन है। सुमेरु पर्वत की तरह इन मेरुओं पर भी भद्रशाल आदि ४ वन, ३ कटनियाँ और जिनालय आदि हैं।

जम्बू शालमली वृक्ष

जम्बूवृक्षाः ।।१५।।

शाल्मलयश्च ।।१६।।

जम्बूद्वीप के उत्तरकुरु में जम्बू वृक्ष हैं।।१५।।

देवकुरु में शाल्मली वृक्ष हैं।।१६।।

जम्बूद्वीप के उत्तरकुरु और देवकुरु में क्रमशः जम्बूवृक्ष और शाल्मली वृक्ष स्थित हैं। ये दोनों वृक्ष पृथ्वीमय हैं। जम्बूवृक्ष उत्तरकुरु में है। इसकी अवस्थिति सुमेरु पर्वत के ईशान दिशा में, नील पर्वत के दक्षिण में, माल्यवान गजदन्त के पश्चिम और सीतानदी के पूर्व में है। शाल्मली वृक्ष देवकुरु में है। इसका अवस्थान निषध पर्वत के उत्तर, विद्युत्प्रभ गजदन्त के पूर्व, सीतोदानदी के पश्चिम और सुमेरु पर्वत के नैऋत्य दिशा में है।

पीठ पर स्थित मूल वृक्ष

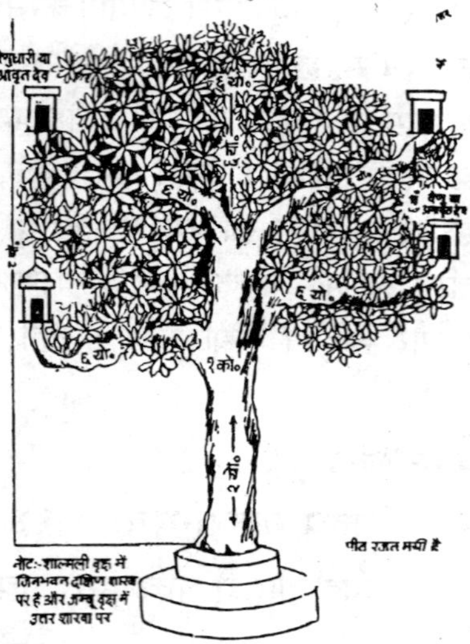

दोनों वृक्ष स्वर्णमय वेदिका से वेष्टित एक ऊँचे पीठ के मध्य स्थित हैं। इन वृक्षों की कुल ऊँचाई आठ योजन है। इनका तना दो योजन ऊँचा और एक कोस मोटा है। इनकी छह-छह योजन लम्बी चार महाशखाएँ हैं। चारों छह-छह योजन के अन्तराल से स्थित हैं। जम्बूवृक्ष की उत्तर शाखा, और शाल्मली वृक्ष की दक्षिणशाखा पर जिनभवन हैं। शेष तीन शाखाओं पर व्यन्तर देवों के भवन हैं। जम्बूवृक्ष पर आदृत व अनादृत तथा शाल्मली वृक्ष की शाखाओं पर वेणु और वेणुधारी नामक व्यन्तर देव रहते हैं। दोनों वृक्षों के चारों ओर उनके परिवार-वृक्ष स्थित हैं। इन वृक्षों पर आदृतयुगल और वेणुयुगल देवों के परिवार देवों का निवास है। परिवार वृक्षों की ऊँचाई मूल वृक्षों से आधी है। दोनों वृक्षों के परिवार- वृक्षों की संख्या अलग-अलग १,४०,१२० है।

जम्बूद्वीप के जम्बूवृक्ष की तरह धातकीखण्ड के दोनों देवकुरुओं और उत्तरकुरुओं मे दो-दो के हिसाब से कुल चार धातकी (आँवला) के वृक्ष हैं। इनका समस्त कथन जम्बूवृक्ष के समान है। इसी प्रकार पुष्करार्ध द्वीप के चारों

कुरुओं में ४ पुष्कर (कमल) वृक्ष हैं। इनका समस्त विवरण जम्बूवृक्षवत् है। धातकीखण्ड के परिवार वृक्ष १४०१२० x ४ = ५,६०,४८० तथा पुष्कर वृक्ष के परिवार वृक्ष १४०१२० x ४ = ५,६०,४८० हैं।

वर्षधरपर्वत

चतुस्त्रिंशद् वर्षधरपर्वताः ।।१७।।

ढाईद्वीप में चौंतीस वर्षधर पर्वत हैं।।१७।।

जम्बूद्वीप में हिमवान्, महाहिमवान् आदि ६ पर्वत हैं। ये छहों पर्वत भरत आदि ७ क्षेत्रों को विभाजित करते हैं। इसलिए वर्षधर या कुलाचल कहलाते हैं। धातकीखण्ड और पुष्कारार्ध (आधा पुष्कर) की समस्त रचना जम्बूद्वीप से दूनी-दूनी है। इस अपेक्षा वर्षधर पर्वतों की कुल संख्या ३० (६+१२+१२) है। इनके अतिरिक्त धातकीखण्ड और पुष्करार्ध को पूर्व और पश्चिम दो भागों में विभाजित करनेवाले दो-दो इष्वाकार पर्वतों की भी वर्षधर संज्ञा है। इसलिए ढाई द्वीप में वर्षधर या कुलाचल पर्वतों की कुल संख्या ३० + २ + २ = ३४ चौंतीस है।

महासरोवर/ह्रद

त्रिंशदुत्तरशत सरोवराः ।।१८।।

ढाई द्वीप में कुल एक सौ तीस सरोवर हैं।।१८।।

जम्बूद्वीप के हिमवान् आदि छह पर्वतों पर क्रमशः पद्म, महापद्म, तिगिञ्छ, केशरी, महापुण्डरीक और पुण्डरीक नामक छह तालाब हैं। इन्हें द्रह भी कहते हैं। इनमें पहला तालाब १ हजार योजन लम्बा, ५ सौ योजन चौड़ा और दस योजन गहरा है। सभी तालाब स्वच्छ जल से परिपूर्ण हैं और उनका तल वज्रमय है। प्रथम तालाब के मध्य में एक योजन विस्तारवाला एक कमल है। इसकी कर्णिका २ कोस की और पत्ता एक-एक कोस का है। जल से यह कमल २ कोस ऊँचा है। इसमें कुल ११,००० पत्ते हैं।

यह कमल पृथ्वीमय है। इसके अतिरिक्त परिवार कमल एक लाख चालीस हजार एक सौ पचास हैं। जिनकी ऊँचाई आदि मुख्य कमल से आधी है। इसी प्रकार आगे के पाँचों तालाबों में भी कमल हैं। तिगिञ्छ तालाब तक तालाबों और कमलों की लम्बाई आदि दूनी-दूनी है। उसके आगे केशरी, महापुण्डरीक और पुण्डरीक तालाब और उनके कमलों की लम्बाई आदि क्रमशः तिगिञ्छ, महापद्म और पद्म तालाब के समान है। पद्म आदि छह तालाबों के कमलों पर क्रमशः श्री, ह्री, धृति, कीर्ति, बुद्धि और लक्ष्मी नामक छह देवियाँ अपने सामानिक और परिवार-देवों के साथ रहती हैं। इन देवियों की आयु एक पल्य होती है। इनमें श्री, ह्री और धृति सौधर्म इन्द्र की तथा कीर्ति, बुद्धि और लक्ष्मी ईशान इन्द्र की अनुचरी देवियाँ हैं।

इन तालाबों में पद्म तालाब के पूर्व-पश्चिम और उत्तर द्वार से क्रमशः गंगा-सिन्धु और रोहितास्या नदियाँ निकलती हैं तथा अन्तिम पुण्डरीक तालाब से रक्ता, रक्तोदा और स्वर्णकूला नदियाँ उद्भूत हैं। शेष तालाबों के उत्तर-दक्षिण द्वारों से दो-दो नदियाँ निकलती हैं। इसी प्रकार देवकुरु और उत्तरकुरू में २० तालाब हैं। ये देवकुरु और उत्तरकुरु में यमक पर्वत से ५०० योजन अन्तराल पर तथा भद्रशाल वन के पूर्व व पश्चिम दिशाओं में सीता और सीतोदा नदियों के मध्य स्थित हैं। सीता और सीतोदा नदियाँ इन तालाबों में प्रवेश कर निकलती हैं। इनका विस्तार तथा इनमें स्थित कमल आदि का सम्पूर्ण विवरण पद्म तालाबवत् है। इस प्रकार जम्बूद्वीप में कुल २६ (६+ २० = २६) सरोवर हैं। धातकीखण्ड और पुष्करार्धद्वीप की दूनी रचना की अपेक्षा तालाबों की कुल संख्या (२६x५=१३०) १३० है।

महानदियाँ

सप्ततिर्महानद्यः ।।१९।।

ढाई द्वीप में सत्तर महानदियाँ हैं।।१९।।

जम्बूद्वीप में गंगा सिन्धु आदि १४ महानदियाँ है। धातकीखण्ड और पुष्करार्ध द्वीप की २८-२८ महानदियों को मिलाने पर ढाई द्वीप में महानदियों की कुल संख्या १४+२८+२८=७० सत्तर है।

नाभिपर्वत

विंशतिर्नाभिनगाः ।।२०।।

बीस नाभिपर्वत है।।२०।।

ढाई द्वीप के पाँचों हैमवत, हरिवर्ष, रम्यक और हैरण्यवत क्षेत्रों के ठीक मध्य एक-एक नाभि पर्वत है। अतः इनकी कुल संख्या ५x४=२० बीस है। ये पर्वत ऊपर-नीचे समान गोल आकारवाले और सफेद रंग के हैं। पर्वतों का विस्तार एक हजार योजन है। इन पर्वतों पर व्यन्तर देवों का आवास है।

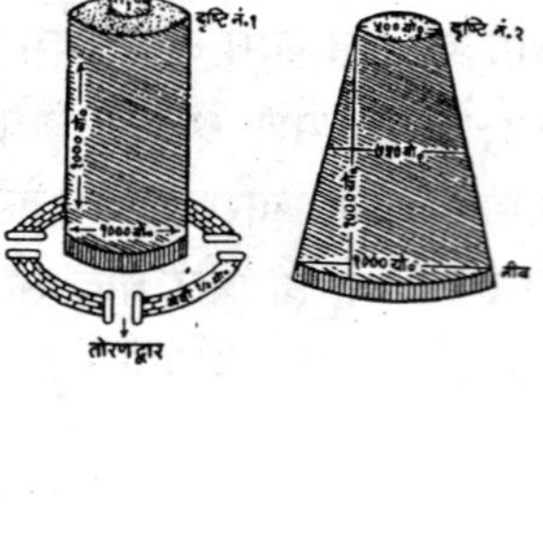

यमकगिरि

विंशतिर्यमकगिरयश्च ।।२१।।

यमक गिरि भी बीस हैं।।२१।।

ढाई द्वीप के पाँचों देवकुरुओं और उत्तरकुरुओं में सीतोदा और सीता नदी के दोनों तटों पर (उत्तर दक्षिण दिशा की ओर) एक-एक करके कुल २० यमकगिरि हैं। गोल आकारवाले इन पर्वतों के मूल में चौड़ाई तथा ऊँचाई (१०००) एक हजार योजन है। इनके मुख का विस्तार (५००) पाँच सौ योजन है। इन पर्वतों पर यमक नाम के व्यन्तर देव परिवार सहित रहते हैं।

कनकगिरि

सहस्त्रकनकगिरयः ।।२२।।

एक हजार कनक गिरि हैं।।२२।।

मेरु पर्वत की चारों दिशाओं में सीता और सीतोदा नदी के दोनों तटों पर जो पाँच-पाँच सरोवर हैं, उन सरोवरों के उभयतटों पर पाँच-पाँच कनकगिरि हैं। इस प्रकार एक मेरु पर्वत के पास दो सौ कनकगिरि हैं। इन्हें पाँच से गुणित करने पर पाँच मेरु संबंधी १००० कनकगिरि होते हैं। पर्वतों की ऊँचाई १०० योजन तथा मूल, मध्य और शिखर पर इनका विस्तार क्रमशः १०० योजन, ७५ योजन और ५० योजन है। इन पर्वतों पर व्यन्तर देवों के आवास हैं।

यमक व काँचन गिरि

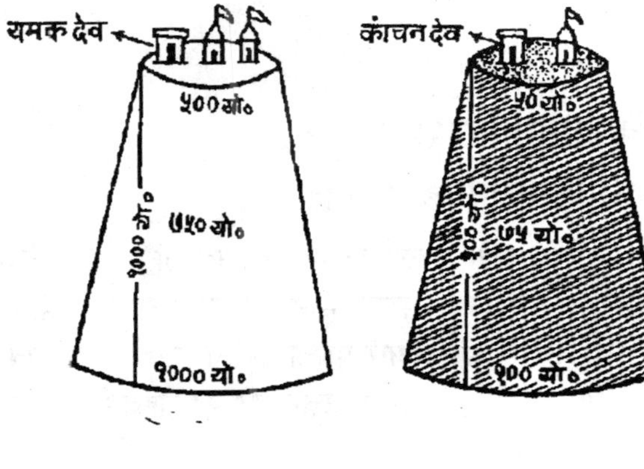

दिग्गजेन्द्र पर्वत

चत्वारिंशद्दिग्गजपर्वताः ।।२३।।

चालीस दिग्गजेन्द्र पर्वत हैं।।२३।।

ढाई द्वीप सम्बन्धी पाँचों मेरु पर्वतों के भद्रशाल वन में सीता और सीतोदा नदियों के उभय तटों पर दो-दो दिग्गजेन्द्र पर्वत हैं, इस प्रकार उनकी कुल संख्या चालीस है। इन पर्वतों की ऊँचाई और चौड़ाई आदि कनकगिरि के समान है। इन पर्वतों पर व्यन्तर देवों का निवास है।

वक्षार पर्वत

शतं वक्षारक्ष्माधराः ।।२४।।

सौ वक्षार पर्वत हैं।।२४।।

जिन पर्वतों के निमित्त से पूर्व व पश्चिम विदेहों में सीता और सीतोदा नदियों के उभय तटों पर विदेह क्षेत्र के आठ-आठ खण्ड होते हैं, उन्हें वक्षार पर्वत कहते हैं। पूर्व व पश्चिम विदेह में सीता और सीतोदा नदियों के दोनों तरफ उत्तर-दक्षिण लम्बायमान ४-४ वक्षार पर्वत हैं। ये पर्वत एक ओर निषध और नील पर्वतों को स्पर्श करते हैं और दूसरी ओर सीता और सीतोदा नदियों को। प्रत्येक वक्षार पर्वत पर चार-चार कूट हैं। नदी की तरफ सिद्धायतन है और शेष कूटों पर व्यन्तर देव रहते हैं। इससे जम्बूद्वीप में वक्षार पर्वतों की कुल संख्या सोलह है। ढाई द्वीप की अपेक्षा ५ से गुणित करने पर कुल अस्सी (१६X५=८०) वक्षार पर्वत हैं। प्रस्तुत सूत्र में मेरु पर्वतों के मूल में स्थित गजदन्तों को भी वक्षार पर्वतों में गर्भित कर लिया गया है। अतः पाँच मेरु संबंधी २० गजदन्तों को मिलाने से वक्षार पर्वतों की कुल संख्या १६X५+२०=१०० हो जाती है।

विभंग नदियाँ

षष्टिर्विभङ्गनद्यः ।।२५।।

साठ विभंग नदियाँ हैं।।२५।।

विदेह क्षेत्र में दो वक्षार पर्वतों के मध्य बहनेवाली नदी को विभंग नदी कहते हैं। ये नदियाँ नील और निषध पर्वत से निकलकर सीता और सीतोदा नदी में मिल जाती हैं। इन्हीं नदियों और वक्षार पर्वतों के निमित्त से विदेह क्षेत्र के ३२ खण्ड होते हैं। पूर्व विदेह में सीता नदी के उत्तर तट पर गृहवती, द्रववती और

पंकवती नाम की तीन तथा दक्षिण तट पर तप्तजला, उन्मत्तजला और मत्तजला ये तीन विभंग नदियाँ हैं। इसी प्रकार पश्चिम विदेह में सीतोदा नदी के दोनों तटों पर क्रमशः क्षारोदधि, क्षीरोदधि और श्रोतवाहिनी तथा गंभीरमालिनी, फेनमालिनी और उर्मिमालिनी ये छह नदियाँ हैं। इस प्रकार एक विदेह में कुल १२ विभंग नदियाँ हैं। पाँच विदेहों की अपेक्षा विभंग नदियों की संख्या कुल (१२ X५=६०) साठ है।

विदेह जनपद

षष्ट्युत्तरशतं विदेहजनपदाः ।।२६।।

विदेह में एक सौ साठ जनपद हैं।।२६।।

जम्बूद्वीप के विदेह क्षेत्र में कुल ३२ जनपद या खण्ड हैं। यह हम पहिले पढ़ चुके हैं। ढाई द्वीप सम्बन्धी पाँच विदेह क्षेत्रों की अपेक्षा विदेह क्षेत्र में कुल एक सौ साठ (१६०= ३२x५) जनपद होते हैं। इन सभी विदेह क्षेत्रों में तीर्थङ्कर, चक्रवर्ती आदि शलाका पुरुषों का सद्भाव रहता है। ये अधिक से अधिक हो तो प्रत्येक जनपद में एक-एक इस प्रकार १६० होते हैं। यदि कम से कम हो तो पूर्व और पश्चिम विदेहों में सीता और सीतोदा नदी के दोनों तटों पर एक-एक होते हैं। इस प्रकार एक विदेह में कम से कम चार और पाँच विदेहों में न्यूनतम बीस तीर्थङ्करों का सद्भाव सदा बना रहता है। यदि विदेह क्षेत्र के सभी १६० जनपदों एवं पाँचों भरत और पाँचों ऐरावत क्षेत्रों में तीर्थङ्करों का सद्भाव हो तो एक सौ सत्तर आर्यखण्डों में एक साथ १७० तीर्थङ्कर हो सकते हैं। श्री अजितनाथ भगवान के काल में १७० तार्थंकर थे। समस्त विदेह क्षेत्रों में सुषमा-दुःषमा काल के अन्त के समान व्यवस्था रहती है।

विजयार्ध पर्वत

सप्तत्यधिकशतं विजयार्धपर्वताः ।।२७।।

एक सौ सत्तर विजयार्ध पर्वत हैं।।२७।।

जम्बूद्वीप के भरत क्षेत्र के ठीक मध्य में पूर्व-पश्चिम लम्बायमान रजतमय विजयार्ध पर्वत है। यह पचास योजन चौड़ा और पच्चीस योजन ऊँचा है। लम्बाई की अपेक्षा दोनों तरफ से समुद्र तक फैला है। भूमितल से दस योजन ऊपर जाकर इसकी उत्तर और दक्षिण दिशा में विद्याधर नगरों की दो श्रेणियाँ हैं। इनमें दक्षिण श्रेणी में पचपन और उत्तर श्रेणी में विद्याधरों के साठ नगर हैं। इन श्रेणियों से दस योजन ऊपर दक्षिण और उत्तर दिशा में आभियोग्य देवों की

श्रेणियाँ हैं। इसके ऊपर नौ कूट हैं। इनमें पूर्व दिशा में सिद्धायतन कूट है, उसमें जिनमन्दिर है। शेष कूटों में व्यन्तर और भवनवासी देवों के निवास हैं। इसके मूल भाग में पूर्व-पश्चिम दिशाओं में क्रमशः खण्डप्रपात और तिमिस्र नामक दो गुफाएँ हैं। जिनमें क्रमशः गंगा और सिन्धु नदी प्रवेश करती हैं। इन गुफाओं के भीतर बहुमध्य भाग में दोनों तटों से उन्मग्ना और निमग्ना नाम की दो नदियाँ निकलती हैं, जो गंगा और सिन्धु में मिल जाती हैं। इसी प्रकार का विजयार्ध पर्वत ऐरावत क्षेत्र के मध्य में भी है, किन्तु कूटों और उनमें निवास करनेवाले देवों के नाम भिन्न हैं। इसके अतिरिक्त विदेह क्षेत्रों के बत्तीस जनपदों में से प्रत्येक के मध्य पूर्वापर-लम्बायमान विजयार्ध पर्वत है। इन पर्वतों के एक छोर पर वक्षार पर्वत तथा दूसरे छोर पर विभंग नदियाँ हैं, इनका शेष वर्णन भरत क्षेत्र के विजयार्ध पर्वत के समान है। विशेषता यह है कि उत्तर व दक्षिण दोनों श्रेणियों में विद्याधरों की ५५-५५ नगरियाँ हैं। इनके ऊपर भी नौ-नौ कूट हैं, परन्तु उनमें रहनेवाले देवों के नाम भिन्न हैं।

विजयार्ध पर्वत

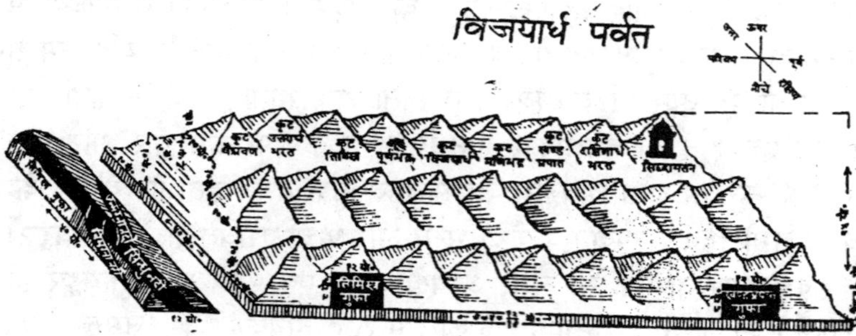

इस प्रकार जम्बूद्वीप में कुल चौंतीस (१+१+३२)। विजयार्ध पर्वत हैं। इनमें कुल सैंतीस सौ पचास (३७५०) विद्याधरों के नगर हैं। (भरत और ऐरावत के विजयार्धों में से प्रत्येक पर ११५ तथा ३२ विदेहों के विजयार्धों मे से प्रत्येक पर ११०) ढाई द्वीप की अपेक्षा पाँच से गुणित करने पर कुल (३४X५ = १७०) विजयार्ध पर्वत हैं तथा उन पर ३७५०X५ = १८,७५० विद्याधरों की नगरियाँ हैं।

वृषभगिरि

वृषभगिरयश्चेति ।।२८।।

ढाई द्वीप में एक सौ सत्तर वृषभगिरि हैं।।२८।।

प्रत्येक विजयार्ध के उत्तर में स्थित मध्यवर्ती म्लेच्छखण्डों में एक-एक वृषभगिरि स्थित है। इसलिए वृषभगिरि भी कुल एक सौ सत्तर हैं।

मनुष्य के भेद

इस प्रकार मनुष्यलोक का सामान्य कथन किया गया। सम्पूर्ण मनुष्य लोक में मनुष्यों का निवास है। मनुष्य दो प्रकार के हैं– आर्य और म्लेच्छ । जो गुणों और गुणवानों के द्वारा सेवे–पूजे जाते हैं, वे आर्य कहलाते हैं। इसके विपरीत धर्म-कर्म से शून्य निन्द्य आचरणवाले मनुष्य म्लेच्छ कहलाते हैं। आर्य मनुष्य दो प्रकार के हैं– ऋद्धिप्राप्त आर्य और ऋद्धिरहित आर्य। बुद्धि, तप, बल, क्रिया, विक्रिया, औषध, रस और क्षेत्र रूप इन आठ प्रकार की ऋद्धियों के धारी मुनिराज ऋद्धिप्राप्त आर्य कहलाते हैं। ऋद्धि-रहित आर्य पाँच प्रकार के हैं– जाति-आर्य, क्षेत्रार्य, कर्मार्य, दर्शनार्य और चारित्र-आर्य।

जात्यार्य- इक्ष्वाकु आदि उत्तम वंशों में उत्पन्न मनुष्य जात्यार्य हैं।

क्षेत्रार्य- आर्यखण्ड के उत्तम देशों में उत्पन्न मनुष्य क्षेत्रार्य कहलाते हैं।

कर्मार्य- असि, मसि, कृषि, विद्या,वाणिज्य और शिल्प रूप कर्म करनेवाले कर्मार्य हैं।

दर्शनार्य- व्रतरहित सम्यग्दृष्टि मनुष्य दर्शनार्य हैं।

चारित्रार्य- संयमधारी मनुष्य चारित्रार्य हैं।

अन्तर्द्वीपज और कर्मभूमिज के भेद से म्लेच्छ दो प्रकार के हैं। कुभोगभूमियों में जन्म लेनेवाले मनुष्य अन्तर्द्वीपज म्लेच्छ कहलाते हैं तथा म्लेच्छखण्डों में उत्पन्न मनुष्य और आर्यखण्डों के शक, यवन, शबर आदि कर्मभूमिज म्लेच्छ कहलाते हैं। अन्तर्द्वीपज मनुष्यों में एक से चार गुणस्थान सम्भव हैं, किन्तु कर्मभूमिज म्लेच्छ के एकमात्र मिथ्यात्व गुणस्थान होता है। कदाचित् चक्रवर्ती आदि के साथ आर्यखण्ड में आने पर उन्हें सम्यक्त्व और संयम की प्राप्ति हो सकती है।

मनुष्यों की आयु- मनुष्यों की उत्कृष्ट आयु तीन पल्य और जघन्य आयु एक अन्तर्मुहूर्त की होती है। तीन पल्य की आयु उत्तम भोग भूमि में तथा जघन्य अन्तर्मुहूर्त की आयु लब्धि-अपर्याप्त मनुष्यों की होती है। कर्मभूमिज मनुष्यों की उत्कृष्ट आयु एक पूर्व कोटि की होती है।

इसी प्रकार तिर्यञ्चों की भी जघन्य आयु अन्तर्मुहूर्त (लब्धि- अपर्याप्त की अपेक्षा) और उत्कृष्ट आयु तीन पल्य (भोगभूमि की अपेक्षा) होती है। कर्मभूमि के तिर्यञ्चों की उत्कृष्ट आयु पूर्व कोटि की होती है।

अन्यद्वीप समुद्र

मानुषोत्तर पर्वत के परवर्ती पुष्करद्वीप के शेष भाग से आगे असंख्यात द्वीप और समुद्र हैं। सबसे अन्त में स्वयम्भूरमणद्वीप और स्वयम्भूरमण समुद्र हैं। स्वयम्भूरमण द्वीप के मध्य में स्वयंप्रभ नागेन्द्र पर्वत है। मानुषोत्तर पर्वत के पर भाग से लेकर स्वयंप्रभ नागेन्द्र के बाहरी भाग तक के द्वीपों में जघन्य भोगभूमि है। वहाँ भोगभूमिया तिर्यञ्च रहते हैं। यहाँ की व्यवस्था सुषमा-दुःषमा कालवत् है। बीच के समुद्रों में त्रसजीव नहीं पाये जाते। इसे भोगभूमि प्रतिभाग भी कहते हैं। यहाँ एक से चार गुणस्थानवर्ती तिर्यञ्च पाये जाते हैं। स्वयंप्रभ नागेन्द्र के बाहरी भाग में शेष स्वयम्भूरमण द्वीप और स्वयम्भूरमण समुद्र को कर्मभूमि प्रतिभाग कहते हैं। यहाँ एकेन्द्रिय से पंचेन्द्रिय तक सभी प्रकार के तिर्यञ्च पाये जाते हैं। यहाँ के जीवों में प्रथम पाँच गुणस्थान संभव है।

नन्दीश्वर द्वीप

अष्टम द्वीप नन्दीश्वर द्वीप है। उसका कुल विस्तार पूर्वादिक चारों दिशाओं में १६३८४००००० (एक सौ तिरेसठ करोड़ चौरासी लाख) योजन प्रमाण है। इसके बहुमध्य भाग में काले रंग का एक-एक अंजनगिरि पर्वत है। अंजनगिरि के चारों तरफ १०००.०० योजन छोडकर ४ वापिया है। चारो वापियो की भीतरी अन्तराल ६५०४५ योजन हैं और बाह्य अन्तराल २२३६६१ योजन है। प्रत्येक वापी की चारों दिशाओं में अशोक, सप्तच्छद, चम्पक और आम्र नाम के चार वन हैं। इस प्रकार इस द्वीप की एक दिशा में १६ और चारों दिशाओं में ६४ वन हैं। इन सब पर अवंतस आदि ६४ देव रहते हैं। प्रत्येक वापी में सफेद रंग का एक-एक दधिमुख पर्वत है। प्रत्येक वापी के बाह्य दोनों कोनों पर लाल रंग के दो रतिकर पर्वत हैं। 'लोक विनिश्चय' की अपेक्षा प्रत्येक द्रह के चारों कोनों पर चार रतिकर हैं। जिनमन्दिर केवल बाहर वाले दो रतिकरों पर ही होते हैं, अभ्यन्तर रतिकरों पर देव क्रीड़ा करते हैं। इस प्रकार एक दिशा में एक अंजनगिरि, चार दधिमुख, आठ रतिकर ये सब मिलकर १३ पर्वत हैं। इनके ऊपर १३ जिनमन्दिर स्थित हैं। इसी प्रकार शेष तीन दिशाओं में भी पर्वत द्रह, वन व जिनमन्दिर हैं। कुल मिलाकर ५२ पर्वत, ५२ जिनमन्दिर, ६४ वन और १६ वापियाँ हैं। आष्टाह्निक पर्व में सौधर्म आदि इन्द्र व देवगण भक्ति से इन मन्दिरों की पूजा करते हैं। इनमें पूर्व दिशा में कल्पवासी, दक्षिण में भवनवासी, पश्चिम में व्यन्तर व उत्तर में ज्योतिष्क देव पूजा करते हैं।

कुण्डलवर द्वीप

ग्यारहवाँ द्वीप कुण्डलवर नाम का है, जिसके बहुमध्य भाग में मानुषोत्तरवत

नन्दीश्वर द्वीप

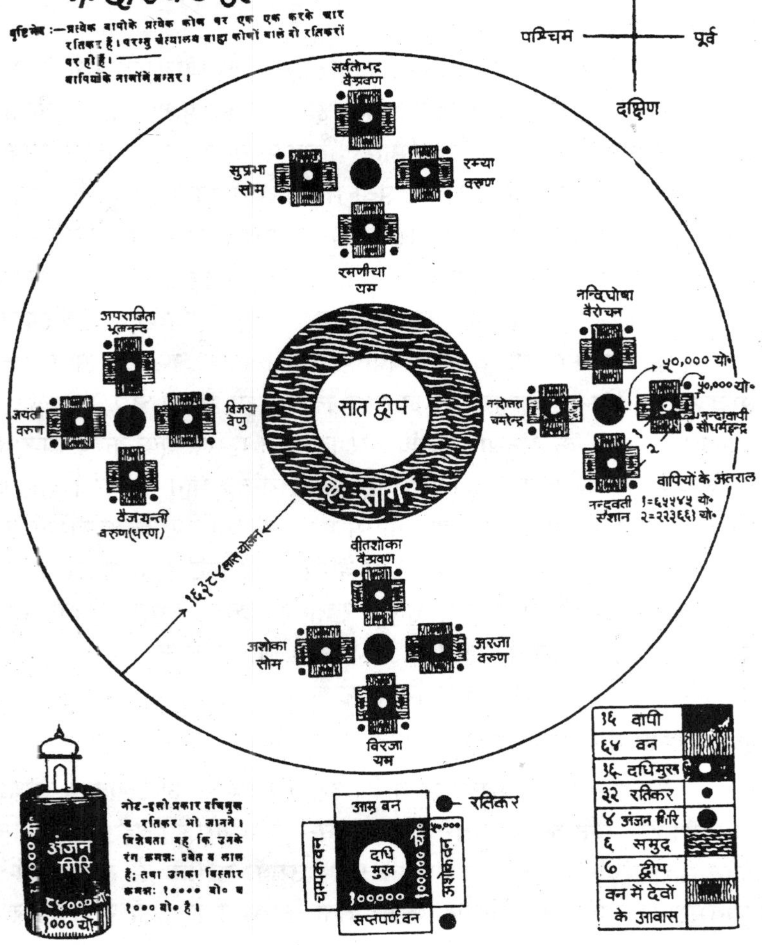

एक कुण्डलाकार पर्वत है। उस पर पूर्वादि प्रत्येक दिशा में चार-चार कूट हैं। उनके अभ्यन्तर भाग में अर्थात् मनुष्यलोक की तरफ एक-एक सिद्धवर कूट है। इस प्रकार इस पर्वत पर कुल २० कूट हैं। जिनकूटों के अतिरिक्त प्रत्येक पर अपने-अपने कूटों के नामवाले देव रहते हैं। मतान्तर की अपेक्षा आठों दिशाओं में एक-एक जिनकूट है। 'लोक विनिश्चय' की अपेक्षा इस पर्वत की पूर्वादि दिशाओं में से प्रत्येक में चार कूट हैं। पूर्व व पश्चिम दिशा वाले कूटों की अग्रभूमि में द्वीप के अधिपति देवों के दो कूट हैं। इन दोनों कूटों के अभ्यन्तर भागों में चारों दिशाओं में एक-एक जिनकूट है। मतान्तर की अपेक्षा उनके उत्तर व

दक्षिण भागों में एक-एक जिनकूट है।

रुचकवर द्वीप

तेरहवाँ द्वीप रुचकवर नाम का है। उसमें बीचोंबीच रुचकवर नाम का कुण्डलाकार पर्वत है। इस पर्वत पर कुल ४४ कूट हैं। पूर्वादि प्रत्येक दिशा में आठ-आठ कूट हैं, जिन पर दिक्कुमारि देवियाँ रहती हैं, जो भगवान् के जन्म कल्याणक के अवसर पर माता की सेवा में उपस्थित रहती हैं। पूर्वादि दिशाओं वाली आठ-आठ देवियाँ क्रम से झारी, दर्पण, छत्र व चँवर धारण करती हैं। इन कूटों के अभ्यन्तर भाग में चारों दिशाओं में चार महाकूट हैं तथा इनकी भी अभ्यन्तर दिशाओं में चार अन्य कूट हैं। जिन पर दिशाएँ स्वच्छ करनेवाली तथा भगवान् का जातकर्म करनेवाली देवियाँ रहती हैं। इनके अभ्यन्तर भाग में चार सिद्धकूट हैं। किन्हीं आचार्यों के अनुसार विदिशाओं में भी चार सिद्धकूट हैं। 'लोक विनिश्चय' के अनुसार पूर्वादि चार दिशाओं में एक-एक करके चार कूट हैं, जिन पर दिग्गजेन्द्र रहते हैं। इन चारों के अभ्यन्तर भाग में चार दिशाओं में आठ कूट हैं, जिन पर उपर्युक्त माता की सेवा करनेवाली ३२ दिक्कुमारियाँ रहती हैं। उनके बीच की विदिशाओं में दो-दो करके आठ कूट हैं, जिन पर भगवान् का जातकर्म करनेवाली आठ महत्तरियाँ रहती हैं। इनके अभ्यन्तर भाग में पुनः पूर्वादि दिशाओं में चार कूट हैं, जिन पर दिशाएँ निर्मल करनेवाली देवियाँ रहती हैं। इनके अभ्यन्तर भाग में चार सिद्धकूट हैं।

स्वयंभूरमण द्वीप और समुद्र

अन्तिम द्वीप स्वयंभूरमण है। इसके मध्य में कुण्डलाकार स्वयंप्रभ पर्वत है। इस पर्वत के अभ्यन्तर भाग में जघन्य भोगभूमि है। वहाँ मात्र एकेन्द्रिय और संज्ञी पंचेन्द्रिय तिर्यञ्च पाये जाते हैं। उसके परभाग से लेकर अन्तिम स्वयंभूरमण सागर के अन्तिम किनारे तक कर्मभूमि है, वहाँ सब प्रकार के तिर्यञ्च पाये जाते हैं।

ऊर्ध्वलोक

ऊर्ध्वलोक में वैमानिक देवों और सिद्धों का निवास है। देवों का प्रकरण होने के कारण यहाँ भवनवासी, व्यन्तर और ज्योतिष्क देवों का भी निरूपण किया गया है।

देवों का स्वरूप

देवाश्चतुर्णिकायाः ।।२९।।

देवों के चार निकाय हैं।।२९।।

समूह विशेष या जाति को निकाय कहते हैं। देवों के चार प्रमुख निकाय हैं– भवनवासी, व्यन्तर, ज्योतिष्क और वैमानिक। देव एक गति है जिसमें रहनेवाले प्राणी प्रायः सुखशील होते हैं। वे नाना द्वीपों, वनों, पर्वतों की चोटियों आदि में विहार करते रहते हैं। देवों के पास अपने शरीर को छोटा-बड़ा आदि बनाने की विशेष क्षमता होती है।

भवनवासी देव

भवनवासिनो दसविधाः ।।३०।।

भवनवासी देव दस प्रकार के हैं।।३०।।

भवनों में निवास करनेवाले देवों को भवनवासी देव कहते हैं। इनके दस भेद हैं- असुरकुमार, नागकुमार, विद्युत्कुमार, सुपर्णकुमार, अग्निकुमार, वातकुमार, स्तनितकुमार, उदधिकुमार, द्वीपकुमार, और दिक्कुमार।

इन्हें अधिकतर कुमारों के समान वेशभूषा, क्रीड़ा और हास-विलास आदि रुचिकर लगते हैं, इसलिए ये कुमार कहलाते हैं। इनमें से असुरकुमारों के भवन रत्नप्रभा पृथ्वी के पङ्क भाग में हैं और शेष नौ प्रकार के भवनवासियों के भवन खरपृथ्वी भाग के ऊपर और नीचे के एक-एक हजार योजन को छोड़कर मध्य में हैं।

मुकुट-चिह्न- दसों प्रकार के भवनवासी देवों के मुकुटों पर अलग-अलग चिह्न रहते हैं। इन्हीं चिह्नों से उनकी अलग-अलग जाति पहचानी जाती

है। असुरकुमारों के मुकुटों में चूड़ामणि का, नागकुमारों के मुकुटों में सर्प का, विद्युत्कुमारों के मुकुटों में वर्धमानक (घड़ा) का, सुपर्णकुमारों के मुकुटों में गरुड़ का, अग्निकुमारों के मुकुटों में कलश का, वातकुमारों के मुकुटों पर अश्व का, स्तनितकुमारों के मुकुटों पर वज्र का, उदधिकुमारों के मुकुटों में मकर का, द्वीप कुमारों के मुकुटों पर हाथी का तथा दिक्कुमारों के मुकुटों में सिंह का चिह्न अंकित रहता है। इन सबके भवनों के सामने चैत्य वृक्ष और ध्वजाएँ होती हैं। भवनों के मध्य स्थित कूटों पर चैत्याल्य हैं।

इन्द्र सामानिक आदि भेद - दसों प्रकार के भवनवासी देवों के इन्द्र-परिवार में प्रतीन्द्र, सामानिक, त्रायस्त्रिंश, पारिषद्, आत्मरक्ष, लोकपाल, अनीक, प्रकीर्णक आभियोग्य और किल्विषिक ये दस प्रकार के देव होते हैं। इन्द्र, सामानिक आदि समस्त देवों के स्वामी होते हैं। सामानिक आज्ञा और ऐश्वर्य को छोड़कर शेष सभी बातों में इन्द्र के समान होते है। त्रायस्त्रिंश देव मन्त्री और पुरोहित का काम करते हैं। एक इन्द्र के परिवार में इनकी कुल संख्या ३३ होती है, अधिक नहीं। पारिषद् देव अभ्यन्तर,मध्य और बाह्य परिषदों के सदस्य होते हैं। इनका स्थान मित्र के समान हैं। आत्मरक्ष देव इन्द्र की रक्षा में नियुक्त रहते हैं। लोकपाल रक्षक का कार्य करते हैं। पदाति आदि सात प्रकार की इन्द्र सेना को अनीक कहते हैं। सामान्य नागरिकों की तरह साधारण देवों को प्रकीर्णक कहते हैं। आभियोग्य देव वाहन का कार्य करते हैं तथा अन्त्यज-तुल्य देव किल्विषिक कहलाते हैं।

भवनवासी इन्द्र -भवनवासियों के दसों भेदों में प्रत्येक के दो-दो इन्द्र और दो-दो प्रतीन्द्र होते हैं। इन्द्रों के नाम इस प्रकार हैं–

	देव	**इन्द्र**
१.	असुर कुमार,	चमर और वैरोचन
२.	नागकुमार	भूतानन्द और धरणानन्द
३.	विद्युत्कुमार	हरिषेण और हरिकान्त
४.	सुपर्णकुमार	वेणु और वेणुधारी
५.	अग्निकुमार	अग्निशिखी और अग्निवाहन
६.	वातकुमार	वैलम्ब और प्रभंजन
७.	स्तनितकुमार	घोष और महाघोष
८.	उदधिकुमार	जलप्रभ और जलकान्त
९.	द्वीपकुमार	पूर्ण और वशिष्ठ
१०.	दिक्कुमार	अमितगति और अमितवाहन

इस प्रकार भवनवासी देवों के कुल बीस इन्द्र और बीस प्रतीन्द्र होते हैं।

निवास स्थान- भवनवासी देवों के भवन, भवनपुर और आवास के भेद से तीन प्रकार के निवास स्थान होते हैं। रत्नप्रभा पृथ्वी में स्थित निवास स्थानों को भवन, द्वीप-समुद्रों के ऊपर स्थित निवास स्थानों को भवनपुर और रमणीय तालाब, पर्वत और वृक्ष आदि के ऊपर स्थित निवास स्थानों को आवास कहते हैं। इनमें असुरकुमारों के केवल भवन रूप एक ही निवास स्थान है। नागकुमार आदि शेष देवों के भवन, भवनपुर और आवास ये तीनों ही तरह के निवास स्थान होते हैं।

भवनों की संख्या- असुरकुमारों के चौंसठ लाख, नागकुमारों के चौरासी लाख, सुपर्णकुमारों के बहत्तर लाख, वातकुमारों के छियानबे लाख और शेष देवों के छिहत्तर-छिहत्तर लाख भवन हैं। इस प्रकार भवनों की कुल संख्या ६४+८४+७२+९६+७६+७६+७६+७६+७६+७६ =७७२००००० है। प्रत्येक भवन के मध्य में सौ योजन ऊँचा एक-एक कूट है। प्रत्येक कूट पर एक-एक जिनभवन है, जिनमें १०८-१०८ जिन प्रतिमाएँ विराजमान हैं।

आहार और उच्छ्वास- सभी भवनवासी देव और उनकी देवियाँ अति स्निग्ध और अनुपम अमृतमय आहार को मन से ग्रहण करते हैं, इनका श्वासोच्छ्वास ग्रहण भी काफी अन्तराल से होता है। असुर कुमार देव एक हजार वर्ष के अन्तराल पर भोजन तथा एक पक्ष के अन्तराल पर श्वास ग्रहण करते हैं। नागकुमार, सुपर्णकुमार और द्वीपकुमार देव साढ़े बारह दिन और साढ़े बारह मुहूर्त के अन्तराल से क्रमश: भोजन और श्वास ग्रहण करते हैं। उदधिकुमार, स्तनितकुमार और विद्युत्कुमार देवों के भोजन और श्वास ग्रहण का अन्तराल क्रमश: बारह दिन और बारह मुहूर्त है। दिक्कुमार, अग्निकुमार और वातकुमार देव साढ़े सात दिन के अन्तर से भोजन और साढ़े सात मुहूर्त के अन्तर से श्वासोच्छ्वास ग्रहण करते हैं।

गमनागमन- भक्ति से युक्त सभी भवनवासी देव-इन्द्र पञ्च कल्याणकों के निमित्त ढाई द्वीप में तथा जिनेन्द्र प्रतिमाओं की पूजा-वन्दना के निमित्त नन्दीश्वर द्वीप आदि में जाते हैं। शील-संयम आदि से संयुक्त किन्हीं मुनिराज आदि की पूजा व परीक्षा के लिए, अपनी-अपनी क्रीड़ा के लिए अथवा शत्रु-समूह का संहार करने की इच्छा से असुरकुमार आदि देवों की गति अन्य की सहायता के बिना ऊपर ईशान स्वर्ग पर्यन्त और दूसरे देवों की सहायता से

अच्युत स्वर्ग पर्यन्त होती है।

रूप-लावण्य और शरीर-स्वभाव- सभी भवनवासी देव स्वर्ण के समान निर्मलकान्ति के धारक, सुगन्धित निश्वास से युक्त अनुपम रूप लावण्य वाले होते हैं। लक्षणों और व्यंजनों से अलंकृत उनका समचतुरस्र संस्थान का शरीर अतिशय शोभायमान रहता है। सभी देव-देवी उत्कृष्ट रत्नों के मुकुट और उत्तमोत्तम आभूषण धारण करते हैं। वे रोग एवं जरा से मुक्त और अनुपम बल-वीर्य युक्त होते हैं। देवों का कदलीघात/अकाल-मरण नहीं होता। अस्थि-मज्जा आदि सप्त धातुओं से रहित उनके शरीर में नख और केश भी नहीं होते।

प्रवीचार- काम सुख को प्रवीचार कहते हैं। सभी भवनवासी देव मनुष्यों की तरह काय-प्रवीचार करते हैं। किन्तु सप्तधातु से रहित होने के कारण उनके वीर्य का क्षरण नहीं होता। केवल वेद नोकषाय की उदीरणा के शांत होने पर उन्हें संकल्पसुख उत्पन्न होता है।

आयु- भवनवासी देवों में असुरकुमार देवों की उत्कृष्ट आयु साधिक एक सागर, नागकुमार देवों की तीन पल्य, सुपर्णकुमार देवों की ढाई पल्य, द्वीपकुमार देवों की दो पल्य तथा शेष छह प्रकार के भवनवासी देवों की उत्कृष्ट आयु साधिक डेढ़ पल्य होती है। भवनवासी देवों की जघन्य आयु दस हजार वर्ष की होती है।

देवियों की आयु- चमरेन्द्र की देवियों की आयु ढाई पल्य, वैरोचन की देवियों की आयु तीन पल्य, भूतानन्द और धरणानन्द की देवियों की आयु १/८ पल्य, वेणु की देवियों की आयु तीन पूर्वकोटि, वेणुधारी की देवियों की साधिक तीन पूर्वकोटि, शेष सभी दक्षिणेन्द्रों की देवियों की आयु तीन करोड़ वर्ष तथा उत्तरेन्द्रों की देवियों की उत्कृष्ट आयु साधिक तीन करोड़ वर्ष होती है। देवियों की जघन्य आयु दस हजार वर्ष है।

आयु की अपेक्षा विक्रिया और सामर्थ्य- दस हजार वर्ष की आयुवाला देव उत्कृष्ट-रूप से सौ और जघन्यरूप से सात रूपों की विक्रिया कर सकता है। शेष सभी देव अपने-अपने अवधिज्ञान के क्षेत्र के बराबर क्षेत्रों को विक्रिया से पूरित कर सकते हैं। संख्यात वर्ष की आयुवाले देव एक समय में संख्यात योजन और असंख्यात वर्ष की आयुवाले देव एक समय में असंख्यात योजन आ-जा सकते हैं।

दस हजार वर्ष की आयुवाला देव अपनी शक्ति से सौ मनुष्यों के मारण और पोषण में समर्थ है तथा वह डेढ़ सौ धनुष प्रमाण लम्बे, चौड़े और मोटे

क्षेत्रों को अपने बाहुओं से वेष्टित कर उखाड़ने में समर्थ है। एक पल्य आयुवाला देव पृथ्वी के छह खण्डों और वहाँ रहनेवाले मनुष्य-तिर्यञ्चों के मारण अथवा पोषण में समर्थ है। एक सागर की आयुवाला देव समग्र जम्बूद्वीप को उखाड़ फेंकने और उसमें स्थित मनुष्य-तिर्यञ्चों के मारण अथवा पोषण में समर्थ है।

शरीर की ऊँचाई-असुरकुमार देवों के शरीर की ऊँचाई पच्चीस धनुष और शेष देवों की ऊँचाई दस धनुष होती है। शरीर की यह ऊँचाई स्वाभाविक है, किन्तु विक्रिया-निर्मित शरीरों की ऊँचाई अनेक प्रकार की होती है।

अवधि क्षेत्र -अपने-अपने भवन में स्थित भवनवासी देवों का अवधिज्ञान ऊर्ध्व दिशा में उत्कृष्टतः मेरु पर्वत के शिखर पर्यन्त क्षेत्र को विषय बनाता है। क्षेत्र की अपेक्षा भवनवासी देवों के अवधिज्ञान का जघन्य क्षेत्र पच्चीस योजन और काल की अपेक्षा एक दिन-रात है। असुर कुमार आदि देवों के अवधिज्ञान का प्रमाण उत्कृष्टतः क्षेत्र की अपेक्षा असंख्यात करोड़ योजन और काल की अपेक्षा असंख्यात वर्ष मात्र है। शेष देवों के अवधिज्ञान का प्रमाण उत्कृष्टरूप से क्षेत्र की अपेक्षा असंख्यात हजार योजन और काल की अपेक्षा असुरकुमारों के अवधि ज्ञान के काल से संख्यात-गुणा कम है।

गुणस्थान-भवनवासी देव पर्याप्त अवस्था में एक से चार गुणस्थान वाले तथा अपर्याप्त दशा में नियमतः मिथ्यात्व और सासदन गुणस्थानवर्ती होते हैं, क्योंकि सम्यग्दृष्टि भवनत्रिक में उत्पन्न नहीं होते।

लेश्या- भवनवासी देव पर्याप्त अवस्था में मध्यम पीत लेश्या तथा अपर्याप्त अवस्था में कृष्ण, नील और कापोत लेश्यावाले होते हैं। शुभ लेश्याओं के साथ मरा हुआ जीव भवनत्रिक में जन्म नहीं लेता।

गति-आगति- भवनवासी देव वहाँ से चयकर कर्मभूमि के मनुष्य या तिर्यञ्चों में एकेन्द्रिय अथवा संज्ञी पंचेन्द्रियों में उत्पन्न होते हैं। वे तेज कायिक, वात कायिक, विकलत्रय, अपर्याप्त और असंज्ञियों में उत्पन्न नहीं होते। सम्यग्दृष्टि भवनवासी वहाँ से चयकर कर्मभूमि के गर्भज और पर्याप्त मनुष्यों में ही उत्पन्न होते हैं, किन्तु वे शलाका पुरुष नहीं होते। संज्ञी पंचेन्द्रिय मिथ्यादृष्टि या सासादन मनुष्य और तिर्यञ्च ही भवनवासी देवों में उत्पन्न हो सकते हैं। कोई-कोई असंज्ञी भी भवनवासियों में जन्म ले लेते हैं, किन्तु उनकी आयु दस हजार वर्ष से अधिक नहीं होती।

व्यन्तर देवं

अष्टविधाः व्यन्तराः ।।३१।।

व्यन्तर आठ प्रकार के हैं ।।३१।।

व्यन्तर देवों का दूसरा निकाय है। ये अनेक देश-देशान्तरों में विहार-विचरण करते रहते हैं, (यत्र-तत्र विचरन्तीति व्यन्तराः) इसलिए व्यन्तर कहलाते हैं। किन्नर, किम्पुरुष, महोरग, गन्धर्व, यक्ष, राक्षस, भूत और पिशाच के भेद से मूलतः व्यन्तर आठ प्रकार के होते हैं। इनके अन्य उपभेद भी हैं। आठ प्रकार के व्यन्तरों में राक्षस जाति के अतिरिक्त सात प्रकार के व्यन्तरों के आवास जम्बूद्वीप से असंख्यात द्वीप समुद्रों को लाँघकर वहाँ के खरपृथ्वी भाग में बने हैं। राक्षस जाति के व्यन्तरों के आवास रत्नप्रभा पृथ्वी के पङ्क बहुल भाग में बने हैं। इनके आवासों के सामने अलग-अलग चैत्य वृक्ष हैं तथा प्रत्येक भवन के मध्य स्थित कूटों पर एक-एक अकृत्रिम जिनालय स्थित है। जिनालयों में अष्ट प्रातिहार्यों से युक्त अकृत्रिम जिन प्रतिमाएँ विराजमान हैं। देवगण नित्य ही उनका अभिषेक और पूजन करते हैं।

देहवर्ण- आठों प्रकार के व्यन्तर देव अनेक प्रकार के आभूषण और वस्त्रों से सुसज्जित रहते हैं। इनके शरीर का रंग अलग-अलग होता है। किन्नर देव प्रियंगु सदृश वर्णवाले, किंपुरुष सुवर्ण वर्ण के, महोरग काल-श्यामल वर्ण के, गर्न्धव-सुर्वण वर्ण के, यक्ष काल-श्यामल, राक्षस- काल-श्यामल, भूत काल-श्यामल और पिशाच काजल सदृश वर्णवाले होते हैं। सभी देवों का शरीर-संस्थान समचतुरस्र होता है।

व्यन्तर इन्द्र- आठ प्रकार के व्यन्तरों में प्रत्येक के दो-दो इन्द्र होते हैं– किन्नर देवों के इन्द्र किंपुरुष और किन्नर है, किंपुरुष देवो के इन्द्र सत्पुरुष और महापुरुष हैं, महोरग देवों के इन्द्र महाकाय और अतिकाय हैं, गन्धर्वों के इन्द्रों का नाम गीतरति और गीतयस हैं, यक्ष देवों के इन्द्र मणिभद्र और पूर्ण भद्र हैं, राक्षसों के इन्द्र भीम और महाभीम हैं, भूत देवों के इन्द्र स्वरूप और प्रतिरूप हैं तथा पिशाचों के इन्द्र काल और महाकाल हैं। इनमें से किंपुरुष-सत्पुरुष आदि आठ दक्षिणेन्द्र तथा किन्नर-महापुरुष आदि आठ उत्तरेन्द्र कहलाते हैं। प्रत्येक इन्द्र की दो-दो अग्रदेवियाँ और दो-दो गणिका महत्तरी होती हैं। एक-एक अग्रदेवी की एक-एक हजार वल्लभिका देवियाँ होती हैं।

प्रत्येक इन्द्र के परिवार में प्रतीन्द्र, सामानिक, तीन प्रकार के पारिषद आत्मरक्ष, प्रकीर्णक, आभियोग्य, अनीक और किल्विषिक -ये आठ प्रकार देव

होते हैं। व्यन्तर और ज्योतिष्क देवों में त्रायस्त्रिंश और लोकपाल नहीं होते।

आहार और उच्छ्वास- देवों का मनुष्यों और तिर्यञ्चों की तरह कवलाहार नहीं होता। वे मानसिक आहार ग्रहण करते हैं। उनके कण्ठ में अमृत स्थित रहता है। भूख का विचार आते ही उससे अमृत झर जाता है और उनकी क्षुधानिर्वृत्ति हो जाती है। पल्य प्रमाण आयुवाले व्यन्तर देव पाँच दिन के अन्तराल से और दश हजार वर्ष की आयुवाले देव दो दिन के अन्तराल से आहार ग्रहण करते हैं। इसी प्रकार एक पल्य की आयुवाले देव पाँच मुहूर्तों के बाद और दस हजार वर्ष की आयुवाले देव सात प्राण (सात उच्छ्वास-निश्वास) परिमित काल के अन्तराल से श्वास ग्रहण करते हैं।

आयु और उत्सेध- व्यन्तर देवों की उत्कृष्ट आयु एक पल्य तथा जघन्य आयु दस हजार वर्ष होती है। इनके शरीर की ऊँचाई १० धनुष होती है।

अवधिक्षेत्र, शक्ति और विक्रिया - दस हजार वर्ष की आयुवाले व्यन्तर देव अपने अवधि ज्ञान से जघन्यतः पाँच-पाँच और उत्कृष्टतः पचास कोस प्रमाण क्षेत्र के पदार्थों को जानते हैं तथा एक पल्य की आयुवाले व्यन्तर देवों का अवधिक्षेत्र एक लाख योजन प्रमाण है।

जघन्य आयु का धारक व्यन्तर देव सौ मनुष्यों के पालने और मारने में समर्थ है। एक पल्य की आयुवाले व्यन्तर देव अपनी भुजाओं से छह खण्ड को पलटने और वहाँ स्थित मनुष्यों को मारने और पालने की सामर्थ्य रखते हैं।

जघन्य आयुवाले व्यन्तर देव उत्कृष्टतः सौ रूपों की तथा जघन्यतः सात रूपों की विक्रिया कर सकते हैं। शेष देव अपने-अपने अवधि ज्ञान के क्षेत्र प्रमाण क्षेत्र को अपनी विक्रिया से पूरित कर सकते हैं। व्यन्तर देवों का शेष कथन भवनवासी देवों के समान है ।

ज्योतिष्क देव

पञ्चविधाः ज्योतिष्काः।।३२।।

ज्योतिष देव पाँच प्रकार के हैं- सूर्य, चन्द्र, ग्रह, नक्षत्र और प्रकीर्णक तारे।।८।।

सूर्य आदि पाँचों प्रकार के ज्योतिष्क देव ज्योतिष् अर्थात् प्रकाशमान विमानों में रहते हैं, इसलिए ज्योतिष्क कहलाते हैं। मेरु के समतल भू-भाग से सात सौ नब्बे योजन की ऊँचाई से नौ सौ योजन तक की ऊँचाई तक अर्थात् ११० योजन में ज्योतिष्क मण्डल पाया जाता है। तिरछे रूप में यह स्वयम्भूरमण

समुद्र तक फैला हुआ है। सात सौ नब्बे योजन की ऊँचाई पर सर्व प्रथम तारों का विमान है। उससे दस योजन ऊपर अर्थात् समतल से ८०० योजन की ऊँचाई पर सूर्य का विमान है। सूर्य विमान से अस्सी (८०) योजन ऊपर अर्थात् समतल से आठ सौ अस्सी योजन ऊपर चन्द्र के विमान हैं। उससे चार योजन ऊपर नक्षत्रों के विमान हैं, उससे चार योजन ऊपर बुध के विमान हैं, वहाँ से तीन योजन ऊपर शुक्र के विमान हैं, उससे तीन योजन ऊपर वृहस्पति के विमान हैं, उससे तीन योजन ऊपर मंगल के विमान हैं और मंगल से तीन योजन ऊपर शनि के विमान हैं। शनि के विमान सबसे अन्त में हैं।

चर ज्योतिष्क- मनुष्य लोक के ज्योतिष्क सदैव मेरु के चारों ओर भ्रमण करते रहते हैं। उनका भ्रमण मेरु पर्वत से ११२१ योजन दूर से होता है, क्योकिं मेरु पर्वत के चारों ओर ११२१ योजन तक ज्योतिष्क मण्डल नहीं हैं। इसके आगे वह वातवलयों तक सर्वत्र बिखरा हुआ है। मनुष्य लोक में १३२ सूर्य और चन्द्र हैं। जम्बूद्वीप में दो-दो, लवण समुद्र में चार-चार, धातकीखण्ड में बारह-बारह, कालोदधि में बयालीस-बयालीस और पुष्करार्ध में बहत्तर-बहत्तर हैं। इनमें चन्द्र इन्द्र और सूर्य प्रतीन्द्र है। एक चन्द्र का परिवार १ सूर्य २८ नक्षत्र, ८८ ग्रह, और ६६९७५ कोड़ा-कोड़ी तारों का है।

एक सूर्य जम्बूद्वीप की पूरी प्रदक्षिणा दो दिन-रात में करता है। इसका चर क्षेत्र जम्बूद्वीप में १८० योजन और लवण समुद्र में ३३० योजन है। सूर्य के परिभ्रमण की गलियाँ कुल १८४ हैं। इन गलियों में दो सूर्य क्रमशः एक-एक गली में भ्रमण करते हैं। एक गली से दूसरी गली तक दो योजन का अन्तर माना गया है। चन्द्र को पूरी परिक्रमा देने में दो दिन-रात से कुछ अधिक समय लगता है। इसी कारण चन्द्रोदय के काल में हीनाधिकता होती है। यद्यपि ज्योतिष्क विमान सदैव स्वभावतः घूमते रहते हैं, फिर भी समृद्धि'विशेष अभिव्यक्त करने के लिए आभियोग्य देव इन्हें निरन्तर ढोते रहते हैं। ये देव सिंह, गज, बैल और अश्व का आकार धारण किये रहते हैं और क्रमशः पूर्व, दक्षिण, पश्चिम और उत्तर दिशा की ओर से विमानों को ढोते हैं।

दिन, रात, मुहूर्त, घड़ी आदि काल का विभाग इन ज्योतिष्क देवों के गति के आधार पर ही किया जाता है। यह व्यवहार मनुष्यलोक में ही होता हैं,क्योंकि मनुष्य लोक से बाहर के ज्योतिष्क देव स्थिर स्वभाववाले हैं।

आयु- चन्द्र की उत्कृष्ट आयु एक लाख वर्ष अधिक एक पल्य, सूर्य की एक हजार वर्ष अधिक एक पल्य, शुक्र ग्रह की १०० वर्ष अधिक एक पल्य,

और गुरु ग्रह की उत्कृष्ट आयु एक पल्य प्रमाण है। शेष ग्रहों और नक्षत्रों की उत्कृष्ट आयु आधा पल्य है। ताराओं की उत्कृष्ट आयु पल्य के चतुर्थ भाग है तथा सभी ज्योतिष्क देवों की जघन्य आयु पल्य के आठवें भाग प्रमाण (१/८) पल्य है। उनके शरीर की ऊँचाई सात धनुष और अवधि ज्ञान का विषय उससे असंख्यात गुणा है। इनके आहार, उच्छ्वास, अवधिज्ञान, शक्ति आदि शेष कथन भवनवासियों के समान है।

भवनत्रिक में उत्पत्ति का कारण- भवनवासी, व्यन्तर और ज्योतिष्क देवों को भवनत्रिक भी कहते हैं। जिनमत से विपरीत धर्म का आचरण, निदान पूर्वक तप, अग्नि, जल आदि से मरण, अकाम निर्जरा, पञ्चाग्नि तप और सदोष चारित्र को धारण करनेवाले जीव भवनत्रिक में जन्म लेते हैं।

वैमानिक देव

द्विविधाः वैमानिकाः ।।३३।।

षोडश स्वर्गाः ।।३४।।

नव ग्रैवेयकाः ।।३५।।

नवानुदिशाः ।।३६।।

पञ्चानुत्तराः ।।३७।।

त्रिषष्टिपटलानि ।।३८।।

इन्द्रकाणि च ।।३९।।

षोडशोत्तराष्टशतान्वितसप्तसहस्र-श्रेणीबद्धानि ।।४०।।

चतुश्चत्वारिंशदुत्तरैकशतानीतनवत्यशीतिसहस्रालङ्कृत चतुरशीतिलक्षं प्रकीर्णकानि ।।४१।।

त्रयोविंशत्युत्तरसप्तनवतिसहस्रान्वितचतुरशीतिलक्षमेवं विमानानि ।।४२।।

ब्रह्मलोकान्तालयाश्चतुर्विंशति-लौकान्तिकाः ।।४३।।

अणिमाद्यष्टगुणाः।।४४।।

वैमानिक देव दो प्रकार के हैं।।३३।।

सोलह स्वर्ग हैं।।३४।।

नौ ग्रैवेयक हैं ।।३५।।

नौ अनुदिश हैं ।।३६।।

पाँच अनुत्तर हैं ।।३७।।

तिरेसठ पटल हैं ।।३८।।

तिरेसठ ही इन्द्रक विमान हैं ।।३९।।

सात हजार आठ सौ सोलह श्रेणीबद्ध विमान हैं ।।४०।।

चौरासी लाख नवासी हजार एक सौ चवालीस प्रकीर्णक विमान हैं ।।४१।।

विमानों की कुल संख्या चौरासी लाख सन्तानवे हजार तेईस है ।।४२।।

ब्रह्म लोक के आलय में चौबीस प्रकार के लौकान्तिक देव रहते हैं ।।४३।।

सभी देव अणिमा आदि आठ गुणों से युक्त होते हैं।।४४।।

वैमानिक देवों के भेद

चौथे निकाय के देव वैमानिक हैं। जो विमानों में निवास करते हैं वे वैमानिक कहलाते हैं। यद्यपि ज्योतिष्क आदि देव भी विमानों में रहते हैं फिर भी चतुर्थ निकाय के देवों में ही वैमानिक संज्ञा रूढ़ है। वैमानिक देवों के दो भेद हैं--कल्पवासी और कल्पातीत। जहाँ तक इन्द्र आदि दस प्रकार के देवों की कल्पना होती है उन्हें कल्पवासी या कल्पोपपन्न देव कहते हैं। उससे ऊपर के विमानों में निवास करनेवाले देव कल्पातीत कहलाते हैं। कल्पवासी देव सोलह स्वर्गों में रहते हैं। सोलहवें स्वर्ग से ऊपर नौ ग्रैवेयक हैं। ये लोक के ग्रीवा- स्थानीय होने के कारण ग्रैवेयक कहलाते हैं। ग्रैवेयकों के ऊपर चारों दिशाओं और विदिशाओं में क्रमशः अर्चि, अर्चिमालिनी, वैर, वैरोचन, सोम, सोमरूप, अंक और स्फटिक तथा मध्यवर्ती आदित्य नामक इन्द्रक, ये नौ अनुदिश विमान हैं। अनुदिश विमानों के ऊपर चारों दिशाओं में क्रमशः विजय, वैजयन्त, जयन्त, अपराजित और मध्य में सर्वार्थसिद्धि नामक पाँच अनुत्तर विमान हैं। ये सभी स्वर्ग-विमान आड़े-तिरछे न होकर एक-दूसरे के ऊपर-ऊपर हैं। ग्रैवेयक, अनुदिश और अनुत्तर विमानों में कल्पातीत देव रहते हैं। उनमें इन्द्र-प्रतीन्द्र आदि का भेद नहीं होता, इसलिए सभी अहमिन्द्र कहलाते हैं।

सोलह स्वर्ग- कल्पवासी देव सौधर्म, ऐशान, सानत्कुमार, माहेन्द्र, ब्रह्म, ब्रह्मोत्तर, लान्तव, कापिष्ठ, शुक्र, महाशुक्र, शतार, सहस्रार, आनत-प्राणत, आरण और अच्युत्त नाम के सोलह स्वर्गों में निवास करते हैं। सुमेरु पर्वत की चूलिका से एक बाल के अन्तर पर सौधर्म स्वर्ग का ऋतुनामक पहला विमान है। उसके समानान्तर उत्तर की ओर ऐशान स्वर्ग है। सौधर्म और ऐशान स्वर्ग के ठीक ऊपर समश्रेणी में क्रमशः सानतकुमार-माहेन्द्र, ब्रह्म-ब्रह्मोत्तर, लान्तव-कापिष्ठ, शुक्र-महाशुक्र, शतार-सहस्रार, आनत-प्राणत और आरण-अच्युत स्वर्ग दो-दो के जोड़े से एक-दूसरे स्वर्गों के ऊपर समश्रेणी में स्थित हैं। उनमें से ब्रह्म, लान्तव, शुक्र, शतार, आनत और आरण स्वर्ग दक्षिण दिशा में तथा ब्रह्मोत्तर, कापिष्ठ, महाशुक्र, सहस्रार, प्राणत और अच्युत कल्प उत्तर दिशा में अवस्थित हैं। इन सोलह स्वर्गों में आदि और अन्त के चार-चार तथा मध्य के आठ स्वर्गों में चार इस प्रकार कुल बारह इन्द्र होते हैं। तात्पर्य यह है कि सौधर्म, ऐशान, सानतकुमार और माहेन्द्र इन चार स्वर्गों के चार इन्द्र हैं। ब्रह्म और ब्रह्मोत्तर इन दो स्वर्गों का एक ब्रह्म नामक इन्द्र है, लान्तव और कापिष्ठ युगल में एक लान्तव इन्द्र है। इसी प्रकार शुक्र, महाशुक्र और शतार, सहस्रार इन दो युगलों में क्रमशः महाशुक्र और सहस्रार[१] नामक दो इन्द्र हैं तथा आनत प्राणत, आरण, अच्युत इन चार स्वर्गों के चार इन्द्र हैं। इस प्रकार कल्पवासी देवों के इन्द्रों की अपेक्षा बारह भेद हैं। इन्हें बारह कल्प भी कहते हैं। सौधर्म, सानत्कुमार, ब्रह्म, लान्तव, आनत और आरण ये छह दक्षिणेन्द्र हैं तथा ईशान, माहेन्द्र, महाशुक्र, सहस्रार, प्राणत और अच्युत ये छह उत्तरेन्द्र हैं। ये क्रमशः दक्षिण और उत्तर दिशा में अवस्थित हैं।

अच्युत स्वर्ग के ऊपर नौ ग्रैवेयक, नौ अनुदिश और पाँच अनुत्तर विमान हैं। इनमें इन्द्र आदिका भेद नहीं होता। अतः सभी देव अहमिन्द्र कहलाते हैं। नौ ग्रैत्रेयक एक दूसरे के ऊपर-ऊपर हैं। इनमें नीचे, मध्य और ऊपर के तीन-तीन ग्रैवेयक क्रमशः अधो ग्रैवेयक, मध्य ग्रैवेयक और उपरिम ग्रैवेयक के नाम से जाने जाते हैं। नवमें ग्रैवेयक के ऊपर अर्चि, अर्चिमालिनी, वैर, वैरोचन, सोम, सोमरूप, अंक और स्फटिक तथा आदित्य नामक नौ अनुदिश विमान हैं। इनमें अर्चि आदि आठ क्रमशः आठ दिशाओं में तथा आदित्य नामक विमान ठीक मध्य में इन्द्रक के रूप में स्थित है। अनुदिश विमानों के ऊपर विजय, वैजयन्त, जयन्त, अपराजित और सर्वार्थसिद्धि नाम के पाँच अनुत्तर विमान हैं। इनमें विजयादि क्रमशः पूर्वादि दिशाओं में और सर्वार्थसिद्धि मध्य में स्थित हैं।

विमानों का अवस्थान और आधार- सौधर्म-ऐशान कल्पयुगल मेरुपर्वत की चूलिका से एक बाल के ऊपर से लेकर डेढ़ राजू ऊपर तक है। वहाँ से डेढ़

१. सवार्थसिद्धि के अनुसार शुक्र और शतार नामक इन्द्र हैं ।

राजू ऊपर तक सानतकुमार-माहेन्द्र कल्पयुगल स्थित है। उसके अन्तिम इन्द्रक के ध्वजदण्ड से लेकर आधा राजू ऊपर तक ब्रह्म-ब्रह्मोत्तर कल्पयुगल है। इसके अंतिम इन्द्रक के ध्वजदण्ड से लेकर आधा राजू ऊपर तक लान्तव-कापिष्ठ कल्पयुगल है। इसके आगे आधा-आधा राजू ऊपर-ऊपर शुक्र-महाशुक्र, शतार-सहस्रार, आनत-प्राणत और आरण-अच्युत कल्प स्थित हैं। इस प्रकार कुल छह राजू में सोलह स्वर्ग हैं। प्रत्येक कल्पों के उपरिम इन्द्रक के ध्वजदण्ड से अगले कल्प के प्रथम विमान में असंख्यात करोड़ योजन का अन्तर है। अच्युत स्वर्ग से असंख्यात करोड़ योजन के अन्तर से ऊपर कुछ कम एक राजू में नौ ग्रैवेयक, नौ अनुदिश और पाँच अनुत्तर विमानों के ग्यारह पटल हैं।

सौधर्म युगल के विमानों का आधार जल है। सानतकुमार युगल के विमान वायु पर आधारित हैं। ब्रह्म आदि आठ स्वर्गों के विमानों का आधार जल और वायु दोनों तथा आनत से लेकर सर्वार्थसिद्धि पर्यन्त सभी विमान आकाश पर आधारित हैं। तात्पर्य यह है कि देव-विमान नरक-बिलों की तरह किसी पृथ्वी पर न होकर अधर में हैं। वहाँ के पुद्गल स्कन्ध ही जल आदि के रूप में परिणत हुए हैं।

विमानों का वर्ण - सौधर्म युगल के विमान पाँच वर्णवाले, सानतकुमार-माहेन्द्र के विमान कृष्ण रहित चार वर्ण के, ब्रह्म-ब्रह्मोत्तर, लान्तव-कापिष्ठ के विमान कृष्ण और नील-रहित शेष तीन वर्ण के, शुक्र-महाशुक्र, शतार-सहस्रार के विमान पीत और शुक्ल वर्ण के तथा शेष विमानों का वर्ण शुक्ल है।

इन्द्रविभूति- सौधर्म इन्द्र के परिवार में एक प्रतीन्द्र, चौरासी हजार सामानिक, तैंतीस त्रायस्त्रिंश, अभ्यन्तर, मध्य और बाह्य परिषद के क्रमशः बारह हजार, चौदह हजार और सोलह हजार पारिषद, तीन लाख छत्तीस हजार आत्मरक्ष, सात करोड़ छियालीस लाख छिहत्तर हजार अनीक होते हैं। सौधर्म आदि सभी दक्षिणेन्द्रों की शची, पद्मा, शिवा, श्यामा, कालिन्दी, सुलसा, अज्जुका और भानु नामक आठ ज्येष्ठ देवाङ्गनाएँ होती हैं। ईशान आदि उत्तरेन्द्रों की श्रीमती, रामा, सुसीमा, प्रभावती, जयसेना, सुषेणा, वसुमित्रा और वसुन्धरा नाम की आठ ज्येष्ठ देवियाँ होती हैं। इनमें सौधर्म और ईशान इन्द्र की आठों ज्येष्ठ देवियाँ अपने मूल शरीर सहित सोलह हजार विक्रिया करने में समर्थ है। सौधर्म और ईशान इन्द्र की एक-एक ज्येष्ठ देवी के सोलह-सोलह हजार परिवार देवियाँ हैं। परिवार देवियाँ भी अपने ज्येष्ठ देवियों की तरह सोलह हजार विक्रिया में समर्थ होती हैं। परिवार देवाङ्गनाओं में जो इन्द्र को अति प्रिय होती हैं, उन्हें बल्लभा देवी कहते हैं। सौधर्म

इन्द्र की बत्तीस हजार बल्लभा देवियाँ हैं। शेष इन्द्रों के परिवार के सम्बन्ध में देखें परिशिष्ट-

वैमानिक देवों की आयु- सौधर्म ऐशान स्वर्ग के देवों की उत्कृष्ट आयु दो सागर, सानतकुमार-माहेन्द्र स्वर्ग युगल में सात सागर, ब्रह्म-ब्रह्मोत्तर में दस सागर, लान्तव-कापिष्ठ में चौदह सागर, शुक्र-महाशुक्र में सोलह सागर, शतार-सहस्रार में अठारह सागर, आनत-प्राणत में बीस सागर और आरण-अच्युत स्वर्ग युगल में बाईस सागर की आयु है। इससे ऊपर नौ ग्रैवेयकों में एक-एक सागर बढ़ते हुए अन्तिम ग्रैवेयक में इकतीस सागर। नौ अनुदिशों में बत्तीस सागर तथा पञ्च अनुत्तर विमानों के देवों की उत्कृष्ट आयु तैंतीस सागर होती है। सौधर्म-ऐशान स्वर्गों में जघन्य आयु एक पल्य है। इससे ऊपर के स्वर्गों में जघन्य आयु पूर्ववर्ती स्वर्गों की उत्कृष्ट आयु के समान है। तात्पर्य यह है कि प्रथम स्वर्ग युगल की उत्कृष्ट आयु ही दूसरे स्वर्ग युगल की जघन्य आयु है तथा दूसरे स्वर्ग युगल की उत्कृष्ट आयु तीसरे स्वर्ग युगल की जघन्य आयु है। इसी प्रकार चार अनुत्तर विमानों तक समझना चाहिए। सर्वार्थसिद्धि में जघन्य और उत्कृष्ट आयु का भेद नहीं है, वहाँ के सभी अहमिन्द्र तैंतीस सागर की आयुवाले होते हैं।

देवों की आयु का यह कथन सामान्य की अपेक्षा से है। घातायुष्क देवों की अपेक्षा उनकी आयु में विशेषता है। जो जीव पूर्व पर्याय में संयम आदि धारण कर विशुद्ध परिणामों द्वारा देवों की अधिक आयु का बन्ध कर बाद में संयम आदि से पतित होकर पूर्व बद्ध आयु का घात कर लेते हैं, उन्हें घातायुष्क कहते हैं। घातायुष्क जीवों की अपेक्षा सम्यग्दृष्टि देवों की उत्कृष्ट आयु अपने-अपने विमानों की उत्कृष्ट आयु से आधा सागर अधिक होती है। इसी प्रकार मिथ्यादृष्टि घातायुष्क देवों की उत्कृष्ट आयु अपने-अपने विमानों की उत्कृष्ट आयु से पल्य के असंख्यातवें भाग अधिक होती है। घातायुष्क जीव बारहवें स्वर्ग तक ही उत्पन्न होते हैं, क्योंकि उससे ऊपर शुक्ल लेश्या के साथ ही उत्पत्ति होती है। शुक्ल लेश्या के साथ इस प्रकार का आयुघात सम्भव नहीं है।

देवियों की आयु- सोलह स्वर्ग की देवियों की उत्कृष्ट आयु क्रमशः पाँच, सात, नौ, ग्यारह, तेरह, पन्द्रह, सत्रह, उन्नीस, इक्कीस, तेईस, पच्चीस, सत्ताईस, चौंतीस, इकतालीस, अड़तालीस और पचपन पल्य है। सौधर्म और ऐशान् स्वर्ग की देवियों की जघन्य आयु कुछ अधिक एक पल्य है। इसके आगे द्वितीयादि स्वर्गों की देवियों की उत्कृष्ट आयु तृतीय आदि स्वर्गों की जघन्य आयु होती है।

लेश्या- कषायों से अनुरंजित योग की प्रवृत्ति को लेश्या कहते हैं। देवों में सभी भवनवासी, ज्योतिषी और व्यन्तर देवों में पीत लेश्या होती हैं। वैमानिक देवों में सौधर्म और ऐशान स्वर्गों में पीत लेश्या सानतकुमार-माहेन्द्र में पीत और पद्म लेश्या, ब्रह्म-ब्रह्मोत्तर, लान्तव-कापिष्ठ एवं शुक्र-महाशुक्र स्वर्गों में पद्म[१] लेश्या, शतार-सहस्रार में पद्म और शुक्ल लेश्या तथा आनत-प्राणत, आरण-अच्युत स्वर्ग में शुक्ल लेश्या होती है। उससे ऊपर सभी ग्रैवेयक, अनुदिश और अनुत्तर विमानों में एक मात्र शुक्ल लेश्या होती है।

अवधिक्षेत्र-ऊपर-ऊपर के देवों में अवधिज्ञान का विषय क्षेत्र अधिक-अधिक है। सौधर्म और ऐशान स्वर्ग के देव अवधिज्ञान से पहली नरक भूमि तक जानते हैं। सानतकुमार-माहेन्द्र स्वर्ग के देवों का अवधिक्षेत्र दूसरी नरक भूमि तक है। पाँचवें से आठवें स्वर्ग तक के देवों का अवधि क्षेत्र तीसरे नरक तक, नवमें से बारहवें स्वर्ग तक के देवों का अवधि क्षेत्र चौथे नरक तक, तेरहवें से सोलहवें स्वर्ग के देव पाँचवें नरक तक, नौ ग्रैवेयकों के देव छठवें नरक तक तथा नौ अनुदिश और पाँच अनुत्तर विमानों के देव अवधिज्ञान से सम्पूर्ण लोक को जानते हैं।

गमनागमन- देव नदी पर्वतों पर क्रीड़ा, विहार करने, नन्दीश्वरद्वीप आदि की वन्दना, तीर्थङ्करों के गर्भ, जन्म आदि कल्याणक तथा पूर्व अनुराग वश नारकी जीवों को सम्बोधन आदि के निमित्त से स्वर्ग लोक से नीचे गमनागमन भी करते हैं। यह गमनागमन नीचे-नीचे के देवों की अपेक्षा ऊपर-ऊपर के देवों का कम-कम होता है। साधारणतया बारहवें स्वर्ग तक के देव तीसरे नरक तक गमन करते हैं। उससे नीचे देवों का गमनागमन नहा होता। तरहव से सोलहवें स्वर्ग के देव मनुष्यलोक तक आते हैं। सोलहवें स्वर्ग से ऊपर के देव अपने विमानों से अन्यत्र कहीं नहीं जाते। इस गमनागमन में देवों का मूल शरीर अपने जन्मस्थान पर ही रहता है। वे विक्रियानिर्मित उत्तर शरीर से ही गमनागमन करते हैं।

अवगाहना- देवों का शरीर वैक्रियिक होता है। वे अपनी इच्छानुसार अपने शरीर के छोटे-बड़े अनेक रूप बना सकते हैं, किन्तु उनके मूल शरीर की ऊँचाई ऊपर-ऊपर के स्वर्गों में क्रमशः घटती गई है। मूल शरीर की ऊँचाई पहले-दूसरे स्वर्ग में सात हाथ, तीसरे चौथे स्वर्ग में छह हाथ, पाँचवें से आठवें स्वर्ग तक पाँच हाथ, नवमे से बारहवें स्वर्ग तक चार हाथ, तेरहवें और चौदहवें स्वर्ग में साढ़े तीन हाथ, पन्द्रहवें-सोलहवें स्वर्ग में तीन हाथ, अधोग्रैवेयक में ढाई हाथ, मध्यम ग्रैवेयक में दो हाथ, उपरिम ग्रैवेयक, नौ अनुदिशों में डेढ़ हाथ तथा पाँच अनुत्तर

१. सवार्थसिद्धि के अनुसार शुक्र और महाशुक्र स्वर्ग में भी शुक्ल लेश्या सम्भव है। देखें सवार्थसिद्धि पृ. १९१

विमानों में एक हाथ की है। तीर्थङ्करों के जन्म कल्याणक के समय जो ऐरावत हाथी का कथन आता है, वह विक्रिया की अपेक्षा है। देवों की उत्कृष्ट विक्रिया ऐरावत हाथी की ही होती है। वह एक लाख योजन का माना गया है।

उच्छ्वास और आहार ग्रहण- एक सागर की आयुवाले देव एक पक्ष में एक बार श्वास ग्रहण करते हैं। इसी प्रकार जिन देवों की जितने सागरों की आयु होती है, वे उतने ही पक्ष के अन्तराल से श्वास ग्रहण करते हैं। देव, मनुष्यों और तिर्यञ्चों की तरह कवलाहार ग्रहण नहीं करते। उनका मानसिक आहार होता है। उनके मन में आहार का विकल्प होते ही कण्ठ से अमृत झरता है। देव उसी से तृप्त हो जाते हैं। जो देव जितने सागर की आयुवाले होते हैं, वे उतने ही हजार वर्ष के अन्तराल से आहारग्रहण करते हैं। एक पल्य की आयुवाले देवों का पाँच दिन के अन्तराल से आहारग्रहण तथा पाँच मुहूर्त के अन्तराल से श्वासग्रहण होता है।

प्रवीचार- सौधर्म और ऐशान स्वर्ग के देव मनुष्यों की तरह कामसेवन करते हैं। सानतकुमार-माहेन्द्र स्वर्गों के देव अपनी देवियों के मनोहर अंगों के स्पर्श मात्र से संतुष्ट होते हैं। ब्रह्म-ब्रह्मोत्तर, लान्तव-कापिष्ठ स्वर्गों के देव अपनी देवियों के सुन्दर रूप के अवलोकन से, शुक्र-महाशुक्र और शतार-सहस्रार स्वर्गों के देव अपनी देवियों के मधुर गीतों का श्रवणकर तथा आनत-प्राणत और आरण-अच्युत स्वर्गों के देव अपनी देवियों का मन में स्मरण कर सन्तुष्ट होते हैं। अच्युत स्वर्ग से ऊपर के देव प्रवीचार रहित होते हैं।

शक्ति- एक पल्य की आयुवाले देव पृथ्वी के छहों खण्डों को उखाड़ने और वहाँ रहनेवाले मनुष्यों और तिर्यञ्चों को मारने और पालने में समर्थ हैं तथा एक सागर की आयुवाले देव समस्त जम्बूद्वीप को पलटने और वहाँ रहनेवाले मनुष्य-तिर्यञ्चों को मारने और रक्षा करने में समर्थ हैं।

देवों की उत्पत्ति- पूर्वांचल में सूर्योदय की तरह देव उपपाद शय्या में उत्पन्न होते हैं। उत्पन्न होते ही वे एक अन्तर्मुहूर्त में छहों पर्याप्तियों से पर्याप्त हो जाते हैं। उनका शरीर पूर्ण विकसित हो जाता है। वे सोलह वर्षीय किशोर की भाँति दिखते हैं। उनका शरीर नख, केश, रोम तथा सप्त धातुओं से रहित होता है। जैसे ही देव अपनी उपपाद शय्या में उत्पन्न होते हैं, वहाँ के कपाट अनायास ही खुल जाते हैं। उसी समय आनन्द भेरी बजती है और अनुराग युक्त देव-देवी नवजात देव की जय-जयकार और स्तुति करते हुए उनके स्वागत में आते हैं। देवों का समूह देखकर नवजात देव को आश्चर्य होता है। उसी समय उसे अवधिज्ञान या

विभङ्गज्ञान उत्पन्न हो जाता है। अपने अवधिज्ञान से यह जानकर कि पूर्व पुण्य के फलस्वरूप यह देव पर्याय मिली है, कुछ देव सम्यक्त्व ग्रहण कर लेते हैं। तत्पश्चात् सरोवर में स्नान कर पट्टस्वरूप अभिषेक और अलंकारों को प्राप्तकर सम्यग्दृष्टि देव स्वप्रेरणा से तथा मिथ्यादृष्टि देव अन्य देवों के द्वारा सम्बोधित किए जाने पर जिनपूजन और अभिषेक में प्रवृत्त होते हैं। उसके बाद सभी देव अपनी आयु पर्यन्त इन्द्रिय सुख सागर में निमग्न रहते हैं।

देवियों की उत्पत्ति-सभी वैमानिक देवों की देवियाँ सौधर्म-ऐशान स्वर्ग में ही उत्पन्न होती हैं, उससे ऊपर नहीं। ऊपर के स्वर्गों के देव अपनी-अपनी नियोगिनी देवियों की उत्पत्ति को अवधिज्ञान से जानकर उन्हें मूल शरीर सहित अपने-अपने विमानों में ले जाते हैं।

सम्यक्त्व और सम्भव गुणस्थान- सौधर्म स्वर्ग से नवमे ग्रैवेयक तक के देव एक से चार गुणस्थानवाले होते हैं। अनुदिश और अनुत्तर विमान वासी देव सम्यग्दृष्टि ही होते हैं। वैमानिक देवों में तीनों प्रकार का सम्यग्दर्शन सम्भव है।

गति-आगति-देव गति के देव वहाँ से च्युत होकर मनुष्य और तिर्यञ्च गति में ही उत्पन्न होते हैं। उनमें भी सम्यग्दृष्टि नियमतः कर्मभूमि के मनुष्यों में जन्म लेते हैं। सौधर्म ऐशान स्वर्ग तक के मिथ्यादृष्टि देव संज्ञी पंचेन्द्रिय कर्म भूमि के मनुष्य-तिर्यञ्च तथा तेज-कायिक और वायुकायिक जीवों को छोड़कर बादर एकेन्द्रिय पर्याप्त जीवों में उत्पन्न होते हैं। सानतकुमार से लेकर सहस्रार स्वर्ग तक के देवों की मनुष्यों और संज्ञी पंचेन्द्रिय पर्याप्त तिर्यञ्चों में उत्पत्ति होती हैं। उससे ऊपर के देव नियमतः मनुष्य गति में ही जन्म लेते हैं।

आगति- संज्ञी पंचेन्द्रिय मनुष्य और तिर्यञ्च ही वैमानिक देवों में उत्पन्न होते हैं। उनमें भी मिथ्यादृष्टि बारहवें स्वर्ग तक तथा अविरत सम्यग्दृष्टि और देशव्रती मनुष्य-तिर्यञ्च अच्युत स्वर्ग तक उत्पन्न होते हैं। अच्युत स्वर्ग से ऊपर जिनलिंगधारी मुनि ही उत्पन्न हो सकते हैं। मिथ्यात्वी मुनि भी जिनलिंग के माहात्म्य से नवमे ग्रैवेयक तक उत्पन्न होते हैं। उससे ऊपर भावलिंगी दिगम्बर मुनि ही उत्पन्न होते हैं। यह विशेष ध्य।तव्य है कि चौदह पूर्व के धारी मुनि लान्तव कल्प से नीचे उत्पन्न नहीं होते।

वैमानिक देवों में उत्पत्ति का कारण- संयम-तप धारण करने से, व्रताचरण से, मंद कषाय रखने से, धर्मायतनों की रक्षा और सेवा करने से, सद्धर्म का श्रवण करने से वैमानिक देवों में उत्पत्ति होती है। इसके अतिरिक्त बहुश्रुतत्व आगमपरता, पात्रदान, कषायनिग्रह, पीत-पद्मलेश्या परिणाम तथा मरणकाल में धर्म-ध्यान रूप परिणति, आदि को भी वैमानिक देवों में उत्पत्ति का कारण माना गया है।

स्वर्ग-पटल-स्वर्गलोक में कुल तिरेसठ पटल हैं। इन पटलों में इन्द्रक, श्रेणीबद्ध और प्रकीर्णक रूप से देवों के विमान स्थित हैं। मध्यवर्ती विमान इन्द्रक, दिशाओं में पंक्तिबद्ध रूप से स्थित विमान-श्रेणीबद्ध तथा दिशाओं के मध्य प्रकीर्णरूप से स्थित विमान-प्रकीर्णक कहलाते हैं। तिरेसठ पटलों में कुल तिरेसठ इन्द्रक, सात हजार आठ सौ सोलह श्रेणीबद्ध तथा चौरासी लाख नवासी हजार एक सौ चवालीस प्रकीर्णक विमान हैं। विमानों की कुल संख्या चौरासी लाख सन्तानवें हजार तेईस है। उन विमानों में एक-एक जिनालय है, जिनमें जिन प्रतिमाएँ विराजित हैं।

तिरेसठ पटलों में सौधर्मद्विक् में इकतीस, सानतकुमारद्विक् में सात, ब्रह्मद्विक में चार, लान्तवद्विक में दो, शुक्रद्विक में एक, शतारद्विकमें एक, आनत आदि चार स्वर्गों में छह, अधस्तन ग्रैवेयक में तीन, मध्यम ग्रैवेयक में तीन, उपरिम ग्रैवेयक में तीन, नौ अनुदिश में एक और पाँच अनुत्तर विमानों में एक, इस प्रकार कुल तिरेसठ पटल हैं। पटलों के नाम इस प्रकार हैं-

सौधर्म-ईशान स्वर्ग में ऋतु, विमल, चन्द्र, वल्गु, वीर, अरुण, नन्दन, नलिन, काञ्चन, रोहित, चञ्चत, मरुत्, ऋद्धीष, वैडूर्य, रुचक, रुचिर, अंक, स्फटिक, तपनीय, मेघ, अभ्र, हारिद्र, पद्म, लोहित, वज्र, नन्द्यावर्त, प्रभङ्कर, पृष्ठक, गज, मित्र और प्रभ नाम के इकतीस पटल हैं। सानत्कुमार-माहेन्द्र स्वर्ग में अञ्जन, वनमाली, नाग, गरूड़, लाङ्गल, बलभद्र और चक्र ये सात पटल हैं। ब्रह्मद्विक् के पटलों के नाम अरिष्ट, सुरसमिति, ब्रह्म और ब्रह्मोत्तर हैं। लान्तवद्विक में ब्रह्महृदय और लान्तव ये दो पटल हैं। शुक्रयुगल में एक शुक्रपटल और शतारयुगल में एक शतारपटल है। आनत-आदि चार स्वर्गों में आनत-प्राणत, पुष्पक, शातक, आरण और अच्युत ये छह पटल हैं। अधोग्रैवेयक में सुदर्शन, अमोघ और सुप्रबुद्ध, मध्यमग्रैवेयक में यशोधर, सुभद्र और विशाल तथा उपरिम ग्रैवेयक में सुमनस, सौमनस और प्रीतिङ्कर ये तीन पटल हैं। नौ अनुदिशों में आदित्य और पञ्च अनुत्तर विमानों में एक सर्वार्थसिद्धि नामक अन्तिम पटल है। प्रत्येक पटल एक-दूसरे के ऊपर-ऊपर है। पटलों में स्थित इन्द्रक विमानों के नाम

पटलों के सदृश हैं।

सौधर्म आदि स्वर्गों में पटल, इन्द्रक, श्रेणीबद्ध और प्रकीर्णक विमानों की संख्या इस प्रकार है–

स्वर्ग	पटल	इन्द्रक	श्रेणीबद्ध	प्रकीर्णक	कुल विमान
सौधर्म	३१	३१	४३७१	३१९५५९८	३२००००
ईशान	०	०	१४५७	२७९८५४३	२८०००००
सानत्कुमार	७	७	५८८	११९९४०५	१२०००००
माहेन्द्र	०	०	१९६	७९९८०४	८०००००
ब्रह्म-ब्रह्मोत्तर	४	४	३६०	३९९६३६	४०००००
लान्तवद्विक्	२	२	१५६	४९८४२	५००००
शुक्रद्विक्	१	१	७२	३९९२७	४००००
सतार-सहस्रार	१	१	६८	५९३१	६०००
आनत आदि चार	६	६	३२४	३७०	७००
अधोग्रैवेयक	३	३	१०८	०	१११
मध्यमग्रैवेयक	३	३	७२	३२	१०७
उपरिमग्रैवेयक	३	३	३६	५२	९१
नौ अनुदिश	१	१	४	४	९
पञ्च अनुत्तर	१	१	४	०	५
कुल	६३	६३	७८१६	८४८९१४४	८४९७०२३

लौकान्तिक देव

ब्रह्मलोक के अन्त में लौकान्तिक देव निवास करते हैं। ब्रह्मलोक के अन्त में रहने के कारण इन्हें लौकान्तिक कहते हैं। लौकान्तिक देव चौबीस प्रकार के हैं। उनके नाम इस प्रकार हैं-सारस्वत, अग्न्याभ, सूर्याभ, आदित्य, चन्द्राभ, सत्याभ, वह्नि, श्रेयस्कर, क्षेमङ्कर, अरुण, वृषभेष्ठ, कामधर, गर्दतोय, निर्माणरजस्क, दिगन्तरक्षक, तुषित, आत्मरक्षित, सर्वरक्षित, अव्याबाध, मरुत, वसु, अरिष्ट, अश्व और विश्व।

इनमें सारस्वत, आदित्य, वह्नि, अरुण, गर्दतोय, तुषित, अव्याबाध और अरिष्ट क्रमशः ईशान आदि आठ दिशाओं में रहते हैं, तथा अग्न्याभ-सूर्याभ, चन्द्राभ-सत्याभ, श्रेयस्कर-क्षेमङ्कर,, वृषभेष्ट-कामधर, निर्माणरजस्क-दिगन्तरक्षक,

आत्मरक्षित-सर्वरक्षित, मरुत-वसु तथा अश्व और विश्व ईशान आदि दिशाओं के अन्तरालों में दो-दो के क्रम से स्थित हैं।

सारस्वत आदि लौकान्तिक देवों की संख्या इस प्रकार है- सारस्वत नाम के लौकान्तिक देवों की संख्या ७०० है। आदित्य लौकान्तिक ७००, बह्नि ७००७, अरुण ७००७, गर्दतोय ९००९, तुषित ९००९, अव्याबाध ११०११ और अरिष्ट नामक लौकान्तिक देव भी ११०११ है। आठ कुलों के सम्पूर्ण लौकान्तिक देवों की संख्या ५५४५४ है। इनमें से ११०११ अरिष्ट देव श्रेणीबद्ध विमानों में और शेष ४४४४३ लौकान्तिक देव गोल आकारवाले प्रकीर्णक विमानों में निवास करते हैं। इनके विमान क्रम से ईशान आदि आठ दिशाओं में अवस्थित हैं।

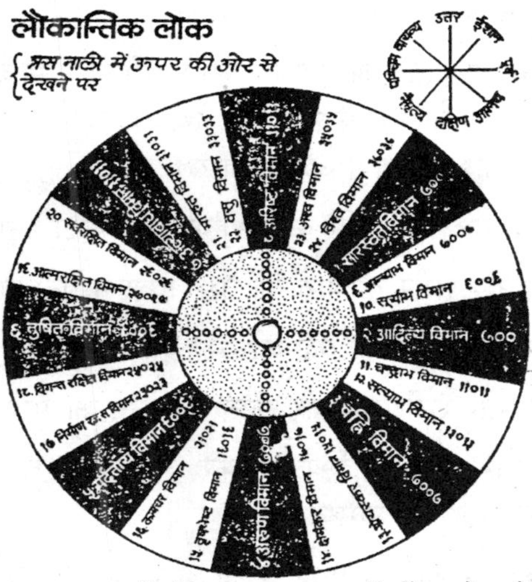

उपर्युक्त आठ कुलों के आठ अन्तरालों में रहनेवाले अग्न्याभ और सूर्याभ आदि सोलह कुलों के लौकान्तिक देवों की संख्या क्रमशः ७००७+९००९ ११०११+१३०१३+१५०१५+१७०१७+१९०१९+२१०२१+२३०२३+२५०२५ २७०२७+२९०२९+३१०३१+३३०३३+३५०३५+३७०३७=३५२३५२ है। इसमें सारस्वत आदि आठ कुलों के देवों की संख्या मिलाने पर समस्त लौकान्तिक देवों की कुल संख्या (५५४५४+३५२३५२) = ४०७८०६ होती है।

सभी लौकान्तिक देव ग्यारह अंग और चौदह पूर्व के धारी होते हैं। ये सम्यग्दर्शन से शुद्ध और वैराग्य भावना से अनुप्राणित रहते हैं। लौकान्तिक देवों की देवियाँ नहीं होतीं। विषयरति से रहित होने के कारण लौकान्तिक देव देवर्षि कहलाते हैं। ये शुक्ल लेश्याधारी होते हैं तथा तीर्थङ्करों के दीक्षा-कल्याणक के समय ही उनके वैराग्य की प्रशंसा हेतु मनुष्यलोक में आते हैं। इनकी शरीर

की ऊँचाई पाँच हाथ और आयु आठ सागर होती है। सभी लौकान्तिक देव एक भवावतारी होते हैं।

जन्म-मरण, निन्दा-प्रशंसा, सुख-दुःख, लाभ-हानि में समभाव रखनेवाले, सतत वैराग्य भावना के चिन्तन में अनुरक्त, दृढ़-संयमी, तपोनिष्ठ, सम्यग्दृष्टि मुनि ही लौकान्तिक देवों में उत्पन्न होते हैं।

एक भवावतारी देव- अपनी अग्रमहिषी और लोकपालों सहित सौधर्म इन्द्र, सभी दक्षिणेन्द्र, सर्वार्थसिद्धि के देव तथा सभी लौकान्तिक देव नियमतः एक भवावतारी होते हैं। अर्थात् ये स्वर्ग से च्युत होकर मनुष्य होते हैं, और उसी भव में मुनि बनकर मोक्ष जाते हैं।

आणिमा आदि आठ गुण- सभी देवों के पास वैक्रियिक शरीर के निमित्त आठ प्रकार के विशेष गुण होते हैं। वे हैं-अणिमा, महिमा, गरिमा, लघिमा, ईशत्व, वशित्व प्राप्ति और प्रकाम्य।

अणिमा-अपने शरीर को अणु की तरह छोटा बना लेने की सामर्थ्य।

महिमा- शरीर को मेरु की तरह विशाल बना लेने की सामर्थ्य।

गरिमा- शरीर को वज्र की तरह भारी बना लेने की सामर्थ्य।

लघिमा- शरीर को भार रहित बना लेने की सामर्थ्य।

प्राप्ति- भूमि पर स्थित रहकर अंगुली के अग्रभाग से सूर्य-चन्द्र आदि का स्पर्श करने की सामर्थ्य।

प्रकाम्य- जल के समान पृथ्वी और पृथ्वी के समान जल पर गमन करने की सामर्थ्य।

ईशत्व- सारे जगत् में प्रभुत्व की सामर्थ्य ।

वशित्व- समस्त जीवों को वशीभूत करने की सामर्थ्य।

सभी देव उक्त आठ प्रकार की शक्तियों का उपयोग करते हुए जीवन पर्यन्त इन्द्रिय सुखों का उपभोग करते रहते हैं।

ईषत्प्राग्भार पृथ्वी/सिद्धशिला

सर्वार्थसिद्धि इन्द्रक विमान के ध्वजदण्ड से बारह योजन ऊपर ईषत्प्राग्भार नामक आठवीं पृथ्वी है। इसकी चौड़ाई एक राजू, लम्बाई (उत्तर-दक्षिण) सात राजू एवं मोटाई आठ योजन प्रमाण है। यह पृथ्वी बीस-बीस हजार योजन मोटाई वाले

क्रमशः घनोदधि, घनवात और तनुवातवलयों से युक्त है। इस पृथ्वी के ठीक मध्य भाग में रजतवर्ण की छत्राकार सिद्धशिला है। यह मध्य में आठ योजन मोटी और क्रमशः घटती हुई दोनों छोरों पर एक प्रदेश मात्र है। इसका आकार सीधे रखे हुए कटोरे के सदृश या उत्तान धवल छत्र के आकारवाला है। इसका व्यास-विस्तार मनुष्य लोक के सदृश पैंतालीस लाख योजन है। इसी को सिद्ध क्षेत्र कहते हैं। इस सिद्ध क्षेत्र के उपरिम तनुवातवलय में सम्यक्त्व आदि आठ गुणों से युक्त एवं अनन्त सुख से तृप्त सिद्ध भगवान् विराजित हैं। वह सिद्ध लोक है।

✡

ऊर्ध्व लोक

संकेत ० = लाखों योजन का अंतराल

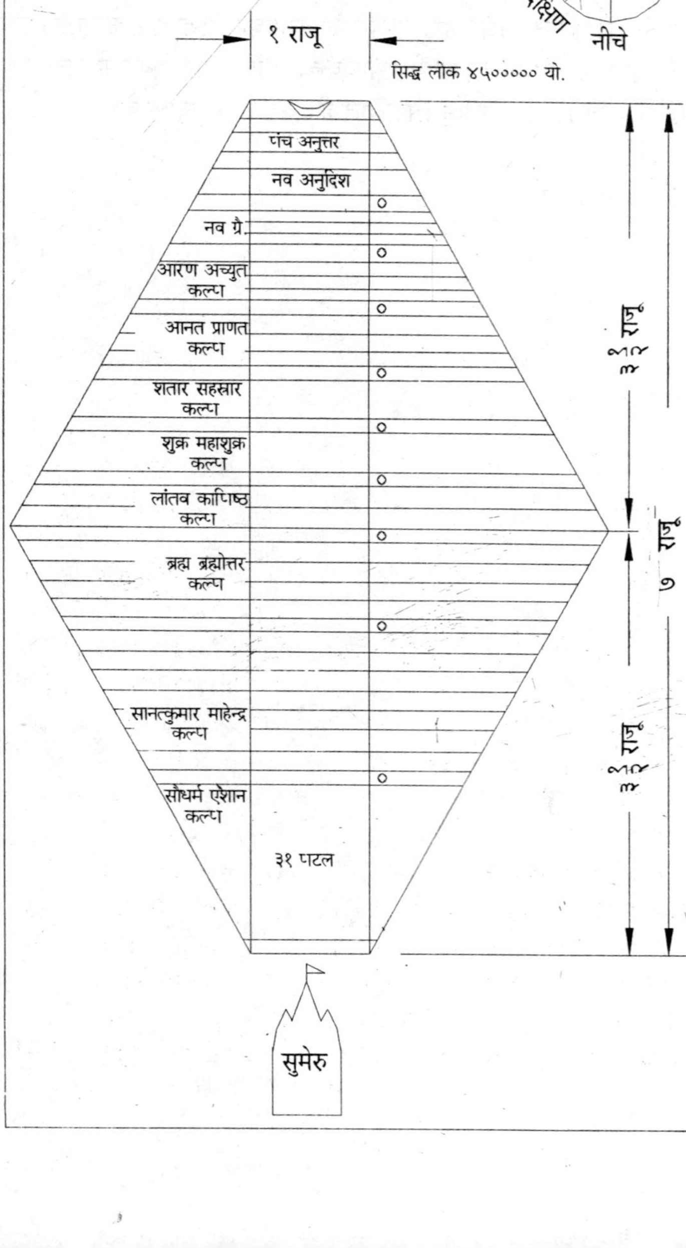

चरणानुयोग

चरण का अर्थ चारित्र है। गृहस्थों और मुनियों के आचार नियमों के निरूपक अनुयोग को चरणानुयोग कहते हैं।

इस अध्याय में सम्यग्दर्शन, सम्यग्ज्ञान और सम्यक्चारित्र के निरूपणपूर्वक गृहस्थाचार और मुनि-आचार का सविस्तार वर्णन है।

सम्यग्दर्शन

चारित्र जीवन की सबसे बड़ी निधि है। आचार को धर्म कहा गया है। धर्म का क्रियात्मक रूप आचार है। पर आचार को एक निश्चित विचार से अभिप्रेरित होना चाहिए। विचाररहित आचार और आचाररहित विचार हमें वांछित परिणाम नहीं दे सकता। आचार और विचार की इसी अन्योन्याश्रितता के कारण ही जैन धर्म में सम्यग्दर्शन, सम्यग्ज्ञान और सम्यक्चारित्र की एकरूपता को धर्म कहा गया है।

सम्यग्दर्शन धर्म का मूल स्तम्भ है। सम्यग्दर्शन के अभाव में न तो ज्ञान सम्यक् होता है और न चारित्र ही। इसीलिए सम्यग्दर्शन को मोक्षमहल की प्रथम सीढ़ी कहा गया है। यह हमारी विचारशुद्धि का आधार है। आचार की विशुद्धि के लिए विचार की शुद्धि अनिवार्य है। सम्यग्दर्शन और सम्यग्चारित्र में अंक और शून्य का सम्बन्ध है। चाहे जितने भी शून्य हों अंक के अभाव में उनका कोई महत्त्व नहीं होता। यदि शून्य के साथ एक भी अंक हो तो अंक और शून्य दोनों का महत्त्व बढ़ जाता है। सम्यग्दर्शन अंक है और सम्यग्चारित्र शून्य। सम्यग्दर्शन से ही सम्यक्चारित्र का तेज प्रकट होता है। सम्यग्दर्शन रहित चारित्र उस अन्धे व्यक्ति की तरह है जो निरंतर चलना तो जानता है,पर लक्ष्य का पता नहीं है। लक्ष्यविहीन यात्रा, यात्रा नहीं भटकन है। इसीलिए सूत्रकार ने चारित्र - निरूपक चरणानुयोग का प्रारम्भ सम्यग्दर्शन से किया है।

सम्यक्त्व का स्वरूप

विभिन्न दृष्टियों से सम्यग्दर्शन के विभिन्न लक्षण बताये गए हैं। यथा-

१. परमार्थभूत देव, शास्त्र और गुरु पर तीन मूढ़ता और आठ मदों से रहित तथा आठ अंगों से युक्त होकर श्रद्धा करना। [१]

२. तत्त्वों पर श्रद्धा करना।

---

१. सर्वज्ञता, वीतरागता और हितोपदेशिता सच्चे देव का लक्षण है। पूर्वापर विरोध से रहित, आत्महितकारी, जिनोपदिष्ट शास्त्र सच्चा शास्त्र है। विषय-कषाय और आरंभ-परिग्रह से रहित ज्ञान-ध्यान और तप में लीन दिगम्बर मुनि सच्चे गुरु हैं।

३. स्व पर का श्रद्धान करना।

४. आत्मा का श्रद्धान करना।

इन लक्षणों में तत्त्वार्थ श्रद्धान रूप लक्षण सभी में दृष्टिगोचर होता है, क्योंकि जीव की शुद्ध अवस्था ही देव है। सच्चे गुरु तो साक्षात् संवर-निर्जरा की प्रतिमूर्ति हैं। शास्त्र रत्नत्रय रूप सच्चे धर्म का अधिष्ठान है। सच्चा धर्म अजीव, आस्रव और बन्ध इन तत्त्वों से हटकर संवर और निर्जरा तत्त्वों की ओर झुकने का नाम है। इसका फल मोक्ष है। अतः सच्चे देव, शास्त्र व गुरु की श्रद्धा व सात तत्त्वों की श्रद्धा एक ही बात है।

जीव, अजीव, आस्रव, बन्ध, संवर, निर्जरा और मोक्ष ये सात तत्त्व हैं, इनमें जीव स्वतत्त्व है। अजीव, आस्रव और बन्ध 'पर' हैं। संवर और निर्जरा स्व के साधन हैं। मोक्ष जीव का स्वाभाविक रूप है। अतः स्व-पर का श्रद्धान रूप लक्षण भी इस सात तत्त्ववाले लक्षण में समाहित हो जाता है। आत्मश्रद्धान रूप लक्षण का अर्थ है– आत्मा के समस्त अजीव, आस्रव, बन्ध आदि वैभाविक भावों से रहित अवस्था का श्रद्धान करना। उसमें भी सात तत्त्वोंवाला लक्षण गर्भित हो जाता है।

सम्यग्दर्शन की उत्पत्ति

सम्यग्दर्शन की प्राप्ति अत्यंत दुर्लभ है। विरले जीवों को ही इसकी उपलब्धि होती है। उसके लिये कतिपय योग्यताओं की आवश्यकता होती है। भव्य, संज्ञी, पंचेन्द्रिय, पर्याप्तक, विशुद्धतर लेश्यावाला जागृत जीव ही सम्यक्त्व प्राप्त कर सकता है। इसके लिये पंच लब्धियों की आवश्यकता होती है।

पञ्चलब्धयः ।।१।।

करणं त्रिविधम् ।।२।।

लब्धियाँ पाँच हैं।। १ ।।

करण लब्धि तीन प्रकार की है।।२।।

लब्धि शब्द संस्कृत के लभ् धातु से क्तिन प्रत्यय लगने पर बना है। यह प्राप्ति और लाभ के अर्थ में प्रयुक्त है। अनादि संसार में भ्रमणशील प्राणी अनुकूल संयोगों के मिलने पर सम्यग्दर्शन प्राप्त कर सकता हैं। इस के लिए कुछ विशिष्ट योग्यताओं की आवश्कयता होती है। उन्हीं योग्यताओं की प्राप्ति को लब्धि कहते हैं। लब्धियाँ पाँच हैं–

१. क्षयोपशमलब्धि, २. विशुद्धिलब्धि, ३. देशनालब्धि, ४. प्रायोग्यलब्धि ५. करणलब्धि

१. क्षयोपशमलब्धि - तत्त्व-विचार की शक्ति-की उपलब्धि क्षयोपशमलब्धि है। कर्मों के क्षयोपशम से जीवों को यह कदाचित् प्राप्त होती है। जीव का भव्य होने के साथ संज्ञी पंचेन्द्रिय और पर्याप्तक होना इसी लब्धि का कार्य है। इस अवस्था में अशुभ कर्मों की अनुभाग शक्ति (फलदान शक्ति) को प्रतिसमय अनन्तगुणा हीन करते हुए उदीरणा के योग्य (भोगने योग्य) बना लिया जाता है।

२. विशुद्धिलब्धि - परिणामों में प्रतिसमय विशुद्धि की वृद्धि को विशुद्धिलब्धि कहते हैं। यह लब्धि पुण्य कर्मों के बंधन में कारणभूत परिणामों की प्राप्ति-स्वरूप है। यह कषायों की मन्दताजन्य पुरुषार्थ का प्रतिफलन है।

३. देशनालब्धि - सम्यक् उपदेश का श्रवण और मनन देशनालब्धि है। तत्त्वोपदेष्टा निर्ग्रन्थ आचार्य-मुनियों का समागम और शास्त्र का अभ्यास इसी के अन्तर्गत आता है।

४. प्रायोग्यलब्धि - परिणामों की विशुद्धि-वश सत्तागत (संचित) कर्मों की स्थिति घटकर अन्तःकोड़ा-कोड़ी सागर मात्र रह जाना और अशुभ कर्मों का अनुभाग-बंध द्विस्थानीय होना प्रायोग्यलब्धि है। तात्पर्य यह है कि इस लब्धि को प्राप्त जीव प्रतिसमय बँधनेवाली अशुभकर्म प्रकृतियों की शक्ति को क्षीण करता जाता है। साथ ही पूर्वबद्ध कर्मों की स्थिति अर्थात् फलदान काल की अवधि को भी घटा लेता है।

ये चारों ही लब्धियाँ भव्य और अभव्य दोनों प्रकार के जीवों को समान रूप से प्राप्त हो सकती हैं। करणलब्धि भव्य जीवों को ही होती है। इस लब्धि में प्रविष्ट साधक निश्चयतः सम्यक्त्व उपलब्ध कर लेता है। इन पाँच लब्धियों से प्रथम उपशम सम्यक्त्व होता है।

५. करणलब्धि - परिणामों की उत्तरोत्तर विशुद्धि को करणलब्धि कहते हैं। पूर्वोक्त चार लब्धियों के द्वारा विशुद्धि को प्राप्त जीव एक अवस्था में आकर प्रतिसमय अनन्तगुणी विशुद्धिवाला हो जाता है। उत्तरोत्तर बढ़नेवाली यह विशुद्धि ही करणलब्धि है। करणलब्धि तीन प्रकार की होती है– अधःकरण, अपूर्वकरण, अनिवृत्तिकरण।

(क) अधः-करण- अधः करण में परिणामों की विशुद्धि प्रतिसमय अनन्तगुणी होती जाती है। बढ़ती हुई इस विशुद्धि के परिणामस्वरूप उस समय बँधनेवालो अशुभकर्म-प्रकृतियों का अनुभाग अनन्त गुणाहीन और शुभकर्म-

प्रकृतियों का अनुभाग अनन्त गुणा अधिक बँधता है। कर्मों की स्थिति भी प्रतिसमय पल्योपम के असंख्यातवें भाग हीन-हीन बँधती है।

(ख) अपूर्व-करण - इस करण में प्रतिसमय पूर्व में अननुभूत अपूर्व-अपूर्व परिणाम उत्पन्न होते हैं। इस करण में आत्मा का अपूर्व वीर्योल्लास जागता है। बढ़ती हुई विशुद्धि के बल पर साधक मोह-ग्रन्थि का भेदन प्रारंभ कर देता है। अपूर्वकरण में प्रवेश करते ही साधक प्रथम समय में ही स्थिति-घात, अनुभाग-घात, गुणश्रेणी और गुण-संक्रमण ऐसी चार क्रियाओं को प्रारंभ कर देता है। ये क्रियाएँ मोह-ग्रन्थि के भेद होने तक अन्तर्मुहूर्त तक निरंतर चलती रहती हैं।

स्थिति-घात - स्थिति का अर्थ है – बद्ध कर्मों का आत्म प्रदेशों के साथ जुड़े रहने की कालावधि। स्थिति समूह का घात स्थितिघात कहलाता है। यह एक अन्तर्मुहूर्त में निष्पन्न होता है। अपूर्वकरण में ऐसे अनेक स्थितिघात होते हैं।

अनुभागघात - अशुभ कर्मों की फ़लदान शक्ति को अनन्तगुणी हीन-हीन करते जाना अनुभागघात कहलाता है। इसमें सत्तागत अशुभकर्मों के अनुभाग स्पर्धकों (फलदान शक्तियुक्त परमाणु समूह) को अनन्त भाग कर उसमें से एक अनन्तवें भाग को छोड़कर शेष सर्व परमाणुओं का अन्तर्मुहूर्त में घात कर दिया जाता है। प्रत्येक अनुभागघात में एक अन्तर्मुहूर्त लगता है। अपूर्व करण में ऐसे अनेक अनुभागघात होते हैं।

गुणश्रेणी - उदय-क्षण से लेकर प्रति समय असंख्यात-गुणे कर्म निषेकों की रचना को गुणश्रेणी कहते हैं। अपूर्वकरण में साधक अपनी आत्मशुद्धि वश प्रतिसमय गुणश्रेणी-रूप असंख्यात-गुणी निर्जरा करता है।

गुणसंक्रमण - गुणसंक्रमण संक्रमण का एक भेद है। इसमें प्रतिसमय असंख्यात-गुणित क्रम से अबद्धमान अशुभकर्म-प्रकृतियों के कर्म निषेकों का उस समय बँधनेवाली सजातीय प्रकृतियों में संक्रमण/परिवर्तन होता है।

(ग) अनिवृत्तिकरण - जिस करण में प्रतिसमय एक समान परिणाम हो उसे अनिवृत्तिकरण कहते हैं। इस करण में सम समयवर्ती जीवों के परिणाम समान ही होते हैं। यहाँ एक समय में जीव के एक ही परिणाम होता है। इसलिये उस समय में जितने जीव होंगे ,सभी के परिणाम समान ही होंगे। अनिवृत्तिकरण का काल भी अंतर्मुहूर्त ही है, पर अपूर्वकरण के काल से संख्यात गुणा हीन है।

अनिवृत्तिकरण में अपूर्वकरण की समस्त क्रियाएँ होती हैं। इसका बहुभाग बीतने पर अन्तरकरण होता है।

अन्तरकरण - परिणामों में विशुद्धि के कारण सत्ता स्थित कुछ कर्म प्रदेशों में से कुछ निषेकों का अपना स्थान छोड़कर उत्कर्षण-अपकर्षण द्वारा ऊपर-नीचे के निषेकों में मिल जाना अन्तरकरण है। इस अन्तरकरण द्वारा निषेकों की एक अटूट पंक्ति टूटकर दो भागों में विभाजित हो जाती है। एक पूर्व-स्थिति दूसरी उपरितन-स्थिति। बीच में अन्तर्मुहूर्त प्रमाण निषेकों का अन्तर पड़ जाता है। यही अन्तरकरण है।

अन्तरकरण की समाप्ति के बाद अनिवृत्तिकरण के अंतिम समय में मिथ्यात्व कर्म के मिथ्यात्व, सम्यक्-मिथ्यात्व और सम्यक्-प्रकृति रूप तीन टुकड़े हो जाते हैं। तभी उस साधक के प्रथमोपशम सम्यक्त्व की उपलब्धि होती है।

सम्यग्दर्शन के भेद

सम्यक्त्वं द्विविधम्।।३।।

त्रिविधम् ।।४।।

दशविधं वा ।।५।।

सम्यग्दर्शन दो प्रकार का है ।।३।।

तीन प्रकार का है ।।४।।

अथवा दश प्रकार का है।।५।।

सम्यग्दर्शन दो प्रकार का है- निसर्गज और अधिगमज।

निसर्गज सम्यग्दर्शन - परोपदेश के बिना उत्पन्न होनेवाला सम्यग्दर्शन निसर्गज सम्यग्दर्शन है।

अधिगमज सम्यग्दर्शन - परोपदेश पूर्वक उत्पन्न होनेवाला सम्यग्दर्शन अधिगमज सम्यग्दर्शन है।

सम्यग्दर्शनके उक्त दो भेद सम्यक्त्वोत्पत्ति के बाह्य निमित्तों की अपेक्षा से किये गये हैं। इनके अतिरिक्त आगम में जो सम्यग्दर्शन के छह बाह्य हेतु बताए गये हैं, वे भी इन दोनों में अंतर्भूत हो जाते हैं।

सम्यग्दर्शन के अन्य हेतु निम्न हैं-

१. **जाति-स्मरण**- अतीत के जन्मों की स्मृति।

२. **धर्म-श्रवण** -धर्मोपदेश का श्रवण और मनन।

३. **जिनबिम्ब-दर्शन** - जिनेन्द्र प्रतिमा एवं वीतरागी मुनियों का दर्शन।

४. वेदनानुभव - तीव्र वेदनाजन्य पीड़ा का अनुभव। यह मात्र नारकी जीवों को होता है।

५. देवर्द्धि-दर्शन - अपने से अधिक ऋद्धि और वैभवशाली देवों का दर्शन।

६. जिनमहिमा-दर्शन - तीर्थङ्करों के पंचकल्याणक आदि महामहोत्सवों का दर्शन।

इनमें मनुष्यों और तिर्यञ्चों को जातिस्मरण, धर्मश्रवण और जिनबिम्ब-दर्शन ये तीन सम्यक्त्वोत्पत्ति के हेतु हैं। देवों को जाति-स्मरण, धर्म-श्रवण, देवर्द्धिदर्शन और जिनमहिमा-दर्शन रूप चार कारणों से सम्यग्दर्शन होता है। उनमें भी देवर्द्धिदर्शन बारहवें स्वर्ग तक के देवों में और जिनमहिमा दर्शन सोलहवें स्वर्ग तक के देवों में ही सम्यग्दर्शन का हेतु है, क्योंकि शुक्ललेश्या वाले होने के कारण बारहवें स्वर्ग से ऊपर के देवों में एक-दूसरे की ऋद्धि के दर्शन से कोई फर्क नहीं पड़ता तथा सोलहवें स्वर्ग से ऊपर के देवों का मर्त्यलोक में आगमन नहीं होता। इस कारण से वहाँ जिनमहिमा दर्शन सम्यग्दर्शन का हेतु नहीं है। नवमें ग्रैवेयक से ऊपर के देव सम्यग्दृष्टि ही होते हैं। नरक गति में तीसरे नरक तक जातिस्मरण, धर्मश्रवण और वेदनानुभव ये तीन हेतु हैं। तीसरे नरक से नीचे देवों का गमन नहीं होने से वहाँ धर्मश्रवण नहीं होता।

उपरोक्त छहों हेतुओं में धर्मश्रवण के अतिरिक्त शेष सभी निसर्गज सम्यग्दर्शन में अन्तर्भूत है तथा धर्मश्रवण अधिगमज सम्यग्दर्शन में समाहित हो जाता है।

सराग-वीतराग सम्यग्दर्शन

सराग और वीतराग सम्यग्दर्शन की अपेक्षा भी सम्यग्दर्शन के दो भेद हैं।

सराग सम्यग्दर्शन - धर्मानुराग युक्त सम्यग्दर्शन सराग सम्यग्दर्शन है। प्रशम, संवेग, अनुकम्पा और आस्तिक्य आदि गुणों की अभिव्यक्ति इसका मुख्य लक्षण है।

प्रशम - क्रोधादिक विकारों का अनुद्रेक।

संवेग - संसार से सतत भीति और मोक्ष की अभिलाषा।

अनुकम्पा - प्राणिमात्र के प्रति दया भाव।

आस्तिक्य - आत्मा, कर्म, कर्मफल और पुनर्जन्म आदि में विश्वास।

वीतराग सम्यग्दर्शन - रागरहित सम्यग्दर्शन वीतराग सम्यग्दर्शन कहलाता है। यह वीतरागी मुनियों को ही होता है, क्योंकि यह वीतराग चारित्र का अविनाभावी है। अविनाभाव का अर्थ है– जो जिसके होने पर हो और नहीं होने पर नहीं हो। जैसे- धूम्र और अग्नि का अविनाभाव संबंध है। जहाँ- जहाँ धूम्र होगा, वहाँ अग्नि अवश्य होगी। जहाँ-जहाँ अग्नि नहीं है, वहाँ-वहाँ धूम्र भी नहीं होगा। इसी प्रकार वीतराग चारित्र के अभाव में वीतराग सम्यग्दर्शन सम्भव नहीं है।

निश्चय और व्यवहार सम्यग्दर्शन

व्यवहार और निश्चय की अपेक्षा भी सम्यग्दर्शन के दो भेद हैं। वीतरागी देव, शास्त्र और गुरु पर एक-निष्ठ श्रद्धा व भक्ति-व्यवहार सम्यग्दर्शन है तथा शुद्ध आत्मतत्व की प्रतीति निश्चय सम्यग्दर्शन है। व्यवहार सम्यग्दर्शन निश्चय सम्यग्दर्शन का साधन है।

सम्यग्दर्शन के तीन भेद

सम्यग्दर्शन का अंतरंग हेतु सम्यक्त्व विरोधी कर्मों का उपशम, क्षय और क्षयोपशम है। इस अपेक्षा से सम्यग्दर्शन के तीन भेद हैं–

१. उपशम सम्यग्दर्शन

२. क्षायिक सम्यग्दर्शन

३. क्षयोपशम सम्यग्दर्शन

उपशम सम्यग्दर्शन - सम्यक्त्व विरोधी कर्मों के उपशम/दबने से उत्पन्न सम्यक्त्व उपशम सम्यग्दर्शन है। दर्शन मोहनीय की मिथ्यात्व, सम्यक्-मिथ्यात्व और सम्यक्-प्रकृति रूप तीन और चारित्र मोहनीय की चार प्रकृतियाँ- अनन्तानुबन्धी- क्रोध, मान, माया और लोभ, ये सात कर्म प्रकृतियाँ सम्यक्त्व विरोधी कर्म मानी जाती हैं। इनके पूर्णतया उपशान्त होने पर जो सम्यक्त्व उपलब्ध होता है वह उपशम सम्यक्त्व कहलाता है। उपशम सम्यक्त्व की स्थिति अन्तर्मुहूर्त की होती है। उसके बाद वह नियमतः छूट जाता है।

क्षायिक सम्यग्दर्शन- उपर्युक्त सातों प्रकृतियों के क्षय से उत्पन्न सप्यक्त्व क्षायिक सम्यक्त्व कहलाता है। यह सम्यक्त्व प्राप्त होने के बाद सदा बना रहता है। इसकी उपलब्धि केवली और श्रुतकेवली के पादमूल में रहनेवाले कर्मभूमि के मनुष्य को ही होती है। क्षायिक सम्यग्दृष्टि जीव मरकर चारों गति में जा सकता है,

किंतु नरक में प्रथम नरक से आगे नहीं जाता। वह भी सम्यक्त्व ग्रहण से पूर्व आयु बँध जाने की स्थिति में। इसी प्रकार जिन्होंने मनुष्यायु या तिर्यञ्चायु का बन्ध कर लिया है, वे मनुष्य यदि क्षायिक सम्यग्दर्शन प्राप्त करते हैं तो भोगभूमि के मनुष्य या तिर्यञ्च बनते हैं। क्षायिक सम्यग्दृष्टि दो या तीन भवों के अन्तराल में अवश्य ही मुक्ति प्राप्त कर लेता है।

क्षयोपशम सम्यग्दर्शन- सम्यक्त्व-विरोधी कर्मों के कुछ अंशों में क्षय और कुछ अंशों में उपशम से उत्पन्न सम्यक्त्व क्षयोपशम सम्यक्त्व कहलाता है। इस अवस्था में उपर्युक्त सातों प्रकृतियाँ स्थूल रूप से विपाकावस्था में नहीं रहतीं, अपने फल का स्पष्ट अनुभवन नहीं करा पाती हैं। इसे वेदक सम्यग्दर्शन भी कहते हैं।

क्षयोपशम सम्यक्त्व की आगमिक परिभाषा बताते हुए कहा गया है कि मिथ्यात्व, सम्यक्-मिथ्यात्व और अनन्तानुबंधी-क्रोध, मान, माया, लोभ, इन छह सर्वघाती प्रकृतियों के वर्तमान काल में उदित होनेवाले निषेकों का उदयाभावी क्षय तथा आगामी काल में उदित होनेवाले उन्हीं का सदवस्था रूप उपशम और सम्यक्त्व प्रकृति के देशघाती स्पर्धकों के उदय रहने पर होनेवाला सम्यक्त्व क्षयोपशम सम्यग्दर्शन है।

उक्त परिभाषा को स्पष्ट करते हुए जिनेन्द्र वर्णी ने लिखा है— कर्मों के एक देश क्षय तथा एक देश उपशम को क्षयोपशम कहते हैं। यद्यपि यहाँ कुछ कर्मों का उदय भी विद्यमान रहता है, परन्तु उनकी शक्ति अत्यन्त क्षीण हो जाने के कारण वह जीव के गुण को घातने में समर्थ नहीं होता। पूर्ण शक्ति के साथ उदय में न आकर शक्तिक्षीण होकर उदय में आना ही यहाँ क्षय या उदयाभावी क्षय कहलाता है और सत्तावाले सर्वघाती कर्मों का अकस्मात् उदय में न आना ही उसका सदवस्था-रूप उपशम है।

सम्यग्दर्शन के दश भेद

आज्ञा सम्यक्त्व, मार्ग सम्यक्त्व, उपदेश सम्यक्त्व, सूत्र सम्यक्त्व, बीज सम्यक्त्व, संक्षेप सम्यक्त्व, विस्तार सम्यक्त्व, अर्थ सम्यक्त्व, अवगाढ़ सम्यक्त्व और परमावगाढ़ सम्यक्त्व के भेद से सम्यग्दर्शन के दश भेद हैं।

१. आज्ञा-सम्यक्त्व - वीतराग जिनेन्द्र की आज्ञा मात्र का श्रद्धान करने से उत्पन्न सम्यक्त्व।

२. मार्ग-सम्यक्त्व - मोक्षमार्ग को कल्याणकारी समझकर उस पर अचल श्रद्धान।

३. उपदेश-सम्यक्त्व - पुराण-पुरुषों के चरित्र श्रवण से उत्पन्न श्रद्धान।

४. सूत्र-सम्यक्त्व - मुनियों के चरित्र-निरूपक शास्त्रों के श्रवण से उत्पन्न श्रद्धान।

५. बीज-सम्यक्त्व - बीज पदों के श्रवण से उत्पन्न श्रद्धान।

६. संक्षेप-सम्यक्त्व - संक्षिप्त तात्त्विक विवेचन के श्रवण से उत्पन्न श्रद्धान।

७. विस्तार-सम्यक्त्व - तत्त्व के विस्तृत विवेचन के श्रवण से उत्पन्न श्रद्धान।

८. अर्थ-सम्यक्त्व - वचन विस्तार के बिना केवल अर्थ ग्रहण से उत्पन्न तत्त्व श्रद्धान।

९. अवगाढ़ सम्यक्त्व - श्रुतकेवली का सम्यक्त्व।

१०. परमावगाढ़ सम्यक्त्व - केवलज्ञानी का सम्यग्दर्शन।

वेदक सम्यक्त्व का विशेष कथन

तत्र वेदकसम्यक्त्वस्य पञ्चविंशतिर्मलानि।। ६ ।।

अष्टाङ्गानि ।।७।।

अष्टगुणाः ।।८।।

पञ्चातिचारा इति ।।९।।

उनमें वेदक सम्यक्त्व के पच्चीस दोष हैं ।।६।।

आठ अंग हैं ।।७।।

आठ गुण हैं ।।८।।

पाँच अतिचार हैं ।।९।।

सम्यग्दर्शन के पच्चीस दोष

तीन मूढ़ता, आठ मद, छह अनायतन और शंकादि आठ—इन पच्चीस दोषों के द्वारा क्षयोपशम सम्यग्दर्शन के गुण निर्मल न रहकर मलिन हो जाते हैं।

तीन मूढ़ता

मूढ़ता का अर्थ है धार्मिक अन्धविश्वास। आत्महित का विचार किये बिना ही अन्धश्रद्धालु बनकर अज्ञानपूर्ण प्रवृत्ति करना मूढ़ता है। मूढ़ता तीन प्रकार

को है– १. लोकमूढ़ता २. देवमूढ़ता ३. गुरुमूढ़ता

१. लोकमूढ़ता - ऐहिक फल की आकांक्षा एवं धर्म बुद्धि से नदी, सागर आदि में स्नान करना, पर्वत से कूदना, अग्नि में प्रवेश करना, पत्थरों का ढेर लगाकर पूजना आदि लोकमूढ़ता है।

२. देवमूढ़ता - लौकिक फल एवं वरदान की अभिलाषा से राग-द्वेषादि से मलिन देवी-देवताओं की पूजा करना देवमूढ़ता है। वस्तुतः देव संबंधी अन्धविश्वास एवं उस विश्वास की पूर्ति के साधन देवमूढ़ता में समाविष्ट हैं। देव सर्वज्ञ, वीतराग और हितोपदेशी होते हैं। इसके विपरीत जो राग-द्वेषादि से मलिन हैं,वे कुदेव हैं। कुदेवों की आराधाना से धर्माचरण नहीं होता।

३. गुरु मूढ़ता - आरंभ, परिग्रह, हिंसा से युक्त और संसार में डुबाने वाले कार्यों में लीन साधुओं का सत्कार करना गुरुमूढ़ता है।

आठ मद

क्षणिक संयोगों/भौतिक उपलब्धियों में मदहोश होकर घमण्ड में चूर रहना मद कहलाता है। निमित्तों की अपेक्षा मद आठ प्रकार का होता है।

१. ज्ञानमद - थोड़ा ज्ञान पाकर अपने आपको सबसे बड़ा ज्ञानी समझना और यह मानना कि मुझसे बड़ा ज्ञानी कोई और है ही नहीं, ज्ञान मद है।

२. पूजा/प्रतिष्ठा मद - अपनी पूजा प्रतिष्ठा या लौकिक सम्मान के गर्व में चूर रहना पूजा या प्रतिष्ठा मद है।

३. कुलमद - अपने पितृपक्ष की उच्चता का गर्व करना कुलमद है।

४. जातिमद - अपनी माता के वंश का अभिमान करना जाति मद है।

५. बलमद - अपने शारीरिक बल के आगे सभी को निर्बल समझना और अपने शरीर के गर्व में डूबे रहना बलमद है।

६. ऋद्धि / ऐश्वर्य मद - तपोजनित ऋद्धि अथवा धन, वैभव और ऐश्वर्य पाकर गर्व करना ऐश्वर्यमद है।

७. तपमद - अपने आपको सबसे बड़ा तपस्वी मानकर अपने आगे अन्य साधकों को तुच्छ समझना तप मद है।

८. रूपमद - थोड़ा रूपवान् और सुन्दर शरीर पाकर अपने रूप के घमण्ड में डूबे रहना रूपमद है।

वस्तुतः सम्यग्दृष्टि इन समस्त उपलब्धियों को कर्माधीन क्षणिक संयोग मानता है। वह यह विचार करता है कि कर्मों के निमित्त से प्राप्त संसार के समस्त संयोग क्षण-क्षयी हैं। अतएव शरीर, ज्ञान, ऐश्वर्य आदि का मद करना अर्थहीन है। रत्नत्रय रूप धर्म ही स्वाधीन है, शाश्वत है, पवित्र, निर्मल और कल्याण-स्वरूप हैं। संसार के अन्य समस्त पदार्थ पर हैं और आत्मोत्थान में बाधक हैं। अतः सम्यग्दृष्टि यदि अपने अन्य साधार्मिकों के साथ ज्ञान, पूजा, कुल, जाति आदि में से किसी एक का भी आश्रय लेकर तिरस्कार का भाव रखता है, तो वह स्वयं उसका 'स्मय'-मद नामक दोष कहलाता है। इससे उसकी विशुद्धि नष्ट होती है, और कदाचित् वह अपने स्वरूप से भी च्युत हो सकता है। यहाँ यह ज्ञातव्य है कि ज्ञानादिक हेय नहीं हैं, अपितु ज्ञानदिक का मद हेय है।

छह अनायतन

आयतन शब्द का अर्थ घर, आवास, आश्रय अथवा आधार है। यहाँ सम्यग्दर्शन का प्रकरण होने से आयतन का अर्थ धर्म का आधार अथवा घर है। इसके विपरीत अधर्म या मिथ्यात्व के स्थान को अनायतन कहते हैं।

अनायतन छह हैं- कुगुरु, कुदेव, कुधर्म और इन तीनों के आराधक, ये छहों मिथ्यात्व के पोषक होने से हमारे चित्त की मलिनता और संसार के अभिवर्धक हैं। भय, आशा, स्नेह अथवा प्रलोभन वश इनकी पूजा आराधना करना और भक्ति-प्रशंसा करना सम्यग्दर्शन के छह अनायतन दोष हैं।

सम्यग्दर्शन के आठ दोष

सम्यग्दर्शन के आठ दोष हैं- १. शंका, २. कांक्षा, ३. विचिकित्सा ४. मूढ़ दृष्टि, ५. अनुपगूहन, ६. अस्थितीकरण, ७. अवात्सल्य, ८. अप्रभावना।

१. शंका- वीतराग जिनोपदिष्ट तत्त्वों में विश्वास न कर उनके प्रति सशंकित रहना।

२. कांक्षा- भौतिक भोगोपभोगों एवं ऐहिक सुखों की अपेक्षा रखना।

३. विचिकित्सा- रत्नत्रय के प्रति अनादर रखते हुये धर्मात्मा जनों के मलिन शरीर को देखकर उनसे घृणा करना।

४. मूढ़दृष्टि- सत्य और असत्य मार्ग के विचार एवं विवेक से रहित होकर उन्मार्ग एवं उन्मार्गियों के प्रति झुकाव रखना।

५. अनुपगूहन- धर्मात्माओं के दोषों को उजागर कर धर्म- मार्ग की निंदा करना।

६. अस्थितीकरण- किसी कारणवश धर्म से स्खलित होते हुये व्यक्ति को धर्म मार्ग में स्थिर करने का प्रयास न करना।

७. अवात्सल्य- साधर्मी जनों से प्रेम नहीं करना, उनसे मात्सर्य और विद्वेष रखना।

८. अप्रभावना- अपने खोटे आचरण और प्रवृत्तियों से धर्म-मार्ग को कलंकित करना, धर्म-मार्ग के प्रचार-प्रसार में सहभागी न बनना।

सम्यग्दर्शन के अंग

जिस प्रकार मानव शरीर में दो पैर, दो हाथ, नितम्ब, पीठ, वक्षस्थल और मस्तक ये आठ अंग होते हैं और इन आठ अंगों से परिपूर्ण रहने पर ही मनुष्य काम करने में समर्थ होता है, उसी प्रकार सम्यग्दर्शन के भी निःशंकित, निःकांक्षित, निर्विचिकित्सा, अमूढ़दृष्टित्व, उपगूहन, स्थितीकरण, वात्सल्य और प्रभावना ये आठ अंग हैं। इन आठ अंगों से युक्त सम्यग्दर्शन का पालन करने से ही संसार-संतति का उन्मूलन होता है। इन आठ अंगों में वैयक्तिक उन्नति के लिये प्रारंभिक चार अंग और उपगूहनादि चार अंग सामाजिक उन्नति के लिये आवश्यक हैं। आठ अंगों का स्वरूप इस प्रकार है–

१. निःशंकित अंग - मोक्षमार्ग में अविश्वास नहीं करना, उस पर संदेह व शंका न रखकर अविचल आस्था बनाए रखना।

२. निःकांक्षित अंग - लोक और परलोक संबंधी भौतिक विषय-भोगों की आकांक्षा नहीं करना।

३. निर्विचिकित्सा अंग - धार्मिक जनों के ग्लानिजनक रूप को देखकर घृणा नहीं करना,अपितु उनके गुणों के प्रति आदर भाव रखना।

४. अमूढ़दृष्टि अंग - लौकिक प्रलोभन, चमत्कार या दबाव वश कुमार्ग की ओर नहीं झुकना।

५. उपगूहन अंग - दूसरों के दोष तथा अपने गुणों को छुपाकर रखना।

६. स्थितीकरण अंग - किसी कारणवश धर्म मार्ग से च्युत होते हुए व्यक्ति को सहारा देकर उसे धर्म मार्ग में स्थिर करना।

७. वात्सल्य अंग - धर्मात्माओं के प्रति आन्तरिक अनुराग रखना

८. प्रभावना अंग - जनकल्याण की भावना से अपने आचरण और प्रतिभा से धर्म का प्रचार-प्रसार करना।

इन आठ अंगों की पूर्णता से ही सम्यग्दर्शन सार्थक होता है। जिस प्रकार किसी विषहारी मन्त्र में एक अक्षर भी न्यून हो जाने से वह विष दूर करने में समर्थ नहीं होता, उसी प्रकार एक अंग से भी हीन सम्यग्दर्शन हमारी संसार-संतति को नष्ट नहीं कर सकता।

सम्यग्दर्शन के आठ गुण

संवेग, निर्वेग, आत्मनिन्दा, आत्मगर्हा, उपशम, भक्ति, आस्तिक्य और अनुकम्पा सम्यग्दर्शन के आठ गुण हैं। इन गुणों के माध्यम से सम्यग्दर्शन का अनुमान किया जा सकता है।

१ संवेग - धर्म, धर्म के फल और धर्मात्माओं के प्रति अत्यन्त हर्ष, अनुराग और उत्साह बना रहना।

२ निर्वेग/निर्वेद - संसार, शरीर और विषय-भोगों से विरक्ति।

३ आत्म-निन्दा - अपने दोषों की निन्दा/आलोचना करना।

४ आत्म-गर्हा - गुरु के समक्ष अपने दोषों को प्रकट करना।

५ उपशम - क्रोधादि विकारों को नियंत्रित रखना।

६. भक्ति - अर्हत्, सिद्ध, आचार्य, उपाध्याय और साधु आदि पूज्यजनों की पूजा, स्तुति, विनय आदि करना।

७. आस्तिक्य - आत्मा, कर्म, पाप-पुण्य, स्वर्ग-नरक पुनर्जन्म आदि में विश्वास रखना।

८. अनुकम्पा - सभी जीवों के प्रति दया भाव रखना।

सम्यग्दर्शन के अतिचार

अतिचार का अर्थ है– प्रतिज्ञा का आंशिक खण्डन। मानव मन की यह दुर्बलता है कि वह अपने जीवन-व्यवहार को मर्यादित व नियंत्रित करने के लिए जो कुछ भी व्रत-नियम अंगीकार करता है, मन उसके विरूद्ध दिशा में आकर्षित होने लगता है। जैसे धरती पर बीज बोने के बाद अंकुरोत्पत्ति के साथ ही अनेक प्रकार के खर,पतवार उग आते हैं, उनकी निंदाई- गुड़ाई करनी पड़ती है, उसी प्रकार व्रत, नियम, संयम आदि अंगीकार करने के बाद भी मनोभूमि में व्रतों को मलिन करनेवाली अनेक प्रकार की दुर्भावनाएँ/दुर्वृत्तियाँ उभरने लगती हैं। ये ही अतिचार कहलाते हैं। इनके प्रति सजग रहने की आवश्यकता है। सम्यग्दर्शन के पाँच अतिचार हैं– शंका,कांक्षा, विचिकित्सा, अन्यदृष्टि-प्रशंसा और अन्यदृष्टि-संस्तव।

१. शंका - वीतराग-जिनेन्द्र-प्रतिपादित तत्त्व में अश्रद्धामूलक शंका करना, उसे संदिग्ध दृष्टि से देखना।

२. कांक्षा - धर्माचरण से ऐहिक फलों/विषयभोगों की आकांक्षा रखना।

३. विचिकित्सा - मुनिजनों की आन्तरिक उज्ज्वलता की ओर न देखकर शारीरिक मलिनता को ही देखना और मन में ग्लानि भाव उत्पन्न करना।

४. अन्यदृष्टि-प्रशंसा-कुमार्गगामी व्यक्ति की परोक्ष में मन से प्रशंसा करना।

५. अन्यदृष्टि-संस्तव- कुर्मागगामी व्यक्तियों की मुख से प्रशंसा करना ।

ये पाँच अतिचार सम्यक्त्व में मलिनता उत्पन्न करते हैं। यदि प्रारंभ में ही इन्हें नहीं रोका जाए, तो ऐसी स्थिति भी आ सकती है कि बढ़ते- बढ़ते ये दोष पूरे सम्यक्त्व को ही निगल जाएँ। अतः सम्यग्दृष्टि को यह सावधानी रखनी चाहिए कि जीवन में इनका प्रादुर्भाव ही न होने पाए।

सम्यग्ज्ञान

सम्यग्दर्शन के बाद सम्यग्ज्ञान का मोक्षमार्ग में दूसरा स्थान है। यद्यपि सूत्रकार ने सम्यग्ज्ञान की चर्चा द्रव्यानुयोग में की है,फिर भी सम्यग्चारित्र के निरूपण से पूर्व सम्यग्ज्ञान का सामान्य परिचय प्रासंगिक है। वस्तुओं को यथारीति जैसा का तैसा जानना सम्यग्ज्ञान है। दृढ़ आत्मविश्वास के अनन्तर ज्ञान में सम्यक्पना आता है। यों तो संसार के पदार्थो का ज्ञान हीनाधिक रूप में प्रत्येक व्यक्ति को होता है,पर उस ज्ञान का आत्मविकास के लिए उपयोग करना बहुत ही कम लोग जानते हैं। सम्यग्दर्शन के साथ उत्पन्न हुआ ज्ञान आत्म विकास का कारण होता है। स्व और पर का भेद विज्ञान यर्थाथतः सम्यग्ज्ञान है। हेय-उपादेय का विवेक करना इसका मूल कार्य है।

सम्यग्ज्ञान के अंग

सम्यग्दर्शन की तरह सम्यग्ज्ञान के भी आठ अंग निरूपित किये गये हैं।

१. शब्दाचार - मूल ग्रन्थ के शब्दों, स्वर, व्यञ्जन और मात्राओं को शुद्ध उच्चारण पूर्वक पढ़ना।[१]

२. अर्थाचार - शास्त्र की आवृत्ति मात्र न करके उसका अर्थ समझकर पढ़ना।

३. तदुभयाचार- अर्थ समझते हुए शुद्ध उच्चारण सहित पढ़ना।

४. कालाचार - शास्त्र पढ़ने योग्य काल में ही पढ़ना, अयोग्य काल में नहीं। दिग्दाह, उल्कापात, सूर्यचन्द्र-ग्रहण, सन्ध्याकाल आदि में शास्त्र नहीं पढ़ना चाहिए।

५. विनयाचार - द्रव्य, क्षेत्र आदि की शुद्धि के साथ विनयपूर्वक शास्त्र अभ्यास करना।

६. उपधानाचार - शास्त्र के मूल एवं अर्थ का बार बार स्मरण करना, उसे विस्मृत नहीं होने देना अथवा नियम विशेष पूर्वक पठन-पाठन करना उपाधानाचार है।

७. बहुमानाचार - ज्ञान के उपकरण एवं गुरुजनों की विनय करना।

८. अनिह्नवाचार - जिस शास्त्र या गुरु से ज्ञान प्राप्त किया है, उसका नाम न छिपाना।

उक्त आठ अंगो के पालन से सम्यग्ज्ञान पुष्ट एवं परिष्कृत होता है।

सम्यक्-चारित्र

साधना का तीसरा चरण चारित्र है। चारित्र के दो रूप माने गये हैं- निश्चयचारित्र और व्यवहारचारित्र। निश्चय चारित्र निवृत्तिमूलक है और व्यवहारचारित्र प्रवृत्ति-परक। चारित्र का बाह्य आचारात्मक पक्ष व्यवहारचारित्र है और उसका आन्तारिक पक्ष निश्चयचारित्र है। निश्चयचारित्र का अर्थ है— समस्त राग-द्वेषादि वैभाविक भावों से रहित होकर परम साम्यभाव में अवस्थिति। यह आत्मरमण की स्थिति है। निश्चयचारित्र की भावना ही जीव के आध्यात्मिक विकास का आधार है। इसे ही समता, वीतरागता या माध्यस्थता भी कहते हैं।

व्यवहारचारित्र का सम्बन्ध आचार नियमों के परिपालन से है। मन, वचन और काय की अशुभ प्रवृत्तियों को त्यागकर व्रत, समिति आदि शुभ प्रवृत्तियों में लीन होना व्यवहार-चारित्र है। इसे देशव्रत और सर्वव्रत इन दो वर्गों में विभाजित किया गया है। देशव्रत-चारित्र का सम्बन्ध गृहस्थों से और सर्वव्रत का

१. श्रावकाचार संग्रह १/१०२

सम्बन्ध मुनियों से है । गृहस्थाचार के अन्तर्गत अष्टमूलगुण, बारह व्रत और ग्यारह प्रतिमाओं का पालन किया जाता हैं तथा मुनि आचार के अन्तर्गत महाव्रत, समिति, गुप्ति, धर्म, अनुप्रेक्षा आदि के साथ अट्ठाईस मूलगुणों का पालन किया जाता हैं।

आगे के सूत्रों में इसी श्रावकाचार और मुनि-आचार का वर्णन किया गया है।

श्रावकाचार

श्रावकों के लिये निम्नलिखित आचार का विधान किया गया है– सप्तव्यसन त्याग, अष्टमूलगुणों का पालन, बारह व्रतों का ग्रहण, तीन शल्यों का त्याग, ग्यारह प्रतिमाओं का अंगीकार, तीन निर्वेग, सप्तमौन-स्थान, सात अन्तराय, चतुर्विध श्रावक-धर्म तथा गृहस्थाश्रम विहित कर्तव्यों का अनुष्ठान एवं सल्लेखना ग्रहण। प्रस्तुत प्रकरण में इन सब पर प्रकाश डालनेवाले सूत्रों का क्रमानुसार वर्णन और व्याख्या की जा रही है।

ग्यारह प्रतिमाएँ

एकादश निलयाः ।। १० ।।

श्रावकों की ग्यारह निलय अर्थात् श्रेणियाँ हैं।।१०।।

श्रावकाचार की क्रमोन्नत ग्यारह श्रेणियाँ है, इन्हें ही ग्यारह प्रतिमा या निलय कहते हैं। वे इस प्रकार हैं–

१. दर्शन २. व्रत ३. सामायिक ४. प्रोषधोपवास ५. सचित्त विरत

६. दिवा ब्रह्मचर्य/रात्रिभुक्ति-त्याग ७. ब्रह्मचर्य ८.आरम्भ-त्याग

९. परिग्रह-त्याग १०. अनुमति-त्याग ११. उद्दिष्ट-त्याग

ये ग्यारह श्रेणियाँ उत्तरोत्तर विकास को लिए हुए हैं। साधक पूर्व-पूर्व की भूमिकाओं से उत्तरोत्तर भूमिकाओं में प्रवेश करता जाता है। जैसे ग्यारहवीं कक्षा में प्रवेश करनेवाले में दसवीं कक्षा की योग्यता होनी चाहिए, वैसे ही उत्तर-उत्तर की प्रतिमाओं में पूर्व-पूर्व के गुण समाविष्ट रहते हैं। वैराग्य की प्रकर्षता के अनुरूप इन्हें इस क्रम में रखा गया है कि कोई भी साधक क्रमशः इनका अनुसरण करते हुए जीवन के अन्तिम लक्ष्य को प्राप्त कर सकता है।

१. दर्शन प्रतिमा - सम्यग्दर्शन की शुद्धि के साथ संसार, शरीर और भोगों से विरक्त होकर पंच परमेष्ठी के प्रति समर्पित रहना दर्शन प्रतिमा कहलाती है। इस प्रतिमा का धारक सात व्यसनों के त्याग के साथ श्रावक के अष्टमूलगुणों को धारण करता है । भोगों के प्रति उदासीनता आ जाने के कारण वह अचार-

मुरब्बा आदि पदार्थ तथा जिसमें फुई/फफूँद लगी हो, जिन वस्तुओं का स्वाद बिगड़ गया हो, उनका भी सेवन नही करता हैं। वह रात्रि में जल भी ग्रहण नहीं करता। दर्शन प्रतिमाधारी मद्य, मांस, मधु का सेवन तो करता ही नहीं है, इस प्रकार के निन्द्य व्यवसाय का भी त्याग कर देता है। वह नीति-न्याय पूर्वक ही अपनी जीविका का निर्वाह करता है। इस प्रतिमा के धारी श्रावक को दार्शनिक श्रावक कहते हैं।

२. व्रत प्रतिमा - दार्शनिक श्रावक के समस्त नियमों का पालन करते हुए निःशल्य होकर पाँच अणुव्रत, तीन गुणव्रत और चार शिक्षा व्रतों का निरतिचार पालन करना व्रत प्रतिमा है। इस प्रतिमा का धारी श्रावक व्रती कहलाता है।

३. सामायिक प्रतिमा - पूर्व ग्रहीत सभी व्रतों के साथ तीनों सन्ध्याओं में विधिपूर्वक सामायिक करना सामायिक प्रतिमा है।

४. प्रोषधोपवास प्रतिमा - पूर्व ग्रहीत सभी व्रतों के साथ अष्टमी और चतुर्दशी को प्रोषधोपवास करना प्रोषधोपवास प्रतिमा है।

५. सचित्त-विरत - पूर्व की चार प्रतिमाओं का पालन करनेवाले दयालु श्रावक द्वारा हरे साग -सब्जी, फल-पुष्प आदि वनस्पति के किसी भी अंग को अग्नि से संस्कारित करने अथवा यंत्र से पेले बिना नहीं खाना सचित्तत्याग प्रतिमा है। जैनधर्म एवं वैज्ञानिक दृष्टि से वनस्पतियों में भी जीव रहते हैं। जब तक वे कच्ची अवस्था में रहते हैं, सजीव रहते हैं। अग्नि से संस्कारित अथवा यंत्र से पेलित होने पर वे अचित्त हो जाते हैं। इस प्रतिमा का उद्देश्य संयम का पालन है। इससे प्राणी संयम और इन्द्रिय संयम दोनों का पालन हो जाता हैं। इसलिए वह जल भी उबालकर पीता है।

६. दिवा ब्रह्मचर्य / रात्रिभुक्ति त्याग प्रतिमा - पाँचों प्रतिमाओं का पालन करते हुए दिन में स्त्री मात्र के संसर्ग का त्याग करना दिवा ब्रह्मचर्य प्रतिमा है। इस प्रतिमा का धारी साधक दिन में समस्त काम प्रवृत्तियों का त्यागकर उन्हें रात्रि तक के लिए सीमित कर लेता है। इस प्रतिमा का धारी श्रावक रात्रि भोजन का मन वचन काय से त्यागी होता है। अतः इसे रात्रि भोजन त्याग प्रतिमा भी कहते हैं। इस प्रतिमा के धारण करने से पहले वह आवश्यकता पड़ने पर अपने परिवार/परिजनों को रात्रि भोजन करा सकता है, किन्तु इस प्रतिमा का धारी श्रावक रात्रि भोजन की अनुमोदना भी नहीं करता है।

७. ब्रह्मचर्य प्रतिमा - पूर्व की सभी प्रतिमाओं के पालन के साथ मन, वचन, काय से स्त्री मात्र के संसर्ग का त्याग करना ब्रह्मचर्य प्रतिमा है। इस प्रतिमा का धारी श्रावक शरीर की अशुचिता को समझते हुए काम प्रवृत्तियों का

सर्वथा परित्याग कर देता है। ब्रह्मचारी बनने के बाद वह अपने खान-पान और रहन-सहन में और अधिक सादगी ले आता है तथा घर-गृहस्थी के कार्यो के प्रति प्रायः उदासीन रहता है।

८. आरम्भत्याग प्रतिमा - पूर्वोक्त सातों प्रतिमाओं के पालन के साथ आजीविका के साधनभूत सभी प्रकार के व्यापार,खेती-बाड़ी, नौकरी आदि का त्याग करना आरम्भ त्याग प्रतिमा है।

संसार के प्रति बढ़ती हुई उदासीनता के कारण इस प्रतिमा का धारी श्रावक अर्थोपार्जन एवं घर-गृहस्थी के समस्त कार्यों का त्याग कर पूर्वार्जित सीमित सम्पत्ति से ही अपने जीवन का निर्वाह करता है।

९. परिग्रहत्याग प्रतिमा - पूर्व की सभी प्रतिमाओं के आचार नियमों के पालन के साथ उपयोग के वस्त्रों के अतिरिक्त सभी प्रकार के परिग्रहों, जमीन, जायदाद आदि से अपना स्वत्व/स्वामित्व छोड़ना परिग्रहत्याग प्रतिमा है।

अष्टम प्रतिमाधारी श्रावक अपने उद्योग-धन्धे को अपने पुत्रों के सुपुर्द कर देता है, किन्तु सम्पत्ति अपने ही अधिकार में रखता है। इस प्रतिमा में वह अपनी सम्पत्ति का भी त्याग कर देता है।

१०. अनुमतित्याग प्रतिमा - पूर्वोक्त नौ प्रतिमाओं के आचार का अभ्यास हो जाने के बाद घर के किसी भी लौकिक कारोबार में किसी भी प्रकार की अनुमति/परामर्श नहीं देना अनुमतित्याग प्रतिमा है। इस प्रतिमा का धारी श्रावक घर-गृहस्थी एवं व्यापार-धन्धों के कार्यों में किसी भी प्रकार की सलाह नहीं देता है। वह अत्यन्त उदासीन भाव से तटस्थ होकर रहता है। उसे लाभ-हानि में कोई रुचि नहीं रहती। अब वह घर में न रहकर प्रायः मन्दिर,चैत्यालय आदि एकान्त स्थानों में ही रहता है और अपना समय स्वाध्याय, सामायिक, चिन्तन आदि में ही व्यतीत करता है। अब वह भोजन भी अपने घर अथवा किसी साधर्मी-बन्धु के यहाँ निमंत्रण मिलने पर ही करता है।

११. उद्दिष्टत्याग प्रतिमा - अपने उद्देश्य से तैयार किये गये भोजन के ग्रहण का त्याग करना उद्दिष्टत्याग प्रतिमा है।

यह श्रावक की सर्वोत्कृष्ट भूमिका है। इस भूमिकावाला साधक गृह त्यागकर मुनियों के पास रहने लगता है तथा मुनियों के आहार के लिए निकलने के बाद ही चर्या के लिए निकलता है। श्रावक के द्वारा भक्ति/विधि पूर्वक आहार दिये जाने पर दिन में एक बार भोजन ग्रहण करता है। शेष समय मुनियों की सेवा-

शुश्रुषा एवं स्वाध्याय में लगाता है। उद्दिष्ट त्यागी श्रावक के दो भेद हैं-
१ क्षुल्लक २. ऐलक

क्षुल्लक पात्र में भोजन ग्रहण करता है, ऐलक करपात्र में ही भोजन ग्रहण करता है। ऐलक अनिवार्यतः केशलोंच करता है, क्षुल्लक के लिए केशलोंच अनिवार्य नहीं है। ऐलक एकमात्र लंगोट ही धारण करता है, क्षुल्लक लंगोट के साथ एक खंड-वस्त्र (जितने वस्त्र खंड से सिर ढकने पर पैर न ढके और पैर ढक जाने पर सिर न ढक सके) भी रखता है। दोनों ही उद्दिष्ट त्यागी श्रावक कहलाते हैं।

इस प्रकार दार्शनिक से लेकर उद्दिष्ट त्यागी तक श्रावक की ग्यारह श्रेणियाँ हैं। स्त्री-पुरुष सभी इन प्रतिमाओं का पालन कर सकते हैं। पुरुष श्रावक कहलाते हैं और स्त्रियाँ श्राविका। ग्यारहवीं प्रतिमाधारी स्त्रियाँ क्षुल्लिका कहलाती हैं। वे अपने पास मात्र एक सफेद साड़ी और एक खंड वस्त्र रखती हैं। क्षुल्लिकाएँ पात्र में ही भोजन ग्रहण करती हैं।

पहली से छटवीं प्रतिमा तक के श्रावक जघन्य, सातवीं से नवमीं तक के मध्यम एवं दशमी और ग्यारहवीं प्रतिमाधारी श्रावक उत्कृष्ट श्रावक कहलाते हैं।

प्रतिमाओं का उक्त क्रम अपने गार्हस्थिक दायित्वों का अच्छी तरह से निर्वाह करते हुए क्रमशः आगे बढ़ने की दृष्टि से रखा गया है।

दर्शन प्रतिमाधारी श्रावक तीन निर्वेगों से युक्त तथा सप्तव्यसन और तीन शल्यों से रहित होता है। आगामी सूत्रों में इन्हीं का निर्देश है।

तीन निर्वेग

त्रिविधो निर्वेगः ।। ११।।

निर्वेग तीन प्रकार का है ।।११।।

निर्वेग का अर्थ है— विरक्ति/उदासीनता। यह तीन प्रकार का है— संसार निर्वेग, शरीर निर्वेग और भोग निर्वेग।

१. संसार निर्वेग - चतुर्गति के दुःख स्वरूप संसार से विरक्ति।

२. शरीर निर्वेग - शरीर को अशुचिता का भण्डार समझ शरीर से विरक्ति।

३. भोग निर्वेग - इन्द्रिय विषयों और भोगों को तृष्णा की अभिवर्धक और असार समझ उनसे विरक्ति।

सप्त व्यसन

सप्त व्यसनानि ।। १२।।

व्यसन सात प्रकार के होते हैं ।। १२ ।।

१. जुआ २. मांसाहार ३. मद्यपान ४. वेश्यावृत्ति ५. शिकार ६. चोरी ७. परस्त्रीसेवन ये सात व्यसन हैं।

१. जुआ - बिना परिश्रम के अधिक धन कमाने की लालसा से हार-जीत बदकर द्यूतक्रीड़ा करना, ताश-चौपड़ खेलना, सट्टा लगाना, लॉटरी खेलना, शर्त लगाना आदि जुआ हैं।

२. मांसाहार - मांस-भक्षण, अण्डे, मुर्गे आदि का सेवन करना।

३. मद्य - शराब पीना तथा गाँजा, भाँग , अफीम , चरस, तम्बाखू, बीड़ी, सिगरेट तथा अन्य प्रकार के मादक पदार्थों का सेवन करना।

४. वेश्यावृत्ति - वेश्यावृत्ति करना, वेश्याओं से यौन संपर्क रखना।

५. शिकार - अपने मनोरंजन के लिए जीवों का विघात करना।

६. चोरी - दूसरों के धन का हरण करना।

७. परस्त्री सेवन - अपनी स्त्री के अतिरिक्त अन्य विवाहित अथवा अविवाहित स्त्रियों से यौन संपर्क रखना।

व्यसन मनुष्य के नरक पतन का कारण है। व्यसन का अर्थ मनुष्य की उन खोटी प्रवृत्तियों और बुरी आदतों से है,जो मनुष्य को लौकिक और पारलौकिक संकटों में डाल देती है। यह एक ऐसी बला है जो मनुष्य की मानसिक पवित्रता को नष्ट कर उसकी सांस्कृतिक,धार्मिक और सामाजिक चेतना को विकृत कर देती है। व्यसनों में फँसा मनुष्य पथभ्रष्ट बनकर जहाँ आर्थिक हानि उठाता है, वहीं अपने शारीरिक स्वास्थ्य को बिगाड़कर अपनी पारिवारिक समृद्धि को भी मिटा डालता है।

व्यसनी व्यक्ति के जीवन में धर्म नहीं उतर सकता, क्योंकि व्यसन धर्म का शत्रु है। "पद्मनन्दि पञ्चविंशतिका" में कहा गया है कि व्यसनी व्यक्ति के अंदर धर्म धारण करने की पात्रता नहीं रहती है। इसलिए धर्म धारण के इच्छुक पुरुषों को सभी व्यसनों से दूर रहना चाहिए। [१]

---

१. धर्मार्थिनोऽपि लोकस्य चेदस्ति व्यसनाश्रयः।
जायते न तथा सोऽपिधर्मान्वेषण योग्यताम् ।। पद्मनन्दी पञ्चविंशतिका ।।६/११

तीन शल्य

शल्यत्रयम् ।।१३।।

शल्य के तीन भेद हैं।। १३ ।।

जो काँटे की तरह अन्दर ही अन्दर चुभता है उसे शल्य कहते हैं। मनोविज्ञान की भाषा में मनुष्य की आन्तरिक कुण्ठा और ग्रन्थियों को शल्य कह सकते हैं। शल्य तीन प्रकार का होता है– मायाशल्य, मिथ्याशल्य, निदानशल्य।

१. माया-शल्य - आत्मवंचना पूर्वक तपश्चरण/व्रताचरण करना मायाशल्य है।

२. मिथ्या-शल्य - सम्यग्दर्शन से विरहित धार्मिक प्रवृत्ति मिथ्या शल्य है।

३. निदान-शल्य - भावी भोगों की आकांक्षा से व्रताचरण/ तपश्चरण करना, उसमें ही दत्तचित्त रहना निदानशल्य है।

शल्य मनुष्य के मन में आकुलता, तनाव और कुण्ठा उत्पन्न करता है। निःशल्य व्यक्ति का व्रताचरण ही यथार्थ होता है। अतः इन तीनों शल्यों से रहित होकर ही व्रताचरण करना चाहिए - **"निःशल्यो व्रती"**[1] यही व्रती का लक्षण है।

✡

१. तत्त्वार्थ सूत्र ७/१८

अष्ट मूलगुण

अष्टौ मूलगुणाः ।। १४।।

श्रावक के आठ मूलगुण हैं ।। १४ ।।

मद्यत्याग, मांसत्याग, मधुत्याग, पंच उदम्बर फलों का त्याग, रात्रिभोजनत्याग, जीवदया, पंच परमेष्ठी स्तवन और पानी छानकर पीना जैन श्रावक के ये आठ मूलगुण हैं। जिस प्रकार मूल/जड़ के शुद्ध और पुष्ट होने पर वृक्ष भी सबल और सरस होता है, उसी प्रकार उपर्युक्त मूलभूत नियमों से जीवन के अलंकृत होने पर ही व्यक्ति में धर्म-पथ पर आगे बढ़ने की योग्यता आती है। ये आठों बातें जैनों के मूल चिह्न हैं। एक जैन श्रावक को इन नियमों का पालन तो अवश्य ही करना चाहिए। तभी वह सच्चा जैनी कहला सकता है।

मद्यत्याग - मादक पदार्थ, शराब, गाँजा, भाँग, अफीम, स्मैक, हिरोइन, कोकीन, तम्बाखू, बीड़ी, सिगरेट, आदि तरह-तरह के नशीले पदार्थ मद्य के अन्तर्गत आते हैं। मादक पदार्थों का सेवन व्यक्ति के जीवन के लिए बहुत खतरनाक है। मद्यपान व्यक्ति की बुद्धि और विवेक को नष्टकर उसे उन्मादी बना देता है। इन पदार्थों के सेवन से व्यक्ति की वृत्ति और प्रवृत्ति दोनों बिगड़ जाती है। अनेक परिवार मादक पदार्थों के सेवन से बर्बाद हो चुके हैं। अतः सभी प्रकार के मादक पदार्थों का त्याग करना चाहिए।

मांसत्याग - जैन धर्म का मूल अहिंसा है। एक अहिंसक व्यक्ति के लिए मांसाहार किसी भी रूप में उचित नहीं है। मांसाहार दया और करुणा धर्म के विपरीत है। अपने उदर की पूर्ति के लिए किसी भी प्राणी का संहार करना अधार्मिक ही नहीं अमानवीय भी है। जब हम किसी को जीवन दान नहीं दे सकते तो किसी के प्राण हरण का भी हमें अधिकार नहीं है। सभी प्राणी जीना चाहते हैं, कोई भी मरना नहीं चाहता। अतः हमारा कर्त्तव्य है कि स्वयं जियें और दूसरों को जीने का अधिकार दें। "जिओ और जीने दो" जैन धर्म का मूलमंत्र है।

मांसाहार मनुष्य की प्रकृति के भी अनुकूल नहीं है। वह अनेक घातक बीमारियों का कारण है।अतः मांसाहार का त्याग करना चाहिए।

मधु/शहद त्याग - मांसाहार की तरह शहद का सेवन करना भी उचित नहीं है। शहद के भक्षण में भयंकर हिंसा होती है। इसके उत्पादन में मधुमक्खियों के छत्तों को तोड़ना पड़ता है। यह महान् हिंसा है। अपने थोड़े से स्वाद के लिए किसी का घर उजाड़ना कदापि उचित नहीं है। कुछ लोग तथाकथित अंहिसक शहद को जो मधुमक्खियों के उड़ने/उड़ाने के बाद निकाला जाता है, खाने की सलाह देते हैं। उनकी यह दलील है कि उसमें मधु-मक्खियों का घात नहीं होता। अतः उसे खाने में कोई दोष नहीं है। उक्त मान्यता भी ठीक नहीं हैं। शहद का सेवन किसी भी अर्थ में निर्दोष नहीं हैं, क्योंकि शहद तो मधु-मक्खियों की उगाल/थूक है। किसी भी प्राणी के उच्छिष्ट पदार्थ का सेवन शिष्टजन नहीं करते। इसके साथ ही शहद में अन्य भी सूक्ष्म त्रस जीव पाये जाते हैं। अतः एक धार्मिक गृहस्थ के लिए वह त्याज्य ही है।

पंच उदम्बर फलों का त्याग - बड़, पीपल, पाकर, ऊमर (गूलर) और कठूमर ये पाँच उदम्बर फल कहलाते हैं। इनके अन्दर बहुसंख्या में त्रस जीव पाये जाते हैं। अतः इनका भी त्याग करना चाहिए।

जल-गालन - जल में अनेक त्रस जीव पाये जाते हैं। वे इतने सूक्ष्म होते हैं कि दिखाई नहीं पड़ते। आधुनिक वैज्ञानिकों ने सूक्ष्मदर्शी यन्त्रों की सहायता से देखकर एक बूँद जल में ३६४५० सूक्ष्म जीव बताये हैं। जैन ग्रन्थों के अनुसार जीवों की संख्या उससे भी काफी अधिक है। ऐसा कहा जाता है कि एक जल बिन्दु में इतने जीव पाये जाते हैं कि वे यदि कबूतर की तरह उड़ें तो पूरे जम्बूद्वीप को व्याप्त कर लें। उक्त जीवों के बचाव के लिए पानी को वस्त्र से छानकर पीना चाहिए। मनुस्मृति में भी **"दृष्टिपूतं न्यसेत् पादं वस्त्रपूतं पिबेज्जलम्"** कहकर जल छानकर पीने का परामर्श दिया गया है।

अनछना पानी पीने से हिंसा की संभावना तो रहती ही है, अनेक प्रकार के रोगों का शिकार भी होना पड़ता है। आजकल तो चिकित्सक भी छना जल पीने की सलाह देते हैं। वस्त्र द्वारा पानी छानने का मुख्य उद्देश्य करुणा है,उसके साथ -साथ अनेक रोगों से भी बचाव हो जाता है।

आजकल जो नल का पानी आता है, कई बार उसमें नाली का पानी

भी आ जाता है। कभी-कभी नल के पानी में केंचुए भी देखे गये हैं, ऐसी घटनाएँ आये दिन अखबारों में छपती रहती हैं। अतः पानी छानकर ही पीना चाहिए ।

पानी छानने की विधि -जिससे सूर्य का बिम्ब न दिख सके, ऐसे अत्यन्त गाढ़े वस्त्र को दोहरा करके जल छानना चाहिए। छन्ने की लम्बाई उसकी चौड़ाई से ड़ेढ गुनी होनी चाहिए। ऐसा करने से अहिंसा व्रत की रक्षा होती है तथा त्रस जीव उस वस्त्र में ही रह जाते हैं, जिससे छना हुआ जल त्रस जीवरहित हो जाता है। त्रस जीवों का रक्षण होने से मांस भक्षण के दोषों से बचा जाता है। जल छानने के बाद छन्ने में बचे जल को एक दूसरे पात्र में रखकर उसके ऊपर छने जल की धार छोड़नी चाहिए। उसके बाद उसे मूल स्रोत में पहुँचा देना चाहिए। इसके लिए कड़ीदार बाल्टी रखी जाती है, जिसे जल की सतह पर ले जाकर उड़ेला जाता है। ऐसा करने से उन सूक्ष्म जीवों को धक्का नहीं लगता तथा करुणा भी पूरी तरह पलती है। उक्त क्रिया को जीवाणी कहते हैं। छना हुआ जल एक मुहूर्त्त (४८ मिनट) तक, सामान्य गर्म जल छह घण्टे तक तथा पूर्णतः उबला जल चौबीस घण्टे तक उपयोग करना चाहिए। इसके बाद उसमें त्रस जीवों की पुनरुत्पत्ति की सम्भावना रहने से उनकी हिंसा का डर रहता है।

रात्रि भोजन का त्याग - रात्रि भोजन का भी प्रत्येक गृहस्थ को त्याग करना चाहिए। रात्रि में भोजन करने से त्रस हिंसा का दोष लगता है। भले ही बल्व आदि के प्रकाश में आप अपने भोजन को देखते हैं, किन्तु उसमें पड़नेवाले जीवों को नहीं बचा सकते। कुछ कीट-पतंग तो उनके प्रकाश में ही आते हैं और भोज्य सामग्री पर गिरते रहते हैं। अतः रात्रि भोजन करने से त्रस हिंसा से नहीं बचा जा सकता। दिन में सूर्य-प्रकाश होने के कारण उनका सद्भाव नहीं पाया जाता। इसका कारण सूर्य प्रकाश में पायी जानेवाली अल्ट्रावायलेट नाम की अदृश्य किरणें हैं। सूर्य के प्रकाश में उक्त अदृश्य और गर्म किरणें निकलती रहती हैं। उनके प्रभाव से सूक्ष्म जीव दिन में यहाँ वहाँ छिप जाते हैं तथा नये जीवों की उत्पत्ति नहीं होती। रात्रि होते ही वे निकलने लगते हैं। सूर्य-प्रकाश के अतिरिक्त प्रकाश के किसी अन्य स्रोत में उक्त किरणें नहीं पायी जातीं। यही कारण है कि वर्षा ॠतु में दिन में बल्व जलाने पर भी कीड़े नहीं आते।अतः त्रस हिंसा से बचने के लिए रात्रिभोजन का त्याग अनिवार्य है।

रात्रिभोजन स्वास्थ्य की दृष्टि से भी हानिकर है। चिकित्सा शास्त्रियों का

अभिमत है कि कम से कम सोने के तीन घण्टे पूर्व तक भोजन कर लेना चाहिए। जो लोग रात्रिभोजन करते हैं और भोजन के तुरन्त बाद सो जाते हैं, वे अनेक रोगों के शिकार हो जाते हैं। दूसरी बात यह है कि सूर्यप्रकाश में केवल प्रकाश ही नहीं होता, अपितु जीवनदायिनी शक्ति भी होती है। सूर्यप्रकाश से हमारे पाचन-तंत्र का गहरा सम्बन्ध है। जिस प्रकार सूर्य का प्रकाश पाकर कमलदल खिल जाते हैं तथा उसके अस्त होते ही सिकुड़ जाते हैं, उसी प्रकार जब तक सूर्य-प्रकाश रहता है, तब तक उसमें रहनेवाली गर्म किरणों के प्रभाव से हमारा पाचन-तन्त्र ठीक काम करता है। उसके अस्त होते ही उसकी गतिविधि मन्द पड़ जाती है, जिससे अनेक रोगों की सम्भावना बढ़ जाती है। अतः रात्रि भोजन का त्याग करना ही चाहिए।

पंचपरमेष्ठी स्तवन - इन्द्रादिकों के द्वारा वन्दनीय परम/उच्च पदों में स्थित महान् आत्माओं को परमेष्ठी कहते हैं। जैन धर्म में पाँच पदों को सबसे अधिक प्रतिष्ठित माना गया है– अर्हन्त,सिद्ध, आचार्य, उपाध्याय और साधु। इन्हें ही पंच परमेष्ठी कहते हैं। जैन धर्म के मूल-मन्त्र 'नमस्कार-मन्त्र' में इन्हीं पंच पदों को नमस्कार किया गया है। ये पाँच ही वन्दनीय और पूजनीय हैं। इनकी स्तुति/वन्दना प्रत्येक जैन श्रावक का नित्य-कर्त्तव्य है।

अर्हन्त परमेष्ठी - जो चार घातिया कर्मों का क्षयकर, अनन्त दर्शन, अनन्तज्ञान, अनन्त सुख और अनन्त वीर्यरूप अनन्त चतुष्टय से मण्डित हैं, वे सर्वज्ञ, सर्वदर्शी, जीवनमुक्त परमात्मा अर्हन्त परमेष्ठी कहलाते हैं।

सिद्ध परमेष्ठी - अष्टकर्मों से रहित,अष्टगुण युक्त, शरीरातीत लोकाग्रनिवासी, शुद्ध परमात्मा सिद्ध-परमेष्ठी हैं।

आचार्य परमेष्ठी - जो पाँच प्रकार के आचारों का स्वयं पालन करते हैं और अपने शिष्यों से कराते हैं, उन्हे आचार्य कहते हैं। आचार्य मुनिसंघ के नायक होते हैं। शिष्यों पर अनुग्रह कर उनका संग्रह करना, दीक्षा देना तथा प्रायश्चित्त प्रदान करना उनका मुख्य कार्य है।

उपाध्याय परमेष्ठी - जो रत्नत्रय से युक्त होकर नित्य ही धर्मोपदेश में निरत रहते हैं, वे उपाध्याय कहलाते हैं। उपाध्याय परमेष्ठी समस्त शास्त्रों के पारगामी होते हैं, अन्य साधुओं को अध्ययन-अध्यापन कराना इनका मुख्य कार्य है। मुनिसंघ में आचार्यों के बाद उपाध्यायों का दूसरा स्थान है।

साधु-परमेष्ठी - विषय-कषाय और आरंभ-परिग्रह से रहित,ज्ञान, ध्यान, तप में लीन,मोक्षसाधक,शान्त निस्पृही और इन्द्रिय विजयी मुनि को साधु परमेष्ठी कहते हैं।

ये पाँचों परमेष्ठी साधना की दिशा में प्रस्थित साधकों की उत्तरोत्तर विकसित अवस्थाएँ अथवा सिद्धि प्राप्त भूमिकाएँ हैं। इनकी वन्दना/आराधना से हमें अपने सच्चे जीवन-आदर्श का बोध होता है और साधना के मार्ग पर चलने का उत्साह जागृत होता है। इनकी स्तुति/वन्दना से उत्पन्न शुभ परिणाम को प्रतिसमय असंख्यात गुणी कर्म की निर्जरा का कारण कहा गया है। अतः प्रत्येक जैन श्रावक को नित्य ही पंचपरमेष्ठी की वन्दना/आराधना करनी चाहिए।

जीव दया- सभी जीवों के प्रति दया भाव का पालन एक सच्चे धर्मात्मा की विशेष पहचान है। यह समस्त धर्मों का मूल है। दया -शून्य व्यक्ति के हृदय में धर्म नहीं टिक सकता। अतः दीन-दुःखी प्राणियों के प्रति करुणाभाव रखकर जीव दया का पालन करना चाहिए।

✡

बारह व्रत

पञ्चाणुव्रतानि ।।१५।।

त्रीणि गुणव्रतानि ।।१६।।

शिक्षाव्रतानि चत्वारि ।।१७।।

सप्त शीलानि ।।१८।।

व्रतशीलेषु पञ्च पञ्चातिचाराः ।।१९।।

अणुव्रत पाँच हैं ।।१५।।

गुणव्रत तीन हैं ।।१६।।

शिक्षाव्रत चार हैं ।।१७।।

शील सात हैं ।।१८।।

व्रतों और शीलों के पाँच-पाँच अतिचार हैं ।।१९।।

व्रत का लक्षण - पापों के परित्याग को व्रत कहते हैं। हिंसा, झूठ, चोरी, कुशील और परिग्रह ये पाँच पाप हैं। पापों का परिपूर्ण त्याग महाव्रत तथा उनका आंशिक त्याग अणुव्रत कहलाता है।

अणुव्रतों का स्वरूप

अणुव्रत पाँच हैं- अहिंसाणुव्रत, सत्याणुव्रत, अचौर्याणुव्रत, ब्रह्मचर्याणुव्रत और परिग्रहपरिमाण व्रत।

१. अहिंसाणुव्रत- अपने स्वार्थ की पूर्ति के लिए रागद्वेष पूर्वक किसी जीव को मन-वचन-काय से पीड़ा पहुँचाना हिंसा है। इस हिंसा के स्थूल त्याग को अहिंसाणुव्रत कहते हैं। जैन दर्शन में त्रस और स्थावर के भेद से दो प्रकार के जीव बताए गये हैं। उनमें संकल्पपूर्वक त्रस जीवों के घात का मन-वचन-काय से त्याग करना अहिंसाणुव्रत है। हिंसा के चार भेद हैं– संकल्पी हिंसा,

आरम्भी हिंसा, औद्योगिक हिंसा, विरोधी हिंसा।

(क) संकल्पी हिंसा- संकल्प पूर्वक किसी जीव का घात करना अथवा उसे कष्ट पहुँचाना संकल्पी हिंसा है। कसाइयों द्वारा प्रतिदिन असंख्य पशुओं को मौत के घाट उतारा जाना,इसी संकल्पी हिंसा का परिणाम है। आतंकवाद, जातीय संघर्ष, साम्प्रदायिक दंगे एवं अपने मनोरंजन अथवा मांसाहार के लिए शिकार आदि करना या कराना इसी संकल्पी हिंसा की पर्यायें हैं। इसके अतिरिक्त धर्म के नाम पर की जानेवाली पशुओं की बलि भी इसी हिंसा की कोटि में आती है।

(ख) आरम्भी हिंसा- घरेलू काम-काजों, दैनिक कार्यों के निमित्त से होनेवाली हिंसा-आरम्भी हिंसा है। इसके अन्तर्गत भोजन बनाना, झाड़ना-बुहारना, नहाना-धोना आदि क्रियाएँ आती हैं।

(ग) औद्योगिक हिंसा- जीवकोपार्जन के लिए खेती-बाड़ी, नौकरी, व्यवसाय, उद्योग-धंधों के निमित्त से होनेवाली हिंसा।

(घ) विरोधी हिंसा- अपने राष्ट्र, धर्म, संस्कृति, समाज, कुटुम्ब और परिवार की अस्मिता और अस्तित्व की रक्षा के लिए की जानेवाली हिंसा-विरोधी हिंसा है।

इन चार प्रकार की हिंसाओं में अहिंसाणुव्रती मात्र संकल्पी हिंसा का त्याग करता है। वह संकल्पपूर्वक मन, वचन और काय से किसी भी प्राणी का घात अपने मनोरंजन एवं स्वार्थपूर्ति के लिए नहीं करता, तथा शेष तीन प्रकार की हिंसा को भी अपने विवेक से कम करता है।

२. सत्याणुव्रत- स्थूल झूठ का त्याग सत्याणुव्रत है। अहिंसा की आराधना के लिए सत्य की उपासना अनिवार्य है। झूठा व्यक्ति सही अर्थों में अहिंसक आचरण कर ही नहीं सकता तथा सच्चा अहिंसक कभी असत्य आचरण नहीं कर सकता। सत्य और अहिंसा में इतना घनिष्ट सम्बन्ध है कि एक के अभाव में दूसरे का पालन हो ही नहीं सकता। ये दोनों एक दूसरे के पूरक हैं।

गृहस्थ के लिए झूठ का सर्वथा त्याग सम्भव नहीं है। इसलिए उससे स्थूल झूठ का ही त्याग कराया जाता है। जिस झूठ से समाज में प्रतिष्ठा न रहे, प्रामाणिकता खण्डित होती हो, लोगों में अविश्वास उत्पन्न होता हो तथा राजदण्ड का भागी बनना पड़े, इस प्रकार के स्थूल झूठ का मन, वचन, काय से सर्वथा त्याग

करना सत्याणुव्रत है। सत्याणुव्रती कभी ऐसा सत्य भी नहीं बोलता जिससे किसी पर आपत्ति आती हो। वह अपनी अहिंसक भावना की सुरक्षा के लिए हित-मित और प्रिय वचनों का ही प्रयोग करता है।

३. अचौर्याणुव्रत- स्थूल चोरी का त्याग अचौर्याणुव्रत है। चोरी हिंसा का एक रूप है। अहिंसा के परिपालन के लिए चोरी का त्याग भी आवश्यक है। जब किसी की कोई चीज चोरी हो जाती है अथवा वह किसी प्रकार से ठगा जाता है तो उसे बहुत मानसिक पीड़ा होती है। उस मानसिक पीड़ा के परिणामस्वरूप कभी-कभी हृदयाघात (हार्टअटेक) भी हो जाता है। अतः चोरी करने से अहिंसा नहीं पल सकती तथा चोरी करनेवाला सत्य का पालन भी नहीं कर सकता, क्योंकि सत्य और चोरी दोनों साथ-साथ नहीं हो सकते।

जिस पर अपना स्वामित्व नहीं है, ऐसी किसी भी पराई वस्तु को बिना अनुमति के ग्रहण करना चोरी है। श्रावक स्थूल चोरी का त्याग करता है। वह जल और मिट्टी के अलावा बिना अनुमति के दूसरों के स्वामित्व की वस्तु का उपयोग नहीं करता। वह मार्ग में पड़ी हुई, रखी हुई या किसी की भूली हुई, अल्प या अधिक मूल्यवाली किसी वस्तु को ग्रहण नहीं करता।

अचौर्याणुव्रती उक्त प्रकार की समस्त चोरियों का त्याग कर देता है, जिनके करने से राजदण्ड भोगना पड़ता है, समाज में अविश्वास बढ़ता है तथा प्रामाणिकता खण्डित होती है, प्रतिष्ठा को धक्का लगता है। किसी को ठगना, किसी की जेब काटना, किसी का ताला तोड़ना, किसी को लूटना, डाका डालना, किसी के घर सेंध लगाना, किसी की सम्पत्ति हड़प लेना, किसी का गड़ा धन निकाल लेना आदि सब स्थूल चोरी के उदाहरण हैं।

४. ब्रह्मचर्याणुव्रत- कामप्रवृत्ति के त्याग को ब्रह्मचर्य कहते हैं। काम सम्बन्धों को अपनी पत्नी/पति तक ही सीमित रखना ब्रह्मचर्याणुव्रत हैं।

गृहस्थ अपनी कमजोरीवश पूर्ण ब्रह्मचर्य ग्रहण नहीं कर पाता। उसके लिए विवाह का मार्ग खुला है। वह विवाह करके कौटुम्बिक जीवन में प्रवेश करता है। उसके विवाह का प्रमुख उद्देश्य धर्म, अर्थ और काम पुरुषार्थों का सम्यक् प्रकार से सेवन करना है। विवाह के बाद वह अपनी पत्नी के अतिरिक्त अन्य सभी स्त्रियों को माता, बहिन और पुत्री की तरह समझता है तथा पत्नी अपने पति के सिवा अन्य सभी पुरुषों को पिता, भाई और पुत्र की तरह समझती है। दोनों एक दूसरे से ही सन्तुष्ट रहते हैं। इसे ब्रह्मचर्याणुव्रत या स्वदार-संतोष व्रत कहते हैं।

५. परिग्रह-परिमाणव्रत- अपनी आवश्यकताओं के अनुरूप धन-धान्यादि पदार्थों की सीमा बनाकर उससे अधिक का त्याग करते हुए उनके प्रति निस्पृह भाव रखना परिग्रह-परिमाणव्रत है। धन-धान्यादि बाह्य पदार्थों के प्रति ममत्व, मूर्च्छा या आसक्ति को परिग्रह कहते हैं। जो मनुष्य सम्पत्ति की जितनी अधिक कामना करता है, उसमें उतना ही अधिक ममत्व, मूर्च्छा या आसक्ति होती है। अपनी इसी आसक्ति के कारण आवश्यकता न होने पर भी वह अधिक से अधिक धन प्राप्त करने की कोशिश करता है, किन्तु जैसे-जैसे लाभ होता है, वैसे-वैसे लोभ भी बढ़ता ही जाता है। वह अपने इसी लोभ के कारण अधिकाधिक धन-संग्रह करता है। परिग्रह की होड़ में दिन-रात बेचैन रहता है। यह लोभ और तृष्णा ही हमारे दुःख का मूल कारण है। धन-सम्पत्ति से सुख की कामना करना ईंधन से आग बुझाने का प्रयास करने की तरह है।

यद्यपि मनुष्य की आवश्यकताएँ सीमित हैं। उन आवश्यकताओं की पूर्ति थोड़े से प्रयत्न से की जा सकती है, तथापि आकांक्षाओं के अनन्त होने के कारण मनुष्य में और अधिक जोड़ने की भावना बनी रहती है। इच्छा तो आकाश की तरह अनन्त है। उसकी कभी पूर्ति हो ही नहीं सकती। इच्छाओं का नियन्त्रण ही इच्छा तृप्ति का श्रेष्ठ साधन है। अतः आकांक्षाओं की इस अन्तहीन परम्परा को देखते हुए आवश्यकताओं के अनुरूप उन्हें सीमित बनाने का प्रयास करना ही सच्चा पुरुषार्थ है। इसी से अहिंसा की सही साधना हो सकेगी। इसी दृष्टि से गृहस्थ अपनी आवश्यकताओं के अनुरूप धन-धान्यादि बाह्य पदार्थों की सीमा बनाकर उतने में ही सन्तोष रखता है। उसके अतिरिक्त पदार्थों के प्रति कोई ममत्व नहीं रखता। इससे सहज ही वह अपनी अन्तहीन इच्छाओं को एक सीमा में बाँध लेता है, इसलिए इसे इच्छा-परिमाणव्रत भी कहते हैं।

गुणव्रतों का स्वरूप

जिससे अणुव्रतों में विकास होता है उसे गुणव्रत कहते हैं। गुणव्रत तीन हैं- दिग्व्रत, अनर्थ-दण्ड-त्याग व्रत तथा भोगोपभोग-परिमाण व्रत।

(क) दिग्व्रत- जीवन पर्यन्त के लिए दशों दिशाओं में आने-जाने की मर्यादा बना लेना दिग्व्रत है। लोभ के शमन के लिए दिग्व्रत लिया जाता है, क्योंकि इससे मर्यादीकृत क्षेत्र से बाहर के क्षेत्र में कितना भी बड़ा प्रलोभन हो, वह बाहर जाने का भाव नहीं रखता तथा अपने सीमित साधनों में ही सन्तुष्ट रहता है। तृष्णा की कमी हो जाने से यह व्यक्तिगत निराकुलता का साधन तो है ही,विदेश गमन का त्याग हो जाने से देश की सम्पत्ति और प्रतिभा भी विदेशों में

जाने से बच जाती है।

(ख) अनर्थदण्ड-त्यागव्रत- बिना प्रयोजन पाप कार्य करने को अनर्थदण्ड कहते हैं। इनका त्याग करना अनर्थदण्ड त्यागव्रत है। इस व्रत के पाँच भेद हैं-

१. पापोपदेश- बिना प्रयोजन खोटे व्यापार आदि पाप क्रियाओं का उपदेश देना।

२. हिंसादान-अस्त्र-शस्त्रादि हिंसक उपकरणों का आदान-प्रदान करना तथा हिंसक सामग्री का व्यापार करना।

३. अपध्यान- बिना प्रयोजन किसी की जीत-हार, लाभ-हानि और जीवन-मरण का चिन्तन अपध्यान है। इन क्रियाओं में व्यर्थ ही समय नष्ट होता है तथा पाप का संग्रह होता है। अतः व्रती इसका भी त्याग कर देता है।

४. प्रमादचर्या-बिना मतलब पृथ्वी खोदना, पानी बहाना, बिजली जलाना, पंखा चलाना, आग जलाना तथा वनस्पति काटना, तोड़ना आदि प्रयोजन रहित और प्रदूषण फैलानेवाली क्रियाओं को प्रमादचर्या कहते हैं।

५. दुःश्रुति-चित्त को कलुषित करनेवाला अश्लील साहित्य पढ़ना, सुनना तथा अश्लील गीत, नाटक, टेलीविजन एवं सिनेमा देखना दुःश्रुति है। चित्त में विकृति उत्पन्न करनेवाले होने के कारण व्रती को इनका भी त्याग करना चाहिए।

इसके अतिरिक्त, दूसरों से व्यर्थ हँसी-मजाक करना, कुत्सित चेष्टाएँ करना, व्यर्थ बकवाद करना तथा जिससे स्वयं को कोई लाभ न हो तथा दूसरों को व्यर्थ में कष्ट उठाना पड़े, इस प्रकार हिताहित का विचार किये बिना कोई भी कार्य नहीं करना चाहिए। साथ ही भोगोपभोग के साधनों का आवश्यकता से अधिक संग्रह करना भी एक सद्गृहस्थ के लिए अनुचित है। ये सब क्रियाएँ भी अनर्थदण्ड के अन्तर्गत ही आती हैं।

(ग) भोगोपभोग-परिमाण-व्रत-भोग और उपभोग के साधनों का कुछ समय या जीवन पर्यन्त के लिए त्याग करना भोगोपभोगपरिमाण-व्रत कहलाता है। भोजन, माला आदि एक ही बार उपयोग में आने योग्य वस्तु को भोग कहते हैं तथा वस्त्राभूषण आदि बार-बार उपयोग में आनेवाली सामग्री उपभोग कहलाती है। यह भोगोपभोगपरिमाण-व्रत व्यक्तिगत निराकुलता एवं सामाजिक सद्भाव दोनों दृष्टियों से उपयोगी है, क्योंकि इस व्रत के ग्रहण कर लेने पर मनुष्य अनावश्यक खर्च और आकुलता से बच जाता है तथा एक जगह अनावश्यक वस्तुओं का संग्रह न होने से दूसरों के लिए वह सुलभ हो जाती है।

अनावश्यक माँग न होने के कारण समाजवाद के लिए यह व्यवस्था बहुत ही उपयोगी है कि व्यक्ति अपने उपयोग की ही वस्तु का संग्रह करे। किसी एक के पास अनावश्यक वस्तुओं का संग्रह होने से दूसरे उसके उपभोग से वंचित हो जाते हैं।

जो मनुष्य भोग और उपभोग के साधनों को कम करके अपनी आवश्यकताओं को कम कर लेता है, उसका खर्च भी कम हो जाता है। खर्च कम हो जाने से वह सीमित साधनों से भी अपने जीवन का संतोषपूर्वक निर्वाह कर लेता है। तृष्णा घट जाने से वह न्याय और नीति का विचार करके ही अपना कार्य करता है। अतः इस व्रत के धारी को दूसरों की कष्टदायी आजीविका की भी जरूरत नहीं पड़ती।

भोगोपभोग-परिमाणव्रती अपने खान-पान को भी सात्विक रखता है। वह मद्य, मांस, मधु का त्याग तो करता ही है, अपने भोजन में मादकता बढ़ानेवाले पदार्थों को भी नहीं लेता। वह तो शरीर-पोषक-तत्त्वों के साथ सन्तुलित भोजन ही लेता है। इसी प्रकार वह केतकी के फूल, अदरक, गाजर, मूली, आलू आदि जमीकन्दों का भी सेवन नहीं करता, क्योंकि वे अनन्तकाय होते हैं, अर्थात् इनमें एक-एक के आश्रय से अनन्तानन्त निगोदिया जीव निवास करते हैं। इसी प्रकार और भी अशुचि पदार्थ जैसे- गोमूत्र आदि उनका भी सेवन नहीं करता। वर्तमान में प्रचलित ऐसी औषधियाँ जिनके निर्माण का ठीक से पता नहीं चलता तथा जिसमें अशुचि पदार्थों के सम्मिश्रण की आशंका रहती है या जो पेय औषधि है, उसका सेवन भी भोगोपभोग-परिमाणव्रती को नहीं करना चाहिए।

शिक्षाव्रतों का स्वरूप

जिससे मुनि बनने की शिक्षा/प्रेरणा मिलती है उसे शिक्षाव्रत कहते हैं। मुनि अवस्था में विशेषरूप से करने योग्य कार्यों का अभ्यास करना ही शिक्षाव्रत का प्रमुख उद्देश्य है। शिक्षाव्रत चार हैं- १. देशव्रत, २. सामायिकव्रत, ३. प्रोषधोपवासव्रत, ४. अतिथि-संविभागव्रत।

१. देशव्रत- दिग्व्रत में ली गयी जीवनभर की मर्यादा के भीतर भी अपनी आवश्यकताओं एवं प्रयोजन के अनुसार आवागमन को सीमित समय के लिए और कम कर लेना देशव्रत कहलाता है। इस व्रत का धारी श्रावक सीमा बांध लेता है कि मैं अमुक समय तक अमुक स्थान तक ही लेन-देन का

सम्बन्ध रखूँगा। उससे बाहर के क्षेत्र से न तो वह कुछ मँगाता है, न ही भेजता है, यही उसका देशव्रत है। इच्छाओं को रोकने का यह श्रेष्ठ साधन है।

२. सामायिक-समय आत्मा को कहते हैं। आत्मा के गुणों का चिन्तन कर समता का अभ्यास करना सामायिक है। गृहस्थ प्रतिदिन दोनों सन्ध्याओं में एक स्थान पर बैठकर समस्त पापों से विरत हो आत्म-ध्यान का अभ्यास करता है। सामायिक ध्यान का श्रेष्ठ साधन है। मन की शुद्धि का श्रेष्ठ उपाय है। पाँचों व्रतों की पूर्णता सामायिक में हो जाती है।

सामायिक में संसार, शरीर और भोगों के स्वरूप का चिन्तन कर अपने मन को उनसे विरक्त करने का अभ्यास किया जाता है। उस समय विचार करना चाहिए कि संसार अशरण है, अशुभ है, संसार में दुःख ही दुःख है तथा वह नाशवान् है, परन्तु इसके अतिरिक्त मोक्ष, सुख-शान्ति का आगार और चिरन्तन है। इस प्रकार की भावनाओं द्वारा अपने वैराग्य को दृढ़कर आत्मा को समता में स्थिर किया जा सकता है। इस अभ्यास में णमोकार मंत्र आदि पदों का पाठ और जाप सहायक होने से वह भी सामायिक है, परन्तु सामायिक में मन्त्रजाप की अपेक्षा चिन्तन की ही मुख्यता रहती है।

३. प्रोषधोपवास-प्रोषध का अर्थ है एकाशन। दोनों पक्षों की अष्टमी तथा चतुर्दशी को पर्व कहते हैं। पर्व के दिनों में एकाशन पूर्वक उपवास करना प्रोषधोपवास व्रत है।

प्रोषधोपवास की विधि- साधक को प्रत्येक पक्ष की अष्टमी और चतुर्दशी को उपवास करना चाहिए। इसके पूर्व सप्तमी और त्रयोदशी को एकाशन करके जिनालय या गुरुओं के पास जाकर चारों प्रकार के आहार का त्याग करना चाहिए तथा शेष दिन धर्मध्यानपूर्वक बिताना चाहिए। इसी प्रकार अष्टमी या चतुर्दशी को भी धर्मध्यानपूर्वक बिताकर नवमीं अथवा पन्द्रस के दिन प्रातः देवपूजन कर अभ्यागत अतिथि को भोजन कराकर अनासक्त भाव से भोजन ग्रहण करना चाहिए। यह प्रोषधोपवास व्रत की उत्तम विधि है। इसमें असमर्थ रहनेवाला साधक उपवास की जगह मात्र जल या नीरस भोजन कर सकता है। उसमें भी असमर्थ रहनेवालों के लिए कम-स-कम अष्टमी और चतुर्दशी को एकाशन करने का विधान है।[१] इस व्रत के माध्यम से पक्ष में कम-से-कम दो दिन मुनियों की तरह एकाशन करने का अवसर मिल जाता है। उपवास के दिनों को घर-गृहस्थी और व्यवसाय-धन्धे के समस्त कामों को छोड़कर धर्मध्यानपूर्वक बिताना चाहिए। उपवास का अर्थ मात्र भोजन का त्याग ही

१. देखें स्वामी कार्तिकेयानुप्रेक्षा गाथा-३७३ की टीका

नहीं हैं, अपितु पाँचों इन्द्रियों के विषयों को त्यागकर आत्मा के पास बैठने को उपवास कहते हैं। विषयों से विरक्त हुए बिना उपवास करना निष्फल है। वह तो लंघन की कोटि में आता है।

४. अतिथि-संविभाग-व्रत- संयम के अनुपालक अतिथिजनों को अपने लिये बनाये गये भोजन में से विभाग करके आहार प्रदान करना अतिथि संविभाग-व्रत है। इस व्रत का धारी श्रावक प्रतिदिन अपने भोजन से पूर्व उत्तम, मध्यम और जघन्य तीन प्रकार के पात्रों की प्रतीक्षा करता है। सम्यक्त्वसहित मुनि उत्तम पात्र हैं, आर्यिका, ऐलक, क्षुल्लक, क्षुल्लिका अथवा व्रती श्रावक मध्यम पात्र हैं तथा शेष सम्यग्दृष्टि साधर्मीजन जघन्य पात्र कहलाते हैं। इसके विपरीत मिथ्यादृष्टि व्रती संयमी कुपात्र हैं तथा सम्यक्त्व और शीलव्रतों से रहित व्यक्ति अपात्र कहलाते हैं। व्रती श्रावक तीनों प्रकार के पात्रों में जो भी सत् पात्र मिलते हैं, उन्हें वह विधिपूर्वक आहार कराता है।

दानविधि-यदि कोई मुनिराज मिलते हैं, तो वह नवधाभक्ति और सप्तगुणों से समन्वित होकर उन्हें आहार प्रदान करता है। मुनियों के आहार-दान के समय अपनायी जानेवाली नव प्रकार की विधि को नवधा भक्ति कहते हैं। नवधा भक्ति निम्न हैं -१. प्रतिग्रह, २. उच्चासन, ३. पाद-प्रक्षालन, ४. पूजन, ५. नमस्कार, ६. मनःशुद्धि, ७. वचन शुद्धि, ८. काय शुद्धि, ९. आहारशुद्धि।

जब मुनि आदि सत् पात्र आते दिखाई पड़ें तो, "हे स्वामिन्,मुझ पर कृपा कीजिए, नमोस्तु, नमोस्तु, नमोस्तु, ठहरिये, ठहरिये, ठहरिये", इस प्रकार प्रार्थना करने पर यदि कोई मुनिराज उसे स्वीकार कर ठहर जाते हैं तो भक्ति-पूर्वक तीन बार प्रदक्षिणा लगानी चाहिए। इसे प्रतिग्रह या पड़िगाहन कहते हैं। पड़िगाहन करने के बाद भक्तिपूर्वक अपने घर में प्रवेश कराकर निर्दोष-निर्बाध उच्चासन पर विराजमान करना चाहिए। उच्चासन प्रदान करने के बाद भक्ति पूर्वक उनके चरण कमलों का शुद्ध जल से प्रक्षालन कर अहोभाव से उसे अपने मस्तक पर लगाना चाहिए। यही पाद-प्रक्षालन है। उसके बाद जल,चन्दन, अक्षत, पुष्प, नैवेद्य, दीप, धूप और फल इन अष्ट द्रव्यों से भक्तिपूर्वक मुनिराज की पूजन करनी चाहिए। पूजनोपरान्त उन्हें पंचांग नमस्कार करना चाहिए। उसके बाद क्रमशः मनशुद्धि, वचनशुद्धि, कायशुद्धि और अन्न-जल की शुद्धि [१] बताते हुए प्रार्थना करना चाहिए कि, "हे! स्वामी हमारा मन शुद्ध है, वचन शुद्ध है, शरीर से

---

१ आर्त्त व रौद्रध्यान से रहित अवस्था मन शुद्धि है। कर्कश-कठोर वचन नहीं बोलना वचन शुद्धि है तथा शरीर के वस्त्रादिकों की शुद्धिपूर्वक संयत आचार करने को काय शुद्धि कहते हैं। यत्नपूर्वक शोधन कर निर्दोष विधि से तैयार आहार का नाम आहार शुद्धि है।

भी हम पवित्र हैं, हमारे द्वारा तैयार आहार जल भी अत्यन्त पवित्र और शुद्ध है। हमारा भोजन ग्रहण करने की कृपा कीजिए "। तदुपरान्त सात गुणों से युक्त होकर आहार कराना चाहिए। श्रद्धा, भक्ति, तुष्टि, विज्ञान, अलुब्धता, क्षमा और शक्ति ये दाता के सात गुण हैं।

१. श्रद्धा- आहारदान को अपने लिए कल्याणकारी मानकर दान देना।

२. भक्ति- अभ्यागत पात्र के गुणों के प्रति अनुराग होना।

३. तुष्टि- दान देने में हर्ष मनाना।

४. विज्ञान- देश, काल, अवस्था आदि की जानकारी रखकर तदनुसार दान देना।

५. अलुब्धता- आहार दान से ऐहिक फलों की अपेक्षा नहीं रखना।

६. क्षमा- क्रोध का कारण आने पर भी क्रोध नहीं करना।

७. शक्ति- अल्प-धनी होने पर भी अपनी दानवृत्ति से बड़े-बड़े धनिकों को भी आश्चर्य-चकित कर देना।

इस प्रकार नवधाभक्ति और सप्तगुणों से युक्त होकर आहारदान करना चाहिए। नवधाभक्ति और सप्तगुणों का योग सोलह होता है। आहार दान के निमित्त अपनायी जानेवाली सोला का अर्थ वस्त्रादिकों की शुद्धि मात्र न मानकर इन सोलह गुणों को ही समझना चाहिए।

वस्त्रधारी की नवधाभक्ति अनुचित

नवधाभक्ति मात्र मुनियों की ही होती है। शेष पात्रों को यथायोग्य विधि से आहार देना चाहिए।

कतिपय लोग आर्यिका, ऐलक और क्षुल्लक आदि को भी मुनियों की तरह पूज्य मानकर उनकी नवधाभक्ति, पूजा, अर्घ-समर्पण, पाद-प्रक्षालन आदि करने का आग्रह रखते हैं। यह उपयुक्त नहीं है। जैनागम में देव-शास्त्र-गुरु अथवा पंच-परमेष्ठी के अतिरिक्त अन्य किसी को भी आराध्य नहीं माना गया है। आचार्य कुन्द-कुन्द ने स्पष्ट लिखा है कि वन्दनीय मात्र दिगम्बर मुनि है उनके अतिरिक्त अन्य जितने भी लिंगी हैं, वे सब इच्छाकार के पात्र हैं। वे लिखते हैं–

जे वावीस परीसह सहंति सत्ती सएहिं संजुत्ता ।
ते होंति वंदणीया कम्मक्खय णिज्जरा साहू ।।१२।।

अवसेसा जे लिंगी दंसणणाणेण सम्म संजुत्ता ।
चेलेण य परिग्गहिया ते भणिया इच्छणिज्जा य।।१३।।

सूत्र पाहुड़

जो मुनि सैकड़ों शक्तियों से सहित हैं, बाईस परीषह सहन करते हैं और कर्मों का क्षय तथा निर्जरा करते हैं, वे मुनि वंदनीय हैं ।।१२।।

दिगम्बर मुद्रा के अतिरिक्त जो अन्य लिंगी हैं, सम्यग्दर्शन और सम्यग्ज्ञान से संयुक्त हैं तथा वस्त्रमात्र के द्वारा परिग्रही हैं, वे इच्छाकार के योग्य हैं।। १३।।

उक्त दोनों गाथाओं से स्पष्ट है कि दिगम्बर मुनियों के अतिरिक्त आर्यिका, ऐलक, क्षुल्लक आदि वंदनीय नहीं हैं। जो वंदनीय ही नहीं हैं, वे मुनियों की तरह पूज्य/आराध्य/उपास्य कैसे हो सकते हैं? इनकी पूजा करने से सग्रन्थ पूजा का दोष लगता है। आगम में कहीं भी आर्यिका, ऐलक, क्षुल्लक आदि की पूजा/आराधना का उल्लेख नहीं है।

कुछ लोग पुराण ग्रन्थों में आये कुछ प्रसंगों का उल्लेख इनकी पूजा के प्रमाण स्वरूप करते हैं, लेकिन उन प्रमाणों का अर्थ भी नवधाभक्ति नहीं है। जहाँ कहीं भी क्षुल्लक आदि के अर्घ अथवा पूजा का प्रसंग आया है, वह उनके सम्मान के अर्थ में ही प्रयुक्त है। पूजा का अर्थ सम्मान और सत्कार भी होता है। अभ्यागत सत्पात्र का सत्कार करना गृहस्थ का कर्त्तव्य है, किंतु सत्कार और पूजा अलग-अलग हैं। पूजा का अर्थ आराधना है, जबकि सत्कार शिष्टाचार का अंग है। यदि ऐसा न माना जाए तो उन्हीं पुराणों में अनेकशः अव्रती स्त्रियों और राजा-महाराजाओं की पूजा और अर्घ का भी उल्लेख है। क्या इस कथन से हम उनकी पूजा को पंचपरमेष्ठी की पूजावत् पूजा मानेंगे? तिलोयपण्णत्ति में कुलकरों की पूजा का भी उल्लेख है, क्या व्रत-संयम रहित कुलकरों की मुनियों की तरह पूजा करना जैनधर्म के अनुकूल है?[१]

आचार्य समन्तभद्र ने मातंग चाण्डाल और धनदेवादिक की प्रशंसा करते हुए लिखा है कि "मातंग चाण्डाल, धनदेव, वारिषेण, नीली और जयकुमार ने क्रमशः अहिंसा आदि व्रतों का पालन कर उत्तम पूजा के अतिशय को प्राप्त

---

१. सोउण तस्सवयणं संजादाणिब्भया ते सव्वे ।
अच्चंति चलण कमले थुणंति बहुपयारेहिं ।। ४३६॥ तिलोयपण्णत्ति अधिकार-४

२. मातङ्गों धनदेवश्च वारिषेणः ततः परः ।
नीलीजयश्च संप्राप्ता पूजातिशयमुत्तमम् ॥

किया।"[२] क्या यहाँ प्रयुक्त पूजा का अर्थ जिनपूजावत् पूजा है? महापुराण में भगवान् ऋषभदेव के जन्माभिषेक के उपरान्त इन्द्र द्वारा उनके माता-पिता की पूजा का उल्लेख करते हुए लिखा है- "तत्पश्चात् (सुमेरु पर्वत से लौटकर) इन्द्र ने आश्चर्यकारी महामूल्य और अनेक प्रकार के आभूषणों तथा मालाओं से उन जगत् पूज्य माता-पिता की पूजा की।"[१] क्या यहाँ पूजा का अर्थ अनर्घ पद की कामना से की जानेवाली पूजा है, या इन्द्र के मन में भगवान् के माता-पिता के प्रति उमड़े आदर भाव की अभिव्यक्ति? इसी प्रकार, महापुराण और हरिवंश पुराण में भगवान् ऋषभदेव के प्रथम आहार के उपरान्त राजा श्रेयान्स की पूजा का उल्लेख करते हुए लिखा है- "जिन्हें श्रेयान्स पर बड़ा भारी विश्वास हुआ था ऐसे उन देवों ने एक साथ आकर उनकी पूजा की थी।"[२] हरिवंश पुराण में लिखा है - "धर्म तीर्थंकर ऋषभदेव की पूजा के पश्चात् तपोवृद्धि के हेतु प्रस्थान करने के बाद देवताओं ने दान-तीर्थंकर श्रेयान्स महाराज की अभिषेक पूर्वक पूजा की।"[३] क्या देवताओं द्वारा की गई राजा श्रेयान्स की यह पूजा जैनागम मान्य जिनपूजावत् है? क्या देवों ने भगवान् की तरह राजा श्रेयान्स का अभिषेक और पूजन किया था? इतना ही नहीं महापुराण के अनुसार सम्राट भरत ने राजा श्रेयान्स को "भगवान् की तरह पूज्य" कहा है।[४] चक्रवर्ती के द्वारा राजा श्रेयान्स के लिए दिया गया यह सम्बोधन उनके प्रति उत्कृष्ट सम्मान का सूचक है, या भगवान् की तरह पूज्यता का? महापुराण में भरत चक्रवर्ती द्वारा चक्ररत्न की पूजा का भी उल्लेख है। "अथान्तर श्रीमान् भरत चक्रवर्ती महाराज ने विधिपूर्वक चक्ररत्न की पूजा की।"[५] क्या चक्ररत्न जैसी जड़वस्तु की जिनेन्द्र पूजावत् पूजा आगम मान्य है ? क्या भरत चक्रवर्ती जैसा क्षायिक सम्यग्दृष्टि इस प्रकार की जड़ वस्तु का जिनेन्द्र भगवान् की तरह पूजन कर सकता है?

अतः स्पष्ट है कि उक्त सभी सन्दर्भों में प्रयुक्त "पूजा" शब्द सत्कार और सम्मान का वाची है, न कि आराधना का। अन्यथा अव्रती कुलकर और

१. ततस्तौ जगतां पुज्यौ पूजयामास वासवः ।
विचित्रैर्भूषणैः स्रग्भिः अंशुकैश्च महार्घकैः ॥ महापुराण १४/७८

२. सुराश्च विस्मयन्ते स्म ते सम्भूय समागताः ।
प्रतीताः कुरुराजं तं पुजयामास सुरादरात् ॥ महापुराण २०/११५

३. अभ्यर्चिते तपोवृद्धयै धर्म तीर्थङ्करे गते ।
दान तीर्थङ्करं देवाः साभिषेकमपूजयन् ॥ हरिवंशपुराण पृ.-१९६१

४. भगवानिव पूज्योसि कुरुराज त्वमद्य नः ।
त्वं दान तीर्थ कृच्छ्रेयान् महापुण्यभागसि ॥ महापुराण २०/१२७-२८

५. अथ चक्रधरः पूजां चक्रस्य विधिवद् व्यधात् ।
सुतोत्पत्तिमपि श्रीमान अभ्यनन्ददनुक्रमात् ॥ महापुराण २६/१

मातंग चाण्डाल से लेकर जड़ चक्ररत्न की पूजा का प्रसंग आता है। दिगम्बर मुनि के अतिरिक्त अन्य जितने भी लिंगी (क्षुल्लक, ऐलक, आर्यिका) हैं, वे आदर और सत्कार के तो पात्र हैं, पर पूजा के नहीं, पूजा मात्र निर्ग्रन्थों की ही होती है। इसलिए मुनियों के अतिरिक्त अन्य किसी के प्रति-"ऊँ ह्रीं श्रीं............ अनर्घ्य पद प्राप्तये अर्घ्यं निर्वपामीति स्वाहा" बोलकर अर्घ चढ़ाना/चढ़वाना या पूजा करना/करवाना आगमानुकुल नहीं है। जब सग्रंथ अवस्था में अनर्घ पद की प्राप्ति ही सम्भव नहीं है, तब उनके लिए इस प्रकार अर्घ चढ़ाने का क्या अर्थ है?

इस विषय में एक उल्लेखनीय तथ्य यह भी है कि आर्यिका, ऐलक, क्षुल्लक आदि की नवधा-भक्तिपूर्वक आहार देने तथा आहार के समय पाद-प्रक्षालन, अर्घ-समर्पण आदि करने का एक भी प्रसंग किसी भी पौराणिक ग्रंथ में देखने में नहीं आया, जबकि मुनियों की जहाँ कहीं भी आहारचर्या का प्रसंग आया है, पुराण ग्रंथों में उनकी पूजा आदि का भी स्पष्ट उल्लेख है। यदि पुराणकारों को आर्यिका आदि की मुनियों की तरह नवधाभक्ति इष्ट होती, तो कहीं-न-कहीं उसका उल्लेख अवश्य किया जाता, जबकि ऐसा कहीं भी नहीं है। इस विषय में रेवती रानी की कथा दृष्टव्य है,[१] जिसमें उसने क्षुल्लक चन्द्रप्रभ को भक्तिपूर्वक आहार तो कराया, किंतु वहाँ पाद-प्रक्षालन, अर्घ-समर्पण आदि का कोई उल्लेख नहीं है। इस संदर्भ में जितने भी पौराणिक प्रसंगों का उल्लेख किया जाता है, उसमें से एक भी आहार-दान से सम्बद्ध नहीं है। ये सारे प्रसंग राजा-महाराजाओं द्वारा उनके दर्शन अथवा नारद आदि क्षुल्लकों के राज दरबार आदि में प्रवेश के समय के हैं। उस समय राजा-महाराजाओं द्वारा उनके लिए दिया गया अर्घ उनके सम्मान और सत्कार में किया जानेवाला सामान्य शिष्टाचार है, न कि मुनियों की तरह अनर्घ पद की कामना से की जानेवाली पूजा।

कुछ लोगों का कहना है कि तीनों प्रकार के पात्रों को नवधा-भक्ति पूर्वक ही आहार देने का विधान है। अतः नवधाभक्ति होनी ही चाहिए । यह बात भी ठीक नहीं है, क्योंकि प्रथम तो किसी भी श्रावकाचार में तीनों प्रकार के पात्रों की सामान्यरूप से नवधाभक्ति करने का उल्लेख ही नहीं है। सर्वत्र उनकी यथा योग्य भक्ति का ही उल्लेख है।[२] जिन ग्रन्थों में इनका उल्लेख है भी, वे एकदम अर्वाचीन हैं, उन्हें प्रमाणिक नहीं कहा जा सकता। उनमें अन्य भी आगम विरुद्ध

1. देखे रत्नकरण्ड श्रावकाचार श्लोक 19-20 आ.प्रभाचंद्र की टीका
आराधना कथा कोष पृ.-61
2. जघन्य मध्यमोत्कृष्ट पात्राणां गुण शालिनां ।
नवधा दीयते दानं यथा योग्यं सुभक्तितः ।। श्रमण संघ संहिता पृ.-241

कई बातें हैं। दूसरी बात यदि हम यथायोग्य भक्ति न कर सामान्य रूप से नवधाभक्ति करते हैं तो जघन्य पात्र असंयत सम्यग्दृष्टि और ब्रह्मचारी भाई-बहनों की भी नवधाभक्ति करने का प्रसंग आता है। अतः आर्यिका, ऐलक, क्षुल्लक आदि की नवधाभक्ति का आग्रह उचित नहीं ।

दानयोग्य द्रव्य- साधुओं की तपः साधना में अनुकूल और धर्मध्यान में साधक पदार्थों को ही दान योग्य द्रव्य माना गया है। रयणसार में लिखा है- मुनिराज की प्रकृति, शीत-उष्ण, वायु, श्लेष्म, या पित्त रूप में कौन सी है, कायोत्सर्ग व गमनागमन में कितना परिश्रम हुआ है, शरीर में ज्वरादि पीड़ा तो नहीं है, इत्यादि बातों का विचार करके उसके उपचार स्वरूप दान देना चाहिए। जो हित-मित, प्रासुक, शुद्ध अन्न-पान, निर्दोष हितकारी औषधि, निराकुल स्थान, शयनोपकरण, आसनोपकरण, शास्त्रोपकरण आदि दान योग्य वस्तुओं को आवश्यकतानुसार सुपात्र दान में देता है, वह मोक्षमार्ग में अग्रगामी होता है।[१]

दान का फल-उक्त विधि से दान करने पर दान का उत्तम फल मिलता है। तत्त्वार्थ सूत्र में कहा गया है- **विधिद्रव्यदातृपात्रविशेषात्तद्विशेषः।**[२]

विधि द्रव्य दाता और पात्र की विशेषता से दान के फल की विशेषता होती है। तात्पर्य यह है कि जितनी उत्तम विधिपूर्वक, जितना उत्तम द्रव्य, जितने अधिक गुणों से युक्त दाता द्वारा, जितने उत्तम पात्र को दिया जाता है, दान का उतना ही उत्तम फल मिलता है।

पात्रदान का महान् फल बताते हुए रत्नकरण्ड श्रावकाचार में कहा है- गृह से रहित अतिथिजनों को पूजा-सत्कार के साथ दिया गया दान गृहस्थों के गृहकार्यों से संचित समस्त पापकर्म को दूर कर देता है। जिस प्रकार उत्तम भूमि में बोया गया एक छोटा-सा बीज भी कालान्तर में विशाल वृक्ष का रूप धारण कर छाया और वैभव के साथ मिष्ट फल प्रदान करता है, उसी प्रकार सुपात्र को दिया गया अल्पदान भी कालान्तर में महान् फल को प्रदान करता है। तपोनिधि-साधुगणों को नमस्कार करने से उच्च-गोत्र, दान देने से भोग, उपासना से पूजा, भक्ति से सुन्दर रूप और स्तुति करने से कीर्ति की प्राप्ति होती है।[३]

आहारदान की तरह ही औषधिदान, उपकरण दान और अभय दान भी देना चाहिए।

---

1. रयण सार- 23-24
2. तत्त्वार्थ सूत्र 7/39
3. रत्नकरण्ड श्रावकाचार 115-16

औषधिदान-साधुओं-व्रतियों के रोग को दूर करने के लिए शुद्ध औषधि प्रदान करना औषधिदान है। साधुजनों को आहार के समय योग्य औषधि भी प्रदान करनी चाहिए। साथ ही वैसा ही आहार देना चाहिए जो उनके रोग वृद्धि का कारण न होकर रोग-शामक हो। इसी प्रकार अन्य दीन दुःखी जीवों के रोग को दूर करने के लिए करुणा भाव से औषधियाँ बाँटना, औषधालय खुलवाना, उनकी योग्य चिकित्सा करवाना औषधिदान का सामाजिक रूप है। औषधि दान के फल का निरूपण करते हुए कहा गया है कि जो व्यक्ति औषधिदान देता है वह कामदेव सा सुन्दर रूप प्राप्त करता है।

उपकरणदान- साधुजनों के अध्ययनार्थ शास्त्र देना, उनके ज्ञानाराधना में सहायक अन्य व्यवस्थाएँ जुटाना तथा उनके संयम में उपकारी पिच्छी और कमण्डल आदि प्रदान करना उपकरण दान है।

अभयदान-प्राणी मात्र का भय दूर करके उनके जीवन की रक्षा करना अभयदान है। जो अभयदान करता है वह सब दानों को करता है। सबको अपना-अपना जीवन प्रिय है। यदि जीवन पर ही संकट हो तो आहार-दान, औषधदान व शास्त्र दान किस काम का? जो व्यक्ति दूसरों की रक्षा नहीं कर सकता उसकी समस्त पारलौकिक क्रियाएँ व्यर्थ हैं। अन्य कोई दान दो या न दो पर अभयदान अवश्य देना चाहिए क्योंकि सर्व दानों में अभयदान श्रेष्ठ है।

अणुव्रतों के अतिचार

पाँच अणुव्रतों के पाँच-पाँच अतिचार हैं।

अहिंसाणुव्रत के अतिचार- अहिंसाणुव्रत के पाँच अतिचार हैं- छेदन, बन्धन, पीड़न, अतिभारारोपण, आहार-वारणा।

१. छेदन- दुर्भावनापूर्वक पालतू पशु-पक्षियों के नाक-कान आदि छेदना, नकेल लगाना, नाथ देना आदि छेदन है।

२. बन्धन-पालतू पशु-पक्षियों को इस तरह बाँधना कि वे हिल-डुल भी न सकें तथा विपत्ति के समय प्राण की रक्षा के लिए भाग भी न सकें बन्धन है।

३. पीड़न-डंडा, बेंत, चाबुक आदि से पीटना, अपने पालतू पशुओं और परिजनों को पीड़ा पहुँचाना तथा कठोर एवं अपमानजनक शब्दों का प्रयोग कर किसी को पीड़ित करना, पीड़न नाम का अतिचार है।

४. अतिभारारोपण-क्षमता से अधिक बोझ लादना अतिभारारोपण है।

दुर्भावनावश अपने आश्रित कर्मियों एवं पशुओं पर उनकी क्षमता से अधिक भार लादना, उनसे अधिक काम लेना आदि सब अतिभारारोपण की पर्यायें हैं।

५. आहार-वारणा -दुर्भावनावश अपने आश्रितों के अन्नपान का निरोध करना, उन्हें जान बूझकर भूखा रखना, समय पर उनके लिए भोजन-पानी की व्यवस्था न करना आहार-वारणा है, इसे अन्नपान-निरोध भी कहते हैं।

सत्याणुव्रत के अतिचार- सत्याणुव्रत के पाँच अतिचार हैं- परिवाद, रहोभ्याख्यान, कूटलेख-क्रिया, न्यासापहार और पैशून्य।

१. परिवाद- किसी की निन्दा करना या किसी के साथ गाली-गलौज करना परिवाद है।

२. रहोभ्याख्यान- दूसरों के गुप्त रहस्यों को उजागर कर देना रहोभ्याख्यान है।

३. कूटलेख-क्रिया- झूठे दस्तावेज तैयार करना, झूठे लेख लिखना, झूठी गवाही देना, किसी के जाली हस्ताक्षर बनाना अथवा झूठा अँगूठा लगाना किसी पर झूठे आरोप लगाना, यह सब कूटलेख क्रिया है।

४. पैशून्य- चुगली करना पैशुन्य है।

५. न्यासापहार- दूसरों की धरोहर को हड़प लेना न्यासापहार है। भवन, भूमि आदि का अवैध कब्जा भी इसी के अन्तर्गत आता है।

अचौर्याणुव्रत के अतिचार- अचौर्याणुव्रत के पाँच अतिचार हैं- १. चौर प्रयोग, २. चौरार्थादान, ३. विलोप, ४. हीनाधिक विनिमान, ५. प्रतिरूमक व्यवहार।

१. चौर प्रयोग- तरह-तरह के उपाय बताकर चोरी में सहायक होना, चोरी की योजना बनाना, चोरों को प्रेरणा देना तथा चोरों की प्रशंसा करना, दूसरों से चोरी करवाना तथा चोरी की अनुमोदना करना चौर-प्रयोग है।

२. चौरार्थ-आदान- जानबूझकर चोरी का माल खरीदना, उन्हें गिरवी रखना, चोरों से सम्बन्ध बनाये रखना, तस्करी का सामान खरीदना चौरार्थ-आदान है।

३. विलोप- राजकीय नियमों का उल्लंघन करना, जैसे किसी की सम्पत्ति को छीन लेना या हड़प लेना, भूमि-भवन पर अवैध कब्जा करना, सार्वजनिक अथवा शासकीय भूमि पर अतिक्रमण कर अधिकार जमा लेना आदि क्रियाएँ विलोप हैं।

४. हीनाधिक विनिमान- गैलन, मीटर आदि माप हैं और किलो, तोला, ग्राम आदि तौल। माप-तौल के साधन बाँट आदि में कमती-बढ़ती रखकर व्यापार में अधिक लेने और कम देने की नियत रखना और करना हीनाधिक विनिमान है।

५. प्रतिरूपक व्यवहार- मिलावट करना, अधिक मूल्य की वस्तु में अल्प मूल्य की वस्तु मिलाकर बेचना, शुद्ध वस्तु में अशुद्ध वस्तु मिलाना, नकली वस्तुओं का व्यापार करना आदि सबको प्रतिरूपक व्यवहार कहा जाता है। इस प्रकार मिलावट कर अनुचित लाभ उठाना श्रावक के लिए वर्जित है।

ब्रह्मचर्याणुव्रत के अतिचार-ब्रह्मचर्याणुव्रत के पाँच अतिचार हैं- १. अन्य-विवाह-करण, २. अनंग क्रीड़ा, ३. विटत्व, ४. कामतीव्राभिनिवेश, ५.इत्वरिकागमन।

१. अन्य विवाहकरण- दूसरे के विवाह कराने का व्यवसाय करना, दिन-रात उसी चिन्तन में लगे रहना, जिनका विवाह करना अपने गार्हस्थिक कर्त्तव्य में सम्मिलित नहीं है, उनका विवाह करना अन्य विवाहकरण है।

२. अनंगक्रीड़ा-विकृत और उच्छृंखल यौनाचार में रुचि रखना, अप्राकृतिक मैथुन करना, अनंगक्रीड़ा है।

३. विटत्व- काम-सम्बन्धी कुचेष्टाओं को विटत्व कहते हैं।

४. कामतीव्राभिनिवेश- काम की तीव्र लालसा रखना, निरन्तर उसी के चिन्तन में लगे रहना, कामोत्तेजक निमित्तों का संयोजन करना, काम-तीव्राभिनिवेश है।

५. इत्वरिकागमन- चरित्रहीन स्त्री-पुरुषों की संगति में रहना, व्यभिचारिणी स्त्रियों के साथ उठना-बैठना, उनसे सम्बन्ध बनाये रखना इत्वरिकागमन है।

परिग्रह-परिमाणव्रत के अतिचार- अतिवाहन, अतिसंग्रह, अतिविस्मय, अतिलोभ और अतिभार-वहन ये पाँच परिग्रह परिमाणव्रत के अतिचार हैं।

१. अतिवाहन- अधिक लाभ की आकांक्षा से शक्ति से अधिक दौड़-धूप करना, दिन-रात उसी आकुलता में उलझे रहना तथा दूसरों से भी नियम-विरुद्ध अधिक काम लेना अतिवाहन है।

२. अतिसंग्रह- अधिक लाभ की इच्छा से उपभोग्य वस्तुओं क अधिक मात्रा में अधिक समय तक संग्रह करके रखना अर्थात् अधिक मुनाफा

की भावना रखकर अधिक संग्रह करना अतिसंग्रह है।

३. अतिविस्मय- अपने अधिक लाभ को देखकर अहंकार में डूब जाना तथा दूसरों के अधिक लाभ में विषाद करना, जलना, कुढ़ना, हाय-हाय करना अतिविस्मय है।

४. अतिलोभ- मनचाहा लाभ होते हुए भी और अधिक लाभ की आकांक्षा करना, क्रय-विक्रय हो जाने के बाद भाव घट-बढ़ जाने से अधिक लाभ की सम्भावना हो जाने पर, उसे अपना घाटा मानकर संक्लेश करना अतिलोभ है।

५. अतिभार-वहन- लोभ के वश होकर किसी पर न्याय-नीति से अधिक भार डालना तथा सामनेवाले की सामर्थ्य से बाहर काम लेना आदि अतिभारवहन है।

शील व्रतों के अतिचार

तीन गुणव्रतों और चार शिक्षाव्रतों को सप्तशील कहते हैं। सप्तशीलों के भी पाँच-पाँच अतिचार हैं।

दिग्व्रत के अतिचार- ऊर्ध्वव्यतिक्रम, अधोव्यतिक्रम, तिर्यग्व्यतिक्रम, क्षेत्र-वृद्धि, और विस्मरण दिग्व्रत के ये पाँच अतिचार हैं।

१. ऊर्ध्व-व्यतिक्रम- अज्ञान अथवा प्रमाद वश ऊपर की सीमा का उल्लंघन करना।

२. अधो-व्यतिक्रम- अज्ञान अथवा प्रमाद वश नीचे की सीमा का उल्लंघन करना।

३. तिर्यग्-व्यतिक्रम- अज्ञान अथवा प्रमाद वश तिर्यग्-सीमा का उल्लंघन करना।

४. क्षेत्र-वृद्धि- लोभवश सीमा को बढ़ा लेना।

५. विस्मरण- निर्धारित सीमा को भूल जाना।

अनर्थदण्ड-त्यागव्रत के अतिचार- कन्दर्प, कौत्कुच्य, मौखर्य, अतिप्रसाधन और असमीक्ष्याधिकरण ये पाँच अनर्थदण्ड-त्याग व्रत के अतिचार हैं।

१. कन्दर्प- राग की तीव्रता में हँसी-मजाकपूर्वक अशिष्ट वचन बोलना।

२. कौत्कुच्य- हँसी-मजाक के साथ कुत्सित चेष्टा करना।

३. मौखर्य- व्यर्थ बकवाद करना।

४. अति प्रसाधन- भोगोपभोग की सामग्री का आवश्यकता से अधिक संग्रह करना।

५. असमीक्ष्य-अधिकरण- प्रयोजन का विचार किये बिना ही अधिकता से प्रवृत्ति करना।

भोगोपभोग परिमाणव्रत के अतिचार- विषयानुपेक्षा, अनुस्मृति, अतिलौल्य, अतितृषा और अति-अनुभव ये पाँच भोगोपभोग परिमाणव्रत के अतिचार हैं।

१. विषयानुपेक्षा- विषयों से उदासीन न होना।

२. अनुस्मृति- भोगे हुये विषयों का बार-बार स्मरण करना।

३. अतिलौल्य- अत्यन्त कामातुर और विषय-लोलुपी बनकर बार-बार भोगों की इच्छा रखना।

४. अतितृषा- आगामी विषयों के प्रति अत्यधिक तृष्णा रखना।

५. अति-अनुभव- तीव्र भोगासक्ति के कारण असमय में भी भोगों का भोग करना।

देशव्रत के अतिचार- प्रेषण, शब्द, आनयन, रूपाभिव्यक्ति, पुद्गलक्षेप ये पाँच देशव्रत के अतिचार हैं।

प्रेषण- मर्यादित क्षेत्र से बाहर किसी को भेजना।

शब्द- मर्यादित क्षेत्र से बाहर के व्यक्ति को शब्दोच्चारण पूर्वक अपनी ओर आकर्षित करना।

आनयन- मर्यादित क्षेत्र से बाहर की सामग्री मँगवाना।

रूपाभिव्यक्ति- मर्यादित क्षेत्र से बाहर के व्यक्ति को अपने शारीरिक अभिनय/इशारों से अपनी ओर आकर्षित करना।

पुद्गलक्षेप- मर्यादित क्षेत्र से बाहर के व्यक्तियों को कंकर, पत्थर आदि फेंककर अपनी ओर आकर्षित करना।

सामायिक व्रत के अतिचार - मन, वचन और काय का दुष्प्रणिधान, अनादर और विस्मरण ये पाँच सामायिक शिक्षाव्रत के अतिचार हैं।

१. मन दुष्प्रणिधान- मन की खोटी प्रवृत्ति।

२. वचन दुष्प्रणिधान- वचन की खोटी प्रवृत्ति।

३. काय दुष्प्रणिधान- शरीर की खोटी प्रवृत्ति।

४. अनादर- सामायिक के प्रति अनुत्साह।

५. विस्मरण- सामायिक में एकाग्रता का अभाव होना, मंत्र, जाप और सामायिक पाठ को भूल जाना।

प्रोषधोपवास व्रत के अतिचार- अदृष्टमृष्ट-विसर्ग, अदृष्टमृष्ट-ग्रहण, अदृष्टमृष्ट-आस्तरण, अनादर और विस्मरण प्रोषधोपवास के ये पाँच अतिचार हैं।

१. अदृष्टमृष्ट-विसर्ग- बिना देखी-शोधी भूमि पर मल-मूत्र का त्याग करना।

२. अदृष्टमृष्ट-ग्रहण- उपकरण आदि वस्तुओं को बिना देखे-शोधे ग्रहण करना।

३. अदृष्टमृष्ट-आस्तरण- अपनी दरी, चटाई आदि को बिना देखे-शोधे बिछाना।

४. अनादर- सामायिक आदि आवश्यकों के प्रति अनुत्साह होना।

५. विस्मरण- चित्त में एकाग्रता न होना।

अतिथिसंविभाग व्रत के अतिचार- सचित्त-निक्षेप, सचित-अपिधान, अनादर, मात्सर्य और कालातिक्रम ये पाँच अतिथि-संविभाग व्रत के अतिचार हैं।

१. सचित्त-निक्षेप- सचित्त पत्र, भूमि आदि पर आहार रखना।

२. सचित्त-अपिधान- देय आहार को सचित्त पत्रादि से ढँकना।

३. अनादर- पात्रों को बिना आदर-सत्कार के दान देना।

४. मात्सर्य- अन्य दाताओं से ईर्ष्या रखना, उनके गुणों को न सह पाना।

५. कालातिक्रम- आहारदान के काल का उल्लंघन करके पड़िगाहन आदि करना।

✡

श्रावक के अन्य कर्त्तव्य

मौन के सात स्थान

मौनं सप्त स्थानम् ।।२०।।

सात स्थानों पर मौन रखना चाहिए।। २० ।।

श्रावक को भोजन की लोलुपता घटाने और अपने तप-संयम की वृद्धि के लिए भोजन, वमन, स्नान, मल-मूत्र के त्याग, मैथुन-सेवन, जिनपूजा आदि आवश्यकों के पालन और जहाँ पाप कार्य की संभावना हो, इन सात स्थानों पर मौन रखना चाहिए।

श्रावक के सात अन्तराय

अन्तरायाश्च ।।२१।।

श्रावक को सात कारणों से अन्तराय मानना चाहिए।।२१।।

जिसके कारण भोजन त्याज्य होता है, उसे अन्तराय कहते हैं। जिन सात स्थितियों में श्रावक को भोजन त्याग देना चाहिए उनमें कुछ दर्शनजन्य हैं, कुछ श्रवणजन्य हैं, कुछ स्पर्शजन्य हैं, कुछ स्वादजन्य हैं, कुछ घ्राणजन्य हैं और कुछ मानसिक संकल्पजन्य हैं ।

१. दर्शनजन्य- भोजन के समय गीला चमड़ा, हड्डी, मदिरा, मांस, खून की धार, पीव, विष्टा, आदि दिख जाने पर भोजन छोड़ देना चाहिये।

२. स्पर्शजन्य- भोजन के समय रजस्वला स्त्री, सूखा चमड़ा, सूखी हड्डी, कुत्ता-बिल्ली आदि का स्पर्श हो जाने से भोजन परित्याज्य है।

३. श्रवणजन्य- भोजन के समय कर्कश, कठोर, हृदय विदारक-आर्तस्वर और आतंक उत्पादक स्वरों को सुनने से भोजन का त्याग कर देना चाहिए।

४. स्वादजन्य -त्यागी हुई वस्तु का भूलवश सेवन कर लेने से अन्तराय मानना चाहिए।

५. घ्राणजन्य - भोजन के समय शराब आदि दुर्गन्धित पदार्थों की गन्ध आने से भोजन छोड़ देना चाहिए।

६. मानसिक संकल्पजन्य- भोजन के समय ग्लानिजनक विचार आने पर भोजन का परित्याग कर देना चाहिए।

७. त्रस-विघात- भोजन में मृत त्रस जीवों के अथवा जिनको अलग कर पाना शक्य नहीं है, ऐसे जीवित त्रस जीवों के मिल जाने पर वह भोजन असेवनीय है ।

चतुर्विध श्रावकधर्म

श्रावकधर्मश्चतुर्विधः।।२२।।

श्रावक धर्म चार प्रकार का है।। २२ ।।

श्रावक के द्वारा करने योग्य अनिवार्य कर्त्तव्यों को श्रावक धर्म कहते हैं। वे चार प्रकार के हैं- दान, पूजा, शील, और उपवास।

दान- स्व-पर के अनुग्रह के लिए अपने वस्तु का त्याग करना दान है। मूलतः दान दो प्रकार का होता है- पात्रदान और करुणादान।

उत्तम, मध्यम और जघन्य तीन प्रकार के पात्रों को आहार, औषधि, उपकरण, आवास आदि प्रदान करना पात्रदान है तथा दीन-दुखी जीवों को संरक्षण प्रदान करना, पीड़ित मानवता की सेवा करना, उनकी शिक्षा और स्वास्थ्य के साधन जुटाना, भूखों को अन्न देना, गरीबों को वस्त्र देना और अन्य प्रकार की सहायता करना करुणादान है। यह दान का सामाजिक रूप है।

गृहस्थ को दोनों प्रकार का दान अपनी शक्ति के अनुरूप अवश्य करना चाहिए। दान दुर्गति का नाशक है। दान से ही गृहस्थपना सार्थक होता है।

पूजा- जल, चन्दन, अक्षत्, पुष्प, नैवेद्य, दीप, धूप, और फल आदि के द्वारा अर्हन्तादि पूज्यपुरुषों के गुणों के प्रति अपनी भक्ति की अभिव्यक्ति पूजा है। पूजा गृहस्थों का मूख्य धर्म है। यह शुभोपयोग का साधन है। पूजा करने से पूज्य पुरुषों के प्रति अनुराग बढ़ता है। यह अनुराग स्वयं को पहिचानने में उपयोगी सिद्ध होता है। पूजा सम्यग्दर्शन को विशुद्ध करती है। साथ ही वीतराग आदर्श को प्राप्त करने के लिए भी प्रेरित करती है। यह आत्म-शुद्धि का अनुपम अनुष्ठान है। पूजा के क्षणों में पूज्य पुरुषों के गुणों में एकतान/अनुरक्त भक्त के मन की निर्मलता एक ओर जहाँ पुण्य की अभिवर्धक है, वहीं पूर्व संचित पाप कर्मों के क्षय का भी

हेतु है। इसलिए आचार्य पूज्यपाद ने जिनपूजा को सम्यक्त्ववर्धिनी क्रिया कहा है। इसी कारण जिनपूजन को गृहस्थ के दैनिक कर्त्तव्यों से जोड़कर उसे गृहस्थ का मुख्य धर्म निरूपित किया गया है।

शील- गृहीत व्रतों की रक्षा करना शील कहलाता है। हमें अपने गृहीत व्रतों का पालन दृढ़तापूर्वक करना चाहिए। पंचपरमेष्ठी अथवा गुरु की साक्षीपूर्वक ग्रहण किये गये व्रत को भंग करना महापाप है। शास्त्रों में कहा गया है कि पंच परमेष्ठियों की साक्षीपूर्वक ग्रहण किये गये व्रत को भंग करने से भव-भवों में दुःख का भागी बनना पड़ता है। शील मनुष्य का भूषण है, शील ही जीव का संरक्षक है। अतः भूलकर भी अपने शील को खंडित नहीं होने देना चाहिए।

उपवास-उपवास का शाब्दिक अर्थ है– अपने समीप वास करना। पाँचों इन्द्रियों के विषयों के साथ चारों प्रकार के आहार का त्यागकर अन्तर्मुख होना उपवास कहलाता है। उत्तम, मध्यम और जघन्य के भेद से उपवास तीन प्रकार का होता है। जिस उपवास में अन्न, पेय, स्वाद्य और खाद्य चारों प्रकार के भोजन का त्याग हो, वह उत्तम उपवास है। जिसमें जल के अतिरिक्त शेष तीन प्रकार के आहारों का त्याग हो वह मध्यम तथा जिसमें अन्न और खाद्य, इन दो प्रकार के आहारों का त्याग कर स्वाद्य और पेय आहार रूप दो प्रकार का आहार ग्रहण किया जाता है, वह जघन्य उपवास है।[१] श्रावक को अपनी शक्ति को न छिपाते हुए तीनों प्रकार का उपवास कर्म क्षयार्थ करते रहना चाहिए।

चार आश्रम

जैनाश्रमाश्च ।।२३।।

जैन आश्रम भी चार प्रकार का है ।।२३।।

धार्मिक जीवन की विभिन्न अवस्थाओं को आश्रम कहते हैं। जैन धर्म में चार आश्रम बताये गये हैं- १. ब्रह्मचर्याश्रम, २. गृहस्थाश्रम, ३. वानप्रस्थ-आश्रम, ४. भिक्षुक आश्रम

१. ब्रह्मचर्य आश्रम - विवाह से पूर्व ब्रह्मचर्य धारणकर अध्ययन आदि करना ब्रह्मचर्य आश्रम है।

२. गृहस्थाश्रम - विवाह के अनन्तर कुलाचार के पालनपूर्वक धर्माचरण से रहना गृहस्थाश्रम है।

---

१. अमितगति श्रावकाचार १२/१२२-२३

३. वानप्रस्थ आश्रम - घर-गृहस्थी से उदासीन होकर ऐलक-क्षुल्लक अवस्था में रहना वानप्रस्थ-आश्रम है।

४. भिक्षुक आश्रम- समस्त आरम्भ-परिग्रह का त्यागकर मुनि दीक्षा धारण करना भिक्षुक-आश्रम है।

ब्रह्मचारी के भेद

तत्र ब्रह्मचारिणः पञ्चविधा ।।२४।।

ब्रह्मचारी पाँच प्रकार के होते हैं ।।२४।।

१. अदीक्षा ब्रह्मचारी, २. उपनय ब्रह्मचारी, ३. अवलम्ब ब्रह्मचारी, ४. गूढ़ ब्रह्मचारी, ५. नैष्ठिक ब्रह्मचारी के भेद से ब्रह्मचारी पाँच प्रकार के बताएँ गये हैं।

१. अदीक्षा ब्रह्मचारी- जो ब्रह्मचारी के वेश के बिना ही शास्त्रों का अध्ययन कर गृहस्थ धर्म में प्रवेश करते हैं, वे अदीक्षा ब्रह्मचारी हैं।

२. उपनय ब्रह्मचारी- जो मौजी बन्धन विधि के अनुसार यज्ञोपवीत धारण कर उपासकाध्ययन आदि शास्त्रों का अध्ययन करते हैं, तत्पश्चात् गृहस्थ धर्म में प्रवेश करते हैं, वे उपनय ब्रह्मचारी कहलाते हैं।

३. अवलम्ब ब्रह्मचारी- क्षुल्लक के रूप में समस्त शास्त्रों का अध्ययन कर गृहस्थाश्रम में प्रवेश करनेवाले ब्रह्मचारी अवलम्ब ब्रह्मचारी हैं।

४. गूढ़ ब्रह्मचारी- जो कुमारावस्था में ही मुनिवेश धारण करते हैं, शास्त्रों का अध्ययन करते हैं और बाद में कारण पड़ने पर गृहस्थ धर्म स्वीकार करते हैं, वे गूढ़ ब्रह्मचारी हैं। इनके गृहस्थ धर्म को स्वीकार करने के कारणों की चर्चा करते हुए कहा गया है कि बन्धु-बान्धवों के आग्रह, राजा की आज्ञा, परीषहों को सहने में अशक्तता से अथवा स्वतः ही गूढ़ ब्रह्मचारी गृहस्थ धर्म स्वीकार करते हैं।

५. नैष्ठिक ब्रह्मचारी - ब्रह्मचारी वेष धारणकर आजीवन ब्रह्मचर्य का पालन करनेवाले ब्रह्मचारी नैष्ठिक ब्रह्मचारी कहलाते हैं।[1]

यहाँ यह विशेष ध्यातव्य है कि उपर्युक्त पाँच प्रकार के ब्रह्मचारियों की व्यवस्था उस समय की है,जब शिक्षा-दीक्षा गुरुकुल-प्रणाली से होती थी। इन पाँच प्रकार के ब्रह्मचारियों में नैष्ठिकब्रह्मचारी के अतिरिक्त शेष चार ब्रह्मचारी शास्त्राध्ययन को पूर्ण करके विवाहविधि से गृहस्थ धर्म स्वीकार करते हैं।

१. स नैष्ठिको ब्रह्मचारी यस्य प्राणान्तिकमदार कर्म। नीतिवाक्यमृतम् ५/१०

गृहास्थाश्रम का विशेष कथन

आर्यकर्माणि षट् ।।२५।।

तत्रेज्या दशविधा ।।२६।।

अर्थोपार्जनकर्माणि षट् ।।२७।।

दत्तिश्चतुर्विधा ।।२८।।

क्षत्रियो द्विविधः ।।२९।।

आर्य-कर्म छह हैं ।।२५।।

उनमें इज्या दश प्रकार की हैं ।।२६।।

अर्थोपार्जन के छह कर्म हैं ।।२७।।

दत्ति के चार प्रकार हैं।।२८।।

क्षत्रिय दो प्रकार के होते हैं ।।२९।।

गृहस्थाश्रम में करने योग्य कर्म को आर्य कर्म कहते हैं। इज्या, वार्ता, दत्ति, स्वाध्याय, संयम और तप ये छह आर्यकर्म हैं।

जिनेन्द्रदेव की अष्टद्रव्य से पूजा करना इज्या है। असि, मसि आदि षट्कर्मों से अपनी जीविका चलाना वार्ता है। दान देना दत्ति है। शास्त्रों का अध्ययन करना स्वाध्याय है। पाँचों इन्द्रियों का निग्रह कर जीवों की रक्षा करना संयम है। शक्ति अनुसार उपवासादि तपानुष्ठान करना तप है।

इज्या/पूजा के भेद

इज्या दश प्रकार की है—

१. **महामह-पूजा-** देव-इन्द्रों द्वारा की जानेवाली अर्हन्त भगवान् की पूजा।

२. **इन्द्रध्वज-पूजा-** इन्द्रों के द्वारा की जानेवाली पूजा।

३. **सर्वतोभद्र-पूजा-** चारों प्रकार के देवों द्वारा की जानेवाली पूजा।

४. **चतुर्मुख-पूजा-** चक्रवर्तियों द्वारा की जानेवाली पूजा।

५. **रथावर्तन-पूजा** विद्याधर राजाओं द्वारा की जानेवाली पूजा।

६. **इन्द्रकेतु-पूजा** महामण्डलिक राजाओं द्वारा की जानेवाली पूजा।

७. **महापूजा-** मंडलेश्वर राजाओं द्वारा की जानेवाली पूजा।

८. महामहिम-पूजा- अर्ध-मंडलेश्वर राजाओं द्वारा की जानेवाली पूजा।

९. अष्टाह्निक-पूजा- अष्टाह्निक पर्व में देवों द्वारा नन्दीश्वर द्वीप में की जानेवाली पूजा।

१०. नित्य-पूजा- अष्ट द्रव्यों द्वारा जिनमन्दिर में प्रतिदिन की जाने वाली पूजा।

मन्दिर-निर्माण, प्रतिमा-निर्माण करना, प्रतिष्ठा कराना, प्राचीन मन्दिरों-तीर्थों का जीर्णोद्धार कराना, मन्दिर की सुव्यवस्था करना, उसके लिए भूमि-भवन आदि का दान करना, पूजा के उपकरण आदि देना ये सब नित्य पूजा में अन्तर्भूत हैं।

अर्थोपार्जन के छह कर्म

असि, मसि, कृषि, विद्या, वाणिज्य और शिल्प, इन छह कर्मों द्वारा आर्य-पुरुषों (गृहस्थाश्रमियों) को अर्थोपार्जन करना चाहिए।

१. असि- सेना आदि में अपनी सेवाएँ देकर अस्त्र-शस्त्रादि से धनार्जन करना।

२. मसि- लिखने-पढ़ने के द्वारा, मुनीमी आदि करके अपनी जीविका चलाना।

३. कृषि- खेती-बाड़ी करना।

४. वाणिज्य- व्यापार करना।

५. विद्या - बहत्तर कलाओं द्वारा अपनी आजीविका चलाना।

६. शिल्प- धोबी, नाई, सुनार, कुम्हार, आदि का कार्य कर आजीविका चलाना।

दत्ति के चार भेद

दत्ति चार प्रकार की है- दयादत्ति, पात्रदत्ति, समदत्ति और सकलदत्ति।

१. दयादत्ति- दीन–दुखी, अनाथ–अनाश्रित, प्राणियों पर दयाभाव रखना, उन्हें अभय प्रदान कर उचित आश्रय और सहयोग प्रदान करना।

२. पात्रदत्ति- उत्तम, मध्यम और जघन्य तीन प्रकार के पात्रों को चार प्रकार का दान देना।

३. समदत्ति- साधर्मी गृहस्थ के लिए कन्या, भूमि, सुवर्ण, धन-

धान्यादि देना।

४. सकलदत्ति- अपने वंश के निर्वाह के लिए अपने पुत्र अथवा दत्तक पुत्र को अपना धन और धर्म समर्पण करना।

स्वाध्याय, संयम और तप का कथन आगे किया जाएगा।

इस प्रकार गृहस्थ के ये षट्कर्म हैं। वर्णों की अपेक्षा गृहस्थ-ब्राह्मण, क्षत्रिय, वैश्य और शूद्र के भेद से चार प्रकार के हैं। पूजन करना/कराना, स्वयं पढ़ना/पढ़ाना, दान देना तथा दान लेना ब्राह्मणों के ये छह कर्म हैं। क्षत्रिय, वैश्य और शूद्र इन तीन वर्णों के यजन/पूजन, अध्ययन तथा दान देना ये तीन कर्म हैं, ये ब्राह्मणादि चारों जाति और तीर्थ के भेद से दो प्रकार के होते हैं। उनमें क्षत्रिय के दो भेदों का कथन करते हैं।

क्षत्रिय के दो भेद

क्षत्रिय दो प्रकार के हैं— जातिक्षत्रिय और तीर्थक्षत्रिय। क्षत्रिय वर्ण में जन्म लेनेवाले जातिक्षत्रिय हैं तथा तीर्थङ्कर, चक्रवर्ती, नारायण आदि तीर्थ क्षत्रिय कहलाते हैं।

इस प्रकार गृहस्थ अपने गृहस्थाश्रम के संचालनार्थ असि, मसि आदि षट्कर्मों से अर्थोपार्जन कर अपनी आजीविका चलाता है। गृहस्थाश्रम के कर्त्तव्यों को पूर्ण करने के बाद जब वह वानप्रस्थ और भिक्षुक आश्रम में प्रविष्ट होना चाहता है, तब अपने पुत्र को अथवा पुत्र के अभाव में दत्तक पुत्र को अपना उत्तराधिकारी बनाता है और उसे धर्म, अर्थ, काम तीनों पुरुषार्थों के सम्यक् अनुपालन का उपदेश देते हुए गृहस्थाश्रम, कुलाचार, जाति-मर्यादा और धर्म-मर्यादा का पालन करने की प्रेरणा देकर उसे सर्वस्व सौंप देता है तथा स्वयं घर छोड़कर वानप्रस्थी अथवा दीक्षा धारण कर भिक्षुक आश्रम को प्राप्त कर लेता है।

भिक्षुक आश्रम

भिक्षुस्चतुर्विधः ।।३०।।

यतयो द्विविधाः ।।३१।।

मुनयस्त्रिविधाः ।।३२।।

ऋषयश्चतुर्विधाः ।।३३।।

तत्र राजर्षयोद्विविधाः ।।३४।।

ब्रह्मर्षयश्च ।।३५।।

भिक्षु चार प्रकार के होते हैं ।।३०।।

यति दो प्रकार के होते हैं।।३१।।

मुनि तीन प्रकार के होते हैं।।३२।।

ऋषि चार प्रकार के होते हैं।।३३।।

राजर्षि दो प्रकार के होते हैं।।३४।।

ब्रह्मर्षि भी दो प्रकार के होते हैं ।।३५।।

यति, मुनि, ऋषि, अनगार के भेद से भिक्षु चार प्रकार के होते हैं। उपशमश्रेणी और क्षपकश्रेणी में विराजमान मुनिराज यति हैं, अवधिज्ञानी, मनःपर्ययज्ञानी और केवलज्ञानी मुनिराज मुनि कहलाते हैं, ऋद्धिधारी मुनिराजों को ऋषि कहते हैं और साधारण मुनिराज अनगार कहलाते हैं।

यति दो प्रकार के हैं- उपशमश्रेणी-आरोहक और क्षपकश्रेणी आरोहक।

मुनि तीन प्रकार के हैं- अवधिज्ञानी, मनः पर्ययज्ञानी और केवलज्ञानी।

ऋषि चार प्रकार के हैं- राजर्षि, देवर्षि, परमर्षि और ब्रह्मर्षि। विक्रिया और अक्षीण ऋद्धिधारी मुनिराज राजर्षि कहलाते हैं तथा बुद्धि और औषधि ऋद्धि के धारी मुनिराज को ब्रह्मर्षि कहते हैं। आकाशगामी मुनिराज देवर्षि तथा केवलज्ञानी अरिहन्त परमर्षि कहलाते हैं।

उनमें राजर्षि दो प्रकार के होते हैं- विक्रिया-ऋद्धिधारी और अक्षीण-ऋद्धिधारी तथा ब्रह्मर्षि के बुद्धि-ऋद्धिधारी और औषधि ऋद्धिधारी ये दो भेद हैं।

इस प्रकार, उक्त चार आश्रमों में साधना करता हुआ साधक अपने जीवन का निर्वाह करता है तथा जीवन के अन्त में सल्लेखनापूर्वक अपनी देह का त्याग करता है। सल्लेखना व्रत की चर्चा करते हुए तत्त्वार्थ सूत्र में कहा गया है– **मारणान्तिकीं सल्लेखनां जोषिता** [१] अर्थात् जीवन के अन्त में प्रीतिपूर्वक सल्लेखना धारण करनी चाहिए। इससे पहले कि हम आगे के सूत्रों की चर्चा करें सल्लेखना के स्वरूप को समझ लेना अनिवार्य है।

✡

१. तत्त्वार्थ सूत्र ७/२२

सल्लेखना

सल्लेखना का अर्थ - सल्लेखना (सत्+लेखना) अर्थात् काया और कषायों को अच्छी तरह से कृश करना सल्लेखना है। इसे ही समाधिमरण भी कहते हैं । मृत्यु के सन्निकट होने पर सभी प्रकार के विषाद को छोड़कर समतापूर्वक देहत्याग करना ही समाधिमरण या सल्लेखना है। जैन साधक मानव-शरीर को अपनी साधना का साधन मानते हुए, जीवन पर्यन्त उसका अपेक्षित रक्षण करता है, किन्तु अत्यन्त बुढ़ापा, इन्द्रियों की शिथिलता, अत्यधिक दुर्बलता अथवा मरण के अन्य कोई कारण उपस्थित होने पर जब शरीर उसके संयम में साधक न होकर बाधक दिखने लगता है, तब उसे अपना शरीर अपने लिए ही भार-भूत-सा प्रतीत होने लगता है। ऐसी स्थिति में वह सोचता है कि यह शरीर तो मैं कई बार प्राप्त कर चुका हूँ,इसके विनष्ट होने पर भी यह पुनः मिल सकता है। शरीर के छूट जाने पर मेरा कुछ भी नष्ट नहीं होगा, किन्तु जो व्रत, संयम और धर्म मैंने धारण किये हैं, ये मेरे जीवन की अमूल्य निधि हैं। बड़ी दुर्लभता से इन्हें मैंने प्राप्त किया है। इनकी मुझे सुरक्षा करनी चाहिए। इन पर किसी प्रकार की आँच न आए, ऐसे प्रयास मुझे करना चाहिए, ताकि मुझे बार-बार शरीर धारण न करना पड़े और मैं अपने अभीष्ट सुख को प्राप्त कर सकूँ। यह सोचकर वह बिना किसी विषाद के प्रसन्नतापूर्वक आत्मचिंतन के साथ आहार आदि का क्रमशः परित्याग कर देहोत्सर्ग करने को उत्सुक होता है, इसी का नाम सल्लेखना है।

सल्लेखना आत्मघात नहीं

देहत्याग की इस प्रक्रिया को नहीं समझ पाने के कारण कुछ लोग इसे आत्मघात कहते हैं, परन्तु सल्लेखना आत्मघात नहीं है। जैन-धर्म में आत्मघात को पाप-हिंसा एवं आत्मा का अहितकारी कहा गया है। यह ठीक है कि आत्मघात और सल्लेखना, दोनों में प्राणों का विमोचन होता है, पर दोनों की मनोवृत्ति में महान् अन्तर है। आत्मघात जीवन के प्रति अत्यधिक निराशा एवं तीव्र मानसिक असन्तुलन की स्थिति में किया जाता है, जबकि सल्लेखना परम उत्साह से समभाव धारण करके की जाती है। आत्मघात कषायों से प्रेरित होकर किया

जाता है, तो सल्लेखना का मूलाधार समता है। आत्मघाती को आत्मा की अविनश्वरता का भान नहीं होता, वह तो दीपक के बुझ जाने की तरह शरीर के विनाश को ही जीवन की मुक्ति समझता है, जबकि सल्लेखना का प्रमुख आधार आत्मा की अमरता को समझकर अपनी परलोक यात्रा को सुधारना है। सल्लेखना जीवन के अन्त समय में शरीर की अत्यधिक निर्बलता, अनुपयुक्तता, भार-भूतता अथवा मरण के किसी अन्य कारण के आने पर मृत्यु को अपरिहार्य मानकर की जाती है, जबकि आत्मघात जीवन के किसी भी क्षण किया जा सकता है। आत्मघाती के परिणामों मे दीनता, भीति और उदासी पायी जाती है, तो सल्लेखना में परम उत्साह, निर्भीकता और वीरता का सद्भाव पाया जाता है। आत्मघात विकृत चित्तवृत्ति का परिणाम है तो सल्लेखना निर्विकार मानसिकता का फल है। आत्मघात में जहाँ मरने का लक्ष्य है, तो सल्लेखना का ध्येय मरण के योग्य परिस्थिति निर्मित होने पर अपने सद्गुणों की रक्षा और अपने जीवन के निर्माण का है। एक का लक्ष्य अपने जीवन को बिगाड़ना है, तो दूसरे का लक्ष्य जीवन को सँवारना है।

आचार्य श्री पूज्यपाद स्वामी ने सर्वार्थसिद्धि में एक उदाहरण से इसी बात को स्पष्ट करते हुए कहा है कि किसी गृहस्थ के घर में बहुमूल्य वस्तु रखी हो और कदाचित् भीषण अग्नि से घर जलने लगे, तो वह उसे येन-केन-प्रकारेण बुझाने का प्रयास करता है। पर हर संभव प्रयास के बाद भी, यदि आग बेकाबू होकर बढ़ती ही जाती है, तो उस विषम परिस्थिति में वह चतुर व्यक्ति अपने मकान का ममत्व छोड़कर बहुमूल्य वस्तुओं को बचाने में लग जाता है। उस गृहस्थ को मकान का विध्वंसक नहीं कहा जा सकता, क्योंकि उसने तो अपनी ओर से रक्षा करने की पूरी कोशिश की, किन्तु जब रक्षा असम्भव हो गयी तो एक कुशल व्यक्ति के नाते बहुमूल्य वस्तुओं का संरक्षण करना ही उसका कर्त्तव्य बनता है। इसी प्रकार रोगादिकों से आक्रान्त होने पर एकदम से सल्लेखना नही ली जाती। साधक तो शरीर को अपनी साधना का विशेष साधन समझ यथासम्भव रोगादिकों का योग्य उपचार/प्रतीकार करता है, किन्तु पूरी कोशिश करने पर भी जब रोग असाध्य दिखता है और निःप्रतीकार प्रतीत होता है, तब उस विषम परिस्थिति में मृत्यु को अवश्यम्भावी जानकर अपने व्रतों की रक्षा में उद्यत होता हुआ, अपने संयम की रक्षा के लिए समभावपूर्वक मृत्युराज के स्वागत में तत्पर हो जाता है।

सल्लेखना को आत्मघात नहीं कहा जा सकता । यह तो देहोत्सर्ग की

तर्कसंगत और वैज्ञानिक पद्धति है, जिससे अमरत्व की उपलब्धि होती है।

सल्लेखना का महत्व

सल्लेखना को साधना की अन्तिम क्रिया कहा गया है।अन्तिम क्रिया यानी मृत्यु के समय की क्रिया, इसे सुधारना अर्थात् काय और कषाय को कृश करके सन्यास धारण करना, यही जीवन भर के तप का फल है। जिस प्रकार वर्ष भर विद्यालय में जाकर अध्ययन करनेवाला विद्यार्थी, यदि परीक्षा में नहीं बैठता, तो उसकी वर्ष भर की पढ़ाई निरर्थक हो जाती है, उसी प्रकार जीवन भर साधना करते रहने के उपरान्त भी यदि सल्लेखनापूर्वक मरण नहीं हो पाता है तो साधना का वास्तविक फल नहीं मिल पाता। इसलिए प्रत्येक साधक को सल्लेखना अवश्य करनी चाहिए। मुनि और श्रावक दोनों के लिए सल्लेखना अनिवार्य है। यथाशक्ति इसके लिए प्रयास भी करना चाहिए। जिस प्रकार युद्ध का अभ्यासी पुरुष रणांगण में सफलता प्राप्त करता है, उसी प्रकार पूर्व में किये गये अभ्यास के बल से ही सल्लेखना सफल हो पाती है। अतः जब तक इस भव का अभाव नहीं होता, तब तक हमें प्रति समय समतापूर्वक मरण हो, इस प्रकार का भाव और पुरुषार्थ करना चाहिए। वस्तुतः सल्लेखना के बिना साधना अधूरी है। जिस प्रकार किसी मन्दिर के निर्माण के बाद जब तक उस पर कलशारोहण नहीं होता, तब तक वह शोभास्पद नहीं लगता, उसी प्रकार जीवन भर की साधना, सल्लेखना के बिना अधूरी रह जाती है। सल्लेखना साधना के मण्डप पर किया जानेवाला कलशारोहण है।

सल्लेखना की विधि

सल्लेखना या समाधि का अर्थ एक साथ सब प्रकार के खान-पान का त्याग करके बैठ जाना नहीं है, अपितु उसका एक निश्चित क्रम है। उस क्रम का ध्यान रखकर ही सल्लेखना करनी/करानी चाहिए। इसका ध्यान रखे बिना एक साथ ही सब प्रकार के खान-पान का त्याग करा देने से साधक को अनेक कठिनाइयों का सामना करना पड़ता है। कभी-कभी तो उसे अपने संयम से भी च्युत हो जाना पड़ता है। अतः साधक को किसी भी प्रकार की आकुलता न हो और वह क्रमशः अपनी काया और कषायों को कृश करता हुआ, देहोत्सर्ग की दिशा में आगे बढ़े, इसका ध्यान रखकर ही सल्लेखना की विधि बनायी गयी है।

सल्लेखना की विधि में कषायों को कृश करने का उपाय बताते हुए कहा गया है कि साधक को सर्वप्रथम अपने कुटुम्बियों, परिजनों एवं मित्रों से मोह, अपने शत्रुओं से बैर तथा सब प्रकार के बाह्य पदार्थों से ममत्व का शुद्ध मन से

त्यागकर, मिष्टवचनों के साथ अपने स्वजनों और परिजनों से क्षमा याचना करनी चाहिए तथा अपनी ओर से भी उन्हें क्षमा कर देना चाहिए। उसके बाद किसी योग्य गुरु (निर्यापकाचार्य) के पास जाकर कृत,कारित,अनुमोदन से किये गये सब प्रकार के पापों की छलरहित आलोचना कर मरणपर्यन्त के लिए महाव्रतों को धारण करना चाहिए। उसके साथ ही उसे सब प्रकार के शोक,भय, सन्ताप, खेद, विषाद, कालुष्य, अरति आदि अशुभ भावों को त्यागकर अपने बल, वीर्य, साहस और उत्साह को बढ़ाते हुए, गुरुओं के द्वारा सुनाई जानेवाली अमृत-वाणी से अपने मन को प्रसन्न रखना चाहिए।

इस प्रकार ज्ञानपूर्वक कषायों को कृश करने के साथ अपनी काया को कृश करने के हेतु सर्वप्रथम स्थूल/ठोस आहार दाल-भात, रोटी आदि का त्याग करना चाहिए। तथा दुग्ध, छाछ आदि पेय पदार्थों पर निर्भर रहने का अभ्यास बढ़ाना चाहिए धीरे-धीरे जब दूध, छाछ आदि पर रहने का अभ्यास हो जाए, तब उनका भी त्याग कर मात्र गर्म जल ग्रहण करना चाहिए। इस प्रकार चित्त की स्थिरता-पूर्वक अपने उक्त अभ्यास और शक्ति को बढ़ाकर, धीरजपूर्वक, अन्त में जल का भी त्याग कर देना चाहिए और अपने व्रतों का निरतिचार पालन करते हुए पञ्च-नमस्कार मन्त्र के स्मरण के साथ शान्तिपूर्वक देह का त्याग करना चाहिए। सल्लेखना का यह संक्षिप्त रूप है । इसका विशेष कथन ग्रन्थों से जानना चाहिए।

मरणं द्वित्रिचतुःपञ्चविधं वा ।।३६।।

पञ्चातिचारा इति ।।३७।।

मरण दो, तीन, चार, अथवा पाँच प्रकार का है।।३६।।

सल्लेखना के पाँच अतिचार हैं ।।३७।।

मरण के दो प्रकार - नित्यमरण और तद्भव मरण के भेद से मरण दो प्रकार का है। प्रतिसमय आयु आदि प्राणों का क्षीण होते रहना, नित्यमरण हैं। इसे अवीचि मरण भी कहते हैं। आयु के पूर्ण होने पर होनेवाला मरण तद्भव-मरण कहलाता है।

मरण के तीन प्रकार- भक्त-प्रत्याख्यानमरण, इंगिनीमरण और प्रायोपगमन-मरण, मरण के ये तीन भेद हैं। स्व-पर की वैय्यावृत्तिपूर्वक होनेवाली सल्लेखना अथवा समाधिमरण को भक्त प्रत्याख्यान मरण कहते हैं। इसमें आहार आदि का क्रमशः त्याग करते हुए शरीर और कषायों को कृश किया जाता

है। जिस सल्लेखना में पर की वैय्यावृत्ति स्वीकार नहीं होती उसकी ईंगिनी मरण संज्ञा है। इस विधि से सल्लेखना धारण करनेवाले साधक दूसरों की कोई भी सेवा स्वीकार नहीं करते। अपने और पर के उपकार की अपेक्षा से रहित सल्लेखना को प्रायोपगमनमरण कहते हैं। इस विधि से समाधिमरण करनेवाले साधक दूसरों की सेवा तो स्वीकारते ही नहीं, स्वयं भी किसी प्रकार का उपचार/प्रतीकार नहीं करते। वे सल्लेखना धारण करते समय जिस स्थिति या मुद्रा में रहते हैं, अन्त तक वैसे ही रहते हैं, अपने हाथ-पैर तक नहीं हिलाते। वे सभी प्रकार के परीषहों और उपसर्गों को समतापूर्वक सहन करते हैं। उत्तम संहननधारी मुनिराज ही इस विधि से सल्लेखना धारण करते हैं।

मरण के चार भेद- सम्यक्त्वमरण, समाधिमरण, पंडितमरण और वीरमरण,ये मरण के चार भेद हैं। सम्यक्त्व के छूटे बिना होनेवाला मरण सम्यक्त्व मरण है। धर्मध्यान और शुक्लध्यान के साथ होनेवाले मरण को समाधि मरण कहते हैं, भक्त प्रत्याख्यान, ईंगिनी अथवा प्रायोपगमन विधि से होनेवाला मरण पंडित मरण कहलाता है। धैर्य और उत्साह के साथ भेद-विज्ञान पूर्वक होनेवाले मरण की वीरमरण संज्ञा है।

मरण के पाँच प्रकार- बालबाल-मरण, बाल-मरण, बालपण्डित-मरण, पण्डित-मरण और पण्डितपण्डित-मरण मरण के ये पाँच प्रकार हैं।

मिथ्यादृष्टि जीवों का मरण बाल-बालमरण है। असंयत सम्यग्दृष्टि का मरण बालमरण कहलाता है। देशव्रती श्रावक के मरण को बाल पण्डित मरण कहते हैं। चारों आराधनाओं से युक्त निर्ग्रन्थ मुनियों के मरण का नाम पण्डित मरण है तथा केवलज्ञानी भगवान् की निर्वाणोपलब्धि पण्डित-पण्डित मरण कहलाती है।

सल्लेखना के अतिचार

जीविताशंसा, मरणाशंसा, भय, मित्रानुराग और निदान सल्लेखना के ये पाँच अतिचार हैं।

सल्लेखनाधारी साधक को अपनी सेवा-शुश्रुषा होती देखकर अथवा अपनी इस साधना से बढ़ती हुई प्रतिष्ठा के लोभ में और अधिक जीने की आकांक्षा नहीं करनी चाहिए। मैंने आहारादि का त्याग तो कर दिया है, किन्तु मैं अधिक समय तक रहूँ, तो मुझे भूख- प्यास आदि की वेदना भी हो सकती है, इसलिए अब और अधिक न जीकर शीघ्र ही मर जाऊँ तो अच्छा है, इस प्रकार **मरण** की आकांक्षा भी नहीं करनी चाहिए। सल्लेखना तो धारण कर ली है, **पर ऐसा न** हो कि क्षुधा आदि की वेदना बढ़ जाए और मैं उसे सह न पाऊँ , इस प्रकार का

भय भी मन से निकाल देना चाहिए। अब तो मुझे संसार से विदा होना ही है किन्तु एक बार मैं अपने अमुक मित्र से मिल लेता तो बहुत अच्छा होता। इस प्रकार का भाव मित्रानुराग है। सल्लेखनाधारी साधक को इससे भी बचना चाहिए। मुझे इस साधना के प्रभाव से आगामी जन्म में विशेष भोगोपभोग की सामग्री प्राप्त हो, इस प्रकार का विचार करना निदान है, साधक को इससे भी बचना चाहिए। जीने-मरने की चाह, भय, मित्रों से अनुराग और निदान ये पाँचों सल्लेखना को दूषित करनेवाले अतिचार हैं, साधक को इनसे बचना चाहिए। जो एक बार अतिचार रहित होकर सल्लेखना-पूर्वक मरण करता है, वह अतिशीघ्र मोक्ष पाता है। जैनशास्त्रों के अनुसार सल्लेखना-पूर्वक मरण करनेवाला साधक या तो उसी भव से मुक्त हो जाता है या एक या दो भव के अन्तराल से। ऐसा कहा गया है कि सल्लेखना-पूर्वक मरण होने से अधिक-से-अधिक सात-आठ भवों में तो मुक्ति हो ही जाती है। इसीलिए जैन साधना में सल्लेखना को इतना महत्त्व दिया गया है तथा प्रत्येक साधक श्रावक और मुनि दोनों को जीवन के अन्त में प्रीतिपूर्वक सल्लेखना धारण करने का उपदेश दिया गया है ।

✡

बारह अनुप्रेक्षा

द्वादशानुप्रेक्षाः ।।३८।।

अनुप्रेक्षाएँ बारह हैं।।३८।।

किसी भी पदार्थ का बार-बार चिन्तन करना अनुप्रेक्षा कहलाती है। विचारों का हमारे मन पर बहुत गहरा प्रभाव पड़ता है। जीवन में घटित होनेवाली घटनाओं का जब हम अन्तर्विश्लेषण करते हैं तो बहुत कुछ सार तत्त्व हमारे हाथों में आ जाता है, हमारा मनोबल बढ़ता है और हम सत्य पुरुषार्थ की ओर प्रत्यनशील होते हैं। संसार, शरीर और भोगों के स्वरूप पर जब हम बार-बार विचार करते हैं, तब उनकी निःसारता हमारी समझ में आने लगती है तथा सहज ही वैराग्य के अंकुर फूटने लगते हैं। इसलिए इन्हें वैराग्य की उत्पत्ति में माता की तरह कहा गया है। जैन-दर्शन में बारह अनुप्रेक्षाएँ प्रसिद्ध हैं। इन्हें बारह भावना भी कहते हैं। वे हैं– अनित्य, अशरण, संसार, एकत्व, अन्यत्व, अशुचि, आस्रव, संवर, निर्जरा, लोक, बोधि-दुर्लभ और धर्म।

१. अनित्य-अनुप्रेक्षा- संसार में जो कुछ भी उत्पन्न हुआ है, उसका विनाश सुनिश्चित है। संसार के सारे संयोग विनाशशील हैं, क्षणक्षयी हैं। चाहे हमारा शरीर हो, सम्पत्ति हो या सम्बन्धी, सबके सब छूटनेवाले हैं। इनका अस्तित्व भोर के तारे की तरह है, जो कुछ ही क्षणों में विलीन होनेवाला है। इस प्रकार का चिन्तन करना अनित्य-अनुप्रेक्षा है।

२. अशरण-अनुप्रेक्षा- जन्म, जरा और मृत्यु से इस संसार में कोई भी किसी को बचा नहीं सकता। चाहे कितना ही बड़ा परिकर और परिवार हो, धन और वैभव हो अथवा देवी-देवताओं की उपासना की जाए, मृत्यु के समय इनका कोई जोर नहीं चलता, सारे साधन रहते हुए भी निष्प्राण हो जाते हैं। जन्म लेनेवाले का मरण अनिवार्य है। बड़ी-से-बड़ी औषधि, मन्त्र-तन्त्र और संसार के सारे पदार्थ व्यर्थ सिद्ध हो जाते हैं। जिस प्रकार शेर के मुख में रहनेवाले हिरण को कोई बचा नहीं सकता, उसी प्रकार इस जीव को मृत्युरूपी सिंह के मुख से नहीं बचाया जा सकता। ऐसी स्थिति में कोई शरण या सहारा है तो मात्र देव, धर्म और

गुरु ही हमारे शरण हैं, जो हमें मृत्यु के आतंक से बचा सकते हैं। इस प्रकार चिन्तन करना अशरण-अनुप्रेक्षा है।

३. संसार-अनुप्रेक्षा- जन्म, जरा और मृत्युरूपी इस संसार में सभी जीव चारों गतियों में भ्रमण करते हुए दुःख पाते हैं। संसार में रहनेवाले सभी प्राणी दुःखी हैं। चाहे वह वैभव सम्पन्न हो, उसके पास सारी सुविधाएँ हों अथवा वैभवहीन, दरिद्र, अभावग्रस्त हो, सभी के सभी दुखी हैं। फर्क इतना है कि धनवान् अधिक पाने की चाह में दुखी हो रहा है तथा निर्धन अभाव के कारण दुःखी हो रहा है। गरीब की कोशिश है– अपने अभाव को मिटाने की तथा सम्पन्न वर्ग की चाहत है– और अधिक पाने की। इस प्रकार सभी आशा और तृष्णा के अधीन होकर तदनुरूप दुःखी हैं। इस प्रकार चिन्तन करना संसार-अनुप्रेक्षा है।

४. एकत्व-अनुप्रेक्षा- संसार में प्रत्येक व्यक्ति अकेला ही जन्म लेता है। जन्म के समय उसके साथ कोई नहीं आता। सारे रिश्ते-नाते, संगी-साथी सब बीच में ही मिलते हैं तथा यह मरता भी अकेला है। संगी-साथी न तो जन्म के समय उसके साथ आते हैं और न ही मरण के बाद कोई उसके साथ जाता है। अपना सुख-दुःख उसे अकेले ही भोगना पड़ता है। उसे संसार की पूरी यात्रा अकेले ही पूर्ण करनी पड़ती है। इस प्रकार विचार करना एकत्व-अनुप्रेक्षा है।

५. अन्यत्व-अनुप्रेक्षा- बाहर से दिखनेवाले धन-वैभव तथा परिवार-परिजन ये सब मुझसे पृथक् हैं, ये मेरे नहीं हैं। यहाँ तक कि यह देह जिसके साथ मेरा घनिष्ठ सम्बन्ध है, वह भी मेरी नहीं है। यद्यपि दूध और पानी की तरह मिली-जुली होने के कारण यह देह और आत्मा एक-सी दिखती हैं, किन्तु विवेक के द्वारा इनका भेद जाना जाता है। मैं अपने पुरुषार्थ के बल पर अपनी आत्मा को इस शरीर की कैद से मुक्त करा सकता हूँ। इस प्रकार विचार करना अन्यत्व-अनुप्रेक्षा है।

६. अशुचि-अनुप्रेक्षा- ऊपर से गोरा या काला, सुन्दर या कुरूप दिखाई पड़नेवाला शरीर भीतर से उतना ही घिनौना है। इसके अन्दर कोई सार नहीं है। इसे जितना साफ करने का प्रयास करते हैं, यह उतना ही मैला होता जाता है। इतना ही नहीं, इसके सम्पर्क में आनेवाली केशर, चन्दन, पुष्प-जैसी पवित्र सामग्री भी अपवित्र हो जाती है। इस देह का श्रृंगार करना तो मल के घड़े को फूलों से सजाने-जैसा कृत्य है। इस शरीर के द्वारा तप करने में ही सार्थकता है। इसी से यह पवित्र होता है। इस प्रकार का विचार करना अशुचि अनुप्रेक्षा है।

७. आस्रव-अनुप्रेक्षा- मैं अपने मन, वचन और काय की क्रियाओं

के कारण निरन्तर अनेक प्रकार के कर्मों का आस्रव कर रहा हूँ, जिससे सम्बद्ध हो, अनेक प्रकार के कर्म मेरी आत्मा को नाना योनियों में भटका रहे हैं। जब तक मेरा अज्ञान दूर नहीं हो जाता, तब तक मैं इस आस्रव से नहीं बच सकता। इस प्रकार का चिन्तन करना आस्रव-अनुप्रेक्षा है।

८. संवर-अनुप्रेक्षा- प्रति समय होनेवाले कर्मों के आस्रव की इस प्रक्रिया को रोके बिना हमारी आत्मा का विकास सम्भव नहीं। संवर के माध्यम से ही कर्मों को रोका जा सकता है। इसके साधन मेरे जीवन में कैसे विकसित हों। इस प्रकार विचार करना संवर-अनुप्रेक्षा है।

९. निर्जरा-अनुप्रेक्षा- कर्मों के झड़ने को निर्जरा कहते हैं। तप के द्वारा सभी कर्मों की निर्जरा होती है। जब तक मैं अपने कर्मों की निर्जरा नहीं कर लेता, तब तक मैं आत्मिक सुख को नहीं पा सकता। संवरपूर्वक जब तपरूपी ज्योति मेरे अन्तर में प्रकट होगी, तभी मेरी आत्मा आलोकित होगी। इस प्रकार का विचार करना निर्जरा-अनुप्रेक्षा है।

१०. लोक-अनुप्रेक्षा- अपने आत्मस्वरूप को भूलकर, मैं अनादि से इस लोक में भटक रहा हूँ। यह लोक छह द्रव्यों का संयुक्त रूप है। किसी के द्वारा बनाया नहीं गया है, न ही इसका विनाश सम्भव है। यह अनादिनिधन है। चौदह राजू ऊँचाईवाले पुरुषाकार इस लोक में, मैं अपने अज्ञान के कारण भटकता हुआ अकथनीय दुःखों का पात्र रहा हूँ। अब जैसे भी बने, मुझे इस परिभ्रमण को समाप्त कर अपना शाश्वत स्वरूप प्राप्त करना है, जिसे पाने के बाद किसी प्रकार का आवागमन नहीं होता। इस प्रकार के चिन्तन को लोक-अनुप्रेक्षा कहते हैं।

११. बोधिदुर्लभ-अनुप्रेक्षा- धन-धन्यादि बाह्य सांसारिक सम्पदा तो मैं अनेक बार प्राप्त कर चुका, पर उनसे मुझे किसी भी प्रकार का सुख या सन्तोष नहीं मिला, किन्तु संसार से पार उतारनेवाला यह ज्ञान मुझे बहुत दुर्लभता से प्राप्त हुआ है। इसकी प्राप्ति उतनी ही दुर्लभ है, जितनी कि किसी शहर के चौराहे पर रत्नों की राशि का मिलना। अतः रत्नों से भी बहुमूल्य इस बोधि-रत्न को पाकर मुझे इसके संरक्षण और संवर्धन में लगना चाहिए। इस प्रकार के चिन्तन को बोधिदुर्लभ-अनुप्रेक्षा कहते हैं।

१२. धर्म-अनुप्रेक्षा- लोक के सारे संयोग और सम्बन्ध यहीं छूट जाते हैं। धर्म इस जीव के साथ परलोक में भी जाता है। धर्म ही इसका सच्चा साथी है। यही हमारा वास्तविक मित्र है। इससे ही हमारा कल्याण होगा। इस प्रकार के चिन्तन से अपनी धार्मिक आस्था को दृढ़ करना धर्म-अनुप्रेक्षा है।

इन बारह प्रकार की अनुप्रेक्षाओं का हमारे जीवन में बहुत अधिक महत्त्व है। इन पर अनेक ग्रन्थ प्राकृत और संस्कृत भाषा में लिखे गये हैं। हिंदी के अनेक कवियों ने भी इन्हें अपनी लेखनी का विषय बनाया है। उनका आलम्बन लेकर हम सहज ही इनका सविस्तार चिन्तन कर सकते हैं।

मुनि-आचार

आगम में मुनि-आचार के निम्नलिखित अंग बतलाये गये हैं– अट्ठाईस मूलगुण, दशधर्म, तीन गुप्तियाँ, बाईस परीषह, बारह अनुप्रेक्षा, बारह तप, ध्यान तथा मारणान्तिकी सल्लेखना। इनमें सल्लेखना और बारह अनुप्रेक्षाएँ श्रावक और मुनि दोनों के लिये आवश्यक हैं। अतः इनका वर्णन श्रावकाचार के अन्तर्गत हो चुका है। प्रस्तुत खण्ड में मुनि-आचार के शेष अंगों पर प्रकाश डालनेवाले सूत्रों का निरूपण किया जा रहा है।

दश धर्म

यतिधर्मो दशविधः।।३९।।

यति धर्म दश प्रकार का है।।३९।।

मुनियों के धर्म को यतिधर्म कहते हैं। यति धर्म दश प्रकार का है– उत्तम क्षमा, उत्तम मार्दव, उत्तम आर्जव, उत्तम शौच, उत्तम सत्य, उत्तम संयम, उत्तम तप, उत्तम त्याग, उत्तम आकिंचन्य और उत्तम ब्रह्मचर्य। ये उत्तम दस धर्म आत्मा के भावनात्मक परिवर्तन से उत्पन्न विशुद्ध परिणाम हैं, जो आत्मा को अशुभ कर्मों के बन्ध से रोकने के कारण संवर के हेतु हैं। ख्याति, पूजा आदि से निरपेक्ष होने के कारण इनमें उत्तम विशेषण लगाया गया है।

१. उत्तम क्षमा- क्रोध का कारण उपस्थित रहने पर भी क्रोध न करना क्षमा है। क्षमा कायरता नहीं है। समर्थ रहने पर भी क्रोधोत्पादक निन्दा, अपमान, गाली-गलौज आदि प्रतिकूल व्यवहार होने पर भी मन में कलुषता न आने देना उत्तम क्षमा है।

२. उत्तम मार्दव- चित्त में मृदुता और व्यवहार में विनम्रता मार्दव है। यह मान कषाय के अभाव में प्रकट होता है। जाति, कुल, रूप, ज्ञान, तप, वैभव, प्रभुत्व और ऐश्वर्य-सम्बन्धी अभिमान-मद कहलाता है। इन्हें विनश्वर समझकर मान कषाय को जीतना उत्तम मार्दव कहलाता है।

३. उत्तम आर्जव- आर्जव का अर्थ होता है– ऋजुता या सरलता अर्थात् बाहर-भीतर एक होना। मन में कुछ, वचन में कुछ तथा प्रकट में कुछ, यह प्रवृत्ति

कुटिलता या मायाचारी है। इस माया कषाय को जीतकर मन, वचन और काय की क्रिया में एकरूपता लाना उत्तम आर्जव है।

४. उत्तम शौच- शौच का अर्थ है- पवित्रता या सफाई। मद, क्रोधादिक बढ़ानेवाली जितनी दुर्भावनाएँ हैं, उनमें लोभ सबसे प्रबल है। इस लोभ पर विजय पाना ही उत्तम शौच है।

५. उत्तम सत्य- दूसरों के मन में संताप उत्पन्न करनेवाले, निष्ठुर और कर्कश, कठोर वचनों का त्यागकर, सबके हितकारी और प्रिय वचन बोलना, उत्तम सत्य धर्म है। अप्रिय सत्य भी असत्य की कोटि में आ जाता है।

६. उत्तम संयम- संयम का अर्थ है– आत्म नियन्त्रण, पाँचों इन्द्रियों की प्रवृत्तियों पर अंकुश रखकर, उनकी अनर्गल प्रवृत्तियों पर नियन्त्रण रखना उत्तम संयम है।

७. उत्तम तप- इच्छा के निरोध को तप कहते हैं। विषय कषायों का निग्रह करके बारह प्रकार के तप में चित्त लगाना उत्तम तप धर्म है। तप धर्म का प्रमुख उद्देश्य चित्त की मलिन वृत्तियों का उन्मूलन है।

८. उत्तम त्याग- परिग्रह की निवृत्ति को त्याग कहते हैं। बिना किसी प्रत्युपकार की अपेक्षा के अपने पास होनेवाली ज्ञानादि सम्पदा को दूसरों के हित व कल्याण के लिए लगाना उत्तम त्याग है।

९. उत्तम आकिंचन्य- ममत्व के परित्याग को आकिंचन्य कहते हैं। आकिंचन्य का अर्थ है- मेरा कुछ भी नहीं है। घर-द्वार, धन-दौलत, बन्धु-बान्धव आदि यहाँ तक कि शरीर भी मेरा नहीं है। इस प्रकार का अनासक्ति भाव उत्पन्न होना उत्तम आकिंचन्य धर्म है। सबका त्याग करने के बाद भी उस त्याग के प्रति ममत्व रह सकता है, आकिंचन्य धर्म में उस त्याग के प्रति होनेवाले ममत्व का भी त्याग कराया जाता है।

१०. उत्तम ब्रह्मचर्य- ब्रह्म अर्थात् आत्मा में रमण करना ब्रह्मचर्य है। रागोत्पादक साधनों के होने पर भी, उन सबसे विरक्त होकर, आत्मोन्मुखी बने रहना उत्तम ब्रह्मचर्य है।

इस प्रकार ये दश धर्म मुनिधर्म या यतिधर्म कहलाते हैं। वस्तुतः धर्म दश नहीं एक ही है। ये तो धर्म के दश लक्षण हैं जो आत्मा के क्रोधादिक विकार के अभाव में प्रकट होते हैं। इसलिए इन्हें दशलक्षण धर्म भी कहते हैं।

अट्ठाईस मूलगुण

अष्टाविंशतिमूलगुणाः ।।४०।।

मुनियों के अट्ठाईस मूलगुण होते हैं ।।४०।।

मुनियों के अट्ठाईस मूलगुण होते हैं– पाँच महाव्रत, पाँच समिति, पंचेन्द्रिय निरोध, छह आवश्यक, अदन्त-धावन, अस्नान, भूशयन, स्थिति भोजन, एक भुक्ति, केशलोंच और नग्नता।

उक्त अट्ठाईस मूलगुणों का पालन प्रत्येक जैन मुनि को अनिवार्य रूप से करना पड़ता है। मूलगुण मुनिव्रत की मूल अर्थात् जड़ है। इनका पालन करने पर ही मुनिव्रत सुरक्षित रह सकता है। मूलगुणों का स्वरूप इस प्रकार है-

पाँच महाव्रत- तीर्थङ्कर आदि महापुरुष जिनका पालन करते हैं, वे महाव्रत कहलाते हैं। महाव्रत पाँच हैं– अहिंसा महाव्रत, सत्य महाव्रत, अचौर्य महाव्रत, ब्रह्मचर्य महाव्रत और अपरिग्रह महाव्रत।

अहिंसा महाव्रत- किसी भी जीव को मन, वचन, काय से पीड़ा पहुँचाना हिंसा है। इस हिंसा का पूर्णतया परित्याग करना अहिंसा महाव्रत है।

सत्य महाव्रत- राग, द्वेष और मोह के कारण असत्य वचन तथा दूसरों को सन्ताप देनेवाले सत्य वचन का त्याग करना सत्य महाव्रत है।

अचौर्य महाव्रत- बिना दी हुई वस्तु को ग्रहण करना चोरी है, इसके परिपूर्ण त्याग को अचौर्य महाव्रत कहते हैं।

ब्रह्मचर्य महाव्रत- मैथुन कर्म को कुशील कहते हैं। इसका मन, वचन, काय से त्याग करना ब्रह्मचर्य महाव्रत है।

अपरिग्रह महाव्रत- मूर्च्छा को परिग्रह कहते हैं। धन-धान्य, कुटुम्ब-परिवार और अपने शरीर के प्रति उत्पन्न आसक्ति परिग्रह है। इस परिग्रह का पूर्णतया त्याग करना अपरिग्रह महाव्रत है।

पाँच समिति- समिति का अर्थ है– प्रवृत्तिगत सावधानी। समिति पाँच प्रकार की है–

ईर्यासमिति- किसी भी जीव-जन्तु को क्लेश न हो इस प्रकार सावधानी पूर्वक चार हाथ जमीन देखकर चलना ईर्यासमिति है।

भाषासमिति- निन्दा व चापलूसी आदि दूषित भाषाओं को त्यागकर संयत, नपे-तुले, सत्य, हितकारी वचन बोलना भाषासमिति है।

एषणासमिति- सदाचारी श्रावक के यहाँ छियालीस[१] दोषों को टालकर विधि-पूर्वक निर्दोष आहार ग्रहण करना एषणा समिति है।

आदाननिक्षेपणसमिति- शास्त्र, कमण्डल आदि उपकरणों को उठाते-रखते समय सावधानीपूर्वक कोमल पिच्छिका से परिमार्जन कर उठाना-रखना आदान-निक्षेपण-समिति है।

प्रतिष्ठापनसमिति- भली-भाँति देखकर शुद्ध और निर्जन्तुक स्थान पर अपने मल-मूत्रों का त्याग करना प्रतिष्ठापन समिति है।

पंचेन्द्रियनिरोध- पाँचों इन्द्रियों पर नियंत्रण रखते हुये, विषयों की ओर आकर्षित नहीं होना तथा इष्टानिष्ट इन्द्रिय विषयों में राग-द्वेष नहीं करना पंचेन्द्रियनिरोध है।

छह आवश्यक- अवश्य करने योग्य क्रियाएँ आवश्यक कहलाती हैं। आवश्यक छह हैं- सामायिक, स्तुति, वन्दना, प्रतिक्रमण, प्रत्याख्यान, कायोत्सर्ग।

सामायिक- समस्त प्राणियों के प्रति समता धारण कर आत्मकेन्द्रित होना सामायिक है। इसे समता भी कहते हैं।

स्तुति- चौबीस तीर्थङ्करों के गुणों का स्तवन करना स्तुति है।

वन्दना- अरिहन्त, सिद्धों की प्रतिमा को एवं आचार्यादि को मन, वचन, काय से प्रणाम करना वन्दना है।

प्रतिक्रमण- स्वकृत अपराधों का शोधन करना प्रतिक्रमण है।

प्रत्याख्यान- भविष्य में लग सकनेवाले दोषों से बचने के लिए अयोग्य वस्तुओं का त्याग करना प्रत्याख्यान है।

कायोत्सर्ग- शरीर के ममत्व को त्यागकर पंच परमेष्ठियों का स्मरण अथवा आत्म स्वरूप में लीन होना कायोत्सर्ग है।

ये छहों आवश्यक मुनियों के नित्य कर्म हैं। इन्हें प्रतिदिन दोनों समय किया जाता है।

---

१. छियालीस दोषों के लिए देखें परिशिष्ट

अस्नान- स्नान का त्याग।

अदन्तधावन- दातुन या मंजन आदि से दाँतों को नहीं धोना।

भूशयन- अपने ध्यान, स्वाध्याय अथवा पदविहारजन्य थकान को दूर करने के लिए जमीन, शिला, लकड़ी के पाटे, सूखे घास एवं चटाई आदि पर विश्राम करना।

स्थितिभोजन- ख़ड़े होकर अपने ही करपात्र में आहार करना।

एकभुक्ति- चौबीस घण्टे में एक ही बार आहार ग्रहण करना ।

केशलोंच- दो माह से चार माह के मध्य अपने हाथों से सिर और दाढ़ी-मूंछों के बाल उखाड़ना।

नग्नता- सद्यः प्रसूत बालक की तरह निर्विकार दिगम्बर अवस्था में रहना।

इन अट्ठाईस मूलगुणों का सम्यक् रूप से पालन करनेवाले दिगम्बर साधक ही आदर्श जैन मुनि कहलाते हैं। इनके बिना शरीर मात्र से नग्न, स्वच्छन्द आचरण करनेवाले किसी अन्य साधु को जैन मुनि नहीं माना जा सकता। उक्त अट्ठाईस मूलगुण ऐसे व्यवस्थित एवं वैज्ञानिक नियम हैं जो एक व्यक्ति को सच्चा साधु बना देते हैं। ये नियम ही दिगम्बर जैन परम्परा को बाँधे हुए हैं। यदि उक्त वैज्ञानिक नियम-प्रवाह जैन-धर्म में नहीं होता तो अन्य नग्न साधुओं की तरह दिगम्बर जैन साधुओं में भी बहुत-सी विकृतियाँ आ गई होतीं तथा उनके दर्शन दुर्लभ हो जाते।

महाव्रतों की भावनाएँ

पञ्च महाव्रतस्थैर्यार्थं भावनाः पञ्च-पञ्च।।४१।।

पाँच महाव्रतों की स्थिरता के लिए पाँच-पाँच भावनाएँ हैं।।४१।।

जैसे किसी बीज को धरती में बोने के बाद समय-समय पर उसे सींचना और खाद-पानी देते रहना भी अनिवार्य है, तभी उन बीजों का सम्यक् पल्लवन होता है, उसी प्रकार गृहीत महाव्रतों की स्थिरता के लिए कुछ विशिष्ट प्रकार की भावनाएँ भायी जाती हैं। ये भावनाएँ साधक को उन तमाम भौतिक और मानसिक परिस्थितियों से बचाती हैं, जो व्रतों को मलिन बनाते हैं।

अहिंसामहाव्रत की पाँच भावनाएँ- वचनगुप्ति, मनोगुप्ति, ईर्यासमिति,

आदाननिक्षेपण-समिति और आलोकित-पान भोजन ये पाँच अहिंसा महाव्रत की भावनाएँ हैं। मुख से अच्छे-बुरे किसी प्रकार के शब्द न बोलकर मौन रहना वचन गुप्ति है। मन को अशुभ भावों से बचाकर आत्महितकारी शुभ विचारों में लगाना मनोगुप्ति है। किसी जीव को क्लेश न हो इस प्रकार सावधानी-पूर्वक चार हाथ जमीन देखकर चलना ईर्यासमिति है। अपने उपकरणों को उठाते-रखते समय अवलोकन व प्रमार्जन करके रखना और उठाना आदान-निक्षेपणसमिति है। प्राकृतिक प्रकाश में भली-भाँति देख-शोधकर, खाना-पीना आलोकित-पान भोजन है।

सत्य महाव्रत की पाँच भावनाएँ- क्रोधत्याग, लोभत्याग, भयत्याग, हास्यत्याग और अनुवीचि-भाषण ये पाँच सत्य महाव्रत की भावनाएँ हैं। क्रोध, लोभ, भय और हँसी-मजाक में असत्य वचन की संभावना रहती है। अतः सत्यमहाव्रत की रक्षा के लिए क्रोधत्याग, लोभत्याग और हास्यत्याग के साथ अनुवीचिभाषण अर्थात निर्दोष वचन बोलना चाहिए।

अचौर्यमहाव्रत की पाँच भावनाएँ- शून्यागारावास, विमोचितावास, परोपरोधाकरण, भैक्ष्यशुद्धि और सधर्माविसंवाद ये पाँच अचौर्य महाव्रत की भावनाएँ हैं।

पर्वत की गुफा, वृक्ष के कोटर आदि में निवास करना शून्यागारावास है। जिस आवास को दूसरे ने त्याग दिया हो अथवा जो मुक्तद्वार हो उसमें निवास करना विमोचितावास है। अपने रहने के स्थान में निजत्व का भाव रखकर दूसरे साधु को उसमें ठहरने से नहीं रोकना परोपरोधाकरण है। भिक्षा के नियमों का उचित ध्यान रखकर भिक्षा लेना भैक्ष्यशुद्धि है तथा अपने उपकरणों में मेरे-तेरे का भाव रखकर अन्य साधुओं से विवाद नहीं करना सधर्माविसंवाद है।

ब्रह्मचर्यमहाव्रत की पाँच भावनाएँ- स्त्रीरागकथाश्रवण-त्याग, स्त्रीमनोहरांगनिरीक्षण-त्याग, पूर्वरतानुस्मरण-त्याग, वृष्येष्टरस-त्याग और स्वशरीर संस्कार त्याग ये पाँच ब्रह्मचर्य व्रत की भावनाएँ हैं।

स्त्रियों में आसक्ति बढ़ानेवाली कथाओं को सुनने-पढने का त्याग करना स्त्रीरागकथा-श्रवण-त्याग है। स्त्रियों की ओर विकारी दृष्टि से नहीं देखना स्त्रीमनोहरांगनिरीक्षण-त्याग है। पूर्व काल में भोगे हुए भोग-विलास का स्मरण नहीं करना पूर्वरतानुस्मरण-त्याग है। इन्द्रिय लालसा बढ़ानेवाले कामोद्दीपक पदार्थों का सेवन नहीं करना वृष्येष्टरस-त्याग है तथा अपने शरीर के संस्कार का त्याग करना स्वशरीरसंस्कार-त्याग है। इन भावनाओं से ब्रह्मचर्य महाव्रत में स्थिरता

आती है।

अपरिग्रहमहाव्रत की पाँच भावनाएँ- संसार में अनेक प्रकार के विषय हैं। उनमें से कुछ मनोज्ञ अर्थात् मन को प्रिय लगनेवाले हैं तथा कुछ अमनोज्ञ अर्थात् मन को अरुचिकर लगनेवाले पदार्थ हैं। मनोज्ञ विषयों के प्राप्त होने पर राग बढ़ता है तथा अमनोज्ञ विषयों के मिलने पर द्वेष बढ़ता है। राग-द्वेष के कारण ही उनके संचय और त्याग की भावना आती है। इसलिए अपरिग्रह-महाव्रत की रक्षा के लिए मनोज्ञ और अमनोज्ञ स्पर्श, रस, गंध, रूप और शब्द इन पाँचों इन्द्रियों के विषयों में राग-द्वेष का त्याग करना चाहिए, जिससे कि उनके ग्रहण और त्याग का विकल्प ही न बचे। अपरिग्रह महाव्रत के लिए ये ही पाँच भावनाएँ हैं।

तीन गुप्तियाँ

तिस्रो गुप्तयः।।४२।।

गुप्तियाँ तीन हैं।।४२।।

पाप क्रियाओं से आत्मा को बचाना गुप्ति है। मन को राग-द्वेष से अप्रभावित रखना मनोगुप्ति है। असत्य वाणी का निरोध करना अथवा मौन रहना वचनगुप्ति है। शरीर को वश में रखकर हिंसादि क्रियाओं से दूर रहना काय गुप्ति है।

अष्ट प्रवचनमातृका

अष्टौ प्रवचनमातृकाः ।।४३।।

आठ प्रवचन मातृकाएँ हैं।। ४३।।

पाँच समितियाँ और तीन गुप्तियाँ ये आठ प्रवचन मातृकाएँ कहलाती हैं। ये माता की तरह मुनियों की प्रतिपालक हैं। उन्हें राग-द्वेष, आस्रव-बन्ध रूप संसार से बचाती हैं और चारित्र की रक्षा कर उन्हें मोक्ष प्राप्ति में सक्षम बनाती हैं, इसलिए इन्हें अष्ट प्रवचनमातृका कहते हैं।

परीषहजय

द्वाविंशतिपरीषहाः ।।४४।।

परीषह बाईस हैं।।४४।।

अंगीकृत धर्म-मार्ग में स्थिर रहने के लिए तथा कर्म-बन्ध के विनाश के लिए समस्त प्रतिकूल विचारों और परिस्थितियों का समतापूर्वक सहन करते चलना

परीषहजय है। कहा गया है–

मार्गाच्यवन-निर्जरार्थं परिषोढव्याः परीषहाः ।

तत्त्वार्थ सूत्र ९/८

परीषह शब्द 'परि' और 'सह' इन दो शब्दों के सम्मेल से बना है। परि अर्थात् सब ओर से, सह अर्थात्– सहन करना, यानी आन्तरिक संवेदनाओं से तथा बाह्य संयोगों-वियोगों से उत्पन्न सभी प्रकार के कष्टों तथा दुःखों को समतापूर्वक सहन करना ही परीषहजय है। दिगम्बर साधु इनका पालन करते हैं। चूँकि वे प्रकृति में रहते हैं तथा सभी प्रकार के साधन व सुविधाओं से दूर रहते हैं, ऐसी स्थिति में समता भाव को नष्ट करनेवाली अनेक परिस्थितियों का सामना करना पड़ता है और वे ही स्थितियाँ उनके समत्व की परीक्षा के विशेष क्षण होते हैं। यद्यपि ऐसी परिस्थितियाँ अनगिनत हो सकती हैं, किन्तु मुख्य रूप से उन्हें बाईस में विभाजित किया गया है और सन्मार्ग से च्युत न होने के लिए तत्सम्बन्धी क्लेशों पर विजय पाने का उपदेश दिया गया है। वे हैं क्रमशः– क्षुधा, तृषा, शीत, उष्ण, डाँस-मच्छर, नग्नता, अरति, स्त्री, चर्या, निषद्या, शय्या, आक्रोश, वध, याचना, अलाभ, रोग, तृण-स्पर्श, मल, सत्कार-पुरस्कार, प्रज्ञा, अज्ञान और अदर्शन। इन्हें इस प्रकार परिभाषित किया गया है-

१-२ क्षुधा-तृषा- जैन साधु अपने पास कुछ भी परिग्रह नहीं रखते। न ही अपना भोजन अपने हाथ से बनाते हैं, भिक्षावृत्ति से ही भोजन ग्रहण करते हैं, वह भी दिन में एक ही बार। वे समय-समय पर उपवास आदि तप भी धारण करते हैं। ऐसी स्थिति में भूख और प्यास लगना स्वाभाविक है। फिर भी, कितनी ही तीव्र भूख या प्यास लगने पर स्वीकृत मर्यादा (विधि) विरुद्ध आहार मिलने पर उसे ग्रहण नहीं करना, क्षुधा और प्यास रूपी अग्नि को धैर्य रूपी जल से शान्त करना क्षुधा-तृषा परीषहजय है।

३-४ शीत-उष्ण- कड़कड़ाती ठण्ड हो या जेठ की चिल-चिलाती धूप, दोनों परिस्थितियों में वस्त्रादिकों को स्वीकार न कर, समताभाव-पूर्वक सर्दी-गर्मी सहन करना शीत-उष्ण-परीषहजय है।

५ डाँस-मच्छर- मक्खी, पिस्सू, मच्छर आदि जन्तुओं की बाधाओं को समतापूर्वक सहन करना, उनसे विचलित होकर प्रतीकार की इच्छा न करना डाँस-मच्छर-परीषह-जय है।

६ नाग्न्य- सद्यः प्रसूत बालक की तरह नग्नरूप धारण करना नाग्न्य परीषहजय है। दिगम्बरत्व को धारण करनेवाले साधु के मन में किसी भी प्रकार

का विकार न आना तथा लज्जा आदि के वश उसे छिपाने का भाव न करना, नाग्न्य परीषहजय है।

७ अरति- अरति का अर्थ है– संयम के प्रति अनुत्साह । अनेक विपरीत कारणों के होने पर भी संयम के प्रति अत्यन्त अनुराग बना रहना अरति परीषहजय है।

८. स्त्री- नव-युवतियों के हाव-भाव-विलास आदि द्वारा बाधा पहुँचाये जाने पर भी मन में विकार उत्पन्न नहीं होने देना, उनके रूप को देखने अथवा उनके आलिंगन आदि की भावना न होना स्त्री परीषहजय है।

९. चर्या- नंगे पैरों से सतत विहार करते रहने पर, मार्ग में पड़ने वाले कंकर-पत्थरों से पैर छिल जाने पर भी खेद-खिन्न न होना चर्या परीषहजय है।

१०. निषद्या- जिस आसन में बैठे हैं, उस आसन से विचलित न होना निषद्या परीषहजय है।

११. शय्या- स्वाध्याय, ध्यान आदि के श्रम से उत्पन्न थकावट दूर करने के लिए, रात्रि में ऊँची-नीची कठोर भूमि अथवा लकड़ी के पाटे आदि पर एक करवट से शयन करना शय्या परीषहजय है।

१२. आक्रोश- मार्ग में चलते हुये साधु को अन्य अज्ञानियों द्वारा गाली-गलौज आदि से अपमानित करने पर भी शान्त रहना, उन पर क्रोध न करना आक्रोश-परीषहजय है।

१३. वध- जैसे चन्दन को जलाने पर भी वह सुगन्ध देता है, वैसे ही अपने साथ मार-पीट करनेवालों पर भी क्रोध न करना, अपितु उनका हित सोचना वध-परीषहजय है।

१४. याचना- आहारादि के न मिलने पर भले ही प्राण चले जाएँ, लेकिन किसी से याचना करना तो दूर, मन में दीनता भी न आना याचना परीषहजय है।

१५. अलाभ- आहारादि का लाभ न होने पर भी, उसमें लाभ की तरह सन्तुष्ट रहना अलाभ परीषहजय है।

१६. रोग- यदि शरीर किसी रोग, व्याधि व पीड़ा से घिर जाये, तो उस रोग को शान्तिपूर्वक सहना रोग परीषहजय है।

१७. तृण-स्पर्श- उठते-बैठते-चलते-फिरते तथा सोते समय जो तृण, कंकड़, काँटा आदि चुभने की पीड़ा हो, उसे साम्य भाव से सहन करना तृण-स्पर्श

परीषह जय है।

१८. मल- शरीर में पसीना आदि से मल लग जाने पर भी उसे हटाने की इच्छा न करना मल परीषहजय है।

१९. सत्कार-पुरुस्कार- सम्मान एवं अपमान में समभाव रखना और आदर-सत्कार न होने पर खेद-खिन्न न होना सत्कार-पुरुस्कार परीषहजय है।

२०. प्रज्ञा- अपने पाण्डित्य का अहंकार न होना प्रज्ञा-परीषहजय है।

२१. अज्ञान- ज्ञान न होने पर लोगों के तिरस्कारयुक्त वचनों को सुनकर भी अपने अन्दर हीन-भावना न लाना अज्ञान परीषहजय है।

२२. अदर्शन- श्रद्धान से च्युत होने के कारण उपस्थित होने पर भी मुनिमार्ग से च्युत न होना अदर्शन परीषहजय है।

ये बाईस परीषह जैन मुनियों की विशेष साधनाएँ हैं। इनके द्वारा वे अपने को पूर्ण इन्द्रिय-विजयी और योगी बनाकर संवर का पात्र बनाते हैं। परीषहों को जीतने से चरित्र में दृढ़ निष्ठा होती है और कर्मों का संवर होता है।

✡

बारह तप

द्वादशविधं तपः ।।४५।।

दशविधानि प्रायश्चित्तानि ।।४६।।

आलोचनं च ।।४७।।

चतुर्विधो विनयः ।।४८।।

दशविधानि वैय्यावृत्यानि ।।४९।।

पञ्चविधः स्वाध्यायः ।।५०।।

द्विविधो व्युत्सर्गः ।।५१।।

तप बारह प्रकार का है ।।४५।।

प्रायश्चित्त तप के दस भेद हैं।।४६।।

आलोचना दस प्रकार की है ।।४७।।

विनय चार प्रकार का है ।।४८।।

वैय्यावृत्य दस प्रकार का है ।।४९।।

स्वाध्याय पाँच प्रकार का है ।।५०।।

व्युत्सर्ग दो प्रकार का है ।।५१।।

तप का अर्थ- इच्छा के निरोध को तप कहते हैं। ऐहिक आकांक्षाओं से ऊपर उठकर कर्मक्षय के लिए देह, इन्द्रियविषयों की प्रवृत्ति और मन को रोककर उन्हें तपाना तप है। तप का लक्षण करते हुए कहा गया है **"तवो विसयविणिग्गहो जत्थ"** तप वही है जिसमें विषयों का निग्रह हो।

तप के भेद- तप के बारह भेद हैं। अनशन, ऊनोदर, वृत्ति-परिसंख्यान, रस-परित्याग, विविक्तशय्यासन और काय-क्लेश ये छह बाह्य तप हैं। बाह्य द्रव्यों के आलम्बन-पूर्वक होने से तथा बाहर प्रत्यक्ष दिखने से, इन्हें बाह्य तप कहते हैं।

प्रायश्चित्त, विनय, वैयावृत्य, स्वाध्याय, व्युत्सर्ग और ध्यान ये छह भेद अभ्यन्तर तप के हैं। मनोनिग्रह से सम्बन्ध होने के कारण इन्हें अभ्यन्तर तप कहते हैं। बाह्य तप भी अभ्यन्तर-तप की अभिवृद्धि के उद्देश्य से ही किये जाते हैं। अभ्यन्तर तप साध्य हैं, बाह्य तप उनके साधक हैं।

बाह्य तप

अनशन- अनशन का अर्थ है– भोजन। भोजन का त्याग करना अनशन तप कहलाता है। यह सीमित समय के लिए भी होता है तथा यावज्जीवन भी। अनशन से भूख पर विजय होती है। भूख को जीतना और मन का निग्रह करना अनशन तप है। अनशन से शारीरिक शुद्धि भी होती है। यह शरीर का सबसे बड़ा चिकित्सक है। कहा भी है **लङ्घनं परमौषधम्।** अनशन को उपवास भी कहते हैं। उपवास का अर्थ होता है– उप यानी पास, वास का अर्थ है रहना। अपने करीब आने को उपवास कहते हैं। अकेले भोजन छोड़ना उपवास नहीं कहलाता। भोजन के साथ-साथ विषय-विकारों का त्याग कर, मन पर नियन्त्रण करना ही उपवास है। मनोनिग्रह के अभाव में किया गया उपवास, उपवास न होकर लंघन कहलाता है। ध्यान की साधना में उपवास आवश्यक है।

ऊनोदर- भूख से कम खाना, ऊनोदर तप है। अधिक खाने से मस्तिष्क पर रक्त का दबाव बढ़ जाता है। परिणामतः स्फूर्ति कम हो जाती है और नींद आने लगती है। इसके अतिरिक्त, अधिक खाने से वायुविकार आदि अनेक प्रकार के रोग हो जाते हैं। ऊनोदर तप बहुत उपयोगी है। इससे ब्रह्मचर्य की सिद्धि भी होती है तथा यह निद्रा विजय का साधन है। इसे अवमौदर्य भी कहते हैं।

वृत्ति-परिसंख्यान- भिक्षा के लिए जाते समय मुनि द्वारा घरों का नियम करना कि मैं आहार के लिए इतने घरों तक ही जाऊँगा और इस रीति से आहार मिलेगा तो लूँगा, अन्यथा नहीं, इसे वृत्ति परिसंख्यान तप कहते हैं। यह तप भोजन के प्रति आशा और राग की निवृत्ति के लिए किया जाता है।

रसपरित्याग- रस का अर्थ है प्रीति बढ़ाने वाला तत्त्व 'रसः प्रीतिविवर्धनम्-' रस भोजन में प्रीति बढ़ाता है। घी, दूध, तेल, दही, मीठा और नमक-इन छह प्रकार के रसों के संयोग से भोजन स्वादिष्ट होता है तथा अधिक खाया जाता है। इनके अभाव में भोजन नीरस हो जाता है। इन्द्रिय विजय के लिए इनमें से किसी एक, दो या सभी रसों का त्याग करना रसपरित्याग तप है।

विविक्त-शय्यासन- ब्रह्मचर्य, ध्यान, स्वाध्याय आदि की सिद्धि के लिए एकान्त स्थान पर शयन करना तथा आसन लगाना विविक्त-शय्यासन तप है।

कायक्लेश- कायक्लेश का अर्थ है– शारीरिक कष्टों/बाधाओं को सहन करना। सुख से प्राप्त हुआ ज्ञान प्रतिकूलताओं में नष्ट हो जाता है, अतः साधक को कष्टसहिष्णु होना चाहिए । इसी उद्देश्य से शारीरिक ममत्व को कम करने के लिए तथा तज्जन्य कष्ट सहने के लिए और धर्म की प्रभावना के लिए अनेक प्रकार के आसनों द्वारा खड़े रहना, बैठना, ध्यान लगाना आदि कायक्लेश तप है। ये छहों तप बाह्य वस्तु की अपेक्षा के कारण तथा दूसरों द्वारा प्रत्यक्ष होने के कारण बाह्य तप कहलाते हैं ।

अभ्यन्तर तप

प्रायश्चित्त- किये गये अपराधों के शोधन को प्रायश्चित कहते हैं। प्रायः का अर्थ– अपराध है और चित्त का अर्थ है– शोधन। अपराधों के शोधन की प्रक्रिया को प्रायश्चित्त कहते हैं। प्रायश्चित्त शब्द की व्युत्पत्ति करते हुए कहा गया है कि जिसके द्वारा पाप का छेदन हो वह प्रायश्चित्त है।

यह एक ऐसा तप है, जिसमें अपने अज्ञान व प्रमादवश हुई भूलों का अहसास होते ही साधक का मन पश्चात्ताप से भर जाता है तथा वह निश्छल भाव से उसे अपने गुरु के समक्ष प्रकट कर देता है। जैसे, किसी कुशल वैद्य के हाथों दी गयी औषधि को रोगी, अपने लिए हितकारी जान, कड़वी होने पर भी बड़े उत्साह से ग्रहण करता है, वैसे ही प्रायश्चित्त से शिष्य, गुरु द्वारा प्रदत्त अल्प या अधिक दण्ड को अपना हितकारी समझ स्वीकार करता है।

कुछ लोग प्रायश्चित्त को दण्ड समझते हैं। प्रायश्चित दण्ड नहीं है। दोनों नें अंतर है। प्रायश्चित्त ग्रहण किया जाता है, दण्ड दिया जाता है। प्रायश्चित्त में सहज स्वीकृति है, दण्ड में मजबूरी। प्रायश्चित्त लेनेवाले का मन पश्चात्ताप से भरा होता है, जबकि दण्ड भोगनेवाले को प्रायः अपराध बोध भी नहीं रहता, यदि कदाचित् होता भी है तो उसके प्रति पश्चात्ताप नहीं होता। प्रायश्चित्त को लेनेवाला उसे समझता है– स्वयं पर गुरु की कृपा, दण्ड को समझा जाता है बोझ। दोनों की मानसिकता में महान् अन्तर है, अतः दोनों एक नहीं कहे जा सकते।

प्रायश्चित्त तप से दोषों का नाश होता है तथा भावों की विशुद्धि होती है। प्रायश्चित्त वही लेता है, जिसका मन सरल होता है।

प्रायश्चित्त के भेद- प्रायश्चित्त तप के दस भेद हैं– आलोचना, प्रतिक्रमण, तदुभय, विवेक, व्युत्सर्ग, तप, छेद, परिहार, उपस्थापना और श्रद्धान।

गुरु के समक्ष शुद्ध भाव से अपने दोषों को प्रकट करना 'आलोचना'

है। स्वकृत अपराध के प्रति मेरा दोष मिथ्या हो इस प्रकार कहकर उनकी पुनरावृत्ति से बचते रहना 'प्रतिक्रमण' है। आलोचना और प्रतिक्रमण दोनों एक साथ करना 'तदुभय' है। अन्न पान और उपकरण आदि के मिल जाने पर उनका त्याग कर देना 'विवेक' है। काल के नियम से कायोत्सर्गादि करना व्युत्सर्ग है। दोष-विशेष के होने पर उनकी निवृत्ति के लिए उपवास आदि करना तप है। चिरदीक्षित साधु के द्वारा दोष-विशेष होने पर उसकी शुद्धि के लिए कुछ काल की दीक्षा छेद देना, 'छेद-प्रायश्चित्त' है। किसी बड़े भारी दोष के होने पर उस दोष का परिहार करने के लिए कुछ काल के लिए साधु को संघ से बाहर रखना और गुरु के सिवा शेष साधुओं के सम्पर्क में न रहने देना 'परिहार' है। किसी बड़े भारी दोष के लगने पर उस दोष के परिहार के लिए पूरी दीक्षा का छेदकर फिर से दीक्षा देना 'उपस्थापना' है। मिथ्यात्व को प्राप्त हुए जीव के द्वारा पुनः स्थिर होकर आप्त-आगम और पदार्थ के श्रद्धान-पूर्वक महाव्रत स्वीकार किया जाना 'श्रद्धान प्रायश्चित्त' है। ये सब प्रायश्चित्त देश-काल की योग्यता और शक्ति का विचार करके दिये जाते हैं।

आलोचना के दश दोष

प्रायश्चित्त का प्रथम भेद आलोचना है। आलोचना शुद्ध और निर्विकार मन से करनी चाहिए। सदोष आलोचना कार्यकारी नहीं होती। अतः आलोचना के दश दोषों से बचना अपेक्षित है। वे हैं – १. आकम्पित, २. अनुमानित, ३. दृष्ट, ४. बादर, ५. सूक्ष्म, ६. प्रच्छन्न, ७. शब्दाकुलित, ८. बहुजन, ९. अव्यक्त, १०. तत्सेवी।

आचार्य को प्रसन्न करने की भावना से उपकरण आदि प्रदान कर अपने दोषों की आलोचना करना 'आकम्पित' दोष है। अपने वचनों द्वारा अपनी अशक्तता को प्रकटकर इस अनुमान से अपनी आलोचना करना कि अब मुझे अल्प प्रायश्चित्त मिलेगा 'अनुमानित दोष' है। लोगों के द्वारा दृष्ट दोषों की आलोचना करना और शेष दोषों को छिपा लेना 'दृष्ट' दोष है। सूक्ष्म दोषों की आलोचना न कर के केवल स्थूल दोषों की आलोचना करना 'बादर दोष' है। स्थूल दोषों की उपेक्षा कर केवल सूक्ष्म दोषों की आलोचना करना 'सूक्ष्म दोष' है। किसी बहाने से गुरु से यह पूछकर ऐसा दोष करने पर क्या प्रायश्चित्त होता है, स्वतः प्रायश्चित्त कर लेना 'प्रच्छन्न दोष' है। जब अन्य साधु पाक्षिक आदि दोषों की विशुद्धि करते हों, उस समय कोलाहल के मध्य गुरु के समक्ष अपने दोषों का निवेदन करना 'शब्दाकुलित दोष' है। गुरु के द्वारा प्रदत्त प्रायश्चित्त को अन्य प्रायश्चित्त कुशल आचार्यों से चर्चा कर स्वीकार करना 'बहुजन दोष' है।

दोषों को नहीं समझनेवाले अनिष्णात गुरु के समक्ष अपनी आलोचना करना 'अव्यक्त' दोष है। अपनी आलोचना ऐसे गुरु के पास करना, जो स्वयं उससे ग्रसित हो 'तत्सेवी दोष' है।

विनय- पूज्य पुरुषों एवं मोक्ष के साधकों के प्रति हार्दिक आदर-भाव विनय है। विनय का व्युत्पत्तिपरक अर्थ करते हुए कहा गया है कि "विलयं नयति कर्ममलमिति विनयः" अर्थात् जो कर्म मल को दूर कर दे, वह विनय है। इसलिए विनय को मोक्ष का द्वार कहा गया है।

विनय के भेद- विनय तप के चार भेद हैं- ज्ञान विनय, दर्शन विनय, चारित्रविनय और उपचार विनय। ज्ञान, ज्ञान के साधन और ज्ञानवंतों के प्रति भक्ति और बहुमान के साथ अनुकूल वृत्ति रखना ज्ञान विनय है। सम्यग्दर्शन के आठों अंगों का निर्दोष रीति से पालन करना दर्शन विनय है। पाँच प्रकार के चारित्र और उनके धारकों के प्रति आदर और भक्ति रखना चारित्र विनय है। अपने से गुणों में बड़े आचार्यादि के प्रति अनुकूल वृत्ति रखते हुए उन्हें बहुमान देना, उनके पीछे-पीछे चलना आदि उपचार विनय है।

वैय्यावृत्य- गुणों के अनुराग पूर्वक संयमीजनों की थकावट, क्लान्ति आदि को दूर करना, हाथ-पाँव दबाना तथा और भी ऐसे उपकार करना वैयावृत्य कहलाता है। तपस्वी साधुओं के हाथ-पैर दबाकर, तेल-मर्दन कर, आवश्यकता के अनुसार योग्य औषधि लगाकर उनकी यात्रा, स्वास्थ्य और तपस्याजन्य श्रम के खेद को दूर करना वैय्यावृत्य है। वैय्यावृत्य का बहुत महत्त्व है। वैय्यावृत्य करने से ग्लानि पर विजय प्राप्त होती हैं और परस्पर वात्सल्य एवं सनाथता प्रकट होती है। आचार्य श्री कुन्दकुन्द ने वैय्यावृत्य को जिन-भक्तिपरक बताते हुए, अपनी शक्ति के अनुसार सदाकाल करने की प्रेरणा दी है।[१] भगवती आराधना में कहा गया है कि समर्थ होते हुए भी जो वैयावृत्य नहीं करता, वह धर्म-भ्रष्ट है। जिनाज्ञा का भंग, शास्त्र-कथित धर्म का नाश अथवा साधु-वर्ग का व आगम का त्याग ऐसे महादोष वैय्यावृत्य की उपेक्षा करने से उत्पन्न होते हैं।[२]

वैय्यावृत्य के भेद- वैय्यावृत्य सेवारूप है। आचार्य, उपाध्याय, तपस्वी, शैक्ष्य, ग्लान, गण, कुल, संघ, साधु और मनोज्ञ इन दस प्रकार के सेवा के योग्य पात्रों की अपेक्षा वैय्यावृत्य के दस भेद हैं।

जो मुख्यतः व्रतों का आचरण करते और कराते हैं वे आचार्य हैं।

---

१. भाव प्राभृत - गाथा १०३

२. भगवती आराधना - गाथा ३०७-३०८

मुनिगणों को आगमाभ्यास करानेवाले उपाध्याय कहलाते हैं। महान् दुर्द्धर तपानुष्ठान में रत साधक तपस्वी हैं। अध्ययनशील मुनि का नाम शैक्ष्य है। रोगाक्रान्त साधु ग्लान कहे जाते हैं। वृद्ध साधुओं की सन्तति गण है। दीक्षा दायक आचार्य की शिष्य परम्परा कुल कहलाती हैं। श्रमणों के समुदाय को संघ कहते हैं। चिर दीक्षित मुनि साधु है। लोक प्रतिष्ठित प्रभावक मुनि मनोज्ञ माने जाते हैं। इन दस प्रकार के पात्रों की वैय्यावृत्य करनी चाहिए।

स्वाध्याय-आलस्य के त्याग और ज्ञान की आराधना को स्वाध्याय कहते हैं। वाचना, पृच्छना, अनुप्रेक्षा, आम्नाय और धर्मोपदेश ये पाँच स्वाध्याय के भेद हैं। ग्रन्थों को अर्थ सहित पढ़ना/पढ़ाना वाचना है। संशय के निवारण के लिए तथा अर्थ के निश्चय के लिए ज्ञानीजनों से प्रश्न करना पृच्छना है। पढ़े हुए अर्थ का बार-बार विचार करना अनुप्रेक्षा है। शुद्धतापूर्वक पाठ करना आम्नाय है। धर्म का उपदेश करना, सुनना या मनन करना धर्मोपदेश है।

स्वाध्याय करने से ज्ञान बढ़ता है, वैराग्य बढ़ता है एवं तप में वृद्धि होती है। मन को स्थिर रखने का स्वाध्याय से सरल उपाय और कोई नहीं है। इसीलिए कहा गया है कि स्वाध्याय से बड़ा कोई तप नहीं है।

व्युत्सर्ग- अहंकार और ममकार का त्याग करना व्युत्सर्ग है। इसके दो भेद हैं– बाह्य-उपधि-त्याग और आभ्यन्तर-उपधि-त्याग। आत्मा से पृथक् धन-धान्यादि के प्रति ममता का त्याग करना बाह्य उपधि-त्याग है तथा कुछ समय के लिए अथवा जीवन पर्यन्त के लिए शरीर के ममत्व को त्यागना आभ्यन्तर उपधि त्याग है। इसके करने से निर्भयता और निःसंगता आती है। मन हल्का होता है तथा आशा-तृष्णा पर विजय प्राप्त होती है।

✡

ध्यान

ध्यानं चतुर्विधम् ।।५२।।

आर्तरौद्रधर्मशुक्लं च ।।५३।।

धर्म्यं दशविधं वा ।।५४।।

ध्यान चार प्रकार का है ।।५२।।

आर्त्तध्यान, रौद्रध्यान, धर्मध्यान और शुक्लध्यान प्रत्येक के चार-चार भेद हैं ।।५३।।

अथवा धर्मध्यान दस प्रकार का है ।।५४।।

ध्यान- किसी एक आलम्बन पर मन को केन्द्रित करना ध्यान है। ध्यान के चार भेद हैं- आर्त्त ध्यान, रौद्रध्यान, धर्मध्यान और शुक्लध्यान।

आर्त्तध्यान

आर्त्त का अर्थ है– पीड़ा या दुःख। प्रिय व्यक्ति या वस्तु के वियोग और अप्रिय व्यक्ति या वस्तु के संयोग से होनेवाली मानसिक विकलता की स्थिति में जो चिन्तन होता है, वह आर्त्तध्यान कहलाता है। वेदनाजनित आकुलता और विषयसुख की प्राप्ति के लिए किया जानेवाला दृढ़ संकल्प भी इसी ध्यान का अंग है। व्याकुलता, छटपटाहट और अधीरता आर्त्तध्यान की निष्पत्तियाँ हैं। आर्त्तध्यान के चार भेद हैं–

१. इष्टवियोग- प्रिय व्यक्ति या वस्तु के वियोग होने पर उसकी प्राप्ति के लिए होनेवाली वियोगजन्य विकलता।

२. अनिष्टसंयोग- अप्रिय व्यक्ति या वस्तु के संयोग होने पर उसे दूर करने के लिए होनेवाली संयोगजन्य विकलता।

३. पीड़ाचिन्तन- वेदनाजन्य आतुरता, छटपटाहट।

४. निदान- भावी भोगों की आकांक्षाजन्य आतुरता।

रौद्रध्यान

रुद्र का एक अर्थ क्रूर है। क्रूर परिणामों से अनुबन्धित ध्यान रौद्रध्यान है। भौतिक विषयों की सुरक्षा के लिए तथा हिंसा, असत्य, चोरी, क्रूरता आदि दुष्प्रवृत्तियों से अनुबन्धित चित्तवृत्ति का नाम रौद्रध्यान है। इस ध्यान से प्रभावित व्यक्ति ध्वंसात्मक भावों का अर्जन करता है और उसकी प्रेरणा से अवांछित कार्यों में प्रवृत्त होता है। हिंसा, झूठ, चोरी और विषय-संरक्षण के निमित्त से रौद्रध्यान चार प्रकार का है— हिंसानन्दी, मृषानन्दी, चौर्यानन्दी और विषयसंरक्षणानन्दी।

इनका अर्थ इनके नामों से ही स्पष्ट है।

इस प्रकार आर्त और रौद्रध्यान बिना प्रयत्न के ही हमारे संस्कारवश चलता रहता है। ये दोनों ध्यान दुर्गति के हेतु हैं। मोक्षमार्ग में इनका कोई स्थान नहीं है, न ही ऐसे ध्यान तप की श्रेणी में आते हैं। ये दोनों संसार के हेतु हैं। इन अशुभ विकल्पों से चित्त को हटाकर शुभ में लगाना ही ध्यान-तप है।

धर्मध्यान

पवित्र विचारों में मन का स्थिर होना धर्मध्यान है। इसमें धार्मिक चिन्तन की मुख्यता रहती है। धर्मध्यान मुख्यतः चार प्रकार का है— १. आज्ञा विचय २. अपाय विचय ३. विपाक विचय और ४. संस्थान विचय। यहाँ विचय का अर्थ विचारणा है। आगमानुसार तत्त्वों का विचार करना आज्ञाविचय है, अपने तथा दूसरों के राग-द्वेष-मोह आदि विकारों को नाश करने का चिन्तन करना अपायविचय कहलाता है, अपने तथा दूसरों के सुख-दुःख को देखकर कर्मप्रकृतियों के स्वरूप का चिन्तन करना विपाकविचय एवं लोक के स्वरूप का विचार करना संस्थानविचयक नामक धर्मध्यान है।

इस धर्मध्यान के अन्य प्रकार से भी चार भेद हैं- १. पिंडस्थ, २. पदस्थ, ३. रूपस्थ और ४. रूपातीत।

पिण्डस्थ ध्यान

शरीर स्थित आत्मा का चिन्तन करना पिण्डस्थ ध्यान है। यह आत्मा निमित्त-नैमित्तिक सम्बन्ध से रागद्वेषयुक्त है और निश्चयनय की अपेक्षा यह बिल्कुल शुद्ध ज्ञान-दर्शन चैतन्यरूप है। निमित्त-नैमित्तिक सम्बन्ध अनादि-कालीन है और इसी सम्बन्ध के कारण यह आत्मा अनादिकाल से इस शरीर में आबद्ध है। यों तो यह शरीर से भिन्न अमूर्तिक, सूक्ष्म और चैतन्यगुणधारी है, पर इस सम्बन्ध के कारण यह अमूर्तिक होते हुए भी कथञ्चित् मूर्तिक है। इस प्रकार

शरीरस्थ आत्मा का चिन्तन पिण्डस्थ ध्यान में सम्मिलित है। इस ध्यान को सम्पादित करने के लिए पाँच धारणाएँ वर्णित हैं- १. पार्थिवी, २. आग्नेयी, ३. वायु, ४. जलीय और ५. तत्त्वरूपवती।

पार्थिवी धारणा

इस धारणा में एक मध्यलोक के समान निर्मल जल का बड़ा समुद्र चिन्तन करें, उसके मध्य में जम्बूद्वीप के तुल्य एक लाख योजन चौड़ा और एक सहस्र पत्रवाले तपे हुए स्वर्ण के समान वर्ण के कमल का चिन्तन करें। कर्णिका के बीच में सुमेरू पर्वत सोचें। उस सुमेरू पर्वत के ऊपर पाण्डुकवन में पाण्डुक शिला का चिन्तन करें। उस पर स्फटिक मणि का आसन विचारें। उस आसन पर खड्गासन या पद्मासन लगाकर यह विचार करें कि मैं कर्मों के क्षय के लिये बैठा हूँ, इतना चिन्तन बार-बार करना पार्थिवी धारणा है।

आग्नेय धारणा

उसी सिंहासन पर बैठे हुए यह विचार करे कि मेरे नाभिकमल के स्थान पर भीतर ऊपर को उठा हुआ सोलह पत्तों का एक श्वेत रंग का कमल है। उस पर पीत वर्ण के सोलह स्वर लिखे हैं। अ आ, इ ई, उ ऊ, ऋ ॠ, ऌ ॡ, ए ऐ, ओ औ, अं अः, इन स्वरों के बीच में "हँ" लिखा है। फिर नाभिकमल के ऊपर हृदयस्थल पर आठ पत्तों का अधोमुखी एक दूसरे कमल का विचार करना चाहिए। इस कमल के आठ पत्तों को ज्ञानवरणादि आठ कर्म रूप विचार करें।

पश्चात् नाभि-कमल के बीच में जहाँ "हँ" लिखा है, उसके रेफ से धुँआ निकलता हुआ सोचें, पुनः अग्नि की शिखा उठती हुई विचार करें। यह लौ ऊपर उठकर आठ कर्मों के कमल को जलाने लगी। कमल के बीच से फूटकर अग्नि की लौ मस्तक पर आ गई। इसका आधा भाग शरीर के एक ओर और आधा भाग शरीर के दूसरी ओर निकलकर दोनों के कोने मिल गये। अग्निमय त्रिकोण सब प्रकार से शरीर को वेष्टित किये हुए है। इस त्रिकोण में र र र र र र र अक्षरों को अग्निमय फैले हुए विचारें अर्थात् इस त्रिकोण के तीनों कोण अग्निमय र र र अक्षरों के बने हुए हैं। इसके बाहरी तीनों कोणों पर अग्निमय स्वास्तिक तथा भीतरी तीनों कोणों पर अग्निमय 'ऊँ रँ' लिखा सोचें। पश्चात् विचार करें कि भीतरी अग्नि की ज्वाला कर्मों को और बाहरी अग्नि की ज्वाला शरीर को जला रही है। जलते-जलते कर्म और शरीर दोनों ही जलकर राख हो गये हैं तथा अग्नि की ज्वाला शान्त हो गई है अथवा पहले के रेफ में समाविष्ट हो गई है, जहाँ से उठी थी। इतना अभ्यास करना "अग्निधारणा" है।

वायु धारणा

तदनन्तर साधक चिन्तन करे कि मेरे चारों ओर बड़ी प्रचण्ड वायु चल रही है। इस वायु का एक गोला मण्डलाकार बनकर मुझे चारों ओर से घेरे हुए है। इस मण्डल में आठ जगह "स्वॉय स्वॉय" लिखा हुआ है। यह वायुमण्डल कर्म तथा शरीर के रज को उड़ा रहा है। आत्मा स्वच्छ और निर्मल होती जा रही है। इस प्रकार का चिन्तन करना वायु धारणा है।

जल धारणा

तत्पश्चात् चिन्तन करें कि आकाश में मेघों की घटाएँ आच्छादित हैं। विद्युत् चमक रही है। बादल गरज रहे हैं और घनघोर वृष्टि हो रही है। पानी का अपने ऊपर एक अर्ध चन्द्राकर मण्डल बन गया है। जिस पर प प प प प कई स्थानों पर लिखा है। जल-धाराएँ आत्मा के ऊपर लगी हुई हैं और कर्मरज प्रक्षालित हो रहा है, इस प्रकार चिन्तन करना जल धारणा है।

तत्त्वरूपवती धारणा

इसके आगे साधक चिन्तन करे कि अब मैं सिद्ध, बुद्ध, सर्वज्ञ, निर्मल, कर्म और शरीर से रहित चैतन्यस्वरूप आत्मा हूँ। पुरुषाकार चैतन्यधातु की बनी शुद्ध मूर्ति के समान हूँ। पूर्ण चन्द्रमा के तुल्य ज्योतिस्वरूप हूँ।

क्रमशः इन पाँच धारणाओं द्वारा पिंडस्थ ध्यान का अभ्यास किया जाता है। यह ध्यान आत्मा के कर्मकलङ्कपङ्क को दूरकर ज्ञान, दर्शन, सुख, वीर्य गुणों का विकास करता है।

पदस्थ ध्यान

मन्त्रपदों के द्वारा अर्हन्त, सिद्ध, आचार्य, उपाध्याय, साधु तथा आत्मा के स्वरूप का चिन्तन करना पदस्थ ध्यान है। किसी नियत स्थान-नासिकाग्र या भृकुटि के मध्य में मन्त्र को अँकित कर उसको देखते हुए चित्त को एकाग्र करना पदस्थ ध्यान के अन्तर्गत है। इस ध्यान में इस बात का चिन्तन करना भी आवश्यक है कि शुद्ध होने के लिए जो शुद्ध आत्माओं का चिन्तन किया जा रहा है, वह कर्मरज को दूर करनेवाला है। इस ध्यान का सरल और साध्य रूप यह है कि हृदय में आठ पत्राकार कमल का चिन्तन करें और इन आठ पत्रों में से पाँच पत्रों पर "णमो अरिहंताणं, णमो सिद्धाणं, णमो आइरियाणं, णमो उवज्झायाणं, णमो लोए सव्वसाहूणं," लिखा चिन्तन करें तथा शेष तीन पत्रों पर क्रमशः "सम्यग्दर्शनाय नमः, सम्यग्ज्ञानाय नमः और सम्यक्चारित्राय नमः" लिखा हुआ

विचारें। इस प्रकार एक-एक पत्ते पर लिखे हुए मन्त्र का ध्यान जितने समय तक कर सकें, करें।

रूपस्थ ध्यान

समवशरण में विराजमान अर्हन्त परमेष्ठी के स्वरूप का चिन्तन रूपस्थ ध्यान है। इस ध्यान में बारह सभाओं के मध्य विराजित अष्ट प्रातिहार्य और अनन्त चतुष्टयों से युक्त अर्हन्त परमेष्ठी के वीतराग स्वरूप का चिन्तन किया जाता है। वीतराग जिनेन्द्र की प्रतिमाओं का ध्यान भी रूपस्थ ध्यान के अन्तर्गत है।

रूपातीत ध्यान

सिद्ध परमेष्ठी के गुणों का चिन्तन करना रूपातीत ध्यान है। इस ध्यान में ध्याता सिद्धों के गुणों का चिन्तन करते हुए यह विचार करता है कि सिद्ध अमूर्तिक, अष्टकर्मरहित, सम्यक्त्वादि अष्ट गुणों से सहित, निर्लेप, निर्विकार, निष्कलंक, लोकाग्र-निवासी, परमशान्त और कृतकृत्य हैं। इस प्रकार सिद्धों के गुणों में तन्मय होता हुआ आगे चलकर वह स्वयं के सिद्ध, बुद्ध, निरञ्जन, कर्मरहित, स्वरूप में लीन हो जाता है।

धर्मध्यान के दश भेद

धर्मध्यान के अन्य प्रकार से भी दश भेद किये गये हैं। वे हैं क्रमशः आज्ञाविचय, अपायविचय, उपायविचय, जीवविचय, अजीवविचय, भवविचय, विपाकविचय, विरागविचय, हेतुविचय और संस्थानविचय।

१. **आज्ञाविचय** - वीतरागी पुरुषों की धर्म-सम्बन्धी आज्ञाओं का चिन्तन।

२. **अपायविचय-** संसारी जीवों का दुःख दूर कैसे हो इस प्रकार का करुणापूर्ण चिन्तन अपायविचय है।

३. **उपायविचय-** आत्म कल्याण के उपायों का चिन्तन ।

४. **जीवविचय-** जीव के स्वरूप का चिन्तन।

५. **अजीवविचय-** अजीव द्रव्यों के स्वरूप का चिन्तन।

६. **भवविचय-** संसार के दुःखमय स्वरूप का चिन्तन।

७. **विपाकविचय-** कर्म के स्वरूप और उसके फल का चिन्तन।

८. **विरागविचय-** वैराग्य की अभिवृद्धि के लिए संसार, शरीर और भोगों की असारता का चिन्तन।

९. हेतुविचय- तर्क द्वारा विशेष उहापोहपूर्वक स्याद्वाद सिद्धांत को श्रेयस्कर मान उसकी उपादेयता का विचार।

१०. संस्थानविचय- लोक के आकार, द्रव्य, गुण और पर्याय आदि का चिन्तन।

शुक्लध्यान

मन की अत्यन्त निर्मलता होने पर जो एकाग्रता होती है, वह शुक्लध्यान है। यह परिपूर्ण समाधि की स्थिति है। इसी ध्यान से आत्मानुभूति के द्वार खुलते हैं। शुक्ल-ध्यान की चार अवस्थाएँ निम्नलिखित हैं–

पृथक्त्व-वितर्क-वीचार- श्रुतज्ञान के आधार पर अनेक द्रव्य, गुण और पर्यायों का योग, व्यंजन एवं ध्येयगत पदार्थ के परिवर्तनपूर्वक चिन्तन पृथक्त्ववितर्कवीचार शुक्ल ध्यान है। यहाँ पृथक्त्व का अर्थ विविधता/भेद है। वितर्क का अर्थ द्वादशांगात्मक श्रुतज्ञान तथा वीचार का मतलब-अर्थ व्यञ्जन और योगों की सङ्क्रान्ति है। ध्येयगत परिवर्तन अर्थ सङ्क्रान्ति है।श्रुतज्ञानात्मक शब्दों/श्रुतवाक्यों का परिवर्तन व्यञ्जन सङ्क्रान्ति हैं तथा मन,वचन, काय योगों का परिवर्तन योग सङ्क्रान्ति है। पृथक्त्व,विर्तक और वीचार से युक्त होने के कारण यह पृथक्त्वविर्तकवीचार ध्यान कहलाता है।

यह ध्यान उपशमश्रेणी अथवा क्षपकश्रेणी में आरोहण करनेवाले, पूर्वधारी साधक श्रुतज्ञान के आलम्बनपूर्वक करते हैं। इस ध्यान में ध्याता परमाणु आदि जड़ द्रव्यों तथा आत्मा आदि चेतन द्रव्यों का चिन्तन करता हैं। यह चिन्तन कभी द्रव्यार्थिक दृष्टि से करता हैं, तो कभी पर्यायार्थिक दृष्टि से। द्रव्यार्थिक दृष्टि के चिन्तन में पुद्गल आदि विविध द्रव्यों के पारस्परिक साम्य का चिन्तन करता है तथा पर्यायार्थिक दृष्टि में वह उनकी वर्तमानकालीन विविध अवस्थाओं का विचार करता है। द्रव्यार्थिक ओर पर्यायार्थिक रूप चिन्तन की इस विविधता को पृथक्त्व कहते हैं। इसमें अर्थ, व्यञ्जन और योगों में भी परिवर्तन होता रहता है। इस ध्यान में ध्याता द्रव्य को ध्याता हुआ पर्याय को और पर्याय को ध्याता हुआ द्रव्य का ध्यान करता है। इस प्रकार द्रव्य से पर्याय और पर्याय से द्रव्य में बार-बार परिवर्तन होता रहता है। ध्येयगत इसी परिवर्तन को अर्थ सङ्क्रान्ति कहते हैं। व्यञ्जन का अर्थ है– शब्द/श्रुतवाक्य इस ध्यान में ध्याता शब्द से शब्दान्तर का आलम्बन लेता रहता है अर्थात् कभी वह श्रुत ज्ञान के किसी शब्द के आलम्बन से चिन्तन करता है, तो कभी उसे छोड़कर दूसरे शब्द के आलम्बन से। इसी प्रकार वह कभी मनोयोग, कभी वचनयोग और कभी काययोग का आश्रय लेता

है। अर्थात् योग से योगान्तर को प्राप्त होता रहता है। इतना होने पर भी उसका ध्यान नहीं छूटता, क्योकि उसमें चिन्तन सातत्य बना रहता है। तात्पर्य यह है कि इस ध्यान में श्रुतज्ञान के आलम्बनपूर्वक विविध दृष्टियों से विचार किया जाता है तथा इसमें अर्थ व्यञ्जन और योगों में परिवर्तन होता रहता है। इसलिए यह पृथक्त्ववितर्कवीचार कहलाता है। यहाँ यह द्रष्टव्य है कि ध्येयों का यह परिवर्तन सहज,निष्प्रयास और अबुद्धि पूर्वक होता है।

एकत्व-वितर्क-अवीचार- जिस शुक्लध्यान में श्रुतज्ञान के आधार पर किसी एक ही द्रव्य, गुण या पर्याय का योग और श्रुतवाक्यों के परिवर्तन से रहित चिन्तन होता है, वह एकत्ववितर्कअवीचार ध्यान कहलाता है। पृथक्त्व और वीचार से रहित इस ध्यान में ध्याता श्रुतज्ञान के आलम्बनपूर्वक किसी एक द्रव्य या पर्याय का चिन्तन करता है। इसमें द्रव्य, पर्याय, शब्द या योग में परिवर्तन नहीं होता। तात्पर्य यह है कि ध्याता जिस द्रव्य, पर्याय, शब्द और योग का आलम्बन लेता है, अन्त तक उसमें परिवर्तन नही होता। ध्येयगत विविधता और वीचार से रहित होने के कारण इसे एकत्ववितर्क अवीचार ध्यान कहते हैं। मोहनीय कर्म के क्षय के उपरान्त क्षीणकषाय गुणस्थान को प्राप्त साधक यह ध्यान करते हैं। इसी ध्यान के बलपर आत्मा शेष घातिया कर्मों के क्षयपूर्वक वीतरागी सर्वज्ञ और सदेह परमात्मा बनता है।

सूक्ष्मक्रिया-प्रतिपाति- वितर्क और वीचार से रहित इस ध्यान में मन, वचन और कायरूप योगों का निरोध हो जाता है। यहाँ तक कि श्वासोच्छ्वास जैसी सूक्ष्म-क्रिया भी इस ध्यान से निरुद्ध हो जाती है। सूक्ष्म क्रियाओं के भी निरोध से उपलब्ध होने के कारण इसे सूक्ष्मक्रियाप्रतिपाति कहते हैं। यह ध्यान जीवन-मुक्त सयोग केवली के अपनी आयु के अन्तर्मुहूर्त शेष बचने पर होता है।

व्युपरतक्रिया-निवृत्ति- वितर्क और वीचार से रहित यह ध्यान क्रिया से भी रहित हो जाता है। इस ध्यान में आत्मा के समस्त प्रदेश निष्प्रकम्प हो जाते हैं। अत: आत्मा अयोगी बन जाता है। इस ध्यान में किसी भी प्रकार की मानसिक, वाचिक और कायिक क्रियाएँ नहीं होतीं। योगरूप क्रियाओं से उपरत हो जाने के कारण इस ध्यान का नाम व्युपरतक्रिया-निवृत्ति है। इस ध्यान के प्रताप से शेष सर्व कर्मों का नाश हो जाता है तथा आत्मा देहमुक्त होकर अपनी स्वाभाविक ऊर्ध्वगति से लोक के अग्रभाग तक जाकर शरीरातीत अवस्था के साथ वहाँ स्थिर हो जाता है। तात्पर्य यह है कि इसी ध्यान के बल से सिद्ध अवस्था प्राप्त होती है और दुःखों से सदा के लिए मुक्ति मिल जाती है।

ऋद्धियाँ

अष्टौ ऋद्धयः ।।५५।।

बुद्धिरष्टादश विधा ।।५६।।

क्रिया द्विविधा ।।५७।।

विक्रियैकादशविधा ।।५८।।

तपः सप्तविधम्।।५९।।

बलं त्रिविधम् ।।६०।।

भैषजमष्टविधम्।।६१।।

रसः षड्विधः ।।६२।।

अक्षीणर्द्धि द्विविधश्चेति ।।६३।।

ऋद्धियाँ आठ हैं ।।५५।।

बुद्धि ऋद्धि के अट्ठारह भेद हैं।।५६।।

क्रिया ऋद्धि दो प्रकार की है ।।५७।।

विक्रिया ऋद्धि ग्यारह प्रकार की है।।५८।।

तप ऋद्धि सात प्रकार की है ।।५९।।

बल ऋद्धि तीन प्रकार की है ।।६०।।

औषधि ऋद्धि आठ प्रकार की है ।।६१।।

रस ऋद्धि छह प्रकार की है ।।६२।।

अक्षीण ऋद्धि दो प्रकार की है ।।६३।।

तपश्चरण के प्रभाव से योगिजनों को प्राप्त चामत्कारिक शक्ति ऋद्धि कहलाती है। ऋद्धि आठ प्रकार की है– १. बुद्धि ऋद्धि, २. क्रिया ऋद्धि, ३. विक्रिया ऋद्धि, ४. तप ऋद्धि, ५. बल ऋद्धि, ६. औषधि ऋद्धि, ७. रस ऋद्धि और ८. अक्षीण ऋद्धि।

बुद्धि-ऋद्धि

बुद्धि ऋद्धि अट्ठारह प्रकार की होती है—

१. **केवलज्ञान-** त्रिलोक और त्रिकालवर्ती समस्त पदार्थों को युगपत् जाननेवाला ज्ञान।

२. **अवधिज्ञान-** बिना किसी बाह्य आलम्बन के मर्यादापूर्वक रूपी पदार्थों को स्पष्ट जाननेवाला ज्ञान।

३. **मन:पर्ययज्ञान-** अवधि ज्ञान की तरह मर्यादापूर्वक दूसरों के मनोगत अर्थ को जाननेवाला ज्ञान।

४. **बीज बुद्धि-** एक ही बीज पद को ग्रहण कर उस पद के आश्रय से सम्पूर्ण श्रुत का विचार करनेवाली बुद्धि।

५. **कोष्ठबुद्धि-** जिस प्रकार अनाज के कोठे में स्थापित विविध प्रकार के अनाज दीर्घकाल तक एक-दूसरे से मिले बिना परस्पर सुरक्षित रखे रहते हैं, उसी प्रकार गुरु से प्राप्त अनेक प्रकार के ग्रंथ, श्रुतपद, वाक्य रूप बीजों को बुद्धिरूपी कोठे में ज्यों-की-त्यों अवधारित रखनेवाली बुद्धि। यह उत्कृष्ट धारणाशक्ति से युक्त मुनियों को होती है।

६. **पदानुसारी बुद्धि-** ग्रन्थ के एक पद को ग्रहण कर संपूर्ण ग्रन्थ को ग्रहण करनेवाली बुद्धि।

७. **संभिन्नश्रोतृत्व-** श्रोत्रेन्द्रिय के उत्कृष्ट विषय क्षेत्र से संख्यात योजन बाहर स्थित दसों दिशाओं के मनुष्य-तिर्यञ्चों की वाणी को एक साथ सुनकर प्रत्युत्तर देनेवालो बुद्धि।

८. **दूरास्वादित्व-** जिह्वा इन्द्रिय के उत्कृष्ट विषय क्षेत्र से बाहर संख्यात योजन के रसों को दूर से ही जान लेनेवाली बुद्धि।

९. **दूरघ्राणत्व-** घ्राण इन्द्रिय के उत्कृष्ट विषय क्षेत्र के बाहर संख्यात योजन दूर के गंध को ग्रहण करनेवाली बुद्धि।

१०. **दूरस्पर्शत्व-** स्पर्शन इन्द्रिय के उत्कृष्ट विषय क्षेत्र से संख्यात योजन बाहर के स्पर्श को जान लेनेवाली बुद्धि।

११. **दूर श्रवणत्व-** श्रोत्र इन्द्रिय के उत्कृष्ट विषय क्षेत्र से संख्यात

योजन बाहर के शब्द को ग्रहण करनेवाली बुद्धि।

१२. दूरदर्शित्व- चक्षु इन्द्रिय के उत्कृष्ट विषय क्षेत्र से संख्यात योजन बाहर के रूप को ग्रहण करनेवाली बुद्धि।

१३. चतुर्दश पूर्वित्व- चौदह पूर्वों का ज्ञान करानेवाली बुद्धि। यह श्रुत पारंगत श्रुत-केवलियों के होती है।

१४. दशपूर्वित्व- दश पूर्वों का पूर्ण ज्ञान करानेवाली बुद्धि।

१५. अष्टांग महानिमित्त- नभ, भौम, अंग, स्वर, व्यंजन, लक्षण, चिह्न और स्वप्न इन आठ निमित्तों से त्रिकाल का ज्ञान करानेवाली बुद्धि।

१६. प्रज्ञाश्रमणत्व- अध्ययन के बिना ही चौदह पूर्वों के अर्थ का निरूपण करनेवाली बुद्धि।

औत्पत्तिकी, वैनयिकी, पारिणामिकी और कर्मजा के भेद से प्रज्ञा चार प्रकार की है। पूर्वभव में किये गये श्रुत के विनय से उत्पन्न बुद्धि औत्पत्तिकी है, द्वादशांगश्रुत के योग्य विनय से उत्पन्न होनेवाली प्रज्ञा वैनयिकी है। अपनी-अपनी जाति-विशेष में उत्पन्न हुई बुद्धि पारिणामिकी है तथा पर उपदेश के बिना तपो विशेष से आविर्भूत बुद्धि कर्मजा है।

१७. प्रत्येकबुद्धि- गुरु के उपदेश के बिना ही संयम-तप में प्रवृत्त करानेवाली बुद्धि।

१८. वादित्व- वाद के द्वारा इन्द्र के पक्ष को भी निरस्त कराने में समर्थ बुद्धि।

क्रिया ऋद्धि

क्रिया ऋद्धि दो प्रकार की है- चारणत्व और आकाशगामित्व।

१. चारण ऋद्धि- जल, जंघा, आकाश, तन्तु (धागा) पुष्प, पत्र, बीज, श्रेणि (आकाश की प्रदेश पंक्ति) और अग्नि की शिखा आदि के आलम्बन से आकाश में गमन करने की सामर्थ्य प्रदान करनेवाली ऋद्धि।

२. आकाशगामित्व- कायोत्सर्ग अथवा पद्मासन से बिना पाद विन्यास के आकाश में गमन कराने में समर्थ ऋद्धि।

आकाशगामित्व ऋद्धि में पाद-विन्यास के बिना आकाश में गमन होता है, जबकि चारण ऋद्धि में पाद विन्यास से जल-तन्तु आदि के आश्रयपूर्वक आकाश में गमन होता है।

विक्रिया ऋद्धि

विक्रिया ऋद्धि ग्यारह प्रकार की है–

१. **अणिमा-** शरीर को अणु के बराबर बनाने की शक्ति।

२. **महिमा-** मेरु प्रमाण शरीर बनाने की सामर्थ्य।

३. **लघिमा-** शरीर को वायु से भी हल्का कर लेने की क्षमता।

४. **गरिमा-** शरीर को वज्र से भी अधिक भारी बना लेने की शक्ति।

५. **प्राप्ति-** भूमि पर स्थित रहकर अंगुलि के अग्रभाग से सूर्य-चन्द्र एवं सुमेरु पर्वत के शिखर आदि को छू लेने की सामर्थ्य।

६. **प्राकाम्य-** जल के समान पृथ्वी पर उन्मज्जन-निमज्जन करने की और पृथ्वी के समान जल पर गमन करने की सामर्थ्य।

७. **ईशत्व-** सारे जगत् में प्रभुता प्राप्त करानेवाली शक्ति।

८. **वशित्व-** जीव समूह को वशीभूत करानेवाली ऋद्धि।

९. **अप्रतिघात-** शैल, शिला और वृक्षादिक के मध्य होकर आकाश के समान गमन करने की सामर्थ्य।

१०. **अन्तर्धान-**अदृश्य हो जाने की क्षमता।

११. **कामरूपित्व-** एक साथ मन चाहे अनेक रूपों का निर्माण करने की योग्यता।

तप ऋद्धि

तप ऋद्धि के सात भेद हैं–

१. **उग्र तप-** उग्रोग्र तप और अवस्थित तप के भेद से उग्र तप ऋद्धि दो प्रकार की है। दीक्षोपवास के अनन्तर जीवनपर्यन्त एक-एक उपवास की वृद्धि-पूर्वक जीवन को त्रिगुप्तिरूप बिताना उग्रोग्र-तप है तथा दीक्षोपवास के बाद एकान्तर से उपवास फिर कोई निमित्त पड़ने पर दो उपवास, फिर तीन उपवास, इस प्रकार उपवास के क्रम को बढ़ाते जाना अवस्थित उग्रतप है।

२. **घोर तप-** जिस ऋद्धि के प्रभाव से मुनिगण महाज्वर, शूल आदि रोगों के तीव्र उद्रेक में भी खेदरहित होकर दुर्द्धर तप करते हैं, वह घोर तप है।

३. **घोर पराक्रम-** जिस ऋद्धि के प्रभाव से मुनिगण सम्पूर्ण लोक के संहार एवं समुद्र के जल को सुखा डालने की सामर्थ्य प्राप्त कर लेते हैं, वह घोर पराक्रम है।

४. अघोर ब्रह्मचारित्व- जिस ऋद्धि के प्रभाव से मुनि के क्षेत्र मे ईति-भीति, महामारी, युद्ध और दुर्भिक्ष आदि शान्त हो जाते हैं, वह अघोर ब्रह्मचारित्व ऋद्धि है।

५. तप्त तप- जिस ऋद्धि के बल पर गृहीत आहार तप्त कड़ाही पर पड़े जलकण के समान धातुओं सहित क्षीण हो जाता है अर्थात मल-मूत्ररूप परिणमित नही होता, वह तप्ततप ऋद्धि है।

६. महा तप- जिस ऋद्धि के प्रभाव से मुनिगण चार सम्यग्ज्ञानों के बल से मंदिर-पंक्ति आदि महान् उपवासों को करते हैं, वह महातप ऋद्धि है।

७. दीप्त तप- जिस ऋद्धि के प्रभाव में मन, वचन, काय से बलिष्ठ ऋषि के अनेक प्रकार के उपवासों के बाद भी शरीर की कान्ति सूर्य की किरणवत् बढ़ती रहे वह दीप्ततप-ऋद्धि है। धवला के अनुसार उनकी दीप्ति ही नहीं बढ़ती, अपितु बल भी बढ़ता है, इसीलिए उनके आहार भी नहीं होता।

बल ऋद्धि

बल ऋद्धि तीन प्रकार की है— मनोबल ऋद्धि, वचनबल ऋद्धि और कायबल ऋद्धि।

१. मनोबल ऋद्धि- जिस ऋद्धि के प्रभाव से अन्तर्मुहूर्त में ही सम्पूर्ण श्रुत के चिन्तन व ज्ञान की सामर्थ्य प्राप्त हो जाती है, वह मनोबल ऋद्धि है।

२. वचनबल ऋद्धि- जिस ऋद्धि के प्रभाव से अन्तर्मुहूर्त में ही बिना श्रम और रुकावट के द्वादशांग के उच्चारण व ज्ञान की सामर्थ्य अर्जित हो वह वचनबल ऋद्धि है।

३. कायबल ऋद्धि- जिस ऋद्धि के प्रभाव से मुनिगण मास, चातुर्मास आदि के कायोत्सर्ग के बाद भी श्रमरहित रहते हैं तथा अपनी कनिष्ठा अंगुली से तीनों लोकों को अन्यत्र रखने की सामर्थ्य प्राप्त कर लेते हैं, वह कायबल ऋद्धि है।

औषधि ऋद्धि

औषधि-ऋद्धि आठ प्रकार की होती है—

१. आमर्ष-औषधि- जिस ऋद्धि के प्रभाव से योगी के हाथ-पैर आदि के स्पर्श मात्र से सर्व रोग दूर हो जाते हैं, वह आमर्ष-औषधि-ऋद्धि है।

२. क्ष्वेल-औषधि- जिस ऋद्धि के प्रभाव से योगी के लार, कफ आदि भी जीवों के रोगों को नष्ट कर देते हैं, वह क्ष्वेल-औषधि-ऋद्धि है।

३. जल्ल-औषधि- जिस ऋद्धि के प्रभाव से योगी के पसीने से ही सर्व रोग नष्ट हो जाते हैं, वह जल्ल औषधिऋद्धि है।

४. मलौषधि- जिस ऋद्धि के प्रभाव से मुनि के दन्त, नासिका आदि का मल भी सर्व रोगों को नष्ट कर देता है, वह मलौषधि-ऋद्धि है।

५. विप्रुष-औषधि- जिस ऋद्धि के प्रभाव से मुनि के मूत्र, विष्ठा आदि का स्पर्श भी सर्व रोगों को नष्ट कर देता है, वह विप्रुष-औषधिऋद्धि है।

६. सर्वौषधि ऋद्धि- जिस ऋद्धि के प्रभाव से दुष्कर तप से युक्त मुनियों का स्पर्श किया हुआ जल, वायु आदि सम्पूर्ण व्याधियों को नष्ट कर देता है, वह सर्वौषधि ऋद्धि है तथा उनके रोम और नख आदि भी व्याधियों के नाशक हो जाते हैं।

७. वचन निर्विष- जिस ऋद्धि के प्रभाव से तिक्त रस व विष से युक्त विविध प्रकार का अन्न भी मुनि के वचन मात्र से निर्विष हो जाता है, वह वचन निर्विष ऋद्धि है।

८. दृष्टि निर्विष- जिस ऋद्धि के प्रभाव से मुनि की दृष्टि मात्र से सर्व रोग और विष दूर हो जाते हैं, वह दृष्टि निर्विष ऋद्धि है।

रस-ऋद्धि

रस ऋद्धि छह प्रकार की है– आशीविष, दृष्टिविष, क्षीरस्रावी, मधुस्रावी, अमृतस्रावी और सर्पिःस्रावी ।

१. आशीविष- जिस ऋद्धि के प्रभाव से मुनि के वचन मात्र से व्यक्ति मरता-जीता है, वह आशीविष-ऋद्धि है। शुभ और अशुभ के भेद से यह ऋद्धि दो प्रकार की है। अशुभ आशीविष के प्रभाव से रोषयुक्त साधु द्वारा 'मर जाओ' ऐसा कहने मात्र से सामनेवाला व्यक्ति मर जाता है। इसके विपरीत शुभ आशीविष-ऋद्धि से सम्पन्न मुनि के वचन मात्र से व्याधि, वेदना और दारिद्र्य आदि नष्ट हो जाते हैं। इस ऋद्धि के धारक मुनि के आशीर्वचन मात्र से अचेत व्यक्ति जीवित हो उठता है।

२. दृष्टिविष- जिस ऋद्धि के प्रभाव से मुनि के देखने और सोचने मात्र से प्राणियों का जीवन-मरण होता है, वह दृष्टिविष ऋद्धि है। अशुभ दृष्टिविष-ऋद्धि से सम्पन्न मुनि किसी पर रुष्ट होकर 'मारता हूँ' इस प्रकार सोचते हैं या देखते हैं या वैसी कोई क्रिया करते हैं तो वह मर जाता है। इसी प्रकार उनके क्रोधपूर्वक अवलोकन से अन्य भी अशुभ कार्य हो जाते हैं। इसके विपरीत शुभ-दृष्टिविष

ऋद्धि से संपन्न मुनि किसी पर प्रसन्न होकर 'नीरोग करता हूँ' इस प्रकार सोचते हैं या देखते हैं या वैसी कोई क्रिया करते हैं तो वह नीरोग हो जाता है। इसी प्रकार इस ऋद्धिधारी मुनि द्वारा प्रसन्नतापूर्वक अवलोकन करने से अन्य भी शुभ कार्य संपादित होते हैं।

३. क्षीर-स्रावी- जिस ऋद्धि के प्रभाव से मुनि के हस्ततल पर रखे हुए रूखे आहारादिक तत्काल ही दुग्ध रूप परिणत हो जाते हैं अथवा जिस ऋद्धि से मुनियों के वचन सुनने मात्र से मनुष्य-तिर्यञ्चों के दुःख आदि शान्त हो जाते हैं, वह क्षीरस्रावी ऋद्धि है।

४. मधुस्रावी- जिस ऋद्धि के प्रभाव से मुनियों के हाथ में रखे गये आहार आदिक क्षणभर में मधुर-रसरूप हो जाते हैं अथवा मुनियों के वचनों के श्रवण मात्र से सर्व दुःख दूर हो जाते हैं, वह मधुस्रावी ऋद्धि है।

५. अमृतस्रावी- जिस ऋद्धि के प्रभाव से मुनियों के हाथ में रखे गये आहारादिक अमृतमय हो जाते हैं अथवा मुनियों के वचन मात्र के श्रवण से दुःखादि दूर हो जाते हैं, वह अमृत-स्रावी ऋद्धि है।

६. घृतस्रावी- जिस ऋद्धि के प्रभाव से ऋषि के हाथ में रखा गया आहार घृतरूप परिणत हो जाता है अथवा मुनीन्द्र के दिव्य वचन सुनने मात्र से जीवों के दुःखादिक शान्त हो जाते हैं, वह घृतस्रावी ऋद्धि हैं।

अक्षीण-ऋद्धि

अक्षीण-ऋद्धि दो प्रकार की है- अक्षीण-महानस और अक्षीण- महालय।

१. अक्षीण-महानस- जिस ऋद्धि के प्रभाव से मुनि द्वारा गृहीत आहार उस दिन अक्षीण बना रहे, वह अक्षीण महानस नामक ऋद्धि है। इस ऋद्धि के धारी ऋषिराज के द्वारा आहार ग्रहण करने के बाद जो अन्न शेष रहता है, उसे चाहे जितने भी मनुष्यों को खिलाया जाए यहाँ तक कि चक्रवर्ती के कटक को भी भोजन कराया जाए तो भी वह अक्षीण बना रहता हैं।

२. अक्षीण-महालय- जिस ऋद्धि के प्रभाव से समचतुष्कोण चार धनुष भूमि में भी असंख्य जीव समा जाएँ, वह अक्षीण-महालय नामक ऋद्धि हैं।

✡

उत्तरगुण, निर्ग्रन्थ भेद और अन्य आचार

मुनियों के उत्तरगुण

चतुस्त्रिंशदुत्तरगुणाः ।।६४।।

मुनियों के चौतीस उत्तर गुण हैं ।।६४।।

बारह तप और बाईस परीषहजय मुनियों के ये चौत्तीस उत्तरगुण कहलाते हैं।[1]

निर्ग्रन्थों के भेद

पञ्चविधा निर्ग्रन्थाः ।।६५।।

निर्ग्रन्थ पाँच प्रकार के होते हैं ।।६५।।

राग-द्वेष, छल-कपट आदि की गाँठ से रहित बाह्य और आन्तरिक परिग्रह से मुक्त दिगम्बर साधु निर्ग्रन्थ कहलाते हैं।

निर्ग्रन्थ पाँच प्रकार के होते हैं— पुलाक, वकुश, कुशील, निर्ग्रन्थ और स्नातक।

१. पुलाक- उत्तरगुणों की भावना से रहित और कदाचित् मूलगुणों में भी दोष लगानेवाले मुनि पुलाक हैं।

२. वकुश- मूलगुणों का निर्दोष पालन करनेवाले, शरीर और उपकरणों में आसक्त, ऋद्धि और यश के अभिलाषी तथा परिवार से घिरे रहनेवाले मुनि वकुश कहलाते हैं।

३. कुशील- कुशील मुनि दो प्रकार के होते हैं— प्रतिसेवना कुशील

मूलाचार आदि ग्रन्थों में मुनियों के चौरासी लाख गुण और अठारह हजार शीलों का भी वर्णन मिलता है। ये शील और गुण मुनियों के आचार नियमों के पारस्परिक संगुणन से निष्पन्न होते हैं। इनकी परिपूर्णता अयोग-केवली अवस्था में होती है। प्रस्तुत ग्रन्थ के 'अ' प्रति में सूत्र क्रमांक ४४ और ४५ पर चतुरशीतिलक्ष उत्तरगुणाः। और अष्टादश सहस्रशीलानि। ऐसे दो सूत्र भी हैं, विषय-विस्तार के भय से यहाँ उनकी व्याख्या नहीं दी गई है।

और कषाय-कुशील।

प्रतिसेवना कुशील- मूलगुण और उत्तरगुणों का पालन करते हुए कदाचित् उत्तरगुणों में दोष लगानेवाले मुनि प्रतिसेवना कुशील कहलाते हैं।

कषाय कुशील- अन्य समस्त कषायों पर विजय पाकर मात्र संज्वलन कषाय के अधीन मुनियों को कषाय कुशील कहते हैं।

४. निर्ग्रन्थ- अन्तर्मुहूर्त के अनन्तर केवलज्ञान प्राप्त करनेवाले मोह-विजेता मुनि निर्ग्रन्थ कहलाते हैं।

५. स्नातक- केवलज्ञानी अरिहन्त परमात्मा को स्नातक कहते हैं।

उक्त पाँचों प्रकार के निर्ग्रन्थ भावलिंगी मुनि होते हैं, तथा सभी तीर्थङ्करों के तीर्थकाल में होते हैं।

पञ्चाचार

आचारश्च ।।६६।।

आचार भी पाँच प्रकार का है।।६६।।

आचार- अपनी शक्ति के अनुसार सम्यग्दर्शन आदि में किया जाने वाला यत्न/आचरण–आचार कहलाता है। दर्शनाचार, ज्ञानाचार, चारित्राचार, तपाचार और वीर्याचार के भेद से आचार पाँच प्रकार का है। इन्हें पञ्चाचार भी कहते हैं। इनका पालन दिगम्बर मुनिराज करते हैं।

१. दर्शनाचार- सम्यग्दर्शनके आठों अंगों का निर्दोष रूप से पालन करना दर्शनाचार है।

२. ज्ञानाचार- सम्यग्ज्ञान के आठों अंगों का निर्दोष रूप से पालन करना ज्ञानाचार है।

३. चारित्राचार- पाँच महाव्रत, पाँच समिति और तीन गुप्तिरूप तेरह प्रकार के चारित्र का पालन करना चारित्राचार है।

४. तपाचार- अपनी शक्ति के अनुसार बारह प्रकार के तपों का अनुष्ठान करना तपाचार है।

५. वीर्याचार- अपनी सामर्थ्य को न छिपाते हुए निर्मल रत्नत्रय में प्रवृत्ति करना वीर्याचार है।

समाचार के भेद

समाचारं दशविधम् ।।६७।।

समाचार दस प्रकार का है।।६७।।

सम्यक् आचार को समाचार कहते हैं अथवा शिष्यजनों के द्वारा जिस क्रिया-कलाप का आचरण किया जाता है वह समाचार कहलाता है।

मूलतः समाचार दो प्रकार का है– १. औघिक समाचार, २. पद विभागी समाचार

औघिक समाचार- औघिक समाचार के दस भेद हैं।

१. इच्छाकार- सम्यग्दर्शन आदि इष्ट तत्त्वों को हर्षपूर्वक स्वीकार करना अथवा उनमें स्वेच्छा से प्रवृत्ति करना।

२. मिथ्याकार- व्रतों में अतिचार लगने पर यह अतिचार मिथ्या हो, ऐसा फिर नहीं करूँगा ऐसा कहना।

३. तथाकार- गुरु आदि द्वारा प्रतिपादित सूत्रों का श्रवण कर, यह सत्य है ऐसा कहना।

४. आसिका- सम्यग्दर्शन आदि भावों में स्थिरता रखना, अथवा वसतिका आदि से निकलते समय देवता या गृहस्थ आदि से अनुमति लेकर निकलना।

५. निषिधिका- जिनमंदिर, वसतिका आदि में प्रवेश करते समय 'निःसही' बोलते हुए वहाँ के स्वामी से आज्ञा लेना अथवा पाप क्रिया से मन को हटाना।

६. आपृच्छा- किसी भी कार्य के प्रारम्भ में गुरु की वन्दना करके उनसे पूछना।

७. प्रतिपृच्छा- किसी बड़े कार्य को प्रारम्भ करते समय गुरु आदि से बार-बार पूछना।

८. छन्दन- उपकरण आदि के ग्रहण करने में या वन्दना आदि की क्रिया में आचार्य के अनुकूल प्रवृत्ति करना।

९. सनिमंत्रण- पुस्तक आदि की इच्छा होने पर गुरु आदि से विनय पूर्वक याचना करना।

१०. उपसंपत्- गुरुजनों के लिए 'मैं आपका ही हूँ' ऐसा समर्पण करना। विनयोपसंपत्, क्षेत्रोपसंपत्, मार्गोपसंपत् और सुख दुःखोपसंपत् के भेद

से उपसंपत् समाचार चार प्रकार का है। अन्य संघ से समागत मुनियों का अंगमर्दन, प्रिय संभाषण, विनय करना, आसनादि पर बैठाना, इत्यादि उपचार करना तथा गुरु और मार्ग-सम्बन्धी जानकारी लेना, पुस्तक आदि उपकरण प्रदान कर उनके अनुकूल वृत्ति रखना विनयोपसंपत है। संयम, तप, उपशमादि गुण व व्रत रक्षा रूप शील तथा यमनियम आदि की जिस स्थान में वृद्धि हो उस स्थान पर रहना क्षेत्रोपसंपत् है। समागत मुनि से आवागमन सम्बन्धी कुशल क्षेम पूछना मार्गोपसंपत है। सुख-दुःख युक्त पुरुषों को औषध, आहार, वसतिका आदि प्रदान कर उपकार करना तथा "मैं और मेरी वस्तुएँ आपकी ही हैं" ऐसा वचन कहना सुखदुःखोपसंपत् है।

पदविभागी समाचार- पद विभागी समाचार अनेक प्रकार का है। यह अपने संघ से संघान्तर जाने पर किया जाता है।

वीर्य, धैर्य, विद्या, बल, उत्साह, आदि में समर्थ कोई मुनि अपने गुरु के पास उपलब्ध समस्त शास्त्रों का अध्ययन करने के बाद किसी अन्य आचार्य के पास अध्ययनार्थ जाना चाहता है, तो वह अपने गुरु से विनय-पूर्वक बार-बार आज्ञा माँगता है, गुरू से आज्ञा प्राप्त कर लेने पर वह अकेला विहार नहीं करता अपने साथ दो-तीन मुनियों को लेकर ही विहार करता है। इस क्रिया को पदविभागी समाचार कहते हैं। इसके अतिरिक्त मुनिगण अहोरात्र में जिन नियमों का पालन करते हैं, उन्हें भी पदविभागी समाचार कहा गया है।

आर्यिका समाचार- उत्कृष्ट संयमधारी स्त्रियाँ आर्यिका कहलाती हैं। इनके भी मुनियों की तरह यथायोग्य समाचार का विधान है। आर्यिकाएँ मुनियों की तरह निर्वस्त्र नहीं रहतीं, वे विकार रहित एकमात्र श्वेत साड़ी धारण करती हैं तथा बैठकर अपने ही करपात्र में आहार ग्रहण करती हैं। आर्यिकाओं के लिए वृक्षमूल, आतापन योग, अभ्रावकाश आदि विशेष योग निषिद्ध हैं। इनकी शेष समस्त क्रियाएँ प्रायः मुनियों के समान होती हैं। आर्यिकाओं को उपचार से महाव्रत कहा गया है। ये पंचम गुणस्थानवर्ती होती हैं, फिर भी ऐलक और क्षुल्लक से श्रेष्ठ मानी गई हैं।

आर्यिकाएँ एक-दूसरे के अनुकूल रहकर पारस्परिक वात्सल्य के साथ कम-से-कम दो तीन आर्यिकाओं के साथ रहती हैं। उनकी जो प्रमुख होती है वह गणनी कहलाती है। वे अपनी गणनी से अनुमति लेकर ही आहार आदि अथवा साधुओं की वन्दना आदि के निमित्त जाती हैं। आर्यिकाएँ सतत ज्ञानाभ्यास में रत रहती हुई अध्ययन, अध्यापन, मनन और चिन्तन में ही अपना समय बिताती हैं। रोना, गाना, सोना आदि गृहस्थों के योग्य क्रियाएँ आर्यिकाओं के लिए निषिद्ध हैं।

सप्त परमस्थान

सप्त परमस्थानानि ।।६८।।

सात परमस्थान हैं ।।६८।।

सज्जातित्व, सद्‌गृहस्थत्व, पारिव्राज्यत्व, सुरेन्द्रत्व, साम्राज्य, परम आर्हन्त्य और निर्वाण ये सात परम स्थान हैं।

सज्जातित्व- देश कुल-जाति आदि से शुद्ध उत्तम कुल में सम्यग्दर्शन के साथ जन्म लेना सज्जातित्व है।

सद्‌गृहस्थत्व- सज्जातित्व के बाद वयस्क होने पर गृहस्थाश्रम में प्रवेश कर श्रावकधर्म का निर्मल आचरण करना सद्‌गृहस्थत्व है।

पारिव्राज्य- गृहस्थी से विरक्त होकर दीक्षा धारण कर उत्कृष्ट तपानुष्ठान करते हुए ग्यारह अंग का पाठी होना और सोलह कारण भावना के बल से तीर्थङ्कर प्रकृति का बन्ध कर अन्त में सल्लेखनापूर्वक देह त्याग करना पारिव्राज्य है।

सुरेन्द्रता- पारिव्राज्य के फलस्वरूप देवलोक में इन्द्र के रूप में जन्म लेकर विविध भाँति के भोगोपभोगों को भोगना सुरेन्द्रत्व है।

साम्राज्य - स्वर्ग से च्युत होकर तीन ज्ञान के साथ मनुष्य जन्म धारण करना और गर्भावतरण एवं जन्माभिषेककल्याण को प्राप्त होकर स्वाभाविक अतिशय सहित कुमार काल व्यतीत होने पर षट्‌खण्ड पृथ्वी का अधिपति होना साम्राज्य है।

परम आर्हन्त्य - चक्रवर्ती के पद से विरक्त होकर दीक्षा धारण करना और छद्‌मस्थ काल बिताकर चार घातिया कर्मों के क्षय से केवलज्ञान सहित अनन्त चतुष्टय को प्राप्तकर समवशरण लक्ष्मी से युक्त होना परम आर्हन्त्य है।

परम निर्वाण - परम आर्हन्त्य के बाद आयु के अन्त में शेष अघातिया कर्मों का क्षय करके सिद्ध अवस्था प्राप्त करना परम निर्वाण है।

द्रव्यानुयोग

द्रव्य के निरूपक अनुयोग को द्रव्यानुयोग कहते हैं। प्रमाण, नय, निक्षेप सहित छह द्रव्य, पञ्चास्तिकाय, सात तत्त्व और नौ पदार्थ इसके मुख्य प्रतिपाद्य हैं। यह अनुयोग आत्मा की बन्ध और मुक्त अवस्था का सम्यक् अववोध कराता है। गूढ़ आत्मसाधना और कर्मसिद्धान्त भी इसी अनुयोग के अंग हैं।

प्रस्तुत अध्याय में इन्हीं का सविस्तार वर्णन है।

द्रव्य, तत्त्व और पदार्थ

षड् द्रव्याणि ।।१।।

छह द्रव्य हैं।।१।।

द्रव्य का स्वरूप

सत् द्रव्य का लक्षण है। सत् अस्तित्व का वाची है। लोक में जितने भी अस्तित्ववान् पदार्थ हैं, सब सत् हैं। सत् उत्पाद, व्यय और ध्रौव्य से युक्त रहता है। उत्पाद-उत्पन्न होना, व्यय-विनाश होना, ध्रौव्य-स्थायित्व होना ये तीनों बातें प्रत्येक सत् में युगपत् घटित होती हैं। लोक में जितने भी पदार्थ हैं, सब परिणमनशील हैं। उनमें प्रति समय नयी-नयी अवस्थाओं की उत्पत्ति होती रहती है, नयी-नयी अवस्थाओं की उत्पत्ति के साथ ही पूर्व-पूर्व की अवस्थाओं का विनाश भी होता है। यह उसका उत्पाद-व्यय है। पूर्वावस्था के विनाश और नयी अवस्था की उत्पत्ति के बाद भी पदार्थ में स्थायित्व बना रहता है। यह अवस्थिति ही ध्रौव्य है। दूध से दही बना, दूध का विनाश हुआ, दही का उत्पाद हुआ, गोरस ध्रौव्य रहा।

उत्पाद, व्यय और ध्रौव्य तीनों साथ-साथ होते हैं। इनमें कोई समय भेद नहीं है। जिस समय उत्पाद होता है उसी समय व्यय होता है, तथा उत्पाद और व्यय के साथ ध्रौव्य भी रहता है। उत्पाद के बिना व्यय नहीं होता, उत्पाद और व्यय से रहित ध्रौव्य नहीं होता तथा ध्रौव्य से रहित कोई उत्पाद-व्यय नहीं होता। दूध के विनाश के बिना दही की उत्पत्ति नहीं है, न ही दही की उत्पत्ति के बिना दूध का विनाश। इस प्रकार दूध के विनाश और दही की उत्पत्ति के बिना गोरस का अस्तित्व ही नहीं है। इनमें उत्पाद और विनाश-परिवर्तनशीलता और नित्यता दोनों साथ रहकर ही द्रव्य को परिपूर्णता प्रदान करते हैं। केवल उत्पाद, केवल व्यय अथवा केवल ध्रौव्य सत् का लक्षण नहीं हो सकता।

प्रश्न हो सकता है कि एक ही पदार्थ में एक साथ उत्पाद, व्यय और ध्रौव्य की संगति कैसे बन सकती है, क्योंकि ये तीनों विरोधी तत्त्व हैं। उत्पाद

और व्यय के साथ स्थायित्व कैसे हो सकता है और स्थायित्व में उत्पाद, व्यय कैसे घटित हो सकते हैं?

ऊपर-ऊपर से देखने पर यहाँ विसंगति की प्रतीति होती है, पर सच्चाई यह है कि इनके बिना किसी पदार्थ की संगति हो ही नहीं सकती। उदाहरण के लिए अनेक पदार्थों को उपस्थित किया जा सकता है। जैसे सोना, दूध, पानी आदि। सोना, दूध और पानी ये ध्रुव तत्त्व हैं। सोने से कड़े कंगन आदि आभूषण बनाए जाते हैं। यह उत्पाद और विनाश की प्रक्रिया है। दूध से दही, खीर आदि बनाए जाते हैं। यह भी उत्पाद और विनाश का क्रम है। इसी प्रकार पानी से बर्फ और भाप आदि पदार्थ बनते हैं।

इन उदाहरणों से यह बात स्पष्ट हो जाती है कि उत्पाद, व्यय और ध्रौव्य साथ-साथ रहते हैं। जैन आगम में पदार्थ का यही लक्षण बताया गया है। इस आधार पर निष्कर्ष रूप में यह कहा जा सकता है कि जिसमें उत्पाद, विनाश/व्यय और स्थायित्व रहता है वह सत् है। उत्पाद, व्यय और स्थायित्व के साथ उसका अविनाभावी सम्बन्ध है।

गुण और पर्याय

द्रव्य को गुण और पर्यायवाला भी कहा गया है। गुण अन्वयी होते हैं, द्रव्य में सदा रहते हैं और पर्याय व्यतिरेकी अर्थात् क्षणक्षयी। गुण का अर्थ है-– शक्ति। प्रत्येक द्रव्य में कार्य भेद से अनेक शक्तियों का अनुमान होता है। इन्हीं की गुण संज्ञा है। ये अन्वयी स्वभाव होकर भी सदा एक अवस्था में नहीं रहते, किन्तु प्रति समय बदलते रहते हैं। इनका बदलना ही पर्याय है। गुणों में होने वाले परिवर्तन को पर्याय कहते हैं। गुण अन्वयी होते हैं, इस कथन का तात्पर्य यह है कि शक्ति के मूल स्वभाव का नाश कभी नहीं होता। ज्ञान सदाकाल ज्ञान बना रहता है। तथापि जो ज्ञान इस समय है, वही ज्ञान दूसरे समय में नहीं रहता। दूसरे समय में वह अन्य प्रकार का हो जाता है। इससे प्रतीत होता है कि प्रत्येक गुण अपनी धारा के भीतर रहते हुए भी प्रतिसमय अन्य-अन्य अवस्थाओं को प्राप्त होता रहता है। गुणों की इन अवस्थाओं का नाम ही पर्याय है। इससे इन्हें व्यतिरेकी कहा है। वे प्रतिसमय अन्य-अन्य होती रहती हैं। ये गुण और पर्याय मिलकर ही द्रव्य कहलाते हैं। द्रव्य इनके सिवा स्वतंत्र पदार्थ नहीं है। ये दोनों उसके स्वरूप हैं। गुण और पर्याय रूप से ही द्रव्य अनुभव में आता है, यह उक्त कथन का तात्पर्य है।

समझने के लिए आम एक पदार्थ है। रूप, रस, गंध और स्पर्श उसके

गुण हैं। ये आम में सदैव पाये जाते हैं, किन्तु सदा एक-से नहीं रहते, बदलते रहते हैं। उसका रंग बदलकर हरे से पीला या काला हो जाता है, उसका स्वाद खट्टे से मीठा अथवा कषायला हो जाता है, गंध में भी अपेक्षित परिवर्तन होता रहता है, स्पर्श बदलकर कठोर से मृदु अथवा पिलपिला हो सकता है। गुणों की अवस्था में प्रतिक्षण परिवर्तन होता रहता है। यह परिवर्तन ही पर्याय है। इतना सब कुछ होने पर भी गुण अपने मूलस्वरूप में नष्ट नहीं होता, उसकी धारा अविच्छिन्न रहती है। रूप, रस , गंध और स्पर्श में परिवर्तन होते रहने पर भी ये सर्वथा रूप, रस, गंध और स्पर्शहीन नहीं हो सकते। यही गुणों की स्थिरता है। इसलिए गुण को नित्य अथवा अन्वयी कहते हैं। पर्याय क्षण-क्षयी है, प्रति क्षण बदलती रहती है, अतः व्यतिरेकी कहलाती है।

उत्पाद और व्यय दोनों क्षण-क्षयी हैं, विनाशीक हैं, ध्रौव्य स्थिरता का द्योतक है, अतः उत्पाद और व्यय पर्याय हैं, ध्रौव्य गुण है। इस प्रकार द्रव्य को उत्पाद व्यय ध्रौव्य लक्षण-वाला कहना अथवा गुण और पर्यायवाला कहना बात एक ही है।

गुण के भेद

गुण दो प्रकार के होते हैं— सामान्य गुण और विशेष गुण।

सामान्य गुण- जो समस्त द्रव्यों में सामान्य रूप से पाये जाते हैं, उन्हें सामान्य गुण कहते हैं। सामान्य गुण के छह भेद हैं— अस्तित्व, वस्तुत्व, द्रव्यत्व, प्रमेयत्व, प्रदेशत्व, और अगुरुलघुत्व।

१. अस्तित्व गुण- द्रव्य का वह गुण जिसके कारण द्रव्य का कभी विनाश न हो।

२. वस्तुत्व गुण- द्रव्य का वह गुण जिसके कारण वह कोई न कोई अर्थक्रिया करता रहे, जैसे - घट की क्रिया जल धारण।

३. द्रव्यत्व गुण- द्रव्य का वह गुण जो परिवर्तनशील पर्यायों का आधार है।

४. प्रमेयत्व गुण- द्रव्य का वह गुण जिससे वह जाना जाता है।

५. प्रदेशत्व गुण- द्रव्य का वह गुण जिसके निमित्त से द्रव्य का कोई न कोई आकार बना रहता है।

६. अगुरुलघुत्व गुण- द्रव्य का वह गुण जिसके कारण वह अपने स्वरूप में अवस्थित रहता है। इस शक्ति के निमित्त से द्रव्य की द्रव्यता कायम

रहती है। अर्थात्

(क) एक द्रव्य दूसरे द्रव्य रूप नहीं परिणमता

(ख) एक गुण दूसरे गुण रूप नहीं परिणमता

(ग) एक द्रव्य के अनेक या अनन्त गुण बिखर कर जुदे-जुदे नहीं होते ।

उपर्युक्त छहों गुण विश्व के प्रत्येक पदार्थ में पाए जाते हैं। लोक में ऐसा कोई भी पदार्थ नहीं है, जिसमें इन छहों गुणों में से किसी एक की भी कमी हो। सभी द्रव्यों में समान रूप से पाये जाने के कारण इन्हें सामान्य गुण कहते हैं।

विशेष गुण- जो गुण सर्व द्रव्यों में न मिले वह विशेष गुण है। विशेष गुण प्रत्येक द्रव्य का अपना होता है। विशेष गुण अनेक हैं, उनमें सोलह प्रमुख हैं। वे हैं– ज्ञान, दर्शन, सुख, वीर्य, स्पर्श, रस, गंध, वर्ण, गति-हेतुत्व, स्थिति-हेतुत्व, अवगाहन-हेतुत्व, वर्तना-हेतुत्व, चेतनत्व, अचेतनत्व, अमूर्तत्व और मूर्तत्त्व।

इनमें ज्ञान, दर्शन, सुख, वीर्य, चेतनत्व और अमूर्तत्त्व ये छह जीव के विशेष गुण हैं। स्पर्श, रस, गंध, वर्ण, अचेतनत्व और मूर्तत्त्व ये छह पुद्गल के विशेष गुण हैं। धर्म, अधर्म, आकाश और कालद्रव्य के अचेतनत्व और अमूर्तत्त्व के साथ क्रमशः गति-हेतुत्व, स्थिति-हेतुत्व, अवगाहन-हेतुत्व और वर्तना-हेतुत्व इस प्रकार तीन-तीन विशेष गुण हैं।

पर्याय- द्रव्य की परिणमनशील अवस्थाओं का नाम पर्याय है। अथवा पूर्व आकार के परित्याग और उत्तर आकार की उपलब्धि को पर्याय कहा जाता है। यह परिवर्तन गुणों के माध्यम से होता है। द्रव्य गुणों का समुदाय रूप है। गुणों में परिवर्तन होता रहता है। गुणों का सामुदायिक परिवर्तन ही द्रव्य का परिवर्तन है। जैसे– कच्चे आम का पक जाना, इसका सीधा अर्थ है कि आम का खट्टा स्वाद बदलकर मीठा हो जाना, उसके रंग का हरे से पीला हो जाना, उसके गंध और स्पर्श में भी आपेक्षिक परिवर्तन हो जाना। इस प्रकार गुणों में होनेवाले परिवर्तन को पर्याय कहते हैं। पर्याय दो प्रकार की है– अर्थ पर्याय और व्यंजन पर्याय।

जो पर्याय सूक्ष्म होती है, इन चर्म चक्षुओं से देखी नहीं जाती है, जिसके बदल जाने पर भी द्रव्य के आकार में कोई परिवर्तन परिलक्षित नहीं होता और जो केवल वर्तमान समय में होती है, वह अर्थ पर्याय है।

जो पर्याय स्थूल होती है, सर्व साधारण के बोध का विषय बनती है,

त्रैकालिक/कालान्तर स्थायी होती है और जिसे शब्दों द्वारा व्यक्त किया जा सकता है, वह व्यञ्जन पर्याय है। व्यञ्जन का अर्थ है– व्यक्त या स्पष्ट। इस दृष्टि से जो व्यक्त-स्पष्ट है, वह सब व्यञ्जन पर्याय है।

द्रव्य छह प्रकार के हैं– जीव, पुदगल, धर्म, अधर्म, आकाश, काल। इनका स्वरूप इस प्रकार है-

जीव द्रव्य

चेतना जीव का लक्षण है। समस्त सुख-दुःख की प्रतीति इसी चेतना से होती हैं। इसी चेतना के आधार पर समस्त जड़ द्रव्यों से इसकी अलग पहिचान होती है। आत्मा, सत्त्व, भूत, जन्तु, प्राणी आदि जीव के नामान्तर हैं।

यद्यपि जीव के अस्तित्व को समस्त आत्मवादी दर्शन स्वीकार करते हैं, किन्तु उसके स्वरूप के विषय में सबकी अलग-अलग अवधारणाएँ हैं। सभी दर्शनकार जीव की किसी एक विशेषता को ग्रहण कर उसे ही उसका पूर्ण स्वरूप मानने की भूल में हैं। जैनदर्शन में जीव का सर्वाङ्गीण स्वरूप मिलता है। जीव के सर्वाङ्गीण स्वरूप को बताते हुए आचार्य कुन्द-कुन्द ने लिखा है-

जीवोत्ति हवदि चेदा उवओग विसेसिदा पहू कत्ता।
भोत्ता य देह मेत्तो णहि मुत्तो कम्म संजुत्तो ।।२६ ।

पञ्चास्तिकाय

"जीव चैतन्य स्वरूप है, वह जानने देखने रूप उपयोगवाला है, प्रभु है, कर्त्ता है, भोक्ता है, अपने शरीर के बराबर है तथा यह मूर्तिक नहीं है, फिर भी कर्म संयुक्त है।"

इस गाथा में जीव के सभी प्रमुख गुण समाहित हैं। इनका विशेष स्पष्टीकरण इस प्रकार है-

जीव चेतन है- चेतना जीव का लक्षण है, वह जानने और देखने रूप है। जो जानता है और देखता है वह जीव है। कोई भी जीव इनसे रहित नहीं है। कुछ दार्शनिक जीव को चेतनाशून्य मानते हैं। जैन दर्शन के अनुसार जीव चेतनाशून्य नहीं हो सकता। जानने और देखने रूप चेतना जीव का लक्षण है। जो जीव है वह जानने और देखने रूप ज्ञान और दर्शन चेतनामय है। जैसे अग्नि कभी उष्णता रहित नहीं होती, उसी प्रकार जीव भी ज्ञान और दर्शन रूप चेतना से रहित नहीं होता। ये बात और है कि किन्हीं जीवों मे यह चेतना पूर्ण विकसित होती है, किसी में अल्प विकसित अथवा अविकसित होती है, फिर भी किसी

न किसी रूप में चेतना अवश्य पायी जाती है।

प्रभु है- जीव स्वयं अपने उत्थान और पतन का उत्तरदायी है। अपने शुभ-अशुभ भावों के अनुसार स्वयं ही अपना विकास और विनाश करनेवाला होने से जीव को प्रभु कहा जाता है। जीव अपने उत्कर्ष और अपकर्ष में स्वतंत्र है, वह किसी ऐसे व्यक्ति या शक्ति के अधीन नहीं है, जिसके सहारे उसका संहार या संपोषण होता हो, जो उसे पुरुस्कृत या दण्डित करता हो। जीव अपनी सत्-असत् प्रवृत्ति के कारण अपना विकास और विनाश कर सकता है। वह अपना मालिक स्वयं है, इसलिए प्रभु है।

कर्त्ता है- कर्त्ता का अर्थ है– क्रिया करनेवाला। जीव परिणमनशील है। परिणमन एक क्रिया है, इस क्रिया का कर्त्ता जीव स्वयं है। इस दृष्टि से कर्म-बद्ध अवस्था में जीव अपने शुभ और अशुभ परिणामों/भावों का कर्त्ता है तथा कर्म रहित अवस्था में अपने चैतन्य भावों का कर्त्ता है।

भोक्ता है- भोक्ता का अर्थ है- अनुभव करनेवाला। जीव सुख-दुःख रूप कर्मफल और अपने आत्मा के आनन्दस्वरूप चैतन्य भावों का भोक्ता स्वयं है। कर्मबद्ध अवस्था में वह सुख-दुःख रूप कर्मफलों का अनुभवन करता है तथा कर्म रहित अवस्था में अपने शुद्ध चैतन्य भावों का अनुभव करता हैं। अतः जीव भोक्ता कहलाता है। यदि जीव सुख-दुःख का भोक्ता न हो तो सुख-दुःख की अनुभूति नहीं हो सकती ।

शरीर प्रमाण है - जैन दर्शन के अनुसार जीव अपने शरीर के आकारवाला है। कर्मों के निमित्त से छोटा-बड़ा जैसा भी शरीर मिलता है, जीव उसी शरीर के आकारवाला हो जाता है। इसका मूल कारण आत्मा के प्रदेशों में पायी जानेवाली संकोच-विस्तार की शक्ति है। चींटी-जैसा छोटा शरीर मिलने पर आत्मा के प्रदेश संकुचित हो जाते हैं तथा हाथी जैसा विशाल शरीर प्राप्त होने पर आत्मा के प्रदेश फैल जाते हैं। इसी प्रकार बाल्यावस्था में आत्मा के प्रदेश संकुचित रहते हैं, किन्तु जैसे-जैसे शरीर का विकास होता है, वैसे-वैसे आत्मा के प्रदेश भी फैलने लगते हैं। इसके लिए दीपक का उदाहरण दिया गया है। जिस प्रकार दीपक का प्रकाश छोटे स्थान पर संकुचित हो जाता है तथा विस्तृत स्थान मिलने पर फैल जाता है, उसी प्रकार जीव भी छोटे-बड़े शरीर के अनुरूप संकुचित और विस्तृत होता रहता है। इस तरह प्रदेशों में संकोच-विस्तार होते रहने पर भी उसके लोक-प्रमाण आत्म-प्रदेशों की संख्या में हानि-वृद्धि नहीं होती।

अमूर्त है- जीव रूप, रस, गन्ध और स्पर्श से रहित होने के कारण अमूर्त है। रूपादिक पुद्गल के गुण हैं, वे जीव में नहीं हो सकते। इस विषय में यह प्रश्न उठता है कि यदि जीव अमूर्त है तो फिर उसका मूर्त कर्मों से सम्बन्ध कैसे होता है? इस प्रश्न का समाधान देते हुए बताया गया है कि जीव आकाश की तरह सर्वथा अमूर्त नहीं है। जीव अपने स्वभाव की अपेक्षा अमूर्त है, तथापि अनादि कर्मों से बद्ध होने के कारण कथंचित् मूर्त भी है। इसी कारण जीव को स्वभावत: अमूर्त होने के बाद भी कर्म संयुक्त कहा गया है।

कर्म संयुक्त है- जीव अनादि से कर्म संयुक्त है। इसी अनादि बन्धन बद्धता के कारण वह अपने स्वभाव से च्युत है। जिस प्रकार स्वर्ण-पाषाण को खदान से निकालने पर वह कालिमा-किट्टिमा रूप विकृति युक्त होता है। उसे प्रयोग विशेष द्वारा पृथक् कर शुद्ध किया जा सकता है। उसी तरह संसारी जीवों का कर्मों से सम्बन्ध है। जैन दर्शन के अनुसार संसार में रहनेवाला प्रत्येक जीव कर्मों से बँधा हुआ है। साधना और तपश्चर्या के बल पर कर्मों को अलग कर आत्मा को शुद्ध किया जा सकता है। जीव कभी कर्म रहित था, बाद में कर्मबद्ध हुआ, ऐसी बात नहीं है, क्योंकि यदि वह कर्म बन्धन से रहित था तो फिर उसके अशुद्ध होने का कोई कारण ही नहीं बचता। यदि एक बार शुद्ध हो जाने के उपरान्त भी वह अशुद्ध होता है, तब तो मुक्ति के उपाय की चर्चा ही व्यर्थ है।

इस प्रकार जैन-दर्शन के अनुसार जीव जानने-देखनेवाला, अमूर्तिक, कर्त्ता, भोक्ता, शरीर परिमाणवाला और अपने उत्थान-पतन के लिए स्वयं उत्तरदायी है।

जीव के भेद

जीव दो प्रकार के हैं– संसारी और मुक्त। कर्म सहित जीव संसारी है। संसारी जीव एक गति से दूसरी गति में जन्म लेते और मरते रहते हैं। कर्म रहित जीव मुक्त हैं। मुक्त जीवों में कोई भेद नहीं होता। वे सभी समान गुणधर्म-वाले होते हैं। संसारी जीव चार प्रकार के हैं– नारकी, तिर्यञ्च, मनुष्य और देव। नारकी जीव अधोलोक में निवास करते हैं। देवों का निवास ऊर्ध्वलोक में है, मनुष्य हम सब हैं ही। मनुष्यों के अतिरिक्त पृथ्वीतल पर दिखाई पड़नेवाले समस्त पशु-पक्षी, कीड़े-मकोड़े और पेड़-पौधे सभी तिर्यञ्च हैं। जैन धर्म के अनुसार पृथ्वी, जल, अग्नि, वायु, और वनस्पति में भी जीवत्व है। ये सब एकेन्द्रिय और स्थावर कहलाते हैं। कीड़े-मकोड़े दो इन्द्रिय से चार इन्द्रियवाले जीव होते हैं। आगे के सूत्रों में इनका विस्तार से वर्णन है।

पुद्‌गल द्रव्य

जिसमें स्पर्श, रस, गंध और वर्ण पाया जाए, वह पुद्‌गल द्रव्य है। पुद्‌गल जैन दर्शन का विशिष्ट पारिभाषिक शब्द है। यह पुद् और गल् के योग से बना है। पुद् का अर्थ है– पूर्ण होना, मिलना/जुड़ना, गल् का अर्थ है– गलना/हटना/टूटना। पुद्‌गल परमाणु, स्कन्ध अवस्था में परस्पर मिलकर अलग-अलग होते रहते हैं तथा अलग होकर मिलते-जुड़ते रहते हैं। इनमें टूट-फूट होती रहती है। इस जुड़ने और टूटने को विज्ञान की भाषा में फ्यूजन एण्ड फिसन कह सकते हैं। छह द्रव्यों में एक पुद्‌गल में ही संश्लिष्ट और विश्लिष्ट होने की क्षमता है, अन्य पाँच में नहीं । इसलिए पुद्‌गल शब्द की व्युत्पत्ति करते हुए कहा गया है "पूरण गलन स्वभावत्वात्, पुद्‌गल" अर्थात जो द्रव्य निरन्तर मिलता-गलता रहे, बनता-बिगड़ता रहे, टूटता-जुड़ता रहे वह पुद्‌गल है। पूरण-गलन स्वभावी होने से पुद्‌गल यह इसकी सार्थक संज्ञा है।

जगत् में जो कुछ भी हमारे देखने, छूने, चखने और सूँघने में आता है, वह सब पौद्‌गलिक पिण्ड ही है। स्पर्श, रस, गंध और वर्ण इसके विशेष गुण हैं। इसलिए इसे रूपी या मूर्तिक कहा जाता है। जगत् में ऐसा कोई भी पुद्‌गल नहीं है जिसमें रूप, रस, गंध और स्पर्श न पाये जाते हों।

पुद्‌गल के भेद

पुद्‌गल द्रव्य के दो भेद हैं– परमाणु और स्कन्ध।

परमाणु- पुद्‌गल की सूक्ष्मतम इकाई परमाणु है। यह पुद्‌गल की स्वाभाविक अवस्था है तथा अविभाज्य और अंतिम अंश है। इसके बाद इसका और कोई विभाग या टुकड़ा नहीं किया जा सकता। जैसे-किसी बिन्दु का कोई ओर-छोर नहीं होता, वैसे ही परमाणु का कोई आदि और अन्त बिन्दु नहीं है। इसका आदि, मध्य और अन्त यह स्वयं है।

परमाणु स्कन्ध का अन्तिमरूप है। यद्यपि परमाणु शाश्वत होने से नित्य है, फिर भी उसकी उत्पत्ति स्कन्धों के टूटने से होती है। अर्थात् अनेक परमाणुओं का पिण्ड-रूप स्कन्ध जब एक-दूसरे से विघटित होकर टूटता है, तब उसके अंतिम रूप परमाणु की उत्पत्ति होती है। इस दृष्टि से परमाणु की उत्पत्ति भी मानी गई है। यह एक प्रदेशी होता है। प्रदेश आकाश को मापने की सूक्ष्मतम इकाई है। आकाश के जितने हिस्से को एक पुद्‌गल परमाणु घेरता है, वह प्रदेश कहलाता है।

वैज्ञानिक जिस परमाणु के अनुसंधान में रत हैं, जैन दर्शन के

अनुसार वह अनेक परमाणुओं से संघटित कोई स्कंध (मॉलिक्यूल) है, क्योंकि उसमें इलेक्ट्रान, प्रोटान, न्यूट्रान, अल्फा, बीटा, गामा, न्यूट्रिनो, मेसान, क्वार्क आदि अनेक कण पाये जाते हैं। अब तो उनकी संख्या बढ़कर सौ से अधिक हो गई है। जैनदर्शन के अनुसार इनमें से कोई भी कण परमाणु या मौलिक कण नहीं है। उन्हें व्यवहार परमाणु कहा जा सकता है। जैनदर्शन के अनुसार परमाणु वह मूल कण है जिसमें कोई भेद या विभाग संभव नहीं है। परमाणु पुद्‍गल की अंतिम इकाई है। इसे अविभागी कहा गया है, अत्यन्त सूक्ष्म होने के कारण परमाणु इन्द्रियों एवं प्रयोगों के विषय से अतीत है। अतः वह मनुष्यकृत नाना प्रक्रियाओं से प्रभावित नहीं होता।

इस प्रकार जैनदर्शन में परमाणु का अति सूक्ष्म विवेचन और विश्लेषण किया गया है। परमाणु की यह व्याख्या जिसमें प्राचीनता तो है ही, परमाणु विज्ञान की नव-नवीन खोजों के लिए वैज्ञानिकों को प्रामाणिक प्रेरणा भी देती है। वैज्ञानिकों के मन में जिज्ञासाएँ उत्पन्न करने में जैनदर्शन का यह भाग सर्वथा सक्षम है और इस प्रकार वैज्ञानिक प्रगति में समर्थ और सहायक बना हुआ है।

स्कन्ध- अनेक परमाणुओं के योग से बनी पुद्‍गल परमाणुओं की संयुक्त पर्याय स्कन्ध कहलाती है। दो अणुओंवाले स्कन्ध तो परमाणुओं के योग से ही बनते है, किन्तु तीन अणु आदिवाले स्कन्ध परमाणुओं और स्कन्धों के योग से भी बनते हैं। हमारे दृष्टि पथ में आनेवाले समस्त पदार्थ पौद्‍गलिक स्कन्ध ही हैं। स्कन्ध दो, तीन, संख्यात, असंख्यात और अनन्त परमाणुओं वाला होता है। स्कन्धों के मुख्तया छह भेद किये गये हैं– स्थूल-स्थूल, स्थूल, स्थूल-सूक्ष्म, सूक्ष्म-स्थूल, सूक्ष्म और सूक्ष्म-सूक्ष्म।

१. स्थूल-स्थूल- जो पदार्थ छिन्न-भिन्न कर देने पर आपस में जुड़ नहीं सकते हैं तथा जिन्हें एक स्थान से दूसरे स्थान तक आसानी से ले जाया जा सकता है, जैसे- पत्थर, लकड़ी, धातु आदि ठोस पदार्थ।

२. स्थूल- जिन्हें एक स्थान से दूसरे स्थान तक ले जाया तो जा सकता है,किन्तु छिन्न-भिन्न करने पर जो स्वयं जुड़ जाते हैं– जैसे-दूध, पानी, तेल।

३. स्थूल-सूक्ष्म- जो नेत्रों द्वारा देखा जा सके, किन्तु पकड़ में न आ सके, जैसे छाया, प्रकाश आदि।

४. सूक्ष्म-स्थूल- जो आँखों से नहीं दिखते हैं, किन्तु शेष इन्द्रियों के द्वारा अनुभव किये जाते हों। जैसे- हवा, गन्ध, रस, शब्द आदि।

५. सूक्ष्म- जो किसी भी इन्द्रिय का विषय न बने। जैसे-कार्मण स्कन्ध।

६. सूक्ष्म-सूक्ष्म- अत्यन्त सूक्ष्म द्वयणुक स्कन्ध को सूक्ष्म-सूक्ष्म स्कन्ध कहते हैं। यह स्कन्धों की अन्तिम इकाई है।

पुद्‌गल के उपकार- सत् का एक अपरिहार्य लक्षण है– अर्थ क्रियाकारित्व। प्रत्येक पदार्थ अपनी अर्थक्रिया से स्वयं को तथा अन्य को प्रभावित करता रहता हैं। इसे उपग्रह या उपकार भी कहते हैं। पुद्‌गल द्रव्य जहाँ पुद्‌गल का उपकार करता है, वहाँ जीव द्रव्य का भी उपकार करता है। जीव और पुद्‌गल का अनादिकालीन सम्बन्ध है। जीव की समस्त सांसारिक अवस्थाएँ और क्रियाएँ पुद्‌गल सापेक्ष हैं। आहार, शरीर-निर्माण, इन्द्रिय-संरचना, श्वास-प्रश्वास, भाषा और मानसिक चिन्तन के लिए वह निरन्तर पुद्‌गलों को ग्रहण करता रहता है। यानी जीव की ये सब क्रियाएँ पुद्‌गलों से ही संपादित होती हैं।

उपकारी पुद्‌गल वर्गणा- पुद्‌गल संसारी जीवों के उपयोग में कैसे आते हैं, यह समझने के लिए पुद्‌गल की विभिन्न वर्गणाओं से परिचित होना भी जरूरी है। सजातीय पुद्‌गल परमाणुओं के विभिन्न वर्गों/समूहों को वर्गणा कहते हैं। जैन आगम में २३ प्रकार की वर्गणा बतायी गयी हैं। वे हैं– अणु-वर्गणा, संख्याताणु-वर्गणा, असंख्याताणु-वर्गणा, अनन्ताणु-वर्गणा, आहार-वर्गणा, प्रथम अग्राह्य-वर्गणा, तैजस-वर्गणा, द्वितीय अग्राह्य-वर्गणा, भाषा-वर्गणा, तृतीय अग्राह्य-वर्गणा, मनो-वर्गणा, चतुर्थ अग्राह्य-वर्गणा, कार्मण-वर्गणा, ध्रुव-वर्गणा, सान्तर-निरन्तर-वर्गणा, प्रथम ध्रुवशून्य-वर्गणा, प्रत्येक-शरीर-वर्गणा, द्वितीय ध्रुवशून्य-वर्गणा, बादरनिगोद-वर्गणा, तृतीय ध्रुवशून्य-वर्गणा, सूक्ष्मनिगोद-वर्गणा, चतुर्थ ध्रुवशून्य-वर्गणा और महास्कन्ध-वर्गणा।

प्रथम भेद के अतिरिक्त सभी भेद स्कन्धों के हैं। इस प्रकार की वर्गणाओं में मुख्यत: पाँच हमारे प्रयोग में आती हैं। वे हैं–आहारवर्गणा, तैजसवर्गणा, भाषावर्गणा, मनोवर्गणा ओर कार्मणवर्गणा। आहार-वर्गणा के चार प्रकार हैं– औदारिक-शरीरवर्गणा, वैक्रियक-शरीरवर्गणा, आहारक-शरीरवर्गणा, और श्वासोच्छ्‌वासवर्गणा। इनका स्वरूप इस प्रकार है-

औदारिक शरीरवर्गणा - स्थूल/औदारिक शरीर के रूप में परिणत होनेवाले पुद्‌गल।

वैक्रियक शरीरवर्गणा - वैक्रियक शरीर के रूप में परिणत होनेवाले पुद्‌गल।

आहारक शरीरवर्गणा–आहारक शरीर के रूप में परिणत होनेवाले

पुद्गल

श्वासोच्छ्वासवर्गणा - श्वास-प्रश्वास के रूप में परिणत होनेवाले पुद्गल ।

तैजसवर्गणा - तैजस शरीर के रूप में परिणत होनेवाले पुद्गल।

भाषावर्गणा - भाषा के रूप में परिणत होनेवाले पुद्गल ।

मनोवर्गणा - मन के रूप में परिणत होनेवाले पुद्गल।

कार्मणवर्गणा - कर्म शरीर के रूप में परिणत होनेवाले पुद्गल।

संसार की लीला पुद्गल की ही लीला है। जीव की सारी प्रवृत्तियाँ पुद्गल से ही संचालित हैं। पुद्गल के बिना जीव एक क्षण के लिए भी संसार में नहीं रह सकता। पुद्गल-जगत् से सम्बन्ध विच्छेद होने पर ही जीव की मुक्ति सम्भव है।

धर्म द्रव्य

यह पुण्य और पाप के अर्थ में प्रयुक्त न होकर, जैन-दर्शन का एक पारिभाषिक शब्द है। यह एक स्वतन्त्र द्रव्य है, जो गतिशील जीव और पुद्गल के गमन में सहकारी है। लोकवर्ती छह द्रव्यों में जीव और पुद्गल में ही गतिशीलता पाई जाती है। ये एक स्थान से दूसरे स्थान को भी जाते हैं। शेष धर्म, अधर्म, आकाश और काल ये चार द्रव्य निष्क्रिय हैं। इनमें हलन-चलन आदि रूप क्रिया नहीं पाई जाती । धर्म द्रव्य समस्त लोकव्यापी अखण्ड द्रव्य है। तिल में तेल की तरह यह पूरे लोक में व्याप्त है, इसमें रूप-रस-गन्ध और स्पर्श का अभाव होने से यह अमूर्त भी है। रेल के चलने में सहायक रेल की पटरी की तरह यह बलात् या प्रेरित कर किसी को नहीं चलाता, अपितु चलते हुए जीवों और पुद्गलों को चलने में सहायक होता है। इसलिए इसे उदासीन निमित्त कहा गया है। धर्म द्रव्य की मान्यता अन्य दर्शनों में नहीं है, किन्तु आधुनिक विज्ञान इसे ईथर के रूप में स्वीकार करता है। आधुनिक विज्ञान ईथर को अमूर्तिक, व्यापक, निष्क्रिय और अदृश्य मानने के साथ-साथ उसे गति का आवश्यक माध्यम मानता है। जैन दर्शन मान्य धर्म द्रव्य का भी यही लक्षण है।

अधर्म द्रव्य

जिस प्रकार जीवों और पुद्गलों की गति में धर्म द्रव्य सहायक है, उसी तरह अधर्म द्रव्य उनके ठहरने में सहायक है। धर्मद्रव्यवत् यह भी निष्क्रिय, अमूर्त और लोकव्यापी है। जैसे– पृथ्वी हाथी, घोड़ा, मनुष्य आदि को बलात् नहीं

ठहराती, अपितु वह ठहरना चाहे तो उसमें सहायक होती है अथवा वृक्ष चलते हुए पथिक को नहीं रोकते, पर वह स्वयं रुकना चाहे तो वें उसे अपनी छाया अवश्य देते हैं। उसी प्रकार अधर्म द्रव्य भी किसी को हठात् नहीं रोकता, अपितु पदार्थ स्वयं रूकना चाहे तो यह उनका सहायी बन जाता है।

यदि धर्म और अधर्म द्रव्य उदासीन न होकर प्रेरक होते तो धर्म और अधर्म दोनों में द्वन्द्व छिड़ जाता। धर्म द्रव्य जीवों और पुद्गलों को चलने के लिए प्रेरित करता तो अधर्म द्रव्य उन्हें पकड़कर अपनी ओर खींचता रहता, बड़ी अव्यवस्था हो जाती, न तो हम चल पाते, न ही ठहर पाते, जबकि ऐसा है नहीं। इन्हें उदासीन निमित्त माना गया है। इनकी उपस्थिति में हम चलना चाहें तो धर्म द्रव्य हमारा साथ देने तैयार खड़ा है तथा यदि हम ठहरना चाहें तो अधर्म द्रव्य हमारे स्वागत में प्रतीक्षारत है।

संसार के निर्माण के लिए पदार्थों को गति और स्थिरता के नियमों में बद्ध होना आवश्यक है। यदि धर्म द्रव्य न हो तो हम चल ही न सकेंगे और यदि अधर्म द्रव्य न हो तो हम ठहर नहीं सकेंगे। लोक और अलोक का विभाजन भी इन दोनों द्रव्यों के कारण ही हो पाता है, क्योंकि जहाँ तक पदार्थ स्थित हैं, वहीं तक लोक है तथा लोक वहीं तक है, जहाँ तक कि पदार्थों की गति। जिस प्रकार पटरी के अभाव में क्षमता रहते हुए भी रेल, पटरी की सीमा का उल्लंघन कर आगे नहीं बढ़ पाती, उसी तरह जीव और पुद्गल की भी वहीं तक गति और स्थिति है, जहाँ तक कि धर्म और अधर्म द्रव्य हैं, ये इनका उल्लंघन नहीं कर सकते। आधुनिक विज्ञान भी इस बात को स्वीकारता है।

प्रसिद्ध वैज्ञानिक आइंस्टाइन ने भी गति हेतुत्व को स्वीकार करते हुए कहा है "लोक परिमित है, लोक से परे अलोक अपरिमित । लोक के परिमित होने का कारण यह है कि द्रव्य अथवा शक्ति लोक के बाहर नहीं जा सकती। लोक के बाहर उस शक्ति का अभाव है जो गति में सहायक होती है।"[१]

आकाश द्रव्य

आकाश द्रव्य रूपादि रहित, अमूर्त, निष्क्रिय तथा सर्वव्यापक द्रव्य है। लोकवर्ती समस्त पदार्थों को यह स्थान/अवगाह देता है तथा स्वयं भी उसमें अवगाहित होता है। यद्यपि जीव और पुद्गल भी एक-दूसरे को अवगाह देते हैं, किन्तु उन सबका आधार आकाश ही है। यह लोक और अलोक के भेद से दो भागों में विभक्त है। आकाश के जितने हिस्से में जीवादि पाये जाते हैं, वह लोकाकाश है तथा उससे बाहर का अनन्त आकाश अलोकाकाश कहलाता है।

लोकाकाश लोक और आकाश इन दो शब्दों से मिलकर बना है।

'लोक' शब्द संस्कृत के 'लोक्' धातु से निष्पन्न है, जिसका अर्थ हुआ जहाँ तक जीवादिक पदार्थ देखे जाते हैं, वह लोक है। उससे बाहर के आकाश को अलोक कहते हैं। लोक और अलोक का यह विभाग किसी दीवार की तरह नहीं है, जो आकाश में भेद करती हो, अपितु पूर्ण आकाश अखण्ड है। जीवादि पदार्थों की उपस्थिति और अनुपस्थिति के कारण यह भेद हुआ है। जैनदर्शन के अनुसार लोकाकाश सम्पूर्ण आकाश के मध्य भाग में दोनों पैर फैलाकर कमर पर हाथ रखकर खड़े हुए मनुष्य के आकार का है। यह चौदह राजू ऊँचा और सात राजू चौड़ा है।

अधः, मध्य और ऊर्ध्व तीन विभागों में विभक्त यह लोक सब ओर से वातवलयों से घिरा है। नीचे के भाग (पैर की आकृति वाले) में सात नरक हैं। कटिप्रदेश जहाँ हम सब अवस्थित हैं, उसे मर्त्यलोक या मध्यलोक कहते हैं। इससे ऊपर स्वर्ग है। लोक के अग्र भाग पर मोक्ष स्थान है, जहाँ पहुँचकर मुक्त आत्माएँ ठहर जाती हैं। आगे गति का हेतु धर्म द्रव्य का अभाव होने के कारण इससे आगे नहीं बढ़ पातीं। वस्तुतः इसके विभाजन का कारण धर्म और अधर्म द्रव्य ही है। लोक का यह आकार इन दो द्रव्यों के ही कारण है। जो धर्म द्रव्य और अधर्म द्रव्य का आकार है, वही लोक का आकार है।

अन्य दर्शनों ने भी आकाश को स्वीकार किया है, किन्तु वे उसके लोक और अलोक भेद को नहीं मानते। इसी वजह से उनके यहाँ धर्म और अधर्म द्रव्य की भी मान्यता नहीं है। जैन दर्शन में इन्हें माना गया है, जो कि तर्कसंगत है तथा आधुनिक विज्ञान ने भी इनके अस्तित्व पर अपनी मुहर लगा दी है।

काल द्रव्य

काल द्रव्य प्रत्येक पदार्थ में होनेवाले परिवर्तन/परिणमन का हेतु है। यही वह द्रव्य है, जिसके निमित्त से अन्य द्रव्य अपनी पुरानी अवस्था को छोड़कर प्रति क्षण नया रूप धारण करते हैं। यह भी आकाश की तरह अमूर्त और निष्क्रिय है, किन्तु उसकी तरह एक ओर व्यापक न होकर असंख्य हैं, जो पूरे आकाश के प्रदेशों पर रत्नों की राशि की तरह भरे पड़े हैं। आकाश के जितने प्रदेश हैं उतने ही कालाणु हैं। वर्तना इसका प्रमुख लक्षण है। पदार्थों में परिणमन यह बलात् नहीं कराता, बल्कि इसकी उपस्थिति में पदार्थ स्वयं अपना परिणमन करते हैं। यह तो कुम्हार के चाक के नीचे रहनेवाली कील की तरह है, जो स्वयं नहीं चलती, न ही चाक को सञ्चालित करती है, फिर भी कील के अभाव में चाक घूम नहीं सकता। चाक के परिभ्रमण के लिए कील का आलम्बन अनिवार्य है। काल द्रव्य की यही भूमिका है,परिणमनगत इस आलम्बन को वर्तना कहते हैं।

---

१. जैन दर्शन मनन और मीमांसा - पृष्ठ १६०

यह काल द्रव्य का मुख्य लक्षण है। इसे ही निश्चय काल कहते हैं। इसके अभाव में पदार्थों का परिणमन नहीं हो सकता। समय, पल, घड़ी, घण्टा, मिनट आदि व्यवहार काल हैं। समय काल की सूक्ष्मतम इकाई है। एक पुद्गल परमाणु को मन्द गति से आकाश के एक प्रदेश से दूसरे प्रदेश तक जाने में जो काल लगता है, उसे समय कहते हैं। नया-पुराना, बड़ा-छोटा, दूर-पास आदि का व्यवहार इस व्यवहार काल द्रव्य के ही आश्रित है। इसका अनुमान सौरमण्डल एवं घड़ी आदि के माध्यम से लगाया जाता है। द्रव्यों के होनेवाले परिणमन से भूत, भविष्य और वर्तमान का व्यवहार भी इसी काल के आश्रित है।

कुछ दार्शनिक निश्चयकाल को अस्वीकारते हुए मात्र व्यवहार काल को स्वीकारते हैं, किन्तु व्यवहार काल से ही निश्चय काल का अनुमान किया जाता है। जैसे किसी बालक में शेर का उपचार मुख्य शेर के सद्भाव में ही किया जाता है। उपचरित शेर वास्तविक शेर का परिचायक होता है, वैसे ही काल-सम्बन्धी समस्त व्यवहार मुख्य काल के अभाव में नहीं हो सकते।

✡

पञ्चास्तिकाय

पञ्चास्तिकायाः ।।२।।

अस्तिकाय पाँच हैं ।।२।।

बहुप्रदेशी द्रव्यों को अस्तिकाय कहते हैं। अस्ति शब्द अस्तित्व का वाची है, काय का अर्थ है– शरीर। जिन द्रव्यों में शरीर की तरह प्रदेशों की बहुलता रहती है, उन्हें अस्तिकाय कहते हैं। अस्तिकाय पाँच हैं– जीवास्तिकाय, धर्मास्तिकाय, अधर्मास्तिकाय, आकाशास्तिकाय और पुद्‌गलास्तिकाय।

एक पुद्‌गल परमाणु आकाश के जितने क्षेत्र को घेरता है उसे प्रदेश कहते हैं। जीव द्रव्य, धर्म द्रव्य और अधर्मद्रव्य इन तीनों के प्रदेश परस्पर समान होते हुए भी असंख्यात हैं। आकाश अनन्त प्रदेशी है, किन्तु लोकाकाशवाला भाग धर्मास्तिकाय के बराबर असंख्यात प्रदेशी है। पुद्‌गल परमाणु एक प्रदेशी है और स्कन्ध संख्यात, असंख्यात और अनन्त प्रदेशी भी होते हैं। पुद्‌गल परमाणु शक्ति की अपेक्षा अस्तिकाय है, क्योंकि वह स्कन्ध रूप परिणमन कर संख्यात असंख्यात और अनन्त प्रदेशी हो जाता है। इस दृष्टि से पुद्‌गल को उपचार से अस्तिकाय कहा जाता है। कालद्रव्य एक प्रदेशी ही है। उसमें परमाणु की तरह संयुक्त परिणमन कर स्कन्ध बनने की शक्ति का अभाव है। अतः उसे उपचार से भी अस्तिकाय नहीं कहा जा सकता।

यहाँ यह बात स्मरण रखने योग्य है कि समस्त द्रव्य अखण्ड हैं, प्रदेशों की कल्पना आकाश में उनकी अवगाहना और आकार जानने की अपेक्षा की गई है। इसी प्रकार जीव भी एक अखण्ड चेतन पदार्थ है। वह किन्हीं परमाणुओं से मिलकर नहीं बना है, जिससे कि उसमें अंश कल्पना की जा सके।

उपर्युक्त छह द्रव्यों में जीव चेतन है, शेष पाँच अचेतन हैं। पुद्‌गल मूर्त है, शेष पाँच अमूर्त हैं। कालद्रव्य को छोड़कर शेष पाँच अस्तिकाय हैं। आकाश द्रव्य लोक-अलोक में व्याप्त है, शेष द्रव्य लोक परिमित हैं। जीव और पुद्‌गल गतिशील हैं, शेष चार द्रव्य गतिशून्य/निष्क्रिय हैं। इन द्रव्यों का शुद्ध परिणमन ही होता है। शुद्ध जीव और शुद्ध पुद्‌गल भी शुद्ध परिणमन करते हैं, किंतु पुद्‌गल की विशेषता यह है कि एक बार शुद्ध होने के उपरान्त पुनः वह अशुद्ध परिणमन भी कर लेता है। जीव एक बार शुद्ध होने के बाद फिर कभी अशुद्ध नहीं होता। जीव और पुद्‌गल द्रव्य की संख्या अनन्त-अनन्त है। काल द्रव्य असंख्य है, शेष द्रव्यों की संख्या एक-एक है। द्रव्यों की इस संख्या में कभी भी हानि-वृद्धि नहीं होती। समुद्र में उठनेवाली लहरों की तरह प्रतिक्षण परिवर्तित होते रहने के बाद भी ये द्रव्य अपने अस्तित्व को नहीं खोते तथा इनके प्रदेशों में हीनाधिकता भी नहीं होती, अतः इन्हें नित्य और अवस्थित कहते हैं।

सात तत्त्व

सप्त तत्त्वानि ।।३।।

तत्त्व सात हैं ।।३।।

तत्त्व का अर्थ है— सारभूत पदार्थ। वस्तु के भाव या स्वभाव को तत्त्व कहते हैं। तत्त्व शब्द तत् और त्व के योग से बना है। 'तत्' का अर्थ है 'वह' और 'त्व' का अर्थ है 'भाव' या पना। अर्थात् वस्तु का भाव या पना ही तत्त्व है। जैसे– अग्नि का अग्नित्व, स्वर्ण का स्वर्णत्व, मनुष्य का मनुष्यत्व आदि।

प्रत्येक दर्शन का ध्येय दुःख से निवृत्ति है। दुःख-निवृत्ति के लिए दुःख और दुःख के कारण तथा दुःख-निवृत्ति और उसके साधन का सम्यक् परिज्ञान आवश्यक है। जैन दर्शन में सात तत्त्वों के माध्यम से इन्हीं बातों का विचार किया गया है। प्रत्येक सत्यान्वेषी मुमुक्षु साधक को इनका सम्यक् परिज्ञान आवश्यक है। तत्त्व सात हैं– जीव, अजीव, आस्रव, बन्ध, संवर, निर्जरा और मोक्ष। इनका स्वरूप इस प्रकार है–

१. **जीव-** जिसमें चेतना हो, सुख-दुःख आदि के अनुभवन की क्षमता हो।

२. **अजीव-** चेतना रहित पदार्थ।

३. **आस्रव-** कर्म आगमन का द्वार ।

४. **बंध-** जीव और कर्म का दूध में जल की तरह एकमेक हो जाना।

५. **संवर-** आस्रव का निरोध।

६. **निर्जरा-** कर्मों का आंशिक रूप से झड़ना।

७. **मोक्ष-** कर्मों का आत्यन्तिक क्षय/पूर्ण रूप से झड़ना।

इन सात तत्त्वों का ज्ञान दुःख-निवृत्ति के लिए अनिवार्य है। जीव का मूल लक्ष्य दुःखों से छुटकारा प्राप्त कर शाश्वत सुख-मोक्ष की उपलब्धि है। मोक्षोपलब्धि के लिए जिन तथ्यों की जानकारी अपेक्षित है, वे तथ्य ही तत्त्व कहलाते हैं। दुःख और दुःख-निवृत्ति के सम्बन्ध में सात प्रकार की जिज्ञासाएँ उत्पन्न होती हैं–

१. स्वतन्त्रता प्राप्त करनेवाले का क्या स्वरूप है?

२. परतन्त्रता-बन्धन करनेवाली वस्तु कौन है और उसका क्या स्वरूप है?

३. बन्धनकारी वस्तु स्वतन्त्रता प्राप्त करनेवाले जीव तक कैसे पहुँचती है?

४. पहुँचकर वह किस प्रकार बँधती है?

५. नवीन कर्म बन्धन को रोकने का उपाय क्या है?

६. पूर्वार्जित कर्मों को नष्ट करने का उपाय क्या है?

७. मुक्ति का क्या स्वरूप है?

स्वतन्त्रता की प्राप्ति के लिए इन सात तथ्यों पर विचार करना अनिवार्य है। उसी प्रकार मोक्षोपलब्धि के लिए संसार और संसार के कारण का ज्ञान अनिवार्य है।

इन सात तत्त्वों में जीव और अजीव का मेल ही संसार है, आस्रव और बन्ध संसार के हेतु हैं। मोक्ष जीव की शुद्ध अवस्था है, संवर और निर्जरा उसके साधन हैं।

जैन दर्शन का सार उक्त सात तत्त्वों में समाहित है। जैन दर्शन में अन्य बातों का ज्ञान भले ही हो या न हो, किन्तु उक्त सात तत्त्वों का श्रद्धान-ज्ञान अनिवार्य बताया गया है। इसके अभाव में भले ही संपूर्ण वाङ्गमय का ज्ञान क्यों न हो, वह मुक्ति को प्राप्त नहीं कर सकता।

नौ पदार्थ

नव पदार्थाः ।।४।।

पदार्थ नौ हैं ।।४।।

पूर्वोक्त सात तत्त्वों में पुण्य और पाप मिलाने पर उन्हें ही नौ पदार्थ कहा जाता है। पुण्य का अर्थ है- जो आत्मा को पवित्र करे, पाप का अर्थ है- जो आत्मा को पतित करे। पुण्य और पाप शुभ आस्रव और अशुभ आस्रव का परिणाम है। मन, वचन, काय की शुभ प्रवृत्ति शुभ आस्रव का हेतु है तथा अशुभ प्रवृत्ति से अशुभ आस्रव होता है। इस प्रकार पुण्य और पाप आस्रव और बन्ध में समाहित हो जाते हैं।

आगम में दो प्रकार से कथन किया जाता है– संक्षेप और विस्तार। संक्षेप से विचार किया जाए तो समस्त तत्त्व जीव और अजीव इन दो तत्त्वों में ही समाहित हो जाते हैं, क्योंकि जीव और अजीव का योग ही संसार है। आस्रव, बन्ध, जड़-कर्मरूप होने से अजीव है, मोक्ष जीव की स्वाभाविक अवस्था है, संवर और निर्जरा उसके साधन हैं, पर इतना कहने मात्र से हमारा काम नहीं चलता, मोक्ष साधना के लिए बन्धन और मुक्ति के रहस्य को जानना अनिवार्य है। इसी रहस्य को बतलाने के लिए तत्त्व के सात या नौ भेद बताये गए हैं। जीव आत्मा की अशुद्ध अवस्था है और मोक्ष विशुद्ध अवस्था। मध्यगत भेदों में मोक्ष के साधक और बाधक तत्त्वों का निरूपण है।

निक्षेप पद्धति

चतुर्विधोन्यासः ।।५।।

निक्षेप चार प्रकार के हैं— नाम निक्षेप, स्थापना निक्षेप, द्रव्य निक्षेप और भाव निक्षेप। अप्रासंगिक अर्थ का निराकरण करते हुए प्रासंगिक अर्थ का निरूपण करना निक्षेप है।

हमें किसी पदार्थ को समझना या ग्रहण करना हो तो उसके लिए शब्द का प्रयोग करते हैं, क्योंकि हमारे पास वस्तु की पहिचान करानेवाला शब्द ही है। अर्थ और शब्द में परस्पर वाच्य-वाचक सम्बन्ध है। इस सम्बन्ध स्थापना का उद्देश्य है— व्यवहार-निर्वाह। अकेला व्यक्ति अव्यावहारिक होता है। उसे न बोलने की अपेक्षा है, न सुनने की, किन्तु वह समूह में जीता है और सापेक्ष होकर जीता है. तो उसे व्यवहार चलाने के लिए किसी संकेत पद्धति का विकास करना ही होता है। संकेत काल में जिस वस्तु को समझने-समझाने के लिए जिस शब्द का प्रयोग किया जाता है, वह उसी अर्थ का प्रतिनिधित्व करता रहे, तब तो सही काम चलता रहता है किन्तु आगे चलकर उसके अर्थ का विस्तार हो जाता है। वैसे भी हर शब्द अनेक अर्थों का वाचक होता है। इस स्थिति में हम किस शब्द के द्वारा किस अर्थ को लक्ष्य कर अपनी बात कह रहे हैं, इसे दूसरा कैसे समझ सकता है? शब्द प्रयोग को लेकर उत्पन्न हुई इस समस्या का समाधान निक्षेप पद्धति से होता है।

सामान्यतः हर शब्द अनेकार्थक होता है। उसके कुछ अर्थ प्रासंगिक होते हैं और कुछ अप्रासंगिक। प्रासंगिक अर्थ का ग्रहण और अप्रासंगिक अर्थों का परिहार करने के लिए व्यक्ति शब्द के सब अर्थों को अपने दिमाग में स्थापित करता है। ऐसा किए बिना कोई भी शब्द अपने प्रयोजन को पूरा नहीं कर सकता। जिस शब्द के जितने अर्थों का ज्ञान होता है, उतने ही निक्षेप हो सकते हैं, पर संक्षेप में उनका वर्गीकरण किया जाए तो निक्षेप के चार प्रकार होते हैं— नाम, स्थापना, द्रव्य और भाव।

१. नाम निक्षेप- शब्द के मूल अर्थ की अपेक्षा किए बिना किसी व्यक्ति या वस्तु का इच्छानुसार नामकरण करना नाम निक्षेप है। इसमें जाति, द्रव्य, गुण, क्रिया, लक्षण आदि निमित्तों की अपेक्षा नहीं की जाती, जैसे किसी अनक्षर व्यक्ति का 'अध्यापक' नाम रखना।

२. स्थापना निक्षेप- मूल अर्थ से शून्य वस्तु को उसी अभिप्राय से स्थापित करना स्थापना निक्षेप है, जैसे किसी मूर्ति में अध्यापक की स्थापना करना।

३. द्रव्य निक्षेप- भूत और भावी अवस्था के कारण व्यक्ति या वस्तु की उसी अभिप्राय से पहिचान करना द्रव्य निक्षेप है, जैसे जो व्यक्ति पहले अध्यापक रह चुका है, अथवा भविष्य में अध्यापक बननेवाला है, उस व्यक्ति को अध्यापक कहना।

उपयोग शून्यता की स्थिति में भी द्रव्य निक्षेप का प्रयोग होता है। जैसे अध्यापन कार्य में प्रवृत्त न होने पर भी उपयोग शून्यता की स्थिति में अध्यापक द्रव्य अध्यापक है।

४. भाव निक्षेप- जो व्यक्ति या वस्तु जिस पर्याय में परिणत है, उसके लिए उसी शब्द का प्रयोग करना भाव निक्षेप है। इसमें किसी प्रकार का उपचार नहीं होता। यह वास्तविक अर्थ को बतलाता है। जैसे– अध्ययन की क्रिया में प्रवृत्त व्यक्ति को अध्यापक कहना।

अध्यापक की तरह अर्हत् शब्द के भी निक्षेप किये जा सकते हैं।

नाम अर्हत्- अर्हत् कुमार नाम का व्यक्ति।

स्थापना- अर्हत की प्रतिमा।

द्रव्य अर्हत- जो अतीत में तीर्थङ्कर हो चुके तथा भविष्य में तीर्थङ्कर होनेवाले हैं।

भाव अर्हत- केवलज्ञान उपलब्ध कर चतुर्विध संघ की स्थापना करनेवाले तीर्थङ्कर।

निक्षेप का प्रयोजन- इस प्रकार निक्षेप का प्रयोजन है भाव और भाषा में परस्पर संगठन बिठाना। ऐसा हुए बिना न तो अर्थ का बोध हो सकता है और न ही अप्रासंगिक अर्थों का परिहार किया जा सकता है। संक्षेप में माना जा सकता है कि किसी भी अर्थ के सूचक शब्द के पीछे उसके अर्थ की स्थिति को स्पष्ट करनेवाले विशेषण का प्रयोग निक्षेप है। उसके द्वारा व्यक्ति या वस्तु के बारे में दिमाग में एक स्पष्ट रेखाचित्र बन जाता है और उसे व्यक्ति या वस्तु की पहिचान करने या कराने में सुविधा हो जाती है।

प्रमाण, नय और सप्तभंगी

द्विविधं प्रमाणम् ।।६।।

पञ्च सज्ञानानि ।।७।।

त्रीण्यज्ञानानि ।।८।।

मतिज्ञानं षट्त्रिंशदुत्तरत्रिशतभेदम् ।।९।।

द्विविधं श्रुतज्ञानम् ।।१०।।

द्वादशाङ्गाणि।।११।।

चतुर्दश प्रकीर्णकानि ।।१२।।

त्रिविधमवधिज्ञानम् ।।१३।।

द्विविधं मनःपर्ययश्च ।।१४।।

केवलमेकमसहायम् ।।१५।।

प्रमाण दो प्रकार का है ।।६।।

पाँच सम्यग्ज्ञान हैं ।।७।।

तीन अज्ञान हैं।।८।।

मतिज्ञान के तीन सौ छत्तीस भेद हैं।।९।।

श्रुतज्ञान दो प्रकार का है।।१०।।

बारह अङ्ग हैं ।।११।।

चौदह प्रकीर्णक हैं ।।१२।।

अवधिज्ञान तीन प्रकार का है ।।१३।।

मनःपर्यय ज्ञान दो प्रकार का है ।।१४।।

केवलज्ञान एक और असहाय है ।।१५।।

प्रमाण , स्वरूप और भेद

सम्यग्ज्ञान को प्रमाण कहते हैं। सम्यग्ज्ञान का अर्थ है– जो वस्तु जैसी है उसका उसी रूप में बोध करानेवाला ज्ञान। यही प्रमाण है। प्रमाण के मुख्य रूप से दो भेद हैं– १. प्रत्यक्ष प्रमाण, २. परोक्ष प्रमाण।

प्रत्यक्ष प्रमाण- बिना किसी बाह्य आलम्बन के होनेवाला ज्ञान। यह स्वाधीन ज्ञान है।

परोक्ष प्रमाण- बाह्य आलम्बनपूर्वक होनेवाला ज्ञान। यह पराधीन ज्ञान है।

बिना माध्यम से होनेवाला ज्ञान प्रत्यक्ष ज्ञान है और परोक्ष किसी माध्यम से होनेवाला ज्ञान है। अक्ष शब्द के कई अर्थ होते हैं। प्रस्तुत सन्दर्भ में इसके दो अर्थ हैं - आत्मा और इन्द्रिय। सीधा आत्मा के द्वारा हाथ पर रखे आँवले की भाँति पदार्थों को स्पष्ट जाननेवाला ज्ञान आत्म-प्रत्यक्ष है। इसी प्रकार इन्द्रियों से साक्षात्कार होने पर किसी अन्य माध्यम के बिना जो ज्ञान होता है, वह इन्द्रिय प्रत्यक्ष है। जिस ज्ञानोपलब्धि में आत्मा या इन्द्रिय और पदार्थ के मध्य कोई माध्यम अथवा व्यवधान रहता है, वह परोक्ष प्रमाण है।

प्रत्यक्ष प्रमाण के भेद

प्रत्यक्ष प्रमाण के दो भेद हैं– पारमार्थिक प्रत्यक्ष और सांव्यावहारिक प्रत्यक्ष। पारमार्थिक प्रत्यक्ष, वास्तविक प्रत्यक्ष है। यह सीधा आत्म साक्षात्कार है। इसमें किसी प्रकार के माध्यम या व्यवधान की उपस्थिति नहीं होती। इसी दृष्टि से इसे पारमार्थिक माना गया है। पारमार्थिक प्रत्यक्ष दो प्रकार का है- सकल प्रत्यक्ष और विकल प्रत्यक्ष। केवलज्ञान सकल प्रत्यक्ष है, क्योंकि यह लोक और अलोक के समस्त चराचर को विषय बनाता है। अवधिज्ञान और मनःपर्ययज्ञान विकल प्रत्यक्ष हैं, क्योंकि ये दोनों सीमित पदार्थों को ही विषय बनाते हैं।

सांव्यावहारिक प्रत्यक्ष

सांव्यावहारिक का अर्थ है- व्यवहार सापेक्ष। जो कुछ आँख से देखा जाता है, कान से सुना जाता है, शरीर के किसी अवयव से स्पर्श द्वारा ज्ञान किया जाता है, वह प्रत्यक्ष ज्ञान नहीं है, क्योंकि आत्मा और ज्ञेय पदार्थ के मध्य में आँख, कान, जीभ आदि का व्यवधान है, फिर भी लोकदृष्टि में यह प्रत्यक्ष

जैसा ही लगता है। इसलिए इसे सांव्यावहारिक प्रत्यक्ष कहा गया है।

व्यवहार और परमार्थ ये दो तत्त्व हैं। निश्चयनय की दृष्टि से परमार्थ ही यथार्थ होता है, किन्तु व्यवहारनय व्यवहार का लोप नहीं होने देता। बहुत-सी बातें ऐसी होती हैं जिनका यथार्थ के धरातल पर कोई मूल्य नहीं है, पर वे लोक में मान्य हैं। ऐसी बातों को तीर्थङ्करों ने भी मान्यता दी है। इसलिए उन्हें अस्वीकार करने का कोई अर्थ नहीं होता।

एक बच्चा काठ की लकड़ी को घोड़ा मानकर उस पर बैठता है। उसे चलाता है। बड़े लोग भी उस लकड़ी को 'घोड़ा' कहकर पुकारते हैं। इसी प्रकार सांव्यावहारिक प्रत्यक्ष आत्मा और पदार्थ के बीच व्यवधान होने के कारण परोक्ष होने पर भी प्रत्यक्ष कहलाता है।

पाँच सम्यग्ज्ञान

सम्यग्ज्ञान पाँच हैं– मतिज्ञान, श्रुतज्ञान, अवधिज्ञान, मनःपर्ययज्ञान और केवलज्ञान।

मतिज्ञान- इन्द्रिय और मन से उत्पन्न होनेवाला ज्ञान मतिज्ञान है।

श्रुतज्ञान- मतिज्ञान के बाद शब्द, संकेत आदि के सहारे होनेवाला विशेष ज्ञान श्रुतज्ञान है।

सामान्यतः मतिज्ञान और श्रुतज्ञान साथ-साथ रहते हैं। जहाँ मतिज्ञान होता है वहाँ श्रुतज्ञान होता है, जहाँ श्रुतज्ञान होता है वहाँ मतिज्ञान होता है। फिर भी इन दोनों में कुछ अन्तर है, जिसके कारण दोनों को अलग-अलग ज्ञान मानने की सार्थकता है। जैसे–

१. मतिज्ञान मनन प्रधान होता है, श्रुतज्ञान शब्द प्रधान ।

२. मतिज्ञान से होनेवाला बोध स्वगत होता है, श्रुतज्ञान स्व और पर दोनों का बोध कराता है।

३. मतिज्ञान मूक है, श्रुतज्ञान वचनात्मक है।

४. श्रुतज्ञान मतिज्ञानपूर्वक होता है, मतिज्ञान श्रुतज्ञानपूर्वक नहीं होता।

५. मतिज्ञान कारण है, श्रुतज्ञान कार्य है।

अवधिज्ञान- इन्द्रिय और मन की सहायता के बिना एक निश्चित सीमागत रूपी पदार्थों को स्पष्ट जाननेवाला ज्ञान अवधि ज्ञान है। यह ज्ञान एक निश्चित अवधि/मर्यादा में स्थित पदार्थों को ही जानता है। इसलिए उसका अवधिज्ञान नाम सार्थक है।

मनःपर्ययज्ञान- मनःपर्ययज्ञान का अर्थ है— मन की पर्यायों का ज्ञान। इन्द्रिय और मन की सहायता के बिना दूसरों के मन में स्थित रूपी पदार्थों को स्पष्ट जाननेवाला ज्ञान 'मनःपर्ययज्ञान' है। अवधिज्ञान की तरह यह ज्ञान भी एक निश्चित सीमागत रूपी पदार्थों को ही अपना विषय बनाता है।

केवलज्ञान- इन्द्रिय और मन की सहायता के बिना त्रिलोक और त्रिकालवर्ती समस्त द्रव्यों और उनकी पर्यायों को एक साथ स्पष्ट जाननेवाला ज्ञान केवलज्ञान है।

तीन अज्ञान

अज्ञान तीन प्रकार का है— मति-अज्ञान, श्रुत-अज्ञान और विभङ्गज्ञान। मिथ्यात्व से संयुक्त मतिज्ञान ही मति अज्ञान है, मिथ्यात्वयुक्त श्रुतज्ञान ही श्रुत-अज्ञान है तथा मिथ्यात्व युक्त अवधिज्ञान ही विभङ्गज्ञान कहलाता है।

पाँच सम्यग्ज्ञानों की तरह तीन अज्ञान भी सम्यग्ज्ञान के ही भेद है, ज्ञान सम्यग्दृष्टि का हो या मिथ्यादृष्टि का, अज्ञान कैसे हो सकता है? सम्यक्त्वी और मिथ्यात्वी दोनों के तत्त्वबोध में कोई अन्तर नहीं है, फिर भी पात्र भेद से एक का ज्ञान, ज्ञान और दूसरे का ज्ञान,अज्ञान कहलाता है। यह बात व्यावहारिक दृष्टि से भी असंगत नहीं है। शराब की बोतल में यदि शरबत डाल दिया जाए तो साधारणतया उसमें शराब का ही आभास होता है। तत्त्वतः वह शराब नहीं है, पर संगति के प्रभाव से शरबत शराब बन जाता है। नीच के सम्पर्क से उत्तम व्यक्ति का नीच बनना सम्मत है। इसी प्रकार मिथ्यात्वी के संयोग से ज्ञान भी अज्ञान बन जाता है।

मनःपर्ययज्ञान और केवलज्ञान विशिष्ट साधकों को ही प्राप्त होता है। मिथ्यादृष्टि उन्हें कभी भी पा नहीं सकता। इसलिए वे अज्ञान रूप नहीं होते।

मतिज्ञान के भेद

मतिज्ञान मूलतः चार प्रकार का है— अवग्रह, ईहा, अवाय और

धारणा

अवग्रह- इन्द्रिय और पदार्थ के सम्बन्ध होने पर अस्तित्व मात्र का आभास होता है, इसे दर्शन कहा जाता है। दर्शन के बाद सामान्य रूप से पदार्थ के ग्रहण का नाम अवग्रह है। जैसे– 'गाढ़' अन्धकार में कुछ स्पर्श होने पर यह ज्ञान होना कि 'कुछ है'।

अवग्रह के दो भेद हैं– अर्थावग्रह और व्यंजनावग्रह। व्यंजनावग्रह में पदार्थ का अव्यक्त बोध होता है। अर्थावग्रह में वह कुछ व्यक्त हो जाता है।

ईहा- ईहा का अर्थ है– वितर्क या विचारणा। अवग्रह के द्वारा ग्रहण किये हुए सामान्य विषय को विशेष रूप से निश्चित करने के लिए जो विचारणा होती है वह 'ईहा' है।जैसे– यह रस्सी का स्पर्श है या सांप का, यह संशय होने पर यह विचारणा होती है कि यह रस्सी का स्पर्श होना चाहिए, क्योंकि सांप होता तो इतना सख्त आघात होने पर वह फुफकारे बिना नहीं रहता।

अवाय- ईहा के बाद एक निर्णय पर पहुँचना 'अवाय' है। जैसे-कुछ काल तक सोचने और जाँच करने पर यह निश्चय हो जाना कि यह सांप का स्पर्श नहीं रस्सी का ही है।

धारणा- अवाय द्वारा निश्चित विषय को कालान्तर में विस्मृत न होने देने की योग्यता उत्पन्न कर लेना 'धारणा' है।

अवग्रह, ईहा, अवाय और धारणा चारों एक साथ भी हो सकते हैं तथा एक, दो, तीन या चार इस क्रम से भी। एक हो या चार इतना निश्चित है कि इसके क्रम का अतिक्रमण नहीं होता। अर्थात् अवग्रह से पहले ईहा नहीं होगी, ईहा से पहले अवाय नहीं होगा और अवाय से पहले धारणा नहीं होगी। धारणा में पूरी चतुष्टयी का होना ही है, किन्तु ईहा और अवाय में चारों की अवस्थिति नहीं होती।

अवग्रह, ईहा, अवाय और धारणा चारों बहु, बहुविध, एक, एकविध, क्षिप्र, अक्षिप्र, निःसृत, अनिःसृत, उक्त, अनुक्त तथा ध्रुव और अध्रुव इन बारह प्रकार के पदार्थों का होता है।

बहु- एक से अधिक पदार्थों का अवग्रह आदि ज्ञान होना, जैसे- सेना या वन को एक समूह रूप से जानना बहुज्ञान है।

बहुविध- बहुत प्रकार की वस्तुओं का अवग्रह आदि ज्ञान होना।

जैसे-अनेक प्रकार के अनाज का समूह देखना।

एक- एक वस्तु का अवग्रह आदि होना।

एकविध- एक प्रकार की वस्तु का अवग्रह आदि होना।

क्षिप्र- तीव्रगति से गतिशील वस्तु का अवग्रह आदि होना।

अक्षिप्र- मंदगति से गतिशील वस्तु का अवग्रह आदि होना।

निःसृत- पूर्णतः अभिव्यक्त वस्तु का अवग्रह आदि होना।

अनिःसृत- वस्तु के एक देश से वस्तु का पूर्ण अवग्रह आदि होना।

उक्त- वचन आदि के द्वारा व्यक्त (कहे हुए) पदार्थों का अवग्रह आदि होना।

अनुक्त- अभिप्रायगत पदार्थ अथवा जिसके बारे में कुछ कहा नहीं गया है उसका अवग्रह आदि होना।

ध्रुव- जैसा का तैसा निश्चल ज्ञान होना अथवा पर्वत आदि ध्रुव पदार्थों का अवग्रह आदि होना।

अध्रुव- चंचल बिजली आदि अध्रुव पदार्थों का अवग्रह आदि होना।

अवग्रह, ईहा, अवाय और धारणा ये चारों पाँच इन्द्रिय और मन के निमित्त से होते हैं। इस अपेक्षा से मतिज्ञान के भेद- ४x ६ x १२ = २८८ हो जाते हैं। ये भेद अर्थावग्रह की अपेक्षा हैं।

अवग्रह के दो भेद हैं- अर्थावग्रह और व्यञ्जनावग्रह।

व्यक्त ग्रहण को अर्थावग्रह कहते हैं। इसके उपरान्त ईहा, अवाय और धारणा चारों हो सकते हैं।

अव्यक्त अथवा अस्पष्ट पदार्थों का ज्ञान व्यञ्जनावग्रह है। इसके बाद ईहा, अवाय और धारणा आदि नहीं होते। जैसे मिट्टी के नये घड़े पर पानी की बूँदे डालने पर वह गीला नहीं होता, परन्तु लगातार जल बिन्दुओं के डालते रहने पर वह गीला हो जाता है। उसी प्रकार व्यक्त ग्रहण के पूर्व अव्यक्त ज्ञान व्यञ्जनावग्रह है। यह चक्षु और मन को छोड़कर शेष चार इन्द्रियों के द्वारा ही होता है। व्यञ्जनावग्रह भी बहु, बहुविध आदि बारह प्रकार के पदार्थों का होता है। इस अपेक्षा से व्यञ्जनावग्रह के १२ x ४ = ४८ भेद होते हैं।

इस प्रकार मतिज्ञान के कुल भेद २८८ + ४८ = ३३६ समझने चाहिए।

मतिज्ञान के ३३६ भेद।

मतिज्ञान				
१ अवग्रह		२ ईहा	३ अवाय	४ धारणा
व्यञ्जनावग्रह	अर्थावग्रह			
बहु बहुविध क्षिप्र अनिःसृत अनुक्त ध्रुव एक एकविध अक्षिप्र निःसृत उक्त अध्रुव	बहु बहुविध क्षिप्र अनिःसृत अनुक्त ध्रुव एक एकविध अक्षिप्र निःसृत उक्त अध्रुव	बहु बहुविध क्षिप्र अनिःसृत अनुक्त ध्रुव एक एकविध अक्षिप्र निःसृत उक्त अध्रुव	बहु बहुविध क्षिप्र अनिःसृत अनुक्त ध्रुव एक एकविध अक्षिप्र निःसृत उक्त अध्रुव	बहु बहुविध क्षिप्र अनिःसृत अनुक्त ध्रुव एक एकविध अक्षिप्र निःसृत उक्त अध्रुव
स्पर्शन, रसना, घ्राण, कर्ण ।	स्पर्शन, रसना, घ्राण, चक्षु, कर्ण, मन ।	स्पर्शन, रसना, घ्राण, चक्षु, कर्ण, मन ।	स्पर्शन, रसना, घ्राण, चक्षु, कर्ण, मन ।	स्पर्शन, रसना, घ्राण, चक्षु, कर्ण, मन ।
१२X४	१२X६	१२X६	१२X६	१२X६
४८	७२	७२	७२	७२ = ३३६

श्रुतज्ञान के भेद

श्रुतज्ञान दो प्रकार का है— १. अंग-प्रविष्ट, २. अंग-बाह्य

अंग प्रविष्ट- अरिहन्त द्वारा अर्थ रूप से प्रतिपादित एवं गणधर द्वारा सूत्र/ग्रन्थरूप से रचित द्वादशांगात्मक श्रुत को अंग-प्रविष्ट कहते हैं।

अंग बाह्य- मंद-बुद्धि शिष्यों के अनुग्रह के लिए विशिष्ट ज्ञानी आचार्यों द्वारा रचित शास्त्र अंग-बाह्य है। अंग बाह्य की रचना अंग प्रविष्ट के आधार पर होती है। अंग-बाह्य को प्रकीर्णक भी कहते हैं।

द्वादशाङ्ग

अंगप्रविष्ट के बारह अंग हैं— आचारांग, सूत्रकृतांग, स्थानांग, समवायांग, व्याख्या-प्रज्ञप्ति, ज्ञातृधर्मकथा, उपासकाध्ययन, अन्तकृतदशांग, अनुत्तरौपपादिक-दशांग, प्रश्न-व्याकरण, विपाक-सूत्र और दृष्टिवाद।

१. **आचारांग-** इसमें मुनियों के आचार का निरूपण है।

२. **सूत्रकृतांग-** इसमें ज्ञान-विनय और व्यवहार धर्म-क्रिया का वर्णन है।

३. **स्थानांग-** इसमें एक, दो, तीन आदि एकाधिक स्थानों में षड्द्रव्य आदि का निरूपण है।

४. **समवायांग-** इसमें समस्त द्रव्यों के द्रव्य, क्षेत्र, काल, भाव आदि की अपेक्षा पारस्परिक सादृश्य का वर्णन है। जैसे— धर्म, अधर्म, लोकाकाश एवं एक जीवद्रव्य के प्रदेश परस्पर समान होकर असंख्यात हैं। सर्वार्थसिद्धि विमान, नन्दीश्वरद्वीप की बावड़ी, जम्बूद्वीप एवं सातवें नरक का सीमान्तक बिल एक लाख योजन विस्तारवाले हैं, आदि।

५. **व्याख्या प्रज्ञप्ति -** इसमें 'जीव है कि नहीं' इत्यादि प्रकार से गणधर देव द्वारा किए गये साठ हजार प्रश्नों का समाधान है।

६. **ज्ञातृ धर्मकथा-** इसमें तीर्थङ्करों एवं गणधरों के जीवन सम्बन्धी अनेक आख्यान एवं उपाख्यानों का वर्णन है।

७. **उपासकाध्ययन-** इसमें श्रावक के आचार का वर्णन है।

८. **अन्तकृतदश-** प्रत्येक तीर्थङ्कर के काल में दश-दश मुनि होते हैं जो उपसर्ग सहन कर मोक्ष जाते हैं। इसमें उन मुनियों की कथाओं का वर्णन है।

९. **अनुत्तरोपपादिकदश-** प्रत्येक तीर्थङ्कर के काल में दश-दश मुनि होते हैं, जो उपसर्ग सहन कर पाँच अनुत्तर विमानों में उत्पन्न होते हैं। इस अंग में उन मुनियों की कथाओं का वर्णन है।

१०. **प्रश्न व्याकरण-** इसमें युक्ति और नयों द्वारा अनेक आक्षेप

और विक्षेप रूप प्रश्नों का उत्तर है।

११. विपाक सूत्र- इसमें पुण्यपाप के विपाक (फल) का कथन है।

१२. दृष्टि वाद- इसमें ३६३ मिथ्यामतों का निरूपण-पूर्वक खंडन का वर्णन है। दृष्टिवाद के पाँच भेद हैं– (अ) परिकर्म, (ब) सूत्र, (स) प्रथमानुयोग, (द) चूलिका, (ध) पूर्वगत

(अ) परिकर्म- इसमें गणित के करण सूत्रों का वर्णन है। इसके पाँच भेद हैं– चन्द्र-प्रज्ञप्ति, सूर्य प्रज्ञप्ति, जम्बूद्वीप प्रज्ञप्ति, द्वीप सागर प्रज्ञप्ति और व्याख्या प्रज्ञप्ति।

१. चन्द्र प्रज्ञप्ति- इसमें चन्द्रमा की आयु, गति, वैभव आदि का वर्णन है।

२. सूर्य प्रज्ञप्ति- इसमें सूर्य की आयु, गति, वैभव आदि का वर्णन है।

३. जम्बूद्वीप प्रज्ञप्ति- इसमें जम्बूद्वीप का वर्णन है।

४. द्वीप सागर प्रज्ञप्ति- इसमें समस्त द्वीपों और सागरों का वर्णन है।

५. व्याख्या प्रज्ञप्ति- इसमें रूपी-अरूपी छह द्रव्यों का वर्णन है।

(ब) सूत्र- इसमें ३६३ मिथ्यामतों के पक्ष-प्रतिपक्ष रूप का वर्णन है।

(स) प्रथमानुयोग- इसमें त्रेशठ शलाका महापुरूषों के चरित्र का वर्णन है।

(द) चूलिका - चूलिका के पाँच भेद हैं ।

I. जलगता चूलिका- इसमें जल को रोकने और बरसाने आदि के मन्त्र-तन्त्रों का वर्णन है।

II स्थलगता चूलिका- इसमें थोड़े ही समय में अनेक योजन गमन करने का वर्णन है।

III मायागता चूलिका- इसमें इन्द्रजाल आदि माया के उत्पादक मन्त्र-तन्त्रों का वर्णन है।

IV. आकाशगता चूलिका- इसमें आकाश में गमन के कारणभूत मन्त्र-तन्त्रों का वर्णन है।

V. रूपगता चूलिका- इसमें सिंह, व्याघ्र, गज, सर्प, नर, सुर आदि के रूपों को धारण करनेवाले मन्त्र-तन्त्रों का वर्णन है।

(ध) पूर्वगत- पूर्वगत के चौदह भेद हैं।

१. उत्पाद पूर्व- इसमें वस्तु के उत्पाद, व्यय और ध्रौव्य का वर्णन है।

२. आग्रायणी पूर्व- इसमें क्रियावादियों की प्रक्रिया और स्वसमय का विवेचन हैं ।

३. वीर्यानुप्रवाद- इसमें बलदेव, वासुदेव, चक्रवर्ती, इन्द्र, तीर्थङ्कर आदि के बल का वर्णन है।

४. अस्ति-नास्ति-प्रवाद-पूर्व- इसमें जीवादि द्रव्यों के अस्तित्व और नास्तित्व का वर्णन है।

५. ज्ञान-प्रवाद-पूर्व- इसमे पाँच ज्ञान और तीन प्रकार के अज्ञानों का स्वरूप, इनकी उत्पत्ति और ज्ञानों के स्वामी का वर्णन है।

६. सत्य-प्रवाद-पूर्व- इसमें शब्द उच्चारण, दो इन्द्रिय आदि प्राणी, वचन गुप्ति के संस्कार एवं दश प्रकार के सत्य वचन और असत्य वचन का वर्णन है।

७. आत्मप्रवाद-पूर्व- इसमें आत्मा के स्वरूप का वर्णन है।

८. कर्म-प्रवाद-पूर्व- इसमें कर्म सिद्धांत का सविस्तार वर्णन है।

९. प्रत्याख्यान-पूर्व- इसमें द्रव्य, क्षेत्र, काल, संहनन आदि की अपेक्षा से त्याग, समिति, गुप्ति आदि का कथन है। अथवा इसमें व्रत, नियम, प्रतिक्रमण, प्रतिलेखन, कल्प, उपसर्ग, आचार, आराधना, विशुद्धि आदि का उपक्रम व मुनियों के आचरण का कारण तथा परिमित-अपरिमित द्रव्य के प्रत्याख्यान का वर्णन है।

१०. विद्यानुवाद-पूर्व- इसमें पाँच सौ महाविद्याओं, सात सौ क्षुद्र विद्याओं और अष्टांग महानिमित्तों का वर्णन है।

११. कल्याण-पूर्व- इसमें तीर्थङ्करों के पंचकल्याणकों एवं बलदेव, वासुदेव, चक्रवर्ती आदि के पुण्यों का वर्णन है।

१२. प्राणावाय-पूर्व- इसमें अष्टांग वैद्य-विद्या, गरुड़-विद्या और मन्त्र-तन्त्र आदि का वर्णन है।

१३. क्रिया-विशाल- इसमें छन्द, व्याकरण, अलंकार आदि रूप पुरुषों की ७२ कला और स्त्रियों के ६४ गुणों का वर्णन है।

१४. लोक बिन्दुसार- इसमें निर्वाण के सुख का वर्णन है।

इस प्रकार अंग प्रविष्ट के बारह अंग का कथन हुआ। अब अंग बाह्य का कथन करते हैं।

अंग बाह्य/चौदह प्रकीर्णक

सामायिक, चतुर्विंशतिस्तव, वन्दना, प्रतिक्रमण, वैनयिक, कृतिकर्म, दशवैकालिक, उत्तराध्ययन, कल्प-व्यवहार, कल्पाकल्प, महाकल्प, पुण्डीरक महापुण्डीरक और निषिधिका के भेद से अंग बाह्य/प्रकीर्णक चौदह प्रकार का है।

१. **सामायिक** - इसमें सामायिक का सविस्तार कथन है।

२. **चतुर्विंशतिस्तव**- इसमें चौबीस तीर्थङ्करों के स्तवन के विधि-विधान का निरूपण है।

३. **वन्दना**- इसमें एक जिनेन्द्र की वन्दना की विधि का निरूपण है।

४. **प्रतिक्रमण**- प्रतिक्रमण का विधान बतानेवाला शास्त्र।

५. **वैनयिक**- चार प्रकार के विनय का विस्तार से कथन करने वाला शास्त्र।

६. **कृतिकर्म**- जिनदेव, आचार्य, उपाध्याय एवं साधु की वन्दना की क्रिया का निरूपक शास्त्र।

७. **दश वैकालिक**- मुनि की आहार चर्या और भोज्य पदार्थों का निरूपक शास्त्र ।

८. **उत्तराध्ययन**- उपसर्ग-परीषह सहन करने का विधान करनेवाला शास्त्र।

९. **कल्प व्यवहार**- इसमें मुनियों के सेवन करने योग्य विधि का वर्णन और अयोग्य सेवन करने पर प्रायश्चित्त का विधान है।

१०. **कल्पाकल्प**- मुनियों और गृहस्थों के योग्य-अयोग्य आचार का विवेचक शास्त्र।

११. **महाकल्प**- मुनियों की दीक्षा, शिक्षा, भावनात्मक संस्कार, गण-पोषण और उत्तमार्थ/सल्लेखना आदि बातों का निरूपक शास्त्र।

१२. **पुण्डरीक**- देवों में उत्पन्न करानेवाले पुण्य का प्ररूपक शास्त्र।

१३. **महापुण्डरीक**- देवियों में उत्पन्न करानेवाले पुण्य का प्ररूपक शास्त्र।

१४. **निषिधिका**- शरीर, संहनन, बल, आदि के अनुसार स्थूल-सूक्ष्म दोषों के प्रायश्चित्त का निरूपक शास्त्र।

इन चौदह भेदों को प्रकीर्णक भी कहते हैं।

अङ्गप्रविष्ट श्रुतज्ञान का विस्तार

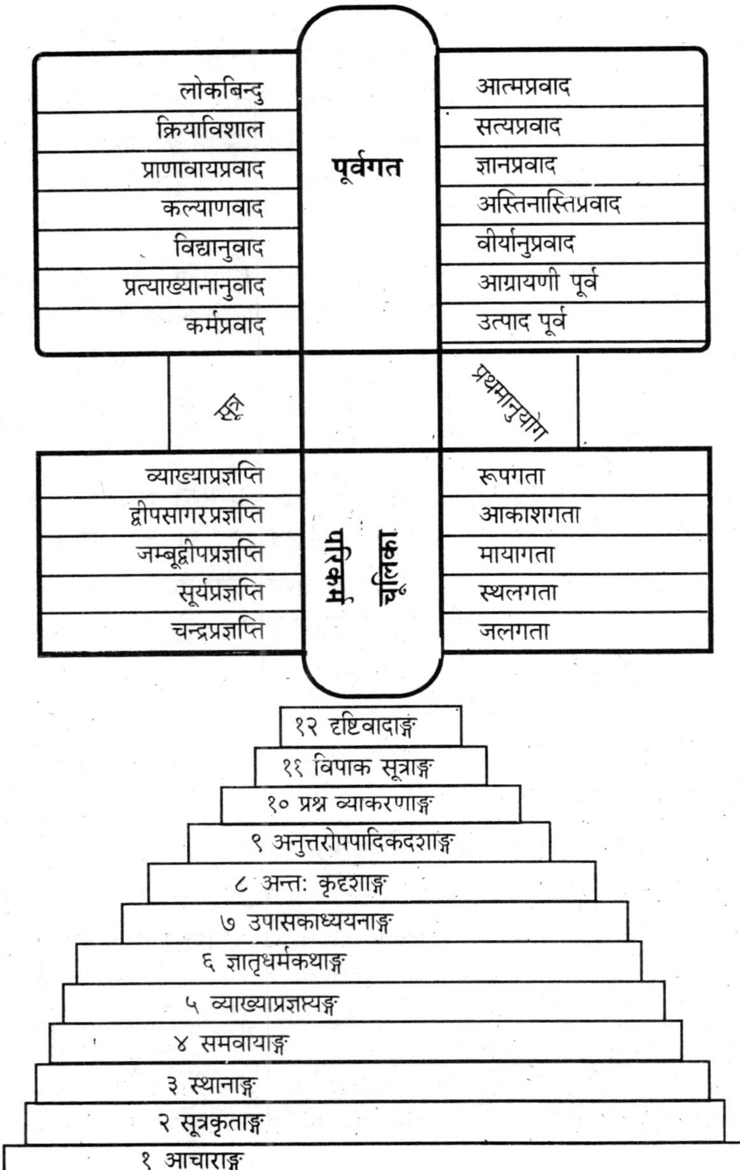

अवधिज्ञान के भेद

अवधिज्ञान तीन प्रकार का है– १. देशावधि अवधिज्ञान, २. परमावधि अवधिज्ञान, ३. सर्वावधि अवधिज्ञान

१. देशावधि अवधिज्ञान- भव या गुण (क्षयोपशम) के आश्रय से उत्पन्न होनेवाला अवधिज्ञान देशावधि अवधिज्ञान कहलाता है। यह चारों गतियों के जीवों में पाया जाता है। सभी देवों और नारकियों को यह जन्मत: होता है तथा मनुष्यों और तिर्यञ्चों में यह सम्यग्यदर्शन आदि गुण विशेषों के निमित्त से उत्पन्न होता है। इसलिए देवों और नारकियों का अवधिज्ञान भवप्रत्यय और मनुष्य-तिर्यञ्चों का अवधिज्ञान गुणप्रत्यय कहलाता हैं।

२. परमावधि अवधिज्ञान- जिस अवधिज्ञान की उत्कृष्ट मर्यादा असंख्यात-लोक-प्रमाण संयम के विकल्प हैं, वह परमावधि अवधिज्ञान कहलाता है।

३. सर्वावधि अवधिज्ञान- अवधिज्ञानावरण कर्म के उत्कृष्ट क्षयोपशम से युक्त अवधिज्ञान सर्वावधि अवधिज्ञान कहलाता है।

अनुगामी-अननुगामी, वर्धमान-हीयमान, अवस्थित-अनवस्थित और प्रतिपाती-अप्रतिपाती के भेद से अवधिज्ञान के आठ भेद भी कहे जाते हैं।

१. अनुगामी- सूर्य के प्रकाश की तरह ज्ञाता का अनुसरण करने वाला अवधिज्ञान अनुगामी अवधिज्ञान है। इसके तीन भेद हैं–

(अ) क्षेत्रानुगामी- जो अवधिज्ञान क्षेत्र से क्षेत्रान्तर तक अनुगमन करे।

(ब) भवानुगामी- जो अवधिज्ञान भव से भवान्तर तक अनुगमन करे।

(स) क्षेत्र भवानुगामी- जो अवधिज्ञान क्षेत्रान्तर और भवान्तर दोनों में साथ रहे।

२. अननुगामी- जो अवधिज्ञान ज्ञाता का क्षेत्रान्तर या भवान्तर में अनुगमन नहीं करता है, वह अननुगामी अवधिज्ञान है।

३. वर्धमान- जो अवधिज्ञान शुक्ल पक्ष की चन्द्र कलाओं की तरह अपनी अन्तिम सीमा तक निरन्तर बढ़ता जाता है, वह वर्धमान है।

४. हीयमान- कृष्णपक्ष की चन्द्र कलाओं की तरह निरन्तर घटते रहनेवाला अवधिज्ञान ।

५. अवस्थित- केवलज्ञान होने तक सदा एक-सा बना रहनेवाला अवधिज्ञान।

६. अनवस्थित- सम्यग्दर्शन आदि गुणों की वृद्धि-हानि के निमित्त से जल की तरंगवत् घटते-बढ़ते रहनेवाला अवधिज्ञान।

७. प्रतिपाती- उत्पन्न होकर छूट जानेवाला अवधिज्ञान।

८. अप्रतिपाती- केवलज्ञानोत्पत्ति के पूर्व तक न छूटनेवाला अवधिज्ञान।

उक्त आठ भेद अवधिज्ञानावरण कर्म के क्षयोपशम के प्रकर्षाप्रकर्ष की अपेक्षा हैं। इनमें देशावधि अवधिज्ञान आठ प्रकार का होता है। परमावधि और सर्वावधि अवधिज्ञान तद्भव मोक्षगामी वर्धमान चारित्री मुनि के ही होता है। इस कारण हीयमान और प्रतिपाती भेद नहीं होते। सर्वावधि अवधिज्ञान के अवस्थित, अनुगामी, अननुगामी और अप्रतिपाती ये चार ही प्रकार हैं, क्योंकि इसका एक ही विकल्प होता है।

अवधिज्ञान

- देशावधि
  - अनुगामी
    - क्षेत्रानुगामी
    - भवानुगामी
    - क्षेत्रभवानुगामी
  - अननुगामी
  - वर्धमान
  - हीयमान
  - अवस्थित
  - अनवस्थित
  - प्रतिपाती
  - अप्रतिपाती
- परमावधि
  - अनुगामी
  - अननुगामी
  - वर्धमान
  - अवस्थित
  - अनवस्थित- (वृद्धि की अपेक्षा)
  - अप्रतिपाती
- सर्वावधि
  - अनुगामी
  - अननुगामी
  - अवस्थित
  - अप्रतिपाती

मनःपर्यय ज्ञान के भेद

मन:पर्ययज्ञान दो प्रकार का है– ऋजुमति मन:पर्ययज्ञान और विपुलमति मन:पर्ययज्ञान। संज्ञी जीवों के मन में जितने विकल्प उत्पन्न होते हैं, वे उसमें संस्कार रूप से अंकित रहते हैं। मन:पर्ययज्ञान संस्कार रूप से स्थित मन के इन्हीं विकल्पों को जानता है। इसलिए वह मन:पर्ययज्ञान कहलाता है।

मन:पर्ययज्ञान के दो भेद हैं- ऋजुमति और विपुलमति। ऋजु का अर्थ है– सरल। जो ऋजुमन के द्वारा विचारे गए, ऋजु वचन के द्वारा कहे गये और ऋजुकाय के द्वारा अभिव्यक्त मनोगत विषय को जानता है, वह ऋजुमति मन:पर्ययज्ञान है। जो पदार्थ जिस रूप में स्थित है उसका उसी रूप में चिन्तन करनेवाले मन को ऋजुमन कहते हैं, जो पदार्थ जिस रूप में स्थित है उसका उसी रूप में कथन करनेवाले वचन को ऋजुवचन कहते हैं तथा जो पदार्थ जिस रूप में स्थित है, अभिनय द्वारा उसे उसी रूप में अभिव्यक्त करनेवाले काय को ऋजुकाय कहते हैं। इस ऋजुमति मन:पर्यय ज्ञान की उत्पत्ति में मन की अपेक्षा रहती है। ऋजुमति मन:पर्ययज्ञान पहले मतिज्ञान के द्वारा दूसरों के मन में स्थित विषय को जानकर उसका नाम, स्मृति, चिन्ता, जीवन-मरण, इष्ट-अनिष्ट, सुख-दुःख, ग्राम-नगर आदि की समृद्धि या विनाश आदि विषयों को जानता है।

विपुलमति मन:पर्ययज्ञान ऋजु और वक्र दोनों प्रकार के मानसिक, वाचिक और कायिक, मनोगत विषय को जानता है। विपुलमति मन:पर्ययज्ञान वर्तमान में चिन्तन किये गये अर्थ को तो जानता ही है, चिन्तन करके भूले हुए विषय को भी जानता है तथा जिसका आगे चिन्तन किया जाना है, उसे भी जानता है। विपुलमति मन:पर्ययज्ञान भी मतिज्ञान द्वारा दूसरों के मानस को ग्रहण कर ही उसे विषय बनाता है।

ऋजुमति और विपुलमति मनःपर्ययज्ञान में अन्तर

विपुलमति मन:पर्ययज्ञान ऋजुमति से विशुद्धतर है, क्योंकि वह ऋजुमति की अपेक्षा सूक्ष्मतर और अधिक विषय को जानता है। ऋजुमति प्रतिपाती है, यह कदाचित् उत्पन्न होने के बाद नष्ट भी हो जाता है, जबकि विपुलमति अप्रतिपाती है, यह एक बार उत्पन्न होने के बाद केवलज्ञान होने तक बना रहता है। विपुलमति मन:पर्ययज्ञान तद्भव मोक्षगामी और वर्धमान चारित्री मुनियों को ही होता है, ऋजुमति मन:पर्ययज्ञान का इस विषय में कोई नियम नहीं है।

अवधिज्ञान और मन:पर्ययज्ञान में अन्तर

यद्यपि अवधिज्ञान और मन:पर्ययज्ञान दोनों ही इन्द्रिय और मन की सहायता के बिना होते हैं, इस अपेक्षा से दोनों ही प्रत्यक्ष और समान हैं, फिर भी दोनों में विशुद्धि, क्षेत्र, स्वामी और विषय की अपेक्षा अन्तर है।

१. मन:पर्ययज्ञान अवधिज्ञान से विशुद्धतर है, क्योंकि यह अपने विषय को अवधिज्ञान की अपेक्षा सूक्ष्मता से जानता है।

२. अवधिज्ञान का विषयक्षेत्र अंगुल के असंख्यातवें भाग से लेकर असंख्यात–लोकप्रमाण तक है, जबकि मन:पर्ययज्ञान का विषय क्षेत्र मनुष्य लोक (४५ लाख योजन) तक ही सीमित है।

३. अवधिज्ञान चारों गति के जीवों को हो सकता है, जबकि मन:पर्ययज्ञान सात प्रकार की ऋद्धियों में से किसी एक ऋद्धि के धारी मुनियों को ही होता है।

४. अवधिज्ञान का विषय कतिपय पर्यायों सहित रूपी द्रव्य है और मन:पर्ययज्ञान का विषय उसका अनन्तवाँ भाग है।

केवलज्ञान

केवलज्ञान समस्त ज्ञानावरण कर्म के क्षय से उत्पन्न होता है, इसलिए वह एक और अकेला रहता है। केवलज्ञान, इन्द्रिय, मन और प्रकाश आदि बाह्य आलम्बनों की सहायता से निरपेक्ष होने के कारण असहाय कहलाता है।

उक्त पाँचों ज्ञानों में जीव को एक साथ एक से चार ज्ञान तक हो सकते हैं। केवलज्ञान पूर्णज्ञान है, समस्त ज्ञानावरण के क्षय से उसकी उपलब्धि होती है। जैसे सूर्य के प्रकट होते ही तारागण विलीन हो जाते हैं, वैसे ही केवलज्ञान प्रकट होने पर समस्त क्षायोपशमिक ज्ञान उसमें ही समाहित हो जाते हैं। केवलज्ञान अकेला रहता है। मतिज्ञान और श्रुतज्ञान दोनों एक-दूसरे के सहचर हैं। समस्त संसारी जीवों को केवलज्ञान की प्राप्ति से पूर्व तक ये अनिवार्य रूप से रहते हैं। किन्हीं जीवों को मति, श्रुत ज्ञान के साथ अवधिज्ञान अथवा मन:पर्यय ज्ञान ये तीन ज्ञान होते हैं, तथा किन्हीं जीवों को मति, श्रुत, अवधि और मन:पर्यय ये चारों ही क्षायोपशमिक ज्ञान एक साथ हो सकते हैं।

नय, स्वरूप और भेद

नव नयाः ।।१६।।

नय के नौ भेद हैं ।।१६।।

अनन्त धर्मात्मक वस्तु के विवक्षित धर्म को मुख्य और अन्य धर्मों को गौण करनेवाले विचार को नय कहा जाता है।

संसार में अनन्त वस्तुएँ हैं। प्रत्येक वस्तु में अनन्त धर्म-अवस्थाएँ होती हैं। जब भी किसी वस्तु का प्रतिपादन किया जाता है, तब एक साथ उन अनन्त धर्मों के सम्बन्ध में कह पाना संभव नहीं होता, क्योंकि वाणी में अभिव्यक्ति की क्षमता सीमित है। कुछ धर्मों का प्रतिपादन करने से वस्तु का बोध अधूरा रहता है। इस अधूरे अपूर्ण अवबोध को पूर्णता तक पहुँचाने के लिए नय प्रयोग की सार्थकता है।

मनुष्य का सारा व्यवहार वाणी पर आधारित है। जो कुछ बोला जाता है वह सारा नय का प्रयोग होता है। शब्दों से उसे नय कहा जाए या नहीं, वचन की सारी विवक्षाएँ नयों द्वारा ही नियंत्रित होती हैं। जैसे, कोई कवि है, लेखक है, वक्ता है, दार्शनिक है, समालोचक है और भी बहुत कुछ है, किन्तु जिस समय किसी एक गुण के बारे बताया जाता है, उस समय अन्य सभी गुण उपेक्षित हो जाते हैं। अन्यथा विवेचन का आधार ही नहीं बनता। यहाँ यह प्रश्न हो सकता है कि शेष सब गुण कहाँ गए? उन गुणों का लोप नहीं होता है, पर वर्तमान में जिस गुण की उपयोगिता/प्रमुखता दृष्टिगत होती है, उसे वाणी का विषय बनाया जाता है, शेष सब गौण हो जाते हैं।

वस्तु का बोध करने का जहाँ तक प्रश्न है, समग्रता से हो सकता है, पर उस अखंड वस्तु के आधार पर व्यवहार नहीं चलता। इसलिए उसका उपयोग खण्डशः किया जाता है। यह खण्डशः उपयोग या प्रतिपादन की पद्धति ही नय है। इसकी सबसे बड़ी विशेषता यह है कि इसके द्वारा दूसरे के विचारों को उसके अभिप्राय के अनुरूप ही समझने का प्रयत्न किया जाता है।

नय कितने हो सकते हैं? इस प्रश्न का कोई निश्चित उत्तर नहीं है, क्योंकि वस्तु के जितने धर्म होते हैं और उन पर विचार करने या बोलने के जितने तरीके होते हैं, वे सभी नय कहलाते हैं। इस क्रम में नय अनन्त हो सकते हैं, किन्तु समस्त नयों का वर्गीकरण शास्त्रों में अनेक प्रकार से किया गया है। मुख्यतः नय के दो भेद हैं, द्रव्यार्थिक, पर्यायार्थिक। षट्खंडागम एवं कषाय पाहुड़

आदि ग्रंथों में नय के नैगम आदि पाँच भेद कहे गए हैं। तत्वार्थसूत्र में नैगम, संग्रह, व्यवहार, ऋजुसूत्र, शब्द, समभिरुढ़ तथा एवंभूत के भेद से नयों के सात भेद किये गए हैं। प्रस्तुत ग्रन्थ में उक्त सात नयों में द्रव्यार्थिक और पर्यायार्थिक नयों को जोड़कर नय के नौ भेद कहे गए हैं।

यद्यपि नैगमादि सात नयों में आदि के तीन द्रव्यार्थिक एवं ऋजुसूत्रादि चार नय पर्यायार्थिक नय में समाविष्ट हो जाते हैं, फिर भी सूत्र में द्रव्यार्थिक और पर्यायार्थिक रूप नयों का पृथक्‌रूप से कथन करने का प्रयोजन द्रव्यार्थिक और पर्यायार्थिक नयों के अन्य उपभेदों के निरूपण का रहा है।[१] आगे हम नय के भेदों के स्वरूप की चर्चा करते हैं।

नयों के मूलतः दो भेद हैं— १. द्रव्यार्थिक नय २. पर्यायार्थिक नय

१. द्रव्यार्थिक नय- द्रव्य अर्थात् सामान्य को विषय बनानेवाला नय।

२. पर्यायार्थिक नय- पर्याय अर्थात् विशेष को विषय बनानेवाला नय।

जगत् में छोटी या बड़ी सभी वस्तुएँ एक दूसरे से न तो सर्वथा असमान होती हैं, न सर्वथा समान। इनमें समानता और असमानता दोनों अंश रहते हैं। इसलिए वस्तु-मात्र सामान्य-विशेषात्मक (उभयात्मक) है, ऐसा कहा जाता है। मनुष्य की बुद्धि कभी तो वस्तुओं के सामान्य अंश की ओर झुकती है और कभी विशेष अंश की ओर। जब वह सामान्य अंश को ग्रहण करती है तब उसका विचार द्रव्यार्थिक नय कहलाता है और जब वह विशेष अंश को ग्रहण करती है तब पर्यायार्थिक नय कहलाता है। जैसे- समुद्र की तरफ सामान्य दृष्टि डालने पर जब जल के रंग, गंध, स्वाद उसकी गहराई एवं छिछलापन आदि विशेषताओं की ओर ध्यान न जाकर केवल जल ही जल ध्यान में आता है, तब वह जल का सामान्य प्रकार कहलाता है। यही जल विषयक द्रव्यार्थिक नय है। लेकिन जब रंग स्वाद आदि विशेषताओं की ओर ध्यान जाता है, तब वह विचार जल की विशेषताओं का होने से जल विषयक पर्यायार्थिक नय कहा जाएगा। इस तरह यद्यपि ये नय एक-एक अंश द्वारा वस्तु को ग्रहण करते हैं, तो भी इसका अर्थ यह नहीं है कि द्रव्य दृष्टि में विशेष/पर्याय और पर्याय दृष्टि में द्रव्य/सामान्य आता ही नहीं। यह दृष्टि विभाग तो केवल गौण-प्रधान भाव की अपेक्षा से ही है।

इसी तरह अन्य सभी भौतिक पदार्थों के सम्बन्ध में समझना चाहिए।

---

१. द्रव्यार्थिक और पर्यायार्थिक नयों के विशेष भेदों के लिए देखें परिशिष्ट।

विभिन्न स्थलों में फैली हुई जल-जैसी एक ही तरह की नाना वस्तुओं के विषय में जिस प्रकार सामान्य और विशेष विचार करना सम्भव है, वैसे ही भूत, वर्तमान और भविष्य त्रिकाल रूप से व्याप्त आत्मा आदि किसी एक पदार्थ के विषय में भी सामान्य और विशेष विचार सर्वथा सम्भव है। काल तथा अवस्था भेदकृत चित्रों पर ध्यान न देकर जब केवल शुद्ध चैतन्य की ओर ध्यान जाता है, तब वह उसके विषय का द्रव्यार्थिक नय कहा जाएगा और जब चैतन्य की देश कालादि कृत विविध दशाओं पर ध्यान जाएगा, तब वह चैतन्य विषयक पर्यायार्थिक नय कहलाएगा।

नैगम नय- संकल्प मात्र से पदार्थ को जाननेवाला नय नैगम नय है। नैगम नय के तीन भेद हैं- भूत, भावी, वर्तमान।

भूतकाल का वर्तमान में आरोपण करना भूत नैगम नय है, जैसे- दीपावली के दिन कहना कि आज भगवान् महावीर का निर्वाण दिवस है। भविष्य का वर्तमान में आरोपण करना भावी नैगम नय है, जैसे- अर्हन्त भगवान् को सिद्ध कहना। प्रारम्भ किये हुए कार्य को सम्पन्न हुआ कहना वर्तमान नैगम नय है, जैसे अग्नि जलाते वक्त कहना कि भोजन बना रहा हूँ।

इस प्रकार नैगम नय अतीत और भविष्य दोनों को वर्तमान में आरोपित कर लोकव्यवहार का संचालन करता है। यह सात नयों में सबसे अधिक स्थूल और व्यावहारिक नय है। नैगम नय वस्तु के काल्पनिक और वास्तविक सब धर्मों को स्वीकार कर विचार करता है। सत् और असत् का इसे कोई परहेज नहीं है।

संग्रह नय- अपनी जाति का विरोध किए बिना समस्त विषयों को एक रूप से ग्रहण करनेवाला नय संग्रह नय है। यह नय विभिन्न वस्तुओं और व्यक्तियों को किसी भी एक सामान्य तत्त्व के आधार पर एक रूप संकलित कर लेता है।

संग्रहनय, नैगमनय की विस्तारवादी विचारधारा को एकदम संक्षिप्त और सीमित करनेवाला विचार है। यह सत् मात्र को स्वीकार करता है, किन्तु असत् इसका विषय नहीं है। एक दृष्टि से यह अद्वैतवादी विचारधारा का प्रतिनिधित्व करता है। इसके अनुसार सारा संसार एक है, क्योंकि संसार के सभी पदार्थ सत्ता से जुड़े हुए हैं। इसलिए सत्-अस्तित्ववादी विचारधारा समग्र विश्व को एक ही मनुष्य रूप में देखती है।

व्यवहार नय- संग्रहनय से ज्ञात पदार्थ का विधिपूर्वक भेद करने

वाला नय व्यवहार नय है।

यह नय संग्रह नय द्वारा परिकल्पित एक तत्त्व के व्यवहारोपयोगी भेद की कल्पना करता है। इसके अनुसार संग्रहनय की विचारधारा अव्यावहारिक है, क्योंकि इससे जगत् का समूचा व्यवहार रुक जाता है। इसलिए यह नय मानता है कि जो सत् है, वह द्रव्य और पर्याय इन दो भेदों में बँटा हुआ है। जो द्रव्य है वह जीव और अजीव इन दो भागों में विभक्त है। उनमें भी जीव देव, नारकी, मनुष्य आदि रूप में विभक्त है। इस प्रकार यह नय संग्रह नय से ग्रहीत पदार्थ में व्यवहारोपयोगी भेद करता है।

उपर्युक्त तीनों नय द्रव्यार्थिक नय हैं, क्योंकि ये द्रव्य को मुख्य मानकर काम करते हैं। इनके बाद जो चार नय हैं, वे पर्याय के आधार पर तत्त्व का निरूपण करते हैं। इसलिए उन्हें पर्यायार्थिक नय कहा जाता है।

ऋजुसूत्र नय- वस्तु की वर्तमान पर्याय मात्र को ग्रहण करनेवाला विचार ऋजुसूत्र नय है। इसके दो भेद हैं-सूक्ष्म ऋजुसूत्र नय और स्थूल ऋजुसूत्र नय। सूक्ष्म ऋजुसूत्र नय वस्तु के एक क्षणवर्ती पर्यायों को विषय बनाता है। स्थूल ऋजुसूत्र नय द्रव्य की व्यंजन पर्यायों को विषय बनाता है।

शब्दनय- लिंग, वचन, कारक, काल, पुरुष आदि के भेद से अर्थ को भेदरूप ग्रहण करनेवाला नय शब्दनय है। यह नय समान लिंग व वचन आदिवाले शब्दों को ही एकार्थवाची मानता है, भिन्न लिंगादिवालों को नहीं।

शब्दनय, ऋजुसूत्र नय से भी आगे बढ़ जाता है। इसके अनुसार वस्तु की वर्तमान पर्याय का ग्रहण सत्य है, किन्तु यह कहता है कि वर्तमान पर्याय भी शब्दनय के द्वारा ही अपने अस्तित्व का सही बोध करा सकती हैं। जैसे- लेखक और लेखिका दो शब्द हैं, दोनों लेखन पर्याय का बोध कराते हैं, किन्तु इसमें कौन पुरुष है और कौन स्त्री? इसका बोध शब्दनय के द्वारा ही होता है। इसी प्रकार एकवचन, बहुवचन आदि का बोध भी शब्दनय द्वारा ही होता है।

समभिरूढ़ नय- एक शब्द के अनेक अर्थों में से प्रधान अर्थ को ग्रहण करनेवाला नय समभिरूढ़ नय है। यह नय शब्द भेद से अर्थ भेद को ग्रहण करता है।

समभिरूढ़ नय पर्यायवाची शब्दों के भेद से अर्थ में भेद करता है। इसके अनुसार प्रत्येक वस्तु स्वरूपनिष्ठ होती है। इस नय की दृष्टि से कोई भी शब्द किसी का पर्यायवाची नहीं होता। कोशकारों ने पर्यायवाचक शब्दों का जो संकलन किया है, वह अर्थहीन है, क्योंकि प्रत्येक शब्द स्वतंत्र अर्थ का बोधक

है। जैसे- भिक्षु, साधु, तपस्वी, मुनि आदि एकार्थक शब्द हैं, किन्तु समभिरूढ़ नय कहता है कि भिक्षाचरण करनेवाला भिक्षु है, तपस्या करनेवाला तपस्वी होता है और साधना करनेवाला साधु होता है। साधु होने मात्र से ही कोई भिक्षु या तपस्वी नहीं हो सकता। जिस प्रकार एक वस्तु का दूसरी वस्तु में संक्रमण नहीं होता, उसी प्रकार एक अर्थ का दूसरे अर्थ में संक्रमण नहीं हो सकता। यह नय पूर्ववर्ती नयों से विशुद्ध है और वस्तु के स्वभावगत वास्तविक धर्म को स्वीकार करता है।

एवंभूत नय- समभिरूढ़ नय के द्वारा ग्रहण किये गये अर्थ को भी क्रिया की अपेक्षा भिन्न-भिन्न नाम देनेवाला नय एवंभूत नय है। यह नय शब्द के वाच्यार्थ को प्रकट करता है।

यह नय शब्द की व्युत्पत्ति और निरुक्ति तक पहुँचकर भी रुकता नहीं है। यह कहता है कि जिस शब्द की जो व्युत्पत्ति है, वर्तमान में वही क्रिया हो रही हो तो, वहाँ उस शब्द का प्रयोग सार्थक है, अन्यथा नहीं। जैसे भिक्षु-भिक्षा करते समय ही भिक्षु होता है। तपस्वी तपस्या करते समय ही तपस्वी होता है। ध्यानी ध्यान करते समय ही ध्यानी होता है, प्रवचन करते समय ध्यानी नहीं होता। इस नय के अनुसार अतीत और भविष्य की क्रिया के आधार पर शब्द का प्रयोग गलत हो जाता है। केवल वर्तमान काल और वर्तमान क्रिया ही इस नय का विषय बनती है।

वस्तु बोध की अनन्त दृष्टियों का उपर्युक्त सात दृष्टियों में वर्गीकरण करने के कारण नय सात ही माने गए हैं। यह वर्णन पूर्ण रूप से व्यावहारिक है और इसके द्वारा जगत् का व्यवहार सम्यक् रूप से संचालित हो सकता है।

इस प्रकार, इन सात नयों के द्वारा जगत् का समस्त व्यवहार संचालित होता है। इनमें आदि के चार नय को अर्थ नय कहते हैं, क्योंकि ये अर्थात्मक पदार्थ का विचार करते हैं। शब्द, समभिरुढ़ और एवंभूत ये तीन नय शब्द नय हैं। शब्द नय शब्दात्मक पदार्थों पर विचार करता है। इन सातों नयों के विषय उत्तरोत्तर सूक्ष्म-सूक्ष्म हैं। नयों की विषयगत सूक्ष्मता को इस उदाहरण से सुगमता से समझाया जा सकता है।

कोई व्यक्ति घर से पूजन करने के लिए मन्दिर की ओर जा रहा है, उसे देखकर कहना कि पुजारी जी मन्दिर जा रहे हैं, नैगम नय का विषय है, मन्दिर पहुँचकर पूजा योग्य द्रव्य का संग्रह करते हुए व्यक्ति को पुजारी कहना संग्रहनय का विषय है। पूजा योग्य समस्त द्रव्यों का वर्गीकरण/विभाजन करते वक्त उस व्यक्ति को पुजारी कहना व्यवहार नय का विषय है। पूजा की क्रिया में

प्रवृत्त व्यक्ति को पुजारी कहना ऋजुसूत्र नय का विषय है। शब्द नय शब्दात्मक पदार्थ का विचार करता है। उस नय की दृष्टि से पूजा करनेवाले व्यक्ति को पुजारी कहा जा सकता है, पुजारिन नहीं, उसे उपासक, अर्चक, आराधक आदि विभिन्न शब्दों से सम्बोधित किया जा सकता हैं, पर पुरुष को स्त्रीवाची शब्दो सें नहीं, एक व्यक्ति को बहुवचन में नहीं, वर्तमान काल की बात को अतीत और अनागत के अर्थ में नहीं। समभिरूढ़ नय शब्द नय से भी सूक्ष्म है। इस नय की दृष्टि में पुजारी का अर्थ पूजा करनेवाला है। यद्यपि पूजा करनेवालों को उपासक, आराधक, पूजक, अर्चक आदि अन्य नामों से भी सम्बोधित किया जा सकता है, लेकिन समभिरूढ़ नय शब्द के पर्यायवाची शब्दों को न स्वीकार कर प्रत्येक शब्द के प्रधान अर्थ को ही ग्रहण करता है। एवंभूत नय का विषय सबसे सूक्ष्म है,इस नय के अनुसार पूजा करनेवाला पुजारी कहा जा सकता है, पर तभी जब वह पूजा की क्रिया कर रहा है। दुकान चलाते वक्त वह व्यक्ति व्यापारी कहलाएगा, पुजारी नहीं। यह नय भिन्न-भिन्न क्रिया की अपेक्षा भिन्न-भिन्न नाम देता है।

इस प्रकार ये सातों नयों के विषय यद्यपि एक-दूसरे से भिन्न दिखाई पड़ते हैं, फिर भी ये एक दूसरे के विरोधी न होकर परिपूरक हैं, क्योंकि एक नय-दूसरे नय के विषय को गौण तो करता है, पर उसका निराकरण नहीं करता। एक-दूसरे के विषय को मुख्य-गौण भाव से स्वीकार करनेवाले नय सुनय तथा परस्पर विरोधी नय दुर्नय कहलाते हैं।

अध्यात्म पद्धति से नय भेद

वस्तु के दो स्वरूप हैं- एक तो उसका स्वभाविक रूप, दूसरा वैभाविक रूप। आध्यात्मिक साधना के लिए वस्तु के दोनों रूपों का ज्ञान होना आवश्यक है। उसके बिना आत्म पुरुषार्थ की सिद्धि नहीं हो सकती। इस दृष्टि से अध्यात्म पद्धति से नय के दो भेद किये गये हैं- निश्चय नय और व्यवहार नय।

निश्चय नय- वस्तु के स्वाश्रित और पर निरपेक्ष स्वरूप का कथन करनेवाला नय निश्चय नय है। यह नय वस्तु के पारमार्थिक, तात्त्विक, शुद्ध स्वरूप को विषय बनाता है। निश्चय नय वस्तु के त्रैकालिक ध्रुव स्वभाव का प्ररूपक है। इस नय की दृष्टि में सभी द्रव्य शुद्ध हैं। अशुद्धता द्रव्य का स्वभाव नहीं, विकार है, विकार स्थायी नहीं रहता। अतः निश्चय नय उसे विषय नहीं बनाता। शुद्ध द्रव्य को विषय बनानेवाला होने के कारण इसे शुद्ध नय भी कहते हैं।

व्यवहार नय- पर सापेक्ष परिणमन को विषय बनानेवाला नय व्यवहार नय है। यह नय वस्तु के अशुद्ध, अपरमार्थिक स्वरूप का प्ररूपक है। व्यवहार नय वस्तु के विकारी भावों को विषय बनाता है। इस नय की दृष्टि में विकार भले ही पर निमित्तक अथवा अस्थायी है, पर वह उस वस्तु का ही परिणमन है। उसे सर्वथा नकारा नहीं जा सकता। अशुद्ध द्रव्य को विषय बनानेवाला होने के कारण इसे अशुद्धनय भी कहते हैं।

निश्चय नय परनिरपेक्ष स्वभाव का प्ररूपक है। इस नय की दृष्टि में पर के निमित्त से उत्पन्न पर्यायें शुद्ध नहीं हैं। परजन्य पर्यायों को यह पर मानता है। निश्चयनय की दृष्टि में कर्म के निमित्त से उत्पन्न होनेवाली समस्त पर्यायें जीव की नहीं हैं, जैसे- जीव के राग आदि भावों में यद्यपि आत्मा स्वयं उपादान होता है, वही रागरूप परिणति करता है, परन्तु यह भाव कर्म-निमित्तक है। अतः इन्हें वह आत्मा का निज रूप नहीं मानता। व्यवहार नय की दृष्टि में कर्म के निमित्त से होनेवाले राग आदि भाव भी जीव के ही हैं, क्योंकि उनका उपादान जीव ही है। अन्य जड़ पदार्थों में रागादिक नहीं पाये जाते।

निश्चय नय आत्मा को अबद्ध/बन्धन रहित मानता है। इस नय की दृष्टि में बद्ध दशा आत्मा का त्रैकालिक स्वभाव नहीं है, क्योंकि कर्म का क्षय होने पर उसकी सत्ता नहीं रहती। व्यवहार नय की दृष्टि में संसारी आत्मा कर्म बन्धन से बद्ध है। यदि आत्मा सर्वथा अबद्ध है तो फिर मोक्ष के प्रयत्न की क्या आवश्यकता है? निश्चय नय में आत्मा के शुद्ध एवं निर्विकार स्वरूप का ही दर्शन होता है, किन्तु आत्मा का विभावभाव परिलक्षित नहीं होता। व्यवहार नय आत्मा के विकारी भावों को परिलक्षित कराता है। निश्चय नय की दृष्टि देह, कर्म, इन्द्रिय और मन आदि से परे एक मात्र विशुद्ध आत्मतत्त्व पर होती है। व्यवहार नय आत्मा को शरीर, कर्म, इन्द्रिय, मन आदि रूप बताता है। निश्चय नय वस्तु के त्रैकालिक ध्रुव स्वभाव का कथन करता है,पर व्यवहार नय उसकी पर्यायों पर केन्द्रित रहता है।

यहाँ पर विशेष ध्यातव्य है कि निश्चय और व्यवहार दो वस्तु नहीं हैं, अपितु वस्तु को समझने की दो दृष्टियाँ हैं। मोक्षमार्ग में दोनों नयों का आलम्बन अनिवार्य है। मुमुक्षु साधक को आत्मा का तात्त्विक और विकारी दोनों रूपों का परिज्ञान आवश्यक है। उसके बिना वह आत्मशोधन का अनुष्ठान नहीं कर सकता। जैसे नदी के दोनों किनारे एक-दूसरे के प्रतिकूल होने के उपरान्त भी नदी के लिए अनुकूल हैं, वैसे ही निश्चय और व्यवहार दोनों एक दूसरे के विरोधी

होने पर भी आत्म साधक के लिए आलम्बनीय हैं। किसी एक नय का आश्रय लेनेवला मुक्ति को प्राप्त नहीं कर सकता।

आचार्यों ने कहा हैं "यदि तुम्हें जिनमत का आश्रय मिला है तो तुम दोनों नयों का आलम्बन लो। यदि निश्चय को भूल जाओगे तो तत्त्व का लोप हो जाएगा और यदि व्यवहार को भूलोगे तो तीर्थ का नाश हो जाएगा।"[१]

सप्तभङ्गी

सप्तभङ्गा इति ।।१७।।

स्याद्वाद के सात भङ्ग हैं।

स्याद्वाद और अनेकान्त जैनदर्शन के दो विशिष्ट शब्द हैं। अनेकान्त धर्म है और स्याद्‌वाद उसके निरूपण की पद्धति। अनेकान्त का अर्थ है— एक ही वस्तु में परस्पर विरोधी अनेक धर्म युगलों का स्वीकार। स्याद्वाद का अर्थ है- विभिन्न अपेक्षाओं से वस्तुगत अनेक धर्मों का प्रतिपादन। इसका शाब्दिक अर्थ इस प्रकार किया जा सकता है- 'स्यात्'- कथंचित, किसी अपेक्षा से 'वाद' अर्थात् बोलना। पिछले सूत्रों में विवेचित प्रमाण, नय और निक्षेप आदि स्याद्वाद के ही अंग हैं। इन सब को समझने और प्रयोग में लेने से तत्त्वचिन्तन और व्यवहार-निर्वहण इन दोनों कामों में बहुत सुविधा हो जाती है।

प्रस्तुत सूत्र में स्याद्‌वाद के सात प्रकार— भङ्ग या विकल्प बताये गये हैं। इसे ही सप्तभङ्गी कहते हैं। सप्तभङ्गी का अर्थ है- प्रश्न के अनुसार एक ही वस्तु में प्रमाण से अविरुद्ध विधि-निषेध की कल्पना। सप्तभङ्गी के सात भङ्ग इस प्रकार हैं-

१. स्याद् अस्ति
२. स्याद् नास्ति
३. स्याद् अस्ति-नास्ति
४. स्याद् अवक्तव्य
५. स्याद् अस्ति अवक्तव्य
६. स्याद् नास्ति अवक्तव्य
७. स्याद् अस्ति-नास्ति अवक्तव्य

ये सातों भङ्ग प्रत्येक धर्म युगल के विधि-निषेध की अपेक्षा हैं। प्रत्येक वस्तु के विधि और निषेध स्वरूप को समग्रता से जानने के लिए चार दृष्टियों से देखना अनिवार्य है- द्रव्य, क्षेत्र, काल और भाव।

---

१. जइ जिणमयं पवज्जह ता मा ववहारणिच्छए मुयह।
एक्केण विणा छिज्जइ तित्थं अण्णेण उण तच्चं ॥ समयसार, गाथा १२, आत्मख्याति टीका में उद्‌धृत।

द्रव्य- गुण समुदाय को द्रव्य कहते हैं। द्रव्य का अर्थ है वस्तु।

क्षेत्र- द्रव्यों के प्रदेशों-अवयवों को क्षेत्र कहते हैं। व्यवहार दृष्टि से द्रव्य का आधार भी क्षेत्र कहलाता है।

काल- द्रव्य के परिणमन को काल कहते हैं।

भाव- द्रव्य की गुण-शक्ति अथवा उसकी परिणति विशेष को भाव कहते हैं।

जैन दर्शन के अनुसार द्रव्य, क्षेत्र, काल और भाव से निरपेक्ष होकर किसी भी पदार्थ की व्याख्या नहीं की जा सकती है। प्रत्येक वस्तु का द्रव्यादि चतुष्टय भिन्न-भिन्न होता है।

आचार्य समन्तभद्र ने दार्शनिक ग्रन्थ आप्तमीमांसा में लिखा है- प्रत्येक वस्तु या तथ्य अपने द्रव्य, क्षेत्र, काल और भाव की अपेक्षा से सत् है, तथा परद्रव्य, क्षेत्र, काल और भाव की अपेक्षा असत् है। ये सत् और असत् धर्म प्रत्येक वस्तु में एक साथ रहते हैं। वस्तु में जिस समय अस्ति धर्म है उसी समय नास्ति धर्म भी है। वस्तु अस्तित्ववान् है तो नास्तित्वान् भी है। प्रत्येक वस्तु परस्पर विरोधी धर्मों का पुंज है।

१. स्यात् अस्ति- अपने द्रव्य, क्षेत्र, काल और भाव की अपेक्षा हर वस्तु का अस्तित्व होता है। संसार का कोई भी पदार्थ ऐसा नहीं है जो अस्तित्ववान नहीं है, क्योंकि अस्तित्व के अभाव में वह और होगा ही क्या? किंतु अस्तित्व के साथ स्यात् शब्द इस बात का द्योतक है कि उसमें अस्तित्व धर्म तो है ही, नास्तित्व भी है। उसे नहीं समझा जाए तो वस्तु का बोध पूर्ण नहीं होगा।

२. स्यात् नास्ति- जिस प्रकार प्रत्येक वस्तु अपने द्रव्य, क्षेत्र, काल और भाव की अपेक्षा से अस्तित्ववान् है, वैसे ही वह दूसरे द्रव्य, क्षेत्र, काल और भाव की अपेक्षा से नहीं भी है। नास्तित्व के बिना अस्तित्व हो ही नहीं सकता। अस्तित्व और नास्तित्व के सहावस्थान/एक साथ उपस्थित रहने को एक उदाहरण से समझा जा सकता है- हमारे सामने एक घड़ा है। उसमें अस्ति और नास्ति धर्म की एक साथ उपस्थिति इस प्रकार घटित होती है-

द्रव्य- घड़ा मिट्टी का है, सोने का नहीं।

क्षेत्र- घड़ा ललितपुर का बना है, सागर का नहीं।

काल- घड़ा नया है, पुराना नहीं ।

भाव- घड़ा पानी रखने और लाल रंग का है, वह घी रखने और काले रंग का नहीं है।

३. स्यात् अस्ति नास्ति- वस्तु में अस्तित्व धर्म भी है, नास्तित्व धर्म भी है, तो क्या ये दोनों साथ-साथ नहीं रहते हैं? यदि इनका सहअस्तित्व है, तो एक ही धर्म का प्रतिपादन क्यों? इस प्रश्न के उत्तर में तीसरा विकल्प यह बनता है कि उसमें किसी अपेक्षा से अस्तित्व है और किसी अपेक्षा से नास्तित्व है। इस कथन के साथ ही एक समस्या और खड़ी हो जाती है कि वस्तु में अस्तित्व और नास्तित्व एक साथ रहते हैं, फिर इनका प्रतिपादन क्रमिक क्यों? पहले अस्तित्व और उसके बाद नास्तित्व क्यों? क्या जिस काल में अस्तित्व है उस काल में नास्तित्व नहीं है? यदि है तो फिर इनका एक साथ प्रतिपादन क्यों नहीं? इस प्रश्न के समाधान ने चौथा भङ्ग उत्पन्न किया "स्यात् अवक्तव्य"।

४. स्यात् अवक्तव्य- वस्तु के अस्तित्व और नास्तित्व दोनों धर्म एक साथ रहते हैं। इस सहावस्थिति को अभिव्यक्ति देनेवाला शब्द है "अवक्तव्य"। इसका अर्थ है वाणी का अविषय। एक समय में एक ही शब्द बोला जाता है और एक शब्द के द्वारा एक ही अर्थ का प्रतिपादन किया जा सकता है। इस स्थिति में एक साथ दो अर्थों को अभिव्यक्ति देने के लिए "अवक्तव्य" यह सांकेतिक शब्द गढ़ा गया है। इसके द्वारा एक साथ दोनों अर्थों का बोध हो जाता है।

सापेक्ष दृष्टि से वस्तु को प्रतिपादित करने के लिये मुख्यरूप से चार भङ्ग या विकल्प काम में आते हैं। शेष तीनों विकल्प इनके संयोग से बनते हैं। मूलतः विकल्प चार ही हैं, पर दार्शनिक जगत् में सप्तभङ्ग प्रसिद्ध हैं। इस दृष्टि से स्याद्वाद के सात प्रकार बताए गये हैं। ये सातों भङ्ग वक्ता के अभिप्रायानुसार बनते हैं। वक्ता की विवक्षा के अनुसार एक ही वस्तु है भी कही जा सकती है और 'नहीं भी'। दोनों के योग से 'हाँ ना' एक मिश्रित वचन भंग भी हो सकता है और इसी कारण उसे 'अवक्तव्य' भी कहा जा सकता है। वहीं यह भी कहा जा सकता है कि प्रस्तुत वस्तु 'है भी, फिर भी अवक्तव्य है', नहीं है, फिर भी अवक्तव्य है, अथवा है भी, नहीं भी है फिर भी अवक्तव्य है। इन्हीं सात दृष्टियों के आधार पर सप्तभङ्गियाँ बनी हैं।

सप्तभङ्गियों की सार्थकता को हम इस उदाहरण से समझ सकते हैं। किसी ने पूछा, "आप ज्ञानी हैं?" इसके उत्तर में इस भाव से कि मैं कुछ-न-कुछ तो जानता ही हूँ। मैं कह सकता हूँ कि "मैं स्याद् ज्ञानी हूँ"। चूँकि मुझे आगम का

ज्ञान है, किंतु अन्य ऐसे अनेक विषय हैं जिनका मुझे पर्याप्त ज्ञान नहीं है। इस अपेक्षा से कहूँ कि "मैं स्याद् अज्ञानी हूँ" तो भी अनुचित नहीं होगा। कितनी ही बातों का ज्ञान हैं और कितनी ही बातों का ज्ञान नहीं है। अतः मैं यदि कहूँ कि "मैं स्याद् ज्ञानी भी हूँ और अज्ञानी भी हूँ" तो भी असंगत नहीं होगा। अगर इस दुविधा के कारण मैं इतना ही कहूँ कि "मैं कह नहीं सकता कि मैं ज्ञानी हूँ या नहीं" तो भी मेरा वचन असत्य नहीं होगा। इन्हीं आधारों पर सत्यता के साथ यह भी कह सकता हूँ कि "मुझे कुछ ज्ञान है तो, फिर भी कह नहीं सकता कि आप जिस विषय को मुझसे जानना चाहते हैं, उस विषय पर प्रकाश डाल सकता हूँ या नहीं।" इसी बात को दूसरी तरह से भी कह सकता हूँ कि "मैं ज्ञानी तो नहीं हूँ ,फिर भी संभव है आपकी बात पर कुछ प्रकाश डाल सकूँ। अथवा इस प्रकार भी कह सकता हूँ कि" "मैं कुछ ज्ञानी भी हूँ कुछ नहीं भी हूँ। अतः कह नहीं कह सकता कि प्रकृत विषय का मुझे ज्ञान है या नहीं।" ये समस्त वचन प्रणालियाँ अपनी अपनी सार्थकता रखती हैं तथा पृथक्-पृथक् रूप में वस्तु के एक-एक अंश को ही प्रगट करती है। उसके पूर्ण स्वरूप को नहीं।

स्याद्वाद शब्द जैनों का है, किंतु तत्त्व निरूपण की दृष्टि से यह सबको मान्य हो सकता है। स्याद्वाद का मूल स्रोत तीर्थङ्करों की वाणी है। इसको दार्शनिक रूप उत्तरवर्ती आचार्यों ने दिया है। स्याद्वाद जितना दार्शनिक है उतना ही व्यावहारिक भी है। इसलिए किसी भी क्षेत्र में इसे उपेक्षित नहीं किया जा सकता।

✡

जीव के पाँच भाव

पञ्च भावाः।।१८।।

औपशमिको द्विविधः।।१९।।

क्षायिको नवविधः ।।२०।।

अष्टादशविधः क्षायोपशमिकः ।।२१।।

औदयिक एकविंशति विधः ।।२२।।

पारिणामिकस्त्रिविधः ।।२३

भाव पाँच हैं ।।१८।।

औपशमिक भाव दो प्रकार का है ।।१९।।

क्षायिक भाव नौ प्रकार का है ।।२०।।

क्षायोपशमिक भाव अठारह प्रकार का है ।।२१।।

औदयिक भाव इक्कीस प्रकार का है ।।२२।।

पारिणामिक भाव तीन प्रकार का है।।२३।।

जैन दर्शन के अनुसार जीव परिणामी है। वह प्रतिक्षण परिणमन करता रहता है। यह परिणमन कर्म निरपेक्ष भी होता है और कर्म सापेक्ष भी। मुक्त जीव कर्म रहित होते हैं, उनका परिणमन कर्म निरपेक्ष/स्वाभाविक होता है। संसारी जीव कर्म संयुक्त होते हैं। कर्मों के संयोग-वियोग से जीव में होनेवाली परिणति विशेष को भाव कहते हैं। इसे जीव का स्वरूप भी कहा जाता है।

भाव पाँच प्रकार के हैं– औपशमिक भाव, क्षायिक भाव, क्षायोपशमिक भाव, औदयिक भाव और पारिणामिक भाव।

१. औपशमिक भाव- मोह कर्म के उपशम से होनेवाली आत्मा की अवस्था औपशमिक भाव है। जैसे गंदे जल में फिटकरी आदि डालने पर वह गंदगी नीचे बैठ जाती है और जल निर्मल हो जाता है, वैसे ही जीव के विशुद्ध

परिणामों से सत्तागत कर्म का उदय कुछ काल तक के लिये बिल्कुल रुक जाने पर यह अवस्था होती है। उपशम एक मोह कर्म का ही होता है। मोह कर्म आत्मा की विकृति का प्रमुख हेतु है। जीव को सबसे अधिक पुरुषार्थ इसी के साथ लोहा लेने में करना होता है। उपशम काल में मोह कर्म सर्वथा प्रभावहीन हो जाता है, किन्तु यह स्थिति क्षणिक होती है, अन्तर्मुहूर्त/अड़तालीस मिनट के भीतर बदल जाती है। इसलिए जीव को इसके साथ बार-बार संघर्ष करना पड़ता है।

क्षायिक भाव- कर्मों के क्षय से उत्पन्न भाव क्षायिक भाव है। जैसे सर्वथा मैल के निकल जाने पर जल नितान्त स्वच्छ हो जाता है, वैसे ही कर्म- मल के पूर्णतः क्षय हो जाने पर क्षायिक भाव प्रकट होता है। यह भाव एक बार प्रकट हो जाने पर स्थायी बना रहता है। कर्म की सत्ता निःशेष हो जाने से पुनः उनके उदय से उनका अशुद्ध होना सम्भव नहीं रहता।

क्षायोपशमिक भाव- कर्मों के क्षयोपशम से उत्पन्न भाव को क्षायोपशमिक भाव कहते हैं। यह भाव कर्मों के कुछ अंशों में क्षय और कुछ अंशों में उपशम होने से उत्पन्न होता है। जैसे- जल में से कुछ मल के निकल जाने और कुछ के बने रहने पर जल में मल की क्षीणाक्षीण वृत्ति देखी जाती है, वह जल पूर्णतः निर्मल न होकर समल/गँदला बना रहता है, वैसे ही आत्मा से लगे हुए कर्मों के क्षयोपशम होने पर जो भाव प्रकट होता है, उसे क्षायोपशमिक भाव कहते हैं।

औदयिक भाव- कर्मों के उदय से होनेवाला भाव औदयिक भाव है।उदय एक प्रकार का आत्मिक कालुष्य है जो कर्म के विपाकानुभव से होता है। जैसे मैल के मिल जाने पर जल मलिन हो जाता है।

पारिणामिक भाव- कर्म के उपशम, क्षय, क्षयोपशम और उदय के बिना द्रव्य के स्वभाव मात्र से होनेवाले भाव को पारिणामिक भाव कहते हैं। यह भाव बाह्य निमित्त के बिना द्रव्य के स्वाभाविक परिणमन से उत्पन्न होता है।

ये पाँचों भाव आत्मा के ही स्वरूप हैं। संसारी या मुक्त कोई भी आत्मा हो उसकी सभी पर्याय इन पाँच भावों में से किसी न किसी भाववाली होगी। अजीव में पाँचों भाववाली पर्याय सम्भव नहीं है, इसलिए ये भाव अजीव के स्वरूप नहीं हैं।

इन पाँचों भावों के कुल तिरेपन भेद हैं, जिनका उल्लेख क्रमपूर्वक आगे के सूत्रों में किया गया है।

औपशमिक भाव के भेद

औपशमिक भाव दो प्रकार के हैं— औपशमिक सम्यक्त्व और औपशमिक चारित्र। दर्शन मोहनीय कर्म के उपशम से औपशमिक सम्यक्त्व तथा चारित्र मोहनीय कर्म के उपशम से औपशमिक चारित्र प्रकट होता है। इसलिए ये दोनों भाव औपशमिक भाव कहलाते हैं। उपशम सिर्फ मोह कर्म का ही सम्भव है, अन्य का नहीं।

क्षायिक भाव के भेद

क्षायिक भाव नौ प्रकार का है— क्षायिक केवलज्ञान, केवलदर्शन, दान, लाभ, भोग, उपभोग, वीर्य, क्षायिक सम्यक्त्व और क्षायिक चारित्र।

केवलज्ञानावरण कर्म के क्षय से केवलज्ञान, केवलदर्शनावरण कर्म के क्षय से केवलदर्शन,पाँच प्रकार के अन्तराय कर्म के क्षय से क्षायिक दान, लाभ, भोग, उपभोग और वीर्य ये पाँच लब्धियाँ, दर्शन मोहनीय कर्म के क्षय से क्षायिक सम्यक्त्व तथा चारित्र मोहनीय कर्म के क्षय से क्षायिक चारित्र भाव का आविर्भाव होता है। इसलिए केवलज्ञानादि नव विध भाव क्षायिक भाव कहलाते हैं।

क्षायोपशमिक भाव के भेद

क्षायोपशमिक भाव के अठारह भेद हैं— चार ज्ञान, तीन अज्ञान, तीन दर्शन, तथा दान, लाभ, भोग, उपभोग और वीर्यरूप पाँच क्षायोपशमिक लब्धियाँ, एवं क्षयोपशम सम्यक्त्व, क्षयोपशम चारित्र और संयमासंयम।

क्षयोपशम- घातिया कर्म दो प्रकार के होते हैं— सर्वघाती और देशघाती। सर्वघाती कर्म आत्मा के गुणों का पूर्णतः घात करते हैं, जबकि देशघाती कर्म आत्मगुणों का आंशिक घात करते हैं। देशघाती कर्मों में दोनों प्रकार के परमाणु पाए जाते हैं। क्षयोपशम उन्हीं कर्मों का होता है, जिनमें देशघाती और सर्वघाती दोनों प्रकार के परमाणु पाए जाते हैं। केवलज्ञानावरण, केवलदर्शनावरण सर्वघाती हैं। इनका क्षयोपशम नहीं होता। नौ-नोकषाय देशघाती ही हैं। इनमें केवल देशघाती परमाणु पाए जाते हैं, अतः इनका भी क्षयोपशम नहीं होता। शेष चार ज्ञानावरण, चक्षु दर्शनवरणादि तीन दर्शनावरण देशघाती हैं। इनमें दोनों प्रकार के स्पर्धक होते हैं। दर्शनमोहनीय में सम्यक्त्व प्रकृति तथा चारित्र मोहनीय के संज्वलन में दोनों प्रकार के परमाणु पाए जाते हैं। यद्यपि अप्रत्याख्यान और प्रत्याख्यान कषाय सर्वघाती ही हैं, फिर भी अनन्तानुबन्धी की अपेक्षा इन्हें देशघाती मान लिया जाता है। इसी अपेक्षा से अनन्तानुबन्धी,

अप्रत्याख्यान और प्रत्याख्यान के उदयाभावी क्षय और सदवस्था रूप उपशम तथा संज्वलन और नौ-नोकषाय के देशघाती स्पर्धकों/परमाणुओं के उदय से सर्वविरति रूप संयम बनता है।

उसी प्रकार अनन्तानुबन्धी और अप्रत्याख्यान के अनुदय तथा प्रत्याख्यान. संज्वलन और नौ-नोकषाय के उदय से संयमासंयम रूप क्षयोपशम भाव प्रकट होता है।

मतिज्ञानावरण, श्रुतज्ञानावरण, अवधिज्ञानावरण तथा मनःपर्ययज्ञानावरण के क्षयोपशम से क्रमशः मति, श्रुत, अवधि और मनःपर्यय ज्ञान प्रकट होता है। मति अज्ञानावरण, श्रुत अज्ञानावरण तथा विभंग ज्ञानावरण के क्षयोपशम से क्रमशः मत्याज्ञान, श्रुताज्ञान और विभंगज्ञान प्रकट होता है। चक्षु दर्शनावरण, अचक्षु दर्शनावरण ओर अवधि दर्शनावरण के क्षयोपशम से चक्षुदर्शन, अचक्षु दर्शन और अवधि दर्शन होता है। पाँच प्रकार के अन्तराय कर्म के क्षयोपशम से दान, लाभ, भोग, उपभोग और वीर्य आदि पाँच प्रकार की लब्धियाँ होती हैं। अनन्तानुबन्धी चतुष्क तथा दर्शन मोहनीय के क्षयोपशम से क्षयोपशम सम्यक्त्व का आविर्भाव होता है। अनन्तानुबन्धी आदि बारह प्रकार के कषायों के उदयाभावीक्षय और सदवस्था रूप उपशम तथा चार प्रकार के संज्वलन कषाय में से किसी एक और नौ नोकषायों के देशघाती स्पर्धकों के यथासम्भव उदय होने पर सर्वविरति रूप क्षयोपशम भाव का आविर्भाव होता है। इसी प्रकार अनन्तानुबन्धी आदि आठ प्रकार की कषायों के उदयाभावी क्षय और सदवस्थारूप उपशम से तथा प्रत्याख्यानावरण और संज्वलन कषाय तथा नौ-नोकषाय के यथासम्भव उदय होने पर क्षायोपशमिक संयमासंयम प्रकट होता है। इस प्रकार क्षयोपशम भाव के ये अठारह भेद हैं।

औदयिक भाव के भेद

औदयिक भाव के २१ भेद हैं– चार गति, चार कषाय, तीन वेद, मिथ्यादर्शन, अज्ञान, असंयम, असिद्धत्व और छह लेश्या।

गति नामकर्म के उदय का फल नरक, तिर्यञ्च व मनुष्य और देवगति है। कषाय मोहनीय के उदय से क्रोध, मान, माया, लोभ ये चार कषाय भाव प्रकट होते हैं। वेद कर्म के उदय से स्त्री, पुरुष और नपुंसक वेद होता है। मिथ्यात्व कर्म के उदय से मिथ्यादर्शन (तत्त्व का अश्रद्धान) और ज्ञानावरण कर्म के उदय से अज्ञान तथा चारित्र मोहनीय कर्म के सर्वघाती स्पर्धकों के उदय से असंयम भाव प्रकट होता है। असिद्धत्व भाव, वेदनीय, आयु, नाम और गोत्रकर्म

के उदय का परिणाम है। कषायों के उदय से अनुरंजित मन, वचन, काय की प्रवृत्ति को लेश्या कहते हैं। लेश्या छह हैं– कृष्ण, नील, कापोत, पीत, पद्म और शुक्ल। उक्त छहों लेश्याएँ कषायोदयानुरंजित होने के कारण औदयिक भाव हैं।

पारिणामिक भाव के भेद

पारिणामिक भाव के तीन भेद हैं– जीवत्व, भव्यत्व, अभव्यत्व। इनमें जीवत्व का अर्थ चैतन्य है। ये जीव के स्वभाविक भाव है। अर्थात् न तो वे कर्म के उदय से, न उपशम से, न क्षय से और न क्षयोपशम से उत्पन्न होते हैं। वे अनादि सिद्ध आत्म-द्रव्य के अस्तित्व से ही सिद्ध हैं, इसी कारण वे पारिणामिक हैं। जिनमें रत्नत्रय प्रकट करने की योग्यता है, वे भव्य कहलाते हैं तथा इस प्रकार की योग्यता से रहित जीव अभव्य कहलाते हैं।

यद्यपि अस्तित्व, कर्तृत्व, भोक्तृत्व/अमूर्तत्व आदि जीव के अन्य भी पारिणामिक भाव हैं, किन्तु वे जीव के असाधारण भाव नहीं हैं, जीव के अतिरिक्त अन्य द्रव्यों में भी पाए जाते हैं, इसलिए यहाँ उन्हें परिगणित नहीं किया गया है, क्योंकि यहाँ जीव के असाधारण भावों का प्ररूपण अभीष्ट है।

इस प्रकार पाँच भावों के कुल तिरेपन भेद हो जाते हैं।

आगे के सूत्रों में बीस प्ररूपणाओं द्वारा जीव का विशेष वर्णन किया गया है। गुणस्थान, जीव समास, चौदह मार्गणा, पर्याप्ति, प्राण, संज्ञा और उपयोग को बीस प्ररूपणा कहते हैं।

गुणस्थान

गुणजीवमार्गणास्थानानि प्रत्येकं चतुर्दश ।।२४।।

गुणस्थान, जीव समास, और मार्गणा प्रत्येक के चौदह-चौदह प्रकार हैं।।२४।।

गुणस्थान का अर्थ

मोह और मन, वचन, काय की प्रवृत्ति के निमित्त से उत्पन्न जीव के अन्तरंग परिणामों की तरतमता को गुणस्थान कहते हैं। गुणस्थान आत्मिक गुणों के विकास की क्रमिक अवस्थाओं का द्योतक है। जीव के परिणाम सदा एक से नहीं रहते। मोह और मन, वचन, काय की प्रवृत्ति के कारण जीव के अन्तरंग परिणामों में प्रतिक्षण उतार-चढ़ाव होता रहता है। गुणस्थान आत्म-परिणामों में होनेवाले इन उतार-चढ़ावों का बोध कराता है। गुणस्थान जीव के मोह और निर्मोह दशा की भी व्याख्या करता है। यह संसार और मोक्ष के अन्तर को स्पष्ट करता है। गुणस्थानों के आधार पर जीवों के बन्ध और अबन्ध का भी पता चलता है। गुणस्थान आत्म-विकास का दिग्दर्शक है।

जैनदर्शन के अनुसार जीव अनन्तज्ञान, अनन्तदर्शन, अनन्त सुख और अनन्त शक्ति स्वरूपी है, किन्तु अनादि कर्मों से बद्ध होने के कारण उसकी वे शक्तियाँ प्रकट नहीं हो पाती। कर्मों का आवरण उसके मूल रूप को आवृत या विकृत कर लेता है। जितनी-जितनी कर्म आवरण की घटाएँ सघन होती जाती है, उतनी-उतनी जीव शक्तियों का प्रकाश कम होता जाता है तथा इसके विपरीत जैसे-जैसे कर्म-पटल विरल होते हैं, वैसे-वैसे आत्मा की शक्ति प्रकट होती जाती है। जीव के परिणामों के उतार-चढ़ाव के अनुसार आत्मिक शक्तियों का विकास और ह्रास होता रहता है। यूँ तो परिणामों के उतार-चढ़ाव की अपेक्षा आत्मिक विकास के आरोहण और अवरोहण के अनन्त विकल्प सम्भव हैं, फिर भी परिणामों की उत्कृष्टता और जघन्यता की अपेक्षा, उन्हें चौदह भूमिकाओं में विभक्त किया गया है, जो निम्नलिखित हैं–

गुणस्थान के भेद

१. मिथ्यादृष्टि	८. अपूर्वकरण
२. सासादन	९. अनिवृत्तिकरण
३. सम्यक्-मिथ्यादृष्टि	१०. सूक्ष्म-साम्पराय
४. असंयत सम्यग्दृष्टि	११. उपशान्तमोह
५. संयतासंयत	१२. क्षीणमोह- वीतराग छद्मस्थ
६. प्रमत्त-संयत	१३. सयोग-केवली
७. अप्रमत्त-संयत	१४. अयोग-केवली

यहाँ सम्यग्दृष्टि के साथ लगा असंयत विशेषण अपने से नीचे के सभी गुणस्थानों में असंयतत्व व्यक्त करता है, क्योंकि वह अन्त दीपक है। इससे ऊपर के गुणस्थानों से संयम की यात्रा का सूत्रपात होता है। सम्यग्दृष्टि पद ऊपर के सभी गुणस्थानों में नदी-प्रवाह की तरह अनुवृत्ति को प्राप्त है अर्थात् आगे के सभी गुणस्थानों में सम्यग्दर्शन पाया जाता है। छठे गुणस्थान में प्रयुक्त 'प्रमत्त' विशेषण अपने साथ नीचे के सभी गुणस्थानों में प्रमाद के अस्तित्व का द्योतन करता है तथा उसके आगे जुड़े 'संयत' शब्द से यह सूचित होता है कि ऊपर के सभी गुणस्थान संयतों के ही होते हैं। बारहवें गुणस्थान के साथ जुड़ा 'छद्मस्थ' शब्द भी अन्त-दीपक है, क्योंकि आवरण कर्मों के अभाव हो जाने से उससे आगे की भूमिकाओं में छद्मस्थता नहीं रहती।

गुणस्थानों के उक्त नामों का कारण मोहनीय कर्म और योग है। आदि के चार गुणस्थानों का सम्बन्ध हमारी दृष्टि/श्रद्धा से है, जो कि दर्शन मोहनीय कर्म के निमित्त से होते हैं। पंचमादि गुणस्थानों का सम्बन्ध जीव के चारित्रिक विकास से है, वे चारित्र मोहनीय कर्म के क्षयोपशम, क्षय और उपशम के निमित्त से उत्पन्न होते हैं। तेरहवाँ और चौदहवाँ गुणस्थान योग निमित्तक है।

चौदह गुणस्थानों का स्वरूप इस प्रकार है–

१. मिथ्यात्व- 'मिथ्या' अर्थात् विपरीत श्रद्धान से युक्त गुणस्थान को मिथ्यात्व गुणस्थान कहते हैं। मिथ्यादर्शन कर्म के उदय से यह गुणस्थान बनता है। इस गुणस्थानवाले जीव मिथ्यादृष्टि कहलाते हैं। इन्हें तत्त्व-कुतत्त्व का विवेक नहीं रहता। ऐसे जीव शरीर में ही आत्मा की भ्रान्ति बनाये रखते हैं। जिस प्रकार पित्तज्वर से ग्रसित रोगी को मधुर औषधि भी अच्छी नहीं लगती, वैसे ही मिथ्यादृष्टियों को तत्त्व की बात रुचिकर नहीं लगती। यह जीव की

अधस्तम अवस्था है। संसार के बहुसंख्यक जीव इसी गुणस्थान में रहते हैं।

२. सासादन- उपशम सम्यक्त्व से परिपतित होने और मिथ्यात्व को प्राप्त होने से पूर्व (बीच) की स्थिति को सासादन गुणस्थान कहते हैं। यह जीव की पतनोन्मुख अवस्था है। इस गुणस्थानवाला अगले ही क्षण मिथ्यात्व को प्राप्त हो जाता है। इसका काल जघन्यतः एक समय और उत्कृष्टतः छह आवली मात्र है।

३. सम्यक्-मिथ्यादृष्टि- जिस गुणस्थान में सम्यक् और मिथ्यारूप मिश्रित श्रद्धान पाया जाए उसे सम्यक्-मिथ्यादृष्टि कहते हैं। सम्यक्त्व से गिरते समय अथवा मिथ्यात्व से चढ़ते समय एक अन्तर्मुहूर्त के लिए इस अवस्था का वेदन सम्भव है। सम्यक्-मिथ्यात्व कर्म के उदय से यह गुणस्थान बनता है। श्रद्धान और अश्रद्धानात्मक भाव युगपत् रहने के कारण इसे मिश्र गुणस्थान भी कहते हैं। इस गुणस्थानवर्ती जीवों की निम्न विशेषताएँ हैं–

- श्रद्धान और अश्रद्धान युगपत् विद्यमान रहते हैं।
- इस गुणस्थान से जीव न तो 'सकल संयम' प्राप्त कर सकता है और न ही 'देश संयम'।
- इस गुणस्थान में जीवों की मृत्यु नहीं होती। सम्यक्त्व या मिथ्यात्व रूप परिणामों के होने पर पहला या चौथा गुणस्थान प्राप्त करके ही मृत्यु होती है।
- इस गुणस्थान में आयु कर्म का बन्ध नहीं होता और मारणान्तिक समुद्घात[१] भी नहीं होता।

४. असंयत सम्यग्दृष्टि- संयम रहित सम्यग्दृष्टि असंयत सम्यग्दृष्टि कहलाते हैं। इस गुणस्थानवर्ती जीव दर्शनमोहनीय कर्म का अभाव हो जाने से यद्यपि सम्यग्दृष्टि हो जाते हैं, किन्तु चारित्रमोह के उदयवश संयम अंगीकार नहीं कर पाते हैं। फिर भी दृष्टि में समीचीनता आ जाने के कारण सम्यग्दृष्टि के सभी आवश्यक गुण उनमें प्रकट हो जाते हैं।

५. संयतासंयत- जिस गुणस्थान में सम्यग्दर्शन के साथ पाँच पापों का स्थूल रूप से त्याग होता है, उसे संयतासंयत गुणस्थान कहते हैं। विरताविरत, संयतासंयत अथवा देशविरत इस गुणस्थान के नामान्तर हैं। इस अवस्था के जीव चूँकि स्थूल पापों से विरक्त रहते हैं, अतः संयत अथवा विरत तथा सूक्ष्म पापों का त्याग न कर पाने के कारण असंयत अथवा अविरत कहलाते हैं। इसी अपेक्षा से इस गुणस्थान में संयतासंयत अथवा विरताविरत रूप परिणाम युगपत् पाये जाते हैं।

६. प्रमत्त संयत- प्रमाद सहित महाव्रती साधु को प्रमत्त संयत कहते

---
१. समुद्घात के स्वरूप के लिए देखें परिशिष्ट

हैं। पाँचों पापों का परिपूर्ण त्याग होने से संयत तथा प्रमाद सहित होने से इन्हें प्रमत्त कहते हैं। यहाँ प्रमाद का सबसे हल्का रूप होता है। यह प्रमाद संज्वलन कषाय की तीव्रता में होता है।

७. अप्रमत्त संयत- प्रमाद रहित साधु अप्रमत्त संयत कहलाते हैं। इसके दो भेद हैं– स्वस्थान अप्रमत्त और सातिशय अप्रमत्त।

स्वस्थान अप्रमत्त- जो प्रमत्त-अप्रमत्त अवस्था में डोलते रहें, वे स्वस्थान अप्रमत्त हैं। जैसे तरंगायित जल पर पड़ा लकड़ी का टुकड़ा ऊपर-नीचे होता रहता है, वैसे ही प्रमादजन्य संस्कारों के कारण इनकी नैय्या छठवें-सातवें गुणस्थान में डोलते रहती है।

सातिशय अप्रमत्त- प्रमाद पर पूर्ण विजय प्राप्त कर स्थायी रूप से अप्रमत्त अवस्था प्राप्त करनेवाले साधक सातिशय अप्रमत हैं। इस अवस्था को प्राप्त करनेवाले साधक आठवें गुणस्थान के अभिमुख हो जाते हैं।

द्विविध श्रेणी- सातिशय अप्रमत्त अवस्था प्राप्त करने के उपरान्त साधक चारित्र मोहनीय कर्म के उपशम या क्षय के लिए विशेष प्रकार का आरोहण करता है। जैन दर्शन में इसे 'श्रेणी' के नाम से जाना जाता है। 'श्रेणी' का अर्थ है–चारित्र मोहनीय कर्म के उपशम या क्षय के लिए किया जानेवाला आरोहण। श्रेणी सीढ़ी का वाचक है, जिस पर आरूढ़ हो साधक कर्म विनाश का विशेष उपक्रम प्रारम्भ करता है। श्रेणी दो प्रकार की है– उपशम श्रेणी और क्षपक श्रेणी।

उपशम-श्रेणी- चारित्र मोहनीय कर्म के उपशम के लिए किया जाने वाला आरोहण उपशमश्रेणी है। उपशमश्रेणी में साधक मोहनीय कर्म का समूल नाश नहीं कर पाता, अपितु उसे दमित करता हुआ अर्थात् दबाता हुआ आगे बढ़ता जाता है। जिस प्रकार शत्रुसेना को खदेड़कर की गयी विजय यात्रा, राज्य के लिए अहितकर होती है, क्योंकि वह कभी भी समय पाकर राज्य पर पुनः आक्रमण कर सकता है, उसी प्रकार इस विधि से प्रशमावस्था को प्राप्त कर्म-शक्ति कभी भी समय पाकर आत्मा का अहित कर सकती है। जिस प्रकार गँदले जल में फिटकरी आदि कोई केमिकल डाल देने पर उसकी गंदगी नीचे बैठ जाती है तथा जल अत्यन्त स्वच्छ और निर्मल हो जाता है, लेकिन बर्तन में थोड़ा भी हलन-चलन होते ही वह गन्दगी पुनः उभरकर आ जाती है, उसी प्रकार कर्मों के उपशम जन्य अल्पकालिक विशुद्धि के कारण आत्मा में स्वच्छता तो आ जाती है, लेकिन मोह का उदय हो जाने के कारण अपनी उपरिम भूमिका से फिसलकर जीव नीचे गिर जाता है। उपशम श्रेणीवाले जीव अपने कर्मोन्मूलन के पुरुषार्थ को

पूर्ण कर अन्तिम सोपान तक नहीं ले जा सकते। ग्यारहवें गुणस्थान तक जाकर कर्मों के पुनः प्रकट हो जाने से अनिवार्यतः उनका पुनः पतन हो जाता है।

क्षपक श्रेणी- क्षपक श्रेणी का अर्थ है— चारित्र मोहनीय कर्म के क्षय के लिए किया जानेवाला आरोहण।

जो साधक अपनी विशुद्धि के बल पर चारित्र मोहनीय कर्म का समूल विच्छेद करते हुए आगे बढ़ते हैं, वे क्षपक श्रेणीवाले कहलाते हैं। इसमें कर्म शत्रुओं का उपशम नहीं होता, अपितु समूल विध्वंस कर दिया जाता है। इसी कारण ये पुनः जागृत नहीं हो पाते। इस श्रेणीवाले साधकों का अधःपतन नहीं होता। क्षपक श्रेणी पर आरूढ़ होनेवाले साधक अपना आत्मिक विकास करते हुए समस्त कर्मों का समूलनाश कर अन्तिम सिद्धि को प्राप्त कर लेते हैं।

दोनों ही श्रेणियाँ आठवें गुणस्थान से प्रारम्भ होती हैं। उपशम-श्रेणी में आरूढ़ साधक ग्याहवें गुणस्थान तक जाकर नीचे गिर जाते हैं, जबकि क्षपक श्रेणी में आरूढ़-साधक दसवें गुणस्थान से सीधे बारहवें गुणस्थान को प्राप्त करते हुए मुक्ति की यात्रा को पूर्ण करते हैं।

८. अपूर्व करण- जिस गुणस्थान में अपूर्व अर्थात् पूर्व में अननुभूत आत्मशुद्धि का अनुभव होता है, वह अपूर्वकरण गुणस्थान है। यह गुणस्थान सातिशय अप्रमत्त अवस्था के बाद होता है। चारित्र मोहनीय के क्षय या उपशम का विशेष उपक्रम यहीं से प्रारम्भ होता है।

९. अनिवृत्तिकरण- जिस गुणस्थान में स्थूल मोहनीय कर्म का क्षय या उपशम होता है, उसे अनिवृत्तिकरण गुणस्थान कहते हैं। इस गुणस्थान में आत्मशुद्धि इतनी बढ़ जाती है कि शरीरगत भेद होने पर भी समान कालवर्ती विभिन्न साधकों के परिणामों में सदृशता बनी रहती है। परिणामगत निवृत्ति अर्थात् भेद न होने के कारण ही इसे अनिवृत्तिकरण गुणस्थान कहते हैं।

१०. सूक्ष्म साम्पराय- जिस गुणस्थान में संज्वलन लोभ कषाय का अत्यन्त सूक्ष्म उदय होता है, उसे सूक्ष्म साम्पराय गुणस्थान कहते हैं। नवमें गुणस्थान में संज्वलन क्रोध, मान, माया, लोभ, के स्थूल रूप का क्षय अथवा उपशम होने पर इस गुणस्थान की प्राप्ति होती है। इस गुणस्थान के अन्तिम समय में उक्त सूक्ष्म लोभ कषाय का भी क्षय या उपशम हो जाता है।

११. उपशान्त मोह- समस्त मोहनीय कर्म के उपशम से उत्पन्न होने वाले गुणस्थान को उपशान्त मोह गुणस्थान कहते हैं।

१२. क्षीण मोह- समस्त मोहनीय कर्म के क्षय से उत्पन्न आत्मा का

विशुद्ध परिणाम क्षीण मोह कहलाता है। दसवें गुणस्थान में मोहनीय कर्म का क्षय करने वाले साधक सीधे इसी गुणस्थान में आते हैं। इस गुणस्थान से अध:पतन नहीं होता। शेष घातिया कर्मों का क्षय भी इसी गुणस्थान में होता है।

१३. सयोग केवली- योग सहित केवली के गुणस्थान को सयोग केवली कहते हैं। यह गुणस्थान घातिया कर्मों के समूल क्षय से प्राप्त होता है। सयोग केवली ही तीर्थङ्कर, अरिहंत या परमात्मा कहलाते हैं।

१४. अयोग केवली- योगातीत केवली के गुणस्थान को अयोग केवली कहते हैं। तेरहवें गुणस्थान के अन्त में विशुद्ध शुक्ल ध्यान के बल से योगों का निरोध करने के उपरान्त यह गुणस्थान प्राप्त होता है। शेष अघातिया कर्मों के क्षयपूर्वक मोक्षोपलब्धि इसी गुणस्थान से होती है।

गुणस्थानों से आरोह-अवरोह का क्रम- इस प्रकार इन चौदह गुणस्थानों से होता हुआ जीव अपनी आत्म विकास की यात्रा को पूर्ण करता है। आत्मिक परिणति से जुड़े होने के कारण गुणस्थान अत्यन्त सूक्ष्म होते हैं। हम अपनी बुद्धि से इन गुणस्थानों को पहिचान नहीं सकते। इन्हें तो अपने अनुभव द्वारा ही जाना जा सकता है। इतना अवश्य है कि इन गुणस्थानों के प्राप्त होने पर कथित गुण हमारे आचरण में अवश्य आ जाते हैं। इन आचरणों के आधार पर ही गुणस्थानों का अनुमान लगाया जा सकता है। हमारे भावों के उतार-चढ़ाव के अनुरूप इनमें क्षण-क्षण में परिवर्तन होते रहते हैं। इनमें आरोहण एवं अवरोहण का भी एक निश्चित क्रम है जो इस प्रकार है—

क्रमांक	गुणस्थान	आरोहण	अवरोहण
१.	मिथ्यात्व	३,४,५,७	–
२.	सासादन	–	१
३.	सम्यक् मिथ्या-दृष्टि	४	१
४.	अविरत सम्यक्-दृष्टि	५,७	३,२,१
५.	संयातासंयत	७	४,३,२,१
६.	प्रमत्त-संयत	७	५,४,३,२,१
७.	अप्रमत्त-संयत	८	६, ४ (मरण की अपेक्षा)
८.	अपूर्वकरण	९	७, ४ (मरण की अपेक्षा)
९.	अनिवृत्तिकरण	१०	८,४ (मरण की अपेक्षा)
१०.	सूक्ष्म-साम्पराय	११ (उपशम श्रेणी) १२ (क्षपक श्रेणी)	९,४ (मरण की अपेक्षा)
११.	उपशान्त-मोह	–	१०, ४ (मरण की अपेक्षा)
१२.	क्षीण-मोह	१३	-
१३.	सयोग-केवली	१४	–
१४.	अयोग-केवली	मोक्ष	–

गतियों की अपेक्षा गुणस्थान

नरक और देवगति के जीव प्रथम से चतुर्थ गुणस्थान तक प्राप्त कर सकते हैं। उससे ऊपर के गुणस्थानों को प्राप्त करने की पात्रता उनमें नहीं रहती। तिर्यञ्चों में एकेन्द्रिय, विकलेन्द्रिय और असंज्ञी पंचेन्द्रिय जीवों के एकमात्र प्रथम गुणस्थान होता है। मन का अभाव होने के कारण ये ऊपर के गुणस्थानों को प्राप्त नहीं कर पाते हैं। संज्ञी पंचेन्द्रिय तिर्यञ्च देशसंयम प्राप्त कर सकते हैं, अतः उनमें प्रथम से पंचम गुणस्थान तक होता है। मनुष्य अपने आत्मा का परिपूर्ण विकास कर सकता है, अतः मनुष्यों में सभी गुणस्थान पाये जाते हैं। वर्तमान काल के भरत क्षेत्र के मनुष्य सप्तम गुणस्थान से ऊपर नहीं जाते, क्योंकि वर्तमान में उत्तम संहनन का अभाव है।

जीव समास, पर्याप्ति, प्राण और संज्ञा

द्विविधमेकेन्द्रियम् ।।२५।।

त्रीणि विकलेन्द्रियाणि।।२६।।

पंचेन्द्रियं द्विविधम्।।२७।।

षट् पर्याप्तयः ।।२८।।

दश प्राणाः ।।२९।।

चतस्त्रः संज्ञा ।।३०।।

एकेन्द्रिय जीव दो प्रकार के हैं ।।२५।।

विकलेन्द्रिय जीव तीन प्रकार के हैं।।२६।।

पंचेन्द्रिय जीव दो प्रकार के हैं।।२७।।

पर्याप्ति छह प्रकार की है।।२८।।

प्राण के दश भेद हैं।।२९।।

संज्ञा चार प्रकार की है।।३०।।

जीव समास

समस्त संसारी जीवों को संक्षेप में बताने की विधि को जीव समास कहते हैं।[१] अथवा अनन्तान्त जीवों और उनके भेद उपभेदों का जिसमें संग्रह किया जाए उसे जीव समास कहते हैं। जीव समास के चौदह भेद हैं।

१. सूक्ष्म एकेन्द्रिय पर्याप्त	२. सूक्ष्म एकेन्द्रिय अपर्याप्त
३. बादर एकेन्द्रिय पर्याप्त	४. बादर एकेन्द्रिय अपर्याप्त
५. दो इन्द्रिय पर्याप्त	६. दो इन्द्रिय अपर्याप्त
७. तीन इन्द्रिय पर्याप्त	८. तीन इन्द्रिय अपर्याप्त

१. समस्यन्ते संक्षिप्यन्ते जीवा येषु यैर्वा ते जीव समासाः।

९. चार इन्द्रिय पर्याप्त — १०. चार इन्द्रिय अपर्याप्त
११. असंज्ञी पंचेन्द्रिय पर्याप्त — १२. असंज्ञी पंचेन्द्रिय अपर्याप्त
१३. संज्ञी पंचेन्द्रिय पर्याप्त — १४. संज्ञी पंचेन्द्रिय अपर्याप्त

जिनके पास एकमात्र स्पर्श इन्द्रिय पायी जाती है,उन जीवों को एकेन्द्रिय कहते हैं। एकेन्द्रिय दो प्रकार के होते हैं– बादर और सूक्ष्म। जो स्वयं दूसरों को बाधा पहुँचाए अथवा दूसरों से बाधित हो उसे बादर तथा जो न स्वयं बाधित हो न बाधा पहुँचाए उसे सूक्ष्म जीव कहते हैं। सूक्ष्म जीव संपूर्ण लोक में भरे हैं। बादर एकेन्द्रियों का अवस्थान लोक के कुछ ही भागों में है। जिनके पास मात्र स्पर्शन और रसना इन्द्रिय पायी जाती है वे दो इन्द्रिय कहलाते हैं। तीन इन्द्रिय जीवों के पास स्पर्शन, रसना और घ्राण इन्द्रिय होती हैं। चार इन्द्रिय जीव स्पर्शन, रसना, घ्राण के साथ चक्षु इन्द्रिय वाले होते हैं। इन तीनों को विकलेन्द्रिय भी कहते हैं, क्योंकि इनके पास विकल अर्थात् अपूर्ण इन्द्रियाँ होती हैं।

पंचेन्द्रिय जीवों के पास स्पर्शन, रसना, घ्राण, चक्षु और कर्ण ये पाँचों इन्द्रियाँ पायी जाती हैं। इन्हें सकलेन्द्रिय भी कहते हैं, पंचेन्द्रिय दो प्रकार के हैं– संज्ञी और असंज्ञी। मन सहित जीव संज्ञी और मन से रहित जीव असंज्ञी कहलाते हैं।

इस तरह दो प्रकार के एकेन्द्रिय, विकलत्रय और दो प्रकार के पंचेन्द्रिय इन सात प्रकार के जीवों में कुछ पर्याप्त होते हैं और कुछ अपर्याप्त। जो जीव अपनी पर्याप्तियों को पूर्ण कर लेते हैं वे पर्याप्त तथा जिनकी पर्याप्तियाँ अपूर्ण रहती हैं वे अपर्याप्त कहलाते हैं। उक्त सात प्रकार के जीवों के पर्याप्त और अपर्याप्त के भेद की अपेक्षा चौदह भेद हो जाते हैं। उसे ही चौदह जीव समास कहते हैं, क्योंकि इनमें जीव की समस्त जातियों के भेद-प्रभेदों का संग्रह हो जाता है।

पर्याप्ति

पर्याप्ति छह प्रकार की है- १. आहार पर्याप्ति २. शरीर पर्याप्ति ३. इन्द्रिय पर्याप्ति ४. श्वासोच्छ्वास पर्याप्ति ५. भाषा पर्याप्ति ६. मननः पर्याप्ति।

जन्म के समय पुद्गल परमाणुओं को ग्रहण कर जीवन धारण में उपयोगी विशिष्ट प्रकार की पौद्गलिक शक्ति की प्राप्ति को पर्याप्ति कहते हैं।

संसारी प्राणी किसी भी जीव योनि में उत्पन्न हो, वह जब तक जीवित रहता है, तब तक उसे किसी पुष्ट आलम्बन की अपेक्षा रहती है, वह आलम्बन

प्राण शक्ति तो है ही, उसके साथ एक विशिष्ट प्रकार की पौद्गलिक शक्ति भी है, जो पर्याप्ति के नाम से अपनी पहिचान कराती है। पर्याप्ति का अर्थ है– जीवन धारण में उपयोगी पौद्गलिक शक्ति। यह शक्ति जीव उस समय ग्रहण करता है,जब वह एक स्थूल शरीर को छोड़कर दूसरे शरीर को धारण करता है। वहाँ वह अपेक्षित पुद्गल समूह को ग्रहण करता है और उन्हें आहार, शरीर, इन्द्रिय, श्वासोच्छ्वास और मन के रूप में परिणत कर वैसी पौद्गलिक क्षमता अर्जित कर लेता है।

आहार पर्याप्ति सबसे पहले पूर्ण होती है। इस पर्याप्ति के द्वारा जीव जीवन भर आहार योग्य पुद्गलों के ग्रहण, परिणमन, और विसर्जन की क्षमता प्राप्त कर लेता है। शरीर पर्याप्ति के द्वारा शरीर के अंगोपांगों का निर्माण होता है। इन्द्रिय पर्याप्ति स्पर्शन आदि इन्द्रियों के निर्माण का कार्य संपन्न करती है। श्वासोच्छ्वास पर्याप्ति के द्वारा श्वास वायु के ग्रहण और उत्सर्जन की क्षमता प्राप्त होती है। भाषा पर्याप्ति भाषा के योग्य पुद्गलों का ग्रहण और उत्सर्जन करती है।, मन: पर्याप्ति मनन करने योग्य पुद्गलों के ग्रहण करने और छोड़ने में जीव का सहयोग करती है।

छहों पर्याप्ति के कार्य को एक मकान के प्रतीक से अच्छी तरह समझा जा सकता है। मकान निर्माता मकान बनाने की योजना क्रियान्वित करते समय पत्थर, चूना, सीमेण्ट, रेत, काष्ठ आदि सारी सामग्री एकत्रित करता है। इसी तरह सब प्रकार के पौद्गलिक सामग्री के संचयन का काम आहार पर्याप्ति का है।

मकान निर्माता अपनी संग्रहीत सामग्री का वर्गीकरण करता है- अमुक पत्थर दीवार के काम आएगा, अमुक काष्ठ कपाट के काम में आएगा। इसी प्रकार शरीर के आंगोंपांगों के वर्गीकरण का काम शरीर पर्याप्ति का है।

मकान बनाते समय उसमें हवा के प्रवेश–निर्गमन हेतु तथा अन्दर आने-जाने के लिए द्वार-खिड़कियाँ आदि बनायी जाती है। इसी प्रकार इन्द्रिय, श्वासोच्छ्वास और भाषा पर्याप्तियाँ होती हैं।

मकान बनाने के बाद व्यक्ति आवश्यकता और समय के अनुसार उसका उपयोग करता है। सर्दी में निर्वात कमरों का उपयोग करता है और गर्मी में हवादार कमरों का उपयोग करता है। यह काम मन:पर्याप्ति का है। कब क्या करना है, कैसे करना है, आदि चिन्तन-मनन की संपूर्ण शक्ति मन:पर्याप्ति सापेक्ष है।

इन छहों पर्याप्तियों का प्रारम्भ एक साथ होता है और पूर्णता क्रमिक होती है। प्रत्येक पर्याप्ति के पूर्ण होने में एक-एक अन्तर्मुहूर्त का समय लगता है तथा छहों पर्याप्तियों की पूर्णता का काल भी अन्तर्मुहूर्त ही है। ये पर्याप्तियाँ स्थूल शरीर के ग्रहण काल में ही अन्तर्मुहूर्त में पूरी हो जाती हैं तथा जीवन पर्यन्त प्राणी के लिए जीवनोपयोगी सामग्री जुटाती रहती हैं।

जो जीव अपनी पर्याप्तियों को पूर्ण कर लेते हैं उन्हें पर्याप्तक कहते हैं, क्योंकि वे अपने शरीर निर्माण और जीवनोपयोगी सामग्री जुटाने में पर्याप्त अर्थात् सक्षम हो जाते हैं। कुछ जीव ऐसे भी होते हैं जो अपनी एक भी पर्याप्ति को पूर्ण नहीं कर पाते हैं। ऐसे जीव अपर्याप्त कहलाते हैं। अपर्याप्त जीव दो प्रकार के होते हैं– १. निवृत्ति अपर्याप्त और २. लब्धि अपर्याप्त। जिनकी पर्याप्तियाँ अधूरी हैं किन्तु अन्तर्मुहूर्त में अवश्य पूरी होने वाली हैं, वे निवृत्ति- अपर्याप्त हैं। जिनकी सभी पर्याप्तियाँ अधूरी रहती हैं, पर्याप्तियों के पूर्ण होने से पूर्व ही जिनका मरण हो जाता है, उन्हें लब्धि अपर्याप्त कहते हैं। लब्धि अपर्याप्त जीवों की आयु श्वास के अट्ठारहवें भाग मात्र होती है। शरीर पर्याप्ति पूर्ण हो जाने पर जीव पर्याप्तक माना जाता है।

सभी जीवों के अपने-अपने योग्य पर्याप्तियाँ होती हैं। एकेन्द्रिय जीवों के पास आहार, शरीर, इन्द्रिय और श्वासोच्छ्वास रूप चार पर्याप्तियाँ होती हैं। विकलत्रय और असंज्ञी जीवों के आहार, शरीर, इन्द्रिय, श्वासोच्छ्वास पर्याप्ति के साथ भाषा पर्याप्ति भी होती है तथा संज्ञी पंचेन्द्रिय जीव छहों पर्याप्ति वाले होते हैं।

प्राण

प्राण का अर्थ है– जीवनी शक्ति। यह वह शक्ति है जिसके आधार पर प्राणी जीवन जीता है। प्राणों के संयोग-वियोग के आधार पर ही प्राणी का जीवन-मरण घटित होता है। प्राण के मूलतः चार भेद हैं- १. इन्द्रिय प्राण २. बल प्राण ३. श्वासोच्छ्वास प्राण ४. आयु प्राण ।

पंचेन्द्रिय विषयों को ग्रहण करने की चेतन शक्ति को इन्द्रिय प्राण कहते हैं। मन, वचन और काय द्वारा प्रवृत्ति करने की चेतन शक्ति बल प्राण है, श्वास-प्रश्वास को ग्रहण करने और छोड़ने की चेतन शक्ति श्वासोच्छ्वास प्राण है।

प्राण के उपभेद

प्राण के कुल दस उपभेद हैं -

१. स्पर्शन इन्द्रिय प्राण	६. मनो बल प्राण
२. रसना इन्द्रिय प्राण	७. वचन बल प्राण
३. घ्राण इन्द्रिय प्राण	८. काय बल प्राण
४. चक्षु इन्द्रिय प्राण	९. श्वासोच्छ्वास प्राण
५. श्रोत्र इन्द्रिय प्राण	१०. आयु प्राण

सभी जीवों के प्राण समान नहीं होते। प्रत्येक जीव अपनी-अपनी इन्द्रिय क्षमता के अनुरूप ही प्राण धारण करते हैं। संज्ञी पंचेन्द्रिय जीवों के दशों प्राण होते हैं। असंज्ञी पंचेन्द्रिय जीव मनोबल रहित नौ प्राणवाले होते हैं। चार इन्द्रिय, तीन इन्द्रिय तथा दो इन्द्रिय जीवों के क्रमशः एक-एक इन्द्रिय कम होने से आठ, सात और छह प्राण होते हैं। एकेन्द्रिय में वचन बल का भी अभाव पाया जाता है, अतः उनमें मात्र स्पर्शन इन्द्रिय, शरीर बल, उच्छ्वास और आयु, ये चार प्राण पाये जाते हैं।

लब्धि-अपर्याप्त जीवों में उच्छ्वास, वचनबल और मनोबल प्राण नहीं होते, क्योंकि उनकी पर्याप्तियाँ अधूरी रहती हैं। अतः उनमें पंचेन्द्रियों के सात प्राण तथा शेष चार इन्द्रिय आदि जीवों में क्रमशः छह, पाँच, चार और तीन प्राण होते हैं।

प्राणों का उक्त वर्गीकरण व्यवहार दृष्टि से किया गया है, क्योंकि ये सभी चेतन शक्ति होने के बाद भी पौद्गलिक शक्ति पर्याप्ति के सापेक्ष है। इसलिए इन्हें व्यवहार प्राण कहते हैं। निश्चय नय की दृष्टि से पुद्गलशक्ति निरपेक्ष शुद्ध चेतना ही वास्तविक प्राण है, इसे निश्चय प्राण भी कहते हैं। मुक्त आत्मा उक्त दशों प्राणों से अतीत होते हैं।

पर्याप्ति और प्राण में सम्बन्ध

प्राण आत्मिक शक्ति है, पर्याप्ति पौद्गलिक शक्ति। बोलने में व्यक्ति का जो आत्मीय प्रयत्न होता है, वह प्राण है और उस प्रयत्न के अनुसार जो शक्ति भाषा योग्य पुद्गलों का संग्रह करती है, वह है– पर्याप्ति। प्राण का अर्थ है– जीवनीशक्ति। इस शक्ति का सीधा सम्बन्ध जीव से है, फिर भी ये पौद्गलिक शक्ति सापेक्ष है। जीवन धारण करने में प्राण शक्ति का उपयोग होता है। यह शक्ति तब प्राप्त होती है, जब जीव जन्म धारण करने के अनन्तर पर्याप्तियाँ पूर्ण कर लेता है। इस दृष्टि से प्राण और पर्याप्ति परस्पर सम्बद्ध हैं। प्राण संख्या में दस हैं, उनमें पाँच इन्द्रिय प्राणों का सम्बन्ध इन्द्रिय पर्याप्ति से है। मनोबल, वचन बल व काय

बल का सम्बन्ध मनःपर्याप्ति, भाषा पर्याप्ति और शरीर पर्याप्ति से है। श्वासोच्छ्वास प्राण का सम्बन्ध श्वासोच्छ्वास पर्याप्ति से है। आयुप्राण आहार-पर्याप्ति से सम्बद्ध है। जब तक नोकर्म-वर्गणाओं का ग्रहण/आहार होता रहता है, तब तक आयुप्राण के आधार पर जीव जीवित रहता है। आहार की समाप्ति आयु की समाप्ति है। आयु के क्षीण होते ही प्राणी की मृत्यु हो जाती है।

मुक्त आत्माएँ सब प्रकार की पौद्‌गलिक शक्तियों से निरपेक्ष हो जाती हैं, इसलिए उनमें दसों प्राणों में से एक भी प्राण नहीं पाया जाता है, क्योंकि प्राण जीवनी शक्ति होने पर भी पौद्‌गलिक शक्ति-पर्याप्तियों की अपेक्षा रखते हैं। मुक्त जीव में शुद्ध चेतना अवशिष्ट रहती है। पुद्‌गल का प्रभाव वहाँ सर्वथा क्षीण हो जाता है। इसलिए प्राण की सत्ता केवल संसारी जीवों में रहती है।

चार संज्ञाएँ

वेदनीय अथवा मोहनीय कर्म के उदय से प्राणी में आहारादि की प्राप्ति के लिए जो स्पष्ट और अस्पष्ट इच्छा, व्यग्रता अथवा सक्रियता बनी रहती है, वह संज्ञा है। संज्ञा जीव की एक विशेष प्रकार की वृत्ति है। यह हीनाधिक रूप में छोटे-बड़े सभी संसारी प्राणियों में पायी जाती है। किसी में संज्ञाएँ बहुत गहरी होती हैं, तो किसी में बहुत साधारण। भौतिक वस्तुओं की प्राप्ति तथा प्राप्त वस्तुओं के संरक्षण की व्यक्त अथवा अव्यक्त अभिलाषा भी संज्ञा का ही रूप है। संज्ञाओं का स्वरूप इस प्रकार है-

१. आहार संज्ञा- भोजन की इच्छा,उसके प्रति गहरी अभीप्सा और आसक्ति का भाव।

२. भय संज्ञा- किसी कल्पित या वास्तविक भयोत्पादक स्थिति में होनेवाली घबराहट।

३. मैथुन संज्ञा- वासना की वृत्ति, आत्मा को विस्मृत कर पर के साथ रमण का भाव ।

४. परिग्रह संज्ञा- पदार्थ के ग्रहण और संरक्षण की मनोवृत्ति और पदार्थ के प्रति होनेवाला ममत्व।

गुणस्थानों में संज्ञा

आहार संज्ञा पहले से छठे गुणस्थान तक होती है, भय संज्ञा आठवें तक, मैथुन संज्ञा नवमें गुणस्थ।न तक और परिग्रह संज्ञा दसवें गुणस्थान तक पायी जाती है। यहाँ यह विशेष ध्यातव्य है कि संज्ञाओं की सक्रियता प्रमाद की भूमिका तक ही होती है। छठवें गुणस्थान से आगे संज्ञाएँ व्यक्त रूप से नहीं रहती। वहाँ संज्ञा उत्पादक कर्म के अस्तित्व की अपेक्षा ही संज्ञा का सद्‌भाव कहा गया है।

मार्गणा

जिन-जिन धर्म विशेषों में जीवों की खोज की जाती है, उसे मार्गणा कहते हैं। मार्गणा के चौदह भेद हैं-

१. गति २.इन्द्रिय ३. काय ४. योग ५. वेद ६. कषाय ७. ज्ञान ८. संयम ९. दर्शन १०. लेश्या ११. भव्य १२. सम्यक्त्व १३. संज्ञी १४. आहार।

गति मार्गणा

गतिश्चतुर्विधा।।३१।।

गति चार प्रकार की है ।।३१।।

नाम कर्म के उदय से उत्पन्न होनेवाली पर्याय तथा चारों गतियों में गमन करने के कारण को गति कहते हैं। गति चार प्रकार की है- नरक गति, तिर्यञ्च गति, मनुष्य गति और देवगति । चार गतियों की अपेक्षा गति मार्गणा के चार भेद हैं।

इन्द्रिय मार्गणा

पञ्चेन्द्रियाणि ।।३२।।

इन्द्रियाँ पाँच हैं ।।३२।।

जिसके द्वारा संसारी जीवों की पहिचान हो उसे इन्द्रिय कहते हैं अथवा संसारी जीवों के ज्ञान के साधन को इन्द्रिय कहते हैं।

इन्द्रियाँ पाँच हैं- स्पर्शन इन्द्रिय, रसना इन्द्रिय, घ्राण इन्द्रिय, चक्षु इन्द्रिय और श्रोत्र इन्द्रिय। पाँच इन्द्रियों की अपेक्षा इन्द्रिय मार्गणा के पाँच प्रकार हैं।

१. स्पर्शन इन्द्रिय- जिस इन्द्रिय से हल्का-भारी, कठोर-मृदु, शीत-उष्ण, तथा रूखा-चिकनारूप आठ प्रकार के स्पर्श का ज्ञान होता है, वह स्पर्शन इन्द्रिय है। यह अपने-अपने शरीर के आकार की होती है, जिनमें एक मात्र स्पर्शन इन्द्रिय पायी जाती है, वे एकेन्द्रिय कहलाते हैं।

२. रसना इन्द्रिय- जिस इन्द्रिय से खट्टा-मीठा, कड़वा-कसायला और चरपरा इन पाँच प्रकार के रसों का ज्ञान होता है, वह रसना इन्द्रिय है। जिन जीवों के स्पर्श और रसना ये दो इन्द्रिय पाई जाती है वे दो इन्द्रिय कहलाते हैं। इस इन्द्रिय का आकार खुरपा के समान है।

३. घ्राण इन्द्रिय- सुगन्ध और दुर्गन्ध का ज्ञान इस इन्द्रिय से होता है। इसका आकार तिल के फूल के समान होता है। स्पर्शन, रसना और घ्राण इन्द्रिय से युक्त जीव तीन इन्द्रिय कहलाते हैं।

४. चक्षु इन्द्रिय- काला-पीला, नीला, लाल तथा सफेद आदि विविध प्रकार के वर्ण चक्षु इन्द्रिय के विषय हैं। इसका आकार मसूर के दाने के समान है। स्पर्शन, रसना, घ्राण और चक्षु इन्द्रिय से युक्त जीव चार इन्द्रिय कहलाते हैं।

५. श्रोत्र इन्द्रिय- श्रोत्र इन्द्रिय का विषय शब्द है। इसका आकार गेहूँ की बाली के समान है। जिन जीवों के पास पाँचों इन्द्रियाँ पायी जाती हैं वे पंचेन्द्रिय कहलाते हैं।

एकेन्द्रिय आदि जीवों की अवगाहना और आयु

एकेन्द्रिय जीवों की उत्कृष्ट अवगाहना स्वयंभूरमण समुद्र में स्थित कमल की है, जो एक कोश अधिक एक हजार योजन का है। दो इन्द्रियों में शंख की उत्कृष्ट अवगहना बारह योजन की है, तीन इन्द्रियों में गोम्मि (चींटी) की उत्कृष्ट अवगाहना तीन कोस की है, चार इन्द्रिय में एक योजन का भौंरा और पंचेन्द्रियों में एक हजार योजन का राघव मत्स्य उत्कृष्ट अवगाहनावाला है। ये सभी उत्कृष्ट अवगाहनावाले जीव स्वयंभूरमण द्वीप और समुद्र में पाये जाते हैं। किन्तु एक हजार योजन विस्तारवाला कमल नन्दीश्वर द्वीप की बावड़ी में भी पाया जाता है।

आयु - एकेन्द्रिय जीवों की उत्कृष्ट आयु २२ हजार वर्ष, द्वीन्द्रिय जीवों की उत्कृष्ट आयु १२ वर्ष, त्रीइन्द्रिय जीवों की उत्कृष्ट आयु ४९ दिन रात, चतुरिन्द्रिय जीवों की उत्कृष्ट आयु ६ माह तथा असंज्ञी पचेन्द्रिय जीवों की उत्कृष्ट आयु पूर्व कोटि वर्ष की होती हैं। भोगभूमिज मनुष्य-तिर्यञ्चों की उत्कृष्ट आयु तीन पल्य तथा कर्म भूमिज संज्ञी पंचेन्द्रियों की उत्कृष्ट आयु पूर्व कोटि होती है। देवों और नारकियों की उत्कृष्ट आयु ३३ सागर बताई गयी है। समस्त मनुष्य-तिर्यञ्चों की जघन्य आयु अन्तर्मुहूर्त तथा देवों और नारकियों की जघन्य आयु दस हजार वर्ष है। भोगभूमिज मनुष्य-तिर्यञ्चों की जघन्य आयु एक समय अधिक पूर्व कोटि है।

काय मार्गणा

षड् जीव-निकायाः ।।३३।।

जीवों के छह निकाय हैं।।३३।।

जीव निकाय का अर्थ है— जीवों का समूह । जैन आगम में जीवों के छह प्रकार बताएँ गये हैं- पृथ्वी कायिक, जल कायिक, अग्नि कायिक, वायु कायिक, वनस्पति कायिक और त्रस कायिक। ये छहों प्रकार जैन आगमों में छह जीव निकाय के रूप में प्रसिद्ध हैं। काय मार्गणा के यही छह भेद हैं।

१. पृथ्वी कायिक- काय का अर्थ है— शरीर। पृथ्वी ही जिन जीवों का शरीर है, वे पृथ्वी कायिक हैं। मिट्टी, रेत, हीरा, पन्ना, सोना, चाँदी, कोयला, अभ्रक आदि जितने भी खनिज पदार्थ हैं, सभी पृथ्वी कायिक जीवों के पिण्ड हैं। मिट्टी की एक छोटी सी डली में भी असंख्य जीव होते हैं। ये जीव एक साथ रहने पर भी अपनी स्वतंत्र सत्ता बनाए रखते हैं।

२. जलकायिक- जल ही जिन जीवों का शरीर है, वे जलकायिक जीव हैं। सब प्रकार का जल, ओला, कुहरा, ओस ये सब जलकायिक जीवों के शरीर हैं। इन जीवों के शरीर इतने सूक्ष्म होते हैं कि हमें दिखाई नहीं देते। पानी की एक बूँद भी असंख्य जलकायिक जीवों के शरीरों का पिण्ड है।

३. अग्निकायिक- अग्नि ही जिन जीवों का शरीर है, उन्हें अग्निकायिक जीव कहते हैं। सभी प्रकार की अग्नि, अंगारे, ज्वाला आदि अग्नि कायिक जीवों के उदाहरण हैं। पानी की बूँद की भाँति अग्नि की एक छोटी-सी चिनगारी में भी अग्नि के असंख्य जीवों के शरीर का अस्तित्व है।

४. वायुकायिक- वायु ही जिन जीवों का शरीर है, उन्हें वायुकायिक जीव कहते हैं। संसार में जितने प्रकार की वायु है, वह इसी काय में अन्तर्गर्भित है। इस काय में भी असंख्य जीव हैं, जो पृथक्-पृथक् शरीरों में रहते हैं।

५. वनस्पतिकायिक- वनस्पति ही जिन जीवों का शरीर है, वे वनस्पति कायिक हैं। इस काय में रहनेवाले जीव दो प्रकार के हैं- प्रत्येक वनस्पति और साधारण वनस्पति। प्रत्येक वनस्पति के जीव एक-एक शरीर में एक-एक ही होते हैं। प्रत्येक वनस्पति कायिक दो प्रकार के हैं— सप्रतिष्ठित प्रत्येक और अप्रतिष्ठित प्रत्येक। जिन प्रत्येक जीवों के आश्रित अन्य साधारण जीव पाये जाते हैं, वे सप्रतिष्ठित तथा साधारण जीवों से रहित प्रत्येक जीव अप्रतिष्ठित कहलाते हैं। एक जीव के आश्रित असंख्य जीव रह सकते हैं, पर

उनकी सत्ता स्वतन्त्र रहती है।

साधारण वनस्पति में एक शरीर अनन्त जीवों का पिण्ड होता है। सब प्रकार की काई, कन्दमूल आदि साधारण वनस्पति के उदाहरण हैं। साधारण के शरीरों को निगोद कहते हैं, क्योंकि वह अनन्त जीवों का एक शरीर होता है। अनन्त निगोद जीव एक शरीर में व्याप्त होते हैं। वे सभी जीव इस शरीर में एक साथ जन्मते हैं और एक साथ श्वास लेते हैं, एक ही साथ मरते भी हैं। साधारण जीवों का आहार ग्रहण, श्वास-ग्रहण और जन्म-मरण एक साथ अनन्त जीवों में साधारण अर्थात् समान होता है, इसलिए वे साधारण कहलाते हैं।

निगोद जीव दो प्रकार के होते हैं– नित्य निगोद और इतर निगोद। जिन जीवों ने निगोद के अतिरिक्त अन्य पर्याय न तो आज तक ग्रहण की है, न ही भविष्य में करेंगे, वे नित्य निगोद हैं। निगोद पर्याय से निकलकर अन्य पर्यायों को प्राप्त कर पुनः निगोद में उत्पन्न होनेवाले जीव इतर निगोद कहलाते हैं।

पृथ्वी, जल, अग्नि, वायु और वनस्पति इन पाँचों काय के जीव स्थावर नाम कर्म से युक्त होने के कारण स्थावर कहलाते हैं। इनके एकमात्र स्पर्शन इन्द्रिय होती है। प्रत्येक वनस्पतिकायिक जीवों को छोड़कर शेष सभी स्थावर बादर और सूक्ष्म दोनों प्रकार के होते हैं। प्रत्येक वनस्पतिकायिक बादर ही होते हैं ।

त्रस कायिक- त्रस नाम कर्म के उदय से युक्त जीव त्रस कहलाते हैं। त्रस जीव दुःख निवृत्ति और सुख की प्राप्ति के लिए गमनागमन की क्षमता रखते हैं। दो इन्द्रिय, तीन इन्द्रिय, चार इन्द्रिय, असंज्ञी पंचेन्द्रिय और संज्ञी पंचेन्द्रिय के भेद से त्रस काय के पाँच भेद हैं।

योग मार्गणा

त्रिविधो योगः ।।३४।।

पञ्चदशविधो वा ।।३५।।

योग तीन प्रकार का है।।३४।।

अथवा उसके पन्द्रह प्रकार हैं।।३५।।

योग शब्द का प्रयोग अनेक अर्थों में होता है। उनमें दो अर्थ- मिलन और समाधि अधिक प्रसिद्ध हैं। वर्तमान युग में योग एक प्रकार की साधना पद्धति अथवा आसन प्रयोग के रूप में काफी प्रचलित है। जैन शास्त्रों में योग का अर्थ सबसे भिन्न है। जैन-दर्शन के अनुसार जीव के मन, वचन और काय की प्रवृत्ति के निमित्त से आत्म प्रदेशों में एक विशेष प्रकार का परिस्पन्दन होता रहता

है। इसी परिस्पन्दन के निमित्त से कर्म के पुद्गल जीव की ओर आकर्षित होकर कर्मरूप परिणत होते हैं। चूंकि यह स्पन्दन ही जीव और कर्म का योग कराता है, इसलिए इसे योग कहते हैं। कारण में कार्य का उपचार करके मन, वचन, काय की प्रवृत्ति को भी योग कहते हैं। मन, वचन और काय के निमित्त से योग के मूलतः तीन भेद हैं।

१. मनोयोग- मन की प्रवृत्ति के निमित्त से होनेवाले आत्म प्रदेशों का परिस्पंदन।

२. वचन योग- वचन की प्रवृत्ति के निमित्त से होनेवाला आत्म प्रदेशों का परिस्पन्दन।

३. काय योग- काय-शरीर की प्रवृत्ति के निमित्त से होनेवाले आत्म प्रदेशों का परिस्पन्दन।

मनोयोग- मन हमारी प्रवृत्ति का सूक्ष्म किन्तु प्रमुख कारण है। मन के द्वारा होनेवाला आत्मा का परिस्पन्दन मनोयोग है। उसके चार भेद हैं-

१. सत्य मनोयोग **२. असत्य मनोयोग**

३. उभय मनोयोग **४. अनुभय मनोयोग**

सत्य के विषय में होनेवाली मन की प्रवृत्ति सत्य मनोयोग है। असत्य के विषय में होनेवाली मन की प्रवृत्ति असत्य मनोयोग है। सत्य और असत्य के मिश्रण से होनेवाली मन की प्रवृत्ति उभय मनोयोग है। मन की जो प्रवृत्ति सत्य भी नहीं है और असत्य भी नहीं है, उस प्रवृत्ति का नाम अनुभय मनोयोग है। इसका सम्बन्ध मुख्यतः आदेशात्मक और उपदेशात्मक चिन्तन से है।

वचन योग- वाणी के द्वारा होनेवाला आत्मा का परिस्पन्दन वचन योग है। मनोयोग की तरह वचन योग के भी चार भेद हैं।

काय योग- शरीर के द्वारा होनेवाला आत्मा का परिस्पन्दन काय योग है। काय योग का सम्बन्ध शरीर से है। शरीर पाँच हैं– औदारिक शरीर, वैक्रियक शरीर, आहारक शरीर, तैजस शरीर और कार्मण शरीर।

(अ) मनुष्यों और तिर्यञ्चों का स्थूल शरीर औदारिक शरीर है।

(ब) देवों और नारकियों का स्थूल शरीर वैक्रियक शरीर है।

(स) ऋद्धि सम्पन्न मुनियों के शंका समाधानार्थ निकलनेवाला शरीर आहारक शरीर है।

(द) स्थूल शरीरों में कान्ति, ऊष्मा और प्रकाश उत्पन्न करनेवाला शरीर तैजस शरीर है।

(ध) कार्मण शरीर का अर्थ हैं कर्मों का समूह। इसे सूक्ष्म शरीर अथवा संस्कार शरीर भी कहते हैं।

शरीर के निमित्त से काय योग के सात भेद हैं-

१. औदारिक काय योग
२. औदारिक मिश्र काय योग
३. वैक्रियक काय योग
४. वैक्रियक मिश्र काय योग
५. आहारक काय योग
६. आहारक मिश्र काय योग
७. कार्मण काय योग

औदारिक-औदारिकमिश्र -औदारिक शरीर के निमित्त से होनेवाला आत्म प्रदेशों का परिस्पन्दन औदारिक काय योग है।औदारिक मिश्र काय के निमित्त से होनेवाला आत्म प्रदेशों का परिस्पदन औदारिक मिश्र काय योग कहलाता है। मृत्यु के समय जीव का पिछला शरीर छूट जाता है। उसके उपरान्त मनुष्य और तिर्यञ्च गति में उत्पन्न होनेवाले जीव अपने उत्पत्ति-स्थान में पहुँचकर आहार ग्रहण करते हैं, पर जब तक शरीर पर्याप्ति पूर्ण नहीं कर लेते तब तक उनके औदारिक मिश्र काय योग होता है। उस समय जीव कार्मण वर्गणा से मिश्रित औदारिक वर्गणाओं का आलम्बन लेता है।

वैक्रियक-वैक्रियकमिश्र- वैक्रियक शरीर के निमित्त से होनेवाला योग वैक्रियक काय योग है। वैक्रियक मिश्र काय के निमित्त से होनेवाला योग वैक्रियक मिश्र काय योग है। देवों और नारकियों में उत्पन्न होनेवाले जीव जब तक अपनी शरीर पर्याप्ति को पूर्ण नहीं करते, तब तक उनके वैक्रियक मिश्र काय योग होता है।

आहारक-आहारकमिश्र- आहारक शरीर के निमित्त से होनेवाला योग आहारक काय योग है। आहारक शरीर की निष्पत्ति करते समय जब तक उसकी शरीर पर्याप्ति पूर्ण न हो, तब तक आहारक मिश्र काय योग होता है।

कार्मण काय योग- कार्मण शरीर के निमित्त से होनेवाला योग कार्मण काय योग कहलाता है। विग्रह गति में कार्मण काय योग होता है। इस योग का अधिकतम काल तीन समय है। कार्मण काय योग में जीव अनाहारक होता है।

उस समय वह नोकर्म वर्गणाओं को ग्रहण नहीं करता।

इस प्रकार योग के कुल पन्द्रह भेद हैं। संसारी जीवों में होनेवाली योगों की संख्या इस प्रकार है-

जीव	योग संख्या	विवरण
एकेन्द्रिय	तीन	औदारिक- औदारिक मिश्र और कार्मण
दो इन्द्रिय से असंज्ञी पंचेन्द्रिय	चार	औदारिकद्विक, कार्मण और अनुभयवचन
संज्ञी पंचेन्द्रिय तिर्यञ्च	ग्यारह	वैक्रियक द्विक और आहारक द्विक रहित
मनुष्य	तेरह	वैक्रियक द्विक रहित
देव-नारकी	ग्यारह	औदारिक द्विक और आहारक द्विक रहित

गुणस्थानों की अपेक्षा योग

गुणस्थान		योग
१ से १३	-	औदारिक
१,२,४,१३	-	औदारिक मिश्र
१ से ४	-	वैक्रियक
१, २, ४	-	वैक्रियक मिश्र
६	-	आहारक द्विक
१, २, ४, १३	-	कार्मण
१ से १२	-	असत्य, मन, वचन
१ से १२	-	उभय मन-वचन
१ से १३	-	सत्य मन- वचन
१ से १३	-	अनुभय मन- वचन

✡

वेद मार्गणा

वेदस्त्रिविधः ।।३६।।

नव विधो वा ।।३७।।

वेद तीन प्रकार के हैं।।३६।।

अथवा वह नौ प्रकार का है।।३७।।

वेद के मूलतः तीन भेद हैं-पूरुषवेद, स्त्रीवेद, नपुंसकवेद। द्रव्यवेद और भाववेद की अपेक्षा तीनों वेद दो प्रकार के होते हैं।

वेद नोकषाय के उदय से स्त्री की पुरुषाभिलाषा, पुरुष की स्त्री सम्बन्धी अभिलाषा और नपुंसक की उभयमुखी अभिलाषा भाव वेद कहलाती है। तथा नाम कर्म के उदय से उत्पन्न स्त्री, पुरुष, नपुंसक आदि के बाह्य चिह्नों को द्रव्य वेद कहते हैं।

स्त्रीवेद में पुरुषाभिलाषा रहती है, पुरुषवेद में स्त्री सम्बन्धी अभिलाषा रहती है तथा नपुंसक वेद के उदय में उभयमुखी अभिलाषा होती है।

प्रायः द्रव्य वेद और भाव वेद समान रहते हैं, किन्तु कभी-कभी द्रव्य और भाव वेदों में विसदृशता भी हो जाती है। इस अपेक्षा से वेद के नौ भेद कहे गये हैं-

द्रव्य पुरुष- भाव पुरुष, द्रव्य पुरुष-भाव स्त्री, द्रव्य पुरुष-भाव नपुंसक।

द्रव्य स्त्री- भाव स्त्री, द्रव्य स्त्री-भाव पुरुष, द्रव्य स्त्री-भाव नपुंसक।

द्रव्य नपुंसक- भावनपुंसक, द्रव्य नपुंसक-भाव पुरुष, द्रव्य नपुंसक-भाव स्त्री।

जन्म के समय जिस भाव वेद का उदय रहता है, वह मृत्यु पर्यन्त स्थायी रहता है। भाव वेद में परिवर्तन संभव नहीं है। भाव वेद की अपेक्षा नौवें गुणस्थान तक तीनों वेदवाले पाये जाते हैं। वहीं पर वेद नोकषाय का क्षय करके जीव अपगतवेदी हो जाता है। द्रव्य वेद की अपेक्षा स्त्री वेदी और नपुंसक वेदी, पंचम गुणस्थान तक रह सकते हैं। पंचम गुणस्थान से आगे द्रव्य पुरुष वेदी ही जा सकते हैं।

यहाँ यह विशेष ध्यातव्य है कि जब तक प्रमाद जुड़े रहते हैं, वेद व्यक्त विकार के रूप में तभी तक परिणत हो पाते हैं। सातवें गुणस्थान में प्रमाद नहीं है। इस दृष्टि से वहाँ व्यक्त विकार भी नहीं है।

कषाय मार्गणा

चत्वारः कषायाः ।।३८।।

कषाय के चार प्रकार हैं।।३८।।

कषाय आत्मा की एक वैभाविक अवस्था है, उसके मुख्यतः चार भेद हैं- क्रोध, मान, माया और लोभ। क्रोध आदि आत्मा के स्वभाव नहीं, विभाव हैं। ये विजातीय तत्त्व हैं, फिर भी आत्मा से जुड़कर उसके अभिन्न अंग हो गये हैं। ये आत्मा के साथ रहने पर भी उसके अपने नहीं हैं। इसलिए विशेष प्रयत्न के द्वारा इन्हें अलग किया जा सकता है, पर यह स्थिति विशिष्ट साधना से ही संभव हो सकती है। चौदह गुणस्थानों में से दस गुणस्थानों को पार कर लेने के बाद इस कषाय चतुष्टयी से छुटकारा मिलता है। उससे पहले हीनाधिक रूप में हर आत्मा कषाय से प्रभावित रहती है।

कषाय की तीव्रता मंदता के आधार पर क्रोध, मान, माया और लोभ के चार-चार भेद किए गए हैं— अनन्तानुबन्धी, अप्रत्याख्यान, प्रत्याख्यान और संज्वलन। इन भेदों को मिलाने से उनकी संख्या सोलह हो जाती है।

१. अनन्तानुबन्धी- अनन्त अनुबन्ध-श्रृंखलाएँ जिस कषाय के साथ जुड़ी रहती हैं, वह अनन्तानुबंधी कषाय होती है। इन अनुबन्धों का कोई ओर-छोर नहीं होता। ये आगे-आगे बढ़ते जाते हैं। अनन्तानुबन्धी के उदय से क्रोध, मान, माया, लोभ बहुत गहरे हो जाते हैं। अनन्तानुबन्धी कषाय जीव के सम्यक्त्व और चारित्र दोनों गुणों की घातक है।

२. अप्रत्याख्यान- अप्रत्याख्यान कषाय कुछ शिथिल होती है। यह कषाय देश संयम का घात करती है।

३. प्रत्याख्यान- यह अप्रत्याख्यान से भी हल्की होती हैं। यह कषाय चतुष्टयी संयम की घातक है।

४. संज्वलन- यह सबसे मंद कषाय है। इसका प्रभाव अन्तर्मुहुर्त तक रहता है। संज्वलन चतुष्क यथाख्यात चारित्र की विघातक है।

कषाय की तीव्रता और मंदता के आधार पर किया गया यह वर्गीकरण व्यवहार में भी स्पष्ट दिखाई देता है। किसी व्यक्ति का क्रोध इतना तीव्र होता है कि जन्म-जन्मान्तरों तक उसके साथ रहता है। किसी व्यक्ति का क्रोध इतना क्षणिक होता है कि इस क्षण क्रोध आया और दूसरे क्षण नाम शेष हो गया।

कषायों की तीव्रता और मंदता को दर्शाने के लिए जैनाचार्यों ने उन्हें

विविध उदाहरणों/प्रतीकों से समझाया है।

अनन्तानुबन्धी कषाय के चार भेद हैं- क्रोध, मान, माया और लोभ अनन्तानुबन्धी क्रोध पत्थर की रेखा के समान है। सामान्यतः पत्थर में दरार होती नहीं और हो जाने के बाद वह सहजतया मिटती नहीं। इसी प्रकार अनन्तानुबन्धी क्रोध गहरी पकड़ में होता है। क्रोध की उत्पत्ति का निमित्त शांत हो जाने पर भी व्यक्ति शांत नहीं होता। उसका मन आग की भाँति धधकता रहता है। उसके चारों ओर उत्तेजना का वलय निर्मित हो जाता है।

पत्थर की रेखा को मिटाने के लिए उसे छैनी से तराशने की अपेक्षा रहती है। इसी प्रकार अनन्तानुबन्धी क्रोध को शान्ति रूपी छैनी से तराशने पर ही उसका प्रभाव क्षीण होता है।

अनन्तानुबन्धी मान पत्थर के स्तम्भ के समान है। लकड़ी का स्तम्भ इधर-उधर हो सकता है, पर पत्थर के खंभों को झुकाना प्रयत्न साध्य भी नहीं है। वह टूट जाता है, पर झुकता नहीं। इसी प्रकार अनन्तानुबन्धी मान रखने वाला व्यक्ति किसी भी परिस्थिति के साथ समझौता नहीं कर सकता। मृदुता का विकास ही इस स्थिति का समाधान है।

अनन्तानुबन्धी माया बाँस की जड़ के समान है। बाँस की जड़ इतनी जटिल होती है कि वहाँ टेढ़ेपन के अतिरिक्त कुछ होता ही नहीं। ऐसी माया व्यक्ति को धूर्तता के शिखर पर पहुँचा देती है। इसे प्रतिहत करने के लिए ऋजुता का अभ्यास आवश्यक है।

अनन्तानुबन्धी लोभ किरमिजी के रंग के समान है। इसका रंग दिन-दिन गहरा होता जाता है। अन्य रंग प्रयत्न करने पर उतर जाते हैं। मांजिष्ठ का रंग पक्का होता है। किरमिजी अथवा कृमिराग उससे भी अधिक पक्के रंग वाला होता है। अनन्तानुबन्धी लोभ का प्रभाव भी संतोषरूपी रंगकाट के द्वारा समाप्त हो सकता है।

अप्रत्याख्यान कषाय अनन्तानुबन्धी से कुछ हल्की होती है। इसकी तुलना क्रमशः भूमि की रेखा, अस्थि के स्तम्भ, मेढ़े के सींग और गाड़ी के औंगन के रंग से की गई है। कड़ी भूमि में पड़ी हुई दरार को सामान्यतः मिटाना कठिन है। हवा उसे भर नहीं सकती, किन्तु वर्षा के योग से भूमि में नमी का प्रवेश होता है. वह रेखा सम हो जाती है, इसी प्रकार अस्थि-स्तम्भ भी पत्थर के खंभे से कुछ लचीला होता है। विशेष प्रयत्न के द्वारा उसे इधर से उधर मोड़ा जा सकता है।

अप्रत्याख्यान माया मेढ़े के सींग के समान है। मेढ़े के सींग में बाँस की जड़ के समान वक्रता नहीं होती, फिर भी वह काफी टेढ़ा होता है। अप्रत्याख्यान लोभ गाड़ी के औंगन के रंग जैसा है। गाड़ी का औंगन वस्त्र को विद्रूप बनाता है। वह सहजता से नहीं छूटता, उसे छुटाने के लिए कैरोसिन आदि का प्रयोग करना पड़ता है। इसी प्रकार आत्मा में लगे.हुए अप्रत्याख्यान कषाय के धब्बे उसे कलुषित बनाए रखते हैं। विशेष पुरुषार्थ से ही उन्हें प्रक्षालित किया जा सकता है।

प्रत्याख्यान कषाय चतुष्क बालु की रेखा, काठ के स्तम्भ, चलते हुए बैल के मूत्र की धारा, और कीचड़ के रंग के समान है। बालू की रेखा साधारण-सी हवा से मिट जाती है। काष्ठ स्तम्भ को प्रयत्न से झुकाया जा सकता है। चलते हुए बैल की मूत्रधारा टेढ़ी-मेढ़ी होते हुए भी उलझी हुई नहीं होती। कीचड़ का रंग जल से साफ हो जाता है? इसी प्रकार प्रत्याख्यान क्रोध, मान, माया और लोभ भी क्षमा आदि की साधना से काफी हल्के हो जाते हैं।

संज्वलन क्रोध, मान, माया और लोभ क्रमशः जल की रेखा के समान, लता के समान, छिलते हुए बाँस की छाल के समान और हल्दी के रंग के समान है।

पानी की रेखा क्षणिक होती है, वह अपने अस्तित्व को बनाकर रख ही नहीं सकती। लता स्तम्भ में कड़ापन नाम का कोई तत्त्व होता ही नहीं, छिलते हुए बांस की छाल टेढ़ी होती है, पर वह सरलता से सीधी हो जाती है। हल्दी का रंग वस्त्र पर चढ़ता है, पर वह धूप दिखाते ही उड़ जाता है।इसी प्रकार संज्वलन क्रोध, मान, माया और लोभ व्यक्ति को समय और परिणाम दोनों दृष्टियों से बहुत कम प्रभावित कर पाते हैं।

कषायों का संस्कार काल और गुणस्थान

अनन्तानुबन्धी कषाय का प्रभाव भव-भवान्तरों तक बना रह सकता है। अप्रत्याख्यान का प्रभाव अधिकतम छह माह तक, प्रत्याख्यान कषाय अधिकतम एक पक्ष तक तथा संज्वलन कषाय अधिकतम अन्तर्मुहूर्त तक ही अपना प्रभाव दिखाती है।

अनन्तानुबन्धी कषाय का उदय मिथ्यात्व और सासादन में होता है। अप्रत्याख्यान का उदय पहले से चौथे गुणस्थान तक होता है। प्रत्याख्यान कषाय

पहले से पाँचवें गुणस्थान तक तथा संज्वलन कषाय का उदय पहले गुणस्थान से दसवें गुणस्थान तक होता है।

ज्ञान मार्गणा

अष्टौ ज्ञानानि ।।३९।।

ज्ञान मार्गणा के आठ भेद हैं।।३९।।

मतिज्ञान, श्रुतज्ञान, अवधिज्ञान, मनः पर्ययज्ञान और केवलज्ञान ये पाँच सम्यग्ज्ञान तथा कुमतिज्ञान, कुश्रुतज्ञान और विभंगज्ञान ये तीन अज्ञान, ज्ञान मार्गणा के ये आठ भेद हैं। इनका स्वरूप पहले लिखा जा चुका है।

इन आठ ज्ञानों में कुमति, कुश्रुत और विभंगज्ञान मिथ्यात्व और सासादन अवस्था में ही पाया जाता है। विभंगज्ञान संज्ञी पंचेन्द्रिय पर्याप्त जीवों को ही होता है। मिश्र गुणस्थान में तीन अज्ञान से मिश्रित तीन सम्यग्ज्ञान रहते हैं। मति, श्रुत और अवधिज्ञान चतुर्थ गुणस्थान से बारहवें गुणस्थान तक होता है। मनःपर्ययज्ञान प्रमत संयत से क्षीण कषाय गुणस्थान तक पाया जाता है। केवलज्ञान क्षायिक ज्ञान है। यह सयोग केवली, अयोग केवली और सिद्धों के होता है।

संयम मार्गणा

सप्त संयमाः ।।४०।।

संयम मार्गणा के सात भेद हैं।।४०।।

सामायिक संयम, छेदोपस्थापना संयम, परिहार विशुद्धि संयम, सूक्ष्म साम्पराय संयम, यथाख्यात संयम, संयमासंयम और असंयम ये संयम मार्गणा के सात भेद हैं ।

प्राणियों और इन्द्रियों के विषय में अशुभ प्रवृत्ति का त्याग करना संयम है। संयम मार्गणा के सात भेद हैं -

१. सामायिक- जीवन-मरण, लाभ-अलाभ, सुख-दुःख, शत्रु-मित्र, नगर-अरण्य, निन्दा-प्रशंसा आदि सब द्वन्द्वों में समता रखना, इष्टानिष्ट बुद्धि, हर्ष-विषाद या राग-द्वेष जाग्रत न होना सामायिक संयम है।

२. छेदोपस्थापना- पूर्व संस्कार वश या कर्मोदय वश साधु के मन में व्रत आदि के धारण-पोषण आदि के जो विकल्प रहते हैं, उन्हें छेदोपस्थापना संयम कहते हैं। सामायिक रूप यथार्थ स्वभाव का छेद हो जाना तथा उपयोग को अशुभ भावों से रोककर व्रत आदि शुभ भावों में स्थापित करना ही छेदोपस्थापना

संयम का अर्थ है।

३. परिहार विशुद्धि- चारित्र की जिस विशुद्धि से हिंसा का पूर्ण रूप से परिहार हो जाता है, उसे "परिहार विशुद्धि" कहते हैं। इस चारित्र के प्रकट होने पर इतना हल्कापन आ जाता है कि चलने-फिरने, उठने-बैठने आदि सभी क्रियाओं में किसी भी जीव का घात नहीं होता। परिहार का अर्थ है– हिंसादिक पापों की निवृत्ति। इस विशुद्धि के बल से हिंसा का पूर्ण रूप से परिहार हो जाता है। अत: परिहार विशुद्धि यह इसकी सार्थक संज्ञा है।

परिहार विशुद्धि संयम/चारित्र तीस वर्ष की अवस्था तक भोगों का अनुभव कर तीर्थङ्कर के पादमूल में दीक्षित होकर, आठ वर्षों तक प्रत्याख्यान पूर्व का अध्ययन करने वाले किसी महामुनि को ही प्रकट होता है। इन मुनियों द्वारा किसी जीव को बाधा नहीं पहुँचती, अत: वर्षाकाल में भी गमन कर सकते हैं। परिहार विशुद्धि चारित्र के धारी मुनि प्रतिदिन संध्याकाल को छोड़कर दो कोस गमन करते हैं।

सूक्ष्म साम्पराय- दसवें गुणस्थान का संयम सूक्ष्म साम्पराय है। इस संयम में कषाय का सूक्ष्म अंश-लोभ मात्र अवशिष्ट रहता है।

यथाख्यात- यथाख्यात संयम का अर्थ है-वीतराग का चारित्र। मोहकर्म के उपशम या क्षय से यह चारित्र प्रकट होता है।

संयमासंयम- सम्यग्दर्शन के साथ पाँच पापों के एक देश त्याग को संयमासंयम कहते हैं। त्रस जीवों के घात का त्याग होने से संयम तथा स्थावर जीवों के घात का त्याग न होने से असंयम,इस प्रकार एक ही साथ संयम और असंयम दोनों पाये जाते हैं।

असंयम- व्रत और चारित्र के अभाव को असंयम कहते हैं।

इनमें सामायिक और छेदोपस्थापना संयम छठवें से नवमें गुणस्थान तक पाया जाता है, परिहार विशुद्धि संयम छठे और सातवें गुणस्थानवर्ती मुनिराजों को होता है। सूक्ष्म साम्पराय दसवें गुणस्थान में तथा यथाख्यात संयम ग्यारहवें से चौदहवें गुणस्थान तक होता है। संयमासंयम पाँचवें गुणस्थान में तथा पहले से चौथे गुणस्थान तक असंयम रहता है।

दर्शन मार्गणा

चत्वारि दर्शनानि ।।४१।।

दर्शन मार्गणा के चार भेद हैं ।।४१।।

दर्शन के चार प्रकार हैं– चक्षुदर्शन, अचक्षुदर्शन, अवधिदर्शन और केवल दर्शन।

पदार्थों के सामान्य प्रतिभास को दर्शन कहते हैं। नेत्रेन्द्रिय द्वारा होने वाला सामान्य प्रतिभास चक्षु दर्शन है। नेत्रेन्द्रिय के बिना शेष इन्द्रियों द्वारा होने वाले सामान्य प्रतिभास को अचक्षु दर्शन कहते हैं, अवधिज्ञान के पूर्व होनेवाला सामान्य प्रतिभास अवधिदर्शन है तथा केवलज्ञान के साथ होनेवाला सामान्य प्रतिभास केवलदर्शन कहलाता है।

गुणस्थानों की अपेक्षा चक्षु और अचक्षु दर्शन पहले से बारहवें गुणस्थान तक पाया जाता है।

अवधि दर्शन का सद्भाव चौथे से बारहवें गुणस्थान तक होता है तथा केवलदर्शन सयोग केवली, अयोग केवली और सिद्धों में पाया जाता है।

लेश्या मार्गणा

षड्लेश्याः ।।४२।।

लेश्या मार्गणा के छह भेद हैं ।।४२।।

कषायों से अनुरंजित (रंगी हुई) जीव की मन, वचन, काय की प्रवृत्ति को लेश्या कहते हैं। लेश्या के छह प्रकार हैं- कृष्ण, नील, कापोत, पीत, पद्म और शुक्ल। इनमें आदि की तीन लेश्याएँ अप्रशस्त हैं और शेष तीन लेश्याएँ प्रशस्त हैं।

अशुभ लेश्याओं से प्रभावित व्यक्ति के मन में हिंसा, झूठ, चोरी, ईर्ष्या, शोक, घृणा, और भय के भाव जाग्रत होते हैं।

शुभ लेश्या से व्यक्ति के मन में अभय, मैत्री, शान्ति, जितेन्द्रियता, क्षमा आदि पवित्र भावों का विकास होता है।

छहों लेश्याओं के छह रंग हैं– काला, नीला, कापोती, लाल, पीला और सफेद। इन रंगों से प्रभावित भाव धारा शुभ और अशुभ रूप में परिणत होती है। भावधारा शुभ और अशुभ दोनों प्रकार की होती है। इसके निर्माण में रंगों का बहुत बड़ा हाथ रहता है। लाल, पीला और सफेद रंग-भाव विशुद्धि के उपाय हैं। विशुद्ध भाव धारा से शारीरिक और मानसिक बीमारी दूर होती है, एवं मूर्च्छा टूटती है।

शरीर के रंग को द्रव्य लेश्या कहते हैं तथा भाव धारा को भाव-लेश्या। देव-नारकियों[1] में द्रव्य व भाव लेश्या समान होती है, पर अन्य जीवों में इनकी समानता का कोई नियम नहीं है। द्रव्य लेश्या जीवन पर्यन्त एक ही रहती है, पर भाव लेश्या जीवों की भावधारा के अनुसार परिवर्तित होते रहती है।

जैन दर्शन में लेश्या का बहुत सूक्ष्म विवेचन है। इसे स्थूल रूप से समझने के लिए एक रूपक प्रचलित है– छह मित्र एक बगीचे में गए, वहाँ उन्होंने आम से लदा हुआ एक वृक्ष देखा। पहला मित्र बोला– "चलो इस पेड़ को उखाड़ डालें और पेट भर आम खाएँ।" दूसरे मित्र ने कहा– "वृक्षों को उखाड़ने से क्या लाभ? केवल बड़ी शाखाओं को काटने से ही हमारा काम हो जाएगा।" तीसरे ने कहा– "यह भी उचित नहीं, हमारा काम तो छोटी शाखाओं के काटने से ही हो जाएगा।" चौथे मित्र ने कहा– "टहनियों को तोड़ने से क्या लाभ? केवल फल के गुच्छों को तोड़ना ही पर्याप्त है।" पाँचवाँ मित्र बोला– "हमें गुच्छों से क्या प्रयोजन? केवल पके फल ही तोड़कर ले लेना अच्छा है। छठा मित्र गम्भीर होकर बोला– "आप सब क्या सोच रहे हैं? हमें जितने फल चाहिए उतने तो नीचे ही पड़े हैं। फिर व्यर्थ में इतने फल तोड़ने से क्या लाभ?"

इस दृष्टान्त से लेश्याओं का स्वरूप स्पष्टता से समझ में आ जाता है। पहले व्यक्ति के परिणाम कृष्ण लेश्या के और क्रमशः छठे व्यक्ति के परिणाम शुक्ल लेश्या के हैं। यह उदाहरण केवल परिणामों की तरतमता का सूचक है।

उक्त छहों लेश्याओं में चौथे गुणस्थान तक छहों लेश्याएँ होती हैं। पाँचवे से सातवें गुणस्थान तक तीन शुभ लेश्याएँ ही होती हैं तथा आठवें से तेरहवें गुणस्थान तक एक मात्र शुक्ल लेश्या होती है। कषाय व योग का अभाव हो जाने से अयोग केवली और मुक्त जीवों में लेश्या नहीं होती।

गतियों की अपेक्षा लेश्या- गतियों की अपेक्षा नरक गति में कृष्ण, नील व कापोत ये तीन अशुभ लेश्याएँ ही होती हैं। उनमें भी पहले से तीसरे नरक तक कापोत लेश्या, तीसरे नरक के अन्तिम पटलों से पाँचवें नरक तक नील लेश्या तथा पाँचवें नरक के निचले पटल से छठे और सातवें नरक तक एकमात्र कृष्ण लेश्या ही होती है।

देवगति में पीत, पद्म और शुक्ल ये तीन शुभ लेश्याएँ ही होती हैं। उनमें भी भवनवासी, व्यन्तर और ज्योतिष्क देवों में एक मात्र पीत लेश्या होती है, किन्तु जब वे अपर्याप्त होते हैं, उस समय नियमतः तीन अशुभ लेश्याएँ ही होती हैं, क्योंकि भवनत्रिक में उत्पन्न होनेवाले जीवों के नियमतः तीन अशुभ

१. गोम्मटसार जीवकाण्ड के अनुसार सभी नारकी द्रव्यतः कृष्ण लेश्या वाले होते हैं। दे. जीवकाण्ड, गाथा–४९६

परिणाम ही होते हैं। सौधर्म और ईशान स्वर्ग के देवों में पीत लेश्या, सानत् कुमार माहेन्द्र स्वर्ग के देवों में पीत और पद्म लेश्या, ब्रह्म-ब्रह्मोत्तर, लान्तव-कापिष्ठ स्वर्ग में पद्म लेश्या, शुक्र-महाशुक्र, शतार और सहस्रार कल्प में पद्म और शुक्ल ये दो लेश्याएँ होती हैं। आनत कल्प से लेकर नवमें ग्रैवेयक तक एक मात्र शुक्ल लेश्या तथा उससे ऊपर नौ अनुदिशों एवं पंच अनुत्तर विमानों में परम शुक्ल लेश्या होती है।

मनुष्यों में छहों लेश्याएँ पायी जाती हैं।

तिर्यञ्चों में एकेन्द्रिय से असंज्ञी पंचेन्द्रिय तक के सभी जीवों के नियमतः तीन अशुभ लेश्याएँ होती हैं, संज्ञी पंचेन्द्रिय तिर्यञ्चों के छहों लेश्याएँ संभव हैं।

देवों और नारकियों की लेश्या आयु पर्यन्त एक ही होती है, जबकि मनुष्यों और तिर्यञ्चों की भाव लेश्या अन्तर्मुहूर्त में बदलती रहती है।

भव्य मार्गणा

द्विविधं भव्यत्वम् ।।४३।।

भव्य मार्गणा के दो भेद हैं ।।४३।।

भव्य मार्गणा के दो प्रकार हैं– भव्यत्व और अभव्यत्व ।

मोक्ष जाने की योग्यता रखने वाले जीव भव्य और मोक्ष गमन की योग्यता से रहित जीव अभव्य कहलाते हैं।

प्रश्न हो सकता है कि मोक्ष जाने की योग्यता सबमें नहीं होती? नहीं होती है तो क्यों? सब में एक-सी चेतना रहने के बाद एक व्यक्ति मोक्ष गमन की योग्यता रखता है और दूसरा नहीं, इसका हेतु क्या है?

यह एक निर्हेतुक तथ्य है। इसका कोई कारण नहीं है। चेतना का गुण प्राणी मात्र में होता है, पर उसका संपूर्ण विकास कोई-कोई ही कर पाता है। जो प्राणी ऐसा करने की क्षमता रखते हैं वे भव्य और जिनमें ऐसी क्षमता नहीं होती वे अभव्य हैं।

ऐसा क्यों होता है? इस प्रश्न का उत्तर है– अनादि पारिणामिक भाव। जो जीव था, वह आज भी जीव है और भविष्य में भी जीव ही रहेगा। यह जीव का अनादि परिणमन है। इसी प्रकार जो भव्य था वह भव्य ही रहेगा और जो अभव्य था वह अभव्य ही रहेगा। किसी भी प्रयत्न या पुरुषार्थ से अभव्य को भव्य नहीं बनाया जा सकता।

अभव्य जीव कभी भव्य नहीं बन सकता और भव्य जीव मोक्ष जाते रहते हैं। इस स्थिति में एक समय ऐसा भी आ सकता है, जब सब भव्य मोक्ष चले जाएँ और संसार भव्य जीवों से शून्य हो जाए। ऐसा हुआ तो मोक्ष का द्वार बन्द हो जाएगा। मोक्ष के अभाव में धर्माराधना का क्या अर्थ होगा? इस प्रश्न के संदर्भ में सामान्यतः इतना ही जान लेना काफी है कि यहाँ से जितने जीव मुक्त होंगे, वे सभी भव्य ही होंगे। पर संसार में जितने भव्य हैं, वे सभी मुक्त हो जाएँगे, यह संभव नहीं है, क्योंकि जिन भव्य जीवों को वैसी सामग्री उपलब्ध नहीं होगी, वे अपनी योग्यता का उपयोग नहीं कर पाएँगे। ऐसे जीव दूर भव्य कहलाते हैं।

पत्थर में प्रतिमा बनने की योग्यता होती है, पर सब पत्थर प्रतिमा का आकार नहीं ले पाते। जिन पाषाण खण्डों को शिल्पी का योग नहीं मिलेगा, वे योग्य होने पर भी प्रतिमा नहीं बन पाएँगे। इसी प्रकार जिन भव्य जीवों को उपयुक्त वातावरण नहीं मिलेगा, वे कभी मुक्त नहीं हो पाएँगे। फलतः संसार कभी भी भव्य जीवों से शून्य नहीं होगा।

सम्यक्त्व मार्गणा

षड्विधा सम्यक्त्वमार्गणा ।।४४।।

सम्यक्त्व मार्गणा छह प्रकार की हैं।।४४।।

तत्त्वों के यथार्थ श्रद्धान को सम्यक्त्व कहते हैं। सम्यक्त्व मार्गणा के छह भेद हैं। १. उपशम सम्यक्त्व, २. क्षायिक सम्यक्त्व, ३. क्षयोपशम सम्यक्त्व, ४. सम्यक-मिथ्यात्व, ५. सासादन और ६. मिथ्यात्व ।

उपशम सम्यक्त्व- दर्शन मोहनीय की मिथ्यात्व, सम्यक्-मिथ्यात्व और सम्यक्-प्रकृति तथा अनन्तानुबन्धी क्रोध, मान, माया और लोभ इन सात प्रकृतियों के उपशम से उत्पन्न तत्त्व श्रद्धान उपशम सम्यग्दर्शन है। उपशम सम्यग्दर्शन के दो भेद हैं– प्रथमोपशम और द्वितीयोपशम सम्यग्दर्शन । प्रथमोपशम सम्यग्दर्शन की प्राप्ति गर्भज, संज्ञी, पंचेन्द्रिय, पर्याप्त, मिथ्यादृष्टि जीव तीन करणों द्वारा करते हैं। द्वितीयोपशम सम्यक्त्व चतुर्थ से सप्तम गुणस्थानवर्ती क्षयोपशम सम्यग्दृष्टि प्राप्त करते हैं। यह ग्यारहवें गुणस्थान तक रहता है।

उपशम सम्यग्दर्शन का काल अन्तर्मुहूर्त है। इस काल के पूर्ण होते ही पुनः मोह कर्म का उभार आ जाता है। परिणामतः जीव या तो सम्यक्त्व से पतित होकर मिथ्यादृष्टि हो जाता है अथवा सासादन में जाता है या फिर सम्यक्-

मिथ्यादृष्टि अथवा क्षयोपशम सम्यग्दृष्टि हो जाता है।

प्रथमोपशम सम्यग्दर्शन में मरण नहीं होता, आयु कर्म का बन्ध नहीं होता। सम्यग्दर्शन होते ही जीवों को मोक्षगमन का आरक्षण मिल जाता है। सम्यग्दृष्टि जीव अधिक से अधिक अर्धपुद्गल परावर्तन काल में नियमतः मुक्त हो जाते हैं।

क्षायिक सम्यक्त्व- पूर्वोक्त सात प्रकृतियों के क्षय से उत्पन्न सम्यक्त्व क्षायिक सम्यग्दर्शन कहलाता है। क्षायिक सम्यग्दर्शन अत्यन्त निर्मल और चिरस्थायी होता है। यह एक बार प्राप्त होने के बाद छूटता नहीं है। क्षायिक सम्यक्त्व की प्राप्ति की प्रक्रिया कर्मभूमि के मनुष्य को केवली अथवा श्रुतकेवली के पादमूल में प्रारम्भ होती है। इसकी पूर्णता चारों गति में हो सकती है।

क्षायिक सम्यग्दृष्टि या तो उसी भव में अथवा तीन भवों में नियमतः मोक्ष प्राप्त कर लेता है। क्षायिक सम्यग्दर्शन का उत्कृष्ट काल संसार की अपेक्षा से आठ वर्ष अन्तर्मुहूर्त कम दो पूर्व कोटि अधिक तैंतीस सागर है। यह चतुर्थ गुणस्थान से चौदहवें गुणस्थान तक एवं सिद्धों में भी पाया जाता है।

क्षयोपशम सम्यक्त्व- सात कर्मों के क्षयोपशम से उत्पन्न सम्यक्त्व क्षयोपशम सम्यग्दर्शन कहलाता है। इसे वेदक सम्यग्दर्शन भी कहते हैं। यह चारों गति के संज्ञी पंचेन्द्रिय जीवों में पाया जाता है। इसका उत्कृष्ट काल छियासठ सागर है। यह चतुर्थ गुणस्थान से सप्तम गुणस्थान तक रहता है।

सम्यक्-मिथ्यादृष्टि- जिन जीवों में श्रद्धान और अश्रद्धान भाव युगपत् पाया जाए, वे सम्यक्-मिथ्यादृष्टि हैं। यह सम्यक्-मिथ्यात्व कर्म के उदय से होता है। इसका काल अन्तर्मुहूर्त है। इसके बाद या तो जीव सम्यक्त्व को प्राप्त कर लेता है, अथवा मिथ्यात्व को।

सासादन- सासादन का अर्थ है– सम्यक्त्व की विराधना या विचलन। प्रथमोपशम सम्यक्त्व के काल में जघन्यतः एक समय और उत्कृष्टतः– छह आवली काल शेष रहने पर अनन्तानुबन्धी कषाय का उदय आ जाने से जीव की यह दशा बनती है। यह जीव की पतनोन्मुख दशा है। सम्यक्त्व से छूटने और मिथ्यात्व को प्राप्त होने के बीच की स्थिति है। सासादन सम्यक्त्वी नियमतः मिथ्यात्व को प्राप्त होता है।

मिथ्यात्व- तत्त्व के अयथार्थ श्रद्धान को मिथ्यात्व कहते हैं।

संज्ञी मार्गणा

द्विविधं संज्ञित्वं ।।४५।।

संज्ञी मार्गणा के दो प्रकार हैं ।।४५।।

संज्ञी मार्गणा दो प्रकार की है- संज्ञी और असंज्ञी । मनसहित जीव संज्ञी कहलाते हैं। इन्हें समनस्क भी कहते हैं। संज्ञी जीवों को पाँच इन्द्रियों के अतिरिक्त मानसिक संवेदन की क्षमता भी प्राप्त होती है। जो जीव मानसिक संवेदन से शून्य होते हैं वे असंज्ञी कहलाते हैं। एकेन्द्रिय से चार इन्द्रिय तक के सभी जीव असंज्ञी ही होते हैं। पंचेन्द्रियों में देव नारकी और मनुष्य संज्ञी ही होते हैं। पंचेन्द्रिय तिर्यञ्चों में कुछ संज्ञी और कुछ असंज्ञी होते हैं। इस प्रकार संज्ञी और असंज्ञी का यह विभाग एक मात्र तिर्यञ्च गति में ही होता है।

असंज्ञी जीव प्रथम गुणस्थान तक ही रहते हैं। मानसिक संवेदन क्षमता से रहित होने के कारण वे ऊपर के गुणस्थानों को प्राप्त नहीं कर पाते। संज्ञी जीव मिथ्यात्व से क्षीण कषाय गुणस्थान तक होते हैं। तेरहवें और चौदहवें गुणस्थानवर्ती सयोग केवली और अयोग केवली इन्द्रिय और मानसिक संवेदना से ऊपर उठ चुके होते हैं। वे नो-संज्ञी और नो-असंज्ञी कहलाते हैं। ये केवलज्ञानी होते हैं। उनकी ज्ञान चेतना पूर्ण विकसित हो जाती है। इसलिए मानसिक संवेदना अपने आप में कृतार्थ हो जाती है।

आहार मार्गणा और उपयोग

आहारोपयोगश्चेनि ।।४६।।

आहार मार्गणा और उपयोग के दो प्रकार हैं।।४६।।

आहार मार्गणा- आहारक और अनाहारक के भेद से आहार मार्गणा दो प्रकार की है। तीन शरीर और छह पर्याप्तियों के योग्य पुद्गलों के ग्रहण को आहार कहते हैं। इन्हें ग्रहण करनेवाले जीव आहारक और शेष जीव अनाहारक कहलाते हैं।

संसार में रहनेवाले किसी भी जीव के जीवन का आधार आहार होता है। जब तक आहार का आधार बना रहता है, जीव जीवित रहता है। उस आधार के छूटते ही मृत्यु हो जाती है। सामान्यत: कवलाहार को ही आहार मान लिया जाता है, पर यह बहुत स्थूल बात है। हमारा जीवन केवल इसी स्थूल आहार पर टिका नहीं रह सकता। इस आहार के न लेने पर भी प्राणी महीनों तक

जीवित रह सकता है, क्योंकि दूसरे स्रोतों से आहार की पूर्ति होती रहती है। वह आहार है– शरीर और पर्याप्तियों के योग्य पुद्गलों का ग्रहण। इन पुद्गलों को नोकर्म वर्गणा भी कहते हैं।

अपनी उत्पत्ति के प्रथम समय से ही जीव पुद्गल परमाणुओं का ग्रहण प्रारम्भ कर देता है। सर्वप्रथम आहार पर्याप्ति को पूर्ण कर उन पुद्गलों के ग्रहण, परिणमन और उत्सर्जन की पौद्गलिक क्षमता प्राप्त कर लेता है। इसी क्षमता के कारण प्राणी प्रतिसमय पुद्गलों का ग्रहण और उत्सर्जन करता रहता है। जब तक नोकर्म पुद्गल परमाणुओं के ग्रहण और उत्सर्जन की यह प्रक्रिया चलती है, प्राणी आहारक कहलाता है। प्रथम से तेरहवें गुणस्थानवर्ती प्राणी आहारक कहलाते हैं।

नोकर्म वर्गणाओं के ग्रहण/आहार से रहित जीव अनाहरक कहलाते हैं। विग्रहगति (कार्मण काययोगी) प्रतर और लोक पूरण समुद्घातनिष्ठ सयोग केवली, अयोग केवली और सिद्ध जीव अनाहरक होते हैं।

जैन आगम में प्रतिपादित आहार के भेदों को समझने पर इस विषय को सहजतया समझा जा सकता है। जैन आगम में आहार के छह प्रकार बताए गये हैं– नोकर्माहार, कर्माहार, कवलाहार, मानसिक आहार, तेजाहार और लेपाहार।

नोकर्माहार- प्रतिसमय नोकर्म पुद्गलों का ग्रहण। यह तेरहवें गुणस्थान तक होता है।

कर्माहार- कर्म का आस्रव ।

कवलाहार- ग्रास बनाकर किया गया आहार। यह मात्र मनुष्यों और तिर्यञ्चों को होता है।

मानसिक आहार- मानसिक चिन्तन से होनेवाला आहार। यह मात्र देवों को होता है। देवों को भूख लगने पर मन में भोजन का विचार करते ही गले से अमृत झरता है और क्षुधा निवृत्ति हो जाती है।

तेजाहार- अण्डे में रहनेवाले पक्षी आदि का माता के द्वारा सेये जाने से तेजाहार होता है।

लेपाहार- शरीर के स्पर्श मात्र से ग्रहण किया जानेवाला आहार। यह मात्र एकेन्द्रियों के होता है।

उक्त छह प्रकार के आहारों में आहारक जीवों का सम्बन्ध नोकर्माहार से है। जो नोकर्माहार ग्रहण करते हैं, वे आहारक तथा नोकर्माहार से रहित जीव अनाहरक कहलाते हैं।

१. केवली समुद्घात के लिए देखें परिशिष्ट

उपयोग

आत्मा के चैतन्य गुण का अनुसरण करनेवाले परिणाम को उपयोग कहते हैं। उपयोग दो प्रकार का है- दर्शनोपयोग और ज्ञानोपयोग अथवा निराकार उपयोग और साकार उपयोग।

दर्शनोपयोग- पदार्थों के सामान्य प्रतिभास को दर्शनोपयोग कहते हैं। जब चेतना की शक्ति किसी वस्तु विशेष के प्रति विशेष रूप से उपयुक्त न होकर मात्र सामान्य रूप से उसे ग्रहण करती है,तब दर्शनोपयोग होता है। इसे निराकार अथवा निर्विकल्प उपयोग भी कहते हैं।

ज्ञानोपयोग- पदार्थों के विशेष प्रतिभास को ज्ञानोपयोग कहते हैं। चैतन्य की शक्ति जिस समय ज्ञानाकार न रहकर ज्ञेयाकार रूप हो जाती है, उस समय शुक्लत्व, कृष्णत्व आदि विशेष रूपों का ग्रहण होने लगता है। यही ज्ञानोपयोग है। इसे साकार उपयोग भी कहते हैं।

ज्ञानोपयोग और दर्शनोपयोग में यह अन्तर है कि ज्ञान साकार है, दर्शन निराकार। ज्ञान सविकल्प है, दर्शन निर्विकल्प। साकार या सविकल्प का अर्थ है– किसी भी पदार्थ का रंग, रूप, आकार, प्रकार सहित विशेष ग्रहण होना। ज्ञान प्रतिबिम्ब की तरह पदार्थों का विशेष ग्रहण करता है, जबकि दर्शन रंग, रूप, आकार-प्रकार से रहित परछाई की तरह मात्र सामान्य प्रतिभास करता है। उपयोग की सर्वप्रथम भूमिका दर्शन है, जिसमें केवल सामान्य सत्ता का भान होता है। इसके पीछे उपयोग क्रमशः विशेषग्राही होता जाता है। यह ज्ञानोपयोग है।

ज्ञानोपयोग आठ प्रकार के ज्ञानों की अपेक्षा आठ प्रकार का है तथा चार प्रकार के दर्शनों की अपेक्षा दर्शनोपयोग के चार प्रकार हैं।

संसारी जीवों को दर्शनोपयोग पूर्वक ज्ञान होता है, जबकि केवली भगवान् को ज्ञान और दर्शन युगपत् होता है।

इस प्रकार बीस प्ररूपणाओं द्वारा जीव का कथन पूर्ण हुआ। गुणस्थान, जीवसमास, पर्याप्ति, प्राण, संज्ञा, चौदह मार्गणा और उपयोग इन सबका योग बीस होता है। इनके आश्रय से जीव के निरूपण को बीस प्ररूपणा कहते हैं।

अध्यात्म ग्रन्थों की अपेक्षा उपयोग

अध्यात्म ग्रन्थों में उपयोग के तीन भेद बताएँ गये हैं- अशुभोपयोग, शुभोपयोग और शुद्धोपयोग। यहाँ उपयोग का अर्थ आत्मा का परिणाम है। विषयानुराग युक्त परिणाम अशुभोपयोग है, धर्मानुराग युक्त परिणाम शुभोपयोग कहलाता है तथा निरुपराग परिणाम शुद्धोपयोग है। शुद्धोपयोग ध्यानात्मक परिणति

है। यह वीतराग श्रमणों को ही होता है। सराग अवस्था में शुद्धोपयोग सम्भव नहीं है। इसे वीतराग चारित्र का अविनाभावी कहा गया है। आचार्य जयसेन के कथनानुसार सर्व परित्याग, परम उपेक्षासंयम, परम शुक्लध्यान, वीतराग चारित्र आदि शुद्धोपयोग के ही नामान्तर हैं। आचार्य कुन्द-कुन्द ने शुद्धोपयोग का स्वरूप बताते हुये वीतरागी श्रमण को ही उसका पात्र बताया है-

सुविदिद पयत्थ सुत्तो संजम तव संजुदो विगदरागो।
समणो सम सुह दुक्खो भणिदो सुद्धोवओगोत्ति ।।१४।।
प्रवचनसार

जिन्होंने पदार्थों और शास्त्रों को भली-भाँति जान लिया है, जो संयम और तप से युक्त हैं, वीतरागी हैं, जिन्हें सुख-दुःख समान हैं, ऐसे श्रमण को ही शुद्धोपयोग कहा गया है।

अशुभोपयोग- विषयानुराग युक्त समस्त प्रवृत्ति अशुभोपयोग है। आचार्य कुन्द-कुन्द ने अशुभोपयोग का स्वरूप बताते हुए कहा है—

विसयकसाओगाढो दुस्सुदि दुच्चित्त दुट्ठ गोट्ठि जुदो ।
उग्गो उम्मग्ग परो उवओगो जस्स सो असुहो ।।१५८।। प्रवचनसार

अर्थात् जिसका उपयोग विषय कषायों में मग्न हैं, कुश्रुति, कुविचार, और कुसंगति में लीन है, उग्र है तथा उन्मार्ग में लगा हुआ है, वह अशुभोपयोग है।

शुभोपयोग- सम्यग्दृष्टि की समस्त शुभ क्रियाएँ शुभोपयोग के अन्तर्गत हैं। पंच परमेष्ठि की पूजा, भक्ति, दान, सेवा, वैय्यावृत्य, व्रत, उपवास आदि समस्त शुभ क्रियाएँ शुभोपयोग है। आचार्य कुन्द-कुन्द ने शुभोपयोग का स्वरूप बताते हुए कहा है—

देवजदिगुरुपूजासु चेव दाणम्मि वा सुसीलेसु
उववासादिसु जुत्तो सुह ओगप्पगो अप्पा ।।६९।
जो जाणदि जिणिंदे पेच्छदि सिद्धे तहेव अणगारे ।
जीवेसु साणुकंपो उवजोगो सो सुहो तस्स ।।५७। प्रवचनसार।

देव, गुरु तथा यति की पूजा में, दान में, सुशीलों में, और उपवास आदि में लीन आत्मा शुभोपयोगात्मक है।

जो जिनेन्द्रों को जानता है, सिद्धों तथा अनगारों की श्रद्धा करता है अर्थात् पंचपरमेष्ठी में अनुरक्त है और जीवों के प्रति अनुकम्पा युक्त है, उसके शुभोपयोग है।

उक्त तीनों उपयोगों में अशुभोपयोग सर्वथा हेय है, शुद्धोपयोग परम उपादेय है तथा शुभोपयोग, शुद्धोपयोग का कारण होने से कथंचित् उपादेय है।

गुणस्थानों की अपेक्षा प्रथम से तृतीय गुणस्थान तक क्रमशः घटता हुआ अशुभोपयोग होता है, चतुर्थ से षष्ठम गुणस्थान तक क्रमशः बढ़ता हुआ शुभोपयोग तथा सप्तम से बारहवें गुणस्थान तक क्रमशः बढ़ता हुआ शुद्धोपयोग होता है। केवलज्ञान शुद्धोपयोग का फल है।

शुभोपयोग हेय नहीं

कतिपय तत्त्व जिज्ञासु शुभोपयोग को अशुभोपयोग के समान बताते हुए उसे सर्वथा हेय और संसार का कारण निरूपित करते हैं। उनका कहना है कि शुभोपयोग और अशुभोपयोग दोनों रागात्मक हैं। राग संसार का कारण है। अतः हेय है। यह बात आगम के अनुकूल नहीं है। न तो शुभोपयोग अशुभोपयोग के समान है और न ही वह संसार का कारण है। यह बात सत्य है कि शुभोपयोग और अशुभोपयोग दोनों रागात्मक वृत्ति हैं, पर इतने मात्र से दोनों समान नहीं हो सकते। धर्मानुराग और विषयानुराग एक नहीं हो सकते। देखा जाए तो नल और नाली दोनों में जल है, पर दोनों की गुणवत्ता में जमीन आसमान का अन्तर है। आचार्य गुणभद्र के अनुसार जैसे, प्रभातकालीन लालिमा के बिना सूर्योदय नहीं होता, उसी प्रकार शुभोपयोग के बिना शुद्धोपयोग नहीं होता।[१] शुभोपयोग प्रभातकालीन लालिमा की तरह है, अशुभोपयोग संध्याकालीन लालिमा की भाँति है। आचार्य श्री विद्यासागर जी ने लिखा है कि संतजनों का राग भी हमारे पाप को मिटानेवाला है। जल कितना भी गर्म क्यों न हो, आग को बुझाने की सामर्थ्य उसमें बनी रहती है। इसलिए आचार्यों ने शुभोपयोग को कर्म निर्जरा का कारण बताया है। आगम में इसके पर्याप्त प्रमाण मिलते हैं। उनमें से कुछ प्रमुख प्रमाणों को हम यहाँ उद्धृत कर रहे हैं-

आचार्य कुन्द-कुन्द ने प्रवचन सार में शुभोपयोगात्मक चर्या का विधान करते हुए उसे परम सुख का कारण कहा है–

---

१. अशुभाच्छुभमायातः शुद्धः स्यादयमागमात्।
रवेरप्राप्त-सन्ध्यस्य तमसो न समुद्गमः ।।२२।।
विधूततमसो रागस्तपः श्रुतनिबन्धनः
सान्ध्य राग इवार्कस्य जन्तुरभ्युदयाय सः।।२३।। आत्मानुशासन

ऐसा पसत्थभूदा समणाणं वा पुणो घरत्थाणं ।

चरिया परेत्ति भणिदा ता एव परं लहदि सोक्खं ।।२५४

यह प्रशस्तभूत चर्या अर्थात् शुभोपयोग मुनियों के गौण रूप से होता है और गृहस्थों के तो मुख्य रूप से। और वे उसी भाव से परम सौख्य अर्थात् मोक्ष को प्राप्त करते हैं, ऐसा जिनेन्द्र भगवान् ने कहा है।

उक्त गाथा की टीका में आचार्य अमृतचन्द्र ने लिखा है

गृहिणां तु समस्त विरतिरभावेन शुद्धात्म प्रकाशनस्याभावात् कषाय सद्भावात् प्रवर्तमानोऽपि स्फटिक संपर्केणार्कतेजस इवैधसां राग संयोगेन शुद्धात्मनोऽनुभवात् क्रमतः परम निर्वाण सौख्य कारणत्वाच्च मुख्यः।

अर्थात्- गृहस्थ के तो सर्व विरति के अभाव से शुद्धात्मा के प्रकाशन का अभाव होने से, कषाय के सद्भाव के कारण प्रवर्तमान होता हुआ भी शुभोपयोग मुख्य है। क्योंकि-जैसे ईंधन को स्फटिक के सम्पर्क से सूर्य के तेज का अनुभव होता है, उसी प्रकार गृहस्थ को राग के संयोग से शुद्धात्मा का अनुभव होता है। इसलिए वह शुभोपयोगात्मक राग क्रमशः परम निर्वाण के सौख्य का कारण है।

आचार्य अमृतचन्द्र ने प्रवचन सार गाथा २५६ की टीका में शुभोपयोग को मोक्ष का कारण बताते हुए पुनः लिखा है-

"शुभोपयोगस्य सर्वज्ञ व्यवस्थापितवस्तुषु प्रणिहितस्य पुण्योपचय पूर्वकापुनर्भावोपलम्भ किल फलम्।।"

अर्थ- सर्वज्ञ व्यवस्थापित वस्तुओं में उपयुक्त शुभोपयोग का फल पुण्य संचय पूर्वक मोक्ष की प्राप्ति है।

आचार्य जयसेन ने भी उक्त प्रसंग में शुभोपयोग को परम्परा से मोक्ष का कारण कहा है।

समयसार गाथा १४५ की टीका में आचार्य अमृतचन्द्र ने शुभोपयोग को मोक्ष और अशुभोपयोग को बन्ध का मार्ग कहा है-

"शुभाशुभौ मोक्षबन्धमार्गौ'

अर्थ- शुभोपयोग और अशुभोपयोग क्रमशः मोक्ष और बन्धन के मार्ग हैं।

पंचास्तिकाय गाथा १७० की उत्थानिका और टीका में भी शुभोपयोग को परम्परा से मोक्ष का कारण कहा गया है-

"अर्हदादि भक्ति रूप परसमय प्रवृत्तेःसाक्षान्मोक्षहेतुत्वाभावेऽपि परम्परा मोक्ष हेतुत्व सद्भाव द्योतनमेतत् ।"

अर्थ- यहाँ अर्हन्त आदि की भक्ति रूप परसमय की प्रवृत्ति में (शुभोपयोग में) साक्षात् मोक्षपने का अभाव होने पर भी परम्परा से मोक्ष हेतुपने का सद्भाव दर्शाया है।

आचार्य कुन्दकुन्द ने शुभोपयोग को धर्मध्यान कहा है-

भावं तिविह पयारं सुहासुहं सुद्धमेव णायव्वं।
असुहं च अट्ठ रुद्दं सुह धम्मो मुणेयव्वो ।।७६ - भावपाहुड़

अर्थ- भाव तीन प्रकार का जानना चाहिए-शुभ, अशुभ और शुद्ध। आर्तध्यान और रौद्रध्यान अशुभ भाव हैं, धर्मध्यान शुभ भाव है, ऐसा जिनेन्द्र देव ने कहा है।

इस प्रकार शुभोपयोग धर्मध्यान है और तत्त्वार्थ सूत्र में **"परे मोक्ष हेतू"** सूत्र द्वारा धर्मध्यान को मोक्ष का हेतु कहा है।

"सुह सुद्ध परिणामेहिं बिणा कम्मक्खयाभावे तक्खयाणुवत्तीदो।"

जय धवल१/६

अर्थ- शुभ और शुद्ध परिणामों से यदि कर्मों का क्षय न माना जाए तो कर्म का क्षय हो ही नहीं सकता।

शुभोपयोग से कर्म निर्जरा

जिनेन्द्र पूजा भक्ति आदि शुभ क्रियाएँ भी शुभोपयोगात्मक हैं। आगम में जिनभक्ति को कर्म निर्जरा का कारण तथा मोक्ष का हेतु कहा है। देखिये निम्न सन्दर्भ-

जिणवर चरणंबुरुहं पणमंति जे परम भक्ति राएण
ते जम्म वेल्लि मूलं हणंति वर भाव सत्थेण ।। १५३।।

भाव पाहुड़

अर्थ- जो भव्य जीव उत्तम भक्ति और अनुराग से जिनेन्द्र भगवान् के चरण कमलों को नमस्कार करते हैं, वे उस भक्तिमयी उत्तम शुभभाव रूप शस्त्र के द्वारा संसार रूपी वेल को जड़ से उखाड़ डालते हैं।

अरहन्त णमोक्कारो भावेण य जो करेदि पयदमदी ।
सो सव्व दुक्खमोक्खं पावइ अचिरेण कालेण ।।७५ मूलाचार

जो भक्त भाव-पूर्वक अरहंत भगवान् को नमस्कार करता है, वह शीघ्र ही नमस्कार रूप शुभ भाव से सर्व दुःखों से मुक्त होता है, अर्थात् मोक्ष को प्राप्त करता है।

भत्तीए जिणवराणां खीयदि जं पुव्व संचियं कम्मं। ।।७८, मूलाचार

अर्थात्- जिनेश्वर की भक्ति रूप शुभ भाव से पूर्व संचित कर्मों का क्षय होता है।

अरहन्ते सुहभत्ती सम्मतं दंसणेण सुविसुद्धं ।।४० लिंगपाहुड़

अरिहन्त भगवान् के प्रति शुभ भक्ति सम्यक्त्व है।

जिण पूजा वंदण णमंसणेहि य बहुकम्मपदेस णिज्जरुवलंभादो
धवल १०/२८९

अर्थ- जिनेन्द्र भगवान् की पूजा, वन्दना और नमस्कार रूप शुभ भाव से बहुकर्म प्रदेशों की निर्जरा पायी जाती हैं।

जिणबिंबदंसणेण णिधत्ति णिकाचिदस्सवि मिच्छत्तादि कम्मकलावस्स खय दंसणादो ।। धवल ६/४२७

अर्थ-जिनबिंब के दर्शन से निधत्ति और निकाचित रूप भी मिथ्यात्व आदि कर्म कलाप का क्षय देखा जाता है।

दर्शनेनजिनेन्द्राणां पाप संघात कुञ्जरम् ।
शतधा भेदमायाति गिरिवज्रहतो यथा ।। धवल ६/४२८

जिस प्रकार वज्र के आघात से पर्वत के सौ टुकड़े हो जाते है, उसी प्रकार जिनेन्द्रों के दर्शन से पाप संघात रूपी कुंजर के सौ टुकड़े हो जाते हैं।

इस प्रकार शुभोपयोग परम्परा से मोक्ष का कारण है। इसलिए आचार्य कुन्दकुन्द ने शुभोपयोग को अशुभोपयोग से श्रेष्ठ बताते हुए कहा है कि अव्रत और अतप से नरक जाने की अपेक्षा व्रत और तप से स्वर्ग जाना श्रेष्ठ है।

वर वय तवेहिं सग्गो मा होइ इयरेहि णिरइ गई दुक्खं ।
छाया तवठि्ठयाणं पडिवालंताण गुरुभेयं ।।२५।। मोक्ष पाहुड़

अव्रत और अतप से नरक जाने की अपेक्षा व्रत और तप से स्वर्ग जाना श्रेष्ठ है, क्योंकि धूप में खड़े होकर थकान मिटाने की अपेक्षा छाया का आश्रय लेकर विश्राम पाना अधिक श्रेष्ठ है।

एक ही भाव से दो कार्य कैसे ?

इस प्रसंग में प्राय: यह प्रश्न उठाया जाता है कि एक ही भाव से दो कार्य कैसे हो सकते हैं? शुभोपयोग राग भाव है, राग भाव बन्धन का कारण है। जो भाव बन्धन का कारण है, वह मोक्ष का कारण नहीं हो सकता।

आचार्य पूज्यपाद स्वामी ने इस प्रश्न का समाधानमूलक विवेचन करते हुए कहा है कि

ननु च तपोऽभ्युदयाङ्गमिष्टं देवेन्द्रादि स्थान प्राप्ति हेतुत्वाभ्युपगमात् तत् कथम् निर्जराङ्गं स्यादिति। नैष दोषः, एकस्यानेक कार्य दर्शनात् अग्निवत्। यथा अग्निरेकोपि विक्लेदन भस्माङ्गारादि प्रयोजन उपलभ्यते तथा तपोऽभ्युदय कर्मक्षय हेतुरिष्यते को विरोधः।। सवार्थसिद्धि पृ. ३२१

अर्थ- तप को अभ्युदय का कारण मानना इष्ट है, क्योंकि वह देवेन्द्रादि स्थान- विशेष की प्राप्ति के हेतु रूप से स्वीकार किया गया है, अर्थात् तप को पुण्य बन्ध का कारण माना गया है, इसलिए वह निर्जरा का कारण कैसे हो सकता है? यह कोई दोष नहीं है, क्योंकि अग्नि एक है, तथापि उसके विक्लेदन, भस्म, और अंगार आदि अनेक कार्य उपलब्ध होते हैं, वैसे ही तप अभ्युदय और कर्मक्षय (मोक्ष) इन दोनों का कारण है। ऐसा मानने में क्या विरोध है?

स्वयं आचार्य कुन्द-कुन्द ने अनेक स्थलों पर यह स्पष्ट लिखा है कि एक ही भाव से मोक्ष और पुण्य बन्ध रूप सांसारिक सुख दोनों मिल सकते हैं। देखें निम्न प्रमाण-

जिणवर मएण जोई झाणे झाएह सुद्धमप्पाणं ।
जेण लहइ णिव्वाणं ण लहइ किं तेण सुरलोयं ।।२०
जो जाई जोयण सयं दियहेणेक्केण लेइ गुरूभारं।
सो किं कोसद्धं पिहु ण सक्कई जाहु भुवणयले ।।२१ मोक्षपाहुड़

अर्थ- जिनेन्द्र भगवान् के मत से योगी शुद्ध आत्मा का ध्यान करता है। जिससे वह मोक्ष जाता है, उसी आत्मध्यान से क्या वह स्वर्गलोक प्राप्त नहीं कर सकता ? अर्थात् अवश्य प्राप्त कर सकता है। जैसे- जो पुरुष भारी बोझ लेकर एक दिन में सौ योजन जाता है, वही पुरुष क्या भूमि पर आधा कोस भी नहीं चल सकता?अर्थात् सरलता से चल सकता है। तात्पर्य यह है कि जिस आत्मध्यान से मोक्ष की प्राप्ति होती है, उसी आत्मध्यान से पुण्य बन्ध होकर उसके फलस्वरूप स्वर्ग में देव होता है। यही बात आचार्य पूज्यपाद ने इष्टोपदेश में कही

है।

दर्शनपाहुड़ गाथा १६ में भी आचार्य कुन्द-कुन्द ने एक ही भाव से दोनों कार्यो के होने का कथन किया है-

सेयासेय विदण्हु उद्धद दुस्सील सीलवंतो वि ।
सील फलेणाब्भुदयं तत्तो पुण लहई णिव्वाणं ।।१६ दर्शनपाहुड़

अर्थ- श्रेय और अश्रेय को जाननेवाला मिथ्यात्व को नष्ट करके शीलवान् हो जाता है। शील के फलस्वरूप अभ्युदय सुख को पाकर फिर मोक्ष सुख पाता है।

पञ्चास्तिकाय में आचार्य कुन्द-कुन्द ने एक ही रत्नत्रय से बन्ध और मोक्ष रूप दोनों कार्यों का विधान किया है-

दंसणणाणचरित्ताणि मोक्खमग्गोत्ति सेविदव्वाणि ।
साहूहि इदं भणिदं तेहिं दु बन्धो व मोक्खो वा ।।१६४ पञ्चास्तिकाय

अर्थ- दर्शन, ज्ञान, चारित्र की एकता मोक्ष मार्ग है, इसलिए वे सेवन करने योग्य हैं। ऐसा साधुओं ने कहा है, परन्तु उनसे बन्ध भी होता है और मोक्ष भी।

आचार्य वीरसेन स्वामी ने भी एक ही भाव के द्वारा बन्ध और मोक्ष दोनों कार्यों का विधान किया है-

अरिहंतणमोक्कारो संपहिय बंधादो असंखेज्जगुण कम्मक्खय कारओत्ति तत्थवि मुणीणं पवुत्तिपसंगादो ।। जयधवल १/९

अर्थ- अरिहन्त नमस्कार तत्कालीन बन्ध की अपेक्षा असंख्यात गुणी कर्म निर्जरा का कारण है। उसमें भी मुनियों की प्रवृत्ति होती है।

आचार्य वीरसेन स्वामी यह भी कहते हैं कि रत्नत्रय स्वर्ग और मोक्ष का मार्ग है-

स्वर्गापवर्गमार्गत्वाद्रत्नत्रयं प्रवरः स उच्यते निरूप्यते अनेनेति प्रवरवादः।
धवल १३/२८७

अर्थ- स्वर्ग और मोक्ष का मार्ग होने से रत्नत्रय का नाम प्रवर है। उसका वाद अर्थात् कथन इसके द्वारा किया जाता है, इसलिए इस आगम का नाम प्रवरवाद है। यहाँ रत्नत्रय को मोक्ष और स्वर्ग दोनों का कारण कहा है।

इसी प्रकार अन्य भी अनेक प्रसंगों में आचार्यों ने एक ही भाव से बन्ध और मोक्ष रूप दोनों कार्यों का सद्भाव स्वीकार किया है। अतः हमें शुभोपयोग को पुण्य बन्ध के साथ परम्परा से मोक्ष का कारण मानना चाहिए।

✡

बन्ध और मोक्ष

जैन दर्शन के अनुसार प्रत्येक संसारी आत्मा अनादि कर्मों से बँधा हुआ है। इन कर्मों के उदय में इसके राग-द्वेषादि रूप भाव होते हैं तथा राग-द्वेषादि भावों के कारण पुनः कर्म बन्ध होता है। इस प्रकार बीज और वृक्ष की भाँति कर्म बन्ध का यह क्रम अनादि से चला आ रहा है। इस बन्धन से बचने का उपाय है– संवर और निर्जरा। संवर के द्वारा कर्मों को रोकने और निर्जरा के बल पर पूर्व-बद्ध कर्मों का क्षय कर ही मोक्ष प्राप्त किया जा सकता है। आगे के सूत्रों में कर्म सिद्धांत के साथ आस्रव, बन्ध, संवर, निर्जरा और मोक्ष तत्त्व का निरूपण है।

अजीव और आस्रव तत्त्व

पुद्गलाकाशकालास्रवाश्च प्रत्येकं द्विविधम् ॥४७॥

पुद्गल द्रव्य, आकाश द्रव्य, काल द्रव्य और आस्रव प्रत्येक के दो-दो प्रकार हैं ।।४७।।

प्रस्तुत सूत्र में अजीव और आस्रव तत्त्व का वर्णन है। जीव द्रव्य के अतिरिक्त शेष पाँच द्रव्य-पुद्गल, आकाश, धर्म, और अधर्म द्रव्य अजीव तत्त्व में समाहित हैं। इनमें पुद्गल के परमाणु और स्कन्ध रूप दो भेद हैं। आकाश द्रव्य लोकाकाश और अलोकाकाश के भेद से दो प्रकार का है तथा काल द्रव्य निश्चय काल और व्यवहार काल के भेद से दो प्रकार का है। शेष धर्म और अधर्म द्रव्य का कोई भेद नहीं है। इन द्रव्यों का सविस्तार वर्णन पूर्व में हो चुका है। आगे आस्रव तत्त्व का वर्णन करते हैं।

आस्रव तत्त्व

आस्रव का अर्थ- कर्मों के आगमन को आस्रव कहते हैं। जैसे नाली आदि के माध्यम से तालाब आदि जलाशयों में जल प्रविष्ट होता है, वैसे ही आत्मा में कर्म-प्रवाह आस्रव द्वार से प्रवेश करता है। आस्रव कर्म-प्रवाह को

भीतर प्रवेश देनेवाला द्वार है। जैन दर्शन के अनुसार यह लोक पुद्गल वर्गणाओं से ठसाठस भरा है। उनमें से कुछ ऐसी पुद्गल वर्गणाएँ हैं, जो कर्म रूप परिणत होने की क्षमता रखती हैं। इन वर्गणाओं को कर्म वर्गणा कहते हैं। जीव की मानसिक, वाचिक और कायिक प्रवृत्तियों के निमित्त से ये कार्मण वर्गणाएँ जीव की ओर आकृष्ट हो कर्म रूप में परिणत हो जाती हैं और जीव के साथ उनका सम्बन्ध हो जाता है। कर्म वर्गणाओं का कर्मरूप में परिणत हो जाना ही आस्रव है।

जैन कर्म सिद्धांत के अनुसार आत्मा में मन, वचन और शरीर रूप तीन ऐसी शक्तियाँ हैं, जिनसे प्रत्येक संसारी प्राणी में प्रति समय एक विशेष प्रकार का प्रकम्पन/परिस्पन्दन होता रहता है। इस परिस्पन्दन के कारण जीव का प्रत्येक प्रदेश सागर में उठनेवाली लहरों की तरह तरंगायित रहता है। जीव के उक्त परिस्पन्दन के निमित्त से कर्म वर्गणाएँ कर्म रूप से परिणत होकर जीव के साथ सम्बन्ध को प्राप्त हो जाती हैं, इसे योग कहते हैं। यह योग ही हमें कर्मों से जोड़ता है, इसलिए योग यह इसकी सार्थक संज्ञा है। योग को ही आस्रव कहते हैं। आस्रव का शाब्दिक अर्थ है सब ओर से आना, बहना, रिसना आदि। इस दृष्टि से कर्मों के आगमन को आस्रव कहते हैं। इसका अर्थ यह नहीं है कि कर्म किसी भिन्न क्षेत्र से आते हों, अपितु हम जहाँ हैं, कर्म वहीं भरे पड़े हैं। योग का निमित्त पाते ही कर्म वर्गणाएँ कर्म रूप से परिणत हो जाती हैं। कर्म वर्गणाओं का कर्मरूप से परिणत हो जाना ही आस्रव कहलाता है।

मन, वचन और काय की प्रवृत्ति शुभ और अशुभ के भेद से दो प्रकार की होती है। शुभ प्रवृत्ति को शुभयोग तथा अशुभ प्रवृत्ति को अशुभ योग कहते हैं। शुभ योग शुभआस्रव का कारण है तथा अशुभ योग से अशुभ कर्मों का आस्रव होता है। विश्वक्षेम की भावना, सबका हित चिंतन, दया, करुणा, और प्रेम-पूर्ण भाव शुभ-मनोयोग हैं। प्रिय सम्भाषण, हितकारी वचन, कल्याणकारी उपदेश शुभ-वचन-योग के उदाहरण हैं तथा सेवा, परोपकार, दान एवं देव पूजा आदि शुभ-काय-योग के कार्य हैं। इनसे विपरीत प्रवृत्तियाँ अशुभ-योग कहलाती हैं।

आस्रव के भेद- आस्रव के द्रव्यास्रव और भावास्रव रूप दो भेद हैं। जिन शुभाशुभ भावों से कार्मण वर्गणाएँ कर्म रूप परिणत होती हैं, उन्हें भावास्रव कहते हैं तथा उन वर्गणाओं का कर्मरूप परिणत हो जाना द्रव्यास्रव है। दूसरे शब्दों में जिन भावों से कर्म आते हैं, वे भावास्रव हैं तथा कर्मों का आगमन द्रव्यास्रव है। जैसे छिद्र से नाव में जल प्रवेश कर जाता है, वैसे ही जीव

के मन, वचन, काय के छिद्र से ही कर्म-वर्गणाएँ आकर्षित/प्रविष्ट होती हैं। छिद्र होना-भावास्रव का तथा कर्म जल का प्रवेश करना, द्रव्यास्रव का प्रतीक है।

सकषाय और निष्कषाय जीवों की अपेक्षा द्रव्य आस्रव दो प्रकार का कहा गया है- १. साम्परायिक, २. ईर्यापथ।

१. साम्परायिक आस्रव - साम्पराय का अर्थ कषाय है। यह संसार का पर्यायवाची है। क्रोधादिक विकारों के साथ होनेवाले आस्रव को साम्परायिक आस्रव कहते हैं। यह आस्रव आत्मा के साथ दीर्घकाल तक टिका रहता है। कषाय स्निग्धता का प्रतीक है। जैसे तेलसिक्त शरीर में धूल चिपककर दीर्घकाल तक टिकी रहती है, वैसे ही कषाय सहित होनेवाला यह आस्रव भी दीर्घकाल तक अवस्थायी रहता है।

२. ईर्यापथ आस्रव- आस्रव का दूसरा भेद ईर्यापथ है। यह मार्गगामी है, अर्थात् आते ही चला जाता है, ठहरता नहीं है। जिस प्रकार साफ-स्वच्छ दर्पण पर पड़नेवाली धूल उसमे चिपकती नहीं हैं, उसी प्रकार निष्कषाय, जीवन मुक्त महात्माओं के केवल योग मात्र से होनेवाला आस्रव ईर्यापथ आस्रव कहलाता है। कषायों का अभाव हो जाने के कारण यह दीर्घकाल तक नहीं ठहर पाता। इसकी स्थिति एक समय की होती है।

बन्ध तत्त्व

बन्धहेतवः पञ्चविधाः ।।४८।।

बन्धश्चतुर्विधः ।।४९।।

बन्ध के पाँच हेतु हैं ।।४८।।

बन्ध चार प्रकार का है।।४९।।

बन्ध का अर्थ- कर्मरूप परिणत पुद्‌गलों का आत्मा के साथ एक क्षेत्रावगाह सम्बन्ध हो जाना बन्ध है। दो पदार्थों के मेल को बन्ध कहते हैं। यह सम्बन्ध धन और धनी की तरह का नहीं है, न ही गाय के गले में बँधनेवाली रस्सी की तरह का, वरन् जीव और कर्म पुद्‌गलों का मिलकर एकमेक हो जाना ही बन्ध कहलाता है। जिस प्रकार सोने और ताँबे के संयोग से एक विजातीय अवस्था उत्पन्न हो जाती है अथवा हाईड्रोजन और आक्सीजन रूप दो गैसों के सम्मिश्रण से जल रूप एक विजातीय पदार्थ की उत्पत्ति हो जाती है, उसी प्रकार बन्ध पर्याय में जीव और पुद्‌गलों की एक विजातीय अवस्था उत्पन्न हो जाती है, जो न तो शुद्ध जीव में पायी जाती है, न ही शुद्ध पुद्‌गलों में।

इसका अर्थ यह नहीं है कि बन्धावस्था में जीव और पुद्गल-कर्म सर्वथा स्वभाव से च्युत हो जाते हैं तथा फिर उन्हें पृथक् किया नहीं जा सकता। जैसे मिश्रित सोने और ताँबे को गलाकर अथवा प्रयोग विशेष से जल को पुनः हाइड्रोजन और आक्सीजन रूप में परिणत किया जा सकता है, उसी प्रकार कर्मबद्ध जीव भी अपने पुरुषार्थजन्य प्रयोग के बल से अपने आपको कर्मों से पृथक् कर सकता है।

आस्रव-बन्ध सम्बन्ध- जीव के मन, वचन और काय की प्रवृत्ति के निमित्त से कार्मण-वर्गणाओं का कर्मरूप से परिणत होना आस्रव है तथा आस्रवित कर्म पुद्गलों का जीव के रागद्वेष आदि विकारों के निमित्त से आत्मा के साथ एकाकार/एक रस हो जाना ही बन्ध है। बन्ध, आस्रव पूर्वक ही होता है। इसीलिए आस्रव को बन्ध का हेतु कहते हैं। आस्रव और बन्ध दोनों युगपत् होते हैं, उनमें कोई समय भेद नहीं है। आस्रव और बन्ध में यही सम्बन्ध है।

बन्ध के हेतु

बन्ध के पाँच हेतु हैं- मिथ्यात्व, अविरति, प्रमाद, कषाय और योग।

१. मिथ्यात्व- विपरीत श्रद्धा को या तत्त्वज्ञान के अभाव को मिथ्यात्व कहते हैं। विपरीत श्रद्धा के कारण शरीर आदि जड़ पदार्थों में चैतन्य बुद्धि, अतत्त्व में तत्त्व बुद्धि, अकर्म में कर्मबुद्धि आदि विपरीत मान्यता/प्ररूपणा पाई जाती है। मिथ्यात्व के कारण जीव को स्वपर विवेक नहीं हो पाता । पदार्थों के स्वरूप में भ्रांति बनी रहती है। कल्याण मार्ग में सही श्रद्धा नहीं होती। यह मिथ्यात्व सहज और गृहीत दोनों प्रकार से होता है। दोनों प्रकार के मिथ्यात्व में तत्त्व रुचि जाग्रत नहीं होती। जीव कुगुरु, कुदेव, कुधर्म और लोक मूढ़ताओं को ही धर्म मानता है। मिथ्यात्व ही दोषों का मूल है, इसलिये इसे जीव का सबसे बड़ा अहितकारी कहा गया है।

मिथ्यात्व के पाँच भेद

मिथ्यात्व पाँच प्रकार का होता है–

एकांत मिथ्यात्व, विपरीत मिथ्यात्व, विनय मिथ्यात्व, संशय़ मिथ्यात्व और अज्ञान मिथ्यात्व।

(अ) एकांत मिथ्यात्व- वस्तु के किसी एक पक्ष को ही पूरी वस्तु मान लेना, जैसे पदार्थ नित्य ही है या अनित्य ही है। अनेकान्तात्मक वस्तु तत्त्व को न समझकर एकांगी दृष्टि बनाये रखना। वस्तु के पूर्ण स्वरूप से अपरिचित रहने के कारण सत्यांश को ही सत्य समझ लेना।

(ब) विपरीत मिथ्यात्व- पदार्थ को अन्यथा मानकर अधर्म में धर्म बुद्धि रखना।

(स) विनय मिथ्यात्व- सत्य-असत्य का विचार किये बिना तथा विवेक के अभाव में जिस किसी की भी विनय को ही अपना कल्याणकारी मानना।

(द) संशय मिथ्यात्व- तत्त्व और अतत्त्व के बीच संदेह में झूलते रहना।

(ध) अज्ञान-मिथ्यात्व- जन्म-जन्मान्तरों के संस्कार के कारण विचार और विवेक शून्यता से उत्पन्न अतत्त्व श्रद्धान।

२. अविरति- सदाचार या चारित्र ग्रहण करने की ओर रुचि या प्रवृत्ति न होना अविरति है। मनुष्य कदाचित् चाहे भी तो कषायों का ऐसा तीव्र उदय रहता है, जिससे वह आंशिक चरित्र भी ग्रहण नहीं कर पाता।

३. प्रमाद- प्रमाद का अर्थ है- असावधानी। कुशल कार्यों में अनादर या अनुत्साह को प्रमाद कहते हैं। अधिक स्पष्ट करें तो कर्त्तव्य और अकर्त्तव्य के विषय में अनास्था होना प्रमाद है। प्रमाद के पन्द्रह भेद हैं– पाँच इन्द्रिय, चार विकथा, चार कषाय तथा प्रणय और निद्रा। पाँचों इन्द्रियों के विषय में तल्लीन रहने के कारण, राजकथा, चोर कथा, स्त्री कथा और भोजन कथा आदि विकथाओं में रस लेने के कारण, क्रोध, मान, माया एवं लोभ इन चार कषायों से कलुषित होने के कारण तथा निद्रा, प्रणय आदि में मग्न रहने के कारण कुशल कार्यों के प्रति अनास्था भी उत्पन्न होती है और हिंसा की भूमिका भी तैयार होती है। हिंसा का प्रमुख कारण प्रमाद है।

४. कषाय - कषाय शब्द 'कष्' और 'आय' के मेल से बना है। कष का अर्थ संसार है, क्योंकि इसमें प्राणी विविध दुःखों के द्वारा कष्ट पाते हैं, आय का अर्थ है लाभ।[१] इस प्रकार कषाय का सम्मिलित अर्थ यह हुआ कि जीव के जिन भावों के द्वारा संसार की प्राप्ति हो, वे कषाय भाव हैं।

वस्तुतः कषायों का वेग बहुत ही प्रबल है। जन्म-मरण रूप यह संसार वृक्ष कषायों के कारण ही हरा-भरा रहता है। यदि कषायों का अभाव हो तो जन्म-मरण की परम्परा का यह विष-वृक्ष स्वयं ही सूखकर नष्ट हो जाए। कषाय

१. कषः संसारः तस्यायः प्राप्तयः कषायाः। पंचसंग्रह स्वो.वृ. ३/१२३, पृ. ३५

ही समस्त सुख-दुःखों का मूल है। कषाय को कृषक की उपमा देते हुए "पञ्च-संग्रह" में कहा गया है कि "कषाय एक ऐसा कृषक है जो चारों गतियों की मेड़ वाले कर्म रूपी खेत को जोतकर सुख-दुख रूपी अनेक प्रकार के धान्य उत्पन्न करता है।" आचार्य वीरसेन स्वामी ने भी कषाय की कर्मोत्पादकता के संबंध में लिखा है "जो दुःखरूप धान्य को पैदा करनेवाले कर्म रूपी खेत का कर्षण करते हैं, जोतते हैं, फलवान् करते हैं, वे क्रोध, मान आदि कषाय हैं।" कषाय के चार भेद हैं— क्रोध, मान, माया और लोभ। इनमें क्रोध और मान द्वेष-रूप है तथा माया और लोभ राग-रूप है। राग और द्वेष समस्त अनर्थों का मूल है।

५. योग- जीव के प्रदेशों में जो परिस्पन्दन, प्रकम्पन या हलन-चलन होता है, उसे योग कहते हैं। जैन दर्शन के अनुसार मन, वचन और काय से होनेवाली आत्मा की क्रिया ही कर्म परमाणुओं के साथ आत्मा का योग अर्थात् सम्बन्ध कराती है। इसी अर्थ में इसे योग कहा जाता है। यह योग, प्रवृत्ति की अपेक्षा तीन प्रकार का है- मनोयोग, वचनयोग और काययोग। जीव की कायिक प्रवृत्ति को काय-योग तथा वाचनिक और मानसिक प्रवृत्ति को क्रमशः वचनयोग और मनोयोग कहते हैं।

प्रत्ययों के पाँच होने का प्रयोजन- आत्मा के गुणों का विकास बताने के लिए जैन दर्शन में चौदह गुणस्थानों का निरूपण किया गया है। उनमें जिन दोषों के दूर होने पर आत्मा की उन्नति मानी गयी है, उन्हीं दोषों को यहाँ आस्रव के हेतु में परिगणित किया गया है। गुणस्थान क्रम में ऊपर चढ़ते समय पहले मिथ्यात्व जाता है, फिर अविरति जाती है, तदुपरान्त प्रमाद छूटता है, फिर कषाय और अंत में योग का सर्वथा निरोध होने पर आत्मा सब कर्मों से मुक्त होकर सिद्ध अवस्था प्राप्त करता है, इसलिए मिथ्यात्व, अविरति, प्रमाद, कषाय और योग यह क्रम रखा गया है। यहाँ यह विशेष ध्यातव्य है कि पूर्व-पूर्व के कारणों के रहने पर उत्तरोत्तर कारण अनिवार्य रूप से रहते हैं, जैसे मिथ्यात्व की उपस्थिति में शेष चारों कारण भी रहेंगे, किन्तु अविरति रहने पर मिथ्यात्व रहे यह कोई नियम नहीं है। भिन्न-भिन्न अधिकरणों की अपेक्षा ही उक्त प्रत्यय बताये गये हैं।

बन्ध के भेद- द्रव्य बंध और भाव बंध की अपेक्षा बंध के दो भेद किये गये हैं। जिन राग, द्वेष, मोह आदि मनोविकारों से कर्मों का बंध होता है उन्हें भाव-बंध कहते हैं तथा कर्म पुद्गलों का आत्मा के साथ एकाकार हो जाना द्रव्य बंध है। भाव बंध ही द्रव्य बंध का कारण है, अतः उसे प्रधान समझकर उससे

बचना चाहिए।

द्रव्य बंध के भेद - द्रव्य बंध के चार भेद किये गये हैं- १. प्रकृतिबंध, २. प्रदेश बंध, ३. स्थिति बंध, ४. अनुभाग बंध।

१. प्रकृति बंध - प्रकृति का अर्थ है—स्वभाव। कर्म बंध के समय बँधनेवाले कर्म परमाणुओं में बंधन का स्वभाव निर्धारण होना प्रकृति बंध है। प्रकृति बंध यह निश्चित करता है कि कर्म वर्गणा के ये पुद्‌गल आत्मा की ज्ञान दर्शन आदि किस शक्ति को आवृत/आच्छादित करेंगे।

२. प्रदेश बंध- बँधे हुए कर्म परमाणुओं की मात्रा को प्रदेश बंध कहते हैं।

३. स्थिति बंध- बँधे हुए कर्म जब तक अपना फल देने की स्थिति में रहते हैं, तब तक की काल मर्यादा को स्थिति बंध कहते हैं। सभी कर्मों की अपनी-अपनी स्थिति होती है। कुछ कर्म क्षणभर टिकते हैं तथा कुछ कर्म अतिदीर्घ काल तक आत्मा के साथ चिपके रहते हैं। उनके इस टिके रहने की काल मर्यादा को ही स्थिति बंध कहते हैं। जिस प्रकार गाय, भैंस, बकरी आदि के दूध नें माधुर्य एक निश्चित कालावधि तक ही रहता है, उसके बाद वह विकृत हो जाता है। इसी प्रकार प्रत्येक कर्म का विशिष्ट स्वभाव भी एक निश्चित काल तक ही रहता है। यह मर्यादा ही स्थिति बंध है, जिसका निर्धारण जीव के भावों के अनुसार कर्म बँधते समय ही हो जाता है और कर्म तभी तक फल देते हैं, जब तक कि उनकी स्थिति है। इसे काल मर्यादा भी कह सकते हैं।

४. अनुभाग बंध - कर्मों की फलदान शक्ति को अनुभाग बंध कहते हैं। कर्मफल की तीव्रता और मन्दता इसी पर अवलम्बित है।

प्रकृति बंध सामान्य है। अपने-अपने स्वभाव के अनुरूप कर्म आ तो जाते हैं, किन्तु उनमें तरतमता अनुभाग बंध के कारण ही आती है। जैसे गन्ने का स्वभाव मीठा है, पर वह कितना मीठा है, यह सब उसमें रहनेवाली मिठास पर ही निर्भर है। ज्ञानावरणी कर्म का स्वभाव ज्ञान को ढाँकना है, पर वह कितना ढाँके, यह उसके अनुभाग बंध की तरतमता पर निर्भर है। प्रकृति बंध और अनुभाग बंध में इतना ही अंतर है।

अनुभाग बंध में तरतमता हमारे शुभाशुभ भावों के अनुसार होती रहती है। मंद अनुभाग में हमें अल्प सुख-दुःख होता है तथा अनुभाग में तीव्रता होने पर

हमारे सुख-दुःख में तीव्रता होती है। जैसे उबलते हुए जल के एक कटोरे से भी हमारा शरीर जल जाता है, किन्तु सामान्य गर्म जल से स्नान करने के बाद भी वैसा कोई प्रभाव नहीं पड़ता। उसी प्रकार तीव्र अनुभाग युक्त अल्प कर्म भी हमारे गुणों को अधिक घातते हैं तथा मंद अनुभाग युक्त अधिक कर्म पुञ्ज भी हमारे गुणों को घातने में उतने समर्थ नहीं हो पाते। इसी कारण चारों बंधों में अनुभाग बंध की प्रधानता है।

कर्म के भेद-प्रभेद

अष्टकर्माणि ।। ५० ।।

ज्ञानावरणीयं पञ्चविधम्।। ५१।।

दर्शनावरणीयं नवविधम्।। ५२।।

वेदनीयं द्विविधम् ।। ५३।।

मोहनीयमष्टाविंशतिविधम् ।। ५४।।

आयुश्चतुर्विधम् ।। ५५।।

द्विचत्वारिंशद्विधं नाम ।। ५६।।

द्विविधं गोत्रम् ।।५७।।

पञ्चविधमन्तरायम् ।।५८।।

कर्म आठ हैं ।। ५०।।

ज़ानावरणी कर्म के पाँच प्रकार हैं ।। ५१।।

दर्शनावरणी कर्म के नौ प्रकार हैं।।५२।।

वेदनीय कर्म दो प्रकार का है ।।५३।।

मोहनीय कर्म के अट्ठाईस प्रकार हैं ।। ५४।।

आयु कर्म चार प्रकार का है ।। ५५।।

नाम कर्म के बयालीस प्रकार हैं ।।५६।।

गोत्र कर्म दो प्रकार का है ।।५७।।

अन्तराय कर्म पाँच प्रकार का है ।। ५८ ।।

पुद्गल की तेईस प्रकार की वर्गणाओं में एक कार्मण वर्गणा है। कार्मण वर्गणा आत्मा की अच्छी-बुरी प्रवृत्ति के निमित्त से आकृष्ट होकर आत्मा के साथ सम्पृक्त हो जाती है। आत्मा से सम्बद्ध इन्हीं वर्गणाओं को कर्म कहते हैं। ये कर्म आत्मा की क्षमताओं पर आवरण डालते हैं, उन्हें अवरुद्ध

करते हैं तथा आत्मा को परतन्त्र बनाकर नाना दुःखों का पात्र बनाते हैं।

कर्म के मूल भेद

कर्म के मूलतः आठ भेद हैं- १. ज्ञानावरण २. दर्शनावरण ३. वेदनीय ४. मोहनीय ५. आयु ६.नाम ७. गोत्र ८. अन्तराय

ज्ञानावरण कर्म - आत्मा के ज्ञान गुण को आवृत/आच्छादित करता है।

दर्शनावरण कर्म - आत्मा के दर्शन गुण को आवृत/आच्छादित करता है।

वेदनीय कर्म - सुख -दुःख की अनुभूति कराता है।

मोहनीय कर्म - चेतना को मूर्च्छित कर आचार और विचार शक्ति को विकृत करता है।

आयु कर्म - किसी एक गति में एक निश्चित अवधि तक बाँध कर रखता है।

नाम कर्म - अच्छे बुरे शरीर की संरचना करता है।

गोत्र कर्म - उच्च/कुलीन और नीच/अकुलीन घरों में उत्पन्न कराता है। यह प्राणी को अच्छी या बुरी दृष्टि से देखे जाने में निमित्तभूत है।

अन्तराय कर्म - आत्मा की शक्ति को रोकता है।

आठ कर्मों में ज्ञानावरण, दर्शनावरण, मोहनीय और अन्तराय ये चार कर्म 'घातिया कर्म ' कहलाते हैं। घातिया कर्म आत्मा के मौलिक गुणों का घात करते हैं। शेष चार कर्म अघातिया हैं। अघातिया कर्म आत्मगुणों का सीधे घात तो नहीं करते, फिर भी भव भ्रमण कराने में उनका पूरा-पूरा हाथ रहता है।

इन आठ कर्मों के कार्यों को दर्शाने के लिए आठ उदाहरण दिये गये हैं। ज्ञानावरणी कर्म का कार्य कपड़े की पट्टी की तरह है। जिस प्रकार आँख पर बँधी पट्टी दृष्टि की प्रतिबन्धक है, वैसे ही ज्ञानावरण-कर्म ज्ञान-गुण को प्रकट नहीं होने देता। दर्शनावरणी कर्म द्वारपाल की तरह है। जिस प्रकार द्वारपाल की सहमति के बिना किसी महल में प्रवेश नहीं किया जा सकता, उसी प्रकार दर्शनावरण-कर्म जीव को अनन्त-दर्शन करने से रोकता है। 'वेदनीय' कर्म तलवार की धार पर लगे शहद के स्वाद की तरह होता है, जो एक क्षण को सुख देता है, पर उसका परिणाम दुःखद होता है। 'मोहनीय' कर्म मद्य की तरह है। जिस प्रकार मद्य के नशे में व्यक्ति को अपने हित-अहित का विचार नहीं रहता

तथा वह कर्त्तव्य और अकर्त्तव्य का विचार किये बिना कुछ भी आचरण करता रहता है, उसी प्रकार मोहनीय कर्म भी जीव को विवेक-शून्य कर उसकी आचार और विचार शक्ति को विकारी बना देता है। 'आयु' कर्म खूँटे की तरह है। जिस तरह खूँटे से बँधा पशु उसके चारों ओर ही घूमता है, वैसे ही आयु कर्म से बँधा जीव उसका उल्लंघन नहीं कर सकता। 'नाम' कर्म चित्रकार की तरह है। जिस प्रकार चित्रकार छोटे-बड़े, अच्छे-बुरे अनेक प्रकार के चित्रों का निर्माण करता है, उसी प्रकार नामकर्म जीव के चित्र-विचित्र शरीर का निर्माण करता है। 'गोत्र' कर्म कुम्हार की तरह है। जिस प्रकार कुम्हार छोटे-बड़े बर्तनों का निर्माण करता है, उसी प्रकार गोत्र कर्म जीव को उच्च और नीच कुलों में उत्पन्न कराता है। 'अन्तराय' कर्म भण्डारी की तरह है, जिस प्रकार भण्डारी की सहमति के बिना राजकोष से धन नहीं निकाला जा सकता, उसी प्रकार अन्तराय कर्म जीव की अनन्त-शक्ति का प्रच्छादक है।

इस प्रकार ये आठ कर्म के मूल भेद हैं, किन्तु इनकी उत्तर प्रकृतियाँ (प्रभेद) १४८ हैं।

कर्म के उत्तर भेद

१. ज्ञानावरण कर्म - ज्ञानावरण कर्म जीव के ज्ञान गुण को आच्छादित/आवृत करता है, जिसके कारण इस संसार अवस्था में उसका पूर्ण विकास नहीं हो पाता। जिस प्रकार देवता की मूर्ति पर ढका हुआ वस्त्र देवता को आच्छादित कर लेता है, उसी प्रकार ज्ञानावरण कर्म ज्ञान को आच्छादित किये रहता है। इतना होने पर भी वह जीव की ज्ञान-शक्ति को पूर्णरूप से आवृत नहीं कर पाता। जिस प्रकार दिन में सघन-घटाओं से आच्छादित रहने पर भी सूर्य-प्रकाश का अभाव पूर्णरूप से नहीं हो पाता, उसी प्रकार ज्ञानावरण कर्म का तीव्रतम उदय होने पर भी वह जीव की ज्ञान शक्ति को पूरी तरह से नष्ट/आवृत नहीं कर सकता, जिससे कि जीव सर्वथा ज्ञान शून्य होकर जड़वत् हो जाये। ज्ञानावरण कर्म के पाँच उत्तर भेद हैं - १. मतिज्ञानावरण, २. श्रुत-ज्ञानावरण, ३.अवधि-ज्ञानावरण, ४. मनःपर्यय-ज्ञानावरण, ५ केवल-ज्ञानावरण। प्रथम चारों कर्म क्रमशः मतिज्ञान, श्रुतज्ञान, अवधिज्ञान और मनःपर्ययज्ञान को आवृत तथा हीनाधिक करते हैं और पाँचवाँ केवलज्ञानावरण-कर्म केवलज्ञान को उत्पन्न नहीं होने देता।

ज्ञानावरण कर्म-बन्ध के कारण - निम्न कारणों से ज्ञानावरण कर्म का विशेष बन्ध होता है।

१. ज्ञान, ज्ञानी तथा ज्ञान के साधन के प्रति द्वेष रखने से।

२. ज्ञान-दाता गुरुओं का नाम छिपाने से।

३. ज्ञान, ज्ञानी तथा ज्ञान के साधनों का नाश करने से।

४. ज्ञान के साधनों की विराधना/दुरुपयोग करने से।

५. किसी के ज्ञान में बाधा डालने से।

२. दर्शनावरण कर्म - पदार्थों की विशेषता को ग्रहण किये बिना केवल उनके सामान्य धर्म का अवभास करना दर्शन है। दर्शनावरण कर्म उक्त दर्शन गुण को आवृत करता है। दर्शन गुण के सीमित होने पर ज्ञानोपलब्धि का द्वार बन्द हो जाता है। इसकी तुलना राजा के द्वारपाल से की जा सकती है। द्वारपाल राजा से मिलने में किसी व्यक्ति को बाधा पहुँचाता है। जिस प्रकार द्वारपाल की अनुमति के बिना कोई भी व्यक्ति राजा से नहीं मिल सकता,वैसे ही दर्शनावरण कर्म वस्तुओं के दर्शन को रोकता है। पदार्थों को देखने में अड़चन डालता है। इसकी नौ उत्तर प्रकृतियाँ हैं - १. चक्षु-दर्शनावरण २. अचक्षु दर्शनावरण ३. अवधि-दर्शनावरण ४. केवल-दर्शनावरण, ५. निद्रा, ६. निद्रा-निद्रा , ७ प्रचला, ८. प्रचला-प्रचला, ९ स्त्यान-गृद्धि।

चक्षुदर्शनावरण-कर्म नेत्रों द्वारा होनेवाले सामान्य अवबोध को रोकता है। चक्षु के अलावा शेष इन्द्रियों से होनेवाले सामान्य अवबोध को अचक्षु दर्शनावरण कर्म रोकता है । अवधिदर्शनावरण कर्म अवधि-दर्शन को रोकता है तथा केवलदर्शनावरण कर्म सर्वद्रव्यों और पर्यायों के युगपत् होने वाले सामान्य अवबोध को व्यक्त नहीं होने देता।

हल्की नींद को निद्रा कहते हैं। ऐसी नींद कि प्राणी आवाज लगाते ही जाग उठे, 'निद्रा कर्म' से उत्पन्न होती है। 'निद्रा-निद्रा' कर्म के उदय से ऐसी नींद आती है, जिससे प्राणी बड़ी मुश्किल से जाग पाता है। प्रचला कर्म के उदय से जीव खड़े-खड़े या बैठे-बैठे ही सो जाया करता है। प्रचला-प्रचला कर्म के उदय से नींद में मुख से लार बहने लगती है तथा हाथ-पैर आदि चलायमान हो जाते हैं। स्त्यान-गृद्धि कर्म के उदय से ऐसी प्रगाढ़तम नींद आती है, जिससे व्यक्ति दिन में या रात्रि में उठना-बैठना, चलना आदि अनेक क्रियाएँ निद्रावस्था में ही सम्पन्न कर लेता है।

निद्रा में आत्मा का अव्यक्त उपयोग होता है, अर्थात उसे वस्तु का सामान्य आभास नहीं हो सकता। इसलिए निद्रा के पाँच भेदों को दर्शनावरण

कर्म के उत्तर भेदों में परिगणित किया गया है। चक्षु-दर्शनावरण आदि चारों दर्शनावरणी कर्म दर्शन-शक्ति की प्राप्ति में बाधक होते हैं।

दर्शनावरण कर्म-बन्ध के कारण- जिन कारणों से ज्ञानावरण कर्म का बन्ध होता है, दर्शनावरण कर्म भी उन्हीं साधनों से बँधता है। अन्तर केवल इतना है कि यहाँ ज्ञान और ज्ञान के साधन न होकर, दर्शन और दर्शन के साधनों के प्रति वैसा व्यवहार होने पर, दर्शनावरण कर्म बन्धता है।

३. वेदनीय कर्म- जो कर्म-जीव को सुख या दुःख का अनुभव कराता है, वह वेदनीय कर्म है । यह दो प्रकार का होता है– १. साता वेदनीय एवं २. असाता वेदनीय । जिस कर्म के उदय से प्राणी को अनुकूल विषयों के संयोग से सुख का अनुभव होता है, वह साता वेदनीय कर्म है। जिस कर्म के उदय से प्रतिकूल विषयों का संयोग होने पर दुःख का संवेदन होता है वह असाता वेदनीय कर्म है। वेदनीय कर्म की तुलना मधु से लिप्त तलवार से की गयी है। जिस प्रकार शहद से लिप्त तलवार की धार को चाटने से पहले अल्प-सुख और फिर अधिक दुःख होता है, वैसे ही पौद्गलिक सुख में दुःखों की अधिकता होती है। मधु को चाटने के समान, साता-वेदनीय है और जीभ कटने की तरह असाता-वेदनीय है।

वेदनीय कर्म-बन्ध के कारण- सभी प्राणियों पर अनुकम्पा रखने से, व्रतियों की सेवा करने से, दान देने से, हृदय में शान्ति और पवित्रता रखने से, साधुओं या श्रावकों के व्रत पालन करने से, कषायों को वश में रखने से साता-वेदनीय कर्म का बन्ध होता है।

इसके विपरीत, स्व-पर को दुःख देने से, शोकमग्न रहने से, किसी को पीड़ा पहुँचाने आदि आचरण करने से दुःख के कारणभूत असाता वेदनीय कर्म का बन्ध होता है। असाता वेदनीय कर्म के फलस्वरूप देह सदा रोग-पीड़ित रहती है तथा बुद्धि और शुभ क्रियाएँ नष्ट हो जाती हैं। यह प्राणी अपने हित के उद्योग में तत्पर नहीं हो सकता।

४. मोहनीय कर्म - जो कर्म आत्मा को मोहित करता है, मूढ़ बनाता है, वह मोहनीय कर्म है। इस कर्म के कारण जीव मोह ग्रस्त होकर संसार में भटकता है। मोहनीय कर्म संसार का मूल है। इसलिए इसे कर्मों का राजा कहा गया है। समस्त दुःखों की प्राप्ति मोहनीय कर्म से ही होती है। इसीलिए इसे अरि या शत्रु भी कहते हैं। अन्य सभी कर्म मोहनीय के अधीन हैं। मोहनीय कर्म राजा है, तो शेष कर्म प्रजा। जैसे राजा के अभाव में प्रजा कोई कार्य नहीं कर

सकती, वैसे ही मोहनीय के अभाव में अन्य कर्म अपने कार्य में असमर्थ रहते हैं। यह आत्मा के वीतराग-भाव तथा शुद्ध स्वरूप को विकृत करता है, जिससे आत्मा राग-द्वेषादि विकारों से ग्रस्त हो जाता है। यह कर्म स्वपर-विवेक एवं स्वरूप-रमण में बाधा डालता है।

इस कर्म की तुलना मदिरापान से की गयी है। जैसे मदिरा पीने से मानव परवश हो जाता है, उसे अपने तथा पर के स्वरूप का भान नहीं रहता, वह हिताहित के विवेक से शून्य हो जाता है, वैसे ही मोहनीय कर्म के उदय से जीव को तत्त्व-अतत्त्व का भेद-विज्ञान नहीं हो पाता। वह संसार के विकारों में उलझ जाता है।

मोहनीय कर्म दो प्रकार का है– दर्शन मोहनीय और चारित्र मोहनीय

(क) दर्शन मोहनीय - दर्शन मोहनीय कर्म आत्मा के दर्शन गुण/श्रद्धान को विकार ग्रस्त बना देता है। इस कर्म के उदय से व्यक्ति अपने सम्यक् स्वरूप को भलीभाँति पहिचान नहीं पाता है। जैसे-मदिरा पीने से व्यक्ति की बुद्धि मूर्च्छित हो जाती है, वैसे ही इस कर्म के उदय से आत्मा का विवेक विलुप्त हो जाता है। वह हित-अहित, निज-पर का भेद नहीं कर पाता। परिणामत: वह दिग्मूढ़ बनकर घातक इन्द्रिय विषयों को ही प्रिय मानने लगता है। शरीर, स्त्री, धन, संतति जैसी पर वस्तुओं के प्रति घोर ममता का शिकार हो जाता है। वह सांसारिक मोहजाल में पड़कर मोक्ष लक्ष्य से दूर हो जाता है।

दर्शन मोहनीय के तीन भेद हैं- १. मिथ्यात्व, २. सम्यक्-मिथ्यात्व, ३. सम्यक्त्व प्रकृति ।

१. मिथ्यात्व कर्म - जो कर्म तत्त्व में श्रद्धा उत्पन्न नहीं होने देता और विपरीत श्रद्धा उत्पन्न कराता है, वह मिथ्यात्व कर्म है। इस कर्म के उदय से जीव की वह मूढ़ अवस्था उत्पन्न हो जाती है, जिससे वस्तु के वास्तविक स्वरूप के ग्रहण की योग्यता सर्वथा तिरोहित हो जाती है।

२. सम्यक्-मिथ्यात्व- तत्त्व और अतत्त्व दोनों में युगपत् श्रद्धान उत्पन्न करनेवाला कर्म सम्यक्-मिथ्यात्व कर्म कहलाता है। इस कर्म के उदय में सम्यक् और मिथ्यारूप मिश्रित श्रद्धान उत्पन्न होता है। इसलिए इसे मिश्र मोहनी कर्म भी कहते हैं।

३. सम्यक्त्व प्रकृति - जो कर्म सम्यक्त्व को तो नहीं रोकता, किन्तु उसमें चल, मलिन और अगाढ़ दोष उत्पन्न करता है, वह सम्यक्त्व मोहनीय कर्म है।

इस प्रकार मिथ्यात्व-प्रकृति अश्रद्धा रूप होती है तथा सम्यक्-

मिथ्यात्व प्रकृति श्रद्धा और अश्रद्धा से मिश्रित होती है तथा सम्यक्त्व-प्रकृति से श्रद्धा में शिथिलता या अस्थिरता होती है, जिसके कारण चल, मलिन और अगाढ़ ये तीन दोष उत्पन्न होते हैं। यह प्रकृति सम्यक्त्व का घात तो नहीं करती, परन्तु शंका आदि दोषों को उत्पन्न करती है।

(ख) चारित्र मोहनीय - चारित्र मोहनीय कर्म आत्मा के चारित्र-गुण को विकृत कर देता है। यह कर्म जीव की सन्मार्ग यात्रा में बाधा उपस्थित करता है। इस कर्म के उदय से जीव के आचरण में विकार आ जाता है। वह अहिंसा, सत्य, अचौर्य, ब्रह्मचर्य और अपरिग्रह जैसे आदर्शों को अपना नहीं पाता। यह कर्म आत्मा को राग-द्वेष आदि विकारों में उलझाकर स्वरूपरमण में बाधा डालता है। कषाय-वेदनीय और नोकषाय-वेदनीय के भेद से चारित्र मोहनीय के भी दो भेद हैं। कषाय-वेदनीय मुख्यतः चार प्रकार का है-

१. क्रोध, २. मान, ३. माया और ४. लोभ।

क्रोध आदि चारों कषाय तीव्रता व मन्दता की दृष्टि से चार-चार प्रकार की होती हैं- अनन्तानुबन्धी, अप्रत्याख्यान, प्रत्याख्यान तथा संज्वलन। इस प्रकार कषाय वेदनीय के कुल सोलह भेद हैं, जिनके उदय से क्रोधादिक भाव होते हैं।

(अ) अनन्तानुबन्धी - अनन्तानुबन्धी के प्रभाव से जीव को अनंतकाल तक भव-भ्रमण करना पड़ता है। इसके उदय में सम्यक्त्व और चारित्र दोनों ही नहीं हो पाते।

(ब) अप्रत्याख्यान- प्रत्याख्यान का अर्थ है— त्याग। जिस कषाय के उदय से ईषत् त्याग अर्थात् देशसंयम भी ग्रहण न किया जा सके, वह अप्रत्याख्यान कषाय कहलाती है।

(स) प्रत्याख्यान- जिस कषाय के उदय से सकल-संयम को ग्रहण न किया जा सके वह प्रत्याख्यान कषाय है।

(द) सञ्ज्वलन- जिस कषाय के उदय से सकल-संयम तो हो जाए, किन्तु आत्म-स्वरूप में स्थिरता रूप यथाख्यात चारित्र न हो, उसे सञ्ज्वलन कषाय कहते हैं।

नोकषाय वेदनीय - जिनका उदय कषायों के साथ होता है या जो कषायों से प्रेरित होती है, वह नोकषाय है। इन्हें अकषाय भी कहते हैं। नोकषाय या अकषाय का तात्पर्य कषायों का अभाव नहीं, अपितु ईषत् कषाय है। इनके

नौ भेद हैं- हास्य, रति, अरति, शोक, भय, जुगुप्सा, स्त्रीवेद, पुरुषवेद तथा नपुंसकवेद। इनका अर्थ इनके नामों से ही स्पष्ट है।

इस प्रकार दर्शन-मोहनीय के तीन तथा कषाय-वेदनीय के सोलह और नोकषाय वेदनीय के नौ मिलकर मोहनीय कर्म के कुल अट्ठाईस भेद हैं।

मोहनीय कर्म के बन्ध का कारण - सत्यमार्ग की अवहेलना करने से और असत्य मार्ग का पोषण करने से तथा आचार्य, उपाध्याय, गुरु, साधु-संघ आदि सत्य-पोषक आदर्शों का तिरस्कार करने से दर्शन-मोहनीय कर्म का बन्ध होता है, जिसके फलस्वरूप जीव अनन्त संसार का पात्र बनता रहता है।

स्वयं पाप करने से तथा दूसरों को कराने से, तपस्वियों की निन्दा करने से, धार्मिक कार्यों में विघ्न उपस्थित करने से, मद्य-माँस आदि का सेवन करने और कराने से, निर्दोष व्यक्तियों में दूषण लगाने से चारित्र मोहनीय कर्म का बन्ध होता है।

आयु कर्म - आयु कर्म के चार भेद है– देवायु, मनुष्यायु, तिर्यञ्चायु और नरकायु।

जीव को किसी विवक्षित शरीर में टिके रहने की अवधि का नाम आयु है। इस आयु का निमित्तभूत कर्म 'आयु कर्म' कहलाता है। जीवों के जीवन की अवधि का नियामक आयु है। इस कर्म के अस्तित्व से प्राणी जीवित रहता है और क्षय होने पर मृत्यु के मुख में जाता है। मृत्यु का कोई देवता या उस जैसी कोई अन्य शक्ति नहीं है, अपितु आयु कर्म के सद्भाव और क्षय पर ही जन्म और मृत्यु अवलम्बित है। इस कर्म की तुलना कारागार से की गयी है। जैसे न्यायाधीश अपराधी को अपराध के अनुसार नियत समय के लिए कैद में डाल देता है, अपराधी की इच्छा होने पर भी वह अपनी अवधि को पूर्ण किये बिना मुक्त नहीं हो सकता, वैसे ही आयु कर्म के कारण जीव देह-मुक्त नहीं हो सकता। आयु कर्म का कार्य सुख-दुःख देना नहीं है, किन्तु निश्चित समय तक किसी एक भव में रोके रहना मात्र है।

आयु दो प्रकार की होती है– अपवर्तनीय और अनपवर्तनीय।

कारण प्राप्त होने पर जिस आयु की काल-मर्यादा में कमी हो सके, उसे अपवर्तनीय आयु कहते हैं तथा बड़े-बड़े कारण आने पर भी निर्धारित आयु की काल-मर्यादा एक क्षण को भी कम न हो, उसे अनपवर्तनीय आयु कहते हैं। अपवर्तनीय आयु विष-भक्षण, वेदना, रक्त-क्षय, शस्त्र-घात, पर्वत से पतन आदि निमित्तों के मिलने से अपनी अवधि से पूर्व ही समाप्त हो सकती है। इसे ही

'अकालमरण' या 'कदलीघात मरण' कहते हैं। जैसे यदि किसी की १०० वर्ष की आयु है तो यह अनिवार्य नहीं कि वह १०० वर्ष तक जीवित रहे। वह १०० वर्ष की अवधि में कभी भी मरण प्राप्त कर सकता है। इसका अर्थ यह नहीं है कि वह अपनी शेष आयु को अगली योनि या पर्याय में जाकर भोगता है, अपितु मृत्यु के क्षण में ही वह अपनी शेषायु को भोग लेता है। जैन-दर्शन के नियमानुसार आयु के क्षय होने पर ही मरण होता है। जब तक वर्तमान भव की आयु कर्म का एक भी परमाणु शेष रहता है, तब तक मरण नहीं हो सकता। इस दृष्टि से एक आयु को दूसरी योनि में जाकर भोगना मात्र कल्पना की उड़ान है।

इसे ऐसे समझें- किसी पेट्रोमेक्स में इतना तेल भरा हो कि वह अपने क्रम से जलने पर छह घण्टे जलता है। यदि उसका बर्नर लीक करने लगे, तो वह पूरा तेल जल्दी ही जल जाता है तथा टैंक के फट जाने पर तो सारा तेल उसी क्षण जल जाता है। इसी प्रकार आयु कर्म भी तेल की तरह है। जब तक कोई प्रतिकूल निमित्त नहीं आते, तब तक वह अपने क्रम से उदय में आता है तथा प्रतिकूल निमित्तों के जुटने पर वह अपने क्रम का उल्लंघन भी कर देता है। यह भी सम्भव है कि वह एक अन्तर्मुहूर्त में ही अपनी करोड़ों वर्ष की आयु को भोग कर समाप्त कर डाले।

देव, नारकी, भोग-भूमि के जीव, चरम देहधारी तीर्थंकर, अनपवर्तनीय आयुवाले होते हैं। इनकी आयु का घात समय-पूर्व नहीं होता। इसीलिए इनका अकाल मरण भी नहीं होता। शेष जीवों में दोनों प्रकार की सम्भावना है। यहाँ यह ध्यान रखना चाहिए कि जैन-दर्शन के नियमानुसार आयु कर्म घट तो सकता है, किन्तु पूर्व में बाँधी हुई आयु में एक क्षण की भी वृद्धि नहीं हो सकती।

आयु कर्म के बन्ध सम्बन्धी विशेष नियम

आठ मूल कर्मों में आयु कर्म का बन्ध सदा नहीं होता। इसके बन्ध का विशेष नियम है। अपने जीवन की दो-तिहाई आयु व्यतीत होने पर ही आयु कर्म बँधता है, वह भी अन्तर्मुहूर्त तक। इसे अपकर्षकाल कहते हैं। एक मनुष्य/तिर्यञ्च के जीवन में ऐसे आठ अवसर आते हैं, जिनमें वह आयु बाँधने के योग्य होता है। इसके बीच वह आयु का बन्ध कर ही लेता है। अन्यथा मृत्यु से अन्तर्मुहूर्त पूर्व तो आयु का बन्ध हो ही जाता है। कोई भी जीव नयी आयु का बन्ध किये बिना, मरण नहीं करता तथा नूतन भव को प्राप्त नहीं होता। आयु बन्ध की यह प्रक्रिया समाप्त हो जाने पर ही जीव मुक्त हो पाता है।

मान लीजिए किसी व्यक्ति की ८१ वर्ष की आयु हो, तो वह ५४ वर्ष

की अवस्था तक आयु कर्म के बन्ध के योग्य नहीं होता। वह पहली बार आयु कर्म का बन्ध ५४ वर्ष की अवस्था में कर सकता है। यदि उस काल में आयु कर्म का बन्ध न हो, तो शेष २७ में से दो-तिहाई अर्थात् १८ वर्ष बीतने पर यानी ७२ वर्ष की अवस्था में उसे आयु का बन्ध हो सकता है। उस काल में भी न हो तो शेष नौ वर्ष में से छह वर्ष बीतने पर, अर्थात् ७८ वर्ष की अवस्था होने पर आयु बँधेगी। उसमें भी न हो तो शेष तीन में से दो वर्ष बीतने पर अर्थात् ८० वर्ष की अवस्था में और यदि उसमें भी न हो तो शेष एक वर्ष में से ८ माह बीतने पर अर्थात् ८० वर्ष ८ माह की अवस्था में, यदि उसमें भी न बँधे तो शेष चार माह में से ८० दिन बीत जाने के बाद अर्थात् ८० वर्ष, १० माह और २० दिन की अवस्था में। यदि उसमें भी न बँधे, तो शेष ४० दिन के त्रिभाग, २६ दिन १६ घण्टे बीत जाने के उपरान्त अर्थात् ८० वर्ष, ११ माह, १६ दिन तथा १६ घण्टे की अवस्था में। यदि इसमें भी न बँधे, तो शेष अवधि में से ८ दिन, २१ घण्टे तथा २० मिनिट बीत जाने पर अर्थात् ८० वर्ष, ११ माह, २५ दिन, १३ घण्टे, २० मिनिट की आयु में आयु कर्म का बन्ध हो जाता है, यदि उसमें भी न हो पाये तो मरण के अन्तर्मुहूर्त-पूर्व तो आयु बन्ध कर ही लेता है।

आयु बन्ध का यह नियम मनुष्य और तिर्यञ्चों के लिए है। देव, नारकी तथा भोग-भूमि के जीव अपने जीवन के ६ माह शेष रहने पर आयु बन्ध के योग्य होते हैं। इस छह माह में उनके भी पूर्ववत् आठ अपकर्ष होते हैं।

आयु-बन्ध के कारण

हिंसा आदि कार्यों में निरन्तर प्रवृत्ति, दूसरे के धन का हरण, इन्द्रिय विषयों में अत्यन्त आसक्ति, तीव्र परिग्रह-लुब्धता तथा मरण के समय क्रूर परिणामों से "नरकआयु" का बन्ध होता है।

धर्मोपदेश में मिथ्या बातों को मिलाकर उसका प्रचार करना, शील रहित जीवन बिताना, अतिसन्धानप्रियता अर्थात् विश्वासघात, वञ्चना और छल-कपट करना आदि "तिर्यञ्च आयु" के बन्ध के कारण हैं।

स्वभाव से विनम्र होना, भद्र प्रकृति का होना, सरल व्यवहार करना, अल्प कषाय का होना तथा मरण के समय संक्लेश रूप परिणति का नहीं होना आदि "मनुष्य आयु" के बन्ध के कारण है।

संयम पालने से, तप करने से, व्रतों के आचरण से, कषाय की मन्दता से, धर्म-कथा के श्रवण से, दान देने से, धर्मायतनों की सेवा तथा रक्षा करने से तथा सम्यग्दृष्टि होने से "देव आयु" का बन्ध होता है।

नाम-कर्म

"नाना मिनोतीति नाम" जो जीव के चित्र-विचित्र रूप बनाता है वह नाम-कर्म है। इसकी तुलना चित्रकार से की गई है। जिस प्रकार चित्रकार अपनी तूलिका और विविध रंगों के योग से सुन्दर-असुन्दर आदि अनेक चित्र निर्मित करता है, उसी तरह नामकर्म रूपी चितेरा, जीव के भले-बुरे, सुन्दर-असुन्दर, लम्बे-नाटे, मोटे-पतले, छोटे-बड़े, सुडौल-बेडौल आदि शरीरों का निर्माण करता है। जीव की विविध आकृतियों एवं शरीरों का निर्माण इसी नाम-कर्म की कृति है। विश्व की विचित्रता में नाम-कर्म रूप चितेरे की कला अभिव्यक्त होती है। इस नाम-कर्म के मुख्य बयालीस भेद हैं तथा इसके उपभेद कुल तेरानबे हो जाते हैं-

१. गति- जिस नाम-कर्म के उदय से जीव एक जन्म-स्थिति से अगली जन्म-स्थिति में जाता है, वह गतिनाम-कर्म है । गतियाँ चार हैं– देवगति, मनुष्यगति, तिर्यञ्चगति और नरकगति ।

२. जाति- जिस नाम-कर्म के उदय से जीवों में एक विशिष्ट तरह का सादृश्य हो उसे जातिनाम-कर्म कहते हैं। जातियाँ पाँच हैं- एकेन्द्रिय, दो इन्द्रिय, तीन इन्द्रिय, चार इन्द्रिय तथा पाँच इन्द्रिय।

३. शरीर- शरीर की रचना करनेवाले कर्म को शरीरनाम-कर्म कहते हैं। इसके पाँच भेद हैं– औदारिक, वैक्रियिक, आहारक, तैजस और कार्मणशरीर।

४. अंगोपांग- जिस कर्म के उदय से शरीर के अंग और उपांगों की रचना होती है, अर्थात् शरीर के अवयवों और प्रत्यवयवों की रचना करने वाला कर्म अंगोपांग नाम-कर्म है। इसके तीन भेद हैं– औदारिक, वैक्रियिक व आहारक। तीनों अपने-अपने शरीर के अनुरूप अंगोपांग की रचना करते हैं। तैजस और कार्मण शरीर सूक्ष्म होने के कारण अंगोपांग रहित होते हैं।

५. निर्माण- शरीर के अंगोपांग की समुचित रूप से रचना करने वाला कर्म निर्माण नाम कर्म है।

६. शरीर-बन्धन- शरीर का निर्माण करनेवाले पुद्गलों को परस्पर बाँधनेवाला कर्म शरीर-बन्धन नाम कर्म हैं। पूर्वोक्त शरीर के अनुसार यह पाँच प्रकार का है।

७. शरीर संघात - निर्मित शरीर के परमाणुओं को परस्पर छिद्ररहित बनाकर एकीकृत करनेवाले कर्म को शरीर-संघात नाम कर्म कहते हैं। इसके

अभाव में शरीर तिल के लड्डू की तरह अपुष्ट रहता है। यह भी शरीरों की तरह पाँच प्रकार का होता है।

८. संस्थान- शरीर को विविध आकृतियाँ प्रदान करनेवाला कर्म संस्थान नाम-कर्म है। इसके छह भेद हैं–

- **समचतुरस्र संस्थान-** सामुद्रिक शास्त्र के अनुसार जीव के सुन्दर, सुडौल और समानुपातिक शरीर बनानेवाले कर्म को 'समचतुरस्र-संस्थान' नाम-कर्म कहते हैं।

- **न्यग्रोध परिमण्डल संस्थान-** 'न्यग्रोध' अर्थात् वट के वृक्ष की तरह, नाभि से ऊपर की ओर मोटे और नीचे की ओर पतले शरीर का आकार बनानेवाले कर्म को न्यग्रोध परिमण्डल संस्थान नाम कर्म कहते हैं।

- **स्वाति-** सर्प की वामी की तरह नाभि के ऊपर पतले तथा नीचे की ओर मोटे आकार का शरीर बनानेवाला कर्म 'स्वाति संस्थान नाम-कर्म' है।

- **कुब्जक-** कुबड़ा शरीर बनानेवाले कर्म को कुब्जक संस्थान नाम-कर्म कहते हैं।

- **वामन संस्थान-** बौना शरीर बनानेवाले कर्म को 'वामन-संस्थान' नाम-कर्म कहते हैं।

- **हुण्डक-** अनिर्दिष्ट आकार को हुण्डक कहते हैं। ऐसे अनिर्दिष्ट आकार का विचित्र शरीर बनानेवाले कर्म को 'हुण्डक संस्थान' नाम-कर्म कहते हैं।

९. संहनन- अस्थि बन्धनों में विशिष्टता को उत्पन्न करनेवाले कर्म को 'संहनन नाम कर्म' कहते हैं। वेष्टन, त्वचा, अस्थि और कील के बन्धन की अपेक्षा इसके छह भेद हैं- १. वज्र-वृषभ नाराच संहनन २. वज्र-नाराच संहनन ३. नाराच संहनन ४. अर्ध-नाराच संहनन ५. कीलक संहनन ६. असंप्राप्ता सृपाटिका संहनन।

१०. वर्ण- शरीर को वर्ण (रंग) प्रदान करनेवाले कर्म को 'वर्ण नाम-कर्म' कहते हैं। यह कृष्ण, नील, रक्त, पीत एवं श्वेत रूप पाँच प्रकार का होता है।

११. गंध- शरीर को सुगन्ध एवं दुर्गन्ध प्रदान करनेवाले कर्म को 'गन्ध-नाम-कर्म' कहते हैं।

१२. रस- शरीर में तिक्त, कटु, अम्ल, मधुर और कसैला रस

अर्थात् स्वाद उत्पन्न करनेवाले कर्म को 'रस नाम-कर्म' कहते हैं।

१३. स्पर्श- हल्का, भारी, कठोर, मृदु, शीत, उष्ण तथा स्निग्ध, रुक्ष आदि स्पर्श के भेदों से शरीर को प्रतिनियत स्पर्श उत्पन्न करानेवाला कर्म 'स्पर्श-नाम-कर्म' कहलाता है।

१४. आनुपूर्व्य- देह-त्याग के बाद नूतन शरीर धारण करने के लिए होनेवाली गति को 'विग्रहगति' कहते हैं। विग्रहगति में पूर्व शरीर का आकार बनानेवाले कर्म को 'आनुपूर्व्य नाम-कर्म' कहते हैं। गतियों के आधार पर यह चार प्रकार का है।

१५. अगुरुलघु- जो कर्म शरीर को न तो लौह पिण्ड की तरह भारी, न ही रुई के पिण्ड की तरह हल्का होने दे, वह 'अगुरुलघु नाम-कर्म' है। इस कर्म से शरीर का आयतन बना रहता है। इसके अभाव में जीव स्वेच्छा से उठ-बैठ भी नहीं सकता।

१६. उपघात- इस कर्म के उदय से जीव विकृत बने हुए अपने ही अवयवों से कष्ट पाता है। जैसे प्रतिजिह्वा और चोरदन्त आदि।

१७. परघात- दूसरों को घात करने के योग्य तीक्ष्ण नख, सींग, दाढ़ आदि अवयवों को उत्पन्न करनेवाले कर्म को 'परघात नाम-कर्म' कहते हैं।

१८. उच्छवास- इस कर्म की सहायता से श्वासोच्छ्वास संचालित होता है।

१९. आतप- इस कर्म के उदय से अनुष्ण शरीर में उष्ण प्रकाश निकलता है। यह कर्म सूर्य और सूर्यकान्त मणियों में रहनेवाले एकेन्द्रियों को होता है। उनका शरीर शीतल होता है तथा ताप उष्ण।

२०. उद्योत- चन्द्रकान्त मणि और जुगनू आदि की तरह शरीर में शीतल प्रकाश उत्पन्न करनेवाला कर्म 'उद्योत नाम-कर्म' है।

२१. विहायोगति- इस कर्म के उदय से जीव की अच्छी या बुरी चाल होती है। यह प्रशस्त और अप्रशस्त के भेद से दो प्रकार का है। हाथी, हंस आदि की प्रशस्त चाल को प्रशस्त विहायोगति तथा ऊँट, गधा आदि की अप्रशस्त चाल को 'अप्रशस्त विहायोगति' कहते हैं। यहाँ गति का अर्थ गमन या चाल है।

२२. प्रत्येक शरीर- जिस कर्म के उदय से एक शरीर का एक ही

जीव स्वामी हो, वह 'प्रत्येक शरीर नाम-कर्म' है।

२३. साधारण- जिस कर्म के उदय से अनन्त जीवों को एक ही शरीर प्राप्त हो वह 'साधारण नाम-कर्म' है।

२४. त्रस - जिस कर्म के उदय से द्वि-इन्द्रियादि जीवों में जन्म हो उसे 'त्रस नाम-कर्म' कहते हैं।

२५. स्थावर- पृथ्वी, जल, तेज, वायु और वनस्पति आदि एकेन्द्रियों में उत्पन्न करानेवाला कर्म 'स्थावर नाम-कर्म' है।

२६. बादर- स्थूल शरीर उत्पन्न करानेवाला कर्म 'बादर नाम-कर्म' है।

इस कर्म के उदय से युक्त जीव स्वयं दूसरों से बाधित होता है और दूसरों को बाधा पहुँचाता है।

२७. सूक्ष्म- सूक्ष्म अर्थात् दूसरों को बाधित एवं दूसरों से बाधित न होनेवाले शरीर को उत्पन्न करनेवाला कर्म 'सूक्ष्म नाम-कर्म' है। इस कर्म का उदय मात्र एकेन्द्रिय जीवों को होता है।

२८. पर्याप्ति- जिस कर्म के उदय से जीव स्व-योग्य आहारादिक पर्याप्तियों को पूर्ण कर सके, उसे 'पर्याप्ति नाम-कर्म' कहते हैं।

२९. अपर्याप्ति- जिस कर्म के उदय से जीव स्व-योग्य पर्याप्तियों को पूर्ण न कर सके, उसे 'अपर्याप्ति नाम-कर्म' कहते हैं।

३०. स्थिर- शरीर के अस्थि, माँस, मज्जा आदि धातु, उपधातुओं को यथास्थान स्थिर रखनेवाले कर्म को 'स्थिर नाम-कर्म' कहते हैं।

३१. अस्थिर- शरीर के धातु तथा उपधातुओं को अस्थिर रखने वाला कर्म 'अस्थिर नाम-कर्म' है।

३२. शुभ- शरीर के अवयवों को सुन्दर बनौंनेवाला कर्म 'शुभ नाम-कर्म' है।

३३. अशुभ- 'अशुभ नाम-कर्म' असुन्दर शरीर प्राप्त कराता है।

३४. सुभग- सौभाग्य को उत्पन्न करनेवाला कर्म 'सुभग नाम-कर्म' है। अथवा जिस कर्म के उदय से सबको प्रीति करानेवाला शरीर प्राप्त होता है, उसे सुभग नाम-कर्म कहते हैं।

३५. दुर्भग- दुर्भग नाम-कर्म गुण युक्त होने पर भी अन्य प्राणियों में

अप्रीति उत्पन्न करानेवाला शरीर प्रदान करता है।

३६. सुस्वर- कर्णप्रिय स्वर उत्पन्न करानेवाला कर्म 'सुस्वर नाम-कर्म' है।

३७. दुःस्वर - 'दुःस्वर नाम कर्म' के उदय से कर्ण-कटु, कर्कश स्वर प्राप्त होता है।

३८. आदेय- इस कर्म के उदय से जीव बहुमान्य एवं आदरणीय होता है। प्रभायुक्त शरीर भी 'आदेय' नाम-कर्म की देन है।

३९. अनादेय- 'अनादेय' कर्म के उदय से अच्छा कार्य करने पर भी गौरव प्राप्त नहीं होता। यह निष्प्रभ शरीर का भी कारण है।

४०. यशःकीर्ति - जिस कर्म के उदय से लोक में यश, कीर्ति, ख्याति और प्रतिष्ठा मिलती है वह 'यशः कीर्ति नाम-कर्म' है।

४१. अयशः कीर्ति- इस कर्म के उदय से अपयश मिलता है।

४२. तीर्थंकर - 'तीर्थंकर' नाम-कर्म त्रिलोक पूज्य एवं धर्म-तीर्थ का प्रवर्तक बनाता है।

इस प्रकार नाम कर्म के मूल बयालीस भेद तथा उत्तर भेदों को मिलाने पर कुल तेरानवे (९३) भेद हो जाते हैं। इनमें कुछ शुभ और कुछ अशुभ होते हैं

नाम-कर्म के बन्ध का कारण

मन-वचन-काय की कुटिलता अर्थात् सोचना कुछ, बोलना कुछ और करना कुछ, इसी प्रकार अन्यों से कुटिल प्रवृत्ति कराना, मिथ्या दर्शन, चुगलखोरी, चित्त की अस्थिरता, परवञ्चन की प्रवृत्ति, झूठे माप-तौल आदि रखने से अशुभ नाम-कर्म का बन्ध होता है।

इसके विपरीत मन-वचन-काय की सरलता, चुगलखोरी का त्याग, सम्यग्दर्शन, चित्त की स्थिरता आदि शुभ नाम-कर्म के बन्ध के कारण हैं। तीर्थंकर प्रकृति नाम-कर्म की शुभतम प्रकृति है, इसका बन्ध भी शुभतम परिणानों से होता है। तीर्थंकर प्रकृति के बन्ध के सोलह कारण बताये गये हैं।

सम्यक् दर्शन की विशुद्धि, विनय-सम्पन्नता, शील और व्रतों का निर्दोष परिपालन, निरन्तर ज्ञान-साधना, मोक्ष की ओर प्रवृत्ति, संसार से सतत भीति, शक्ति के अनुसार तप और त्याग, भले प्रकार की समाधि, साधुजनों की

सेवा/सत्कार, पूज्य आचार्य, बहुश्रुत व शास्त्र के प्रति भक्ति, आवश्यक धर्म कार्यों का निरन्तर पालन, धार्मिक प्रोत्साहन व धर्मी जनों के प्रति वात्सल्य ये सब तीर्थंकर प्रकृति के बन्ध का कारण हैं।

गोत्र-कर्म

लोक-व्यवहार सम्बन्धी आचरण को गोत्र माना गया है। जिस कुल में लोक पूज्य आचरण की परम्परा है, उसे 'उच्च गोत्र' कहते हैं तथा जिसमें लोकनिन्दित आचरण की परम्परा है, उसे 'नीच गोत्र' नाम दिया गया है। इन कुलों में जन्म दिलानेवाला कर्म 'गोत्र-कर्म' कहलाता है।

इस कर्म की तुलना कुम्हार से की गयी है। जैसे-कुम्हार अनेक प्रकार के घड़ों का निर्माण करता है। उनमें से कितने ही ऐसे होते हैं, जिन्हें लोग कलश बनाकर चन्दन, अक्षत आदि मंगल द्रव्यों से अलंकृत करते हैं और कितने ही ऐसे होते हैं, जिनमें मदिरा आदि निन्द्य पदार्थ रखे जाते हैं, इसलिए निम्न माने जाते हैं। इसी प्रकार गोत्र कर्म के उदय से जीव कुलीन/पूज्य और अपूज्य/अकुलीन घरों में उत्पन्न होता है। गोत्र कर्म दो प्रकार का होता है– १. उच्च गोत्र तथा २. नीच गोत्र।

गोत्र-कर्म के बन्ध का कारण

पर निन्दा, आत्म-प्रशंसा, दूसरे के सद्भूत/विद्यमान गुणों का आच्छादन तथा अपने असद्भूत/अविद्यमान गुणों को प्रकट करना, यह सब नीच गोत्र के बन्ध के कारण हैं। इसके विपरीत अपनी निन्दा, दूसरों की प्रशंसा, अपने गुणों का आच्छादन, पर के गुणों का उद्भावन, गुणाधिकों के प्रति विनम्रता तथा ज्ञानादि गुणों में श्रेष्ठ रहते हुए भी, उसका अभिमान न करना, ये सब उच्च गोत्र के बन्ध के कारण हैं।

अन्तराय-कर्म

जो कर्म विघ्न डालता है, उसे अन्तराय-कर्म कहते हैं। इस कर्म के कारण आत्मशक्ति में अवरोध उत्पन्न होता है। अनुकूल साधनों और आन्तरिक इच्छा के होने पर भी जीव इस कर्म के कारण अपनी मनोभावना को पूर्ण नहीं कर पाता।

इस कर्म को भण्डारी से उपमित किया गया है। जिस प्रकार किसी दीन-दुःखी को देखकर दया से द्रवीभूत राजा दान देने का आदेश करता है, फिर

भी भण्डारी बीच में अवरोधक बन जाता है, वैसे ही यह अन्तराय-कर्म जीव को दान-लाभादिक कार्यों में अवरोध उत्पन्न करता है। इसके पाँच भेद हैं–

१. जिस कर्म के उदय से दान देने की अनुकूल सामग्री और पात्र की उपस्थिति में भी दान देने की भावना न हो, वह 'दानान्तराय कर्म' है।

२. जिस कर्म के उदय से बुद्धिपूर्वक श्रम करने पर भी लाभ होने में बाधा हो वह 'लाभान्तराय कर्म' है।

३. जिस कर्म के उदय से प्राप्त भोग्य वस्तु का भोग न किया जा सके, वह 'भोगान्तराय कर्म' है।

४. जिस कर्म के उदय से प्राप्त उपभोग्य वस्तु का उपभोग न किया जा सके, वह 'उपभोगान्तराय कर्म' है।

५. जिस कर्म के उदय से सामर्थ्य होते हुए भी कार्यों के प्रति उत्साह न हो, उसे 'वीर्यान्तराय कर्म' कहते हैं।

अन्तराय कर्म के बन्ध के कारण- दान आदि में बाधा उपस्थित करने से, जिनपूजा का निषेध करने से, निर्माल्य द्रव्य/देव द्रव्य का सेवन करने से पापों में रत रहने से, मोक्ष-मार्ग में दोष बताकर विघ्न डालने से अन्तराय कर्म का बन्ध होता है।

✡

कर्मों की विविध अवस्थाएँ

जैन कर्म-सिद्धान्त नियतिवादी नही है और स्वच्छन्दतावादी भी नहीं है। जीव के प्रत्येक कर्म के द्वारा किसी न किसी प्रकार की ऐसी शक्ति उत्पन्न होती है जो अपना कुछ न कुछ प्रभाव दिखाये बिना नहीं रहती। साथ ही साथ जीव का स्वातन्त्र्य भी कभी इस प्रकार कुण्ठित व अवरूद्ध नहीं होता कि वह अपने कर्मों की दशाओं में किसी भी प्रकार का सुधार करने में सर्वथा असमर्थ हो जाए। कर्मबन्ध के पश्चात् उसके फल-भोग तक कर्मों की दशाओं में बहुत कुछ परिवर्तन सम्भव है। यह सब जीव की आन्तरिक पवित्रता और पुरूषार्थ पर निर्भर है। जीव के शुभ-अशुभ भावों के आश्रय से उत्पन्न होनेवाली कर्मों की इन दशओं/अवस्थाओं को जैन आगम में 'करण' शब्द से जाना जाता है। करण दस होते हैं, जो कर्मों के विभिन्न अवस्थाओं का चित्रण करते हैं। करण दस हैं :-

१. बन्ध, २. सत्ता, ३. उदय, ४. उदीरणा, ५. उत्कर्षण, ६. अपकर्षण, ७. संक्रमण, ८. उपशम, ९. निधत्ति, १०. निकाचित।

१ बन्ध- यह आत्मा और कर्म की एकीभूत अवस्था है। कर्म के परमाणुओं का आत्मा के साथ एकमेक हो जाना ही बन्ध है। कर्मों की दस अवस्थाओं में यह सबसे पहली अवस्था है। बन्ध के बाद ही अन्य अवस्थाएँ प्रारम्भ होती हैं।

२ सत्ता- कर्म बन्ध के बाद और फल देने से पूर्व बीच की स्थिति को सत्ता कहते हैं। सत्ता-काल में कर्म अस्तित्व में तो रहता है, पर सक्रिय नहीं होता। जैसे शराब पीते ही वह अपना तुरन्त असर नहीं देती, किन्तु कुछ क्षण बाद ही उसका प्रभाव दिखता है, वैसे ही कर्म भी बन्धन के बाद कुछ काल तक सत्ता में बना रहता है।

३ उदय- जब कर्म अपना फल देना प्रारम्भ कर देते हैं, उसे उदय कहते हैं। फल देने के पश्चात् कर्म की निर्जरा हो जाती है। उदय दो प्रकार का होता है - प्रदेशोदय और फलोदय।

कर्म का अपना अपने चेतन अनुभूति कराए बिना ही निर्जरित होना

प्रदेशोदय कहलाता है। जैसे-अचेतन अवस्था में शल्यक्रिया की वेदना की अनुभूति नहीं होती, यद्यपि वेदना की घटना घटित होती है, इसी प्रकार बिना अपनी फलानुभूति करवाए जो कर्म परमाणु आत्मा से निर्जरित हो जाते हैं उनका उदय 'प्रदेशोदय' कहलाता है तथा कर्म का अपनी फलानुभूति कराते हुए निर्जरित होना फलोदय कहलाता है। ज्ञातव्य है कि फलोदय में प्रदेशोदय अनिवार्य रूप से होता है, पर प्रदेशोदय में फलोदय हो यह अनिवार्य नहीं। फलोदय और प्रदेशोदय को क्रमशः स्वमुखोदय और परमुखोदय भी कहते हैं।

४. उदीरणा- अपने नियत काल से पूर्व ही पूर्वबद्ध कर्मों का प्रयासपूर्वक उदय में लाकर उनके फलों को भोगना उदीरणा कहलाती है। प्रायः जिस कर्म प्रकृति का उदय या भोग चलता है, उसकी या उसकी सजातीय कर्म प्रकृतियों की ही उदीरणा होती है।

५. उत्कर्षण- पूर्वबद्ध कर्मों के स्थिति और अनुभाग के बढ़ने को उत्कषर्ण कहते हैं। नवीन बन्ध करते समय आत्मा पूर्वबद्ध कर्मों की काल मर्यादा और तीव्रता को बढ़ा भी सकता है। काल मर्यादा और तीव्रता को बढ़ाने की यह प्रक्रिया उत्कर्षण कहलाती है।

६. अपकषर्ण- पूर्वबद्ध कर्मों के स्थिति और अनुभाग के घटने को अपकषर्ण कहते हैं। इस प्रक्रिया से कर्मों की काल मर्यादा और तीव्रता को कम किया जा सकता है।

कर्म बन्धन के बाद बँधे हुए कर्मों में ये दोनों ही क्रियाएँ होती हैं। अशुभ कर्मों का बन्ध करने वाला जीव यदि शुभ भाव करता है तो पूर्व-बद्ध कर्मों की स्थिति और अनुभाग अर्थात् समय मर्यादा और फल की तीव्रता उसके प्रभाव से कम हो जाती है। यदि अशुभ कर्म का बन्ध करने के बाद और भी अधिक कलुषित परिणाम होते हैं तो उस अशुभ-भाव के प्रभाव से उनके स्थिति और अनुभाग में वृद्धि भी हो जाती है। इस प्रकार इस उत्कषर्ण और अपकर्षण के कारण कोई कर्म शीघ्र फल देते हैं तथा कुछ विलम्ब से। किसी का कर्मफल तीव्र होता है तथा किसी का मन्द।

७. संक्रमण- संक्रमण का अर्थ है परिवर्तन। एक कर्म के अनेक अवान्तर/उपभेद होते हैं। जैन कर्म सिद्धान्त के अनुसार कर्म का एक भेद अपने सजातीय दूसरे भेद में बदल सकता है, अवान्तर प्रकृतियों का यह अदल-बदल संक्रमण कहलाता है। संक्रमण में आत्मा नवीन बन्ध करते समय पूर्वबद्ध कर्मों का रूपान्तरण करता है। उदाहरण के रूप में पूर्वबद्ध असाता वेदनीय कर्म का नवीन साता-वेदनीय कर्म का बन्ध करते समय साता वेदनीय कर्म के रूप में

संक्रमण किया जा सकता है। संक्रमण की यह क्षमता आत्मा की पवित्रता के साथ बढ़ती है। जो आत्मा जितनी पवित्र होती है उसमें संक्रमण क्षमता उतनी ही अधिक होती है। आत्मा में कर्म प्रकृतियों के संक्रमण की सामर्थ्य होना यह बताता है कि जहाँ अपवित्र आत्माएँ परिस्थितियों का दास होती हैं, वहीं पवित्र आत्मा परिस्थितियों की स्वामी होती है। यहाँ यह विशेष ज्ञातव्य है कि कर्मों का यह परिवर्तन उनके अवान्तर भेदों में ही होता है। सभी मूल-कर्म परस्पर में संक्रमित/परिवर्तित नहीं होते। जैसे ज्ञानावरण-दर्शनावरण में नहीं बदलता। इतना ही नहीं चारों आयु कर्म तथा दर्शनमोह और चरित्रमोह कर्म भी परस्पर में संक्रमित नहीं होते।

८. उपशम-उदय में आ रहे कर्मों के फल देने की शक्ति को कुछ समय के लिए दबा देना, अथवा काल विशेष के लिए उन्हें फल देने से अक्षम बना देना उपशम है। उपशमन में कर्म की सत्ता समाप्त नहीं होती, मात्र उसे काल विशेष के लिये फल देने से अक्षम बना दिया जाता है। इस अवस्था में कर्म, राख से दबी अग्नि की तरह निष्क्रिय होकर सत्ता में बने रहते हैं।

९. निधित्ति- कर्म की वह अवस्था निधत्ति है, जिसमें कर्म न तो अवान्तर भेदों में संक्रमित या रूपान्तरित हो सकते हैं और न ही असमय में अपना फल प्रदान कर सकते हैं, लेकिन कर्मों की स्थिति और अनुभाग को कम अधिक किया जा सकता है। अर्थात् इस अवस्था में कर्मों का उत्कर्षण और अपकर्षण तो संभव है पर उदीरणा और संक्रमण नहीं।

१०. निकाचित- कर्म बन्धन की प्रगाढ़ अवस्था निकाचित है। कर्म की इस अवस्था में न तो उसके स्थिति और अनुभाग को हीनाधिक किया जा सकता है, न समय से पूर्व उसका उपभोग किया जा सकता है तथा न ही कर्म अपने अवान्तर भेदों में रूपान्तरित हो सकता है। इस दशा में कर्म का जिस रूप में बन्धन होता है, उसे उसी रूप में भोगना पड़ता है, क्योंकि इसमें उत्कर्षण-अपकर्षण, उदीरणा और संक्रमण चारों का अभाव रहता है।

इस प्रकार जैन कर्म सिद्धान्त में कर्म के फल-विपाक की नियतता और अनियतता को सम्यक् प्रकार से समन्वित किया गया है तथा यह बताया गया है कि जैस-जैसे आत्मा कषायों से मुक्त होकर आध्यात्मिक विकास की दिशा में बढ़ता है, वह कर्म फल-विषयक नियतता को समाप्त करने में सक्षम होता जाता है। कर्म कितना बलवान् होगा, यह बात केवल कर्म के बल पर निर्भर नहीं है, अपितु आत्मा की पवित्रता पर भी निर्भर है। इन अवस्थाओं का चित्रण यह भी बताता है कि कर्मों का विपाक या उदय होना एक अलग स्थिति

है तथा उससे नवीन कर्मों का बन्ध होना न होना एक अलग स्थिति है। कषाय युक्त आत्मा कर्मों के उदय में नवीन कर्मों का बन्ध करता है। इसके विपरीत कषाय-मुक्त आत्मा कर्मों के उदय में नवीन बन्ध नहीं करता, मात्र पूर्वबद्ध कर्मों की निर्जरा करता है।

कर्मों की स्थिति

बँधे हुए कर्म जब तक अपना फल देने की स्थिति में रहते हैं, तब तक की काल-मर्यादा ही कर्मों की स्थिति है। जैन कर्म सिद्धान्त के अनुसार प्रत्येक कर्म आत्मा के साथ एक निश्चित अवधि तक बँधा रहता है। तदुपरान्त वह पेड़ में पके फल की तरह अपना फल देकर जीव से अलग हो जाता है। जब तक कर्म अपना फल देने की सामर्थ्य रखते हैं, तब तक की काल मर्यादा ही उनकी स्थिति कहलाती है। जैन कर्म ग्रंथों में विभिन्न कर्मों की पृथक्-पृथक् स्थितियाँ/उदय में आने योग्यकाल बताई गई हैं। वे निम्न प्रकार हैं -

क्रमांक	कर्म का नाम	अधिकतम समय	न्यूनतम समय
१	ज्ञानावरणी	तीस कोड़ा-कोड़ी सागरोपम	अन्तर्मुहूर्त
२	दर्शानावरणी	तीस कोड़ा-कोड़ी सागरोपम	अन्तर्मुहूर्त
३	वेदनीय	तीस कोड़ा-कोड़ी सागरोपम	बारह मुहूर्त
४	मोहनीय	सत्तर कोड़ा-कोड़ी सागरोपम	अन्तर्मुहूर्त
५	आयु	तैंतीस सागरोपम	अन्तर्मुहूर्त
६	नाम	बीस कोड़ा-कोड़ी सागरोपम	आठ मुहूर्त
७	गोत्र	बीस कोड़ा-कोड़ी सागरोपम	आठ मुहूर्त
८	अन्तराय	तीस कोड़ा-कोड़ी सागरोपम	अन्तर्मुहूर्त

सागरोपम आदि उपमा काल हैं। इनके स्वरूप के स्पष्टीकरण के लिए देखें परिशिष्ट।

अनुभाग - कर्मों की फलदान शक्ति को अनुभाग कहते हैं। प्रत्येक कर्म का फलदान एक-सा नहीं रहता। जीव के शुभाशुभ भावों के अनुसार बँधने वाले प्रत्येक कर्म का अनुभाग, अपने-अपने नाम के अनुरूप तरतमता लिये रहता है। कुछ कर्मों का अनुभाग अत्यन्त तीव्र होता है। कुछ का मन्द, तो कुछ का मध्यम। कर्मों का अनुभाग कषायों की तीव्रता व मन्दता पर निर्भर रहता है।

कषायों की तीव्रता होने पर अशुभ कर्मों का अनुभाग अधिक होता है, शुभ कर्मों का मन्द तथा कषायों की मन्दता होने पर शुभ कर्मों का अनुभाग अधिक होता है तथा अशुभ कर्मों का मन्द। तात्पर्य यह है कि जो प्राणी जितना अधिक कषायों की तीव्रता से युक्त होगा उसके अशुभ कर्म उतने ही सबल होंगे तथा शुभ-कर्म उतने ही निर्बल होंगे। जो प्राणी जितना अधिक कषाय-मुक्त होगा उसके शुभ कर्म उतने ही प्रबल होंगे एवं पाप कर्म उतने ही दुर्बल होंगे।

कर्मों के प्रदेश - आत्मा से बद्ध कर्म परमाणुओं की मात्रा ही कर्मों के प्रदेश हैं। जीव के भावों का आश्रय पाकर बँधनेवाले सभी कर्मों के परमाणुओं की मात्रा समान नहीं होती। इसका भी एक निश्चित नियम है, एक साथ आत्मा के साथ बन्धन को प्राप्त होनेवाले समस्त कर्म परमाणु एक निश्चित अनुपात से आठ कर्मों में विभक्त हो जाते हैं। उक्त क्रमानुसार आयु कर्म में सबसे थोड़े परमाणु होते हैं। नाम कर्म के परमाणु उससे कुछ अधिक होते हैं। गोत्र कर्म के परमाणुओं की मात्रा नाम कर्म के बराबर ही है। ज्ञानावरण, दर्शनावरण और अन्तराय इन तीन कर्मों के परमाणु विशेष अधिक होते हैं। तीनों की मात्रा परस्पर समान होती है। मोहनीय कर्म के परमाणु इससे भी अधिक होते हैं तथा सबसे अधिक परमाणु वेदनीय कर्म के होते हैं। यह मूल-कर्मों का विभाजन है। प्रत्येक कर्म के प्रदेशों में न्यूनता व अधिकता का यही आधार है। कर्म परमाणुओं का यह विभाजन बन्ध काल में ही हो जाता है।

पुण्य और पाप

पुण्य के भेद

पुण्यं द्विविधम् ।।५९।।

पुण्य दो प्रकार का है ।।५९।।

द्रव्य पुण्य और भाव पुण्य के भेद से पुण्य के दो प्रकार हैं। दान, पूजा, भक्ति, दया, परोपकार आदि शुभ परिणाम भाव पुण्य है। शुभ परिणामों के निमित्त से जो शुभ कर्मों का बन्ध होता है, वह द्रव्य पुण्य है। द्रव्य पुण्य के ४२ भेद हैं-

साता वेदनीय, देवायु, मनुष्यायु, तिर्यञ्चायु, उच्चगोत्र, देवगति, मनुष्यगति, पंचेन्द्रिय जाति, पाँच शरीर, तीन अंगोपांग, समचतुरस्त्र-संस्थान, वज्रवृषभ-नाराच संहनन, प्रशस्त स्पर्श, रस, गन्ध, वर्ण, मनुष्यगत्यानुपूर्वी, देवगत्यानुपूर्वी, अगुरुलघु, परघात, उच्छ्वास, आतप, उद्योत, प्रशस्त विहायो-गति, त्रस, बादर, पर्याप्त, प्रत्येक-शरीर, सुभग, शुभ, सुस्वर, स्थिर, आदेय, यशःकीर्ति, निर्माण और तीर्थङ्कर।

यहाँ पाँच बन्धन व पाँच संघात को पाँच शरीरों में तथा स्पर्श, रस, गन्ध और वर्ण के उपभेदों को मूलभेदों में सम्मिलित किया गया है। उपभेदों सहित द्रव्य पुण्य की कुल ६८ प्रकृतियाँ हैं।

आगम में पुण्य के अन्य प्रकार से भी दो भेद निर्दिष्ट हैं- पुण्यानुबन्धी पुण्य और पापानुबन्धी पुण्य। भोगाकांक्षा और निदान से रहित मोक्ष की अभिलाषा से किया जानेवाला शुभ कर्मानुष्ठान पुण्यानुबंधी पुण्य कहलाता है। यह पुण्य सदा पुण्य रूप ही फलता है, पाप का कारण कभी नहीं बनता। अतः पुण्यानुबंधी पुण्य कहलाता है। सम्यग्दृष्टि का पुण्य पुण्यानुबंधी पुण्य कहलाता है। यह परम्परा से मोक्ष का कारण है। भोगाकांक्षा निदान आदि से प्रेरित होकर किया जानेवाल शुभ कर्मानुष्ठान, पापानुबन्धी पुण्य कहलाता है। यह मिथ्यादृष्टियों को होता है। पापानुबन्धी पुण्य स्वल्प इन्द्रिय सुख प्रदानकर आत्मा को भोगों में आसक्त करता है। इसी भोगासक्ति के कारण यह भवान्तर में दुर्गति का कारण है।

पुण्य और पाप सर्वथा समान नहीं

पुण्य की परिभाषा बताते हुए आचार्य पूज्यपाद स्वामी ने कहा है- **"पुनात्यात्मानम् पूयते अनेनेतिपुण्यम्"**- जो आत्मा को पवित्र करता है अथवा जिससे आत्मा पवित्र होता है, वह पुण्य है। पुण्य मोक्षमार्ग में बाधक नहीं साधक है। कतिपय लोग पुण्य को एकान्ततः संसार का कारण बताते हुए पाप और पुण्य को समान बताते हैं। यह अवधारणा ठीक नहीं है, क्योंकि न तो पुण्य और पाप दोनों सर्वथा समान हैं, न ही वह संसार का कारण है। यदि पुण्य और पाप दोनों सर्वथा समान ही होते तो नौ पदार्थों में उन्हें पृथक्-पृथक् परिगणित क्यों किया जाता ? आचार्यों ने पुण्य और पाप दोनों में भेद का कारण बताते हुए कहा है–

हेतुकार्यविशेषाभ्यां विशेषः स्यात् पुण्यपापयोः ।
हेतू शुभाशुभौ भावौ कार्ये च सुखासुखे ।।

तत्त्वार्थ सार ४/१०३

हेतु और कार्य की विशेषता से पुण्य और पाप में अन्तर है। पुण्य का हेतु शुभभाव है, पाप का हेतु अशुभ भाव है। पुण्य का कार्य अनुकूलता और भौतिक सुख प्रदान करना है, जबकि पाप प्रतिकूलता और दुःख का कारण है। अतः शुभ और अशुभ भावों से उत्पन्न होनेवाले पुण्य और पाप को समान नहीं कहा जा सकता। आचार्य कुन्दकुन्द ने पुण्य को पाप से श्रेष्ठ बताते हुए कहा है-

वर-वयतवेहिं सग्गो मा होइ इयरेहिं णिरइगइ दुक्खं ।
छाया तवट्ठियाणं पडिवालंताण गुरुभेयं ।।२५।। मोक्ष पाहुड़

अव्रत और अतप के कारण नरक जाने की अपेक्षा व्रत और तपजन्य पुण्य से स्वर्ग जाना श्रेष्ठ है। धूप में खड़े होकर थकान मिटाने की चेष्टा करने की अपेक्षा किसी पेड़ की छाया में बैठकर विश्राम करना श्रेष्ठ है।

पुण्य सर्वथा संसार का कारण नहीं है। आचार्य विद्यानन्द ने अष्ट सहस्री में लिखा है–

"मोक्षस्यापि परमपुण्यातिशयचारित्रविशेषात्मकपौरूषाभ्यामेव सम्भवात्।।" अष्टसहस्री श्लोक ८८ की टीका

मोक्ष की उपलब्धि परम पुण्य के अतिशय और चारित्र विशेषात्मक-पुरुषार्थ के द्वारा ही सम्भव है। पुण्य के अभाव में मोक्ष पुरुषार्थ नहीं हो सकता।

आगम में पुण्य दो प्रकार का बताया गया है– सातिशय पुण्य और निरतिशय पुण्य । सम्यग्दृष्टि का पुण्य सातिशय पुण्य कहलाता है। यह पुण्य के बन्ध के साथ पाप की निर्जरा भी कराता है, अतः परम्परा से मोक्ष का कारण है। मिथ्यादृष्टि का पुण्य निरतिशय पुण्य है। निरतिशय पुण्य मात्र पुण्य बंध का कारण होने से संसार का हेतु है। इस तथ्य को स्पष्ट करते हुए आचार्य देवसेन ने भावसंग्रह में लिखा है–

सम्मादिठ्ठिस्स पुण्णं ण होइ संसार कारणं णियमा ।
मोक्खस्स होइ हेउ जइ वि णियाणं ण सो कुणइ ।। ४०४
अकय णियाणो सम्मो पुण्णं काउण णाण चरणट्ठो ।
उवज्जइ दिवलोए सुहपरिणामो सुलेसोवि ।। ४०५
लद्धं जइ चरमतणु चिरकय पुण्णेण सिज्झए णियमा ।
पावइ केवलणाणं जहाखाइय संयमं सुद्धं ।। ४२२
तम्हा सम्मादिठ्ठस्स पुण्णं मोक्खस्स कारणं हवइ ।
इयणाउण गिहत्थो पुण्णं चायरउ पयत्तेण ।। ४२५

सम्यग्दृष्टिं का पुण्य मोक्ष का ही कारण है, वह नियमतः संसार का कारण नहीं होता, क्योंकि वह निदान नहीं करता। निदान रहित सम्यग्दृष्टि ज्ञान और चारित्रपूर्वक पुण्य करके शुभ परिणाम और शुभ लेश्या के साथ स्वर्ग में उत्पन्न होता है। जब वह चरम शरीर को प्राप्त करता है, तब चिरकालीन पुण्य से यथाख्यात संयम और केवलज्ञान को पाकर नियमतः सिद्ध होता है। इसलिए "सम्यग्दृष्टि का पुण्य मोक्ष का कारण होता है।" ऐसा जानकर हे गृहस्थो! तुम प्रयत्नपूर्वक पुण्य का आदर करो।

इसी कारण आगम में अनेक स्थलों पर पुण्य करने की प्रेरणा दी गई है।[१] सम्यग्दृष्टि निरन्तर पुण्य की क्रिया में संलग्न होता हुआ अपनी आत्मा को विशुद्ध बनाता है। यहाँ यह बात अवश्य ध्यातव्य है कि पुण्य की क्रिया का ध्येय पुण्य फल की प्राप्ति नहीं, अपितु आत्मा की शुद्धि होनी चाहिए। तभी वह कर्म-निर्जरा का कारण बनता है, अन्यथा नहीं । वस्तुतः पुण्य नौका के लिए अनुकूल वायु की तरह है, जो हमें भवसागर के पार ले जाती है।

---

१. पुण्याच्चक्रधरश्रियं विजयनीमैन्द्री च दिव्यश्रियं
पुण्यात्तीर्थकरश्रियं च परमा नैश्रेयसीञ्चाश्नुते ।
पुण्यादित्यसुभृच्छ्रियां चतसृणामाविर्भवेद् भाजनं
तस्मात् पुण्यमुपार्जयन्तु सुधियः पुण्याज्जिनेन्द्रागमात् ।।
महापुराण ३०/१२९

पाप के भेद

पापं च ।।६०।।

पाप भी दो प्रकार का है ।।६०।।

पाप के दो प्रकार हैं- भाव पाप और द्रव्य पाप।[१] आत्मा में उत्पन्न होने वाले मिथ्यात्व, क्रोध, मान, माया, लोभ, हिंसा आदि रूप मनोविकारों को भावपाप कहते हैं तथा पाप में प्रवृत्त करानेवाले मिथ्यात्वादि पाप कर्मों को द्रव्य पाप कहते हैं। द्रव्य पाप की ८४ प्रकृतियाँ हैं-

ज्ञानावरण की पाँच, दर्शनावरण की नौ, मोहनीय की अट्ठाईस, अन्तराय की पाँच, नरकगति, तिर्यञ्चगति, एकेन्द्रियादि चार जाति, पाँच संस्थान, पाँच संहनन, अप्रशस्त-स्पर्श, रस, गन्ध, वर्ण, नरकगत्यानुपूर्वी, तिर्यञ्चगत्यानुपूर्वी, उपघात, अप्रशस्त-विहायोगति, स्थावर, सूक्ष्म, अपर्याप्त, साधारण, अस्थिर, अशुभ, दुर्भग, दुस्वर, अनादेय, अयशकीर्ति, नरकायु, असाता वेदनीय, और नीच गोत्र, ये ८४ पाप प्रकृतियाँ हैं। स्पर्श, रस, गंध आदि के उपभेदों को मिलाने पर पाप कर्म के कुल भेद ८४+१६ =१०० हो जाते हैं।

स्पर्श, रस, गंध और वर्ण प्रशस्त भी होते हैं और अप्रशस्त भी। इस आशय से वे पुण्य और पाप दोनों में सम्मिलित हैं। इसी कारण कर्म के कुल भेद ६८ +१०० = १६८ होते हैं।

✡

१. तत्त्वार्थ श्लोक वार्तिक में पापानुबन्धी-पाप और पुण्यानुबन्धी पाप-पाप के ये दो भेद भी निर्दिष्ट हैं। इन्द्रिय विषय-भोगों की पूर्ति के लिए किया जानेवाला पाप, पापानुबन्धी पाप है। शुभ प्रयोजन से किया जानेवाला पाप पुण्यानुबन्धी-पाप कहलाता है। जैसे धर्मायतनो की रक्षा, धर्म, संस्कृति और राष्ट्र की अस्मिता और अस्तित्व की रक्षा, मन्दिर निर्माण, बिम्ब प्रतिष्ठा आदि के निमित्त यद्यपि पाप संपादक क्रियाएँ होती हैं, फिर भी ये पुण्य का अनुबन्ध कराती हैं। (तत्त्वार्थश्लोकवार्तिकालङ्कार पृष्ठ-११२)

संवर, निर्जरा और मोक्ष

संवर के भेद

संवरश्च ।।६१।।

संवर के भी दो भेद हैं ।।६१।।

संवर दो प्रकार का है- भावसंवर, द्रव्यसंवर आत्मा के जिन विशुद्ध परिणामों से कर्मों का आस्रव रुकता है, वह भावसंवर है तथा कर्मों का आगमन रुक जाना, द्रव्यसंवर कहलाता है। भावसंवर के ६२ भेद हैं– पाँच व्रत, पाँच समिति, तीन गुप्ति, दस धर्म, बारह अनुप्रेक्षा, बाईस परिषहजय और पाँच चारित्र।

संवर का मोक्ष मार्ग में महत्वपूर्ण स्थान है। संवरपूर्वक होनेवाली निर्जरा ही मोक्ष का कारण है। सभी जीवों को संवर एक-सा नहीं होता, जो आत्मा जितना विशुद्ध होता है, वह उतना अधिक संवर का अधिकारी होता है। कर्मों के संवर से चौदह गुणस्थानों के विकास के क्रम का ज्ञान होता है।

निर्जरा के भेद और स्थान

एकादश निर्जराः ।।६२।।

निर्जरा के ग्यारह स्थान हैं ।।६२।।

कर्मों के आंशिक रूप से झड़ने को निर्जरा कहते हैं। निर्जरा के भी दो भेद हैं- द्रव्य निर्जरा और भाव निर्जरा। कर्म परमाणुओं का आत्मा से झड़कर अलग हो जाना द्रव्य निर्जरा है तथा आत्मा के जिन विशुद्ध भावों के कारण कर्म परमाणु आत्मा से पृथक् होते हैं, वह भाव निर्जरा है।

द्रव्य निर्जरा दो प्रकार की है–सविपाक निर्जरा और अविपाक निर्जरा।

सविपाक निर्जरा - स्थिति के पूर्ण होने पर, कर्मों के सुख-दुःखात्मक फल देकर विलग होने को सविपाक निर्जरा कहते हैं। जैसे आम आदि फल

पककर झड़ जाते हैं, वैसे ही यह निर्जरा, केवल फलोन्मुख होते हुए कर्मों की होती है। इसे यथाकाल निर्जरा भी कहते हैं। यह प्रतिसमय होती रहती है, क्योंकि बंधे हुए कर्म अपने-अपने समय पर अपना फल देकर निर्जीण होते ही रहते हैं। मोक्षमार्ग में इस प्रकार की निर्जरा का कोई महत्त्व नहीं है, क्योंकि इस निर्जरा में राग-द्वेष युक्त होने के कारण निर्जरा के साथ-साथ नवीन कर्मों का बंध भी होता है। संवरपूर्वक होनेवाली निर्जरा ही मोक्षमार्ग में उपादेय है।

अविपाक निर्जरा- तपादि साधनों द्वारा समय से पूर्व ही कर्मों के क्षय से होनेवाली निर्जरा अविपाक निर्जरा है। यह सविपाक निर्जरा के विपरीत है। जैसे माली कच्चे आमों को तोड़कर पाल आदि में रखकर उन्हें समय से पूर्व ही पका लेता है, वैसे ही अविपाक निर्जरा परिपाक काल से पूर्व ही कर्मों को गला देती है। मोक्षमार्ग में अविपाक निर्जरा ही उपादेय मानी गयी है। यह व्रतधारी सम्यग्दृष्टियों के ही होती है।

निर्जरा के स्थान

सभी जीवों के सब अवस्थाओं में एक सी निर्जरा नहीं होती। निर्जरा का सम्बन्ध विशुद्धि से है। जो जीव जितने अधिक विशुद्ध होते हैं, उनके उतनी ही अधिक निर्जरा होती है। प्रस्तुत सूत्र में इसी अपेक्षा से निर्जरा के ग्यारह स्थान बताए गए हैं। वास्तव में ये मोक्षाभिमुख विशिष्ट आत्मा की विविध अवस्थाएँ हैं, जो एक जीव को प्राप्त हो सकती हैं। यथार्थ मोक्षाभिमुखता सम्यग्दर्शन की प्राप्ति से ही प्रारम्भ होती है और वह 'जिन' अवस्था में पूरी होती है। सम्यग्दर्शन की प्राप्ति से लेकर सर्वज्ञता तक मोक्षाभिमुखता के ग्यारह विभाग किये गये हैं, जिनमें पूर्व-पूर्व की अपेक्षा उत्तर-उत्तर विभाग में परिणामों की विशुद्धि अधिक होती है। परिणामों की विशुद्धि जितनी अधिक होगी, कर्म निर्जरा भी उतनी ही अधिक होगी। अत: प्रथम-प्रथम अवस्थाओं में जितनी कर्म निर्जरा होती है, उनकी अपेक्षा आगे-आगे की अवस्थाओं (स्थानों) में परिणाम विशुद्धि की विशेषता के कारण कर्म निर्जरा भी असंख्यात गुणी बढ़ जाती है। इस प्रकार बढ़ते-बढ़ते अन्त में केवली समुद्घात[१] अवस्था में निर्जरा का प्रमाण सबसे अधिक हो जाता है। कर्म निर्जरा के इस तरतम भाव में सबसे कम कर्म निर्जरा सम्यग्दृष्टि की और सबसे अधिक निर्जरा समुद्घात-गत केवली की होती है। इन ग्यारह अवस्थाओं का स्वरूप इस

---

१. समुद्घात के लिए देखें परिशिष्ट

प्रकार है-

१. सम्यग्दृष्टि- जिस अवस्था में मिथ्यात्व दूर होकर सम्यक्त्व का आविर्भाव होता है।

२. श्रावक- पंचम गुणस्थानवर्ती संयमासंयमी।

३. विरत- महाव्रती साधु (प्रमत्त-अप्रमत्त)।

४. अनन्त वियोजक- अनन्तानुबंधी की विसंयोजना में प्रवृत्त सम्यग्दृष्टि।

५. दर्शनमोह क्षपक- दर्शनमोह की क्षपणा में प्रवृत्त सम्यग्दृष्टि।

६. उपशामक- उपशमश्रेणी में आरूढ़ अपूर्वकरण से सूक्ष्म साम्पराय गुणस्थानवर्ती साधक।

७. उपशान्त मोह- ग्यारहवें गुणस्थानवर्ती साधक।

८. क्षपक- क्षपकश्रेणी में आरूढ़ अपूर्वकरण से सूक्ष्म साम्पराय गुणस्थानवर्ती।

९. क्षीण मोह- बारहवें गुणस्थानवर्ती।

१०. जिन- सयोग केवली भगवान्।

११. समुद्घात केवली- समुद्घात में प्रवृत्त केवली भगवान्।

सम्यग्दृष्टि से आगे के दस स्थानों में पूर्व-पूर्व के स्थानों की अपेक्षा असंख्यात-असंख्यात गुणी निर्जरा होती है। सम्यग्दृष्टि की निर्जरा दर्शनमोह का उपशमन करनेवाले जीव से असंख्यात गुणी अधिक होती है, किन्तु इतनी विशेषता है कि सम्यग्दृष्टि की निर्जरा सम्यक्त्व की उत्पत्ति के उपरान्त मात्र अन्तर्मुहूर्त तक ही होती है। इनमें सम्यग्दृष्टि प्रथम अवस्था है और समुद्घातस्थ जिन अंतिम अवस्था है। अर्थात् सम्यग्दृष्टि से यह असंख्यात गुणी निर्जरा का क्रम प्रारम्भ होकर समुद्घातस्थ जिन अवस्था के प्राप्त होने तक जारी रहती है। परिणामों की उत्तरोत्तर विशुद्धि ही इसका कारण है। जिसके जितनी अधिक परिणामों की विशुद्धि होगी उसके उतने ही अधिक कर्मों की निर्जरा भी होगी । इस हिसाब से सम्यग्दृष्टि के सबसे कम और समुद्घातस्थ जिन के सबसे अधिक परिणामों की विशुद्धि होती है। इसी कारण सम्यग्दृष्टि के सबसे कम और समुद्घातस्थ जिन को सर्वाधिक निर्जरा होती है।

मोक्ष और उसके साधन

त्रिविधो मोक्षहेतुः ।।६३।।

द्विविधो मोक्षः ।।६४।।

मोक्ष के तीन हेतु हैं।।६३।।

मोक्ष दो प्रकार का होता है।।६४।।

समस्त साधना का मूल लक्ष्य मोक्षोपलब्धि है। मोक्षोपलब्धि के तीन साधन हैं– सम्यग्दर्शन, सम्यग्ज्ञान और सम्यक्चारित्र। इन तीनों की एकता को मोक्षमार्ग कहते हैं। 'सम्यक्' शब्द समीचीनता–यथार्थता का द्योतक है। यहाँ दर्शन का अर्थ श्रद्धा है। तत्त्वों के यथार्थ स्वरूप की श्रद्धा को सम्यग्दर्शन कहते हैं। तत्त्वों का यथार्थज्ञान सम्यग्ज्ञान है तथा सम्यग्दर्शन और सम्यग्ज्ञान-पूर्वक किया जानेवाला सदाचरण सम्यक्चारित्र कहलाता है। ये तीनों रत्नों के समान बहुमूल्य हैं, अतः इन्हें रत्नत्रय कहते हैं।

सम्यग्दर्शन, सम्यग्ज्ञान और सम्यक्चारित्र की एकता ही मोक्षमार्ग है। ये तीनों मिलकर ही मोक्षमार्ग कहलाते हैं। पृथक्-पृथक् तीनों से मोक्षमार्ग नहीं बनता, न ही किन्ही दो के मेल से। आचार्य पूज्यपाद स्वामी ने इस बात को एक उदाहरण द्वारा स्पष्ट करते हुए कहा है कि सम्यग्दर्शन, सम्यग्ज्ञान और सम्यक्चारित्र पृथक्-पृथक् मोक्षमार्ग नहीं हैं। रोगी का रोग दवा में विश्वास करने मात्र से दूर न होगा। जब तक उसे दवा का ज्ञान न हो और वह चिकित्सक के कहे अनुसार आचरण न करे, तब तक रोग का विनाश नहीं होगा। इसी तरह दवा की जानकारी-भर से ही रोग दूर नहीं होता, जब तक कि रोगी उस पर विश्वास न करे और उसका विधिवत् सेवन न करे। इसी प्रकार दवा में रुचि और उसके ज्ञान के बिना उसके सेवन मात्र से भी रोग दूर नहीं हो सकता। रोग तभी दूर हो सकता है जब दवा में श्रद्धा हो, उसकी जानकारी हो और चिकित्सक के कहे अनुसार उसका सेवन किया जाए। इसी प्रकार सम्यग्दर्शन, सम्यग्ज्ञान और सम्यक्चारित्र की समष्टि से ही मोक्ष की प्राप्ति सम्भव है। इसकी तुलना हम लकड़ी के जीने से कर सकते हैं। जिस प्रकार लकड़ी के जीने में उसके दोनों ओर दो पाये लगे रहते हैं तथा बीच में कुछ आड़ी लकड़ियाँ लगी होती हैं, जो दोनों पायों को जोड़े रहती हैं। दोनों ओर के पाये सम्यग्दर्शन और सम्यग्ज्ञान के प्रतीक हैं, बीच की आड़ी लकड़ियाँ सम्यक्चारित्र की प्रतीक हैं जिनके सहारे हम आध्यात्मिक ऊँचाइयों का स्पर्श कर पाते हैं। बीच की लकड़ियों के अभाव में

दोनों ओर के पाये कुछ काम नहीं कर पाते तथा दोनों पायों के अभाव में बीच की लकड़ियाँ भी निरर्थक सिद्ध होती है। तीनों के योग से ही सीढ़ी तैयार हो सकती है। इसी प्रकार सम्यग्दर्शन, सम्यग्ज्ञान और सम्यक्चारित्र के योग से ही मोक्ष-मार्ग बनता है।

श्रद्धा, ज्ञान और आचरण क्रमशः हमारे मस्तिष्क, आँख और चरण के प्रतीक हैं। व्यक्ति को चलने के लिए इनका सम्यक् उपयोग करना पड़ता है। पैरों से हम चलते हैं, आँखों से देखते हैं तथा मस्तिष्क से यह निर्णय लेते हैं कि हमें कहाँ पहुँचना है, तभी हम सही चल पाते हैं। यदि हम आँख बन्द कर चलते रहे तो गर्त में गिरेंगे। आँखें खुली हों, किन्तु पैर काम नहीं दे रहे हों, तो हम अपने घर नहीं पहुँच सकते। पैर भी सही हों, आँखें भी खुली हों, पर हमें यही पता न हो कि हमें पहुँचना कहाँ है, तो निरन्तर गतिशील रहने के बाद भी हम लक्ष्य तक नहीं पहुँच सकते। इसी प्रकार श्रद्धा, ज्ञान और आचरण तीनों के संयोग से ही हम मोक्षमार्ग पर चल सकते हैं।

मोक्षमार्ग के भेद

मोक्षमार्ग दो प्रकार का है– निश्चय और व्यवहार। जीवादि सात तत्त्वों का श्रद्धान और ज्ञानपूर्वक रागादिक पर भावों के परिहार रूप चारित्र की एकता को व्यवहार मोक्षमार्ग कहते हैं। इसमें दर्शन ज्ञान और चारित्र तीनों ही आत्मा से पृथक् पर द्रव्यों के आश्रित हैं, इसलिये इसे भेद रत्नत्रय भी कहते हैं। यह शुभोपयोग और सराग चारित्र भी कहलाता है। निज शुद्धात्मा का श्रद्धान, ज्ञान और उसमें ही रमण-रूप चारित्र की एकता को निश्चय मोक्षमार्ग कहते हैं। यह ध्यानात्मक परिणति है। इसमें दर्शन, ज्ञान और चारित्र तीनों आत्माश्रित होते हैं, इसीलिये यह अभेद रत्नत्रय भी कहलाता है। यही शुद्धात्मानुभूति या शुद्धोपयोग है।

व्यवहार प्रवृत्तिपरक है, निश्चय निर्वृत्तिपरक। व्यवहार मोक्षमार्ग सराग अवस्था में होता है, निश्चय वीतराग दशा है। व्यवहार पराश्रित है, निश्चय स्वाश्रित। निश्चय साध्य है, व्यवहार उसका साधन है। जैसे फूल के अभाव में फल नहीं मिलता, वैसे ही व्यवहार मोक्षमार्ग के अभाव में निश्चय मोक्षमार्ग की उपलब्धि नहीं होती। फूल ही विकसित होकर फलों में रूपान्तरित होते हैं। इसलिये प्राथमिक भूमिका में व्यवहार मोक्षमार्ग का आलम्बन लिया जाता है। यह व्यवहार ही आगे चलकर (ध्यान अवस्था में) निश्चय में ढल जाता है।

वस्तुतः मोक्षमार्ग एक ही है, दो नहीं। मोक्षमार्ग के दो भेद साधना की अलग-अलग अवस्थाओं की अपेक्षा किये गये हैं। व्यवहार मोक्षमार्ग प्राथमिक अवस्था है और निश्चय परम अवस्था। व्यवहार मोक्षमार्ग निश्चय मोक्षमार्ग की पूर्व भूमिका है।

मोक्ष के भेद

मोक्ष दो प्रकार का है- द्रव्य मोक्ष और भाव मोक्ष

बन्धन से मुक्ति को मोक्ष कहते हैं। मोक्ष का अर्थ है 'मुक्त होना'। संसारी आत्मा कर्मों के बंधन से युक्त होता है। अतः आत्मा और कर्मबन्ध का अलग-अलग हो जाना ही मोक्ष है। मोक्ष शब्द संस्कृत के 'मोक्ष्-आसने' धातु से बना है, जिसका अर्थ है– 'छूटना' या 'नष्ट होना'। अतः समस्त कर्मों का आत्मा से आत्यन्तिक रूप से पृथक् होना, समूल उच्छेद होना मोक्ष है। 'आत्यन्तिक क्षय' का अर्थ है– जहाँ पुरातन कर्मों का पूर्णरूप से नाश हुआ हो और नये कर्मों के आगमन की कोई सम्भावना न हो। संवर द्वारा नवीन कर्मों का आगमन रोकने तथा निरन्तर चलनेवाली निर्जरा द्वारा पूर्वबद्ध कर्मों के नाश से, यह स्थिति उत्पन्न होती है। इसी को परिलक्षित करते हुए आचार्य 'उमास्वामी' ने मोक्ष का लक्षण करते हुऐ कहा है- **"बन्धहेत्वभावनिर्जराभ्यां कृत्स्नकर्मविप्रमोक्षो मोक्षः"**। अर्थात् बन्ध के हेतुओं के अभाव और निर्जरा द्वारा समस्त कर्मों का आत्मा से अलग होना या उनका आत्यन्तिक क्षय होना ही मोक्ष है।

हमारी साधना का प्रमुख उद्देश्य मोक्ष ही है। इसीलिए जैन-दर्शन में मुक्त जीवों को 'सिद्ध' कहा गया है, क्योंकि उन्होंने अपने समस्त कर्मों का क्षय करके अपने साध्य को सिद्ध कर लिया है। कर्मों के बंधन के कारण ही आत्मा दुःखी होता है। कर्मों के नष्ट हो जाने पर वह शुद्ध-बुद्ध-निरंजन हो जाता है। उसके आत्मिक गुणों का परम विकास हो जाता है और उसकी अनेक अव्यक्त आत्मिक शक्तियाँ पूरे तेज के साथ व्यक्त हो जाती हैं। वह बंधन-मुक्त पक्षियों के स्वतन्त्र आह्लाद की तरह उन्मुक्त आनन्द एवं अनुपम सुख का अनुभव करता है। आनन्द भी कैसा! चिरन्तन, शाश्वत, कभी न नष्ट होनेवाला ।

सिद्धों के अनुयोगद्वार

सिद्धस्य द्वादशानुयोगद्वाराणि ।।६५।।

सिद्धों के बारह अनुयोग द्वार हैं ।।६५।।

क्षेत्र, काल, गति, लिंग, तीर्थ, चारित्र, प्रत्येकबुद्ध–बोधितबुद्ध, ज्ञान, अवगाहना, अन्तर, संख्या और अल्प-बहुत्व ये सिद्धों के बारह अनुयोगद्वार हैं। इनके आधार पर सिद्धों के विषय में विशेष जानकारी उपलब्ध होती है, अतः इन्हें अनुयोगद्वार कहते हैं।

सिद्ध जीवों के स्वरूप को विशेष रूप से जानने के लिये बारह बातों का निर्देश किया गया है। यहाँ प्रत्येक बात के आधार पर सिद्धों के स्वरूप का विचार अभिप्रेत है। यद्यपि सभी सिद्ध जीवों में गति, लिंग आदि सांसारिक भाव न होने से कोई विशेष भेद नहीं रहता। फिर भी उनके अतीत जीवन की अपेक्षा से उनमें भी भेद की कल्पना और विचार किया जा सकता है। यहाँ क्षेत्र आदि जिन बारह बातों से विचार किया गया है, उनमें से प्रत्येक के विषय में यथासम्भव भूत और वर्तमान दृष्टि लगा लेनी चाहिए।

१. क्षेत्र- वर्तमान भाव की दृष्टि से सभी सिद्ध जीवों के सिद्ध होने का स्थान एक ही है, सिद्ध क्षेत्र अर्थात् आत्मप्रदेश या आकाशप्रदेश, भूतकाल की दृष्टि से इनके सिद्ध (मुक्त) होने का क्षेत्र एक नहीं है, क्योंकि जन्म की दृष्टि से पन्द्रह कर्मभूमियों से सिद्ध होते हैं और संहरण की दृष्टि से संपूर्ण मनुष्यलोक सिद्ध क्षेत्र है।

२. काल- वर्तमान की दृष्टि से जिस समय कर्मों से मुक्त हुए, सिद्ध होने का वही काल है तथा अतीत की अपेक्षा सामान्य रूप से उत्सर्पिणी और अवसर्पिणी काल में जीव सिद्ध होते हैं। विशेष रूप से अवसर्पिणी काल में सुषमा-दुःषमा के अन्त में और दुःषमा-सुषमा में उत्पन्न होनेवाले जीव सिद्ध हैं। दुःषमा-सुषमा काल में उत्पन्न जीव दुःषमा काल में भी सिद्ध हो सकते हैं, किन्तु दुःषमा काल में उत्पन्न हुये जीव दुःषमा में सिद्ध नहीं होते। संहरण की अपेक्षा उत्सर्पिणी और अवसर्पिणी के सब कालों में सिद्ध होते हैं।

३. गति- वर्तमान की अपेक्षा सिद्ध गति में ही जीव होते हैं। अतीत की दृष्टि से यदि अन्तिम भव की अपेक्षा से विचार करें, तो मनुष्य गति से सिद्ध होते हैं। अन्तिम से पहले के भव को लेकर विचार करने पर चारों गतियों से सिद्ध होते हैं।

४. लिंग- लिंग का अर्थ वेद नोकषाय और स्त्री-पुरूष आदि का बाह्य चिह्न है। वेद नोकषाय को भाव वेद और स्त्री-पुरूष आदि चिह्नों को द्रव्य वेद कहते हैं। भाव वेद की दृष्टि से वर्तमान की अपेक्षा अपगत वेदी सिद्ध होते हैं। अतीत की अपेक्षा तीनों भाववेदी सिद्ध हो सकते हैं, किन्तु द्रव्य वेदी की अपेक्षा मात्र पुरूष ही सिद्ध हो सकते हैं। दूसरे अर्थ के अनुसार वर्तमान की

अपेक्षा निर्ग्रन्थ लिंग से ही सिद्धि होती है और अतीत की दृष्टि से निर्ग्रन्थ और सग्रन्थ दोनों ही लिंगों से सिद्ध हो सकते हैं।

५. तीर्थ- कोई तीर्थङ्कर के रूप में और कोई अतीर्थङ्कर के रूप में सिद्ध होते हैं। अतीर्थङ्करों में कोई किसी तीर्थङ्कर के सद्भाव में सिद्ध होते हैं। कोई तीर्थङ्करों के असद्भाव में सिद्ध होते हैं।

६. चारित्र- वर्तमान की दृष्टि से सिद्ध जीव न तो चारित्री होते हैं न अचारित्री। सिद्ध होने के समय की अपेक्षा से देखे तो सभी सिद्ध यथाख्यात चारित्र से सिद्ध होते हैं और उसके पूर्व के चारित्र को लें तो पाँच चारित्रों में कोई चार और कोई पाँच चारित्रों से सिद्ध होते हैं। सामायिक, छेदोपस्थापना, सूक्ष्म साम्पराय और यथाख्यात ये चार तथा सामायिक, छेदोपस्थापना, परिहार-विशुद्धि, सूक्ष्मसाम्पराय और यथाख्यात ये पाँच चारित्र जानने चाहिए।

७. प्रत्येकबुद्ध और बोधितबुद्ध - प्रत्येक बुद्ध और बोधित बुद्ध दोनों सिद्ध होते हैं। जो किसी उपदेश के बिना स्वयं अपनी ज्ञान शक्ति से ही बोध पाकर सिद्ध होते हैं, वे प्रत्येकबुद्ध या स्वयंबुद्ध कहलाते हैं और जो दूसरे प्राणी से उपदेश पाकर सिद्ध होते हैं, वे बोधितबुद्ध कहलाते हैं।

८. ज्ञान- वर्तमान की दृष्टि से एक मात्र केवलज्ञानी ही सिद्ध होते हैं। अतीत की दृष्टि से दो, तीन और चार ज्ञानवाले भी सिद्ध होते हैं। दो अर्थात् मति और श्रुत, तीन अर्थात् मति, श्रुत, अवधि अथवा मति, श्रुत, मनःपर्यय, चार अर्थात् मति, श्रुत, अवधि और मनःपर्यय इन चार ज्ञानों से सिद्ध होते हैं।

९. अवगाहना - अवगाहना का अर्थ है सिद्धों का आकार। वर्तमान की दृष्टि से सभी सिद्ध जीवों की अवगाहना उनके चरम शरीर से कुछ कम होती है। अतीत की दृष्टि से जघन्य अवगाहना साढ़े तीन हाथ और उत्कृष्ट अवगाहना पाँच सौ पच्चीस धनुष होती है।

१०. अन्तर- सिद्ध दो प्रकार के होते हैं- सान्तर सिद्ध और निरन्तर सिद्ध । किसी एक के सिद्ध होने के तत्काल बाद जब कोई दूसरा सिद्ध होता है, तो उसे निरन्तर सिद्ध कहते हैं। कुछ समय के अन्तराल से सिद्ध होनेवाले सिद्ध सान्तर सिद्ध कहलाते हैं। निरन्तर सिद्धि का जघन्य काल दो समय और उत्कृष्ट काल आठ समय है, तथा सान्तर सिद्धि का जघन्य अन्तर एक समय तथा उत्कृष्ट अन्तर छह माह है।

११. संख्या- एक समय में कम से कम १ और अधिकतम १०८ जीव सिद्ध होते हैं। छह माह आठ समय में छह सौ आठ जीवों के सिद्धि का नियम है।

सिद्धि के उत्कृष्ट अन्तर की अपेक्षा विचार करें तो आठ समय में छह सौ आठ जीव सिद्ध हो सकते हैं, किन्तु एक समय में सिद्ध होनेवाले जीवों की संख्या एक सौ आठ से अधिक नहीं होती।

१२. अल्पबहुत्व- क्षेत्र और काल आदि जिन ग्यारह बातों को लेकर विचार किया गया है, उनके विषय में संभाव्य भेदों की परस्पर में न्यूनाधिकता का विचार करना अल्पबहुत्व है। जैसे, क्षेत्रसिद्ध दो प्रकार के होते हैं- जन्मसिद्ध और संहरणसिद्ध। जो जिस क्षेत्र में जन्मते हैं, उसी क्षेत्र से उनके सिद्ध होने पर वे जन्म सिद्ध कहलाते हैं और अन्य क्षेत्र में जन्मे हुए जीवों को अपहरण करके अन्य क्षेत्र में ले जाने पर यदि वे उसी क्षेत्र से सिद्ध होते हैं, तो वे संहरणसिद्ध कहलाते हैं। इनमें से संहरणसिद्ध थोड़े होते हैं और जन्मसिद्ध संख्यात गुणे होते हैं। इसी प्रकार उर्ध्वलोक सिद्ध सबसे कम होते हैं, अधोलोक सिद्ध उनसे संख्यात गुणे होते हैं और तिर्यग्लोक सिद्ध उनसे संख्यात गुणे होते हैं। समुद्र सिद्ध सबसे कम होते हैं और द्वीप सिद्ध उनसे संख्यात गुणे हैं। इसी तरह काल आदि की अपेक्षा भी अल्पबहुत्व का विचार किया जाता है।

सिद्धों के गुण

अष्टौ सिद्धगुणाः ।।६६।।

सिद्धों के आठ गुण होते हैं।।६६।।

क्षायिक सम्यक्त्व, केवलज्ञान, केवलदर्शन, अनन्तवीर्य, अवगाहनत्व, सूक्ष्मत्व, अगुरुलघुत्व और अव्याबाधत्व सिद्धों के ये आठ गुण हैं। ये आठों गुण क्रमशः मोहनीय, ज्ञानावरण, दर्शनावरण, अन्तराय, आयु, नाम, गोत्र और वेदनीय कर्म के क्षय से प्रकट होते हैं। वैसे तो सिद्धों में अनन्त गुण होते हैं, तथापि उनमें ये आठ गुण प्रधान हैं, इन्हें सिद्धों के मूलगुण भी कहा जाता है।

✡

परिशिष्ट

कुलकरों के उत्सेध, आयु एवं अन्तरकाल आदि का विवरण

क्रमांक	नाम	उत्सेध (धनुषों में)	आयु-प्रमाण	देवी के नाम	दण्ड निर्धारण	उपदेश
१.	प्रतिश्रुति	१८००	पल्य / १०	स्वयंप्रभा	हा	चन्द्र सूर्य का परिचय देकर भय निवारण
२.	सन्मति	१३००	पल्य / १००	यशस्वती	हा	अंधकार व ताराओं का परिचय से भय निवारण
३.	क्षेमङ्कर	८००	पल्य / १०००	सुनन्दा	हा	क्रूर जन्तुओं से बचने और गायें आदि पालने की शिक्षा
४.	क्षेमन्धर	७७५	पल्य / १००००	विमला	हा	सिंह आदि से रक्षण का उपाय
५.	सीमङ्कर	७५०	पल्य / १०००००	मनोहरी	हा	कल्पवृक्षों की सीमाओं का निर्धारण
६.	सीमन्धर	७२५	पल्य / दस लाख	यशोधरा	हा मा	वृक्षों को चिह्नित कर उनके स्वामित्व का विभाजन
७.	विमलवाहन	७००	पल्य / १ क.	सुमती	हा मा	अश्वारोहण व गजारोहण की शिक्षा तथा वाहनों के प्रयोग की शिक्षा
८.	चक्षुष्मान्	६७५	पल्य / १० क.	धारिणी	हा मा	सन्तान का परिचय
९.	यशस्वी	६५०	पल्य / १०० क.	कान्तमाला	हा मा	बालकों के नामकरण की शिक्षा
१०.	अभिचन्द्र	६२५	पल्य / १००० क.	श्रीमती	हा मा	संतानयुगल को बोलना और खेलना सिखाने की शिक्षा
११.	चन्द्राभ	६००	पल्य / १० हजार क.	प्रभावती	हा मा धिक्	सूर्य की किरणों से शीत निवारण की शिक्षा
१२.	मरुदेव	५७५	पल्य / १ लाख क.	सत्या	,, ,, ,,	नौका व छातों की प्रयोग विधि तथा पर्वतों पर सीढ़ियाँ बनाने की शिक्षा
१३.	प्रसेनजित्	५५०	पल्य / १० लाख क.	अमितमती	,, ,, ,,	जरायु दूर करने की शिक्षा
१४.	नाभिराय	५२५	पूर्व कोटि वर्ष	मरुदेवी	,, ,, ,,	नाभिनाल काटने के उपाय की शिक्षा

तीर्थङ्कर परिचय

क्र.	तीर्थंकर	पिता	माता	जन्म स्थान	कहाँ से अवतीर्ण हुए
१	२	३	४	५	६
१.	ऋषभनाथ	नाभिराय	मरुदेवी	अयोध्या	सर्वार्थसिद्धि
२.	अजितनाथ	जितशत्रु	विजयसेना	अयोध्या	विजय
३.	संभवनाथ	दृढ़राज्य	सुषैणा	श्रावस्ती	अधो ग्रैवेयक
४.	अभिनन्दननाथ	स्वयंवर	सिद्धार्था	अयोध्या	विजय
५.	सुमतिनाथ	मेघरथ	मंगला	अयोध्या	वैजयन्त
६.	पद्मप्रभु	धरण	सुसीमा	कौशाम्बी	ऊर्ध्व ग्रैवेयक
७.	• सुपार्श्वनाथ	सुप्रतिष्ठ	पृथ्वीषैणा	काशी	मध्य ग्रैवेयक
८.	चन्द्रप्रभु	महासेन	लक्ष्मणा	चन्द्रपुर	वैजयन्त
९.	सुविधिनाथ	सुग्रीव	जयरामा	काकन्दी	प्राणत
१०.	शीतलनाथ	दृढ़रथ	सुनन्दा	भद्रपुर (भद्दिलपुर)	आरण
११.	श्रेयान्सनाथ	विष्णु	सुनन्दा	सिंहपुर	पुष्पोत्तर
१२.	वासुपूज्य	वसुपूज्य	जयावती	चम्पा	महाशुक्र
१३.	विमलनाथ	कृतवर्मा	जयश्यामा	काम्पिल्य	सहस्रार
१४.	अनन्तनाथ	सिंहसेन	जयश्यामा	अयोध्या	पुष्पोत्तर
१५.	धर्मनाथ	भानु	सुप्रभा	रत्नपुर	सर्वार्थ सिद्धि
१६.	शान्तिनाथ	विश्वसेन	ऐरा	हस्तनागपुर	सर्वार्थ सिद्धि
१७.	कुन्थुनाथ	सूरसेन	श्रीकान्ता	हस्तनागपुर	सर्वार्थ सिद्धि
१८.	अरनाथ	सुदर्शन	मित्रसेना	हस्तनागपुर	जयन्त
१९.	मल्लिनाथ	कुम्भ	प्रजावती	मिथिला	अपराजित
२०.	मुनिसुव्रतनाथ	सुमित्र	सोमा	राजगृह	प्राणत (आनत)
२१.	नमिनाथ	विजय	महादेवी	मिथिला	अपराजित
२२.	नेमिनाथ	समुद्रविजय	शिवदेवी	द्वारावती (शौरीपुर)	जयन्त
२३.	पार्श्वनाथ	अश्वसेन	वामा	बनारस	प्राणत
२४.	वर्धमान	सिद्धार्थ	प्रियकारिणी	कुण्डलपुर	पुष्पोत्तर

गर्भ कल्यागक तिथि	गर्भ नक्षत्र तिथि	गर्भावास	जन्म कल्याणक तिथि	जन्म नक्षत्र
७	८	९	१०	११
आषाढ़ कृ.२	उत्तराषाढ़	—	चैत्र क्र. ९	उत्तराषाढ़
ज्येष्ठ क्र. १५	रोहिणी	ब्रह्ममुहूर्त	माघ शु. १०	रोहिणी
फा.शु. ८	मृगशिरा	प्रातः	कार्ति शु. १५	ज्येष्ठा
वैशा. शु. ६	पुनर्वसु	–	माघ शु. १२	पुर्नवसु
श्रा.शु. २	मघा	–	चैत्र शु. ११	मघा
माघ कृ. ६	चित्रा	प्रातः	कार्ति कृ. १३	चित्रा
भाद्र शु. ६	विशाखा	—	ज्येष्ठ शु. १२	विशाखा
चैत्र कृ. ५	—	पिछली रात्रि	पौष कृ. ११	अनुराधा
फा.कृ. ९	मूल	प्रभात	मार्ग शु. १	मूल
चैत्र कृ. ८	पूर्वाषाढ़ा	अन्तिम रात्रि	माघ कृ. १२	पूर्वाषाढ़ा
ज्येष्ठ कृ. ६	श्रवण	प्रातः	फा.कृ. ११	श्रवण
आषा. कृ. ६	शतभिषा	अंतिम रात्रि	फा. कृ. १४	विशाखा
ज्येष्ठ कृ. १०	उत्तराभाद्रपदा	प्रातः	माघ शु. १४	पूर्वभाद्रपदा
कार्ति कृ. १	रेवती	-	ज्ये. कृ. १२	रेवती
वैशा. शु. १३	रेवती	प्रातः	माघ शु. १३	पुष्य
भाद्र कृ. ७	भरणी	अन्तिम रात्रि	ज्येष्ठ क्र. १४	भरणी
श्रा. कृ. १०	कृत्तिका	अंतिम रात्रि	वैशाख शु. १	कृत्तिका
फा.कृ. ३	रेवती	अंतिम रात्रि	मार्ग शु. १४	रोहणी
चैत्र शु. १	अश्विनी	प्रातः	मार्ग शु. ११	अश्विनी
श्रा. कृ. २	श्रवण	–	–	श्रवण
आश्विन कृ. २	अश्विनी	अन्तिम रात्रि	आषा. कृ. १०	अश्विनी
कार्ति शु. ६	उत्तराषाढ़ा	अन्तिम रात्रि	श्रा. शु. ६	चित्रा
वैशा. कृ. २	विशाखा	प्रातः	पौष कृ. ११	विशाखा
आषा. शु. ६	उत्तराषाढ़ा	अन्तिम रात्रि	चैत्र शु. १३	उत्तराफाल्गुनी

चिह्न	वंश	आयु	कुमारकाल	राज्यकाल
१२	१३	१४	१५	१६
बैल	इक्ष्वाकु	८४ ला. पूर्व	२० ला. पूर्व	६३ ला. पूर्व
गज	,, ,,	७२ ,, ,,	१८ ,, ,,	५३ ,, ,, + १ पूर्वांग
अश्व	,, ,,	६० ,, ,,	१५ ,, ,,	४४ ,, ,,+ ४ ,,
बन्दर	,, ,,	५० ,, ,,	१२½ ,, ,,	३६½ ,, ,,+ ८ ,,
चकवा	,, ,,	४० ,, ,,	१० ,, ,,	२९ ,, ,,+ १२ ,,
कमल	,, ,,	३० ,, ,,	७½ ,, ,,	२१½ ,, ,,+ १६ ,,
स्वास्तिक	,, ,,	२० ,, ,,	५ ,, ,,	१४ ,, ,,+ २० ,,
अर्धचन्द्र	,, ,,	१० ,, ,,	२½ ,, ,,	६½ ,, ,,+ २४ ,,
मगर	,, ,,	२ ,, ,,	५०००० पूर्व	½ ,, ,,+ २८ ,,
कल्पवृक्ष	,, ,,	१ ,, ,,	२५००० पूर्व	५०,००० पूर्व
गैंडा	,, ,,	८४ लाख वर्ष	२१ लाख वर्ष	४२ लाख वर्ष
भैंसा	,, ,,	७२ ,, ,,	१८ ,, ,,	
शूकर	,, ,,	६० ,, ,,	१५ ,, ,,	३० ,, ,,
सेही	,, ,,	३० ,, ,,	७½ ,, ,,	१५ ,, ,,
वज्र	कुरु	१० ,, ,,	२½ ,, ,,	५ ,, ,,
हिरण	इक्ष्वाकु	१ ,, ,,	२५००० वर्ष	मण्डलेश्वर + चक्रवर्ती २५००० + २५०००
बकरी	कुरू	९५००० वर्ष	२३७५० वर्ष	२३७५० + २३७५०
मत्स्य	कुरू	८४००० वर्ष	२१००० ,,	२१००० + २१०००
कलश	इक्ष्वाकु	५५००० ,,	१०० ,,	
कछुआ	यादव	३०००० ,,	७५०० ,,	१५००० वर्ष
नील कमल	इक्ष्वाकु	१०००० ,,	२५०० ,,	५००० वर्ष
शंख	यादव	१००० ,,	३०० ,,	
सर्प	उग्र	१०० ,,	३० ,,	
सिंह	नाथ	७२ ,,	३० ,,	

वैराग्यकारण	दीक्षा कल्याणक तिथि	दीक्षा समय	दीक्षा नक्षत्र
१७	१८	१९	२०
नीलाञ्जना मरण	चैत्र कृ. ९	अपराह्न	उत्तराषाढ़ा
उल्कापात	माघ शु. ९	,, ,,	रोहिणी
मेघ	–	,, ,,	ज्येष्ठा
गन्धर्वनगर	माघ शु. १२	पूर्वाह्न	पुनर्वसु
जाति स्मरण	वैशा. शु. ९	,, ,,	मघा
,, ,,	कार्ति कृ. १३	अपराह्न	चित्रा
पतझड़	ज्येष्ठ शु. १२	पूर्वाह्न	विशाखा
तड़िन्	पौष कृ. ११	अपराह्न	अनुराधा
उल्का	मार्ग शु. १	,, ,,	,, ,,
हिमनाश	मार्ग कृ. १२	,, ,,	मूल
पतझड़	फा. कृ. ११	पूर्वाह्न	श्रवण
जाति स्मरण	फा.कृ. १४	अपराह्न	विशाखा
मेघ	माघ शु. ४	,, ,,	उ. भाद्रपक्ष
उल्कापात	ज्येष्ठ कृ. १२	,, ,,	रेवती
,, ,,	माघ शु. १३	,, ,,	पुष्य
जाति स्मरण	ज्येष्ठ कृ. १४	,, ,,	भरणी
,, ,,	वैशा. शु. १०	,, ,,	कृत्तिका
मेघ	मार्ग शु. ११	,, ,,	रेवती
तड़ित्	मार्ग शु. ११	पूर्वाह्न	अश्विनी
जातिस्मरग	वैशा कृ. १	अपराह्न	श्रवण
,, ,,	आषा. कृ. १०	,, ,,	अश्विनी
,, ,,	श्रा.शु. ६	,, ,,	चित्रा
,, ,,	पौष कृ. १०	पूर्वाह्न	विशाखा
,, ,,	मार्ग कृ. १०	अपराह्न	उत्तरा फा.

दीक्षोपवास	दीक्षावन	दीक्षावृक्ष	सहदीक्षित मुनि	दीक्षा पालकी	दीक्षा स्थान
२१	२२	२३	२४	२५	२६
षष्ठोपवास	सिद्धार्थ	वट	४०००	सुदर्शन	प्रयाग
अष्ट भक्त	सहेतुक	सप्तपर्ण	१०००	सुप्रभा	अयोध्या
तृतीय उप.	,,	शाल	,, ,,	सिद्धार्था	श्रावस्ती
,, ,,	उग्र	सरल	,, ,,	हस्तचित्रा	अयोध्या
,, ,,	सहेतुक	प्रियङ्गु	,, ,,	अभयकारी	अयोध्या
तृतीय भक्त	मनोहर	प्रियङ्गु	,, ,,	निवृत्तकारी	कौशांबी
,, ,,	सहेतुक	श्रीष	,, ,,	सुमनोगति	काशी
,, उप.	सर्वार्थ	नाग	,, ,,	विमला	चन्द्रपुरी
,, भक्त	पुष्प	साल	,, ,,	सूर्यप्रभा	काकन्दी
,, उप.	सहेतुक	प्लक्ष	,, ,,	शुक्रप्रभा	भद्दिलपुर (विदिशा)
,, भक्त	मनोहर	तेन्दु	,, ,,	विमलप्रभा	सिंहनादपुर
एक उप.	,, ,,	पाटला	६०६	पुण्यभा	चम्पापुर
तृतीय ,,	सहेतुक	जम्बू	१०००	देवदत्ता	कंपिला
,, भक्त	,, ,,	पीपल	,, ,,	सागरदत्ता	अयोध्या
,, ,,	शालि	दधिपर्ण	,, ,,	नागदत्ता	रत्नपुर
,, उप.	आम्रवन	नन्द	,, ,,	सिद्धार्था	हस्तिनापुर
,, भक्त	सहेतुक	तिलक	,, ,,	विजया	हस्तिनापुर
,, ,,	,, ,,	आम्र	,, ,,	वैजयन्ती	हस्तिनापुर
षष्ठ भक्त	शालि	अशोक	३००	जयन्ती	मिथिलापुर
तृतीय उप.	नील	चम्पक	१०००	अपराजिता	राजगृही
,, भक्त	चैत्र	बकुल	,, ,,	उत्तरकुरु	मिथिलापुर
,, ,,	सहकार	मेषशृंग	,, ,,	देवकुरु	गिरनार
षष्टभक्त	अश्वत्थ	धव	३००	विमला	वाराणसी
तृतीय भक्त	नाथ	साल	एकांकी	चन्द्रप्रभा	कुंडलपुर

प्रथम आहार दाता	किस वस्तु का आहार लिया	प्रथम आहार का स्थान	छद्मस्थ काल
२७	२८	२९	३०
श्रेयांस राजा	इक्षु रस	हस्तिनापुर	१००० वर्ष
ब्रह्म दत्त		अयोध्या	१२ वर्ष
सुरेन्द्र दत्त		श्रावस्ती	१४ ,,
इन्द्र दत्त		अयोध्या	१८ ,,
पद्म दत्त	श्री ऋषभदेव	सोमन	२० ,,
सोम दत्त	के सिवाय	वर्धमान	६ मास
मेन्द्र दत्त	बाकी सभी	सोम खंड	९ वर्ष
पुष्य मित्र	ने	नलिनापुर	३ मास
पुनर्वसु	गोक्षीर	शैतपुर	४ वर्ष
नन्दन	(गाय के दूध)	अरिष्टपुर	३ वर्ष
सौन्दर	से	सिद्धार्थपुर	२ ,,
जय	बना हुआ	महापुर	१ ,,
बिशाख	क्षीरान्न	नन्दनपुर	३ ,,
धान्य सेन	(खीर)	अयोध्या	२ ,,
धर्म मित्र	अर्थात्	पटना	१ ,,
सुमित्र	दूध के	मन्दरपुर	१६ ,,
अपराजित	नाना प्रकार	हस्तिनागपुर	,, ,,
नन्दी	के	चक्रपुर	,, ,,
नन्दिसेन	पकवान्न की	मिथिला	६ दिन
वृषभदत्त	पारणा	राजगृही	११ मास
दत्त	की थी	वीरपुर	९ वर्ष
वरदत्त		द्वारिका	५६ दिन
धान्य सेन		गुलमखेट	४ मास
नन्दन		कुंडलपुर	१२ वर्ष

केवलज्ञान तिथि	केवलज्ञान नक्षत्र	केवलोप्पत्ति काल	केवलोत्पत्ति स्थान	समवसरण विस्तार
३१	३२	३३	३४	३५
फा.कृ. ११	उत्तराषाढ़ा	पूर्वाह्न	पूर्वतालका	१२ यो.
पौष शु. १४	रोहिणी	अपराह्न	अयोध्या	११½ ,,
का. कृ. ५	ज्येष्ठा	,,	श्रावस्ती	११ ,,
का. शु. ५	पुनर्वसु	,,	अयोध्या	१०½ ,,
पौष शु. १५	हस्त	,,	,,	१० ,,
बै.शु. १०	चित्रा	,,	कौशाम्बी	९½ ,,
फा. कृ. ७	बिशाखा	,,	काशी	९ ,,
,, ,, ,,	अनुराधा	,,	चन्द्रपुरी	९½ ,,
का. शु. ३	मूल	,,	काकन्दी	८ ,,
पौष कृ. १४	पूर्वाषाढ़ा	,,	भद्रिल	७ १/२
माघ कृ. १५	श्रवण	,,	सिंहनादपुर	७ ,,
माघ शु. २	विशाखा	,,	चम्पापुरी	६½ ,,
पौष शु. १०	उत्तराषाढ़ा	,,	कम्पिला	६
चैत्र कृ. १५	रेवती	,,	अयोध्या	५½ ,,
पौष शु. १५	पुष्य	,,	रत्नपुर	५
पौष शु. ११	भरणी	,,	हस्तनागपुर	४½ ,,
चैत्र शु. ३	कृत्तिका	,,	,,	४
का. शु. १२	रेवती	,,	,,	३½ ,,
फा. कृ. १२	अश्विनी	,,	मिथिला	३
फा. कृ. ६	श्रवण	पूर्वाह्न	कुशाग्रनगर	२½
चैत्र शु. ३	अश्विनी	अपराह्न	मिथिला	२ ,,
आश्वि. शु. १	चित्रा	पूर्वाह्न	गिरनार	१½ ,,
चैत्र कृ. ४	विशाखा	,,	आश्रमकेस	१¼ ,,
बै. शु. १०	मघा	अपराह्न	ऋजुकूला	१ ,,

केवलिकाल	गणधर संख्या	मुख्य गणधर
३६		
१ ला. पू.-१००० वर्ष	८४	ऋषभसेन
१ ,, ,, -(१ पूर्वांग १२ वर्ष)	९०	केसरिसेन
१ ,, ,, -(४ ,, १४ ,,)	१०५	चारूदत्त
१ ,, ,, -(८ ,, १८,,)	१०३	वज्रचमर
१ ,, ,, -(१२ ,, २० ,,)	११६	वज्र
१ ,, ,, -(१६ ,, ६ मास)	१११	चमर
१ ,, ,, -(२० ,, ९ वर्ष)	९५	बलदत्त/बलिदत्त
१ ,, ,, -(२४ ,, ३ मास)	९३	वैदर्भ
१ ,, ,, -(२८ ,, ४ वर्ष)	८८	नाग (अनगार)
२५००० पू.-३ वर्ष	८७	कुन्थु
२०९९९८ वर्ष	७७	धर्म
५३९९९९ वर्ष	६६	मन्दिर
१४९९९७ वर्ष	५५	जय
७४९९८ वर्ष	५०	अरिष्ट
२४९९९ वर्ष	४३	सेन
२४९८४ ,,	३६	चक्रायुध
२३७३४ ,,	३५	स्वयंभू
२०९८४ ,,	३०	कुम्भ
५४९०० वर्ष- ६ दिन	२८	विशाख
७४९९ ,, + १ मास	१८	मल्लि
२४९१ वर्ष	१७	सप्रभ
६९९ ,, १० मास ४ दिन	११	वरदत्त
६९ ,, ८ ,,	१०	स्वयंभू
३० ,,	११	इन्द्रभूति

सर्वऋषि संख्या	पूर्वधारी मुनि	शिक्षक मुनि	अवधिज्ञानी मुनि
[illegible]	४०	४१	[illegible]
८४०००	४७५०	४१५०	९०००
१०००००	३७५०	२१६००	९४००
२०००००	२१५०	१२९३००	९६००
३०००००	२५००	२३००५०	९८००
३२००००	२४००	२५४३५०	११०००
३३००००	२३००	२६९०००	१००००
३०००००	२०३०	२४४९२०	९०००
२५००००	४०००	२१०४००	२०००
२०००००	१५००	१५५५००	८४००
१०००००	१४००	५९२००	७२००
८४०००	१३००	४८२००	६०००
७२०००	१२००	३९२००	५४००
६८०००	११००	३८५००	४८००
६६०००	१०००	३९५००	४३००
६४०००	९००	४०७००	३६००
६२०००	८००	४१८००	३०००
६००००	७००	४३१५०	२५००
५००००	६१०	३५८३५	२८००
४००००	५५०	२९०००	२२००
३००००	५००	२१०००	१८००
२००००	४५०	१२६००	१६००
१८०००	४००	११८००	१५००
१६०००	३५०	१०९००	१४००
१४०००	३००	९९००	१३००

मनः पर्ययज्ञानी	विक्रियाधारी	वादी	केवली
४३	४४	४५	४६
१२७५०	२०६००	१२७५०	२००००
१२४५०	२०४००	१२४००	२००००
१२१५०	१९८००	१२०००	१५०००
२१६५०	१९०००	१०००	१६०००
१०४००	१८४००	१०४५०	१३०००
१०३००	१६८००	९६००	१२०००
९१५०	१५३००	८६००	११०००
८०००	६००	७०००	१८०००
७५००	१३०००	६६००	७५००
,,	१२०००	५७००	७०००
६०००	११०००	५०००	६५००
,,	१००००	४२००	६०००
५५००	९०००	३६००	५५००
५०००	८०००	३२००	५०००
४५००	७०००	२८००	४५००
४०००	६०००	२४००	४०००
३३५०	५१००	२०००	३२००
२०५५	४३००	१६००	२८००
१७५०	२९००	१४००	२२००
१५००_	२२००	१२००	१८००
१२५०	१५००	१०००	१६००
९००	११००	८००	१५००
७५०	१०००	६००	१०००
५००	९००	४००	७००

आर्यिका संख्या	मुख्य आर्यिका	श्राविका संख्या	श्रावक संख्या
४७	४८	४९	५०
३५००००	ब्राह्मी	५०००००	३०००००
३२००००	प्रकुब्जा	,,	,,
३३००००	धर्मश्री	,,	,,
३३०६००	मेरुषेणा	,,	,,
३३००००	अनन्ता	,,	,,
४२००००	रतिषेणा	,,	,,
३३००००	मीना	,,	,,
३८००००	वरूना	,,	,,
,,	घोषा	४०००००	२०००००
,,	धरणा	,,	,,
१३००००	चारणा	,,	,,
१०६०००	वरसेना	,,	,,
१०३०००	पद्मा	,,	,,
१०८०००	सर्वश्री	,,	,,
६२४००	सुव्रता	,,	,,
६०३००	हरिषेणा	,,	,,
६०३५०	भाविता	३०००००	१०००००
६००००	कुन्थुसेना	,,	,,
५५०००	मधुसेना	,,	,,
५००००	पूर्वदत्ता	,,	,,
४५०००	मार्गिणी	,,	,,
४००००	यक्षिणी	,,	,,
३८०००	सुलोका	,,	,,
३६०००	चन्दना	,,	,,

मुख्यश्रोता	यक्ष	यक्षिणी	योग निवृत्ति काल	निर्वाण तिथि
५१	५२	५३	५४	५५
भरत	गोवदन	चक्रेश्वरी	१४ दिन पूर्व	माघ कृ. १४
सगर	महायक्ष	रोहिणी	१ मास पूर्व	चैत्र शु. ५
सत्यवीर्य	त्रिमुख	प्रज्ञप्ति	,,	चैत्र शु. ६
मित्र भाव	यक्षेश्वर	वज्रशृंखल	,,	बै. शु. ७
मित्र वीर्य	तुम्बुरव	वज्राङ्कुशा	,,	चैत्र शु. १०
धर्म वीर्य	मातङ्ग	अप्रतिचक्रेश्वरी	,,	फा. कृ. ४
दान वीर्य	विजय	पुरुषदत्ता	,,	,, ,, ६
मघवा	अजित	मनोवेगा	,,	भाद्र शु. ७
बुद्धि वीर्य	ब्रह्म	काली	,,	आश्वि. शु. ८
सीमंधर	ब्रह्मेश्वर	ज्वाला मालिनी	१ मास पूर्व	का. शु. ५
त्रिपृष्ठ	कुमार	महाकाली	१ मास पूर्व	श्रा. शु. १५
स्वयं भू	शन्मुख	गौरी	,,	फा. कृ. ५
पुरुषोत्तन	पाताल	गान्धारी	,,	आषा. शु. ८
पुरुष पुण्डरीक	किन्नर	वैरोटी	,,	चैत्र कृ. १५
सत्यदत्त	किंपुरूष	सोलसा (अनंत)	,,	ज्येष्ठ कृ. १४
कुनाल	गरूड़	मानसी	,,	,, ,, ,,
नारायण	गन्धर्व	महामानसी	,,	वै.शु. १
सुभौम	कुबेर	जया	,,	चैत्र कृ. १५
सर्वभौम	वरूण	विजया	,,	फा.कृ. ५
अजितञ्जय	भृकुटि	अपराजिता	,,	फा. कृ. १२
विजय	गोमेध	बहुरूपिणी	,,	बै.कृ. १४
उग्रसेन	पार्श्व	कूष्माण्डी	,,	आषा. कृ. ८
महासेन	मातङ्ग	पद्मा	,,	श्रा. शु. ७
श्रेणिक राजा	गुह्यक	सिद्धयिनी	दो दिन पूर्व	का.कृ. १४

निर्वाण नक्षत्र	निर्वाण काल	निर्वाण क्षेत्र	सहमुक्त
५६	५७	५८	५९
उत्तराषाढ़ा	पूर्वाह्न	कैलास	१०,०००
भरणी	,,	सम्मेद	१०००
ज्येष्ठा	अपराह्न	,,	,,
पुनर्वसु	पूर्वाह्न	,,	,,
मघा	,,	,,	,,
चित्रा	अपराह्न	,,	३२४
अनुराधा	पूर्वाह्न	,,	५००
ज्येष्ठा	,,	,,	१०००
मूल	अपराह्न	,,	,,
पूर्वाषाढ़ा	पूर्वाह्न	,,	,,
घनिष्ठा	,,	,,	,,
अश्विनी	अपराह्न	चम्पापुर	६०१
पूर्व भाद्रपद	सायं	सम्मेद	६००
रेवती	,,	,,	७०००
पुष्य	प्रातः	,,	८०१
भरणी	सायं	,,	९००
कृत्तिका	,,	,,	१०००
रोहिणी	प्रातः	,,	,,
भरणी	सायं	,,	५००
श्रवण	,,	,,	१०००
अश्विनी	प्रातः	,,	,,
चित्रा	सायं	उर्जयन्त	५३६
विशाखा	,,	सम्मेद	३६
स्वाति	प्रातः	पावापुरी	एकाकी

चक्रवर्ती परिचय

क्रमांक	चक्रवर्तियों के नाम	शरीर का उत्सेध	आयु	कुमार काल	मण्डलीक काल	दिग्विजय काल
१.	भरत	५०० ध.	८४००००० पूर्व	७७००००० पूर्व	१००० वर्ष	६०००० वर्ष
२.	सगर	४५० ,,	७२००००० पूर्व	५०००० पूर्व	५०००० पूर्व	३०००० ,,
३.	मधवा	४२ १/२ ,,	५००००० वर्ष	२५००० वर्ष	२५००० वर्ष	१०००० ,,
४.	सनत्कुमार	४२ ,,	३००००० ,,	५०००० ,,	५०००० ,,	१०००० ,,
५.	शान्ति	४० ,,	१००००० ,,	२५००० ,,	२५००० ,,	८०० ,,
६.	कुन्थु	३५ ,,	९५००० ,,	२३७५० ,,	२३७५० ,,	६०० ,,
७.	अर	३० ,,	८४००० ,,	२१००० ,,	२१००० ,,	४०० ,,
८.	सुभौम	२८ ,,	६०००० ,,	५००० ,,	५००० ,,	५०० ,,
९.	पद्म	२२ ,,	३०००० ,,	५०० ,,	५०० ,,	३०० ,,
१०.	हरिषेण	२० ,,	१०००० ,,	३२५ ,,	३२५ ,,	१५० ,,
११.	जयसेन	१५ ,,	३००० ,,	३०० ,,	३०० ,,	१०० ,,
१२.	ब्रह्मदत्त	७ ,,	७०० ,,	२८ ,,	५६ ,,	१६ ,,

राज्यकाल	संयमकाल	पर्यायान्तर गति	भविष्य कालिक १२ चक्रवर्ती	अतीत कालिक १२ चक्रवर्ती
६००००० पूर्व- ६१००० वर्ष	१००००० पूर्व	मोक्ष	भरत	श्रीषेण
३०००० पूर्व	१००००० पूर्व	,,	दीर्घदन्त	पुण्डरीक
३९०००० वर्ष	५०००० वर्ष	स्वर्ग	मुक्तदन्त	वज्रनाभि
९०००० वर्ष	१००००० वर्ष	सानत्कुमार स्वर्ग	गूढ़दन्त	वज्रदत्त
२४२०० वर्ष	२५००० ,,	मोक्ष	श्रीषेण	वज्रघोष
२३१५० वर्ष	२३७५० ,,	,,	श्रीभूति	चारूदत्त
२०६०० वर्ष	२१००० वर्ष	,,	श्रीकान्त	श्रीदत्त
४९५०० वर्ष	०	सप्तम नरक	पद्म	सुवर्णप्रभ
१८७०० वर्ष	१०००० वर्ष	मोक्ष	महापद्म	भूवल्लभ
८८५० वर्ष	३५० ,,	,,	चित्रवाहन	गुणपाल
१९०० ,,	४०० ,,	,,	विमलवाहन	धर्मसेन
६०० वर्ष	० ,,	सप्तम नरक	अरिष्टसेन	कीर्त्यौघ

बलदेव परिचय

क्र.	नाम	उत्सेध	आयु	रत्न	पर्यायान्तर प्राप्ति	निर्वाणक्षेत्र	भविष्यकालिक ९ बलदेव	अतीत कालिक ९ बलदेव
१.	विजय	८० धनुष	८७ लाख वर्ष	मूसल, हल, गदा और रत्नावली हार सब बलदेवों के पास रहते हैं ।	मोक्ष	गजपंथगिरि	चन्द्र	श्रीकान्त
२.	अचल	७० ,,	७७ ,, ,,		,,	,,	महाचन्द्र	कान्तचित्त
३.	सुधर्म	६० ,,	६७ ,, ,,		,,	,,	वस्चन्द्र	वरबुद्धि
४.	सुप्रभ	५० ,,	३७ ,, ,,		,,	,,	वरचन्द्र	मनोरथ
५.	सुदर्शन	४५ ,,	१७ ,, ,,		,,	,,	सिंहचन्द्र	दयामूर्ति
६.	नन्दीषेण	२९ ,,	६७००० वर्ष		,,	,,	हरिचन्द्र	विपुलकीर्ति
७.	नन्दिमित्र	२२ ,,	३७००० ,,		,,	,,	श्रीचन्द्र	प्रभाकर
८.	राम	१६ ,,	१७००० ,,		,,	तुंगीगिरि	पूर्णचन्द्र	संजयन्त
९.	बलिराम	१०,,	१२००,,		ब्रह्मस्वर्ग	–	शुभचंद्र	जयन्त

वासुदेव परिचय

क्र.	नाम	उत्सेध	आयु	कुमारकाल	मण्डलीक काल	विजयकाल	राज्यकाल	रत्न	पर्यायान्तर प्राप्ति	भविष्यकालिक ९ वासुदेव	अतीतकालिक ९ वासुदेव
१.	त्रिपृष्ठ	८० ध.	८४ लाख वर्ष	२५००० वर्ष	२५००० वर्ष	१००० वर्ष	८३४९००० वर्ष	शक्ति, धनुष, गदा, चक्र, कृपाण, शंङ्ख, और दण्ड ये सब नारायणों के पास रहते हैं ।	सातवाँ नरक	नन्दी	काकुत्स्थ
२.	द्विपृष्ठ	७० ,,	७२ लाख वर्ष	२५००० वर्ष	२५००० ,,	१०० वर्ष	७१४९९०० वर्ष		छठा ,,	नन्दीमित्र	वरभद्र
३.	स्वयंभू	६० ,,	६० ,, ,,	१२५०० ,,	१२५०० ,,	९० वर्ष	५९७४९१० वर्ष		,, ,,	नन्दीषेण	सुभद्र
४.	पुरुषोत्तम	५० ,,	३० ,, ,,	७०० ,,	१३०० ,,	८० वर्ष	२९९७९२० वर्ष		,, ,,	नन्दीभूति	संश्लिष्ट
५.	पुरुषसिंह	४५ ,,	१० ,, ,,	३०० ,,	१२५० ,,	७० वर्ष	९९८३८० वर्ष		,, ,,	बल	वरवीर
६.	पुरुष पुण्डरीक	२९ ,,	६५००० ,,	२५० ,,	२५० ,,	६० ,,	६४४४० वर्ष		,, ,,	महाबल	शत्रुंजय
७.	पुरुषदत्त	२२ ,,	३२००० ,,	२०० ,,	५० ,,	५० ,,	३१७०० वर्ष		पाँचवाँ ,,	अतिबल	दमितारि
८.	नारायण (लक्ष्मण)	१६ ,,	१२००० ,,	१०० ,,	३०० ,,	४० ,,	११५६० वर्ष		चौथा ,,	त्रिपृष्ठ	प्रियदत्त
९.	श्री कृष्ण	१० ,,	१००० ,,	१६ ,,	५६ ,,	८ ,,	९२० ,,		तीसरा ,,	द्विपृष्ठ	विमलवाहन

प्रतिवासुदेव परिचय

क्र.	नाम	उत्सेध	आयु	पर्यायान्तर गति	भविष्यकालिक प्रतिवासुदेव	अतीत कालिक प्रतिवासुदेव
१.	अश्वग्रीव	८० धनुष	८४ लाख वर्ष	७वाँ नरक	श्रीकंठ	निशुंभ
२.	तारक	७० –,,–	७२ –,,–	६ –,,–	हरिकंठ	विद्युतप्रभ
३.	मेरक	६० –,,–	६० –,,–	६ –,,–	नीलकंठ	धनरसिक
४.	निशुंभ	५० –,,–	३० –,,–	६ –,,–	अश्वकंठ	मनोवेग
५.	प्रल्हाद	४५ –,,–	१० –,,–	६ –,,–	सुकंठ	चित्रवेग
६.	मधुकैटभ	२९ –,,–	६५ हजार वर्ष	६ –,,–	शिखिकंठ	दृढ़रथ
७.	बली	२२ –,,–	३२ –,,–	५ –,,–	अश्वग्रीव	वज्रसंघ
८.	रावण	१६ –,,–	१२ –,,–	४था नरक	हयग्रीव	विद्युत्दन्ड
९.	जरासंध	१० –,,–	१ –,,–	३रा नरक	मयूरग्रीव	प्रह्लाद

रुद्र परिचय

क्रमांक	नाम	उत्सेध	आयु	कुमारकाल	संयम-काल	संयम भ्रष्टकाल	पर्यायान्तर प्राप्ति
१.	भीमावलि	५०० धनुष	८३ लाख पूर्व	२७६६६६६ पूर्व	२७६६६६८पूर्व	२७६६६६६ पूर्व	सातवाँ नरक
२.	जितशत्रु	४५० ,,	७१ लाख पूर्व	२३६६६६६ पूर्व	२३६६६६८ पूर्व	२३६६६६६ पूर्व	,, ,,
३.	रूद्र	१०० ,,	२ लाख पूर्व	६६६६६ पूर्व	६६६६८ पूर्व	६६६६६ पूर्व	छठा नरक
४.	वैश्वानल ,	९० ,,	१ लाख पूर्व	३३३३३ पूर्व	३३३३४ पूर्व	३३३३३ ,,	,, ,,
५.	सुप्रतिष्ठ	८० ,,	८४ ,, वर्ष	२८ लाख वर्ष	२८ लाख वर्ष	२८ लाख वर्ष	,, ,,
६.	अचल	७० ,,	६० लाख वर्ष	२० लाख वर्ष	२० लाख वर्ष	२० लाख वर्ष	,, ,,
७.	पुण्डरीक	६० ,,	५० लाख वर्ष	१६६६६६६ वर्ष	१६६६६६८ वर्ष	१६६६६६६ ,,	,, ,,
८.	अजितन्धर	५० ,,	४० लाख वर्ष	१३३३३३३ ,,	१३३३३३४ ,,	१३३३३३३ ,,	पाँचवाँ ,,
९.	अजितनाभि	२८ ,,	२० लाख वर्ष	६६६६६६ ,,	६६६६६८ वर्ष	६६६६६६ वर्ष	चौथा ,,
१०.	पीढाल	२४ ,,	१० लाख वर्ष	३३३३३३ ,,	३३३३३४ ,,	३३३३३३ ,,	,, ,,
११.	सात्यकिपुत्र	७ हाथ	६९ वर्ष	७ ,,	३४ ,,	२८ ,,	तीसरा ,,

२४-कामदेव महापुरूष

नं.	कामदेवों के नाम	कौन से तीर्थकाल में हुए	पर्यायान्तर गति	निर्वाण क्षेत्र
१.	बाहुबली	ऋषभनाथ	सिद्ध	पोदनपुर
२.	प्रजापति	अजित	सिद्ध	पोदनपुर
३.	श्रीधर	संभवनाथ	सिद्ध	पोदनपुर
४.	दर्शनभद्र	अभिनन्दन	सिद्ध	पोदनपुर
५.	प्रसेनचन्द्र	सुमतिनाथ	सिद्ध	पोदनपुर
६.	चन्द्रवर्ण	पद्मप्रभ	सिद्ध	पोदनपुर
७.	अग्निमुख	सुपार्श्वनाथ	सिद्ध	पोदनपुर
८.	सनत्कुमार	चन्द्रप्रभ	सिद्ध	सिद्धवरकूट
९.	वत्सराज	पुष्पदन्त	सिद्ध	सिद्धवरकूट
१०.	कनकप्रभ	शीतलनाथ	सिद्ध	सिद्धवरकूट
११.	मेघप्रभ	श्रेयांसनाथ	सिद्ध	सिद्धवरकूट
१२.	शान्तिनाथ	शान्तिनाथ	सिद्ध	सम्मेदशिखर
१३.	कुन्थुनाथ	कुन्थुनाथ	सिद्ध	सम्मेदशिखर
१४.	अरहनाथ	अरहनाथ	सिद्ध	सम्मेदशिखर
१५.	विजयराज	अरहनाथ	सिद्ध	सिद्धवरकूट
१६.	श्रीचन्द्र	मल्लिनाथ	सिद्ध	सिद्धवरकूट
१७.	नलराज	मल्लिनाथ	सिद्ध	सिद्धवरकूट
१८.	हनुमन्त	मुनिसुव्रत	सिद्ध	तुंगीगिरि
१९.	बलिराज	नमिनाथ	सिद्ध	सिद्धवरकूट
२०.	वसुदेव	नेमिनाथ	सिद्ध	सिद्धवरकूट
२१.	प्रद्युम्न	नेमिनाथ	सिद्ध	ऊर्जयन्तगिरि
२२.	नागकुमार	पार्श्वनाथ	सिद्ध	कैलासपर्वत
२३.	जीवन्धर	महावीर	सिद्ध	सिद्धवरकूट
२४.	जम्बूस्वामी	महावीर	सिद्ध	जम्बूवन

वर्तमान चौबीसी के प्रसिद्ध महापुरुष

क्र.	तीर्थंकर	चक्रवती	बलदेव	नारायण	प्रतिनारायण	रूद्र
१.	१ ऋषभ	१ भरत	०	०	०	१ भीमाबलि
२.	२ अजित	२ सगर	०	०	०	२ जितशत्रु
३.	३ सम्भव	०	०	०	०	०
४.	४ अभिनन्दन	०	०	०	०	०
५.	५ सुमति	०	०	०	०	०
६.	६ पद्मप्रभ	०	०	०	०	०
७.	७ सुपार्श्व	०	०	०	०	०
८.	८ चन्द्रप्रभ	०	०	०	०	०
९.	९ पुष्पदन्त	०	०	०	०	०
१०.	१० शीतल	०	०	०	०	३ रूद्र
११.	११ श्रेयांस	०	०	०	०	४ वैश्वानल
१२	१२ वासुपूज्य	०	१ विजय	१ त्रिपृष्ठ	१ अश्वग्रीव	५ सुप्रतिष्ठ
१३.	१३ विमल	०	२ अचल	२ द्विपृष्ठ	२ तारक	६ अचल
१४.	१४ अनन्त	०	३ धर्म	३ स्वयम्भू	३ मेरक	७ पुण्डरीक
१५.	१५ धर्म	०	४ सुप्रभ	४ पुरुषोत्तम	४ मधुकैटभ	८ अजितन्धर
१६.	०	०	५ सुदर्शन	५ पुरुषसिंह	५ निशुम्भ	९ अजितनाभि
१७.	०	३ मघवा	०	०	०	०
१८.	०	४ सनतकुमार	०	०	०	०
१८.	१६ शान्तिनाथ	५ शान्तिनाथ	०	०	०	१० पीठ
१९.	१७ कुन्थुनाथ	६ कुन्थुनाथ	०	०	०	०
२०.	१८ अरनाथ	७ अरनाथ	०	०	०	०
२१.	०	८ सुभौम	०	०	०	०
२२.	०	०	६ नन्दीषेण	६ पुण्डरीक	६ बलि	०
२३.	१९ मल्लिनाथ	०	०	०	०	०
२४.	०	०	७ नन्दिमित्र	७ पुरुषदत्त	७ प्रहरण	०
२५.	०	९ पद्म	०	०	०	०
२६.	२० मुनिसुव्रत	०	०	०	०	०
२७.	०	१० हरिषेण	०	०	०	०
२८.	०	०	८ राम	८ लक्ष्मण	८ रावण	०
२९.	२१ नमिनाथ	०	०	०	०	०
३०.	०	११ जयसेन	०	०	०	०
३१.	२२ नेमिनाथ	०	९ बलराम	९ कृष्ण	९ जरासंघ	०
३२.	०	१२ ब्रह्मदत्त	०	०	०	०
३३.	२३ पार्श्वनाथ	०	०	०	०	०
३४.	२४ महावीर	०	०	०	०	११ सात्यकिपुत्र
	२४	१२	९	९	९	११

नारकी जीवों की पटलवार आयु

पटल	प्रथम पृथिवी		द्वितीय पृथिवी		तृतीय पृथिवी		चतुर्थ पृथिवी		पंचम पृथिवी		षष्ठ पृथिवी		सप्तम पृथिवी	
संख्या	जघन्य	उत्कृष्ट	जघन्य	उत्कृष्ट	जघन्य	उत्कृष्ट	जघन्य	उत्कृष्ट	जघन्य	उत्कृष्ट	जघन्य	उत्कृष्ट	जघन्य	उत्कृष्ट
			सागर	सागर	सागर	सागर	सागर	सागर	सागर	सागर	सागर	सागर	सागर	सागर
सामान्य	१००००वर्ष	१ सागर	१	३	३	७	७	१०	१०	१७	१७	२२	२२	३३
१	१००००वर्ष	९०,०००	१	१-२/११	३	३-४/९	७	७-३/७	१०	११-२/५	१७	१८-२/३	२२	३३
२	९०,०००,,	९०,०००,००	१-२/११	१-४/११	३-४/९	३-८/९	७-३/७	७-६/७	११-२/५	१२-४/५	१८-२/३	२०-१/३		
३	९०,०००,००	अंसंको.पू.	१-४/११	१-६/११	३-८/९	४-३/९	७-६/७	८-२/७	१२-४/५	१४-१/५	२०-१/३	२२		
४	असं. को.पू.	१/१०सागर	१-६/११	१-८/११	४-३/९	४-७/९	८-२/७	८-५/७	१४-१/५	१५-३/५				
५	१/१० सागर	१/५	१-८/११	१-१०/११	४-७/९	५-२/९	८-५/७	९-१/७	१५-३/५	१७				
६	१/५	३/१०	१-१०/११	२-१/११	५-२/९	५-६/९	९-१/७	९-४/७						
७	३/१०	२/५	२-१/११	२-३/११	५-६/९	६-१/९	९-४/७	१०						
८	२/५	१/२	२-३/११	२-५/११	६-१/९	६-५/९								
९	१/२	३/५	२-५/११	२-७/११	६-५/९	७								
१०	३/५	७/१०	२-७/११	२-९/११										
११	७/१०	४/५	२-९/११	३-०										
१२	४/५	९/१०												
१३	९/१०	१ सा.												

नारकी जीवों की पटलवार अवगाहना

पटल	प्रथम पृथिवी			द्वितीय पृथिवी			तृतीय पृथिवी			चतुर्थ पृथिवी			पंचम पृथिवी			षष्ठ पृथिवी			सप्तम पृथिवी
	धनुष	हाथ,	अंगुल	धनुष,	हाथ,	अंगुल	धनुष,	हाथ,	अंगुल	धनुष,	हाथ,	अंगुल	धनुष,	हाथ	अंगुल	धनुष,	हाथ,	अंगुल	धनुष,
१	०	३	०-०	८	२	२-२/११	१७	१	१०-२/३	३५	२	२०-४/७	७५	-	-	१६६	२	१६-०	५००
२	१	१	८-१/२	९	-	२२-४/११	१९	-	९-१/३	४०	-	१७-१/७	८७	२	-	२०८	१	८-०	
३	१	३	१७-०	९	३	१८-६/११	२०	३	८-०	४४	२	१३-५/७	१००	-	-	२५०	–	-	
४	२	२	१-१/२	१०	२	१४-८/११	२२	२	६-२/३	४९	-	१०-२/७	११२	२	-				
५	३	-	१०-०	११	१	१०-१०/११	२४	१	५-१/३	५३	२	६-६/७	१२५	-	-				
६	३	२	१८-१/२	१२	-	७-१/११	२६	-	४-०	५८	-	३-३/७							
७	४	१	३-०	१२	३	३-३/११	२७	३	२-२/३	६२	२								
८	४	३	११-१/२	१३	१	२३-५/११	२९	२	१-१/३										
९	५	१	२०-०	१४	-	१९-७/११	३१	१											
१०	६	-	४-१/२	१४	३	१५-९/११													
११	६	२	१३-०	१५	२	१२-०													
१२	७	-	२१-१/२																
१३	७	३	६-०																

गणना - १ धनुष - ४ हाथ , १ हाथ - २४ अंगुल

क्षेत्र-कुलचलों के विस्तार आदि का विवरण

क्रमांक	नाम	क्षेत्र/पर्वत	१९० शलाकाएँ	वर्ण	ऊँचाई योजनों में	ऊँचाई मीलों में	विस्तार योजनों मे	विस्तार मीलों में
१.	भरत	क्षेत्र	१	X	X	X	$५२६\frac{६}{१९}$	$२१०५२६३\frac{३}{१९}$
२.	हिमवान्	पर्वत	२	स्वर्ण	१००	४०००००	$१०५२\frac{१२}{१९}$	$४२१०५२६\frac{६}{१९}$
३.	हैमवत	क्षेत्र	४	X	X	X	$२१०५\frac{५}{१९}$	$८४२१०५२\frac{१२}{१९}$
४.	महाहिमवान्	पर्वत	८	चाँदी	२००	८०००००	$४२१०\frac{१०}{१९}$	$१६८४२१०५\frac{५}{१९}$
५.	हरि	क्षेत्र	१६	X	X	X	$८४२१\frac{१}{१९}$	$३३६८२१०\frac{१०}{१९}$
६.	निषध	पर्वत	३२	तपनीय	४००	१६०००००	$१६८४२\frac{२}{१९}$	$६७३६८४२१\frac{१}{१९}$
७.	विदेह	क्षेत्र	६४	X	X	X	$३३६८४\frac{४}{१९}$	$१३४७३६८४२\frac{२}{१९}$
८.	नील	पर्वत	३२	वैडूर्य	४००	१६०००००	$१६८४२\frac{२}{१९}$	$६७३६८४२१\frac{१}{१९}$
९.	रम्यक	क्षेत्र	१६	X	X	X	$८४२१\frac{१}{१९}$	$३३६८४२१०\frac{१०}{१९}$
१०.	रुक्मि	पर्वत	८	रजत	२००	८०००००	$४२१०\frac{१०}{१९}$	$१६८४२१०५\frac{५}{१९}$
११.	हैरण्यवत	क्षेत्र	४	X	X	X	$२१०५\frac{५}{१९}$	$८४२१०५२\frac{१२}{१९}$
१२.	शिखरी	पर्वत	२	स्वर्ण	१००	४०००००	$१०५२\frac{१२}{१९}$	$४२१०५२६\frac{६}{१९}$
१३.	ऐरावत	क्षेत्र	१	X	X	X	$५२६\frac{६}{१९}$	$२१०५२६३\frac{३}{१९}$

मध्यलोक के ४५८ अकृत्रिम चैत्यालयों का विवरण

१	पंचमेरु सम्बन्धी	५ X १६ = ८०
	प्रत्येक के १६ - भद्रसाल वन ४, नंदन वन ४, सौमनस वन ४, पाण्डुक वन ४ } चारों दिशाओं में एक-एक	
२.	पंचमेरुओं के गजदन्त सम्बन्धी	५ X ४ = २०
३.	पाँचों उत्तरकुरु देवकुरु सम्बन्धी	५ X २ = १०
४.	पाँचों विदेहों के वक्षार गिरियों सम्बन्धी	५ X १६ = ८०
५.	अढ़ाई द्वीप के षट् कुलाचलों सम्बन्धी	५ X ६ = ३०
६.	अढ़ाई द्वीप के विजयार्धों	५ X ३४ = १७०
७.	धातकी तथा पुष्करद्वीप के इस्वाकारों सम्बन्धी	२ X २ = ४
८.	मानुषोत्तर पर्वत पर चारों दिशाओं सम्बन्धी	१ X ४ = ४
९.	नन्दीश्वर द्वीप में चारों दिशाओं सम्बन्धी	१३ X ४ = ५२
१०.	कुण्डलवर द्वीप में चारों दिशाओं सम्बन्धी	१ X ४ = ४
११.	रुचकवर द्वीप में चारों दिशाओं सम्बन्धी	१ X ४ = ४
	कुल	= ४५८

वैमानिक इन्द्रों का परिवार

१. सामानिक आदि देवों की अपेक्षा

इन्द्रों के नाम	प्रतीन्द्र	सामानिक	त्रायस्त्रिंश	पारिषद्			आत्मरक्ष	लोकपाल	सप्तअनीक	
				अभ्यन्तर समिति	मध्य समिति	बाह्य समिति			प्रत्येक अनीक	कुल अनीक
									सहस्र	सहस्र
सौधर्म	१	८४०००	३३	१२०००	१४०००	१६०००	३३६०००	४	१०६६८	७४६७६
ईशान	१	८००००	३३	१००००	१२०००	१४०००	३२०००	४	१०१६०	७११२०
सनत्कुमार	१	७२०००	३३	८०००	१००००	१२०००	२८८०००	४	९१४४	६४००८
माहेन्द्र	१	७००००	३३	६०००	८०००	१००००	२८००००	४	८८९०	६२२३०
ब्रह्म	१	६००००	३३	४०००	६०००	८०००	२४००००	४	७६२०	५३३४०
लान्तव	१	५००००	३३	२०००	४०००	६०००	२०००००	४	६३५०	४४४५०
महाशुक	१	४००००	३३	१०००	२०००	४०००	१६००००	४	५०८०	३५५६०
सहस्रार	१	३००००	३३	५००	१०००	२०००	१२००००	४	३८१०	२६६७०
आनत	१	२००००	३३	२५०	५००	१०००	८००००	४	२५४०	१७७८०
प्राणत	१	२००००	३३	२५०	५००	१०००	८००००	४	,,	,,
आरण	१	२००००	३३	१२५	५००	१०००	८००००	४	,,	,,
अच्युत	१	२००००	३३	१२५	५००	१०००	८००००	४	,,	,,

* नोट- [वृषभ तुरंग आदि सात अनीक सेना है। प्रत्येक सेना में सात-सात कक्षा हैं। प्रथम कक्षा अपने सामानिक प्रमाण है। द्वितीयादि कक्षाएँ उत्तरोत्तर दूनी-दूनी हैं। अतः एक अनीक का प्रमाण = सामानिक का प्रमाण x १२७। कुल सातों अनीकों का प्रमाण = एक अनीक X ७

२. वैमानिक इन्द्रों की परिवार देवियाँ

क्र.	इन्द्र का नाम	ज्येष्ठ देवियाँ	प्रत्येक ज्येष्ठ देवी की परिवार देवियाँ	वल्लभिका	अग्र देवियाँ	प्रत्येक देवी के वैक्रियक रूप
१.	सौधर्म	८	१६०००	३२०००	१६०,०००	१६०००.
२.	ईशान	८	१६०००	३२०००	१६०,०००	१६०००
३.	सनत्कु.	८	८०००	८०००	७२,०००	३२०००
४.	माहेन्द्र	८	८०००	८०००	७२,०००	३२०००
५.	ब्रह्म	८	४०००	२०००	३४,०००	६४०००
६.	लान्तव	८	२०००	५००	१६५००	१२८०००
७.	महाशुक्र	८	१०००	२५०	८२५०	२५६०००
८.	सहस्त्रार	८	५००	१२५	४१२५	५१२०००
९.	आनत	८	२५०	६३	२०६३	१०२४०००
१०.	प्राणत	८	,,	,,	,,	,,
११.	आरण	८	,,	,,	,,	,,
१२.	अच्युत	८	,,	,,	,,	,,

परिशिष्ट-२

मुनियों के आहार सम्बन्धी दोष

मुनियों के आहार सम्बन्धी सोलह उद्‌गम दोष, सोलह उत्पादन दोष, दश अशन दोष तथा संयोजना, प्रमाण, धूम और अंगार ऐसे छियालीस दोष होते हैं। मुनिराज इन्हें टालकर आहार ग्रहण करते हैं। उन दोषों का स्वरूप इस प्रकार है—

उद्‌गम दोष — गृहस्थों के आश्रित होनेवाले दोषों को उद्‌गम दोष कहते हैं। यह सोलह प्रकार का होता है— औद्देशिक, अध्यधि, पूति, मिश्र, स्थापित, प्राभृत,बलि, प्रादुष्कार, क्रीत, ऋण परिवर्त, अभिघट, उद्‌भिन्न, मालारोहण, आच्छेद्य और अनीशार्थ।

१. औद्देशिक दोष — नागादि देवता, पाखण्डी साधु तथा अन्य दीन-हीन जनों के उद्देश्य से निर्मित आहार मुनियों को प्रदान करना।

२. अध्यधि दोष — समागत साधु को देखकर उन्हें आहार देने के उद्देश्य से अपने लिये पकते हुए अन्न में जल,चावल आदि और मिला देना अथवा भोजन तैयार होने तक पूजा या धर्मचर्चा के बहाने उन्हें रोके रखना।

३. पूति दोष — प्रासुक द्रव्य में अप्रासुक द्रव्य मिला देना अथवा "पहले साधु को आहार कराकर ही हम इसे प्रयोग में लेंगे," इस संकल्प के साथ नये चूल्हे, बर्तन आदि का प्रयोग करना।

४. मिश्र दोष — पाखण्डी साधुओं और गृहस्थों के साथ मुनि को आहार देना।

५. स्थापित दोष — भोजन को बर्तन से निकालकर अपने अथवा अन्य के घर में रखना अथवा भोजन को उसके मूल पात्र से निकालकर अन्य पात्रों में रख देना।

६. प्राभृत दोष — आहार देने योग्य काल का विचार किये बिना उसमें हानिवृद्धि करके आहार देना अर्थात् आगम में जो वस्तु जिस दिन, पक्ष,

मास या वर्ष में अथवा दिन के जिस अंश में देने योग्य कही है, उसका उल्लंघन करके आहार देना।

७. बलि दोष— यक्ष,नाग, कुल देवता आदि के लिये निर्मित आहार मुनियों को देना।

८. प्रादुष्कार दोष-साधु के घर पर आजाने के बाद बर्तन माँजना, दीपक/बिजली जलाकर मंडप को प्रकाशित करना तथा भोजन के पात्रों को एक स्थान से दूसरे स्थान पर ले जाना।

९. क्रीत दोष — मुनि के आहारार्थ घर में प्रविष्ट हो जाने के बाद, श्रावक द्वारा अपनी सचित्त या अचित्त वस्तु देकर आहार लाना।

१०. ऋण दोष — किसी से उधार लेकर आहार देना। इसे प्रामृष्य दोष भी कहते हैं।

११. परिवर्त दोष — साधु को उत्तम भोजन प्रदान करने की भावना से किसी से अपने मोटे चावल आदि के बदले उत्तम चावल आदि लेकर साधु को देना। यह दोष क्लेश का कारण है। दाता को जो कुछ भी, जैसा भी घर में हो वही आहार देना चाहिये।

१२. अभिघट दोष — पंक्तिरूप से स्थित तीन या सात घरों को छोड़कर शेष सभी स्थानों से आया हुआ रोटी, भात आदि आहार साधु के अयोग्य है। उसे ग्रहण करना अभिघट दोष है।

१३. उद्भिन्न दोष — ढक्कन से बंद अर्थात् सीलबंद/मुहरबंद घी, गुड़ आदि द्रव्य को उसी समय खोलकर देना।

१४. मालारोहण दोष — नसैनी आदि के द्वारा घर की दूसरी मंजिल पर चढकर वहाँ से आहार लाकर देना।

१५. आछेद्य दोष — राजभय आदि के निमित्त से आहार देना।

१६. अनीशार्थ दोष — दानपति के द्वारा निषिद्ध आहार ग्रहण करना।

उक्त सभी दोष दाता के आश्रित हैं, इसलिये ये उद्गम दोष कहलाते हैं। इन सभी से बचना चाहिये।

उत्पादन दोष — साधुओं के द्वारा आहार के निमित्त होनेवाले दोषों को उत्पादन दोष कहते हैं। उत्पादन दोष के भी सोलह भेद हैं- धात्री, दूत, निमित्त, आजीवक, वनीपक, क्रोध, मान, माया, लोभ, पूर्वस्तुति, पश्चात्स्तुति, विद्या, मन्त्र, चूर्ण, मूलकर्म और वैद्यक दोष।

१. धात्री दोष — श्रावकों को प्रसन्न करने की भावना से धाय की तरह उनके बच्चों का पालन-पोषण, संरक्षण कर आहार ग्रहण करना।

२. दूत दोष — किसी सम्बन्धी के मौखिक या लिखित सन्देश के पहुँचाने से सन्तुष्ट दाता द्वारा आहार ग्रहण करना।

३. निमित्त दोष — अष्टांग निमित्त बतलाने से संतुष्ट दाता द्वारा प्रदत्त आहार ग्रहण करना।

४. वनीपक दोष — दाता के अनुकूल वचन बोलकर आहार ग्रहण करना।

५. आजीवक दोष — अपने हस्तविज्ञान, कुल, जाति, ऐश्वर्य, तप आदि का वर्णन करके भोजन प्राप्त करना।

६. से ९. क्रोधादि दोष — क्रोध, मान, माया और लोभ के निमित्त से आहार उत्पन्न करना, क्रमशः क्रोध, मान, माया और लोभ दोष है।

१०. पूर्वस्तुति दोष — आहार से पूर्व दाता की प्रशंसा कर,उसके पूर्वदत्त दान का स्मरण कराकर आहार ग्रहण करना।

११. पश्चात्स्तुति दोष — दान ग्रहण करके दाता की प्रशंसा करना।

१२. चिकित्सा दोष — चिकित्सा शास्त्र के बल से ज्वर आदि व्याधियों को दूर करने का उपाय बताकर आहार ग्रहण करना।

१३. विद्या दोष — दाता को आकाश-गामिनी आदि विद्याओं का प्रलोभन देकर आहार ग्रहण करना।

१४. मन्त्र दोष — मन्त्र का प्रलोभन देकर आहार ग्रहण करना।

१५. चूर्ण दोष — अंजन चूर्ण आदि प्रदान कर आहार ग्रहण करना।

१६. मूलकर्म/वश दोष — अवश को वश करने का उपाय बताकर आहार ग्रहण करना।

उक्त सभी दोष भोजन के निमित्त से साधु द्वारा उत्पन्न होते हैं, इसलिये उत्पादन दोष कहलाते हैं।

अशन दोष -भोज्य सामग्री सम्बन्धी दोषों को अशन दोष कहते हैं। अशन दोष के दश भेद हैं – शङ्कित,मृक्षित, निक्षिप्त, पिहित, संव्यवहरण, दायक, विमिश्र, अपरिणत, लिप्त और त्यक्त।

१. शङ्कित दोष — यह वस्तु ग्रहण करने योग्य है या नहीं, इस प्रकार की शंकास्पद स्थिति में आहार ग्रहण करना।

२. मृक्षित दोष — घी, तेल आदि से लिप्त हाथ या पात्र से आहार लेना।

३. पिहित दोष — भारी वस्तु से ढके भोजन को ग्रहण करना।

४. निक्षिप्त दोष — सचित्त भूमि जल, अग्नि, वनस्पति अथवा त्रस जीवों पर रखी आहार सामग्री ग्रहण करना।

५. संव्यवहरण दोष — श्रद्धा या भयवश घबराहट में वस्त्र, पात्र आदि को बिना विचारे खींचकर झटपट आहार देना।

६. दायक दोष — सूतक-पातक युक्त अशुद्ध दाता, नपुंसक, अतिबाल, अतिवृद्ध, रुग्ण, पाँच माह से अधिक गर्भवती स्त्री तथा शास्त्रों में जिन्हें आहार दान देने का निषेध है ऐसे व्यक्तियों से आहार ग्रहण करना ।

७. उन्मिश्र दोष — अप्रासुक वस्तु से मिश्रित आहार लेना।

८. अपरिणत दोष — जो जल गर्म होकर ठंडा हो गया हो अथवा जिसका रूप, रस, गंध और स्पर्श परिवर्तित नहीं हुए हों लवंगादि से युक्त वैसे जल को ग्रहण करना।

९. लिप्त दोष — गेरू आदि से लिप्त हाथ से या पात्र से दिये हुए आहार का ग्रहण।

१०. व्यक्त दोष — अपने अंजुली पर से अन्न, दूध, रस आदि को अथवा अरुचिकर वस्तु को नीचे गिराते हुए आहार ग्रहण करना।

उक्त दशों दोष भोजन सम्बन्धी हैं, इसलिये इन्हें अशन दोष कहते हैं।

संयोजना आदि शेष दोष

१. संयोजना दोष — परस्पर विरुद्ध उष्ण-शीत, स्निग्ध-रूक्ष आदि पदार्थों को मिलाकर आहार करना।

२. धूम्र दोष — अरुचिकर पदार्थ मिलने पर उसका मलिनमन से ग्लानिपूर्वक ग्रहण।

३. अङ्गार दोष — लम्पटता पूर्वक आहार ग्रहण करना।

४. प्रमाण/अतिमात्र दोष — मात्रा से अधिक आहार ग्रहण करना। मुनियों को पेट का दो चौथाई भाग भोज्य पदार्थ से, एक चौथाई भाग पेय पदार्थ से तथा शेष चौथाई भाग खाली रखना चाहिये। इसका उल्लंघन प्रमाण या अतिमात्र

दोष है।

इस प्रकार जैन मुनि उक्त छियालीस दोषों से रहित आहार ग्रहण करते हैं। इनके अतिरिक्त वे चौदह मल दोष और बत्तीस अन्तरायों को भी टालकर ही आहार ग्रहण करते हैं।

चौदह मल दोष — पीव, रुधिर, मांस, हड्डी, चर्म, नख, केश, मरे हुए विकलत्रय (दो इन्द्रिय, तीन इन्द्रिय, चार इन्द्रिय), कन्द-सूरण आदि, बीज, उगने योग्य जौ आदि, मूल-मूली आदि फल, कण- गेहूँ आदि का बाह्य भाग, कुण्ड-धान आदि का भीतरी सूक्ष्म अवयव – ये चौदह आहार सम्बन्धी मल कहलाते हैं।

इनमें पीव, रुधिर, मांस, हड्डी और चर्म महामल कहलाते हैं। भोजन में इनके आ जाने पर आहार त्यागकर प्रायश्चित करना चाहिये। नख मध्यम मल है। इसके आने पर अल्प प्रायश्चित सहित आहार त्याग किया जाता है। केश या मृत विकलत्रय जीव अल्पमल कहलाते हैं। आहार में इनके आ जाने पर आहार त्याग देना चाहिये। इसके लिये प्रायश्चित का विधान नहीं है। कन्द, उगने योग्य अनाज, मूल, फल, बीज, कण और कुण्ड आ जाने पर इन्हें अलगकर भोजन ग्रहण कर सकते हैं।

आहार सम्बन्धी बत्तीस अन्तराय

जैन मुनि के आहार सम्बन्धी बत्तीस प्रकार के अन्तराय बताए गये हैं। इनके आने पर आहार त्याग देना चाहिये। अन्तरायों के नाम इस प्रकार हैं–

१. काक अन्तराय — आहार ग्रहण करते हुये मुनि पर कौआ आदि पक्षी द्वारा बीट कर देने पर।

२. अमेध्य अन्तराय — आहार के लिये जाते हुए मुनि का पैर विष्ठा आदिक अपवित्र वस्तुओं से लिप्त हो जाने पर।

३. छर्दि/वमन अन्तराय — आहार करते हुए वमन हो जाने पर।

४. रोधन अन्तराय — किसी के द्वारा आहार के लिये रोक लगाने पर।

५. रुधिर अन्तराय — भोजन के समय स्व या पर के शरीर में चार अंगुल या उससे अधिक तक बहते हुए खून, पीव आदि दिखने पर।

६. अश्रुपात अन्तराय — दुःखपूर्ण विलापयुक्त अश्रुपात का दर्शन होने पर। सुख के आँसू में अन्तराय नहीं होता।

७. जान्वधः परामर्श अन्तराय — सिद्ध भक्ति करने के बाद साधु के हाथ से घुटने से नीचे के भाग का स्पर्श हो जाने पर।

८. जानुपरि व्यतिक्रम अन्तराय — घुटने तक ऊँचे तथा मार्गावरोध के रूप में तिरछे रूप से स्थापित लकड़ी,पत्थर आदि को ऊपर से लाँघकर जाने पर।

९. नाभि अधोगमन अन्तराय — नाभि से नीचे झुककर जाने पर।

१०. प्रत्याख्यात सेवन अन्तराय — त्यागी हुई वस्तु का सेवन हो जाने पर।

११. जन्तुवध अन्तराय — अपने ही सामने बिल्ली आदि के द्वारा चूहे आदि पंचेन्द्रिय प्राणियों का वध हो जाने पर।

१२. काकादि पिंड हरण अन्तराय — आहार करते हुए कौआ आदि पक्षियों द्वारा ग्रास का हरण कर लेने पर।

१३. पिण्ड पतन अन्तराय — आहार के समय साधु के हाथ से ग्रास गिर जाने पर।

१४. पाणि जन्तु वध अन्तराय — आहार ग्रहण करते समय साधु के हाथ में आकर किसी जन्तु के मर जाने पर।

१५. मांसादि दर्शन अन्तराय — आहार के समय मद्य, मांस आदि दिख जाने पर।

१६. पादान्तर प्राणि निर्गमन अन्तराय — आहार के समय दोनों पैरों के मध्य से चूहे आदि पंचेन्द्रिय के निकल जाने पर।

१७. उपसर्ग अन्तराय — आहार के समय देव, मनुष्य या तिर्यञ्च किसी के द्वारा उपसर्ग होने से।

१८. भाजन संपात अन्तराय — आहार के समय दाता के हाथ से बर्तन आदि गिर जाने पर।

१९. उच्चार अंतराय — आहार के समय मुनि के उदर से विष्टा आदि के निकल जाने पर।

२०. प्रस्रवण अन्तराय — आहार के समय खून, वीर्य आदि निकल जाने पर।

२१. अभोज्य गृह प्रवेश अन्तराय — शास्त्र मर्यादा से रहित चाण्डालादि के गृह में आहार के लिये प्रवेश कर जाने पर।

२२. पतन अन्तराय — मूर्च्छा, चक्कर, थकान आदि के कारण साधु के भूमि पर गिर जाने पर।

२३. उपवेशन अन्तराय — आहार करते हुए भूमि पर बैठ जाने पर।

२४. सदंश अन्तराय — आहार के समय कुत्ता आदि के काटने पर।

२५. भूमि संस्पर्श अन्तराय — आहार करते समय साधु के हाथ से भूमि का स्पर्श हो जाने पर।

२६. निष्ठीवन अन्तराय — खाँसी आदि के बिना स्वयं कफ, थूक आदि फेकने पर।

२७. उदर कृमि निर्गमन अन्तराय — मुख या गुदा मार्ग से पेट के कृमि निकलने पर।

२८. अदत्त ग्रहण अन्तराय — दाता के दिये बिना आहार, औषधि आदि ग्रहण करने पर।

२९. प्रहार अन्तराय — स्वयं पर अथवा निकटवर्ती व्यक्ति पर शस्त्र प्रहार होने पर।

३०. ग्राम दाह अन्तराय — जिस ग्राम में मुनि का आवास हो उसमें आग लगने पर।

३१. पादेन किंचित् ग्रहण अन्तराय —

३२. हस्तेन किंचित् ग्रहण अन्तराय — मुनि द्वारा भूमि पर पड़े स्वर्ण रत्नादि किसी वस्तु को पैर से ग्रहण करने पर पादेन किंचित् ग्रहण अन्तराय तथा हाथ से ग्रहण करने पर हस्तेन किंचित् ग्रहण अन्तराय होता है।

जैन मुनियों के ये ३२ अन्तराय हैं। इनके अतिरिक्त चाण्डाल आदि का स्पर्श, लड़ाई-झगड़े, इष्ट-मरण, साधर्मी का सन्यास पूर्वक मरण, राजा आदि प्रधान व्यक्ति का मरण, आहार के समय मौन भंग, प्राणि रक्षा, इन्द्रिय दमन, पाप भय और लोक निन्दा के प्रसंगों पर भी अन्तराय कर देना चाहिये।

द्रव्यार्थिक और पर्यायार्थिक नयों के भेद

द्रव्यार्थिक नय के भेद :-

द्रव्य मात्र को विषय बनानेवाले द्रव्यार्थिक, नय के दश भेद हैं –

१. पर उपाधि निरपेक्ष शुद्ध द्रव्यार्थिक नय, जैसे-संसारी जीव सिद्ध समान शुद्धात्मा है। यह नय कर्म बन्धन से रहित जीव के शुद्ध स्वरूप को विषय बनाता है।

२. सत्ताग्राहक शुद्ध द्रव्यार्थिक नय, जैसे-द्रव्य नित्य है। यह नय द्रव्य के उत्पाद-व्यय को गौण करके उसके ध्रुव स्वभाव (सत्ता) को विषय बनाता है।

३. भेद कल्पना निरपेक्ष शुद्ध द्रव्यार्थिक नय, जैसे-द्रव्य अपने गुण-पर्याय से अभिन्न है। यह नय गुण और पर्यायों से अभिन्न द्रव्य को विषय बनाता है।

४. कर्मोपाधि सापेक्ष अशुद्ध द्रव्यार्थिक नय, जैसे-आत्मा कर्मोदय जन्य क्रोध,मान आदि भाव रूप है। यह नय कर्म बन्धन से युक्त आत्मा के अशुद्ध स्वरूप को विषय बनाता है।

५. उत्पाद-व्यय सापेक्ष अशुद्ध द्रव्यार्थिक नय, जैसे- एक ही समय में द्रव्य उत्पाद, व्यय, ध्रौव्य रूप है। यह नय उत्पाद, व्यय सापेक्ष ध्रौव्य को अपना विषय बनाता है। शुद्ध द्रव्यार्थिक नय का विषयमात्र ध्रौव्य है। उत्पाद-व्यय पर्यायार्थिक नय के विषय हैं। उत्पाद-व्यय (पर्याय) सापेक्ष ध्रौव्य (द्रव्य) को विषय बनाने के कारण यह नय अशुद्ध द्रव्यार्थिक नय कहलाता है।

६. भेद कल्पना सापेक्ष अशुद्ध द्रव्यार्थिक नय, जैसे- आत्मा के ज्ञान, दर्शन आदि गुण हैं। शुद्ध द्रव्यार्थिक नय गुण-पर्यायों के भेद से रहित द्रव्य के अखण्ड स्वरूप को विषय बनाता है। यह नय एक अखण्ड द्रव्य को उसके गुणों के भेद पूर्वक ग्रहण करता है, इसलिये अशुद्ध द्रव्यार्थिक नय कहलाता है।

७. अन्वय सापेक्ष द्रव्यार्थिक नय, जैसे द्रव्य-गुण-पर्याय स्वभाव है। यह नय द्रव्य के प्रत्येक गुण और पर्यायों को द्रव्य रूप से ग्रहण करता है– जैसे, मनुष्य, देव आदि नाना पर्यायों में यह जीव है "यह जीव है" यह अन्वय द्रव्यार्थिक नय का विषय है।

८. स्वचतुष्टय ग्राहक द्रव्यार्थिक नय, जैसे- स्वद्रव्य क्षेत्र, काल, भाव

की अपेक्षा द्रव्य है। यह नय स्वद्रव्यादि चतुष्टय की अपेक्षा द्रव्य के अस्तित्व को ग्रहण करता है।

९. पर चतुष्टय ग्राहक द्रव्यार्थिक नय, जैसे- पर द्रव्य, क्षेत्र, काल, भाव की अपेक्षा द्रव्य नहीं है। यह नय स्वद्रव्य की विवक्षा न कर परद्रव्य, परक्षेत्र, परकाल और परभाव की अपेक्षा द्रव्य के नास्तित्व धर्म का कथन करता है।

१०.परमभाव ग्राहक द्रव्यार्थिक नय, जैसे- आत्मा ज्ञान स्वरूप है। यह नय जीव के अनेक स्वभावों में से ज्ञान नामक परमभाव को ही ग्रहण करता है।

पर्यायार्थिक नय के भेद

पर्याय मात्र को ग्रहण करनेवाले पर्यायार्थिक नय के छह भेद हैं –

१. अनादि नित्य पर्यायार्थिक नय, जैसे– सुमेरु पर्वत आदि पुद्गल पर्याय नित्य है। यह नय अकृत्रिम और अविनाशी पुद्गल पर्यायों को अपना विषय बनाता है।

२. सादिनित्य पर्यायार्थिक नय, जैसे- सिद्ध पर्याय नित्य है। यह नय कर्मक्षय से उत्पन्न क्षायिक भावों को विषय बनाता है। क्षायिक भाव एक बार उत्पन्न होने के उपरान्त कभी नष्ट नहीं होते। इसलिये वे सादि नित्य पर्याय कहलाते हैं।

३. अनित्य शुद्ध पर्यायार्थिक नय, जैसे पर्याय क्षण-क्षण में नष्ट होती है। यह नय ध्रौव्य को गौण कर शुद्ध उत्पाद,व्यय को अपना विषय बनाता है।

४. अनित्य अशुद्ध पर्यायार्थिक नय, जैसे– पर्याय एक ही समय में उत्पाद,व्यय और ध्रौव्य रूप हैं। यह नय एक ही काल में उत्पाद, व्यय और ध्रौव्य से युक्त सत्ता को विषय बनाता है। इस नय का विषय ध्रौव्य भी होने से यह नय अशुद्ध पर्यायार्थिक नय कहलाता है, क्योंकि ध्रौव्य शुद्ध पर्यायार्थिक नय का विषय नहीं होता।

५. पर उपाधि निरपेक्ष पर्यायार्थिक नय, जैसे- संसारी जीवों की पर्याय सिद्धों के समान शुद्ध है। यह नय कर्म जनित वैभाविक भावों की विवक्षा न कर उसके स्वाभाविक भावों को अपना विषय बनाता है।

६. पर उपाधि सापेक्ष पर्यायार्थिक नय, जैसे– संसारी जीवों का जन्म तथा मरण होता है। यह नय शुद्ध पर्याय की विवक्षा न कर कर्म-जनित वैभाविक भावों को अपना विषय बनाता है।

परिशिष्ट-३

पारिभाषिक शब्द कोष

अन्तर्द्वीपज मलेच्छ - कुभोगभूमि के मनुष्य।

अनुद्रेक - उद्रेक/तीव्रता का अभाव।

अपगतवेदी - तीनों वेदों के उदय से रहित अवस्था। यह अवस्था नवमें गुणस्थान में वेदकर्म के क्षय या उपशम से उत्पन्न होती है।

अपृथक् विक्रिया - अपने शरीर को ही सिंह, व्याघ्र, हिरण, हंस आदि रूप बना लेना।

अवगाहना - शरीर की ऊँचाई।

अवसर्पिणी - ह्रासोन्मुख काल। यह दश कोड़ा-कोड़ी सागर का होता है।

आत्मांगुल - भरत और ऐरावत क्षेत्र का चक्रवर्ती का अंगुल ।

उत्सर्पिणी - विकासोन्मुख काल। दश कोड़ा-कोड़ी सागर का होता है।

उदयाभावी क्षय - सर्वघाति स्पर्धकों का अनन्त गुणहीन होकर और देशघाति स्पर्धकों में परिणत होकर उदय में आना उदयभावी क्षय कहलाता है।

एक कोस - दो हजार धनुष।

एक धनुष - चार हाथ।

एक हाथ - चौबीस अंगुल।

एक अंगुल - आठ यव/जौ।

कर्मभूमि प्रतिभाग - नागेन्द्र पर्वत के परवर्ती भाग में स्थित स्वयम्भूरमणद्वीप और समुद्र।

कलकल पृथ्वी - सातवें नरक के नीचे की एक राजू के क्षेत्र को कलकल पृथ्वी कहते हैं। उसमें एक मात्र निगोदियाँ जीवों का वास रहता है।

*इस परिशिष्ट में उन्हीं शब्दों का ग्रहण किया गया है जिनका अर्थ मूल में नहीं है।

कूट - पर्वतों पर स्थित चोटियाँ।

केवली - केवलज्ञान से युक्त परमात्मा।

कोटाकोटी - एक करोड़ गुणित एक करोड़।

चार आराधना - सम्यग्दर्शन, सम्यग्ज्ञान, सम्यक्चारित और सम्यक्तप की आराधना।

छद्मस्थ - छद्म का अर्थ है - आवरण। ज्ञानावरण और दर्शनावरण में स्थित बारहवें गुणस्थान तक के जीव छद्मस्थ कहलाते हैं।

जातिस्मरण - अतीत के जन्मों की स्मृति।

देशघाति - आत्मगुणों का आंशिक रूप से घात करनेवाले कर्म।

निदान - भावी भोगों की आकांक्षा।

निगोदजीव - यह जीव की सूक्ष्मतम पर्याय है। एक ही शरीर में अनन्त जीवों के समूहरूप से रहने वाले जीव निगोद जीव कहलाते हैं। इन जीवों में एक ही शरीर के अनन्त जीव स्वामी होते हैं। निगोदिया जीवों में एक के जन्म के साथ अनन्त का जन्म तथा एक के मरण के साथ अनन्त का मरण होता है। इसी प्रकार एक के आहार ग्रहण करने पर अनन्त का आहार ग्रहण तथा एक के श्वास ग्रहण पर अनन्त जीवों का श्वास ग्रहण होता है। निगोदिया जीवों की आयु एक श्वास के अठारहवें भाग बताई गई है।

नोकर्म - औदारिक, वैक्रियक, आहारक शरीर और छह पर्याप्तियों के योग्य पुद्गल।

नागेन्द्र पर्वत - अन्तिम स्वयम्भूरमण द्वीप स्थित एक पर्वत।

पल्योपम - यह उपमा काल का प्रमाण है। एक योजन विस्तीर्ण और एक योजन ऊँचे गोल गड्ढे को पल्य कहा जाता है। इसे सात दिन तक के उत्पन्न हुए उत्तम भोगभूमि के बालक के शरीर के रोमाग्रों से सघन रूप से भरकर उसमें से सौ-सौ वर्षों में एक-एक रोम निकालने पर जितने वर्षों में वह खाली हो पाता है, उसे पल्योपम कहा जाता है।

प्रासुक - एकेन्द्रिय आदि जीवों से रहित वस्तु।

पृथक्त्व विक्रिया - अपने शरीर से भिन्न मकान मण्डप आदि रूप बनाना।

पूर्व - काल का एक प्रमाण। यह चौरासी लाख वर्ष गुणित चौरासी लाख वर्ष का होता है।

पूर्वकोटि - एक करोड़ पूर्व।

बहुश्रुत - द्वादशाङ्ग के पारगामी अथवा स्वसमय और परसमय (सिद्धान्तों) के ज्ञाता मुनि।

बद्धायुष्क - आगामी भव की आयु के बन्ध से युक्त जीव।

बादर जीव - स्वयं दूसरों से बाधित होने और दूसरों को बाधा पहुँचाने वाले जीव।

भोगभूमि प्रतिभाग - मानुषोत्तर पर्वत के परवर्ती भाग से लेकर स्वयंप्रभ नागेन्द्र के बाहरी भाग तक के द्वीप।

योजन - चार कोस।

राजू - क्षेत्र मापने की उत्कृष्ट इकाई, असंख्यात योजनों का एक राजू होता है।

वर्ग - पुद्गल परमाणुओं के शक्ति समूहों (अविभागी प्रतिच्छेदों) को वर्ग कहते हैं।

वर्गणा - अनन्त पुद्गल परमाणुओं के समूह को वर्गणा कहते हैं।

विक्रिया - अणिमा, महिमा आदि आठ गुणों की सामर्थ्य से अपने शरीर को एक-अनेक तथा छोटा बड़ा रूप बनाना।

विद्याधर - जाति, कुल और तप इन तीन प्रकार की विद्याओं से युक्त मनुष्य।

विभंगज्ञान - मिथ्यादर्शन से युक्त अवधिज्ञान।

विसंयोजना - अनन्तानुबन्धी क्रोध, मान, माया और लोभ का प्रत्याख्यान आदि शेष कषायों में परिणमित हो जाना विसंयोजना है।

शलाका पुरुष - तीर्थङ्कर चक्रवर्ती आदि प्रसिद्ध पुरुषों को शलाका पुरुष कहते हैं। शलाका पुरुष तिरेसठ होते हैं- चौबीस तीर्थङ्कर, बारह चक्रवर्ती, नौ नारायण, नौ प्रतिनारायण और नौ बलभद्र।

श्रुतकेवली - श्रुत पारंगत द्वादशांङ्ग के ज्ञाता मुनि।

संहरण - अपहरण।

सदवस्था रूप उपशम - अनुदय प्राप्त सर्वघाति स्पर्धकों की सत्तारूप अवस्था को

सदवस्था रूप उपशम कहते हैं। क्योंकि इस अवस्था में उसकी अपनी शक्ति प्रकट नहीं हो सकती।

समुद्घात - वेदना आदि के निमित्तों से मूल शरीर को छोड़े बिना आत्मप्रदेशों का शरीर से बाहर निकलना समुद्घात कहलाता है। समुद्घात सात प्रकार का होता है।

वेदनासमुद्घात - वात, पित्त, कफ आदि के विकार जनित रोग या विषपान आदि की तीव्र वेदना से आत्मप्रदेशों का शरीर से बाहर निकलना वेदना समुद्घात कहलाता है। इस समुद्घात में आत्मप्रदेशों का अधिकतम फैलाव मूल शरीर से तिगुना होता है।

कषाय समुद्घात - कषाय की तीव्रता वश आत्म प्रदेशों का अपने शरीर से तिगुने प्रमाण में बाहर निकलना कषाय समुद्घात है।

मारणान्तिक समुद्घात - मृत्यु के समय मूल शरीर को छोड़े बिना आत्म प्रदेशों का शरीर से बाहर निकलकर आगामी उत्पत्ति स्थान तक फैलना मारणान्तिक समुद्घात है।

वैक्रियक समुद्घात - वैक्रियक शरीर/लब्धि से युक्त जीवों द्वारा किसी प्रकार की विक्रिया उत्पन्न करने के लिये अर्थात शरीर को छोटा-बडा या अन्य शरीर रूप करने के लिए आत्म प्रदेशों का बाहर आना वैक्रियक समुद्घात कहलाता है।

तैजस समुद्घात - किसी पर अनुग्रह या निग्रह के लिए मूल शरीर को छोड़े बिना तैजस शरीर का आत्मा से बाहर निकलना तैजस समुद्घात कहलाता है। यह दो प्रकार का होता है- शुभ और अशुभ।

शुभ तैजस - यह प्राणियों के अनुग्रह के लिए विश्व कल्याण की भावना से आपूरित दयालु महामुनियों के दाएँ कन्धे से बाहर निकलता है और अपने क्षेत्र में फैले रोग, मरी, दुर्भिक्ष और दावाग्नि आदि को शान्त कर अपने मूल शरीर में प्रविष्ट हो जाता है।

अशुभ तैजस - क्रोध को प्राप्त मुनियों के बाएँ कन्धे से निकलने वाला शरीर अशुभ तैजस कहलाता है। यह बारह योजन लम्बा नौ योजन चौड़ा तथा सूच्यंगुल के संख्यातवें भाग मोटा होता है। जपाकुसुम के रंगवाला यह अशुभ तैजस अपने क्षेत्र में स्थित बैरी का संहारकर वापस मूल शरीर में प्रवेश कर जाता है। तत्त्वार्थ वार्तिक के अनुसार ऐसी परिणति अधिक देर तक रहने पर प्रयोक्ता (तपस्वी) का

शरीर भी भस्म हो जाता है।

आहार समुद्घात - आहारक ऋद्धि से संपन्न मुनि द्वारा अपनी शंका के समाधान के लिए अथवा तीर्थ वन्दना आदि के किसी अन्य लक्ष्य की पूर्ति के लिए आहारक समुद्घात होता है। इस समुद्घात में मूल शरीर को छोड़े बिना उनके मस्तक से निर्मल स्फटिक के रंग का शुभ आकृतिवाला एक हाथ का मानवाकार पुतला निकलता है। यह पुतला जहाँ कहीं भी केवली होते हैं, वहाँ पहुँचकर अपने संदेह का निवारण करता है और समाधान पाकर वापस मूल शरीर में लौट आता है। यह समुद्घात अन्तर्मुहूर्त में संपन्न होता है।

केवली समुद्घात - जब आयु कर्म की स्थिति अल्प और वेदनीय, नाम और गोत्र कर्मों की स्थिति अधिक होती है, तब उनका समीकरण करने के लिए केवली भगवान् के आत्मप्रदेश मूल शरीर से बाहर निकलते हैं, इसे केवली समुद्घात कहते हैं। इस समुद्घात में आत्मा के प्रदेश दण्ड, कपाट, प्रतर और लोकपूरण के रूप में संपूर्ण लोक में फैल जाते हैं। इस प्रक्रिया में केवल चार समय लगते हैं। अगले चार समयों में वे आत्मप्रदेश क्रमशः सिमटते हुए पुनः मूल शरीर में स्थित हो जाते हैं। केवली भगवान की आयु के अन्तर्मुहूर्त अवशिष्ट रहने पर यह समुद्घात होता है। इस समुद्घात में दण्ड, कपाट, प्रतर और लोकपूरण की स्थिति में आत्मप्रदेशों का अवस्थान इस प्रकार होता है।

दण्ड - इसमें आत्मप्रदेश अपने शरीर से तिगुने प्रमाण (यदि केवली पद्मासनस्थ हो तो) ऊपर-नीचे दण्ड की तरह कुछ कम चौदह राजू (वातवलयों से रहित) तक फैल जाते हैं।

कपाट - इसमें आत्मा के प्रदेश पूर्व-पश्चिम में वातवलयों से रहित संपूर्ण लोक में फैल जाते हैं। इस समुद्घात में भी आत्मा के प्रदेश मूल शरीर से तिगुनी परिधि में फैलते हैं।

प्रतर - इसमें केवली भगवान् के आत्म प्रदेश वातवलयों को छोड़कर संपूर्ण लोक में व्याप्त हो जाते हैं।

लोक पूरण - इसमें केवली भगवान् के आत्म प्रदेश वातवलयों तक संपूर्ण लोक में व्याप्त हो जाते हैं। इस स्थिति में केवली भगवान् लोक व्यापी हो जाते हैं।

चारों स्थितियों में एक-एक समय लगता है। चार समयों में आत्मा के प्रदेश क्रमशः बाहर निकलते हैं और कर्मों की निर्जरा कर पुनः क्रमशः मूल शरीर में लौट आते हैं। इस प्रकार केवली समुद्घात की संपूर्ण प्रक्रिया आठ समयों में परिपूर्ण

हो जाती है।

केवली समुद्धात के विषय में दो प्रकार का कथन है। एक कथन के अनुसार जिन्हें अपनी आयु के छह माह अवशिष्ट रहने पर केवलज्ञान उत्पन्न होता है वे केवली नियमतः समुद्धात करते हैं। शेष केवलियों के आयु अधिक होने पर समुद्धात होता भी है और नहीं भी, किन्तु यतिवृषभ आचार्य के मतानुसार सभी केवली समुद्धात करके ही मुक्त होते हैं।

सर्वघाति - आत्मगुणों का पूर्णतः घात करने वाले कर्म।

सर्वविरति - पापों का परिपूर्ण त्याग/महाव्रत।

सागर - दश कोडा-कोडी पल्योपम का एक सागर होता है।

सिद्धायतन कूट - वर्षधर पर्वतों, गजदन्त, वक्षारगिरि आदि की जिनालय युक्त चोटियाँ।

स्पर्धक - विभिन्न वर्गणाओं का समूह सपर्धक कहलाता है। देखें वर्गणा-

✡

परिशिष्ट-३

शब्दानुक्रमणिका

णाणं पयासयं

वीर नि.सं. 2470

भारतीय ज्ञानपीठ

ई.सन् 1944